JN437545

한국행정연구원 비교 및 지역연구총서 | ❽

영국의
행정과 공공정책

양현모
조태준 편저
서용석

新 潮 社

Public Administration and Public Policy of England

edited by
Yang, Hyun-mo
Cho, Tae-jun
Seo, Yong-seok

The Korea Institute of Public Administration

Sinjosa, 2010

발간사

행정환경, 행정과정과 체제, 그리고 주요 공공정책에 대한 국가 간 상호의존성이 높아짐에 따라, 각 국가의 정부는 세계 국가의 행정과 공공정책에 대한 관심을 기울이고 있습니다. 이와 같은 비교 및 지역연구를 통해, 행정학자와 실무자는 새로운 수요에 대응하는 행정과정과 행정체제 등에 대한 시사점을 도출함으로써 새로운 행정과정과 기능 등을 재설계할 뿐 아니라, 행정수요에 대응하는 주요 공공정책에 대한 이해의 폭을 넓힐 수 있는 기회로 활용하고 있습니다. 이와 같은 비교 및 지역연구의 필요성에 따라, 한국행정연구원은 지난 2008년에 일본, 중국, 프랑스, 스웨덴 등 4개 국가를, 그리고 2009년에는 미국과 인도를 비교 및 지역연구의 대상국가로 선정하여 각 국가의 행정환경, 행정과정 및 체제, 그리고 주요 공공정책 등에 대한 연구를 진행했습니다. 한국행정연구원의 비교 및 지역연구를 통해 각 국가의 행정과 공공정책을 이해하고 우리나라에 적용할 수 있는 시사점 등을 도출한 점은 매우 의미있는 작업이었다고 생각합니다.

2010년에는 한국행정연구원의 비교 및 지역연구의 대상으로 영국과 싱가포르를 선정했습니다. 영국은 1980년대부터 집권당의 정치적 이념 등에 따라 신공공관리론과 거버넌스 등의 이론을 바탕으로 꾸준하게 정부개혁을 진행함으로써 고유한 정부개혁 모델을 형성한 국가로 평가받고 있습니다. 즉, 영국 정부는 고유한 Westminster 모형과 같은 고유한 정부개혁 모델을 개발하고 적용함으로써 영연방 국가를 비롯한 세계의 주요 국가들이 정부개혁의 모형으로 채택하고 있는 등, 정부개혁의 선구자적 국가로 평가받고 있습니다. 특히, 영국은 2010년 5월 총선에서 보수당과 자민당의 연합정부가 출범함으로써 지난 13년간 노동당 정부가 추진한 '큰 정부'의 접근방법에 대한 대대적인 개혁이 진행되고 있습니다. 따라서 영국에 대한 비교 및 지역연구를 통해 우리나라 정부가 추진하고 있는 각종 정부개혁 프로그램, 행정선진화, 그리고 현대의 행정수요에 적극적으로 대응하고 있는 각종 공공정책을 연구함으로써 많은 시사점을 도출하고자 하였습니다.

본 연구는 영국의 행정 및 공공정책에 대한 연구를 위해 세 개의 주제로 분류해서 연구를 진행했습니다. 첫째, 영국의 행정배경에 대한 연구에서는 지난 2010년 정권교체에 따른 정책 패러다임의 변화, 영국의 정부개혁 등에 대한 패러다임 연구, 각 정부가 추진한 정부개혁 연구, 그리고 중앙정부 및 지방정부 간 관계 등을 연구하였습니다. 둘째, 영국의 행정과정 및 체제에서는 영국 정부의 조직체계, 인적자원관리, 재정 및 예산시스템, 전자정부, 그리고 성과관리시스템 등에 대한 연구를 진행했습니다. 셋째, 영국의 주요 공공정책에서는 민영화정책, 다문화정책, 복지정책, 규제정책, 그리고 연금정책 등을 연구하였습니다. 이와 같은 연구주제를 통해 본 연구는 영국의 행정환경을 비롯해 주요한 행정과정 및 정책 등에 대한 연구를 진행함으로써 영국 정부의 행정과 정책에 대한 이해의 폭을 넓혔을 뿐 아니라, 우리나라 정부의 행정선진화 등에 기여할 수 있는 비교연구의 기초자료를 제공했다고 자부합니다.

끝으로 본 연구의 연구책임을 맡아 주신 한국행정연구원의 양현모 선임연구위원, 조태준 연구위원, 그리고 서용석 연구위원의 노력에 감사의 뜻은 전합니다. 또한, 본 연구의 지원업무를 담당한 한국행정연구원의 이화진 연구원께도 감사의 말씀을 전합니다. 마지막으로, 본 연구의 집필진으로 참여해 주신 원내외 전문가께도 감사드립니다.

2010년 12월

한국행정연구원 원장 **박 응 격**

머리말

한국행정연구원은 지난 2008년부터 비교 및 지역연구를 통해 세계 주요 국가의 행정과 공공정책에 대한 연구를 진행하고 있습니다. 비교 및 지역연구라는 시각을 통해 각국 정부의 행정에 대한 이해를 넓힘으로써 우리나라 정부가 필요로 하는 정책적인 시사점과 정책대안 개발 등에 일조하고자 노력하고 있습니다.

2010년에는 비교 및 지역연구의 대상국가로 영국을 선정했습니다. 영국은 집권당의 정치적 지향성 등에 따라 신공공관리론과 거버넌스모형 등을 적용하면서 정부를 운영하는 특징을 갖고 있습니다. 특히, 2010년에는 영국의 보수당과 자민당 연합정부가 구성됨에 따라 정부운영의 큰 틀과 방향을 바꾸는 계기가 되었습니다. 즉, 영국 정부도 작고 효율적인 정부를 추진함에 따라 우리나라와의 비교를 통해 우리가 벤치마킹할 수 있는 정부운영방식과 정책 등을 연구하고자 했습니다.

본 연구는 영국의 행정체제와 행정환경, 그리고 주요 공공정책에 대한 체계적인 연구를 진행함으로써 그 동안 단편적으로 연구된 영국 정부를 전체적인 시각에서 이해하고자 했습니다. 또한, 영국 행정환경에 대한 연구를 진행함으로써 정부를 둘러싸고 있는 내・외부 환경에 대한 이해를 제고하는데 초점을 맞췄습니다. 이를 통해 우리나라 정부가 필요로 하는 정책적・실무적 시사점을 도출하고자 했습니다.

한국행정연구원 비교 및 지역연구총서에 학문적 열정과 전문성을 갖고 집필해 주신 집필진께 감사의 말씀을 드립니다. 특히, 비교 및 지역연구에 많은 관심을 갖고 연구총서의 발간에 많은 도움과 조언을 주신 한국행정연구원 박응격 원장님께 감사의 말씀을 올립니다.

2010년 12월 20일

저자들을 대신하여 **양현모·조태준·서용석**

연구 책임자

양현모(한국행정연구원 국가경영연구부)
조태준(한국행정연구원 국가경영연구부)
서용석(한국행정연구원 대외협력실)

참여 연구진

권혁주(서울대학교 행정대학원)
류현숙(한국행정연구원 인적자원개발센터)
신동면(경희대학교 행정학과)
심준섭(중앙대학교 공공인재학부)
윤수재(한국행정연구원 기획조정부)
이광석(경북대학교 행정학과)
이민호(한국행정연구원 행정관리연구부)
이정희(한국행정연구원 국가경영연구부)
이종수(연세대학교 행정학과)
주재현(명지대학교 행정학과)
최영출(충북대학교 행정학과)
(가나다 순)

차 례

제 2 편 영국의 행정환경 15~175

제 3 편 영국의 행정체제와 과정 177~354

표 목차

그림 목차

제 1 편

연구 총론

제 1 편 연구 총론

양 현 모 · 조 태 준 · 서 용 석 (한국행정연구원)

I. 연구의 의의

비교행정은 여러 국가의 행정현상과 제도 및 기구, 그리고 주요 정책을 비교분석함으로써 행정의 발전과 개선 등에 도움이 되는 지식을 구축하는 학문분야이다(임도빈, 2005). 즉, 비교행정은 "여러 국가의 행정현상을 비교분석함으로써 행정 일반이론을 정립하는 동시에 행정실제의 개선에 필요한 지식기반을 구축하는 것"으로 정의되며(이도형 · 김정렬, 2007: 4), 이와 같은 비교론적 접근방법을 통해 각 국가의 관료제도에 대한 이해를 넓힘으로써 자국의 행정체제 등을 올바로 이해하고 발전시키는데 공헌하고 있다(Riggs, 2000).[1] 따라

1) 비교행정론은 1953년 미국정치학회의 비교행정연구회(Comparative Administration Group; CAG)가 포드재단(Ford Foundation)의 지원을 받아 공공관료제를 비교의 준거 틀

서 행정에 대한 비교론적 접근방법은 각 국가의 행정체제 및 주요 정책에 대한 이해를 제고할 수 있다는 측면에서 행정학 분야에서 주요한 연구방법으로 활용되고 있다(이송호, 2009).[2)]

행정학의 분과학문인 비교행정연구와 지역연구를 통해 우리는 다른 국가의 행정체제 및 제도 등이 등장하게 된 정치 · 경제 · 사회 · 역사적 배경, 목적 및 효과, 그리고 문제점 등을 살펴볼 수 있으며, 이를 바탕으로 우리가 지향해야 할 행정체제와 주요 정책에 대한 시사점을 도출할 수 있다. 또한, 각 국가의 행정체제에 대한 연구를 통해 우리의 행정제도 · 기구 · 절차 등에 대한 연구결과의 외적 타당성을 제고할 수 있으며(이송호, 2009), 우리가 운영하고 집행하는 행정제도와 공공정책이 갖고 있는 특수성을 발견할 수 있는 기회를 제공한다는 측면에서 비교론적 접근방법은 매우 유용한 방법론이라 할 수 있다. 특히, 선진국가의 행정체제에 대한 연구를 통해 우리나라 행정체제가 갖고 있지 못한 선진화된 관리기법이나 시급히 다루어야 할 주요 정책에 대한 이해를 제고할 수 있다는 측면에서 매우 실용적인 접근방법이라 할 수 있다. 또한, 개발도상국가 등의 행정체제와 공공정책에 대한 연구를 통해서도 우리나라의 행정체제가 갖고 있는 특수성과 더불어 유사성 등을 연구함으로써 정책적 · 실무적 대안 등을 제시할 수 있는 계기를 마련할 수 있다는 측면에서 매우 유효한 연구방법임을 알 수 있다. 따라서 비교행정은 비교론적 시각을 통해 타 국가의 행정을 이해하고 시사점을 도출할 수 있으며, 이와 같은 연구를 통해 우리나라의 행정체제와 주요 공공정책에 대한 개선방안 등을 제시할 수 있다는 점에서 매우 의미 있는 연구분야로 평가받고 있다.[3)]

(frame of reference)로 설정해서 세계 각 국가의 행정체제 등을 연구하면서 시작되었다(이도형 · 김정렬, 2007; Farazmand, 1996; Heady, 1998).

2) 비교행정은 1970년대 이후 각 국가의 특수성을 인정하고 선진국의 발전전략 등의 허구성 등이 발견됨에 따라 하락세를 면치 못했으나, 1990년대 우루과이 라운드(UR) 협상이 타결된 후, 세계화 또는 글로벌화에 따른 세계 각국의 상호의존성이 강화됨에 따라 타 국가의 행정체제와 기구, 그리고 주요 정책에 대한 연구에 대한 관심이 증가하고 있다(이도형 · 김정렬, 2007).

3) 비교론적 접근방법은 냉전체제가 약화됨에 따라 미국 주도의 연구가 힘을 잃게 되었을 뿐 아니라, 개발도상국가와 후진국의 행정체제의 특수성 등이 선진국의 전략과 불일치하는 등

II. 영국 행정에 대한 연구 필요성

한국행정연구원은 지난 2008년부터 「한국행정연구원 비교 및 지역연구총서」를 발간하고 있다. 한국행정연구원의 비교 및 지역연구는 2008년에 일본, 중국, 프랑스, 스웨덴을, 그리고 2009년에는 미국과 인도를 연구함으로써 선진국과 개발도상국가의 주요 행정체제와 과정, 그리고 공공정책에 대한 이해의 폭을 넓히고 있다. 이와 같은 비교 및 지역연구를 진행함으로써 각 국가의 행정환경, 행정과정, 그리고 주요 정책에 대한 연구를 통해 각 국가의 행정을 이해하는데 기여했을 뿐 아니라, 우리나라의 행정체제와 정책 등에 대한 개선사항과 시사점 등을 도출하는 연구성과를 거두었다. 또한 이와 같은 비교 및 지역연구를 통해 앞으로 우리나라 정부가 추진해야 할 행정체제와 주요 정책에 대해 정책 및 실무적인 대안 등을 제시함으로써 우리나라 행정발전에 큰 기여를 하였다.

2010년에는 다음과 같은 이유로 영국을 비교 및 지역연구의 대상 국가로 선정하여 연구를 진행하였다. 첫째, 영국은 1970년대 후반, 대처 총리의 보수당이 집권한 후, 신공공관리론(new public management)의 원리 등을 정부개혁 프로그램에 적용함으로써 비효율적이고 비대한 공공부문을 '작고 효율적인 정부'로 변화시키는 노력에 초점을 맞추고 있다(윤광재, 2006; 은재호, 2006; Kettl, 2005). 즉, 공공부문의 운영에 시장주의를 채택함으로써 정부조직의 민영화와 책임운영기관을 통한 공공부문의 인력감축, 그리고 행정서비스의 질(quality) 향상과 고객중심주의 등에 초점을 맞춘 정부운영 등을 강조하고 있다(서필언, 2005; 조태준 · 황혜신, 2009). 뿐만 아니라, 영국은 보수당과 노동당

의 문제가 발생함에 따라 침체기를 맞게 되었다. 그러나 1990년 초반 우루과이 라운드(UR)의 타결 등으로 인한 세계화와 글로벌화 등으로 인해 세계 각 국가는 상호의존성과 상호작용이 증가하게 되었고, 이와 같은 현상은 비교론적 접근방법을 통한 타 국가의 행정체제 및 공공정책의 이해를 높이려는 관심을 증가시켰다.

등의 정권교체와 상관없이, 신공공관리론과 뉴거버넌스 체제 등에 기반을 둔 정부개혁 프로그램을 꾸준히 공공부문에 적용함으로써 세계의 주요 국가, 특히 뉴질랜드와 호주 등의 영연방국가의 정부개혁의 역할모델(role model)을 제시했다는 점에서 연구의 의의가 있다고 할 수 있다(Kettl, 2005). 특히, 우리나라도 김대중 정부 이후 외환위기를 극복하는 과정에서 민영화와 책임운영기관 등과 같은 영국의 Westminster 모형을 정부개혁의 접근방법으로 채택했다는 점에서 우리나라 행정체제 및 주요 정책 등에 시사점을 도출할 수 있을 것이라 기대한다.

둘째, 영국은 2010년 5월 6일에 총선을 실시한 결과, 1997년부터 3기 연속으로 집권했던 노동당이 보수당에 패배함으로써 정권이 교체되었다.[4] 총선에서 승리한 보수당은 의회의 안정적인 과반의석을 확보하기 위해 자민당과의 연합정부를 통해 13년 만에 집권에 성공하였다. 보수당은 노동당이 주장한 '큰 정부'의 기조에서 벗어나 '작은 정부, 큰 사회'라는 정책기조를 주장하였다. 즉, 보수당은 재정적자 문제를 해결하기 위해 재정지출 축소, 법인세 인하, 국가자산의 민영화, 반노조정책, 그리고 국내 일자리 보호를 위한 엄격한 이민정책 등을 추진함으로써 지난 13년간 큰 정부를 지향했던 노동당 정부의 공공정책을 재검토하기 시작했다. 이와 같이 정권교체로 인해 기존 정부정책 등이 변화하는 시점에서 영국의 행정환경 및 행정과정과 체제, 그리고 주요 공공정책에 대한 연구를 통해 새롭게 구성되는 영국의 행정환경과 현황 등에 대한 이해의 폭을 넓힐 수 있을 것으로 기대한다.

위에서 언급한 영국의 행정환경 및 행정체제와 주요 정책에 대한 연구 등을 통해 우리는 영국의 행정환경, 행정제도와 기구, 그리고 각종 주요 정책에 대한 이해의 폭을 넓히고자 한다. 이와 같은 비교 및 지역연구를 통해 영국의

---

4) 2010년에 실시된 총선 결과, 하원의원 수 650석 중, 보수당은 306석을 확보함으로써 258석에 그친 노동당을 누르고 제1당의 지위를 되찾았다(www.guardian.co.uk). 그러나 보수당은 안정적인 국정운영을 위한 과반의석 확보에 실패함으로써 특정 정당이 과반의석을 차지하지 못해 불안정한 국정운영이 불가피한 Hung Parliament가 1974년 이후 현실화 되었다.

행정현상과 각종 행정제도 등을 분석함으로써 행정이론의 일반화에 도움이 될 것으로 기대하며, 행정 현장의 문제점을 개선하는 방법의 일환으로도 활용할 수 있는 기초자료의 역할을 할 것으로 기대한다

III. 연구의 목적

본 연구에서 영국의 행정과 공공정책에 대해 연구하는 목적은 다음과 같다. 첫째, 영국의 행정환경과 현황 등을 연구함으로써 영국 행정의 특수성과 보편성 등을 연구할 수 있는 기회를 제공한다. 영국 행정환경의 특수성과 보편성 등에 대한 연구결과를 우리나라 행정현상과 현황 등과 비교함으로써 행정의 보편성과 특수성을 이해하는 연구의 장을 만들고자 한다. 뿐만 아니라, 영국의 행정현상과 현황 등에 대한 연구를 통해 보다 객관적이고 보편타당한 행정현상 등을 이해하는데 기초자료로 활용하고자 한다.

둘째, 영국의 행정체제와 과정 등에 대한 연구를 통해 우리나라의 공공관리 등에 적용할 수 있는 시사점을 도출하고자 한다. 영국의 행정체제와 과정 등은 행정환경 등과의 상호작용을 통해 끊임없이 변화하기에 행정환경 등이 변화함에 따라 인적자원관리기법이나 조직, 그리고 성과관리시스템 등은 어떤 변화의 과정을 거쳤으며, 그와 같은 변화와 신설 및 폐지 등은 어떤 시사점을 내포하고 있는지를 연구하도록 하겠다. 영국의 행정체제와 과정 등을 연구함으로써 우리나라가 도입할 수 있는, 혹은 적용 가능한 관리 및 조직기법 등을 연구할 수 있는 기회를 갖고자 한다.

셋째, 영국이 추진하고 있는 주요 정책에 대한 연구를 통해 우리나라의 정책과정이나 주요 정책에 대한 시사점을 도출하고자 한다. 우리나라도 영국과

마찬가지로 공공기관 선진화와 다문화 정책, 그리고 복지와 연금정책 등에 많은 관심을 쏟아야 하는바, 영국의 주요 정책에 대한 검토와 연구를 통해 우리나라가 지향해야 할 정책방향 등에 대해 시사점을 도출하고자 한다.

IV. 연구방법

본 연구는 문헌연구 등을 통한 기술적(descriptive) 연구로 진행하였다. 영국의 행정현상과 제도, 그리고 주요 정책에 대한 이해를 제고하기 위해서 기존 문헌과 사례 등을 기초로 연구를 진행하였다. 즉, 영국의 행정과 공공정책에 대한 현상과 제도운영, 그리고 주요 정책의 목적과 파급효과 등에 대한 객관적인 문헌연구를 통해 영국의 행정과 공공정책에 대한 보다 많은 정보를 제공하고자 했다. 뿐만 아니라, 영국의 행정환경과 주요 정책 등에 대한 시의적절한 정보의 획득을 위해 관련 분야의 전문가와의 인터뷰 등도 적극 활용하였으며, 각 정부부처의 홈페이지 등을 통한 최신자료의 확보에도 많은 관심을 기울였다.

V. 본 연구의 구성

본 연구는 네 개의 부분(편)으로 구성되었다. 제1편 연구 총론에 이어 제2편에서는 영국의 행정배경을 주제로 채택했으며, 영국의 행정환경과 현황 등 네 개의 장으로 구성되었다. 제3편에서는 영국의 행정체제와 과정을 주제로 선정했으며, 영국정부의 행정조직 및 문화 등 다섯 개의 장으로 구성되었다. 마지막으로, 제4편에서는 영국의 주요 정책을 다루고 있으며, 공공기관 민영화정책 등 다섯 개의 장으로 구성되었다.

"제2편 1장"에서는 지난 20년 간 행정관리 패러다임을 제시해온 영국의 행정환경 변화를 분석하는 것을 목적으로 하였다. 특히 지난 13년간 제3의 길, 신공공관리(New Public Management) 등의 새로운 정책 패러다임을 제시하면서 영국뿐만 아니라 세계 각국의 공공정책에 정책적 방향을 제시하였고, 지난 수년간 경제성장을 이룬 영국이 경제적 위기와, 심각한 재정적자에 직면하게 된 이유를 분석하였다.

지난 4년 간 Gordon Brown 노동당 정부의 이론적 측면에서 정책 패러다임을 분석하였고, 그에 따라 진행된 정책의 성과를 살펴보았다. 또한, 현재의 위기상황을 극복하기 위해 보수 · 자유 연립정부의 새로운 정책적 패러다임은 무엇인지를 살펴보았다. 결론에서는 이러한 논의를 기초로 영국 행정의 방향과 전망을 통해 한국 행정에 주는 정책적 시사점이 무엇인지 논의하였다.

"제2편 2장"에서는 영국의 전통적 거버넌스 체계인 웨스트민스터 모델의 주요 구성요소를 헌정 및 선거제도, 집행부-입법부 간 관계, 이익중재 기제로 구분하여 살펴본 후, 종전의 정부 정책결정과정을 정리하고, 영국 보수당 정부(1979~1997년)의 행정개혁에서 노동당 정부 이후(1997~2010년)에 이르는 정치개혁 및 변동, 그리고 유럽연합의 영향력 증대가 웨스트민스터 모델에 끼친 영향에 대해 논의하였다. 새롭게 대두되는 다층적 거버넌스 모델에 대한 연구와 거버넌스 개념과 다층적 거버넌스 모델의 개요를 검토한 후 이를 웨스트민스터 모델과 비교하였다. 이어서 최근의 영국 정책과정에서 나타나고 있는 주요 동향과 영국의 사례가 우리나라 거버넌스 체계에 주는 시사점에 대해 논의하였다.

"제2편 3장"에서는 영국 정부개혁을 설명함에 있어서 먼저 '정실주의', '큰 정부' 정책기조 등의 역사적 배경과 이론적 배경, 정부개혁의 목적을 알아보았다. 다음으로 영국 정부개혁의 주요 내용에 대하여 논의하였고 보수당 정부 시절의 정부개혁과 노동당 정부의 정부개혁으로 나누어 설명하였으며 그 특징을 서술하였다. 이를 통해 관리주의 혹은 웨스트민스터 모형을 채택하여 정부개혁을 실시한 영국 정부의 정부규모를 축소하는 데에 초점을 둔 시장주의 원리와 기법 등에 대하여 알아보았다.

구체적으로 보수당 정부의 정부개혁에서는 능률성 진단, 공기업 민영화, 재무관리구상, 책임운영기관제도 등을 도입한 대처 정부의 개혁과 시민헌장, 고위공무원단 도입, 마켓 테스팅 등을 추진한 메이저 정부를 살펴보았고, 노동당 정부의 정부개혁에서는 민관파트너십, 서비스우선 제도 등 블레어 정부의 개혁과 규제완화, 전자정부 구현 등 브라운 정부의 개혁을 살펴보았다.

"제2편 4장"에서는 중앙정부와 지방정부 간 관계분석을 위한 접근방법으로서 이론적 관점을 토대로 집행기관 모델(agency model), 권력-의존 모델(power-dependency model), 지배인 모델(stewardship model), 그리고 막시스트적 모델(marxist model)을 설명하였다.

이러한 모델을 기초로 하여 본 연구에서는 우리나라의 중앙-지방관계에 보다 실질적인 문제해결에 도움을 주기 위한 방편으로, 영국의 중앙과 지방 간의 사무배분(권한배분), 인사관계, 재정관계, 통제 및 관여정도, 중앙과 지방 간의 파트너십 기제 등을 분석하는 것을 목적으로 하였다. 1970년대부터 2010년 5월 보수당의 캐머런 정부가 들어선 이후까지의 중앙-지방정부의 관계를 알아보았다.

"제3편 1장"에서는 캐머런 정부를 중심으로 한 영국 행정조직의 구조 및 특징을 파악하고, 행정조직의 변화과정과 구조 및 특징들이 영국 행정문화에 어떠한 영향을 미쳤는지 알아보았다. 영국은 역사적 관례와 판례들을 통해 진화해온 관습법 체제의 국가로 행정기관의 수와 기능을 유연하고 신축적으로 변화시킴으로써 급격하게 변화하는 행정환경에 적극적으로 대처하고 있다는 평을 듣고 있으며 1980년대 이후 현재까지 경쟁과 효율성에 바탕을 둔 정부조직의 변화를 유도하여 정부의 효율성과 행정서비스의 극대화를 추구하고 있다.

이런 배경 하에 2010년 5월 하원 총선 결과 13년 동안 집권하였던 노동당 정권이 퇴진하고 보수당 중심의 새로운 정부가 출범하였다. 총리인 보수당의 데이비드 캐머런(David Cameron)과 부총리인 자유민주당의 닉 크레그(Nick Clegg)를 중심으로 통합적 사회를 강조하면서 한편 '작은 정부'를 추구하는 개혁을 추진 중이다. 마지막으로 영국 행정조직의 변화와 특징이 우리나라의 정부개혁에 미친 시사점에 대해서 알아보고자 한다.

"제3편 2장"에서는 영국 공무원 인사행정의 변화과정과 영국 공무원 인사행정 패러다임의 변화과정을 소개하였다. 영국의 인사행정 발달은 집권당과 총리를 중심으로 민주성 혁명, 전문성 혁명, 능률성 혁명의 단계로 인사행정의 패러다임이 변화하고 있다. 2000년대 들어 노동당이 13년간 집권하고, 2010년 보수당의 캐머런 내각의 연정이 시작되면서 두 정권의 정책이 혼합되어 지속되고 있다. 노동당은 인사관리에서 공정성을 확보하기 위해 노력하였다. 캐머런 내각은 정부가 독점하던 서비스를 사회로 이양하면서 다양성을 더욱 확대하고 있다.

본 장을 통해 인사행정의 일반적 과정인 선발 – 관리 – 역량개발의 단계에서 나타나는 두드러진 변화와 특징을 설명하였다.

"제3편 3장"에서는 영국 행정부의 재정정책에서 낮은 인플레이션율과 시장경쟁 촉진을 위한 긴축정책과 이와 동시에 공공투자, 민자유치정책(PFI)을 중점으로 서술하였다. 예산제도 개혁에서는 성과주의 예산편성의 개념 하에서 도입된 종합지출검토(CSR)와 중앙정부 공공서비스 계약(PSA), 지방 공공서비스 계약을 설명하였다. 최근 예산과정의 개선 현황을 예산안편성과정, 예산집행과정, 정부재무관리의 개선으로 나누어 서술하였다.

보수당과 노동당의 정권교체가 이루어진 상황에서도 행정수반의 변화와 무관하게 행정관리의 개혁이 지속적으로 이루어져 행정개혁이 조직, 인사의 개선뿐 아니라 재정정책, 재정예산시스템의 개선이 포함되어 있는 특징을 알아보았으며 이러한 영국의 재정, 예산제도 및 시스템 개혁의 의의와 한계를 논의한 후 한국에의 시사점을 제시하였다.

"제3편 4장"에서는 영국 전자정부 사업을 이해하기 위하여 추진체계, 사업추진 과정 및 내용, 성과 및 한계를 살펴보고 이의 시사점을 도출하였다. 추진체계에서 'e-Inclusion(전자적 포용)' 이라는 핵심 비전에 대한 소개와 함께 집권과 분권의 조화, 성과관리, 보편적 서비스 등의 추진전략을 서술하고 있다. 또한 총리실 산하 전자정부단(eGU)를 중심으로 지방 전자정부 추진체계 등 전자정부 정책결정 및 조정체계에 대한 설명을 하고 있다.

1957년에 시작된 영국 전자정부 개발 사업의 역사적 추진과정과 그 구체적인 추진내용을 서술하고, 보편적 서비스 강화를 위한 'Connecting the UK' 사업과 경기 침체 타파를 위한 신 성장동력 모색의 일환인 'Digital Britain' 등의 최근 추진동향에 대해서 설명하였다. 이후에는 이들 사업의 성과 및 한계를 살펴보고 이의 시사점 및 결론을 도출하고자 하였다.

"제3편 5장"에서는 성과관리를 둘러싼 패러다임의 변화에 부응하면서도 종합적인 관점에서 성과관리에 초점을 두어 영국의 성과관리제도를 체계적으로 비교·정리하였다. 영국은 정부개혁을 포함해 성과관리제도가 비교적 빨리 정착되고 모범적으로 운영되고 있는 나라라 할 수 있다. 때문에 영국의 성과관리제도를 살펴봄으로써 우리나라의 성과관리제도에 유용한 시사점을 도출하는 것을 주요 목적으로 하고 있다. 영국 성과관리제도의 운영 실태에서는 중앙정부 성과관리의 핵심이라 할 수 있는 공공서비스협약(PSA)과 지방정부 성과 강화를 위한 종합성과평가(CPA), 종합지역평가(CAA), 최고가치 성과지표 등을 서술하며 중앙정부와 지방정부의 성과관리제도의 운영체계 및 구조와 특성을 설명하였다.

"제4편 1장"에서는 그간 많은 연구들에서 논의되었던 영국의 민영화정책이 갖는 정책적, 이론적 차원의 중요성을 보다 심도 있게 알아보았다. 그리고 1990년대 후반에서야 본격적인 민영화가 추진되었던 우리의 경우에도 중요한 참고자료로서 영국의 민영화정책은 중요한 연구대상으로 고려되었기 때문에 여기서는 영국 민영화정책에 대한 이론적 접근에서 민영화에 대한 이해를 다양한 시각에서 차별적 이해하고 있다. 1979년 대처의 보수당 정부 이후 영국정부가 민영화를 추진하게 된 배경에 대해 경제적, 정치적, 행정적 측면에서 민영화를 전후한 경제적 상황과 보수당 정부에 의한 정권교체, 공기업의 비효율성 등에 대한 논의를 정리하고 있다. 이 후에는 영국 민영화 정책의 추진 경과와 경제적, 정치적, 행정적 시각에서의 추진 성과를 살펴보고 이러한 민영화정책에 대한 엇갈린 시각을 논의하여 이의 시사점을 도출하였다.

"제4편 2장"에서는 역사적 사회적 전통에 따라 다른 국가들보다 비교적 제도화되고 유연한 다문화정책을 성공적으로 추진해오고 있는 영국의 다문화정책의 형성 및 변화 과정을 살펴보고 한국에의 시사점을 도출하는 것을 목적으로 하였다.

제2차 세계대전 이후 적극적 이민자 수용정책과 신영연방 국민들의 유입에 대한 자유방임원칙 등에 의한 이주민의 급속한 증가와 이렇게 형성된 영국 다문화사회의 특성을 설명하고, 이러한 영국의 다문화정책 수립배경과 다문화정책의 특성과 인종관계법, 교육정책, 이주정책 등의 다문화정책 주요 유형에 대해서 서술하였다. 또한 최근의 다문화정책에 대한 비판에 따른 이주 및 귀화정책의 변화와 교육정책의 변화에 대해서도 서술하고 이러한 영국의 다문화정책에서 도출할 수 있는 시사점을 논의하였다.

"제4편 3장"에서는 최근 서구 복지국가들에서 자산이 사회정책 분야의 정책 의제로 새롭게 부상하고 있는 가운데 영국 복지정책의 특징을 알아보았다. 영국은 중앙정부가 자산형성을 지원하기 위하여 보편주의 사업과 선별주의 사업을 전국적으로 동시에 실시하고 있다는 점에서 다른 국가들과 구분되는 사례이다.

먼저 이론적 논의에서 자산을 사회정책의제로 다룸에 있어서 경제·사회적 발전을 촉진하기 위한 수단이라는 사회정책 관점과 자산은 시민권을 구성하는 주요 요소라고 보는 시민권 관점이라는 두 가지 관점에 대한 서술을 하고 있다.

영국은 자산형성 지원사업인 아동신탁금(CTF)과 저축의 길(SG)을 도입하였는데 여기서는 이 사업들의 제도적 특징을 분석하고 시범사업의 성과를 살펴보고 우리나라에 주는 정책적 시사점을 도출하였다.

"제4편 4장"에서는 대처 정부에서 브라운 정부까지의 규제개혁 과정과 성과에 대해 알아보았다. 대처 정부 이후 18년간의 보수당 정부의 장기집권은 민영화와 시장지향적 개혁을 통한 경제회복에 기여했지만 이의 폐해 역시 급증하는 부작용을 낳았다. 이에 블레어의 노동당 정부의 집권 이후 '더 나은 규제'라는 슬로건으로 규제방식 개선을 위한 프로그램들을 지속적으로 추진해왔다. 또한, 블레어 이후 브라운 정부까지의 노동당 정권의 규제개혁 노력과 그 성과를 살펴보았다. 다음으로는 다양한 규제개혁 추진기관의 역할 및 책임에 대해 조정, 집행, 조사의 3개 영역으로 구분하여 설명하고 규제의 목표와 프레임워크(좋은 규제의 5대 원칙, 영향분석, 의무적인 자문 규정, 대안들의 고려, 규제단순화 계획, 규제책임성 패널)에 대한 서술과 규제 개혁을 효율적으로 추진하기 위한 조치들에 대해 설명하였다.

"제4편 5장"에서는 일찍부터 공적연금을 운영하여왔고 사적연금을 연계시켜 공사혼합연금제도를 가지고 있는 영국의 연금제도에 대해 알아보았다. 본 장에서는 영국의 국민연금을 중심으로 영국의 연금체계전반과 영국연금개혁배경과 2007년 노동당 신 연금개혁안 등을 살펴보는 것을 목적으로 하였다.

제2차 세계대전 이후 영국은 '요람에서 무덤까지'로 대표되는 완벽한 사회보장제도를 국민연금만으로 보장하려고 노력하였으나 막대하게 투입되는 사회보장제도 지출은 영국 재정을 악화시켰다. 이런 이유로 기초국민연금뿐 아니라 기업연금과 개인연금을 실시하였다. 현재, 영국의 연금제도는 공적연금(국가기초연금, 추가국가연금)과 사적연금(개인연금, 기업연금), 자발적 개인퇴직저축제도의 3층 구조로 이루어져 있으며, 운영방식과 연금의 종류와 지급방법, 관리체제 그리고 마지막으로 연금개혁에 대해 간단히 서술하였다.

제 2 편

영국의 행정환경

제 1 장 영국의 행정환경과 현황: 영국 연립정부의 도전과 과제 — 위기극복을 위한 새로운 정책패러다임은 있는가?

권 혁 주 (서울대학교)

I. 서 론

세계적 금융기관의 파산으로 시작된 경제위기와 이에 대한 정부의 대규모 재정개입이라는 경제적 상황을 배경으로 2010년 5월 치러진 영국의 총선에서, 노동당(The Labour party) 정부가 선거에 패배하면서 보수당(The Conservative party)이 이끄는 새로운 정부가 구성되었다. 그러나 동시에, 예상과는 달리 캐머런(David Cameron)이 이끄는 보수당이 과반수 획득에 실패하면서, 제3당인 자유민주당(The Liberal Democratic party)과 함께 영국 헌정사상 매우 예외적인 연립정부(Coalition government)가 2010년 5월 17일 출범하게 되었다. 외견상 자유민주당이 요구하는 국회의원 선거제도에 비례대표제의 일종인 선호투표제(Alternative Vote; AV)의 도입을 국민투표에 부의하자는 요구를 보수당이 수용하면서 연립정부가 구성되었다. 그러나 일부 정치평론가들은 노동당 정부의 교체를 요구하는 국민의 뜻을 무시할 수 없는 역사적 국면에서, 보수당과 자유민주당이 진정으로 원하지는 않으나 불가피하게 선택할 수밖에 없는 정치적 타협이라고 해석하고 있다(Rawnsley, 2010).

뿐만 아니라 양당체제 하에 절대과반수를 확보한 정부를 기반으로 하는 영국의 헌정경험을 고려할 때 약 40년 만에 성립한 연립정부의 미래는 매우 불확실해 보인다. 말 그대로 영국 국민들은 많은 전문가들의 예상과 달리 보수당에게 안정적인 과반수 의석을 주지 않았다. 법적으로 캐머런 총리는 필요하다면 언제든지 의회를 해산하고 총선을 실시하여 새로운 의회를 구성할 수 있다. 하지만 그가 그와 같은 선택을 하기 위해서는 앞으로 효과적인 정책을 통해 영국이 직면한 위기를 극복하여 국민적 지지를 최대한 확보하고 과반수 의석을 확보할 수 있다는 전제조건이 충족되어야 할 것이다. 다시 말해 영국 국민들은 캐머런 총리를 불안정한 의회(Hung Parliament)라는 시험대에 올려놓고 정책적 검증을 하겠다는 의사를 분명히 한 것이다. 한편 연립정부의 한 파트너인 자유민주당은, 지난 수년간의 그들의 정치적 노선과 기존 정책방향을 고려할 때, 연립정부에 대한 지지를 철회하고 정부에 대한 의회의 불신임을 제기할 가능성이 높다는 점도 부인할 수 없다(Toynbee, 2010). 이렇게 볼 때 보수·자유민주당 연립정부는 영국의 새로운 출발을 의미할 수도 있는 반면, 짧은 시간의 예외적 상황으로서 영국 국민들은 아직도 분명한 선택을 하지 못한 유보적 상황이라고 볼 수 있다.

이러한 불확실한 상황을 타개하고 영국 사회를 위기에서 벗어나도록 하는 것이 보수·자유민주당 연립정부의 과제라 할 수 있다. 그렇다면 연립정부는 이러한 역사적 과제를 수행하기 위한 어떠한 정책패러다임을 제시하고 있는가? 이 글은 최근까지 영국의 국정을 운영해온 노동당의 고든 브라운(Gordon Brown)정부의 정책패러다임을 분석하고, 새롭게 등장한 보수당 중심의 연립정부가 노동당 정부의 정책패러다임과 다른 새로운 정책패러다임을 제시하고 있는가 하는 질문에 답하면서, 이를 통해 향후의 영국 정부의 정책방향을 예측하고 그 결과에 대해 전망해 보고자 한다.

영국은 지난 20년간 신자유주의 정치이론에 입각한 신공공관리(New Public Management) 정책패러다임을 제시하면서 영국뿐만 아니라 세계 각국의 공공정책에 정책적 방향을 제시하여 왔다(Muller & Wright, 1994). 더욱이 영국 노동당 정부도 '제3의 길' 을 기치로 정책적 선도성을 이어나갔다. 그렇다면 지난 수년간 선도적인 정책패러다임에 입각하여 안정적인 경제성장을 이룬 영국이 최근의 경제적 위기와 심각한 재정적자에 직면하게 된 이유는 무엇인가? 이러한 위기의 와중에서 성립된 연립정부는 새로운 정책패러다임을 제시하고 위기를 극복해 나갈 수 있을 것인가?

이러한 질문에 답하기 위해 이 글은 노동당 브라운 정부의 정책패러다임과 그에 기반했던 정책수단과 정책결과를 분석하고, 이와 대비하여 캐머런 총리의 보수·자유민주당 연립정부를 분석한다. 하지만 보수·자유민주당 연립정부가 실제로 집권하여 정책을 추진한 기간이 짧기 때문에 불가피하게 본 연구는 잠정적 성격을 가질 수밖에 없다. 그럼에도 불구하고 이러한 시론적 연구를 통하여 향후 영국의 행정환경을 예측하고, 위기 대응과정에서 개발되는 행정 분야의 새로운 이론적 진보에 대해 살펴보는 계기가 될 것으로 판단된다.

영국의 보수·자유민주당 연립정부가 위기극복을 위해 추구하는 정책이 새로운 정책적 패러다임에 근거하고 있는가를 분석하기 위해, 본 연구에서는 공공정책의 철학적 기반, 정책수단, 정책결과 등의 세 가지 측면을 조명하기로 한다. Kuhn(1965)이 제시한 바와 같이 패러다임은 하나의 과학적 공동체가 공유하는 개념들과 이론들의 총체적 구성체를 의미하며, 하나의 새로운 패러다임이 과거의 것을 대치하는 패러다임의 변화(paradigm shift)가 발생한다는 것은, 단순히 새로운 개념이나 이론을 제시하는 것을 넘어 이론적 구성의 총체적인 변화를 의미한다. 새로운 패러다임은 과거의 패러다임과 이론적 구성에서 양립하지 않으며, 지금까지 없었던 획기적인 진보를 통해 과학의 발전을 가져온다는 것이다(Kuhn, 1965). 이와 같은 과학이론패러다임에 대한 정의의 시각에서 볼 때, 정책패러다임은 같은 맥락에서 정의될 수 있지만 완전히 동일하게 볼 수는 없을 것이다. 따라서 여기서는 정책패러다임을 구성하는 내용으로 정책패러다임의 철학·이론적 기반과 정책목표, 이를 달성하기 위한 정책수단, 창출하고자 하는 정책결과를 설정할 수 있다. 이러한 논리적 구성에서 기초하여 보면 정책패러다임에 대한 분석의 틀로서 철학적 논거와 정책목표, 이를 달성하기 위한 정책수단의 성격, 정책의 결과라는 세 가지 차원에 초점을 맞추어 이론적 인과관계를 제시할 수 있다. 따라서 정책패러다임의 변화를 추적한다는 것은 위에서 제시한 세 가지 차원에서 이론적 인과관계의 근본적인 차이를 포착하는 것이 된다. 영국의 연립정부가 새롭게 추구하는 정책에서 패러다임의 변화가 있다고 가정하고 그러한 변화를 포착하고자 하는 것이 본 연구의 분석적 논리구조라 할 수 있다. 이러한 정책패러다임의 세 가지 차원을 논의하면서 본 연구는 특히 시민과 사회, 국가의 역할과 그 관계를 중심으로 논의하기로 한다.

위에서 언급한 정책패러다임의 구성요소에 주목하는 이유는 첫째, 시민, 사회, 국가의 역할과 그 관계에 대한 철학적 가치는 정책패러다임에 이론적 기초, 정책의 기본적 방향을 제시하기 때문이다. 따라서 정책패러다임의 차별성을 파악하는 데 있어서 철학적 가치가 무엇인지 분석하는 것은 가장 중요한 출발점이 된다. 예를 들어 Rawls는 사회를 구성하는 모든 개인들은 인간으로서 존엄성을 가져야 하며, 기본적 재화를 소유함에 있어서 평등하고 이를 기초로 자신의 삶을 영위하는 사회가 질서정연한 사회라고 보고 있다(Rawls, 1971). 이러한 Rawls의 철학적 시각은 자유주의적 정책패러다임의 이론적 기초를 제공하고 있으며, 특히 현대 자본주의 국가에서 시민, 사회, 국가의 역할을 보는 논리적 기초를 제공한다. Rawls의 이론과는 대조적으로 인간이 각각의 능력과 노력에 따라 얻어지는 재화에 대한 소유권은 평등을 위해 침해되어서는 안되며, 창의성과 노력에 따라 발생하는 불평등은 자연스러운 것이라는 Nozick의 논리는 자유지상주의적 정책패러다임의 철학적 기초를 제공한다(Nozick 1974). 이러한 논리에 따르면, 국가가 특정한 사회적 분배구조를 이루기 위해 정책적으로 사회에 개입하는 것은 개인의 권리에 대한 침해로 연결되기 때문에 이러한 정책은 철학적 타당성을 갖지 못한다. 이 밖에도 시민과 사회, 국가에 관한 다양한 철학적 논거들이 존재하는데, 이를 모두 일별하는 것은 논의의 목적에서 벗어나는 것이다, 다만 여기서 강조하고자 하는 요점은 정책패러다임을 분석함에 있어서 가장 중요한 차원은 철학적 기초라는 점이다.

둘째, 정책패러다임에 따라 정책목표를 달성하기 위해 채택하는 정책수단이 달라지기 때문에 이를 통해 패러다임의 차별성을 파악해 볼 수 있다. 정책수단도 목표를 달성하는 수단에 불과하기 때문에 효율적으로 목표를 달성하기 위한 기술적(技術的) 선택에 불과하다고 볼 수 있다. 그러나 한편으로는 수단에 내재하고 있는 철학적 성격 때문에 정책수단의 구사도 정책 패러다임에 따라 다르게 나타날 수 있다. 예를 들어, 국가의 정책적 개입을 통하여 정책적 목표를 달성하려는 이론적 입장에서는 직접적 정책수단을 적극적으로 사용하는 반면, 개인의 자유와 시장의 자율적 균형을 강조하는 입장에서는 가능한 한 국가의 직접적 개입이나 규제를 억제하고 시민들이 직접 선택하게 하고 국가의 정책적 수단도 간접적인 정책수단을 중심으로 구성할 것이다(전영한, 2007). 이처럼 정책수단의 채택 및 사용이 정책패러다임의 철학적 논거와 이론적 일관성을 지닌다면 해당 패러다임은 한층 완결성을 지닐 것이다. 한 예로 경제성장과 완전고용의 국가적 역할을 강조하는 케인주의적 정책패러다임은 국가의 재정투자를 통한 공공사업 등을 중요한 정책수단으로 삼았다. 이와는 대조적으로 개인의 책임과 시장의 균형을 강조하는 신자유주의론은 국가의 경제개입을 최소화하는 통화정책을 주요한 수단으로 사용한다.

셋째, 집행한 정책수단들이 창출한 결과 측면에서 정책패러다임의 차별성을 포착할 수 있다. 정책패러다임이 설정하고 있는 질서정연한 사회와 이를 달성하기 위한 여러 정책수단들은 다양한 일차적 결과를 창출한다. 이러한 일차적 결과들은 궁극적으로 정책패러다임이 추구하는 이차적 결과를 달성하게 한다. 예를 들어 Rawls가 주장하는 것처럼, 모든 사람이 인간으로서 필요한 기본적 재화를 소유하고 자신의 삶을 주체적으로 살아가는 사회를 추구하기 위해서,

정책수단을 사회적 약자들에게 최소한 소득이 돌아가도록 할 것이다. 물론 정책수단을 채택하고 집행한다고 해서 그것이 추구하는 일차적, 더 나아가 이차적 결과를 달성한다는 보장은 없다. 그러나 최소한 정책의 일차적 결과와 정책목표, 정책수단이 일관성 있게 설정되어야 응집력 있는 정책패러다임이라고 할 것이다.

세 가지 측면에서 볼 때 하나의 정책패러다임은 정책이 추구하는 바람직한 사회의 모습, 이를 성취하기 위한 다양한 정책수단과 그 결과에서 일관된 논리구조를 가지고, 이를 공유하는 사람들 사이에는 일정한 규범적 틀이 존재한다고 볼 수 있다. 따라서 정책패러다임의 변화는 이러한 세 가지 차원에서 변화가 일관되게 나타나고, 새롭게 제시되는 정책구조가 패러다임으로서 일체성을 가질 때 발생한다고 볼 수 있다.

이러한 분석의 틀에 기초하여 이 글에서는 브라운 노동당 정부를 중심으로 영국 정부가 경제이론적 측면에서 정책패러다임을 분석하고, 그에 따라 진행된 정책수단과 정책결과를 살펴볼 것이다. 구체적으로 시장에서의 정부개입을 최대한 억제하면서, 사회적 형평성의 추구라는 정책목표를 분석하고, 이에 따라 추진한 정책수단을 분석한다. 끝으로, 이러한 정책수단이 소득분배와 사회적 약자에 어떠한 영향을 끼쳤는지 소득계층별 소득변화를 추적하고, 아동빈곤에 어떠한 결과를 창출했는지 분석하기로 한다. 이와 같은 분석의 틀을 현재의 위기 상황을 극복하기 위해 보수·자유민주당 연립정부가 제시한 정책패러다임에 적용하여 분석하기로 한다. 결론에서는 이러한 논의를 기초로 영국 행정의 방향에 대해 논의하고, 이러한 전망을 통해 한국 행정에 주는 정책적 시사점이 무엇인지 논의하기로 한다.

II. 브라운 정부의 정책패러다임

1 브라운 정부 정책패러다임의 이론적 기반

1997년 토니 블레어(Tony Blair)가 이끄는 노동당이 총선에서 승리하여 정부를 구성하면서 브라운은 재무부 장관(Chancellor of Exchequer)을 역임한 데이어 2007년 총리직을 승계하고 2010년까지 재임하였다. 따라서 브라운은 지난 14년간 영국의 경제· 재정정책을 총괄·관장해왔다고 볼 수 있으며, 당시 공공정책의 이론적 기반을 살펴보는 것은 단순히 지난 4년 간 그가 총리로 재임한 기간뿐만 아니라 지난 노동당 정부의 정책패러다임을 분석하는 데 필요한 첫 번째 작업이라 하겠다. 브라운이 재무부 장관을 맡으면서 가장 처음으로 실시한 정책은 영국 중앙은행(Bank of England)을 정부로부터 독립시켜 이자율과 물가정책 등 화폐 정책을 정부의 간섭 없이 자율적으로 펼쳐 나갈 수 있게 한 것이다. 또한 금융감독원(Financial Service Authority)을 설치하여 금융부분에 대한 감독권한을 부여하였다(Froud, Moran, Nilsson & Williams, 2010).

이러한 화폐·금융정책의 자율화 조치는 1980-90년대 초반 마가렛 대처(Margaret Thatcher)의 보수당 정부에서 실시한 국영기업의 민영화(privatization), 공공행정에서 시장적 기제를 도입하는 신공공관리(New Public Management) 정책과 함께 영국 공공정책의 근간을 이루는 것으로, 지난 20여 년간 지속된 신자유주의 정책체제의 완성을 의미하는 것이었다(Froud, Moran, Nillson & Williams, 2010). 민영화정책을 통해 국가가 운영하던 철도, 항공, 상·하수도 등 국영기업을 시장에 되돌려주어 '서비스 공급자로서의 국가(the state as service provider)' 의 역할을 최소한으로 축소하고자 하였고, 신공공관리 방식의 도입을 통해 공공행정을 운영하는데 시장적 기제가 작동하도록 한 것이다. 이처럼 브라운이 노동당 정부 재무부 장관으로서 중앙은행의 독립과 금융감독원을 설립한 것은 국가가 시장에 불필요한 간섭과 개입을 중단하겠다는 것을 분명히 하는 것이었다.

보수당과 노동당 정부로 이어지는 이러한 일련의 개혁은 공공행정과 정책에 있어서 시장논리의 우위를 확립한 것이며, 국민들을 민주시민으로서 바라보기 보다는 시장에서 소비자로 인식하는 신자유주의 철학을 실현하는 것이었다. 이러한 신자유주의 철학에 근거를 제공하는 이론가는 Friedrich Hayek와 Milton Friedman을 들 수 있다(King, 1987). Hayek에 따르면 국가가 국민 개개인의 삶의 질 제고를 위해 복지 · 주택 · 서비스 등에 있어서 간섭을 하면, 궁극적으로 개인들은 주인으로서의 자유로운 삶을 잃게 되어 농노(serf)와도 같은 속박된 삶을 살게 될 것이라고 주장하였다. Hayek가 주장하는 정당한 국가의 역할은 외부와 내부에서 발생하는 자유의 침해를 막기 위한 국방과 치안 유지이며, 주권자로서 갖추어야 할 소양에 필요한 교육이라고 보았다. 여기서 Hayek는 최소한의 국가와 자유로운 시민의 조합이 어떤 특정한 상황으로 귀결될 것이라고 보지는 않았다.

이에 비해 Friedman은 인간의 합리적인 선택을 규제하는 국가의 정책적 개입은 자유의 침해라는 시각을 넘어 경제적 비효율성을 유발한다고 보았다. 선호에 따라 합리적 선택을 하는 인간은 자유로운 시장에서 최적 선택을 하며, 결과적으로 시장은 효율적 균형상태에 이르게 되고 지속적인 경제 성장을 하게 된다는 것이다. 이러한 관점에서 봤을 때, Friedman은 자유지상주의적 시각이 효율적인 경제라는 특정한 상황으로 귀결된다는 목적론적(teleological) 성격을 갖고 있다고 할 수 있다(Sen, 1989). 이러한 자유지상주의적 시각은 정치적으로 영국 보수당의 대처 정부의 정책패러다임으로 자리 잡고, 현실정치에서는 신자유주의로 구체화되었다.

이러한 이념적 배경으로 세 번에 걸쳐 보수당이 연이어 정권을 재창출하자, 1990년 대 초부터 영국의 노동당은 만년 야당이 아니라 수권 정당으로서 면모를 갖추고자 새로운 노력을 하면서 제2차 세계대전 이래 최대의 당 개혁작업에 착수한다. 수권 정당으로 개혁하고자 했던 노동당은 두 가지 이념적 변화를 거쳐야 했다(Peele, 2004). 첫째, 보수당이 정책패러다임으로 제시하면서 발전시킨 신자유주의를 포용할 것인지 여부였다. 이는 정당 외부에서 형성된 정책패러다임을 받아들이는 문제로서 당의 이념적 노선을 우파 성향으로 대폭 이동하는 것을 의미하였다. 둘째, 노동당과 노조와의 제도적 단절, 노동당 정강에서 국유화 조항의 폐지라는 핵심적 이념변화의 문제로서, 이는 정당 내부의 이념적 변화를 의미하는 것으로 이념적 측면에서 좌파와의 단절을 의미하였다. 노동당은 John Smith 당수 아래, 이와 같은 두 가지 핵심적 개혁을 1995년 완수하고 수권정당으로서 준비를 갖추기 시작했다. 이러한 노동당의 이념적 변화를 지지하고 이론적인 정당성을 제공하는 논의들이 당시 출판되고 있었는데 그 중 Anthony Giddens(1998)의 'The Third Way', David Miliband(1994)의 'Reinventing Left' 등이 가장 대표적이라고 할 수 있다. 이러한 정책패러다임의 변화를 통하여 1997년 블레어와 브라운이 이끄는 노동당은 총선에서 승리를 하게 된다.

여기서 제기되는 쟁점은 노동당이 대처 정부의 이념을 계승한 신자유주의 정당으로 변화한 것이고 보수당과 근본적인 차별성을 더 이상 갖지 않는가이다. 앞에서 지적한 바와 같이 1997년 블레어 정부에서 중앙은행의 독립, 금융감독원의 설립은 보수당 정부의 신자유주의 정책을 완성하는 것이었다. 또한 노동당 정부는 이미 진행된 국영기업의 민영화를 되돌리지 않고 유지하였으며, 나아가 철도 노선의 독점운영 철폐, 선로 관리의 민영화 등 시장지향적인 정책을 지속하고 신공공관리 방식의 공공행정을 계속 유지해 나갔다. 이러한 측면에서 블레어 총리와 브라운 재무장관이 이끄는 노동당 정부는 정책패러다임의 이론적 기반과 경제정책, 공공관리의 측면에서 구사했던 정책수단이 당시 보수당과 근본적인 차별성을 갖지 않는다고 보는 것이 정확하다.

그러나 노동당은 몇 가지 중요한 측면에서 보수당과 차별성을 갖는다. 첫째, 노동당은 자치권 이양(devolution)을 강력히 추진하였다(Dorey 2009). 노동당 정부는 1998년부터 스코틀랜드와 웨일즈 의회를 각각 설치하고, 여기서 신임을 받은 지방정부가 교육, 보건 등의 정책결정과 집행을 하도록 하였다. 이어서 북아일랜드에도 의회를 설치하여 자치정부를 구성할 수 있는 길을 열어 놓았다. 보수당 정부가 Westminster Parliament의 주권약화를 염려하여 지방의회 설치에 대하여 매우 강한 반대를 했던 것에 비해 노동당 정부는 지방분권을 과감히 실시하였던 것이다. 둘째, Westminster Parliament의 상원(House of Lords) 개혁을 실시하여 점진적으로 귀족들의 상원의원 세습을 철폐하는 정책을 펼쳤다(Dorey, 2009). 기득권을 유지하려는 보수당과 의회 민주화를 추구하는 노동당이 확연히 다른 모습을 보여주는 대목이다. 셋째, 노동당 정부는 유럽연합(European Union)에 대해 보다 적극적인 정책을 취했다. 이 점에 있어서 노동당 정부의 정책이 당시 유럽 상황에서 상식적인 것이었고, 오히려 보수당은 자국 주권에 대해 과도하게 집착했다고 보는 것이 정확할 것이다. 유럽연합과 관련하여 보수당 내 존재하였던 국가주권 이양의 절대불가라는 주권파와 유럽연합에 대해 적극적인 유럽파 간 파벌투쟁은 자기파괴적인 성격을 가졌으며, 가장 직접적으로 1997년 보수당 정부의 몰락을 가져왔던 사안이었다(Peele, 2004).

이러한 몇 가지 측면에서 노동당 정부는 이전의 보수당과 뚜렷한 차별성을 갖는다고 할 수 있으나, 보다 근본적인 차이는 사회정의에 대한 노동당의 정책적 강조이다. 1990년대 후반 노동당은 신자유주의에 대한 포용과 함께 사회정의의 개념을 재정립하고자 하였다. 1992년 노동당 개혁을 주도하였던 John Smith 당수는 '사회정의 위원회(Commission on Social Justice)'를 구성하여 향후 노동당 정권의 정책방향을 모색하고자 하였다. 사회정의 위원회는 영국 복지국가 건설에 이념적, 정책적 기반을 제공한 Beveridge Report를 현대적으로 재창조하는 과제를 갖고 출범하였다. Beveridge가 시장경제를 기반으로 모든 사람에게 동일한 급여를 제공하는 사회보험의 구축이라는 원칙을 갖고 영국의 복지국가를 구축했다면, 세계화로 인한 국가 간, 다양한 시장행위자들 간의 경쟁이 날로 치열해지는 현대사회에서 복지국가는 어떻게 탈바꿈되어야 하는가? 그 속에서 사회정의는 어떤 모습으로 재정립되어야 하는가? 이러한 질문에 대해 사회정의 위원회는 영국이 국가적으로 다시 부흥하기 위해서는 시민들이 권리(right)뿐만 아니라 책임(responsibility)이라는 것에 대해서 진지하게 접근해야 하며, 국가도 이에 대해 정책적인 대응이 필요하다고 제시하였다(Commission on Social Justice, 1994). 또한 시장의 번영과 사회정의는 양립할 수 있는 것이며, 미래의 노동당 정부는 두 가지 모두를 추구해야 한다는 점을 강조했다.

이러한 이념적 기반 하에 지난 13년간 블레어 총리와 브라운 재무부 장관은 노동당 정부의 공공정책을 이끌어 왔다. 그러나 이들 간의 역할 분담을 보면 블레어 총리가 주로 정부 수장으로 외교정책을 전담하고 국민에게 정책의 정당성을 설득하는 역할을 해왔다면, 신자유주의와 사회정의의 공동추구라는 정책 패러다임에 입각하여 실질적으로 공공정책을 이끌어 온 것은 브라운 재무장관이었다. 이러한 역할은 총리직을 승계한 2007년부터 더욱 명확히 부각된다.

그렇다면 구체적으로 신자유주의와 사회정의의 조합이 브라운 정부의 정책에서 어떻게 구체화되었는가? 경제적 측면에서 노동당 정부는 시장의 합리적 행위에 대해 최대한 자율성을 부여하고, 필요한 규제만을 효율적으로 집행한다는 것이다. 이러한 정책적 기조에 대해 Moran이 규제국가(the regulatory state)로 개념화하고 있는 것처럼(Moran, 2003), 국가는 경제 부문에서 직접적 개입을 최소화하여 경제에서 차지하는 비율이 효과적으로 제어되고, 경제는 지속적인 성장을 할 수 있다는 것이다. 한편 국가는 사회적 영역에서 보다 적극적인 역할을 수행하여 사회정의를 이루도록 노력해야 하는데, 이 경우에도 복지국가를 무조건 확대하기 보다는 정교한 정책수단을 통해 소득분배의 불평등 완화, 아동빈곤감소, 보건서비스 확충 등 전략적인 정책목표에 집중한다는 것이다. 이러한 정책목표를 달성하기 위해 노동당 정부의 재무장관과 총리로서 브라운은 재정정책의 효과적 운영을 통한 사회정의 실현이라는 정책방향을 설정한 것이다. 따라서 노동당 정부의 정책적 성과를 평가하기 위해서는 경제적 측면에서 영국 경제의 지속적 성장 여부와 그 과정에서 정부의 재정규모 및 부채가 어떠한 경로를 거쳐 현재에 이르고 있는가를 고찰해야 할 것이다. 사회적 측면에서는 국민들의 소득분배가 보다 평등하게 변화하였는지를 고찰해야 할 것이다. 한편 사회적 약자인 아동들의 빈곤이 노동당 정부 하에서 감소하였는지를 살펴봐야 할 것이다. 이러한 3가지 측면에서 정책결과는 노동당 정부의 정책적 성과를 평가하는 중요한 척도가 된다.

이러한 정책적 성과에 대한 분석을 통하여 지난 2008년 금융위기에서 시작된 영국의 경제위기와 이를 극복하기 위해 브라운 정부를 대치하고 집권한 보수·자유민주당 연립정부의 정책적 과제를 거시적이고 정책이론 측면에서 추후 논의하고자 한다.

2 정책수단으로서 재정정책 그리고 영국경제

앞에서 지적한 바와 같이 지난 14년간 영국 노동당 정부의 재정정책은 브라운 재무부 장관이 총괄해왔다. 그의 경제정책은 영국 중앙은행의 독립성을 유지하면서 물가를 안정적으로 유지하고, 시장경제의 창의성, 생산성 향상을 통해 경제성장을 도모한다는 것이다. 또한 재정정책의 측면에서는 재정수지의 균형 혹은 흑자를 유지하는 것을 원칙으로 하고 정부부채는 총 GDP의 약 40%를 유지하는 기조라 할 수 있다(Liadze & Weale, 2010). 이러한 정책기조를 브라운 총리는 'Prudence with Purpose' 라는 표현으로 요약하고 있다. 정부재정을 안정적으로 운용하는 측면이 현명함(prudence)이라면, 이를 통해 사회적 약자에 대한 보호를 강화한다는 특정 목적(purpose)을 갖고 있다는 것이다. 앞에서 언급한 바와 같이 이는 신자유주의와 사회민주주의의 결합을 꾀하는 것으로 볼 수 있다. Liadze & Weale(2010)의 지적처럼 중앙은행의 독립, 재정수지의 균형 등은 브라운 정부의 새로운 기조가 아니라 이전 보수당 정부의 정책을 보다 체계적으로 구체화한 것이다.

<그림 2-1> 최근 10년간 경제성장률

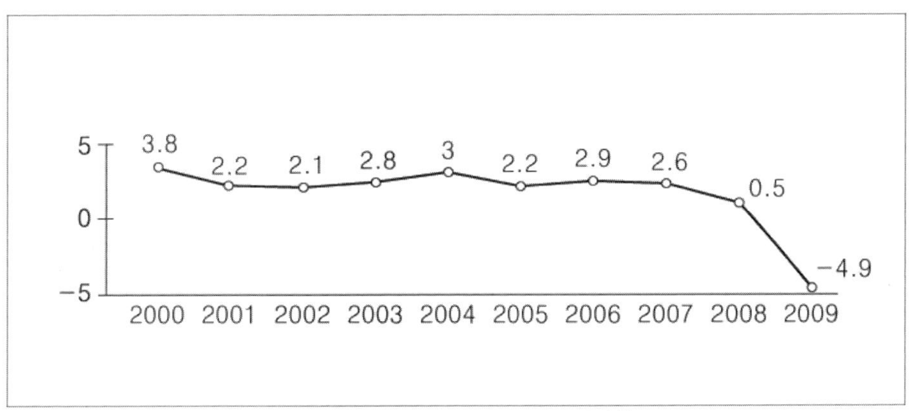

자료: UK Economic Accounts 2003, 2005, 2006, 2008, 2009를 재편집.[1)]

<표 2-1> 1인당 실질GDP 성장률 국가비교(1997-2007)

	성장률	등수
캐나다	1.5	1
프랑스	1.2	4
독일	1.0	5
이태리	0.2	7
일본	0.4	6
영국	1.5	2
미국	1.3	3

자료: Liadze & Weale 2010, p. 5를 재구성.

요약하면 현명한(prudent) 정책으로 재정을 안정화하고 경제를 성장시키고, 이를 통해 마련된 재원으로 사회적 목적(purpose)을 달성한다는 것이다. 여기에는 단순히 새로운 재원을 창출하는 것 외에도 정부의 효율적 운영으로 꾀한 재원절감을 통해 조달하는 방안도 포함되어 있다. 그렇다면 '사회적 목적을

1) 2004년과 2009년의 참조연도(Reference year)는 2005년이고, 2002년과 2003년의 참조연도는 2003년이다. 2000년과 2001년의 참조연도는 각각 2000년, 2002년이다.

<표 2-2> 산업분야별 경제성장률

	2004	2005	2006	2007	2008	2009
농·임·수산업	0.0	7.6	0.7	-4.8	0.2	-4.4
제조업	1.1	-1.3	0.0	0.3	-3.1	-10.2
건설업	3.3	1.1	1.1	2.7	-0.8	-10.8
서비스업	3.5	3.1	3.6	3.5	1.4	-3.5
총 경제성장률	3.0	2.2	2.9	2.6	0.5	-4.9

자료: UK Economic Accounts 2009을 재편집.

추구하기 위한 현명한 재정정책'의 결과를 분석하기 위해 먼저 경제성장의 추세를 보기로 한다. 〈그림 2-1〉은 지난 10년간 영국경제가 지속적인 성장을 유지해왔던 것을 알 수 있다. 각 연도마다 약간의 등락이 존재하지만, 세계 경제위기가 닥치기 전인 2007년까지 매년 2%를 상회하는 경제성장률을 유지한 것은 G7 국가들 사이에서 비교할 때도 매우 높은 경제성장을 기록한 것으로 평가되고 있다.

또한 구체적인 성장 동력이 어디에 있었는지 살펴보기 위해 영국의 산업분야별 성장률을 살펴볼 필요가 있다. 〈표 2-2〉에서 보는 바와 같이 세계 경제위기가 닥치기 전의 경제성장은 매년 3%를 상회하는 성장률을 기록한 서비스산업을 중심으로 얻어지고 있었음을 알 수 있다.[2] 이에 비해 농·임·수산업이나 제조업은 마이너스 성장을 기록하거나 아주 작은 성장률만을 기록하고 있음을 알 수 있다.

보다 구체적으로 서비스업의 성장을 구성요소로 나누어 보면 구체적으로 영국 경제의 성장 동력이 주로 어디에 있었는지 알 수 있다. 세계 경제위기 전만 해도 연 평균 약 2.6%를 성장하는 사이 금융산업은 4-7%의 성장률을 기록하고 있었고 부동산 임대업과 기업활동 등도 높은 성장률을 보이고 있었다.

2) UK Economic Account 2009년판에 따르면 산업전체의 비중을 1000으로 봤을 때, 서비스산업의 비중이 759에 달한다고 나타난다.

<표 2-3> 서비스업 분야별 경제성장률

	2004	2005	2006	2007	2008	2009
소·도매업	6.3	1.4	3.2	3.1	-1.3	-4.0
수송·보관업	5.3	3.3	2.4	2.5	1.3	-8.1
금융산업	4.3	4.8	7.2	7.2	5.8	-4.3
부동산임대업, 기업활동	6.4	7.2	7.3	6.9	1.6	-7.0
보건산업, 사회사업	3.2	2.9	2.8	2.6	3.2	2.7
총 서비스업	3.5	3.1	3.6	3.5	1.4	-3.5

자료: UK Economic Accounts 2009를 재편집.

이렇게 보면 노동당 정부의 경제정책은 외견 상 상당한 성공을 거두고 있다는 평가를 내릴 수 있다. 그럼에도 불구하고 이에 대해 부정적인 견해들이 존재하고 있음을 지적할 필요가 있다. 첫째, Ringen(2009)에 따르면 영국 경제의 성장은 브라운의 정책에 근거하고 있기보다 이미 보수당 정부에서 형성된 경제의 기본요소와 정책패러다임에 의한 것이라고 봐야 한다는 것이다. 이러한 주장의 논거는 브라운 정부의 정책이 보수당 정부의 정책에 비해 새로울 것이 없다는 점, 경제성장 기조가 1990년대 중반 메이저 정부에서부터 이미 출발하고 있다는 점에 근거하고 있다.

그러나 보다 근본적인 비판은 그간 성장을 거듭한 영국 경제가 금융위기에 의해 급작스럽게 마이너스 성장률을 기록하는 것에서 봤을 때, 구조적 취약성을 갖고 있다는 것이다. 이미 지적한 바와 같이 경제성장은 서비스업의 성장, 그 중에서도 금융산업과 부동산 부분의 성장에 근거하고 있었는데, 두 분야가 바로 경제위기를 불러온 취약 분야였다는 점도 간과할 수 없다. 금융부분의 경우는 -7.0% 성장률을 기록하였고, 이는 세계 경제위기 속에서 영국 은행이

<그림 2-2> 총 GDP 대비 정부 재정적자 비중

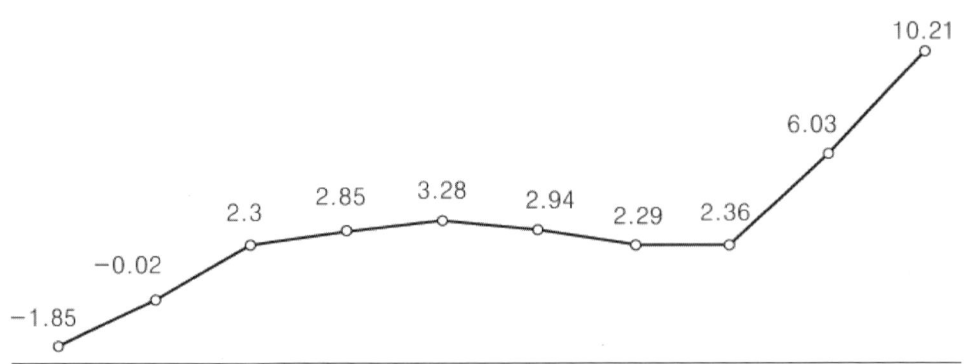

자료: UK Economic Accounts 2003, 2005, 2006, 2008, 2009를 재편집.

불가피하게 국유화됨에 따라 그간 노동당 정부가 정책패러다임으로 내세운 민영화와 시장의 자율성이라는 원칙에 정면으로 배치되는 결과로 귀결되었다.

재정정책의 측면에서 노동당 정부는 앞서 지적한 바와 같이 정부 재정적자를 최대한 적게 가져가고, 국민총생산에서 차지하는 정부부채는 40% 수준에서 유지한다는 것이다. 이를 통하여 호황과 불황(boom and burst)이라는 불안정한 경기순환을 최대한 안정적인 순환으로 전환시켜 장기적인 경제안정을 추구한다(Budd, 2010). 〈그림 2-2〉에 따르면 영국 정부는 이러한 재정정책의 기조를 안정적으로 유지하였던 것으로 나타나고 있다. 특히 2000-01년, 2001-02 회계연도에는 정부가 재정흑자를 기록하기도 하였다. 그 이후에는 약 3%를 밑도는 수준에서 정부의 재정적자가 유지되고 있는 것에서 보면 브라운 정부의 현명한 재정운용은 매우 성공적이었다고 볼 수 있다.

더욱이 재정정책의 두 번째 원칙인 정부부채의 건전성도 총 GDP의 40%를 상회하지 않아 잘 지켜지고 있음을 알 수 있다. 〈그림 2-3〉을 보면, 2000년대 초의 국민총생산에서 정부부채가 차지하는 비중은 2000년대 초반 약 30% 정도 수준에서 시작하여 완만한 상승세를 유지하면서 약간씩 상승했지만, 전반적으로는 정부가 재정정책을 통해 부채비중을 효과적으로 관리하고 있음을 알 수 있다. 그러나 이러한 현명한(prudent)한 재정정책도 2008년 세계금융위

<그림 2-3> 총 GDP 대비 정부부채의 비중

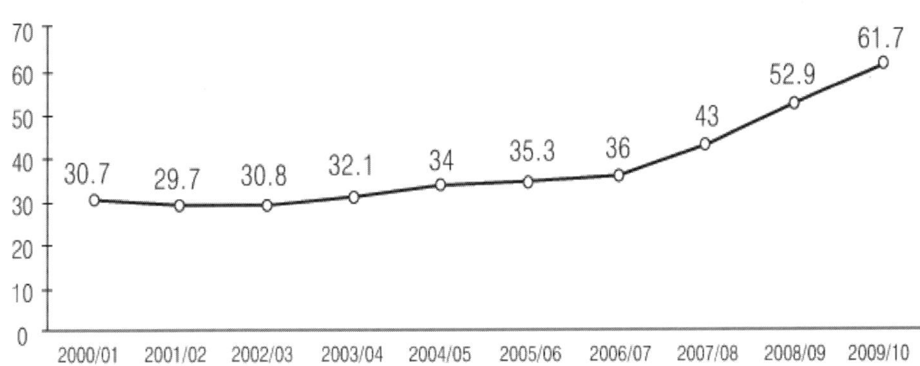

자료: UK Economic Accounts 2003, 2005, 2006, 2008, 2009를 재편집.

기에 직면하면서 통제력을 상실하고 있음을 〈그림 2-2〉, 〈그림 2-3〉을 통해 살펴볼 수 있다. 정부의 재정적자는 2007-08년 6.03%, 2008-09년 10.21%로 급격히 증가하고, 정부부채가 국민총생산에서 차지하는 비중은 2007-08년도 43%를 시작으로 2008-09년 52.9%를 넘어, 2009-10년도에는 무려 61.7%를 기록하게 되었다.

그런데 여기서 주목해야 할 점은 세계 경제위기와 맞물려 발생한 영국의 경제위기는 단순히 세계 경제위기로부터 영향을 받은 것 이외로 영국 경제의 구조적 취약성에 근거하고 있음을 주목해야 한다. 2008년 미국의 Sub-Prime Mortgage의 부실로 인해 세계적 금융위기가 촉발되기 전에 이미 영국의 Mortgage 전문금융기관인 Northern Rock의 파산으로 영국 경제는 심각한 위기 상황에 직면하였다. 이후 Royal Bank of Scotland의 등 주요 은행이 심각한 유동성 위기 및 부실채권으로 인한 자본잠식을 겪으면서 이를 막기 위해 영국 정부는 국유화를 단행하는 일련의 과정을 경험하였다. Mortgage 전문 은행의 파산에서 금융부분으로 부채가 전이되어 위기가 시작되었다는 것에서 볼 때, 영국 경제의 핵심을 가르는 위기라는 것을 잘 알 수 있다.

그렇다면 2008년 불어닥친 경제위기는 브라운 정부의 '현명한(prudent)' 재정운용과 인과관계가 있는 것인가? 앞에서 설명한 것처럼 브라운 정부는 예산 투입 등 정부의 재정정책을 통해 다양한 산업의 성장을 위한 장기 전략책을 구사하지 않고, 시장에서 경쟁력을 갖는 기업이 자생적으로 성장하도록 방임적 정책을 유지하였다. 그러나 〈표 2-2〉에서 보는 바와 같이 영국의 제조업, 건설업, 농·임·수산업 등은 경쟁력을 갖고 성장하기보다는 정체현상을 보이는데, 이러한 상황은 자연스럽게 영국의 경제성장이 부동산과 금융산업에 의존하게 하는 결과를 가져왔다.

〈표 2-3〉에서 지적한 바와 같이 실물경제의 지체현상에도 불구하고 부동산과 금융산업의 높은 성장은 부동산 및 금융상품에 대한 위험도를 인위적으로 낮게 평가하면서 더 많은 투자를 유발했을 것이다. 버블로 요약되는 이러한 현상은 궁극적으로 2008년 경제위기를 불러일으키게 된 것으로 해석된다(Stiglitz, 2009). 결과적으로 브라운이 재무부 장관과 총리로서 10여 년 이상 유지해온 현명한(prudent) 재정정책의 결과인 정부 재정수준과 정부부채 비율의 안정적 운영은 세계 경제위기로 인해 한 순간에 사라져 버리는 상황에 직면하게 된 것이다.

3 노동당 정부의 정책결과: 소득분배와 빈곤을 중심으로

노동당 정부가 경제적 측면에서 국가개입을 최소화하는 대신 사회적 목적을 착실히 실천하는 정책패러다임을 추구하였다는 점은 앞에서 설명하였다. 사회적 목적은 구체적으로 사회적 약자를 정책적으로 지원하여 사회적 형평성을 구현하는 것이었다. 그렇다면 소득계층 간의 소득분배 변화와 아동빈곤을 중심으로 분석하면서 이러한 정책논리가 어떠한 결과를 가져왔는지 살펴보기로 하겠다. 〈표 2-4〉는 영국 가구소득을 소득원천에 따라 분류한 구성 비율을 나타낸 것으로, 2007-08년 영국 가구소득에서 가장 중요한 비중을 차지하는 것은 근로소득이고 자영소득과 투자소득은 각각 10%와 11%를 차지하고

<표 2-4> 노동당 정부에서 소득구성의 변화

(단위: %)

	근로 소득	이전 소득	자영 소득	투자 소득	기타 소득	조세	총계
총소득비중 (2007-08)	66	18	10	11	3	-7	100
보수당 정부(96-97) 대비 노동당 정부(07-08)	2.4	1.2	1.3	2.0	3.7	5.3	1.9
보수당 정부(96-97) 대비 노동당 정부 전기(01-02)	4.4	1.2	2.0	1.6	4.6	7.8	3.1
노동당 정부 전기(01-02) 대비 후기 정부(07-08)	0.7	1.3	0.7	2.3	2.4	3.2	0.9

자료: Institute for Fiscal Studies(2009).

있다. 사회정책을 통해 가구에게 전달되는 이전소득은 18%를 차지하여 영국에서 복지국가의 비중을 제시하고 있다.

그리고 〈표 2-4〉를 통해 각각의 소득원천이 노동당 정부 시기 동안 어떻게 변화했는지 파악할 수 있다. 이는 노동당 정부의 정책결과와 연관되는데, 노동당이 집권한 처음 4년 간은 근로소득이 4.4% 증가했으나 후반기에는 집권 전기에 비해 0.7% 증가에 그쳤다. 그러나 이것은 국가의 사회 정책적 개입과는 관계없는 시장에서의 경제활동에 의한 것이다. 정부의 사회 정책적 노력에 의한 이전소득은 보수당 정부의 마지막 해였던 1996-97년과 브라운 정부의 2007-08년을 비교하여 볼 때 1.2%에 불과하여 적은 폭의 증가가 있었다. 이것을 다시 블레어 정부가 집권했던 노동당 전기와 주로 브라운 정부가 활동했던 후기로 나누어 보면 전기에는 1.2%가 증가한 반면 후기에는 1.3%가 증가했다. 브라운 정부에서 약간 증가폭이 크다는 점을 알 수 있으나 폭은 그리 크지 않다. 한편 정부가 가구소득에 부가하는 조세는 1996-97년 보수당 정부 대비 노동당 정부 전 기간 동안 5.3%가 증가했다. 그것은 주로 전기에 7.8%라는 대폭적 증가에 의한 것으로 후기에는 3.2%를 기록하고 있다. 참고로 영국 가구의 투자소득은 자영소득보다 비중이 높고 그 증가율도 2.0%로 자영소득이 같은 기간 기록한 1.3%보다 높다. 이것은 앞에서 논의한 바와 같이 영국의 경제가 부동산, 금융 부분의 성장에 의존하였던 것이 반영되고 있는 것으로 보인다.

〈표 2-4〉에 대한 분석을 통하여 가구의 소득에서 차지하는 정책적 개입의 규모와 변화를 알 수 있었지만, 이를 통하여 브라운 정부가 사회정책을 통하여 적극적인 노력을 전개한 것이라고 보기 어려운 정도의 소폭의 증가가 있었다. 하지만 모든 가구의 소득에 전달된 이전소득의 규모를 평균한 자료만으로 정부가 추구한 사회정책들의 효과를 정확히 파악하기는 어렵기 때문에 소득계층별 소득변화를 살펴볼 필요가 있다. 보통 최저소득계층의 소득에서 정부의 정책적 개입으로 이루어지는 이전소득의 비중이 높기 때문에 이것이 어떻게 변화하는지를 살펴보면 사회적 형평을 위한 정부의 정책결과를 보다 효과적으로 파악할 수 있다.

〈표 2-5〉는 소득계층별 실질소득 인상률을 노동당 정부 시기별로 나누어 제시하고 있다. 경제상황이 좋았던 1997-2001년 시기에는 거의 모든 소득계층에서 실질소득의 증가를 기록했다. 가장 높은 증가율을 기록한 것은 최고소득층이었으나, 최저소득계층도 2.4%의 실질소득의 상승률을 기록했음을 알

<표 2-5> 영국 소득계층별 실질가구소득 증가율

	최저 소득층	제2분위	제3분위	제4분위	최고 소득층	평균
보수당 정부 (1979-1977)	0.8	1.1	1.6	1.9	2.5	2.1
노동당 정부 (1997-2001)	2.4	2.7	2.4	2.5	2.7	3.1
노동당 정부 (2001-2005)	2.6	2.5	2.0	1.6	1.4	1.7
노동당 정부 (2005-2008)	-0.9	0.2	0.5	2.6	1.2	1.1

자료: Institute for Fiscal Studies(2009).

수 있다. 일종의 win-win 상황으로 당시 블레어 정부의 높았던 지지율의 배경을 잘 알 수 있다. 전체적으로 경제성장이 둔화된 2001-05년 시기에는 다른 소득계층보다 최저소득층의 실질소득 상승률이 가장 높게 나타났다. 이에 비해 최고소득계층은 가장 낮은 실질소득 상승률을 기록하고 있다. 이에 비해 브라운 총리가 대부분 집권한 2005-08년 시기에는 전체 가구의 실질소득 상승률이 1.1%로 낮아졌다. 대부분의 소득계층의 실질소득도 매우 적은 폭으로 증가했으나, 그 중 최고소득계층의 실질소득은 1.2% 상승했다. 그러나 이에 비해 최저소득층의 실질소득은 0.9% 줄어들어 브라운 정부가 설정한 사회적 목적과는 정반대의 결과가 나타나게 되었다.

전체적으로 노동당 정부는 정책적 노력을 통해 저소득계층의 소득을 향상시키는데 일정한 정도의 노력을 한 것도 사실이나 그 수준은 1.2-1.3%라는 미미한 정도로서 획기적인 변화를 가져올 것이라고 보기에는 어렵다. 더욱이 브라운 총리가 정부를 운영하던 시기에는 최저 소득계층의 실질소득이 감소되는 등 그 동안 축적되어 왔던 성과마저 침식되었다. 이로 인해 노동당 정부의 말기에 소득불평등도 악화되는 현상을 겪게 되었다.

아동의 빈곤감소도 비슷한 현상을 보여주었다. 노동당 정부는 아동의 빈곤수준을 상대적 빈곤개념을 기준으로 2,600,000명까지 낮추겠다는 목적을 설정

<그림 2-4> 아동 빈곤율의 변화 추이

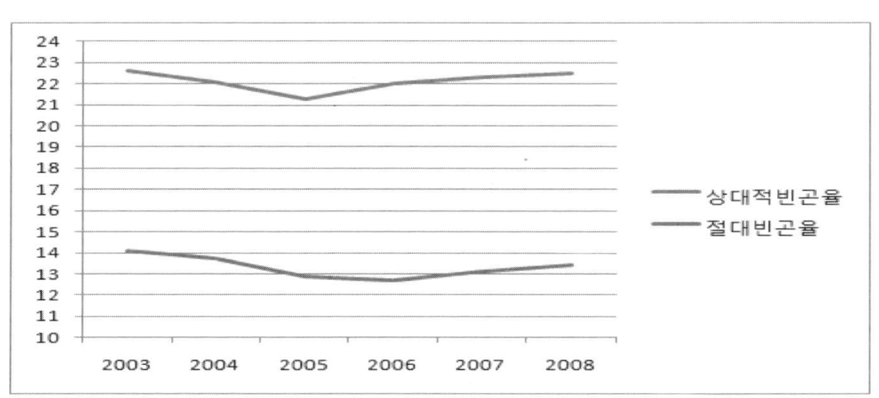

자료: Institute for Fiscal Studies(2009).

한 바 있다(IFS, 2009). 그러나 2008년 상대적 빈곤의 상황에 빠진 아동은 약 2,900,000명 정도로 그 목적을 달성하지 못하고 있다. 〈그림 2-4〉는 2003년 이후 아동 빈곤율을 나타내고 있다. 중위소득의 60%를 기준으로 하는 상대적 빈곤이나, 생활에 필요한 필수품을 기준으로 한 절대적 빈곤도 감소하는 추세를 보이다가 2005년 이후 다시 증가하고 있다.

브라운 정부는 정책패러다임의 논리로 제시한 현명한(prudent) 재정정책을 기초로 사회적 목적(purpose)을 달성하는 것이었으나, 지금까지 분석에 따르면 그러한 방향으로 정책을 추진한 것은 사실이지만 결과적으로 눈에 띄는 정책적 성과를 거두지 못한 것으로 판단된다. 영국 정부는 산업정책 등에는 시장 불개입의 입장을 견지하면서, 금융과 부동산 부분의 성장에 의존하여 경제를 이끌어 왔으나, 결과적으로 2008년 세계 금융위기로 이전까지 내실을 다져왔던 재정 건전성이나 국가 부채감소의 노력도 모두 실패하였다. 이와 동시에 정부가 추진한 사회적 목적도 커다란 진전을 보지 못하고 오히려 퇴보하는 결과를 가져왔다. 이러한 점을 종합해 보면 2010년 총선에서 노동당 정부의 패배는 불가피한 것이었다고 결론지을 수 있다.

III. 보수·자유민주당 연립정부의 정책패러다임

1 연립정부 정책패러다임의 이론적 기반

현재 연립정부의 총리로 있는 캐머런은 2005년 마이크 하워드 당수가 총선에서 패배한 뒤 보수당의 개혁과 재집권을 내걸고 당을 이어받아 2010년 연립정부의 총리직을 승계하였다. 브라운이 과거 14년간 영국 정책의 중심적 역할에 위치하였던 것에 비해 캐머런의 공공정책의 이론적 기반을 포착하기는 그 기간이 짧다고 할 수 있다. 그럼에도 불구하고 그가 영국 정치의 전면으로 등장하는 데는 노동당 지지의 하락이라는 배경이 크게 작용하기는 했지만,[3] 경제의 심각한 침체를 초래한 금융위기와 이에 따라 발생한 정부 재정적자를 해소하는 동시에 새로운 정책방향을 제시해야 하는 과제에 직면하고 있다. 그렇다면 캐머런 정부의 정책패러다임은 무엇인가? 보다 구체적으로 GDP 대비 정부 재정적자의 비중이 11%에 달하는 등 경제위기라는 상황적 특수성에서 어떻게 대응하고 있는지 포착하는 것은 연립정부의 정책패러다임을 분석하는 데 매우 유용하다고 할 수 있겠다.

캐머런은 시장주의자면서도, 스스로를 '블레어의 상속자(heir to Blair)' 라고 칭했다는 사실은 그가 전통적인 보수당 리더와 정책적 노선이 다르다는 것을 의미하는 동시에 1997년과 2001년, 2005년 총선에서 유권자들에게 각인되었던 보수당의 차갑고 부정적인 이미지를 개선하기 위한 전략으로 작용하였다. 실제로 2005년 총선에서 보수당은 유권자들에게 친숙하게 받아들여질 만한 이미지로 인식되지 않았고(Green, 2010), 1997년 총선에서도 국민들은 특정 계층에게는 좋지만, 전 계층에게는 그렇지 못하다고 판단하였다(Evans, 1999). 이러한 상황에서 캐머런은 보수당 이미지를 개선하기 위해서 유럽 연합에 대한 소극적 자세를 버리고, 환경과 NHS(National Health Service), 여성과 소수 인종에 대한 포용적 자세를 취하였다. 이렇게 볼 때 캐머런의 보수당은 분명히 노동당 정부와 차별성을 갖는 정책패러다임을 제시하기보다는 당시의 노동당 정부와 전통적인 보수당의 정책적 입장을 혼용하는 애매한 입장을 보인 것

3) 영국의 한 연구소인 Demos의 여론조사에 의하면, 2010년 총선에서 노동당을 선택하지 않은 유권자들은 정부 예산의 수준이 한계에 달할 수준이라고 인식하였고, 정부라는 존재 자체에 대해서 부정적으로 느끼는 비중이 높았다고 한다. 예를 들어, 2007년에 노동당을 지지하였지만 2010년에는 노동당을 지지하지 않은 유권자들의 55%는 NHS의 효율성 증대 추구, 하향식 국정관리방식의 종결을 원하였고, 27%는 정부라는 존재 자체를 대안이 아닌 문제점의 일부라고 생각하였다(YouGov&Demos, 2010). 이러한 수치는 2010년에 노동당에 표를 던진 유권자들에 비해 더욱 높은 수준으로써, 노동당의 정책 방향과 공공예산 삭감에 대한 인식의 전환을 모색해야 한다는 것을 의미한다.

이 사실이다.

그러나 이러한 기본적 입장에서 뚜렷한 변화를 감지할 수 있는 대목은 캐머런이 지난 총선부터 총리로 재임하고 있는 현재까지 '거대한 사회(big society)'라는 캐치프레이즈를 전면에 내세우고 있다는 점이다. 그는 거대한 사회 프로그램을 '중앙정부의 소수 엘리트들에게 집중된 권력을 거리의 일반 대중들에게 재분배하는 해방운동'으로 간략하게 묘사하고 있다. 또한 과거 노동당 정부 하에서 이뤄졌던 하향식(top-down), 엘리트(top-heavy), 통제(controlling) 중심의 국정관리방식이 3가지 측면에서 부작용을 초래하였다고 보고 있다. 우선 사회적 측면에서 책임감과 지방혁신, 시민운동의 약화와 지역공동체의 발전을 억제시켰고, 정부 측면에서는 열정 있는 공무원들을, 시민 측면에서는 정부 정책을 단순히 집행하고 적용받는 소극적이고 영혼 없는 대상으로 전락시켰다고 주장하였다. 이를 해결하기 위해서 캐머런 총리는 거대한 사회의 세 가지 요소가 필요하다고 역설한다.

첫째, 시민들이 자신들의 지역, 공동체에서 발생하는 문제를 스스로 해결하는 적극적인 의식이 필요하고, 이를 장려하기 위해서 정부는 지원하는 것이다. 이는 정부와 시민 모두 자발적 봉사와 정신, 자선문화를 확산시키고 습득하려는 자세가 필요하다는 것을 의미한다. 둘째, 전통적인 하향식 국정관리방식을 근절하기 위한 공공부문의 개혁이다. 예산 낭비와 사기 저하를 가져오는 관료제의 부작용을 줄이고 시민사회뿐만 아니라 자선단체, 사회적 기업, 민간기업이 공공서비스를 제공하도록 자유를 부여해야 한다는 것을 의미하는 것으로써, 대처 정부의 신공공관리와 같은 맥락으로 이해할 수 있다. 마지막은 지역공동체를 활성화시켜 활력 있는 사회를 건설하는 것이다. 물론 보수당은 신자유주의 정책을 통해, 노동당은 역동적인 제3섹터의 중요성을 강조하는 '제3의 길' 정치를 통해 시민사회의 영향력은 커져 갔지만 여전히 중앙정부의 적극적 역할을 전제하고 있는 것이 사실이었다(송백석 · 곽진오, 2010). 동시에 규모가 큰 이익단체들도 정당과 연계되어 있기 때문에 적극적으로 그들의 목소리를 내기가 쉽지 않다(Hill, 2009). 하지만 캐머런은 정부가 일방적으로 정책

<표 2-6> 캐머런과 보수당의 '거대한 사회'에 대한 시민들의 인지 정도

(단위:%)

	2010년 5월[1)]	2010년 7월	2010년 9월
들어본 적 있음	42	53	45
들어본 적 없음	57	47	55
기억 안남	1	*	*

1) 총선기간 시기.
자료: RSA&Ipsos Mori(2010).

을 입안하고 집행하기보다 시민이 스스로 자신들의 문제를 해결하고 국가는 뒤에서 이를 장려하는 '사회 활동(social action)' 이 중심이 되는 사회를 원하는 것이다(Asthana, 2010).

이와 같이 전통적 보수당의 '작은 정부' 라는 구호와 달리 캐머런은 거대한 사회를 내세우고 있지만, 노동당으로부터 예산삭감 계획의 비난 회피를 위한 일종의 속임수로 비난받는 것은 물론, 여당인 보수당원조차 개념이 모호하다고 비판하고 있다. 이러한 사실은 국민들에게도 적용되고 있다. 북아일랜드를 제외한 영국 국민 18세 이상의 1,004명을 대상으로 한 여론조사에 따르면, 55%가 '거대한 사회' 라는 것을 들어본 적이 없다고 응답하였다. 이는 국민들이 개념 자체에 대한 정보가 부족하다는 것을 반영한다.

정치권과 국민들의 인식적 비판과 낮은 인지도뿐만 아니라 '거대한 사회' 가 현실에서 성공적으로 제도화되기 위해서는 몇 가지 과제가 존재한다. 우선 개념과 내용, 성공전략을 수립하기 위해서 과거 대처정부가 내세우던 밀어붙이기 혹은 형식적인 논의 전략이 아닌, 성실하고 진지한 협의를 통한 방식은 국민들과 정치권의 신뢰를 받을 것이라고 생각된다. 둘째, '거대한 사회' 프로그램은 권력배분의 문제를 다루고 있기 때문에 점진적으로 진행하여 국민들의 정책학습도를 높이는 것이 중요하다. 기존의 권력을 점유하고 있는 기득권층의 반발을 최소화하고 국민들의 수용성을 증가시키기 위해서는 여유를 갖는 자세가 필요할 것이다. 셋째, 본 프로그램이 공공부문의 예산삭감과 같은 시기에 진행되기 때문에 이를 위한 연막으로 비춰지지 않도록 창의적인 정책수단을 설계함으로써 '거대한 사회' 프로그램의 성공가능성을 높일 것이다. 실제로 Ipsos Mori(2010)의 여론조사에 따르면, 응답자의 57%가 공공서비스를 감축하여 예산을 절약하기 위한 구실로 본 프로그램이 작용하고 있다고 대답하였다. 이는 현재 구체적인 내용이 부재하기 때문에 나타난 결과라는 것을 반영한다. 따라서 첫 번째와 연결되어 얼마나 내실 있고 현실적인 정책안과 향후 전략이, 얼마나 진지하게 협의되는지의 여부에 본 프로그램의 성공가능성이 달려 있다고 할 수 있다.

앞서 언급한 것처럼 캐머런 총리는 전통적인 국정관리방식의 문제점을 해결하기 위해서 '거대한 사회' 프로그램이 필요하다고 주장하면서 세 가지 성공전략을 제시하였다. 이 중 두 번째 전략, 공공부문의 개혁은 첫 번째와 세 번째 전략의 성공을 좌우할 수 있는 핵심요소인 동시에 향후 영국 경제위기를 해소할 수 있을지를 좌우한다는 점에서 가장 중요하다. 현재 영국의 공공부문 개혁은 연립정부의 재정정책을 통해 가장 잘 살펴볼 수 있다. 2010년 10월 20일은 영국의 주요 언론은 뉴스 헤드라인과 1면이 조지 오스본(George Osborne) 재무부 장관에게 집중되었다. 이 날은 향후 4년 동안 연립정부가 어떤 재정정책을 통해서 어떻게 경제위기를 극복할 것인지에 대한 재정운영계획(spending review), 즉 前 정부의 예산안을 검토하고 향후 예산전략을 의회에서 발표하는 시기였다. 앞으로 영국 경제상황이 어떻게 진행될 것인지 간접적으로 평가해 볼 수 있는 기준이기 때문에 이를 거시적으로 분석하는 것은 향후 연립정부의 정책결과를 평가하는 데 도움이 될 것이다.

2 영국 경제위기의 극복을 위한 연립정부의 재정정책수단

세계경제 위기의 조짐은 2007년 말부터 지속적으로 영국 사회 내외에서 제기되었지만 영국 국민들이 이를 위험한 요소로 인식하기 시작한 것은 2008년

<그림 2-5> 정부예산 삭감에 대한 국민들의 인식 변화

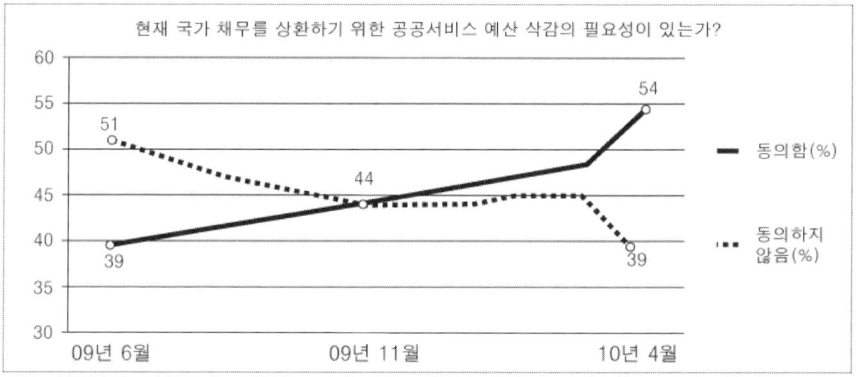

표본: 잉글랜드, 웨일즈에 거주하는 16세 이상 1,000명 대상, 2009년 6월-2010년 4월 기준.
자료: Ipsos Mori(2010).

후반부에 접어들면서였다(Ipsos Mori, 2010). 이는 경제위기가 처음에 금융시장에 즉각적으로 영향을 나타내는 반면, 실물경제로 전달되기까지 어느 정도의 기한이 소요되기 때문이다. 앞의 〈그림 2-2〉와 〈그림 2-3〉을 보더라도 07-08년 도에는 그 전의 흐름과 같은 맥락에서 유지되고 있었지만, 이것이 심화되어 08-09년도에는 정부 재정적자나 정부부채가 1년 만에 큰 폭으로 상승하였다. 이에 따라 국민들의 인식 또한 1년 만에 큰 폭으로 바뀌면서 정부예산 삭감의 여론이 일어나기 시작하였다.

위의 〈그림 2-5〉를 살펴보면 2010년 5월 총선을 앞두고, 영국 국민들은 정부의 재정건전성에 대해 깊은 불신감을 가지고 있기 때문에 정부예산을 삭감해야 한다는 여론이 더욱 크다는 것을 알 수 있다. 이러한 여론은 노동당의 재집권에는 좋지 않은 영향을 끼쳐 캐머런의 보수당이 자유민주당과 연립정부를 수립하는데 큰 영향을 끼쳤다. 보수당은 유세기간에 'big society than big government' 라는 간명한 문구로 노동당 정부의 정부 규모와 예산에 관하여 집중적으로 공격하여 유권자들에게 호소한 바 있다. 하지만 이를 논외로 하더라도 최근 7년 간 GDP대비 정부예산의 분야별 비중을 보면 점진적으로 정부예산이 증가하고 있어 지속적으로 국민들에게 부정적인 우려를 안겨준 것으로 보인다. 〈표 2-7〉에 나타난 바와 같이 여러 부문의 GDP대비 비중이 블

<표 2-7> GDP 대비 정부예산의 분야별 비중

	정부 예산	사회 보장	NHS	교육	국방	치안	교통
09-10	47.8	13.4	8.6	6.3	2.7	2.5	1.6
08-09	43.9	11.9	7.7	5.8	2.6	2.3	1.5
07-08	40.9	11.1	7.2	5.5	2.4	2.2	1.4
06-07	40.8	11.0	7.0	5.4	2.4	2.3	1.5
05-06	41.2	11.2	7.0	5.5	2.4	2.3	1.3
04-05	40.6	11.3	6.6	5.4	2.5	2.3	1.3
03-04	39.4	11.3	6.4	5.3	2.5	2.3	1.4

자료: Rogers(2010).

레어 정부 후반기부터 브라운 정부에 걸쳐서 높아진 것을 알 수 있다. 특히 브라운 정부의 후반부인 2009-10년에는 집권 초기와 비교할 때 예산 비중이 급격히 증가하는 것을 알 수 있다.

이로 인해 들어선 보수·자유민주당 연립정부는 집권 초기부터 강력한 개혁드라이브를 앞세워 영국 경제를 회복시키고자 하였다. 2010년 7월 22일에는 10월에 발표될 재정운영계획에 앞서, 재정적자 감축을 위해 세금을 올리고 공공부문 지출을 대폭 축소하는 내용의 비상긴축예산안을 발표하였다. 이는 前 노동당 정부가 마련했던 2010년 회계연도 예산안을 전면 재검토한 것으로서 부가가치세(VAT), 법인세, 양도소득세 등의 세금 인상과 3년 간 아동수당의 동결, 공무원 임금의 동결 등을 주요 골자로 하고 있다. 이에 대해 노동당과 시민단체, 진보적인 언론 매체로부터 재정감축의 부작용이 저소득층과 중산층에게 대부분 몰릴 것이라고 비판이 쏟아졌다. 하지만 영국 국민들은 총선 전보다 총선 이후 보수당의 경제정책에 대한 신뢰가 더욱 높아진 것으로 나타났다. 로이터와 Ipsos Mori의 여론조사에 따르면, 연립정부가 공공재정의 대폭 삭감을 초래할 대규모 지출감축계획을 추진하고 있음에도 야당인 노동당

<표 2-8> 각 정당 경제정책에 대한 국민들의 선호도

(단위: %)

	2009년 9월	2010년 3월	2010년 10월
보수당	3	29	38
노동당	25	26	25
자유민주당	12	12	10
기타	4	4	6
없음	13	10	8
모름	16	20	13

자료: Reuter/Ipsos Mori(2010)를 재편집.

보다 경제관리를 잘하고 있는 것으로 많은 국민들이 생각하고 있다고 한다 〈표 2-8〉. 이는 재정적자를 대처하는 데 있어서 영국 국민들이 보수당을 가장 신뢰하고 있음을 반영하는 것이다.

이 외에도 10월 14일 준 정부조직(Quango)을 1/3 가량 축소함으로써 불필요한 조직을 없애고 유사한 기능의 기관을 통 · 폐합함으로써 예산을 확보하려는 움직임을 보였다. 최종적으로 연립정부는 2010년 10월 20일 재정운영계획을 발표하였다. 본 계획안은 정부예산 810억 파운드(162조)를 삭감하는 것으로 연립정부의 표현에 의하면 '부도상태로부터 국가를 구해내는 계획' 이다. 이를 요약한 〈표 2-9〉를 살펴보면 국민들에게 기본적으로 제공되는 보건, 교육, 사회적 돌봄(social care) 등의 예산은 감축되지 않고 동결 혹은 증가하였다. 특히 교육 부문의 예산이 증가하여 미래 경제성장을 위한 성장 동력을 확충하기 위한 일종의 사회투자적인 성격을 갖는다. 이는 예산을 감축하더라도 국민들의 기본적인 삶의 질은 감소되지 않는다는 현 정부의 주장과 같은 맥락으로 볼 수 있다. 하지만 영국 정부가 전통적으로 중시하던 경찰, 국방, 중앙·지방 정부, 수당 등의 인력과 예산을 감축함으로써 이를 예산절감의 주요 수단으로 삼고 있다. 즉, 재정운영계획안을 분석하였을 때 국민들에게 직접적으로 영향이 미치는 부문을 보호하면서 인력, 예산 등 감축효과가 큰 부문에 대한 개혁을 단행하고 있다고 할 수 있겠다.

현 시점에서 연립정부의 재정운영계획안에 대한 평가가 발표 다음 날부터 정치권과 각종 연구소에서 쏟아져 나왔고, 반대하는 국민들은 총리 관저와 재무부 등 중앙정부가 몰려 있는 다우닝 거리와 웨스트민스터 국회의사당을 돌

<표 2-9> 재정운영계획안 요약

분 야	주요 내용
보건	1. 향후 4년간 NHS지출의 매년 0.4% 증가 2. 향후 4년간 GP(일반 주치의) 급료 동결
교육	1. 향후 4년간 매년 예산증가 2. 저소득층 자녀를 위한 교육혜택(pupil premium)의 제공 3. 오래된 학교의 교체 및 리모델링 예산 제공
경찰&내무부 (Home office)	1. 25%에 달하는 약 1,000억의 예산 감축 2. 대테러 예산은 감축되지 않고 동결됨
수당 (benefits)	1. 2020년 국가연금 수급연령이 66세로 연장됨 2. 70억 파운드 가량의 급여예산 감축
사회적 돌봄 (social care)	1. 20억 파운드 가량의 추가예산 지급
공공 주택 (social housing)	1. 신규 공공주택 건설예산의 60% 감축 2. 향후 4년간 44억 파운드 가량의 공공주택 예산이 감축됨
재무부 (Treasury)	1. 2014-15년까지 33% 가량의 예산감축으로 인한 공무원 수 감소, 내부운영의 효율화
중앙정부	1. 향후 4년간 49만 명의 공무원 수 감소 2. 모든 부처의 최소 33% 행정비용 감축 3. 2020년에 퇴직연령이 66세로 증가됨 4. 2012년 4월부터 공무원연금 기여율이 3%까지 인상됨
지방정부	1. 향후 4년간 잉글랜드 내 지방정부 예산이 28%까지 감축됨 2. 2014년까지 지방정부 지원예산이 7.1% 감축됨
국방·정보기관환경	1. 향후 4년간 국방비의 8% 감축 2. 향후 4년간 정보기관 예산이 동결됨
환경	1. 매년 8% 예산 감소와 함께 최종 재정운영년도까지 29%에 달하는 예산이 감축됨 2. 환경 관련 준정부기관의 감축으로 1740억 파운드에 달하는 예산이 절약됨
국제개발	1. 해외원조 예산은 감축되지 않고, 향후 4년간 115억파운드의 예산이 인상됨

면서 시위를 하고 있다. 재정운영계획안이 발표된 지 시간이 많이 지나지 않았다는 점에서 본 연구에서는 그에 대한 평가가 적절하지 않다고 생각된다. 다만 연립정부의 정책패러다임과 재정정책 수단을 알아보고 분석하는 데에 의의를 두려고 한다.

IV. 결론: 영국 정부의 정책패러다임은 변했는가?

지난 2007년부터 2010년까지 브라운 정부는 제시한 현명한(prudent) 재정정책을 기초로 사회적 목적(purpose)을 달성한다는 정책패러다임을 충실히 달성하고자 노력하였다. 그리고 2008년 세계 금융위기가 도래하기 전까지 이러한 정책은 획기적이지는 않더라도 상당한 성과를 거두었다. 경제 부분에서 착실한 성장을 지속했고, 정부의 재정적자, 부채의 규모도 목표치 아래에서 효과적으로 통제되었다. 또한 국민들의 실질소득도 더 커졌던 것이 사실이다. 그러나 본 연구의 분석에 따르면 2008년 경제위기가 도래하자 금융과 부동산에 의존한 영국 경제의 취약성이 노출되면서 그 동안 내실 있게 체질을 개선했던 정부재정과 시장의 기본적 활력성도 갑자기 사라지게 되었다. 그 결과 정부의 재정적자는 국민총생산 대비 10%를 상회하게 되었고, 정부부채는 60%를 넘게 되었다. 이와 함께 소득분배의 악화와 아동빈곤의 증가를 가져오는 등 사회적 목적에 있어서도 후퇴를 가져왔다.

여기서 제기되는 질문은 영국 정부가 추구한 정책패러다임, 즉 국가의 최소한의 개입과 재정건전성 확보를 통한 사회적 목적달성이라는 논리는 타당한 것이었으나 세계 경제위기라는 충격에 의해 그 동안 노력이 수포로 돌아간 것인가 하는 점이다. 그렇지 않다면 영국의 노동당 정부가 추구한 정책패러다임 그 자체가 내부적인 취약성을 내포하고 있는가 하는 점이다. 국가개입을 최소화하고 단기적으로 이윤창출이 가장 높았던 금융산업과 부동산 부문에 집중하는 것은 시장의 행위자로서는 자연스러운 일이나, 제조업과 무역, 농업 등은 실물경제의 부가가치의 창출에 있어서 소홀할 수 밖에 없는 구조적 취약성은 정책패러다임의 취약성을 시사한다. 더욱이 세계 경제위기가 영국과 미국에서 시작되었다는 점을 감안하면 외부충격으로서 다가온 것이 아니라 내생적으로 발생하였다고 볼 수 있다. 이러한 점을 감안하면 현명한 재정정책을 통한 사회적 목적을 달성한다는 영국 노동당 정부의 정책적 패러다임은 내적 취약성을 내포하고 있었음을 알 수 있다.

본 연구에서 논의한 바와 같이 새롭게 집권한 보수·자유민주당 연립정부는 거대한 사회(big society)라는 슬로건을 중심으로 국가보다는 시민, 제3섹터의 역할을 강조하는 입장을 내세우고 있다. 또한 국민소득의 60%를 상회하는 정부의 부채와 10%를 넘어서는 재정적자를 줄이기 위해 그 동안 정책을 전반적으로 재검토하여 앞에서 지적한 바와 같이 대대적인 재정축소 계획을 발표하였다. 그렇다면 이러한 캐머런 정부는 정책은 위기를 극복하고 영국 경제가 나아갈 새로운 정책적 패러다임을 제시하고 있는가? 이미 지적한 바와 같이 영국 정부의 새로운 정책은 최근에 발표되고 아직 본격적으로 시행되지 않았기 때문에 구체적인 정책목표는 물론 정책수단의 측면에서 불투명한 상태이다. 더욱이 정책결과가 가시적으로 나타나기 위해서는 상당한 시간이 필요로 하기 때문에 구체적인 분석이 가능하지 않은 것이 사실이다.

그럼에도 불구하고 캐머런 정부가 지금까지 제시한 정책방향이 새로운 정책패러다임을 제시하고 있는가 하는 점에 대해서는 몇 가지 측면에서 논의가 가능하다. 첫째, 새롭게 등장한 영국 정부가 제시한 거대한 사회(big society) 개념은 국가의 개입을 최소화 한다는 점에서 신자유주의에 근거한 대처, 메이저로 이어지는 보수당 정부나 블레어와 브라운 정부의 정책적 패러다임과 근본적으로 다르지 않다는 점이다. 둘째, 사회적 형평성의 제고를 위해 정부가 구체적으로 노력한다는 노동당 정부와 대비하여 캐머런 정부는 정부의 재정건전성을 위해 사회적 약자를 위한 복지 부분의 예산을 대폭적으로 축소할 계획이라는 점에서 노동당 정부와는 차별성을 갖는다. 이러한 유사점과 차이점에 비추어 보면 캐머런 정부는 새로운 정책패러다임을 제시한다기보다는 과거 대처 정부의 정책패러다임으로 회귀하는 모습을 보이는 것이 사실이다.

그러나 영국 경제가 최근 경제위기에서 보여준 취약성은 산업분야에 대한 정부 전략의 부재로 인한 제조업과 무역 등의 성장 감소에 근거하고 있다는 점을 감안하면 캐머런 정부의 정책패러다임은 영국 경제가 내포하고 있는 근본적 문제점에 대해 직접적인 대응책을 제시하고 있지 못하고 있는 것으로 판단된다. 물론 교육 분야에서는 예산 삭감을 하지 않은 것은 사실이지만, 재정건전성 회복을 위한 거의 모든 분야에서 예산 삭감만으로 영국 경제가 활력을 되찾고 공공행정 분야에서 정책방향을 제시하는 선도적 역할을 할 것으로 보기는 어려운 것이 사실이다.

이러한 잠정적 결론이 한국에 주는 시사점은 이제 한국의 정책적 방향과 행정시스템을 개선함에 있어서 영국을 비롯한 서구의 국가들이 우리에게 유용한 정책패러다임을 제시하지 못하고 있다는 것이다. 따라서 서구국가들이 최근에 직면한 어려움을 심도 있게 검토하면서 동시에 한국 나름대로의 대안을 모색할 시점이라고 판단된다. 이러한 논리가 반드시 한국의 내부에만 초점을 맞추는 방법론으로 연결될 필요는 없으나 이제 행정 및 공공정책 분야에서 보다 창의적이고 주인의식에 입각한 대안마련이 필요한 시기라고 판단된다.

 참고문헌

전영한. (2007). '정책도구의 다양성: 도구유형의 쟁점과 평가', 정부학 연구, 13(4).

송백석 · 곽진오. (2010). '영국의 제3섹터 정책과 사회적 기업 정책: 노동당 공동체주의로

이해하기', 한국사회정책, 17(2)

Asthana, A. (2010). "Coalition three months on: the 'big society", 31 July 2010, the Guardian.

Budd, A. (2010). "Fiscal Policy under Labour", National Institute Economic Review, no. 212, April.

Commission on Social Justice. (1994). Social justice: strategies for national renewal. London: Vintage.

Dorey, Peter. (2009). "The Labour Party and Constitutional Reform: A History of Constitutional Conservatism", in Parliamentary History, vol. 28. no. 3.

Evans, G. (1999). "Economics and Politics Revisited: Exploring the Decline in Conservative Support, 1992-1995", in Political Studies, vol. 47. no. 1.

Froud, J., M. Moran, A. Nillson & K. Williams. (2010). "Wasting a Crisis? Democracy and Markets in Britain after 2007", in the Political Quarterly.

Giddens, A. (1998). The Third Way: the renewal of social democracy, Cambridge: Polity Press.

Green, J. (2010). "Strategic Recovery? The Conservatives Under David Cameron", in Parliamentary Affairs, vol. 63. no. 4.

Hill, M. & Z. Irving. (2009). Understanding Social Policy. Blackwell Publisher.

Institute for Fiscal Studies. (2009). Poverty and Inequality in the UK: 2009, London: Institute for Fiscal Studies.

Ipsos Mori. (2010) "Understanding Society: Where next?", London: Ipsos Mori Social Research Institute.

Ipsos Mori. & RSA. (2010). "Majority of voters still do not know what the 'Big Society' means", London: Ipsos Mori.

King, D. (1987). The new right: politics, market and citizenship, Basingstoke: Macmillan Education.

Miliband, D. (1994). Reinventing the Left, Cambridge: Polity.

Moran, Michael. (2003). The British Regulatory State: High Modernism and Hyper-Innovation, Oxford University Press.

Muller, W. & Vincent Wright. (1994). Reshaping the State in Western Europe: The Limits to Retreat, West European Politics, Vol. 17, no. 3.

Peele, G. (2004). Governing the UK: British politics in the 21st century, Oxford:

Blackwell.

Rawls, J. (1971). A Theory of Justics: Justice as Fairness, Cambridge: Harvard Belknap Press.

Rawnsley, A. (2010). "Warm of anxiety is already eating away at Lib Dem", 27 June 2010, the Guardian.

Reuters. & Ipsos Mori. (2010). "October 2010 Political Monitor", London: Reuters.

Rogers, S. (2010) "Historic government spending by area: get the data back to 1948", 18 October 2010, the Guardian.

Sen, A. (1989). "Moral Standing of the Market", in D Helm (1989), The Economic Borders of the State, Oxford: Oxford University Press.

Stigliz, J. (2009). Interpreting the cause of the Great Recession of 2008, lecuture delibered in the BIS, Switzerland.

Toynbee, P. (2010). "Coalition government: Like flat-pack with screw missing, this deal will wobble", 12 May 2010, the Guardian.

YouGov. & Demos. (2010). "Poll shows Labour voters lost faith in the state", Press release.

제 2 장 영국의 정치와 거버넌스 체계: 웨스트민스터 모델에서 다층적 거버넌스 모델로의 전환

주 재 현 (명지대학교)

 I. 서 론

영국의 정치와 거버넌스 체계를 지칭하는 전통적인 관점은 웨스트민스터(Westminster) 모델이다. 이 모델은 의원선거상의 단순다수제 투표체제(simple plurality voting system), 의회주권(parliamentary sovereignty), 장관 및 내각의 책임(ministerial and Cabinet respon sibility), 공직윤리(public-service ethos) 등을 운영원칙으로 하는 정치 · 행정체계를 말한다. 웨스트민스터 모델은 주로 영연방에 속해 있는 국가들에서 오랫동안 민주주의적인 정치체계의 전형으로 여겨졌다. 그러나 영국 정치 · 행정과정의 실제는 웨스트민스터 모델과 괴리를 보여 왔으며, 특히 유럽연합(European Union)의 영향력 증대, 1980년대부터 진행된 행정개혁, 그리고 1990년대 후반 이후의 정치개혁 등으로 인해 영국의 정치와 거버넌스 체계를 이 전통적 모델로 설명하는 것이 점점 어려워지고 있다. 이러한 현실적 변화와 이론적 필요를 배경으로 다층적 거버넌스(multi-level governance) 모델이 대두되었다. 이 원고는 웨스트민스터 모델로부터 다층적 거버넌스 모델로의 전환이라는 이론적 논거를 토대로 영국의 정치와 거버넌스 체계를 분석하는데 그 목적을 둔다. 자료수집과 분석 및 결과해석에는 질적 접근법을 활용한다. 즉 문헌자료의 광범한 수집과 분석을 토대로 현황을 파악하며, 이 현황 파악에 근거하여 연구자의 간주관적(intersubjective) 판단이 가미된 해석과 시사점 도출이 시도된다.

제2절은 웨스트민스터 모델의 주요 구성요소를 헌정 및 선거제도, 집행부-입법부 간 관계, 이익중재기제로 구분하여 살펴본 후, 종전의 정부 정책결정과정을 정리한다. 제3절에서는 영국 보수당 정부(1979~1997년)의 행정개혁, 노동당 정부 이후(1997~2010년)의 정치개혁 및 변동, 그리고 유럽연합의 영향력 증대가 웨스트민스터 모델에 끼친 영향에 대해 논의한다. 제4절은 새롭게 대

<그림 2-6> 연구의 흐름도

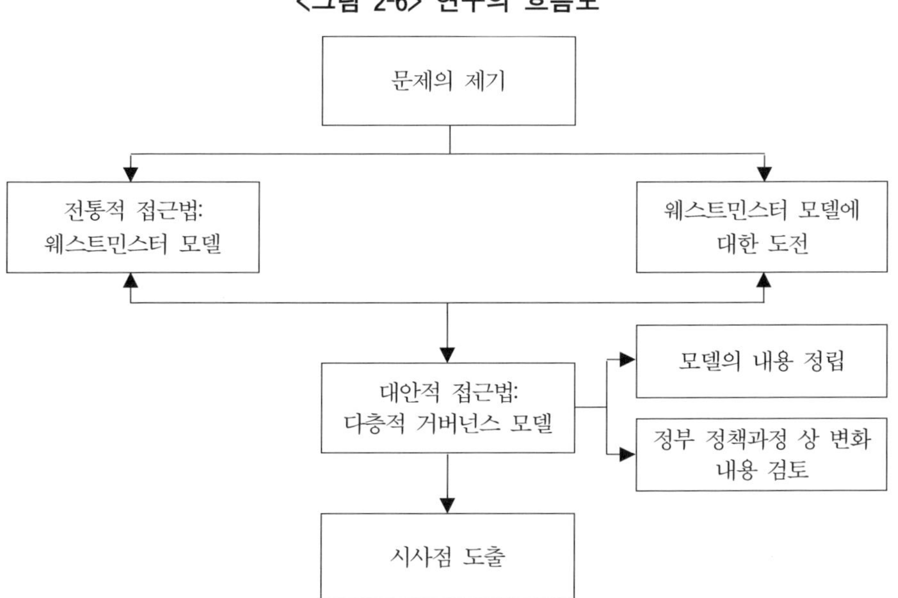

두되는 다층적 거버넌스 모델에 대해 살펴본다. 거버넌스 개념과 다층적 거버넌스 모델의 개요를 검토한 후 이를 웨스트민스터 모델과 비교한다. 이어서 최근의 영국 정책과정에서 나타나고 있는 주요 동향에 대해 검토한다. 제5절에서는 영국의 사례가 우리나라 거버넌스 체계에 주는 시사점에 대해 논의한다. 이러한 연구의 흐름을 도식화하면 〈그림 2-6〉과 같다.

II. 웨스트민스터 모델

웨스트민스터 모델은 단순다수제 투표체제로부터 시작한다. 하원의원을 선출하는데 적용되는 단순다수제 투표는 강력한 양당제와 더불어, 투표행위로 표출된 유권자들의 선호를 인위적으로 왜곡하는 하원의원 구성으로 귀결된다. 이를 토대로 비교적 강력한 단일 정당에 의한 정부가 형성되며, 행정부의 입법부 압도, 폐쇄적이고 엘리트주의적인 'Whitehall'[1] 행정과정 등의 현상이 연이어 도출된다(Dunleavy, 2006: 316-317).

1 웨스트민스터 모델의 제도적 특성[2]

1) 헌정 및 선거제도

단일국가체제(unified system) 하의 영국은 다른 구미 민주주의국가들과 달

1) 영국 런던의 중앙 관청이 모여 있는 거리로서, 영국 중앙정부의 행정 및 관료를 통칭하는 상징적인 용어이다.

2) 이하의 내용은 전통적인 웨스트민스터 모델을 대상으로 한다. 따라서 특히 1990년대 이후의 영국 정치와 거버넌스 체제는 이 장의 내용과 일치하지 않는 점이 많다. 1990년 이후의 현황은 이하의 3장과 4장에서 논의된다.

리 체계적으로 정부의 제도와 절차들을 규정하는 성문헌법이 아니라, 일련의 관습·전통·역사적 문서·의회입법 등으로 구성된 불문헌법을 지니고 있다. 불문헌법으로서의 영국 헌법이 가지고 있는 주요 원칙 중 입헌군주제(constitutional monarchy), 의회의 주권(parliamentary sovereignty), 권력의 융합(fusion of power), 정당정부(party government) 등은 주목을 요한다. '입헌군주제' 하의 국왕은 국가의 원수이며, 국민적 통합과 지속성의 상징이지만, 사실상 아무런 정치권한을 행사하지 않는다. 국왕의 이름으로 행해지는 모든 것들은 실제로는 내각책임제 하의 총리와 내각에 의해 행해지고 있다. '의회의 주권' 이란 의회의 입법이 어떠한 상위법의 제약도 받지 않는다는 것을 의미한다. 의회는 스스로의 뜻에 따라 헌법을 수정할 수 있으며 이러한 의회의 결정에 대해 사법부가 비헌법적이라고 선언할 수 없다.[3] '권력의 융합' 은 헌법에 권력의 분립이 제시되어 있지 않다는 것이다. 사법부가 분리되어 있긴 하나 의회를 견제하려고 의도하지는 않으며, 행정부는 입법부와 조직과 운영이 결합되어 있다. '정당정부' 란 특정 정당이 하원에서 과반수 의석을 차지할 때, 그 정당의 지도자가 정부를 구성한다는 것이다(Rose, 2006; 김상묵, 2005).

웨스트민스터 모델에서 영국의 입법부는 국왕, 상원(House of Lords), 하원(House of Commons)의 3부문으로 구성된다. 상원은 세습화된 작위가 있는 귀족과 정부가 지명하는 종신귀족, 법관의원, 영국국교회의 성직자로 구성된다. 하원은 각 선거구 주민을 대표하는 659명의 의원으로 구성된다. 국왕·상원·하원 세 부문의 동의에 의해 법률이 제정되지만, 국왕은 상징적 존재이며, 상원은 하원의 통치권을 인정하고 있어, 하원이 유권자에 대한 직접적 책임을 지는 사실상의 입법부이다. 영국의 하원의원 선거제도는 단순다수제(simple plurality)를 채택하고 있다. 각 하원의원 선거구에서 다수표를 얻은 일인을 당선자로 선출하는 것이다. 예비선거는 실시되지 않으며 후보자들은 지구당에서 지명된다. 이러한 의원 선거제도는 소수당들의 영향력을 약화시키

3) 1972년 영국이 유럽공동체(European Community)에 가입한 이래 의회의 통치권 원칙은 유럽연합(European Union)의 영향력에 의해 잠식되고 있다(3장 3절 참조).

고 강력한 두 정당 ―보수당, 노동당― 에 의한 양당제의 성립을 가능하게 했다(Dunleavy, 1999: 205-209).

정치적 집행부(political executive)는 국왕에 의해 임명되는 총리와 총리의 추천에 의해 국왕이 임명하는 각료로 구성된다. 국왕은 하원에서 다수 의석을 가진 정당의 지도자를 총리로 지명하며, 총리는 자신이 속한 정당원들 ―거의 대부분 의원들― 중에서 정부의 주요 구성원을 선택한다.

총리(Prime Minister)의 주요 활동은 다음과 같다. 첫째, 내각회의를 주재한다. 총리는 일주일에 한두 번씩 정부 부처의 장관들과 자리를 함께 하여 주요 정책토론을 진행한다. 또한 중요한 문제들에 관해 총리와 장관들 간에 의사소통이 이루어지도록 한다. 이때 내각의 전 구성원들은 의회와 국민에 대해서 집단적 책임(collective responsibility)을 진다. 둘째, 의회 질문시간(Question Time)에 답변을 담당한다. 일주일에 한 번씩 총리는 하원에 출석하여 의원들의 질문에 답한다. 이때 질문은 주로 야당의원들로부터 나온다. 셋째, 총리는 언론을 통해 당원들과 공중에게 자신의 활동내용을 전달하고 가능한 한 좋은 이미지를 형성하기 위해 노력한다. 넷째, 총리는 자신의 활동과 관련해서 의회에서 이미지를 향상시키는데 주의를 기울인다. 이를 위해 총리는 여당뿐 아니라 야당의원들과도 광범위하게 접촉한다. 다섯째, 당의 관리(party management)에 힘을 기울인다. 특히 총리는 재임기간 동안 총리직의 유지는 물론 법안의 통과에 필요한 표를 확보하기 위해 여당의원들의 지지를 이끌어내야 한다. 여섯째, 총선 실시 일자를 결정하며 총선에서의 승리를 위해 노력한다. 총리직을 계속 유지하기 위해서는 총선에서 승리해야 하며, 이를 위해 자신이 속한 정당이 선거에서 승리하는데 유리하도록 선거일을 택한다(신정현, 2000).

내각(Cabinet)은 의회 다수당의 지도자들로 구성되며, 입법부와 행정부 간 권력의 융합 하에서 양 부문 간의 중심적인 조정 역할을 담당한다. 내각은 약 20명의 각료로 구성되며, 정부 주요 정책에 대한 결정, 정부 정책 및 행정에 대한 조정, 의회와 관련된 의사결정, 정당에 대한 정치적 지도력 행사 등의 기능을 수행한다. 내각이 수행하는 기능은 주로 내각회의(Cabinet Meeting)를 통해 이루어진다. 그러나 내각회의의 과도한 부담을 줄이기 위해 주요 현안과 관련 있는 각료들로 구성되는 내각위원회(Cabinet Committee)가 활용되고 있다.[4] 내각위원회의 유형에는 상임위원회, 특별위원회, 실무위원회 등이 있다(Kavanagh, 1994: 373-380).

웨스트민스터 모델에서 사법부는 행정부로부터 독립되어 있고 사법부의 결정이 행정부의 지시나 통제 대상이 되지는 않는다. 그러나 사법부 역시 행정부의 권력을 제한하지 못한다. 스코틀랜드를 제외하고 사법부의 총수는 대법원장이며, 상원의장이 대법원장을 겸임한다. 즉 상원이 대법원의 역할을 수행한다. 대법원은 대법원장인 상원의장과 9명의 대법관으로 구성되어 상고심을 관할한다. 대법원장은 재판절차 및 모든 법원행정에 대한 책임을 지며 판사임명에 대한 추천권을 가진다.

2) 정치적 집행부와 입법부간 관계 및 행정 관료의 특성

웨스트민스터 모델은 의회정부 체제(parliamentary system)를 취하고 있어 의회와 정치적 집행부의 권력은 원칙적으로 융합되어 있다. 영국 헌법의 기본원칙에 의하면 의회의 기능은 국가를 통치하는 것이 아니라 정부를 통제하는 것이다. 의회는 실제 행정 각부의 활동을 통제할 수 있는 권한을 가진 유일한 기관이다. 그러나 영국은 1차 대전 이후 내각에 의회권력이 집중되면서 내각-하원간의 폐쇄적인 연계로 인해 전체 의회과정은 집권당이 통제하기에 유리하도록 되어 있기 때문에, 의회는 통법부의 역할을 하기 쉽다. 즉 의회정부 체제 하에서 내각에 의회권력이 집중되어 있으며 집권당 내부의 규율은 엄격하다(Weaver & Rockman, 1993). 영국 정부는 의회를 통과한 법에 저촉되지 않는 사항이라면 무엇이든지 할 수 있는 권한을 가지고 있다.

의회와 정치적 집행부 간의 이러한 관계 하에서 집행부의 책임성은 두 가지

4) 내각위원회는 내각회의에서 논의될 의제를 사전심의하기 위한 기관이 아니며, 내각위원회의 결정이 바로 내각회의의 결정과 같은 효력을 지닌다.

헌법적 관례에 의해 확보된다. 하나는 집단적 책임(collective responsibility)이고 다른 하나는 개별적 책임(individual responsibility) 또는 장관 책임(ministerial responsibility)이다. 전자는 각료들이 정부정책에 대하여 의회에 대해 집단적으로 책임을 진다는 것이며, 후자는 개별 각료가 자신의 부처 업무에 대하여 의회에 대해 개별적으로 책임을 진다는 것을 말한다(Kavanagh, 1994: 371-373).

집단적 책임의 핵심적 내용은 ① 정부의 각료는 특정 정부정책에 대해 개인적으로는 찬동하지 않는 경우일지라도 일단 정부정책으로 확립되면 의회에서 한 목소리로 공동 대처해야 하며, ② 만약 하원이 총리에 대한 신임투표에서 불신임을 의결한다면 총리가 국왕에게 의회의 즉각적인 해산을 요청하거나 그렇지 않을 경우 모든 각료와 함께 사임해야 한다는 것이다. 개별적/장관 책임의 핵심은 ① 정부 부처를 책임진 각료는 부처의 모든 활동에 대하여 의회에서 답변을 해야 한다는 것과, ② 만약 중대한 실패나 실수가 발생하여 의회가 불신임을 의결한 경우에는 보직에서 사임해야 한다는 것이다. 의회에 대한 정부의 책임은 웨스트민스터 모델의 중심적인 요소이다. 이 원리로 인해 정부가 의회에서 정부 활동과 계획에 대해 설명하고 정당성을 확보해야 하기 때문에, 이는 의회와 정부 간의 중요한 의사전달 기제로 기능한다.

장관 책임원리는 전문성 · 중립성 · 익명성으로 특징지어지는 행정관료들을 기반으로 해서 성립된다. 장관이 책임을 지고 있는 업무의 양과 전문성이 증가함에 따라 장관들은 자신들을 보좌할 행정관료들을 필요로 했다. 각 부처의 행정관료들은 자신이 속해 있는 부처의 장관에게 충성해야 하며, 동시에 정치적 중립성을 지킬 것으로 기대된다. 장관과 행정관료의 역할상 차이는, 장관들이 해당 부처의 모든 활동에 대해서 책임을 지는 반면, 관료는 장관을 보좌하되 해당 부처 내에서 발생한 일에 대해 비밀을 유지하고, 의회와 일반 시민들 앞에 직접적으로 노출되지 않는다는 것이다. 관료의 비밀유지원리는 '관료들은 공익을 실현하기 위해 일하는 존재로서, 정치권력과 무관하며 정직하고 신뢰할 만한 이들'이라는 관념에 의해 그 정당성을 인정받는다(Smith, 1999a: 100-108; Freedman, 1996: 155-157).

3) 이익중재 기제

이익집단의 정책과정 참여와 관련하여 영국의 정치적 전통은 정책에 대한 입법부의 심의 이전에 장관과 관료들이 관련 이해당사자들과 협의하는 것을 바람직한 것으로 여기고 있다. 이는 행정 각부와 관련 이익집단(사회세력들) 간의 협의와 협력이 있어야만 성공적인 정책집행이 행해질 수 있다는 점에서 정당성을 인정받고 있다. 이익집단들은 압력행사에 있어 의회보다는 행정부를 중요하게 생각한다. 법안의 대다수가 관료들에 의해 입안되기 때문에 법률안의 기안단계에서부터 압력을 행사하는 것이 보다 효과적이라고 보기 때문이다. 정부도 법률안이 의회에서 대폭 수정되는 것을 바라지 않기 때문에 이를 인정하고 있다. 그러나 정부정책에 대한 궁극적인 책임은 행정 각부에 있기 때문에 정부 각료와 공무원들은 이익집단과 이해당사자들이 정책을 주도하도록 허용하지 않는다(Rose, 2006; 김상묵, 2005). 그리고 이러한 정부의 주도권 유지와 이익단체를 보완적인 수단으로 보고 있는 태도는 대표적인 이익집단인 노조 및 사용자 단체와의 관계에서 두드러진다.

스웨덴 · 독일 · 네덜란드 등과는 달리 영국은 정부와 주요 이익집단들 — 노조, 사용자단체— 간의 사회적 파트너십을 강력한 형태로 유지해본 전통을 가지고 있지 않다. 제2차 세계대전 후 정부와 주요 이익집단들 간의 상호의존성이 증대함에 따라 영국 정부도 영국산업연합(CBI)과 노동조합회의(TUC) 등과 조합주의적 협력체제의 형성을 시도한 바 있다. 그 결실이 1962년 성립된 국가경제발전위원회(NEDC)였다.[5] 그러나 이는 유럽 대륙의 성공적 조합주의 체제에는 비견할 수 없는 수준에 머물렀다(윌리암스, 2003; 도리이, 2003).

영국에서 조합주의적 정책협의 구조가 적절히 뿌리내리지 못하게 한 요인들은 다음과 같다. 첫째, 의회주권 원칙이다. 조합주의적 정책협의와 사회적

5) 국가경제발전위원회는 외연적으로 사용자 · 노조 · 국가의 대표로 구성된 협의체였으며, 그 임무는 생산성 목표와 임금 가이드라인을 설정하는 것이었다. 이 위원회는 산업별로 소규모 위원회를 형성하는 등 조합주의적 활동을 시도하였다.

파트너십 체제가 성공적으로 작동하기 위해서는 정부 및 의회의 권한과 의사결정권이 노조 지도자들과 사용자 대표들에게 공유되어야 하는데 이는 의회주권 원칙을 침해하게 된다. 또한 자본과 노동의 정상 결사체(CBI, TUC)는 의회에 책임을 지지 않기 때문에 의회는 이들을 불신하게 된다. 이러한 맥락에서 의회주권 원칙은 국가와 이익집단들 간의 권력공유를 어렵게 했다. 둘째, 사회적 파트너들 —노조지도자, 사용자대표— 의 국가에 대한 의구심이다. 영국에서 자본과 노동은 공히 국가에 대한 뿌리 깊은 불신을 갖고 있다. 따라서 그들은 국가에 의한 중재보다 자신들이 직접 교섭하는 것을 선호했다. 이러한 전통은 정책협의 체제를 작동시키려는 노력에 제한을 가했다. 셋째, 자유주의적 정치문화이다. 영국민은 국가의 개입과 간섭을 부당한 것으로 여기는 정치문화를 지니고 있으며, 이 문화적 변수 역시 국가주도의 정책협의 체제에 부정적인 영향을 끼쳤다. 넷째, 사회적 파트너들의 단기주의와 할거주의이다. 특히 노조의 단기적·물질적 이해에 대한 관심으로 인해 분파주의가 조장되었고 이는 정책협의 체제의 형성·유지를 어렵게 했다. 다섯째, 산하노조에 대한 TUC의 취약한 통제력과 대표성 문제이다. 개별 기업 중심의 영국 노사관계로 인한 노사관계의 불안정이 정책협의 체제를 어렵게 만들었다(선학태, 2006: 111-115; 도리이, 2003).

2 정부 정책결정과정

의회주권 원칙에 의하면 하원은 법률안을 제안하고 정부의 재정을 통제하는 등 막강한 권력을 지닌다. 그러나 실제적으로 중요한 결정이 하원에서 이루어지는 경우는 매우 드물며, 중요한 결정은 총리와 각료, 그리고 고위관료의 상호작용에 의해 이루어졌다. 총리·각료·고위관료들로 구성된 정책결정 담당 집단은 그 구성원 수에 있어 소수이며, 이들 간의 관계는 대체로 친밀하다고 볼 수 있다. 이 집단 내에서도 핵심적인 정치적 인물들이 정책결정에 중요한 역할을 수행한다. 특히 총리는 누구보다도 중요하다. 강한 추진력을 지닌 총리는 정부를 이전과는 완전히 다른 방향으로 이끌어갈 수도 있다. 다음으로 재무부 장관(the Chancellor of the Exchequer)은 경제성장 · 조세 · 공공지출 등과 같은 정책영역에서 중요한 정책안을 결정한다(Rose, 2006).

전통적으로 영국 정책과정상에서 발생하는 의견충돌과 갈등은 그 수준에 따라 행정 각부, 재무부, 그리고 내각회의를 거치면서 조정 · 통제되었다. 행정 각부는 공공부문 종사 인력의 약 10% 정도를 고용하고 있음에도 불구하고 공공부문의 전반적 활동에 대한 효과적인 통제를 수행하였다. 행정 각부 내에는 잘 설정된 의사결정의 계층제가 확립되어 있어, 부처 내에서 발생하는 갈등은 이 계층제를 통해 해소된다.

정책결정과정에서 나타나는 보다 심각한 문제는 부처 간의 갈등이다. 영국 정책과정에서 각 부처는 소수의 관련인 —정치 · 행정엘리트, 민간전문가, 이해관련단체 대표 등— 으로 구성된 안정되고 자율적인 정책공동체(policy communities)의 중핵이다. 각 정책공동체는 타 정책공동체의 침입으로부터 자신의 정책영역을 지키고자 하며,[6] 따라서 정책공동체를 대표하는 각 부처들 간에는 종종 정책영역의 주도권을 둘러싼 갈등이 발생한다. 이 경우 부처 관료들 간에 합의가 이루어지기도 하고 비공식회의나 부처 간 위원회와 같은 방식으로 문제가 해결되기도 하지만, 그렇지 못한 경우에는 조직계층을 따라 사무차관(Permanent Secretary)[7]이나 장관에게까지 보고된다. 이 경우 재무부(the Treasury)가 정책조정의 역할을 수행할 수 있다. 재무부는 재원면에서 모든 행정활동을 조정하는 권한을 가지고 있으며, 예산편성 및 배분과정, 그리고 관리 · 감독활동을 통해 여러 부처 정책들의 우선순위를 조정함으로써 문제를

---

6) Jordan & Richardson(1982)은 이러한 현상을 영국 정책스타일(British policy style)의 하나로 보았으며, 이를 '구역화(sectorization)' 라고 명명했다.

7) 사무차관은 직업관료의 최고위직이다. 사무차관은 부처의 조직과 능률, 장관에 대한 자문을 책임지고 있다. 대부분의 경우 사무차관은 장관들보다 오랫동안 그 부처의 고위계층으로 근무했기 때문에 정책에 큰 영향을 미친다.

해결한다. 재무부를 통해서도 해결하기 어려운 부처 간 갈등은 내각회의에서 취급된다. 내각회의는 부처 간 갈등 이외에도 모든 입법안, 각 부가 해결할 수 없는 문제, 정부의 명성과 관련된 주요 주제 등을 처리한다. 내각회의에서는 의제와 관련된 부처의 장관이 먼저 발언을 하고 다른 참여자들이 토론을 한 후 마지막으로 총리가 결론을 내리며, 의제에 대한 표결은 하지 않는다(Kavanagh, 1994: 383; 김상묵, 2005). 총리는 본래 내각에서 서열 제일(prime)의 장관(minister)이다. 그러나 총리의 권한은 시대적 · 정치적 환경에 따라, 그리고 총리 개인의 성향에 따라 변한다. 어떤 총리들은 엄청난 권력을 행사한 반면, 단순히 '이사회 의장'의 역할 정도에 머문 총리들도 있었다(Dorey, 2005: 51).

정책과정에서 이익집단의 영향은 보조적인 역할에 한정된다. 정부 부처는 정책내용을 형성하는 과정에서 관련 이익집단과의 협의를 수행한다. 이와 관련하여, 정부 부처는 정책내용의 형성에 있어 다양한 자문위원회의 의견을 청취한다. 자문위원회는 관련 이익집단의 대표, 전문가, 관련 부처 공무원, 그리고 일반인들로 구성된다. 자문위원회의 기능은 단순히 정부 부처에게 전문적인 정보를 제공하고 검토 의견을 제공하는 것이다. 정책형성을 주도하는 것은 정부 부처 관료들이며, 관료들은 이익집단들과 일정한 거리를 유지하고 이익집단 대표들이나 민간전문가들이 정책과정을 주도하지 못하도록 한다.

정책안을 형성하는 과정에서 집권당 일반의원들의 영향력 행사는 매우 제한된다. 집권당 일반의원들은 야당의원들과 마찬가지로 정책안이 의회에 상정될 때 이에 대해 공식적으로 토론할 기회를 갖는다. 그러나 정당의 규율이 대체로 높은 수준에서 유지되기 때문에 총리와 내각회의를 거친 정책안에 대해 집권당 의원들이 전적인 반대를 하는 경우는 드물다.[8] 총리와 각료에 의해 발의된 정책안에 대해 반론을 제기하는 것은 대체로 야당의 몫이다. 야당은 정책형성과정에서 소외되어 있다. 그리고 그들은 여당보다 의석이 적기 때문에 주요 정책에 대해 의회에서 정부안을 부결시킬 가능성은 매우 낮다. 그러나

8) 물론 경우에 따라 집권당 일반 의원들이 총리와 각료의 의견에 반기를 드는 경우가 전혀 없는 것은 아니다. 특히 총리의 권위가 약해져 있을 경우 이런 일이 발생할 수 있다.

총리와 집권당은 발의된 정책안에 대해 야당을 설득하는데 나름대로 성의를 보인다. 또한 의회에서의 여야 간 공방이 대중매체를 통해 여론 지도자와 일반 유권자들에게 공개되기 때문에 의회에서의 정책안 논의는 일반 시민을 대상으로 한 설득과정으로 해석될 수도 있다.

III. 웨스트민스터 모델에 대한 도전

1 영국 보수당 정부(1979~1997년)의 행정개혁

보수당 정부의 개혁은 마가렛 대처와 존 메이저(John Major) 총리를 거치는 18년 동안 지속되었는데, 1980년대에는 개혁의 초점이 주로 행정 내부의 효율성을 높이는 데 있었고, 1990년대에는 개혁의 중심이 행정서비스의 질을 향상시키는 방향으로 이동했다고 볼 수 있다(서필언, 2005: 423). 여기서는 능률성 진단(efficiency scrutinies), 재정관리 개혁(Financial Management Initiative: FMI), 책임집행기관(executive agencies), 시민헌장(Citizen's Charter) 등에 한정해서 살펴본다.[9]

1) 주요 행정개혁의 내용

대처 정부가 가장 먼저 시행한 행정개혁 프로그램은 능률성 진단이다. 이 프로그램의 목적은 폐지하거나 축소할 정부기능과 행정절차를 발굴하고, 정부

9) 이 절의 내용은 주재현(2010)을 참조함.

기능수행과 관련되는 절차나 제도 중에서 비능률적인 요인을 찾아내서 이를 개선함으로써, 정부 각 부처의 낭비적 지출 요인을 없애고 능률성을 증진하는 것이었다. 이 프로그램을 수행하기 위해 대처 총리는 내각사무처(Cabinet Office)에 능률진단팀(Efficiency Unit)을 설치하고, 민간 백화점(Marks & Spencer)의 사장이었던 레이너(Rayner)로 하여금 이 사업을 담당하게 하였다. 능률진단팀은 총 8명(공무원 2명, 기업에서 파견된 민간인 3명, 일반 직원 3명)으로 구성되었다(총무처직무분석기획단(이하 기획단), 1997: 271; 서필언, 2005: 425).

구체적인 능률성진단은 진단 대상이 되는 해당 부처의 주관 하에 조사팀을 구성하여 실시하는 방식을 취하였다. 진단 대상 분야의 선정은 각 부처의 장관과 능률진단팀의 협의로 결정되었으나, 각 부처는 능률성진단을 스스로의 주관 하에 실시하였다. 능률진단팀은 이러한 작업이 잘 추진될 수 있도록 지원함과 더불어 진단의 이행을 점검하는 역할을 수행하였다(기획단, 1997: 271; 서필언, 2005: 425-426).

대처 정부 초기부터 1985년경까지 400건이 넘는 능률성진단이 행해졌으며, 종합적으로 볼 때, 능률성진단은 정부 기능 수행상의 여러 문제들을 발견했고, 상당한 비용 절감을 성취한 것으로 평가되었다. 그러나 이 프로그램은 기존 정부 구조 내에서 능률성의 향상을 추구한다는 제한된 의의를 지닌 개혁방안이었다(Gray & Jenkins, 1994: 414; 서필언, 2005: 426).

재정관리 개혁(FMI) 프로그램은 1982년 재무부(The Treasury)의 주도 하에 시행되었는데, 능률성진단보다 포괄적이어서 모든 중앙 부처와 기관들을 대상으로 하였다. FMI는 관리자들에게 자신의 임무를 수행하는데 필요한 수단을 제공한 뒤, 차후 이에 대한 책임을 묻고자 하였으며(Gray & Jenkins, 1994: 414; 기획단, 1997: 272), 이를 위해 각 부처/기관의 사업 목표를 좀더 명확히 하여 이를 예산편성에 반영하고, 예산편성과 관리 방식을 개편하여 예산집행에 대한 책임을 강화하고자 하였다(서필언, 2005: 427).

FMI의 도입은 전통적인 예산제도의 비탄력성을 극복하고, 예산의 자율성을 확대하는 것으로부터 출발하였다. 각 부처는 총 운영경비와 인력의 범위 내에서 항목이 아닌 사업단위로 예산을 편성하게 되었으며, 하부조직의 관리책임자에게 운영과 예산에 대한 권한과 그에 따른 책임을 부여하도록 하였다. 또한 각 부처가 절감한 예산에 대해서는 이월이 허용되었다(서필언, 2005: 428; 기획단, 1997: 272).

FMI는 능률성진단 프로그램보다 그 파급효과가 큰 조치로 평가된다. FMI의 시행에 따라 예산관리 권한의 하부위임과 그에 따른 책임이 강화되었다. 조직구조는 업무의 필요에 따라 재구성되고 조직구성원들은 목표를 갖게 되었으며 성과에 대한 평가와 차등적인 보상 개념이 도입되었다. 또한 관리자들의 자율성이 신장되었다. 그러나 FMI의 성과가 모든 부처에서 동일하게 나타나지는 않았다. 특히 목표의 설정이나 목표달성 정도에 대한 측정이 어려운 경우가 난점으로 제기되었으며, 공무원들이 여전히 스스로를 관리자로 보고 있는지에 대한 의문이 제기되었다(서필언, 2005: 428-429).

FMI는 정부활동의 재정적 측면에 집중함으로써 기대할 수 있는 변화의 정도가 제한될 수밖에 없었다. 이러한 맥락에서 1988년 당시 총리의 능률고문이었던 입스(Robin Ibbs)는 그간의 정부 내에 어느 정도 관리 측면의 개선이 있었는지를 조사하고, 대안을 제시하는 보고서[10]를 작성했다. 이 보고서는 그동안 상당한 관리 측면의 개선이 있었으나, 근본적인 문제점이 있다고 진단하였다. 지적된 문제점들은 다음과 같다. 첫째, 고위관료들은 정책의 형성에는 재능을 보이고 있으나, 정책집행 기능의 관리경험은 부족하다. 둘째, 행정관료들은 결과에 대한 관심이 부족하며, 관료들의 성과향상을 촉진할 외적인 압력도 충분하지 않다. 셋째, 행정관료 집단은 하나의 단위로 관리되기에는 그 규모가 너무 크다(Kemp, 1990: 187-188).

이러한 문제점을 해소하기 위해 보고서가 제시한 처방은 먼저 중앙정부의 기능을 정책형성 기능과 정책집행 기능으로 분리하는 것이다. 그리고 각 정부부처 하에 책임운영기관(executive agencies)을 두고, 정부의 정책집행 기능은

10) Ibbs Report라고도 불리는 이 보고서의 원제는 Improving Management in Government: The Next Steps이다.

그 곳에서 담당하며, 책임운영기관은 장관에 의해 정해진 정책과 재원의 틀 내에서 활동하도록 한다. 책임운영기관에 집행 기능을 넘겨준 중앙 부처는 정책적인 업무와 핵심 목표의 관리에 집중한다(Kemp, 1990: 188; 서필언, 2005: 429-430).

책임운영기관의 설치는 해당 기능의 민영화나 민간위탁이 어려운 경우로 한정하였으며, 책임운영기관은 여전히 공무원 조직이고, 근무자들은 공무원 신분을 유지했다. 책임운영기관의 장(chief executive)은 공직 내외에서 공모하여 계약에 의해 채용되도록 하였고, 조직 · 인사 등의 관리 기능에 대한 자율권을 부여받으며, 사전에 장관과 합의한 목표 및 기준에 따라 운영성과를 평가받아 이에 따른 보상을 받는다. 관리자들이 진정한 관리책임과 예산권을 지니게 되었다는 점에서 이전의 재정관리 개혁과 차별화된다. 한편, 책임운영기관의 활동에 대해서는 장관이 의회에 책임을 지지만, 책임운영기관의 장도 독자적인 책임성을 지닌다.[11] 그러나 이는 장관과 책임운영기관의 장간의 책임의 한계가 어떠한지에 대한 혼란을 야기하였다(서필언, 2005: 430-433; Kemp, 1990: 189-1993).

1990년대 들어 보수당 정부의 개혁은 서비스의 질적 수준에 대한 관심으로 진전되었다. 공공서비스의 품질과 공공서비스에 있어서의 소비자주권에 대한 인식이 본격화된 것은 1980대 말이며, 이는 1991년 7월에 발족된 '시민헌장제도' (the Citizen's Charter Initiative)를 통해서 구체화되었다(Doern, 1993: Gray & Jenkins, 1993). 시민헌장제도는 공공기관들이 자신들이 제공할 서비스의 명확한 수준(standards)을 제시한 '헌장' 을 제정하고 이를 준수하기 위해 노력하는 제도이다. 물론 제시되는 서비스의 수준은 시민들의 기대를 충족시킬 수 있을 만큼 높을 것으로 기대되며, 만약 시민들에게 약속한 수준의 서비스 제공이 이루어지지 못할 경우 시민들은 시정과 보상을 요구할 수 있다(기획단, 1997: 274-275; 서필언, 2005: 434-435).

11) 책임운영기관의 장도 하원의 특별위원회(select committee)에 출두하여 발언하여야 한다.

시민헌장제도는 중앙정부 부처나 기관뿐 아니라 국유화된 산업, 지방정부, National Health Service, 경찰과 긴급구조 서비스, 학교 및 병원 등에도 적용되었다. 전기 · 가스 · 수도 등 민영화된 공공기업들도 예외는 아니었으며 사실상 공공서비스의 대부분의 영역이 해당되었다. 한편, 서비스의 질을 향상시키려는 노력을 독려하기 위해 우수한 성과를 낸 기관에게는 '시민헌장상' (the Chartermark)을 수여하는 제도를 운영하였다(주재현, 2000).

시민헌장제도는 책임운영기관의 설치에 의해서 그 도입이 원활할 수 있었다. 1997년 노동당 정부가 집권하기까지 40개가 넘는 국가헌장(National Charters: 중앙정부 부처가 발간주체인 헌장)과 10,000개가 넘는 지방헌장(local charters: 지방 공공서비스 제공기관이 발간주체인 헌장)이 개발되었다. 이러한 과정을 거치면서 비밀주의가 중요한 한 특징이던 영국의 행정문화에 변화가 일어나고 시민들이 접할 수 있는 공개된 자료의 범위가 증가되었다고 평가되었다(Duggett, 1998: 329).

2) 영국 보수당 정부 행정개혁의 결과

보수당 정부의 행정개혁은 처음부터 체계적인 계획 하에 진행된 것은 아니다. 오히려 하나의 개혁방안을 수행한 후, 그 개혁의 후속조치를 모색하는 과정에서 다음 단계의 개혁이 도출되는 방식으로 진행되었다. 즉 각 단계 행정개혁은 성과와 더불어 한계를 보였으며, 다음 단계의 행정개혁은 이러한 한계를 보완하는 의미를 지녔다. 보수당 정부의 행정개혁 중 특히 중앙 부처 조직의 구조를 근본적으로 재구조화한 책임운영기관의 설치는 영국 행정에 엄청난 영향을 끼쳤다. 1997년 초까지 130개의 책임운영기관이 설치되었고, 책임운영기관의 운영방식을 도입하고 있는 관세청과 국세청을 포함하여 책임운영기관 형태의 기관(Next Steps Line)에 근무하는 공무원의 수는 38만 6천여 명에 달했으며, 이는 전체 국가공무원 48만 3천여 명의 약 74%에 해당했다(기획단,

1997: 298-299).

보수당 정부의 행정개혁으로 인해, 반 자율적으로 움직이는 책임운영기관과 공공기관[12]의 수 및 그 활동이 크게 확대되었다. 1980년대 중반까지 정책의 개발과 집행과정에 참여하는 행위자와 기관의 수는 일정한 정도로 제한되었다. 그러나 책임운영기관의 수가 급증하고, 기타 기관들(공공기관, 규제기관,[13] 민영화된 산업, 민간자원조직, 연구기관(think-tanks) 등)의 정책과정 관여가 증가하면서 정치적 집행부가 이 다수의 기관들을 효과적으로 통제하는 것이 쉽지 않은 과제로 부각된 것이다. 위 기관들의 확장 '의회 중심적이고 제한적인 국가' (a parliamentary, limited state)라는 관념으로부터 멀어지는 결과로 귀결되었다(Smith, 1999a: 113-114; 1999b: 204-212).

이러한 변화는 전통적인 장관 책임(ministerial responsibility) 개념도 약화시켰다. 특히 책임운영기관의 장이 직접 의회에 출석해서 발언하게 된 점은 장관 책임의 신화가 지탱될 수 없게 되었음을 보여주는 상징적인 변화였다. 물론 장관은 책임운영기관의 장에게 책임을 전가하는 등의 정치적 기동범위를 넓힐 수 있었으나, 장관 책임 개념의 약화는 궁극적으로 웨스트민스터 모델의 존립기반을 훼손하는 효과도 가져왔다.

정책과정에 다수의 자율적 · 반자율적 기관들이 참여하는 정책과정의 분절화(fragmentation) 현상은 정치적 집행부가 명령(command) 방식을 통해 참여자와 기관들을 통제하는 것보다 협상(negotiation)과 네트워크 형성 방식에 의한 통제를 지향하는 것을 불가피하게 만들었다(Smith, 1999b: 214). 그리고 이러한 파트너십 방식의 필요성은 1997년 집권한 노동당 정부에 의해 적극적으로 인

---

12) Quangos 또는 Non-Departmental Public Bodies를 말한다. 보수당 정부는 공식적인 국가구조를 사용하지 않고 사회에 개입할 수 있는 기제로서 Quangos를 활용하였다. 이 기관들을 활용하면, 국가 규모를 줄였다고 주장하면서 공공서비스를 제공하는 것이 가능했다. 특히 노동당에 의해 장악되고 있던 지방정부의 도움 없이 주민들에게 서비스를 제공할 수 있다는 의미도 지니고 있었다. 서비스 제공이라는 측면에서는 민간자원조직의 활용도 선호되었다. 특히 민간자원조직은 전통적인 관료제보다 더 전문적이고 효율적인 서비스 전달수단으로 인식되었다.

13) 민영화 이후 국가의 역할은 '직접적인 서비스 제공자'로부터 '규제자'로 변화되었으며, 이에 따라 다수의 규제기관들이 형성되었다(Majone, 1994).

지되었으며, 국정운영의 방향 설정에 반영되었다(cf. U.K. Prime Minister, 1999).

2 노동당 정부 이후(1997~2010년)의 정치개혁 및 변동

1997년 선거에서 압승을 거두고 집권한 노동당의 블레어 정부는 보수당 정부가 추진했던 행정개혁의 효과에 대응해서 파트너십 방식의 국정운영을 펼침과 동시에, 영국 정치의 체제와 운영에 대한 독자적인 개혁을 추진했다. 이 정치개혁 또한 영국 정책과정의 분절화 현상을 야기하는 요인의 하나가 되었다. 여기서는 먼저 노동당 정부 정치개혁의 배경에 대해 살펴본 후, 정치개혁의 내용과 그 한계에 대해 논의한다.

1) 노동당 정부 정치개혁의 배경

보수당과 노동당은 웨스트민스터 모델 체제에서 매우 큰 혜택을 입은 정치주체라고 할 수 있다. 20세기 전반기부터 양당지배체제를 구축함으로써 정치적 기득권을 가지게 된 두 당의 지도부 간에는 웨스트민스터 모델을 유지하는데 대한 암묵적 합의가 있다고 하겠으며, 이들 간에는 일종의 '클럽 의식(club ethos)'이 존재한다. 그런데, 1979년 집권한 보수당의 대처 정부는 이 클럽의식에 큰 손상을 입혔다. 대처 정부는 급격한 중앙집권화(centralization)를 추진하였는데, 특히 총리의 권력을 강화하였고, 공공부문의 모든 기관들을 중앙부처 장관에게 복속시켰으며, 노동당과 자유민주당이 장악하고 있던 지방정부의 권한을 약화시켰다. 즉, 대처 정부는 1985년 광역런던정부를 폐지했으며, 여타 지방정부들의 조세추출과 재정지출상의 권한을 크게 축소하였다. 그리고 지방정부가 수행했던 많은 기능들을 중앙부처 장관의 통제를 받는 준 정부기관(quasi-governmental agencies; non-departmental public bodies)에게 이전시키거나 여타 지방단위 기관들(학교, 민간업체 등)에게 위임 · 위탁했다(Johnson, 1999: 65; Dunleavy, 1997: 133-134).[14)]

이 변화의 과정에서 준 정부기관의 수가 크게 늘어났으며, 지방정부 선거에서 노동당과 자유민주당에게 패했던 지방의 보수당 세력들은 새롭게 주요 기능을 수행하게 된 준정부기관의 운영을 담당하게 되었다. 1994년에 이르러, 중앙부처 장관에 의해 관장되는 준 정부기관 임명직의 총수가 대략 42,000개에 이르렀으며, 이는 선출된 지방의원의 수를 능가하는 것이었다(Dunleavy, 1997: 133).

이상 보수당 정부가 18년에 걸쳐 집권하며 추진했던 중앙집권화는 여타 정치세력들의 극심한 불만을 동반했는데, 특히 노동당은 이전에 보수당과 공유했던 클럽의식에 심대한 손상을 입었다. 이에 야당인 노동당은 대처와 메이저 정부 기간 동안 분권화(decentralization)와 권한이양(devolution)을 주된 개혁 방향으로 하는 정치개혁을 주창하게 되었으며, 실제 집권에 성공한 1997년부터 야당시절과 선거경쟁 기간 동안 약속했던 정치개혁 프로그램을 실행에 옮기게 되었다.

2) 노동당 정부 정치개혁의 내용과 한계

노동당 정부 정치개혁에서 주목할 만한 사안들은 스코틀랜드 · 웨일즈 · 북아일랜드 지역에 대한 권한이양(devolution)과 잉글랜드의 지역화(regionalization), 공공부문 정보의 개방화, 사법기관 개혁, 인권법 제정 등이 있다. 여기서는 3절에서 논의하게 될 인권법을 제외한 정치개혁 사안들의 주요 내용에 대해 검토한다.

1997년의 주민투표에서 스코틀랜드와 웨일즈 지역의 주민들을 각 지역에 자체적인 의회를 설립하는 권한이양을 선택했다. 이에 1999년 7월, 스코틀랜

14) 메이저 정부는 지방정부에 남아 있는 권한의 범위 내에서는 대처 정부보다 훨씬 더 유연한 '파트너십' 접근을 채택했지만, 재정적 의사결정과 관련된 기존의 재량권과 준정부기관 등에 이전 · 위임 · 위탁되었던 기능들을 다시 지방정부로 환원하지는 않았다.

드와 웨일즈에서 지역의회가 출범했다. 또한 유혈사태가 빈발하던 북아일랜드에도 평화협정의 체결과 병행하여 1999년 북아일랜드 의회가 설치되었다. 스코틀랜드 의회는 웨스트민스터 모델과는 달리 비례대표 방식에 의해 의원을 선출함으로써 연립정부(coalition government)가 나타날 수 있는 가능성이 높아졌다.15) 스코틀랜드 의회는 제한된 범위에서나마 소득세를 징수할 수 있는 권한을 지녔으며, 이양된 사안들 —보건, 교육, 지방정부, 사회사업, 주택, 경제개발, 교통, 치안 등— 에 대해서 독자적인 법률을 제정할 수 있는 권한을 부여받았다. 웨일즈 의회도 웨스트민스터 의회와는 달리 비례대표제의 요소를 지닌 의원선출제도를 통해 구성되었다. 웨일즈 의회는 스코틀랜드 의회에 비해서는 그 권한 범위가 제한되었다. 즉 웨일즈 의회는 2차 법률입안권(secondary legislative abilities)만을 지니며, 조세권을 부여받지 못했다. 그러나 웨일즈 의회 역시 다수의 정책쟁점들 —보건, 교육, 지방정부, 환경, 경제발전 등— 을 직접 다룰 수 있는 충분한 권한을 지닌다. 북아일랜드 의회 역시 비례대표 방식에 의해 구성되었으며, 의회의 권한은 스코틀랜드 의회와 유사하다(Bochel & Bochel, 2004: 108-112; Dingle & Miller, 2004: 3-4).

잉글랜드 지역을 대상으로 한 권한이양은 여타 지역만큼 혁신적으로 진행되지는 않았다. 1999년 런던 지역을 제외한 잉글랜드를 여덟 지역으로 구분한 지역개발기구(Regional Development Agencies: RDAs)가 출범했다. 이 기구들의 주된 임무는 해당 지역의 투자확대와 고용기회 창출 등과 같은 지역경제 활성화였다. RDAs의 출범과 더불어 각 지역에는 지역회의(Regional Chambers)가 설립되었다. 지역회의는 해당 지역 RDA의 활동을 모니터하는 기능을 지니며, 지역 내 기업·교육기관·비영리단체·노조 등의 대표로 구성된다. 그러나 잉글랜드 주민들은 각 지역에 새로운 의회(Assemblies)의 설립을 원하지 않아, 잉글랜드 지역의 권한이양은 지역의회의 설립으로까지 나아가지는 않았

15) 실제로 1999년과 2003년 선거에서 노동당과 자유민주당의 연립정부가 수립되었다. 그러나 2007년 선거에서는 스코티쉬 민족당(Scottish National Party)에 의한 소수정부가 구성되었다.

다. 하지만 런던 지역은 예외였다. 런던 주민들을 주민투표에서 선출직 시장(Mayor)과 의회(Assembly)의 설립을 지지했으며, 이에 2000년의 선거를 통해 새로운 형태의 시 정부(city government)가 출범했다. 시의원선거는 비례대표 방식으로 진행되었고, 시의회는 광역런던의 경제 · 사회 · 환경발전을 추진하는 권한을 지니고, 런던개발기구(London Development Agency), 런던교통기구(Transport for London), 광역경찰기구(Metropolitan Police Authority) 등을 관할하며, 런던시장을 견제하는 기능을 지닌다. 한편 런던시장은 런던의 경제 · 사회 · 환경 · 교통정책 등의 영역에서 정책을 추진 · 조정하고 리더십 역할을 수행하는 역할을 부여받았다(Dorey, 2005: 248-250; Dingle & Miller, 2004: 4).

영국 정부는 전통적으로 정부 업무의 상세한 내용을 외부에 알리지 않는 '비밀주의' 의 입장을 견지했으나, 이 전통적 교리는 정보자유법(Freedom of Information Act)의 도입에 의해 도전받게 되었다. 영국 의회는 2000년 시민의 '알 권리' 개념을 인정하는 정보자유법을 통과시켰으며, 이 법의 전면적인 효력은 2005년부터 발생되고 있다. 이 법은 정보기관을 제외한 대부분의 핵심 정부 부처, 상 · 하원, 지역의회, 지방정부, 국가보건서비스 관련 기관(health authorities), 잉글랜드 · 웨일즈 · 북아일랜드 내의 공공교육기관, 치안기관, 공기업 등 광범위한 공공기관을 대상으로 한다. 이에 따라 정보자유법은 십만개가 넘는 공공기관들에게 영향을 미치고 있다. 일반적으로 정보제공을 요청받은 공공기관들은 20일 이내에 해당 요구에 대응해야 한다.[16] 매년 약 십이만건의 정보제공 요청이 발생하고 있으며, 이 중 60%는 일반 시민, 20%는 기업, 그리고 10%는 언론인에 의한다(http://en.wikipedia.org/wiki/Freedom_of_Information_Act_2000).

분권화와 권한이양을 지향하는 노동당의 정치개혁은 사법체계에 대한 변화의 압력을 동반했다. 사법체계 개혁의 요점은 사법부와 입법부/행정부 간의 명확한 권력분립을 지향하는 것이었다. 웨스트민스터 모델에서 법관들은 대법관

16) 요청받은 정보를 찾는 비용을 포함해서 £600 이상이 소요되는 사안은 거부될 수 있다.

에 의해 임명되는데, 대법관은 내각의 일원이고, 동시에 상원의장이기 때문에 법관들의 정치적 독립성과 판결의 비편파성을 제도적으로 담보할 수 없었다. 이 문제는 후술하는 유럽인권협약의 규정과도 일치하지 않는 것으로 지적되고 있었다. 이런 배경 하에 노동당 정부는 2005년 영국 상원의 구조를 개혁하는 과정에서 사법체계의 개혁도 함께 추진하였다. 즉 대법원장(Lord Chancellor)의 입법·사법·행정기능을 분리하여, 행정부는 정의부 장관(Secretary of State for Justice and Lord Chancellor), 사법부는 최고대법관(Lord Chief Justice), 입법부는 상원의장(Lord Speaker)으로 분리하였다. 따라서 종전의 상원의장직을 수행하는 대법원장직은 폐지되었으며, 대법관의 역할은 2009년부터 새로 형성된 영국 대법원(Supreme Court of the UK)에서 수행하게 되었다(Dingle & Miller, 2004: 3; http://en.wikipedia.org/wiki/Constitution_of_the_United_Kingdom).

그러나 이상 정리한 정치개혁의 효과는 중앙정부, 특히 총리와 내각의 영향력을 지속적으로 유지하고자 하는 노동당 정부의 의도에 의해 어느 정도 상쇄되고 있다(Bochel & Bochel, 2004: 107). 권한이양에 의해 신설된 지역의회와 기관들이 성공적으로 작동하기 위해서는 적절한 재원이 확보되어야 한다. 그러나 이 신설기관들은 여전히 런던의 웨스트민스터 의회와 행정부처의 재정통제 하에 놓여 있어, 활동상의 재량에 심대한 제약을 받고 있다(Dunleavy, 1997: 138; Dorey, 2005: 249). 또한 정보자유법은 여러 형태의 정보공개 면제규정을 담고 있으며, 정보공개를 요청받은 공공기관들은 이 면제규정을 토대로 정보의 공개여부를 스스로 판단할 수 있어, 정보자유법의 실효성에 의문이 제기되고 있다. 요청했던 정보를 제공받지 못한 시민과 기관은 정부의 정보공개담당관(Information Commissioner)에게 청원을 제기할 수 있고, 정보공개담당관은 해당 공공기관에게 정보공개를 명령할 수 있으나, 정보공개담당관의 명령은 특별행정심판(the Information Tribunal)에 부쳐져서 무효화될 수 있다(http://en.wikipedia.org/wiki/Freedom_of_Information_Act_2000). 무엇보다도 영국 하원의 선거체제는 비례대표제적인 요소를 가미하라는 사회적 요구에도 불구하고, 2010년에 이르기까지 여전히 단순다수제로 유지되고 있다.

이러한 한계에도 불구하고, 노동당 정부의 정치개혁은 잉글랜드 이외 지역과 광역런던 지역에서 영국 정부와 의회의 영향력을 약화시켰으며, 사법기관의 자율적 활동 강화와 일반시민의 정보획득 권한 증대에 따라 정부와 의회가 상대적으로 더 위축되는 현상이 나타났음을 부정할 수 없다. 또한 2010년 선거에서는 제2차 세계대전 이후 최초로 보수당과 자유민주당의 연립정부가 설립되어, 웨스트민스터 모델을 기저에서 받쳐주는 단순다수제 하원 선거제도를 개혁하려는 움직임이 나타나고 있다.[17]

3 유럽연합의 영향력 증대

1) 유럽연합 개요

제2차 세계대전을 겪은 후 유럽국가들은 전쟁의 재발을 방지하기 위한 수단의 하나로 1952년 프랑스의 주도 하에 석탄 및 강철 등의 자원을 공동개발을 추진하였다. 이러한 작업을 통해 유럽국가들 간의 공동체의식을 강화할 수 있을 것으로 믿었기 때문이다. 이러한 노력은 어느 정도 성과를 보였고, 이에 협력의 영역이 점차 확대되었으며, 1965년에 유럽경제공동체(European Economic Community)가 이러한 노력을 대표하는 기구가 되었다. 이후 1992년 유럽경제공동체가 유럽공동체(European Community: EC)로 명칭이 변경되었으며, 같은 해에 유럽연합조약에 의해서 유럽연합(European Union: EU)이 탄생되었다. EU는 유럽국가들이 경제적·정치적 통합을 자발적으로 받아들여, 더욱 상호의존적인 관계를 형성하기 위해 존재하는 것으로 인식되었으며, 유럽의 정치 엘리트들은 통합에 근접해갈수록 유럽이 더 부유해지고 강해질 것이라는

---

17) 2010년 연립정부의 부총리인 N. Clegg 자유민주당 당수의 주도 하에 단순다수제를 선호투표제(The Alternative Vote system)로 전환하려는 노력이 진행되고 있다(중앙일보, 2010, 14면).

믿음을 공유하는 것으로 생각되었다(Peterson, 1999: 255).

EU의 주요 기관들은 다음과 같다(Bochel & Bochel, 2004: 104-105; http://en.wikipedia.org/wiki/European_Union).

- 유럽평의회(European Council): EU의 최상위 권위체로서 27개 회원국의 대표(국가나 정부의 수장)와 유럽위원회(European Commission)의 장, 그리고 평의회의 대통령으로 구성된다. EU의 정책의제와 전략을 규정하고, 회원국 간의 분쟁과 주요 정치적 위기와 쟁점을 해소하며, 주요 문서(국제협약서 등)에 비준하는 역할을 담당한다.
- 유럽장관회의(European Council of Ministers): 유럽연합의 핵심적인 입법기관이다. 27개 회원국의 장관들로 구성되며, 논의 주제에 따라 회의의 구성원이 변한다. 아래에서 서술하는 유럽위원회의 제안에 따라 유럽의회와 더불어 법률을 제정한다.[18]
- 유럽위원회(European Commission): EU의 정책형성을 주도하고 장관회의의 결정을 집행하며 일상적인 관리를 책임지는 EU의 행정(집행)기관이다. 유럽의 제 협약을 수호하고, EU의 입법내용이 각 회원국에서 실행에 옮겨지는 과정을 관장한다. EC는 내각의 장관과 같은 역할을 수행하는 27명의 위원(Commissioner)[19]으로 구성되며 그 중의 1명이 위원회의 수장이 된다. 이 위원회 수장은 유럽평의회에 의해 임명되며, 다른 26명의 위원은 수장의 동의하에 유럽장관회의에 의해 임명되고, 이들은 이어서 유럽의회의 승인을 받아야 된다.
- 유럽의회(European Parliament): 유럽장관회의와 더불어 EU의 입법을 담당한다. 의회와 장관회의는 공동으로 법안과 예산안을 심의·의결한다. 유럽위원회는 의회에 책임을 진다. 유럽의회는 736명[20]의 의원(Members of the

18) 전통적으로 유럽의회는 입법에 큰 영향을 행사하지 못했다. 따라서 EU의 입법은 장관회의가 주도했었으나, 최근 들어 의회의 권한이 확장되어, 현재에는 의회와 장관회의가 입법권을 반분하고 있다.

19) 각 회원국에서 1명씩의 위원을 보유하고 있다.

20) 곧 751명이 될 예정이다.

European Parliament)으로 구성되며, 5년마다 각국 유권자들에 의해서 직접 선출된다. 의장과 부의장은 의원들로부터 2년 반마다 선출된다.

• 사법기관(Courts): EU의 사법기관은 유럽법원, 일반법원, 행정심판소로 구성된다. 유럽법원(Court of Justice)은 회원국과 주요 기관들에 의해서 제기된 사례, 그리고 회원국 법원에서 의뢰된 사례들을 취급한다. 일반법원은 회원국 내 기인과 회사들이 EU법원으로 직접 제기한 사안들을 다루며, 행정심판소는 EU와 그 행정공무원 간의 분쟁사안을 처리한다. 특히 EU의 법률은 회원국 법률에 우선하는 것으로 되어 있기 때문에, 유럽법원은 유럽위원회와 회원국 정부 간의 분규를 취급하게 된다.

2) 웨스트민스터 모델에 대한 유럽연합의 영향

지역적으로 영국이 유럽의 일부라는 점은 분명하나, 영국민은 자신들을 유럽대륙과 구분하는 경향을 보인다. 역사적으로 영국은 유럽의 권력균형을 유지하려는 목표를 지녔으며, 제2차 세계대전 후 영국의 관심의 정향은 주로 영연방과 미국을 향했다. 영국이 1973년에 뒤늦게 유럽공동체에 가입한 후에도 영국은 유럽의 경제 및 정치 협력의 증진을 위한 모든 단계에서 회의적인 입장을 견지하였으며, 지금도 전 회원국 중에서 유럽의 통합에 대해 가장 조심스러운 입장을 취하고 있다(cf. Freedman, 1996: 316).

EC(EU)에 대한 영국의 이러한 인식의 배경에는 영국 내 신우파와 좌파 모두가 EC(EU)를 부정적으로 보고 있다는 점이 놓여 있다. 신우파는 유럽공동체를 사회주의적인 위협세력으로 인식하였고, 유럽통합을 통해 영국의 주권을 상실할 것을 두려워했다. 특히 대처 총리에 있어 유럽은 단지 영국 자본주의를 위한 시장의 의미를 지닐 뿐, 정치적 통합 등은 전혀 받아들일 수 없는 사안이었다. 한편 좌파들은 유럽의 통합이 자유무역을 통해 자본주의를 더욱 강하게 하고, 이에 따라 사회주의의 이상과 노동계급의 영향력에 부정적인 효과가 나타날 것을 우려했다(Kingdom, 1991: 81; Freedman, 1996: 317). 이러한 배경에서 영국 역대 정부들의 대유럽정책은 유럽통합의 추세를 저지하고, 영국 국가와 의회의 주권과 독립성을 지키는 것을 주된 목표로 하였다. 1997년 집권한 노동당 정부는 이전 정부들에 비해 매우 유연한 대유럽전략을 채택하였으나, '기본적인 사항들' —조세, 경제관리, 사회보장, 이민, 외교·국방 등— 에 있어 종래의 기존 입장을 유지함으로써 영국의 전형에서 벗어나지 않았다(Smith, 2006: 164-165).

그러나 전통적인 웨스트민스터 모델을 고수하고자 했던 영국 정부들의 노력에도 불구하고, 유럽연합은 지속적으로 웨스트민스터 모델에 대한 도전이 되었다. 영국이 유럽연합의 회원국이 된다는 것은 곧 유럽연합에서 만들어진 법들이 영국 의회에서 입안된 법들에 우선한다는 것을 받아들인다는 의미를 지니기 때문이다.[21] 이런 점에서 유럽통합의 진전과 웨스트민스터 모델의 고수 간에는 일종의 제로섬 게임이 존재한다고 볼 수 있다. 전자가 진행되는 만큼 후자는 후퇴할 수밖에 없는 상태에 있다(Peterson, 1999: 253). 아직 양자 간의 관계가 한 쪽 방향으로 완전히 넘어간 상태는 아니지만, 웨스트민스터 모델에 상당한 충격이 가해졌다는 점은 부정할 수 없는 사실이라고 하겠다.

1990년대 중반을 기준으로 할 때, EU 회원국들이 새롭게 입안하는 국내법의 1/2~1/3 정도가 EU법률에서 연유하고 있어, EU는 이미 상당한 정도의 초국가적인 권력을 행사하고 있다는 분석이 있다(Peterson, 1999: 255). 유사한 맥락에서 영국 내에서 형성되는 신경제규제 및 사회규제의 70% 정도가 EU 법률에 기원을 두고 있으며, 영국 내 핵심적 쟁점에 대한 통제가 이미 EU 수준으로 상향되어 취급되고 있다는 지적이 존재한다(Dunleavy, 2006: 337).[22]

이러한 맥락에서 영국의 각종 기관과 제도들(institutions)은 EU의 요구에 적응해야 했고, 영국의회가 유럽과 관련된 사안을 취급하기 위해 사용하는 시

21) EU의 법령은 회원국 의회의 동의 여부에 관계없이 회원국에 그대로 적용되며, EU의 법령과 회원국 법령이 충돌할 경우 EU의 법령이 우선하고, 논란이 발생할 경우에는 법원이 이에 대한 결정권을 행사한다. EU 회원국이 적용받는 기본적인 규정에는 각종 조약(Treaties), 유럽인권협약, 유럽법원의 판결 등이 있다(서필언, 2005: 31).

22) 모든 정책 영역에서 EU의 영향이 동등한 정도로 작용하는 것은 아니다. 특정 정책영역(농업, 무역/산업 등)이 여타 영역에 비해 EU의 영향에 더 민감하다(Dorey, 2005: 234).

간은 지속적으로 증가되었으며, 관료제 내에도 유럽에 대응하기 위한 부서들이 늘어났다. 한편, 다수의 지방정부들은 영국 의회와 중앙정부를 거치지 않고 EU와 직접 접촉하는 빈도가 늘어나고 있으며, 각종 압력단체들(예컨대, 노조, 환경단체 등)도 영국 정부와 의회를 무력화하기 위한 수단으로 대 EU 활동을 증대시켰다(Freedman, 1996: 320). 사법적 측면에서도 EU의 영향력이 커졌다. 노동당 정부는 1998년 인권법(Human Rights Act)을 제정하여 유럽인권협약(European Convention on Human Rights)의 주요 내용을 수용하였다. 이에 따라 영국 사법체계의 운용에 있어 EU 차원이 개입하는 것을 피할 수 없게 되었으며, 특히 이민자 · 난민 · 망명요구자 등의 인권문제와 대테러 입법의 채택에 있어 EU의 영향이 크게 작용하게 되었다(Smith, 2006: 163).[23]

EU법령의 영국 내 적용과 권한 확대에 따라 나타난 새로운 변화들을 정리하면 다음과 같다. 첫째, 종전에 영국 의회가 제정한 법률들 간에는 서열이 없었지만, EU의 법령이 영국 내에 적용되면서 법령 간의 서열이 나타나게 되었다. 둘째, EU법령과 영국 국내법이 충돌할 경우, 이를 판단할 수 있는 권한을 상위법원이 가지게 되었다. 웨스트민스터 모델에서는 이러한 판단 권한을 모두 영국 의회가 행사하는 것으로 되어 있었으나, 이제는 상황에 따라 의회가 아닌 다른 주체도 이러한 결정권을 행사하는 변화가 발생한 것이다. 셋째, 영국이 국내법에 우선하는 EU법령을 적용받게 됨으로써, 영국도 법률보다 상위의 성문헌법과 유사한 존재의 규정을 받게 되었다. 넷째, 영국 내 공공정책에 관한 의사결정 권한의 상당부분이 영국 의회에서 EU로 이관됨으로써, 특정 분야에서는 영국의 독자적인 자

---

23) 인권법은 영국의 판사들이 유럽법원의 판결을 참조하고, 유럽인권협약의 내용과 취지에 어긋나지 않는 법해석을 할 것을 요구하고 있다. 그러나 인권법은 영국 판사들이 영국 의회의 특정 법률의 내용이 유럽인권협약의 취지와 걸맞지 않는다고 판단할 경우라도 의회의 법을 무효로 하지는 못하도록 하고 있다. 판사에게 허락된 권한은 영국 의회의 법률과 '협약'이 상호 부합되지 않는 점이 있다는 것을 공표하는 것에 한정되는데, 이 공표가 영국 의회 법률의 타당성에 영향을 미치지는 않는다. 이는 영국의 인권법이 여전히 '의회주권' 원칙을 수용하고 있음을 보여준다. 그러나 이러한 제한된 결과에 만족하지 못하는 영국 내 개인은 이 쟁점을 유럽법원으로 가져갈 수 있다(http://en.wikipedia.org/wiki/Human_Rights_Act_1998).

주권 행사가 제한되고, EU와의 협의와 공동 이해에 따라 제약을 받게 됨으로써, 영국의 각종 행정제도도 이러한 변화의 영향을 받게 되었다(서필언, 2005: 32).

보수당 정부(대처 정부 및 메이저 정부)와 노동당 정부(블레어 정부 및 브라운 정부)를 거치면서 EU로부터 가해진 대외적인 충격은 웨스트민스터 모델의 핵심 원리인 의회주권과 장관 책임 개념에 심대한 도전을 가하였다. 영국 의회와 내각의 결정에 제약을 가할 수 있는 주체(즉, EU)가 존재한다는 관념은 영국 정치·행정·사법체계의 틀을 변화시키고 있으며, 그 틀 내에서 활동하는 행위자들의 인식과 행동에 영향을 끼쳤다. 앞서 살펴본 행정 및 정치개혁과 더불어 EU의 영향력 증대로 인해 웨스트민스터 모델로는 설명하기 어려운 현상들이 나타났으며, 이는 영국 정치와 거버넌스 체계에 관한 패러다임의 변화를 필요로 한다.

IV. 대안적 접근법의 대두: 다층적 거버넌스 모델

영국 정치와 거버넌스 체계를 파악하기 위한 패러다임은 현재 웨스트민스터 모델로부터 다층적 거버넌스 모델로의 전환과정에 있다. 물론 아직 웨스트민스터 모델의 설명력과 영향력이 완전히 소멸된 것은 아니다. 그러나 기존 모델에 대한 새로운 접근법의 도전이 강력하게 진행되고 있으며, 이 새로운 접근법이 '다층적 거버넌스 모델'로 명명될 수 있다는데 대해 다수의 학자들이 동의하고 있는 상황이다(Bache & Flinders, 2004a; Bochel & Bochel, 2004; Dorey, 2005; Flinders, 2006; Smith, 2006). 아래에서는 먼저 다층적 거버넌스 모델의 토대가 되는 거버넌스 개념과 네트워크 접근에 대해 살펴본 후, 다층적 거버넌스 모델을 웨스트민스터 모델과 대비하여 정리한다. 다음으로, 이러한 다층적 거버넌스 모델을 준거로 해서 영국의 정책형성의 새로운 특징에 대해 논의한다.

1 거버넌스 개념과 다층적 거버넌스 모델

국가와 사회를 대립적인 존재로 파악하는 관점에서는, 한 국가 내의 자원을 권위적으로 배분하고 또 통제와 조정을 행사하는 통치구조를 계층제와 시장의 이분법으로 파악한다(Williamson, 1975; Lindblom, 1977; Wolf, 1988). 그러나 이러한 이분법을 극복하고 계층제와 시장에 더하여 네트워크(networks)를 또 하나의 통치구조로 파악하는 새로운 관점에서는 국가와 사회가 대립적인 존재가 아니라 서로 협력하고 신뢰하는 존재로 파악된다(Rhodes, 1996; Kooiman, 2003). 세 개의 통치구조를 제시하고 있는 관점에서 지적하고 있는 사항은 이 세 통치구조 중 하나를 선택하는 것은 이념적인 선택의 문제가 아니라 실질적인 필요성에 근거한다는 것이다(Rhodes, 1996: 653). 따라서 역동성 · 복합성 · 다양성을 그 특징으로 하는 현대사회(Kooiman, 2003)에 있어 가장 효과성이 높은 통치구조는 계층제나 시장이 아니라 바로 네트워크라는 진단과 이에 대한 믿음이 이 새로운 통치구조의 등장배경을 형성하고 있다. 이처럼 네트워크를 강조하고 협력과 신뢰형성을 중요시하는 관점은 거버넌스[24] 개념과 밀접한 연관성을 지니고 있다.

거버넌스 개념에 대한 다양한 용법 중에서, 통치구조에 대한 이분법적 관점을 넘어서서 새로운 접근을 가능하게 하는 개념적 포괄성을 지닌 거버넌스 개념은 사회적 사이버네틱스 체계(socio-cybernetic system)와 자기조직화 네트워크(self-organizing networks)의 용법이라 하겠으며, 따라서 본 연구에서는 Rhodes의 정의를 받아들여 거버넌스를 '자기 조직화하는 조직 간의 네트워크' 로 정의

24) Rhodes (1996: 653-659)의 정리에 따르면 거버넌스라는 개념은 최소한 다음과 같은 여섯 가지 의미로 사용되고 있다. 첫째, 거버넌스를 최소국가 (minimal state)로 이해하는 것이다. 둘째, 거버넌스를 기업거버넌스 (corporate governance)로 이해하는 것으로서 이는 민간부문과도 같은 정보의 개방, 완결성, 그리고 책임 있는 역할 수행을 공공부문에 적용하는 것을 의미한다. 셋째, 거버넌스를 신공공관리 (New Public Management)로 파악하는 것이다. 넷째, 거버넌스가 '바람직한 국가운영' (good governance)을 의미하는 경우로서, 이는 개발도상국이 갖춰 나가야 할 자유민주주의체제를 신공공관리 개념과 접맥시켜 놓은 것을 말한다. 다섯째, 거버넌스를 사회적 사이버네틱스 체계 (socio-cybernetic system)로 이해하는 것이다. 여섯째, 자기조직화 네트워크 (self-organizing networks)로 거버넌스를 해석하는 관점이다.

한다(Rhodes, 1996: 660). 이렇게 정의된 거버넌스의 특징은 첫째, 조직들 간의 상호의존성이다. 거버넌스는 정부(government)보다 폭넓은 개념으로서 정부 외의 행위자들도 포함한다. 이에 따라 정부부문 · 시장부문 · 자원부문 간의 경계가 불분명해지게 된다. 둘째, 자원을 교환하고 목적을 공유할 필요성을 지닌 네트워크 참여자들 간에 지속적인 상호작용이 존재한다. 셋째, 이러한 상호작용은 신뢰와 협조에 그 뿌리를 두고 있으며, 또한 네트워크 참여자들 간의 협상과정을 거쳐 동의된 게임의 규칙에 의해서 규제된다. 넷째, 정부가 네트워크를 조정(steering)할 수는 있지만, 그것은 간접적이고 불완전한 형태에 머문다. 네트워크는 정부로부터 상당한 정도의 자율성을 지니고 있으며 자기조직화한다. 네트워크 내에서의 정부의 역할은 사회 · 정치적 상호작용을 가능하게 하고, 문제해결을 위한 다양한 노력을 조장하는 것이다(주재현, 2004: 153-154).

Smith(1999a: 116-117; 1999b: 15-16)가 정리하고 있는 바와 같이, 영국의 핵심집행부(core executive)는 거버넌스 개념이 상정하고 있는 현상과 잘 조응한다. 즉 웨스트민스터 모델이 기술하는 바와는 다르게, 영국 중앙정부 운영에는 다수의 기관들이 관여하고 있으며, 권력이 소수의 기관에 집중되어 있기보다는 여러 기관들에 수평적으로 분산되어 있다. 또한 중앙정부의 경계가 과거와는 달리 명료하지 않고, 핵심집행부 내 · 외의 여러 상호의존적인 행위자와 집단들 간에 복합적인 네트워크가 구축되어 그들 간의 지속적이고 복잡한 형태의 상호작용(협상 · 타협)이 발생하고 있다.

그러나 3장에서 살펴본 대로 영국의 정치와 정책형성과정의 참여자는 국내행위자에 한정되지 않는다. 영국 정치와 정책에 대한 초국가적 존재 —특히 EU— 의 영향력 증대는 '거버넌스'를 '다층적 거버넌스' 개념으로 확장시켰다. 다층적 거버넌스 모델은 정치 및 정책과정에서의 영향력이 다양한 수준의 정부뿐 아니라 이익집단, NGOs, 기업, 개인 등 다수의 행위자들에 의해 공유되는 것으로 파악한다. 다시 말해서, 다층적 거버넌스 이론에 의하면 초국가적 조직이나 기구, 국가, 지방정부, 기업, 이익단체 혹은 NGOs, 그리고 개인에 이르기까지 다양한 행위자들이 국가와 사회 이슈에 참여하여 영향력을 행

<표 2-10> 웨스트민스터 모델과 다층적 거버넌스 모델의 비교

구분	웨스트민스터 모델	다층적 거버넌스 모델
전제	- 중앙집중화된 국가	- 분화된 국가
일반 운영원리	- 계층제적 통제 - 명확한 책임의 연계	- 조종(steering) - 복합적인 책임의 연계
외적(external) 차원	- 국가주권 - 영국 외교정책	- 공유되고 타협된 주권 - 복합적인 외교정책
내적(internal) 차원	- 단일국가(unitary state) - 의회주권 - 강력한 행정부 - 통합된 공무원 조직 - 정치적 헌법	- 준 연방국가 - 다층적인 기관 간 협상 - 분절화된 행정부 - 파편화된 공무원 조직 - 준사법적 헌법

자료: Bache & Flinders(2004b: 100)을 재구성함.

사한다는 것이다. 이들 다양한 행위자들은 정치적, 경제적, 사회적 및 정책적 영향력을 지니고 있으며, 그들 간의 상호작용을 통해서 정치·정책의제의 방향을 조정해 나가게 된다(Bache & Flinders, 2004a).

다층적 거버넌스 모델에서 전통적인 민족국가의 권력 중 일부는 초국가적 조직이나 다국적 기업으로 상향 이전되고, 또 다른 일부는 지역수준의 정부로 하향 이전된다. 따라서 다층적 거버넌스 모델에서는 수직적 및 수평적 차원 상의 협력이 강조된다. 수직적 차원에서는 초국가적 조직으로부터 민족국가·지역·지방까지의 여러 수준의 정부·기관들 간의 협력이며, 수평적 차원에서는 공공·민간·자원부문에 속해 있는 기관들 간의 협력이다. 따라서 다층적 거버넌스 모델에서 정치 및 정책과정 상의 참여자 —정부기관, 민간기업 및 단체, 비영리조직 등— 는 지방·지역·국가·초국가 수준을 배경으로 해서 나타나며, 그들은 상·하 수준간의 연결은 물론 자신의 수준에서 여러 행위자들과 다양한 범위의 관련을 맺고 있다(Dorey, 2004: 219).

웨스트민스터 모델과 다층적 거버넌스 모델의 주요 특징을 비교하면 <표 2-10>과 같다. 웨스트민스터 모델(WM)은 중앙집중화된 국가를 전제로 하는 반면, 다층적 거버넌스 모델(MLG)은 분화된(differentiated) 국가를 전제로 한다. 일반 운영원리에 있어, WM은 계층제적 통제와 명확한 책임의 연계를 강조하지만, MLG는 조종(steering)과 복합적인 책임의 연계를 제시한다. 외적 차원에서, WM은 국가주권과 영국 외교정책을 앞세우는 반면, MLG는 공유되고 타협된 주권과 복합적인 외교정책을 중시한다. 마지막으로 내적 차원에 있어, WM은 단일국가와 의회주권, 강력한 행정부, 통합된 공무원 조직, 정치적 헌법을 주된 구성요소로 하지만, MLG는 준연방국가, 다층적인 기관 간 협상, 분절화·파편화된 행정부와 공무원 조직, 준사법적 헌법을 주 구성요소로 한다.

2 정부 정책과정의 변화

핵심행정부 내에서 나타난 변화는, 과거에 고위 관료들이 누리던 영향력이 상당 부분 약화되었다는 점이다. 총리와 장관들이 직접 임명한 특별보좌관(Special Advisers)의 활동이 늘어나면서, 총리/장관의 고위 관료에 대한 의존이 감소되었기 때문이다. 이러한 변화와 병행하여, 이제 고위 관료들은 정치와 정책형성 관련 활동보다 정책집행(또는 전달)과 행정관리에 더 많이 관여할 것을 요구받고 있다. 혹 고위관료들이 장관에 대한 정책조언을 하게 되는 경우에도 그들의 조언은 장관이 가지고 있는 여러 정책아이디어 수집 통로 중의 하나에 불과하다. 한편 복합적인 정책문제에 대한 정책대안을 마련하는 데 있어, 내각은 그 효율성 또는 적합성 면에서 한계를 드러냈다. 이에 따라 내각회의는 점차 형식화되었으며, 실질적인 정책대안 마련은 총리와 해당 부처장관(또는 재무부장관 포함) 간의 회의나 소수의 관계 장관회의(또는 관계 부처회의), 나아가 EU의 장관회의(Council of Ministers)에서 결정되는 현상이 일반화되었다(Dorey, 2005: 275-276).

보다 포괄적인 정책과정을 살펴보면, 중앙정부 부처와 정책공동체가 주도하는 '구역화'(sectorization) 현상은 여전히 영국 정책과정의 주요 특징이긴 하지만, 오늘날에는 각 정책공동체간의 경계가 과거에 비해 훨씬 유연해졌다. 다층적 거버넌스 모델이 잘 보여주는 바와 같이, 핵심집행부와 정책공동체의 구성원 범주를 넘어서는 다수의 다양한 정책행위자들이 정책과정에 관여하고 있다는 점과 영국 정부가 취급해야 할 정책문제와 쟁점의 성격이 점차 단일 부처와 정책공동체의 역량으로 감당하기 어려워지고 있다는 점이 이 변화의 배경이 되고 있다. 과거에도 복합적인 성격의 정책문제와 쟁점이 없었던 것은 아니나, 오늘날에는 복합적 정책문제가 그 양과 질에 있어 과거와는 비교가 되지 않는다(Dorey, 2005: 275).[25]

정책과정 참여자의 범위와 수가 확대되고 성격이 다양화됨에 따라, 파편화와 분절화의 부작용을 최소화하고 정책과정상 조정을 극대화해야 할 과제가 나타났으며, 이 문제는 다층적 거버넌스 모델이 해결해야 될 핵심적 사안이 되었다. 이에 노동당 블레어 정부는 정책형성과 전달체계에 있어 이른바 '통합정부'(joined-up government)라는 기치 하에 파트너십과 네트워크의 형성을 지향하였으며, 특히 총리실내 정책관실과 내각사무처의 조정역할을 강화하여 영국의 정책과정이 부처주의(departmentalism)와 구역화(sectorization)의 시대로 회귀하는 것을 막고자 하였다(한인섭 · 김정렬, 2004; U.K. Prime Minister, 1999).

다층적 거버넌스 모델이 상정하는 대로 정책과정 참여자의 수와 성격이 변함에 따라 1990년대 이전 중앙정부 부처가 자문을 구하던 소수의 관련 이익단체가 누리던 기득권에도 변화가 나타났다. 정책문제의 성격이 복합적이라는 점도 역시 이러한 변화에 영향을 끼쳤다. 복합적인 정책문제에 대응하는 과정에서 여러 단체와 개인들이 기존의 정책공동체 간 경계를 넘나들며 정책과정에 참여하게 되었고, 이에 따라 더 이상 폐쇄된 정책공동체를 유지하는 것이 어려워졌으며, 기성 이익집단들의 아성이 흔들리게 되었던 것이다. 1990년 이후 영국의 정책과정에서 전통적인 정책스타일 —부처주의 · 구역화, 안정적인

25) 예컨대, 양적으로 농업위기, 식료품생산, 환경오염, 국민보건, 청소년범죄, 사회배제, 교통 등 무수한 정책문제들이 단일 부처와 정책공동체의 영역 내에서 해소되기 어려워졌으며, 이 문제들은 매우 복합적인 성격을 지니고, 다수의 정책행위자의 개입을 필요로 하고 있다는 점에서도 과거의 정책문제들과는 질적으로 차별화되고 있다.

<표 2-11> 영국 정책과정과 정책스타일 상의 변화, 1975-2005

1975(From)	2005(To)
- 정부(government)	- 거버넌스(governance)
- 구역화와 부처주의	- 부처 간 조정
- 강력하고 자율적인 정책공동체	- 좀더 개방적이고 불안정해지고 약화된 정책공동체
- 정책하위체계를 통한 수직적 분화	- 정책하위체계 간 수평적 연계와 조정
- 부처관리자로서의 장관	- 정책활동가로서의 장관
- 정책조언자로서의 관료 역할	- 정책관리자/서비스전달자로서의 관료 역할 - 특별보좌관과 전문가의 정책조언 역할
- 국내적인 성격의 정책	- 세계화, 유럽화, 분권화된 성격의 정책

자료: Dorey(2005: 274)를 재구성함.

정책공동체의 유지— 을 발견하는 것은 점점 더 어려워지고 있다(Dorey, 2005: 275-276). 〈표 2-11〉는 영국 정책과정과 정책스타일 상의 변화를 정리하고 있다.

V. 우리나라 거버넌스 체계에 대한 시사점

영국의 정치와 거버넌스 체계는 우리나라와 여러 면에서 다르다. 특히 입헌군주제(constitutional monarchy), 단순다수제(simple plurality) 투표, 의회의 주권(parliamentary sovereignty), 권력의 융합(fusion of power), 내각책임제(parliamentary cabinet system), 장관책임(ministerial responsibility) 등의 요소로 구성된 웨스트민스터 모델은 우리나라의 정치 및 거버넌스 체계와 상당히 이질적이다. 그러나 1980년대 이후의 행정 및 정치개혁과 EU의 영향 하에서 웨스트민스터 모델이 다층적 거버넌스 모델로 전환되는 과정에서 영국 사례는 우리에게 몇 가지 주목할 만한 시사점을 제공한다.

다층적 거버넌스 모델에서는 초국가적 조직이나 기구, 국가, 지방정부, 기업, 이익단체 혹은 NGOs, 그리고 개인에 이르기까지 다양한 행위자들이 국가와 사회 이슈에 참여하여 영향력을 행사한다. 따라서 다층적 거버넌스 모델에서는 수직적 및 수평적 차원상의 협력이 강조되는데, 수직적 차원에서는 초국가적 조직으로부터 민족국가 · 지역 · 지방까지의 여러 수준의 정부 · 기관들 간의 협력이며, 수평적 차원에서는 공공 · 민간 · 자원부문에 속해 있는 기관들 간의 협력이다. 이러한 다층적 거버넌스 모델로의 전환으로부터 얻을 수 있는 거시적인 시사점들은 다음과 같다.[26]

다층적 거버넌스의 수직적 차원에서, 영국은 초국가적 조직인 EU와의 관계 정립에 어려움을 겪고 있다. 유럽이 경제적 · 정치적 공동체로 발전하게 된 배경에는 유럽 내 주요 경쟁국가들 —독일, 프랑스, 영국— 간의 오랜 갈등과 그에 따른 전쟁 발생의 가능성을 최소화하고 공동의 번영을 이루자는 취지가 놓여 있다. 그러나 유럽공동체의 발전을 주도한 국가는 유럽대륙에 위치해 있는 독일과 프랑스였으며, 영국은 뒤늦게 유럽공동체에 가입했다. 또한 영국의 가입 의도는 유럽 내 세력균형 유지라는 전통적 관점에서 크게 벗어나지 않아, 유럽공동체 내에서 독일과 프랑스를 견제하고 힘의 균형을 유지하는 것이 가입의 목표였다. 따라서 유럽공동체가 발전해나감에 따라 점차 주권의 일부를 넘겨줘야 하는 상황 하에서 영국의 엘리트와 대중은 모두 혼란을 겪고 있다. 특히 유럽공동체 가입 후 강화된 친유럽 세력과 전통적인 반유럽 세력은 정당과 이념을 가로질러 존재하고 있어, 기존 정치지형에 상당한 혼선을 야기하고 있으며, 이는 영국 정부 대유럽 정책의 내용이 무엇이고 또 무엇이어야 하는지를 정확히 파악하기 어렵게 만들고 있다.

이처럼 영국 사례는 정부 · 정당 · 시민집단들이 각각 대내외적으로 공통된 정책적 입장을 정리해내지 못할 경우, 상당한 정도로 정책 · 당론 또는 여론의 혼

---

26) 여기서는 영국의 행정개혁과 정치개혁(특히 중앙-지방 간 관계의 변화)로부터 얻을 수 있는 시사점들은 다루지 않는다. 영국 정부개혁의 시사점은 2편 3장, 중앙-지방 간 관계변화의 시사점은 2편 4장을 참조.

선과 그에 따른 사회·경제적 비용이 야기될 수 있음을 보여준다. 따라서 영국 사례로부터 도출할 수 있는 교훈은 다층적 거버넌스 체제에서 초국가적 특성을 지닌 조직을 상대함에 있어, 민족국가 내부의 이견을 성공적으로 조정한 후 가능한 한 단일의 입장으로 대외적인 활동을 전개하는 것이 바람직하다는 것이다.

우리나라가 지리적으로 위치하고 있는 동아시아 지역에서 EU와 같은 형태의 경제적·정치적 공동체가 발전할 가능성은 그리 높지 않다. 한국·중국·일본·대만을 비롯하여 동남아시아의 여러 나라들을 아우르는 공동체를 구축하기는 쉽지 않다.[27] 특히 제국주의 일본의 식민통치나 침략을 겪은 여러 나라들의 일본에 대한 불신, 중국과 대만 간의 체제갈등 문제 등은 공동체 형성 과정을 어렵게 하는 대표적인 부정적 요소들이다.

그러나 동아시아 지역에서 국가 간 협력의 필요성은 크게 증가하고 있다. 특히 경제적인 협력의 필요성은 이미 널리 공유되고 있으며, 동아시아 지역에서도 다수의 지역무역협정이 체결되어 이러한 필요성을 현실화시키고 있다.[28] 우리나라의 경우, 싱가포르와의 자유무역협정(2004), ASEAN과의 자유무역협정(2007) 체결 및 중국·일본과의 FTA 협상 등을 통해 이러한 상황에 대처해 나가고 있다. 한편, 정치적인 차원에서는 북한체제의 불안정성과 그에 따른 동북아시아 지역의 긴장을 완화/해소하기 위해 지역 내 주요 국가들 간의 긴밀한 연계와 협력이 요구되고 있다.

이와 같은 상황에서, 영국 사례의 교훈을 고려해볼 때, 우리나라는 동아시아 지역을 중심으로 한 경제적·정치적 활동을 전개함에 있어 어떤 입장을 취할 것인지에 대해 명료한 방향성을 정립할 필요가 있다. 그러나 정당과 정파, 이념, 세대 등에 따른 상이한 입장 표명과 자신의 입장 관철을 위한 각 분파

27) 동남아시아 지역에는 1967년부터 '동남아시아 국가연합'(ASEAN: Association of South-east Asian Nations)이 설립되어 있다. ASEAN의 회원국은 미얀마, 라오스, 타이, 캄보디아, 베트남, 필리핀, 말레이시아, 브루나이, 싱가포르, 인도네시아이다. ASEAN은 EU와 유사한 정치·경제적 통합체를 지향하고 있다.

28) 최근 10여 년간 동아시아 지역에서 체결된 주요 무역협정에는 일-싱가포르 EPA(2002), 한-싱가포르 FTA(2004), 중-ASEAN FTA(2005), 한-ASEAN FTA(2007) 등이 있다(자세한 내용은 주재현 외(2007: 3장)를 참조).

의 과도한 행위들로 인해, 우리나라는 동아시아 지역에서 대외적인 정치 · 경제 활동을 효과적으로 수행하는데 한계를 보이고 있다. 다만, 동아시아 지역에서 초국가적 조직이나 기구들은 아직 형성단계에 이르지 못하고 있으며, 그 영향력도 제한되어 있다. 따라서 우리가 내부의 이견을 조정하고 보다 효과적으로 대외활동을 전개할 수 있는 여지는 아직 크다고 할 것이다. 앞으로 어떻게 대결이 아닌 설득과 타협을 통해서 이견을 조정하는 메커니즘을 형성해낼 것인지에 전 국가적 관심을 집중해야 할 것이다.

다층적 거버넌스의 수평적 차원에서, 영국은 다수의 다양한 정책 행위자들이 정책과정에 관여함에 따라 정책과정 참여자의 범위와 수가 확대되고 성격이 다양화되었다. 그런데 이러한 변화는 정책과정의 파편화와 분절화라는 문제를 동반했으며, 이에 따라 파편화와 분절화의 부작용을 최소화하고 정책과정상 조정을 극대화해야 할 과제가 나타났다. 이에 영국 정부는 정책형성과 전달체계에서 '통합정부'(joined-up government)라는 개념을 제시하며 파트너십과 네트워크의 형성을 지향하였으며, 특히 총리 실내 정책관실과 내각사무처의 조정역할을 강화하였다. 영국 사례는 거버넌스의 진전에 따라 정책과정의 파편화와 분절화가 불가피하며, 이 문제를 해결하기 위해서는 협력과 통합의 필요성이 제기되고 있음을 보여준다.

권위주의 정치체제로부터 자유민주주의적인 정치체제로 이전을 이뤄낸 우리나라는 다른 어떤 민주주의 국가들보다 더 정책과정의 파편화와 분절화 문제를 겪고 있다. 권위주의 체제에서 정책과정은 매우 단순했다. 대통령과 그 측근, 정무직 공무원과 고위관료 등을 중심으로 한 국가엘리트들이 정책을 결정한 이후, 정부관료제가 주도하는 정책집행이 일사분란하게 수행되는 정책과정이 권위주의 체제 정책과정의 전형이었다. 이 과정에서 일반적으로 기업엘리트들의 의견은 비교적 주의 깊게 반영되었으나, 노동자 집단과 기타 시민사회 세력의 의견은 매우 제한적으로만 고려되었다. 그러나 1980년대 후반 민주주의적인 체제로 전환된 후, 정책과정은 매우 빠른 속도로 변화되고 있다. 국가엘리트들의 정책 영향력은 여전히 강력하지만, 권위주의 체제 하의 그것에는 크게 미치지 못한다. 정책형성과 정책집행에 있어 정부관료제의 영향력은 다양한 사회집단들 —이익집단, NGOs— 의 성장 및 민간 정책전문가와 특별 정책보좌관의 활동에 의해 크게 상쇄되었다. 다양한 이익집단들과 NGO의 성장으로 인해 정책과정의 역동성은 매우 증가했으나, 다원주의 정책과정의 부작용 또한 무시하기 힘든 수준으로 늘어났다. 민간 정책전문가와 특별정책보좌관들은 정부관료들의 정책 영향력에 대한 주요 도전 세력이 되었다. 전체적으로 이러한 변화들은 한국 정책과정의 파편화와 분절화에 기여하고 있다.

이러한 한국 정책과정의 변화는 거버넌스 모델이 적용될 수 있는 필요조건을 구성한다. 그러나 한국 정책과정을 거버넌스 모델로 설명할 수 있기 위해서는 중요한 충분조건이 갖춰져야 한다. 그 충분조건은 다양한 정책과정 참여자들 간의 파트너십 구축과 그러한 파트너십이 용이하게 이루어지기 위한 하위조건들의 형성이다(주재현, 2004; 2006). 우리가 영국 사례로부터 얻을 수 있는 교훈은 이러한 충분조건을 갖추기 위해 정부의 적극적인 노력이 있어야 한다는 것이다. 우리나라에서 거버넌스 모델이 적용될 수 있기 위해서는 무엇보다도 정부와 민간·자원부문 간, 그리고 민간·자원부문 내 여러 행위자들 간에 '신뢰'가 구축되어야 한다. 그리고 정부가 앞장서서 신뢰 구축을 위해 노력해야 한다. 앞서 다층적 거버넌스의 수직적 차원에서 논의했던 이견조정과 설득·타협도 결국 사회 내 신뢰의 수준에 의해 크게 영향 받는다고 볼 수 있으며, 이런 점에서 신뢰는 우리나라 정치와 거버넌스 체계를 새롭게 만들어 나감에 있어 관건이 되는 사안이라 할 것이다. 신뢰 구축에는 오랜 시간이 소요될 수 있으나, 정부의 선도와 시민사회의 호응에 의해서 그 기간을 단축할 수 있을 것이다. 영국의 사례는 오랜 민주정치의 경험을 가진 나라에서도 그것이 쉽지 않은 과제임을 알려주고 있으나, 또한 그럴수록 이를 성취하기 위한 노력이 절실하다는 점도 시사해준다.

참고문헌

김상묵. (2005). 영국의 행정과 관료제. 박천오 외, 「비교행정론」, 제2판. 서울: 법문사.

도리이, P. (2003). 1990년대의 영국: 정책협의의 부재. S. 버거 · H. 콤프스턴(편), 조재희 외(역), 「유럽의 사회협의제도」. 서울: 한국노동연구원.

서필언. (2005). 「영국 행정개혁론」. 서울: 대영문화사.

선학태. (2006). 「서유럽 정책협의와 갈등조정 시스템: 사회협약정치의 역동성」. 서울: 한울아카데미.

신정현. (2000). 「비교정치론: 이론, 대상, 사례」. 서울: 법문사.

윌리암스, C. (2003). 역사적 관점에서 살펴본 영국: 전쟁시 협의에서부터 사회계약의 파괴까지. S. 버거 · H. 콤프스턴(편), 조재희 외(역), 「유럽의 사회협의제도」. 서울: 한국노동연구원.

주재현. (2000). 「행정서비스헌장제의 효과적 운영 및 조기정착 방안」. 서울: 한국행정연구원.

주재현. (2004). 정부와 자원조직간 협력관계: 종합사회복지관 위탁운영 분석을 중심으로. 「사회복지연구」 24: 149-186.

주재현. (2006). 지방정부-기업간 파트너십의 성공조건에 관한 연구: 경기도 민간투자사업 사례분석. 「지방정부연구」. 10(2): 67-85.

주재현. (2010). 영국 보수당 정부(1979-1997년) 행정개혁의 효과에 관한 연구: 의도하지 않은 효과의 발생 및 그 원인분석. 2010년 한국행정학회 추계학술대회 발표논문집.

주재현 · 윤경준 · 한승준. (2007). 「FTA 시대에 대응하는 정부조직체계 구축방향 진단」. 서울: 한국조직학회.

중앙일보. (2010). 캐머런 정부, 영국 선거 판을 바꾼다. 2010. 7. 7, 14면.

총무처직무분석기획단(편). (1997). 「신정부혁신론: OECD국가를 중심으로」. 서울: 동명사.

한인섭 · 김정렬. (2004). 영국 행정의 본질과 혁신. 「정부학연구」. 10(2): 151-184.

Bache, I. & Flinders, M. (2004a). (eds.) Multi-level Governance. New York: Oxford University Press.

Bache, I. & Flinders, M. (2004b). Multi-level Governance and British Politics. in

I. Bache & M. Flinders(eds.), Multi-level Governance, New York: Oxford University Press.

Bochel, C. & Bochel, H. (2004). The UK Social Policy Process. New York: Palgrave Macmillan.

Dingle, L. & Miller, B. (2004). Features - UK Constitutional Reform, http://www.llrx.com/fratures/ukconstitution.htm, 2010.07.05

Doern, G.B. (1993). The UK Citizen's Charter: Origins and Implementation in Three Agencies. Policy and Politics, 21(1): 17-29.

Dorey, P. (2005). Policy Making in Britain: An Introduction. London: Sage.

Duggett, M. (1998). Citizen's Charter: People's Charter in the UK. International Review of Administrative Science. 64(2): 327-330.

Dunleavy, P. (1997). The Constitution. in P. Dunleavy et al.(eds.), Developments in British Politics 5, London: Macmillan.

Dunleavy, P. (1999). Electoral Representation and Accountability: The Legacy of Empire. In I. Holliday, A. Gamble, and G. Parry(eds.), Fundamentals in Briti sh Politics, London: Macmillan.

Dunleavy, P. (2006). The Westminster Model and the Distinctiveness of British Politics. In P. Dunleavy et al.(eds.), Developments in British Politics 8, New York: Palgrave Macmillan.

Flinders, M. (2006). The Half-hearted Constitutional Revolution. in P. Dunleavy et al.(eds.), Developments in British Politics 8, New York: Palgrave Macmillan.

Freedman, L. (1996). Politics and Policy in Britain. New York: Longman.

Gray, A. and Jenkins, B. (1993), Public Administration and Government 1991-2. Parliamentary Affairs, 46(1): 17-37.

Gray, A. and Jenkins, B. (1994), Ministers, Departments and Civil Servants. in B. Jones et al.(eds.), Politics UK, 2nd ed., Hemel Hempstead, UK: Harvester W heatsheaf.

Johnson, N. (1999). The Constitution. in I. Holliday, A. Gamble, and G. Parry(eds.), Fundamentals in British Politics, London: Macmillan.

Kavanagh, D. (1994). The Cabinet and Prime Minister. In B. Jones et al.(eds.), Politics UK, 2nd ed., Hemel Hempstead, UK: Harvester Wheatsheaf.

Kemp, P. (1990). Next Steps for the British Civil Service. Governance, 3(2): 186-196.

Kingdom, J. (1991). Government and Politics in Britain: An Introduction. Cambridge,

UK: Polity Press.

Kooiman, J. (2003). Governing as Governance. London: Sage.

Lindblom, C.(1977). Politics and Markets: the World's Political-Economic System. New York: Basic Books.

Majone, G. (1994). The Rise of the Regulatory State in Europe. West European Politics, 17(3): 77-101.

Peterson, J. (1999). Sovereignty and Interdependence. in I. Holliday, A. Gamble, and G. Parry(eds.), Fundamentals in British Politics, London: Macmillan.

Rhodes, R.A.W.(1996). The New Governance: Governing without Government. Political Studies, 44(4): 652-667.

Rose, R. (2006). Politics in England. In G. A. Almond, et al.(eds.), Comparative Politics Today: A World View, 8th ed., New York: Pearson Longman.

Smith, M. (1999a). The Institutions of Central Government. In I. Holliday, A. Gamble, and G. Parry(eds.), Fundamentals in British Politics, London: Macmillan.

Smith, M. (1999b). The Core Executive in Britain. New York: St. Martin's Press, Inc.

Smith, M. (2006). Britain, Europe and the World. in P. Dunleavy et al.(eds.), Developments in British Politics 8, New York: Palgrave Macmillan.

U.K. Prime Minister. (1999). Modernising Government. London: HMSO.

Weaver, R. and Rockman, B.(eds.). (1993). Do Institutions Matter? Government Capabilities in the United States and Abroad. Washington, D.C.: The Brookings I nstitution.

Williamson, O. E.(1975). Markets and Hierarchies. London: Collier Macmillan.

Wolf, C. Jr.(1988). Markets or Governments: Choosing between Imperfect Alternatives. Cambridge, Mass.: The MIT Press.

http://en.wikipedia.org/wiki/Constitution_of_the_United_Kingdom, 2010.07.05

http://en.wikipedia.org/wiki/European_Union, 2010.07.02

http://en.wikipedia.org/wiki/Human_Rights_Act_1998, 2010.07.02.

http://en.wikipedia.org/wiki/Freedom_of_Information_Act_2000, 2010.07.02.

제 3 장 영국의 정부개혁의 성과와 한계

조 태 준 (한국행정연구원)

I. 서 론

1980년대 이후 세계의 주요 국가는 시장주의와 민간기법의 활용 등을 통한 공공부문의 개혁을 최대의 화두로 설정했으며, 이를 통해 정부조직의 효율성과 성과지향적 운영, 그리고 고객에 관심을 기울였다(윤광재, 2006; Kettl, 2005; Osborne & Plastrik, 1997; Peters & Pierre, 2000). 즉, 정부지출의 낭비와 정부규모의 비대화, 그리고 비효율적인 정부관료제 운영 등의 문제가 대두됨에 따라 각국 정부는 신공공관리론(new public management; NPM)이 강조하는 관리주의(managerialism)와 기업가형(entrepreneurial) 모형 등의 적용을 통해 위와 같은 문제들을 해결하고자 하였다(김태룡, 2001: Kettl, 2005). 신공공관리론의 접근방법이 세계 주요 국가에 적용되기 시작하면서 각국의 정부는 효율성과 대응성이라는 행정 가치를 강조하게 되었을 뿐 아니라, 공급자 위주의 행정체계에서 수요자 혹은 고객중심의 행정체계를 강조하는 새로운 국가와 시민 간 관계의 재정립 등에 관심을 기울이기 시작했다(이계식 · 문형표, 1995; 이종수, 1994; 총무처 직무분석기획단, 1997).

영국은 정부개혁의 접근방법 중에서 관리주의 혹은 Westminster 모형을 채택한 대표적인 국가이다.[1] Westminster 모형은 시장주의의 원리와 기법 등을 정부부문에 적용함으로써 정부규모를 축소하는데 초점을 맞추고 있다. 즉, 경제에 대한 정부의 능력이 제한적임을 주장하는 Chicago 학파의 신보수주의 원리 등을 지지하는 Westminster 접근방법은 시장의 자율성과 시장 유인기제(market incentives)의 역할을 강조함으로써 보다 효율적인 의사결정과 조직운영이 가능하다고 가정하고 있다(Ackroyd, et al., 2007; Kettl, 2005). 이와 같은 가정 등을 바탕으로, 정부개혁의 Westminster 모형은 정부규모 및 인력의 축소를 위해 공기업 민영화, 성과계약제, 전략적 기획, 그리고 정책의 결정과 집행의 분리 등을 강조할 뿐 아니라, 조직운영의 성과 및 결과지향성 등을 강조함으로써 시장기제(market mechanisms)를 적극적으로 활용하는 특징을 보이고 있다(Moynihan, 2006).

우리나라도 신공공관리론을 바탕으로 정부개혁을 시작한 김대중 정부 이래, 공기업 민영화와 인력감축, 그리고 책임운영기관을 통한 정책의 결정과 집행의 분리 등과 같은 영국 정부의 정부개혁 접근방법을 많이 활용하였다. 뿐만 아니라, 이명박 정부에서는 신보수주의에 기초한 인력감축과 정부 부처의 통폐합 등을 통한 정부규모의 축소 등에 많은 관심을 기울이고 있는 상황에서 영국 정부의 정부개혁에 대한 접근방법과 내용, 그리고 그에 따르는 성과와 한계 등에 대한 연구를 통해 우리나라가 앞으로 나아가야 할 정부개혁의 방향

---

1) 관리주의와 구분되는 신공공관리론의 접근방법인 기업가형 모형 혹은 미국형 개혁(American-style reform)은 급격한 정부구조의 변화를 모색하기 보다는 관리과정의 변화와 개선 등에 관심을 기울이는 접근방법으로서, 미국이 가장 대표적인 국가로 평가받는다(Kettl, 2005).

성과 방법에 시사하는 바를 발견하는 일은 매우 의미 있는 과정이라 할 수 있다. 이와 같은 연구목적을 위해 본 연구는 1970년대 말부터 영국 정부가 취한 각종 정부개혁의 추진전략과 개혁의 내용 등을 각 정당별로 구분해서 비교분석 하고자 한다. 보수당과 노동당이 집권하면서 강조한 정부개혁의 각종 이론과 실제적인 개혁과정과 내용 등을 비교분석하도록 한다. 대처 총리 등의 보수당 정부는 신공공관리론의 원리를 바탕으로 정부개혁을 시도했지만, 이에 비해 블레어 총리 등의 노동당 정부는 거버넌스 이론을 바탕으로 행정개혁을 실시했다는 측면에서 각 집권당의 개혁 접근방법에 차이가 있음을 알 수 있다(은재호, 2006). 이와 같은 정부개혁에 대한 이론적 접근방법의 차이는 각 정부가 추진했던 정부개혁에 대한 목적 등에 대한 이해를 제고하고자 한다. 뿐만 아니라 그와 같은 정부개혁의 전략과 내용 등을 도출하게 된 역사적·이론적 배경 등도 살펴봄으로써 정부개혁에 대한 이해를 제고하고자 한다. 마지막으로 이와 같은 영국 정부의 전반적인 정부개혁에 대한 성과와 한계 등에 대한 고찰을 통해 우리나라가 택할 수 있는 정부개혁의 방향성 등에 대한 시사점을 도출하고자 한다.

II. 영국 정부개혁의 배경 및 목적

1 정부개혁 추진의 역사적 배경

영국은 절대왕정시대에 적용되었던 정실주의(patronage system)가 근대 행정체계에도 적용됨에 따라 행정이 정치에 귀속되는 부작용을 경험하였다.[2)]

2) 영국 정부의 인사제도는 은혜적 정실주의와 정치적 정실주의로 구분할 수 있다. 은혜적

즉, 정부관료제 및 공무원제도 등이 왕실과 정치권 등의 정치권력으로부터 독립성을 갖지 못함에 따라 행정의 전문성·민주성·공평성 등과 같은 행정 가치를 추구하는데 어려움을 겪었으며, 전문인력 양성을 위한 실적주의와 공개채용 등의 원리도 적용되지 않았다. 정실주의는 관료의 부패와 무능력 등의 원인으로 지적되었으며, 궁극적으로 유능한 인재가 공직에 유입되지 못하게 하는 제도적 장치라는 비판에 직면하게 되었다. 이와 같은 문제점을 해결하기 위해 1854년 재무성 관료를 중심으로 Northcote-Trevelyan 보고서를 발표하였다(은재호, 2006).[3] 본 보고서에는 영국의 공무원 운영원칙으로 간주되어온 정실주의와 연공서열 등의 문제점을 해결하기 위한 방안으로 실적주의와 공개채용, 그리고 직무통일 등과 같은 내용을 제안하였다(김순은, 1999). Northcote-Trevelyan 보고서 이후에 진행된 가장 대표적인 공무원제도 및 정부조직 연구는 1968년에 발간된 Fulton 보고서이다.[4] 본 보고서에는 정부조직의 관리에 대한 책임성을 제고하기 위한 방편으로 정부조직개편을 제시하였을 뿐 아니라, 전문직 공무원의 우대, 지나치게 세분화되어 있는 직급의 통합, 그리고 고위공무원 교육을 전담할 공무원대학의 신설 등을 제시하였다(김순은, 1999; Massy & Pyper, 2005). 실적주의와 전문행정가의 양성 등을 주장한 Fulton 보고서는 고급 엘리트의 반대와 경제위기 등으로 인해 적극적으로 활용되지 못하였다(은재호, 2006). 그러나 본 보고서의 여러 제안은 대처 총리의 보수당 정부에 의해 적극적으로 정부개혁의 동력으로 활용되었다(한인섭·김정렬, 2004; Colin, 1999).

1970년대 집권한 노동당 정부는 복지국가의 실현을 위해 과도한 사회민주

정실주의는 왕실이나 정치인이 그들의 특권을 이용해서 공직에 입문할 수 있게끔 도와주는 제도를 의미하며, 이에 비해 정치적 정실주의는 정당의 지도자가 정치적 고려에 의해 공직에 임용하는 제도를 의미한다(박천오 외, 2007).

3) Northcote-Trevelyan 보고서는 실적주의, 공개채용, 그리고 시험 등을 통해 일반행정가를 육성하려는 목적을 갖고 있다(http://www.civilservice.gov.uk).

4) Northcote-Trevelyan 보고서의 큰 프레임웍을 바탕으로 작성된 Fulton 보고서는 공무원대학(Civil Service College)과 공무원부(Civil Service Department)의 설립을 통해 전문화된 공직자의 육성과 관리 등을 강조했으며, 직급체계의 통합 등을 제안하고 있다(http://www.civilservice.gov.uk).

주의정책을 입안하고 집행하였다. 예를 들어, 민간부문의 기업을 공기업화하고 사회보장정책을 집행하기 위해 과도한 공공지출을 단행하는 등, '큰 정부' 를 통해 사회 전반에 국가가 개입하는 관리체제를 채택하였다(김순은, 1999). 이와 같은 노동당 정부의 정책은 1976년에 파운드화가 급락하면서 영국의 외환위기를 초래했으며, 그 결과 영국 경제에 대한 IMF의 관리체제가 시작되었다. 뿐만 아니라, 1970년대 후반에는 공공부문노조의 파업, 낮은 경제성장률, 그리고 재정적자에 따른 위기감의 고조로 인해 정부의 규모와 지출 등을 줄여야 한다는 공감대가 형성되었다(Zipack, 1994). 특히, 1970년대 사회복지 확대와 정부의 시장개입에 의한 재화와 서비스의 제공을 옹호하는 케인즈식 정책의 실패로 인해 시장의 기능을 강조하고 공공부문의 축소 등을 통해 경제위기를 돌파하자는 여론이 힘을 얻는 시기였다(강원택, 1998; 윤광재, 2006). 또한, 공공부문의 낮은 생산성과 비효율성도 정부의 인력감축 등을 통해 공공부문의 생산성을 제고시켜야 한다는 주장이 1970년대 후반에 제기되었다(Bacon & Eltis, 1976; Greenwood & Wilson, 1993). 이와 같은 노동당 정부의 '큰 정부' 라는 정책기조에 대한 비판이 제기됨에도 불구하고, 윌슨(Wilson) 총리의 후임으로 등장한 캘러한(Callaghan) 총리도 복지국가정책과 주요 산업에 대한 국유화 정책을 포기하지 않음으로써 공공부문의 생산성과 재정이 더욱 악화되었으며, 민간부문이 더욱더 정부를 의지하게 되는 악순환이 지속되었다(황성돈, 2008).

2 이론적 배경

1) 신공공관리론과 보수당 정부의 정부개혁

공공관료제의 전통적인 패러다임은 조직의 계층제와 통제위주적 관리체계 등을 통해 정부조직의 운영을 강조하고 있다. 뿐만 아니라, 전통적인 정부관료제의 정부조직은 공급자 중심의 행정시스템으로 구축되어 있기 때문에 행정서비스의 소비자인 국민이나 고객을 행정체제의 주요 요인으로 간주하지 않았으며, 시장주의의 원리 등을 강조하는 패러다임과 접근방법 등에는 관심을 기울이지 않았다. 이에 비해, 신관리주의와 신제도주의라는 이론적 근거를 바탕으로 등장한 신공공관리론은 행정의 전통적인 패러다임과 접근방법의 문제점을 비판하고 있다(Barzelay, 2001; Hood, 1991; Rhodes, 1997).

신공공관리론의 이론적 근거인 신관리주의(new managerialism)는 민간부문의 관리기법 등을 도입해서 비효율성과 비효과성 등으로 대표되는 정부조직의 관료조직을 효율적이고 대응적인 정부조직으로 변모시켜야 한다고 주장한다. 즉, 신관리주의는 민간부문의 조직구조와 관리기법 등을 정부부문에 도입함으로써 행정관료제의 비효율적인 요인 등의 제거를 강조하고 있으며, 행정관료들도 기업가 정신(entrepreneurial spirit)을 통해 정부를 기업과 같이 효율적으로 운영해야 한다고 주장한다(Barzelay, 2001; Kettl, 2005). 또한, 신공공관리론은 공공선택이론, 주인-대리인 이론, 그리고 거래비용이론 등의 이론을 공유하는 신제도주의 경제학(new institutional economics)의 영향으로 합리적(rational)인 인간의 동기부여를 제공할 수 있는 유인체제의 개발에 초점을 맞추고 있다. 즉, 전통적인 공공관리론에서는 개인의 효용 극대화를 배제한 유인체제 등의 구축에 관심을 기울였지만, 신공공관리론은 시장체제 등과의 경쟁을 통해 성과를 향상시키는 접근방법을 주장함으로써 정부의 통제기제를 내부조직의 규율과 위계적 질서에서 시장 등의 외부적 기제와 상호작용하게 하는 전략을 채택하였다(소순창 · 홍진이, 2004).

위에서 살펴본 바와 같이, 신공공관리론은 민간부문의 관리기법과 조직구조 등을 정부관료제에 도입했을 뿐 아니라, 시장기제를 공공부문에 도입함으로써 합리적인 인간에 대한 유인체제의 변화 등을 도모하였다. 영국의 보수당 정부는 1970년대 외환위기에 따른 국가재정의 긴축과 정부부문의 비효율성에 대한 개혁의 이론적 기초를 신공공관리론의 이론에서 찾고자 하였다(Broadbent

& Laughlin, 1997). 즉, 비대해진 정부부문에 대한 개혁을 위한 이론 및 실제적 조치로써 신공공관리론의 원리와 기법 등을 도입함으로써 '큰 정부, 작은 시장'에서 '작은 정부, 큰 시장'으로 정책기조를 변화시키고자 하였다. 영국의 보수당 정부는 대처 총리가 집권한 이후, 정부역할의 축소와 정부조직 운영체계에 대한 조정 등을 통해 공공부문에서 시장의 기능과 역할 등을 확대하는 전략을 채택하였으며, 이와 같은 전략의 적용을 위해 신공공관리론을 이론적 기초로 활용하였다(은재호, 2006).

2) 뉴거버넌스와 노동당 정부의 정부개혁

신공공관리론을 바탕으로 진행된 보수당 정부의 정부개혁은 민영화 및 인력감축, 그리고 보편적 복지정책의 후퇴 등을 통해 정부재정의 악화를 어느 정도 완화시켰다는 측면뿐만 아니라 정부조직에 효율성과 생산성을 강조했다는 측면에서도 긍정적인 평가를 받고 있다. 그러나 시장주의가 정부개혁의 주된 이론으로 등장함에 따라 민간부문의 창의력과 활력 등을 통한 경제 활성화 등에는 성공했지만, 양극화 현상과 고용불안의 확대 등 각종 시장경제의 부작용이 등장하게 되었다(강원택, 1998; 김정렬, 2001; 김호진, 2000). 즉, 공공부문에서도 지나치게 시장주의를 강조함에 따라 공동체 주의의 해체, 사회정의의 훼손, 그리고 복지의 후퇴 등 시장실패의 문제가 제기되었으며, 이와 같은 시장실패를 극복하기 위해 노동당은 블레어의 '제 3의 길'이라는 실용적인 접근방법과 평등과 효율을 동시에 추구하는 '개량사회민주주의(revised social democracy)'라는 사회발전모델, 그리고 협력적 네트워크 등의 거버넌스를 통해 정부개혁을 진행하였다(김정렬, 2001; 서필언, 2005: 460; 윤용희, 2002; 은재호, 2006).

노동당 정부의 정부개혁에 대한 첫 번째 접근방법은 이념을 초월한 실용주의적 접근방법인 '제 3의 길'을 들 수 있다. 노동당 정부는 보수당 정부가 추진했던 정부인력의 감축, 민영화 및 규제정책 등을 강조함으로써 정부부문에 경쟁적 시장기제를 적용했으며, 이와 같은 접근방법을 통해 정부부문의 효율성과 생산성 제고에 많은 관심을 기울이는 등 보수당 정부가 강조한 시장주의를 계속해서 채택하였다. 그러나 노동당 정부는 공공부문에 시장주의를 적용함으로써 나타난 시장실패 등의 문제점을 보완하기 위해 공동체 주의와 사회형평 등을 동시에 강조하는 정부개혁전략을 추진하였다. 즉, 신공공관리론에 의해 나타난 공동국가(hollow state)의 문제점을 극복하기 위해 공동체 주의를 강조할 뿐 아니라, 경쟁 및 효율성의 강조와 시장만능주의 등으로 야기된 복지국가정신의 훼손 등을 보완하려는 차원에서 사회정의를 강조함으로써 시장주의의 폐해를 보완하려는 접근방법을 채택하였다. 마지막으로, 노동당 정부는 중앙정부와 지방정부, 정부와 민간부문, 그리고 정부와 시민사회 간 정책수준의 거버넌스를 통해 협력적 네트워크를 구현하고자 했다(김정렬, 2001; 은재호, 2006). 이와 같은 협력적 거버넌스는 정부 주도의 국가발전보다는 민간부문 및 시민사회의 자율성과 창의성 등을 국가발전과정에 투입함으로써 관료주도적인 발전모델에서 나타나는 문제점 등을 극복하려는 과정으로 이해할 수 있다.

위에서 살펴본 바와 같이, 노동당 정부는 보수당 정부가 채택한 신공공관리론이 발생시켰던 문제점 등을 극복하려는 차원에서 공동체 주의와 사회정의 등의 원리를 정부개혁과정에 포함시켰으며, 협력적 거버넌스를 구축함으로써 중앙정부 주도의 정부개혁에서 지방정부, 민간부문, 그리고 시민사회의 시각을 반영하려 하였다. 뿐만 아니라, 노동당 정부는 보수당 정부의 신공공관리론을 완전히 폐기하기 보다는 정부감축과 민영화 등의 정부개혁 프로그램을 계승하였다. 즉, 노동당 정부는 신공공관리론이 주장하는 경쟁과 더불어 정부의 책임성 및 공정성을 강조함으로써 거버넌스와 공동체 주의를 지향하고자 했으며, 이와 같은 전략은 정부개혁과정에서 경쟁과 협력, 그리고 사회정의 등을 구현하고자 했다(김정렬, 2001; 은재호, 2006).

III. 영국 정부개혁의 주요 내용

1 보수당 정부의 정부개혁

1970년대에 집권한 노동당 정부에 의해 과도하게 강조된 사회민주주의형 복지국가로 인해 국가의 재정지출이 악화되고 정부규모가 비대화되는 문제점이 발생함에 따라 대처 총리의 보수당 정부는 작고 효율적인 정부로 대표되는 경쟁적 국가를 추진하기에 이르렀다(강원택, 1998; 양형일, 1997; Evans, 2009; Gamble, 1979). 보수당 정부는 공공부문과 민간부문 간 경계에 대한 재정의를 통해 공공재를 생산하는 공기업을 민영화하는 등, 공공부문의 독점에 대한 폐해를 해결하기 위해 시장경쟁적 요인을 정부조직에 도입하는데 초점을 맞추었다(서필언, 2005; Broadbent & Laughlin, 1997; Mullard, 2006). 본 연구에서는 보수당 정부의 대처 및 메이저 총리의 재임기간에 강조했던 주요 정부개혁 프로그램에 대해 살펴보기로 한다.

1) 대처 총리

대처 총리는 공공부문의 경쟁력을 강화시키고 생산성을 향상시키기 위해서 시장의 인센티브와 민간부문의 조직 및 인력에 대한 접근방법을 정부조직에 적용하였다(권순원 · 윤윤규, 2009; 황성돈, 2008). 즉, 공공부문을 정치의 압력이 아닌 시장의 압력을 받게 함으로써 공공부문의 성과지향성, 고객중심주의, 그리고 경쟁과 효율성 등과 같은 개념을 도입하는 결실을 맺었다(민진, 1999; 서필언, 2005; 윤광재, 2006; Broadbent & Laughlin, 1997). 이하에서는 대처 정부에서 진행되었던 주요 정부개혁 프로그램의 도입배경, 내용, 그리고 한계 등에 대해 연구하고자 한다.

(1) 능률성 진단팀(The Efficiency Unit) 구성

대처 총리는 공공부문의 비효율성이 정부부문의 경쟁력을 약화시키는 주요 요인이라 주장하면서 1979년부터 1987년까지 정부업무에 대한 능률성을 측정하는 프로그램을 진행하였다(서필언, 2005; 총무처, 1997). 즉, 대처 총리는 내각사무처 산하에 민간부문과 공공부문 출신의 전문가로 구성된 능률진단팀을 조직하여 각 부처의 관리기법과 행정절차의 개혁을 통한 능률성과 성취결과 등을 진단하는 관리적 차원의 개혁 프로그램을 적용하였다(민진, 1999; 서필언, 2005; 윤광재, 2006; 임도빈, 2000; 황성돈, 2008; 황혜신, 2005; Caiden, 1991).[5] 따라서 능률진단팀은 민간부문의 CEO 출신인 Derek Rayner경을 수장으로 해서 정부조직에서 수행하고 있는 각종 불필요한 기능과 역할, 그리고 불요불급한 프로그램 등에 대한 관리개선을 목표로 각 정부부처의 능률성 등을 진단하는 작업을 진행하였다(Metcalfe & Richards, 1987).

능률성 진단 프로그램은 각 정부부처가 수행하는 각종 정책과 사업 등에서 불필요하거나 비효율적인 프로그램 등을 발굴할 뿐 아니라, 행정서비스의 질 향상, 공무원의 인력관리의 비효율성 등을 개선하고 권한 및 책임의 위임 등을 통해 정부부문의 능률적인 조직운영을 추구하고자 도입하였다(김정렬, 2001; 윤광재, 2006; Caiden, 1991). 이와 같은 목표를 달성하기 위해, 능률성 진단팀은 비용가치의 제고, 공공서비스의 질 향상, 그리고 관리효율성 향상 등의 목표를 설정한 후, 행정조직별 능률성 진단작업을 진행하였다(Efficiency Unit, 1988). 특히, 능률성진단팀은 1984년 4월에는 10만 명의 정부공무원을 감축했을 뿐 아니라, 사회복지의 급여체계 등의 비능률적인 각종 정책의 문제점을 발견하는 등의 성과를 거두었다(서필언, 2005; 주재현, 2010; Metcalfe &

5) 능률성 진단팀(Efficiency Unit)은 1979년 내각사무처에 민·관 합동으로 구성되었으며, 부처별로 주요 업무에 대한 능률성 진단을 진행함으로써 불필요한 직제의 폐지 및 축소, 행정절차의 간소화, 공무원 정원관리 강화 등의 업무를 추진하였다(서필언, 2005).

Richards, 1987). 이와 같은 영국 정부의 능률성 진단 프로그램은 행정 및 정책과정에서의 정부조직의 효율성 추구와 권한위임 등을 통해 각 정부기관으로 하여금 정부조직 운영의 책임성을 지향한다는 점에서 신공공관리론의 지향점과 일치한다고 할 수 있다.

대처 총리는 능률 진단팀 구성을 통해 공공관료제가 갖고 있는 비효율적인 요인을 발굴하여 관리의 효율화를 추구하고자 하였다. 이와 같은 관리적 접근법을 통해 영국 정부는 정부인력의 감축, 정부재정의 개선, 그리고 각종 불요불급한 프로그램과 관리과정 등의 개선이라는 목표를 이루었지만 그 효과는 매우 미미했다는 평가를 받고 있다(서필언, 2005). 그럼에도 불구하고, 대처 총리의 능률 진단팀 구성은 정부관료제에 효율성 개념을 도입했다는 점과 정부관료제의 비효율적 기법과 과정 등을 진단할 수 있는 기회를 제공했다는 점에서 매우 의미가 있는 개혁 프로그램으로 평가할 수 있다. 뿐만 아니라, 대처 총리는 정부부처의 능률진단을 통해 재정관리 개혁(Financial Management Initiative) 및 책임운영기관제도 도입의 기초를 마련했다는 점에서 능률진단 프로그램의 의미를 찾을 수 있다(Metcalfe & Richards, 1987; Gray & Jenkins, 1993).

⑵ 공기업 민영화

대처 총리는 비대해진 정부조직을 '영국병'의 근원으로 생각했으며, 이와 같은 병폐를 개선하기 위해 공기업 민영화 정책을 추진함으로써 정부의 인력과 조직의 감축을 도모함과 동시에 국가재정의 건전성을 확보하고자 하였다(서필언, 2005).[6] 이와 같은 민영화 정책을 통해, 영국 정부는 해당 산업의 생산성을 제고하고 정부투자의 부담감을 축소했을 뿐 아니라, 공기업을 매각함

6) 영국 정부의 인력과 조직 감축은 민영화와 민간위탁 등을 통해 이루어졌다. 그러나 민영화를 통한 정부인력 감축이 약 8만 4천 명, 그리고 공기업 종사자는 178만 명에서 47만 명으로 감소하는 등, 공공부문의 인력감축은 민영화를 통해 대부분 성취된 것으로 나타났다(김근세, 2005; 황성돈, 2008). 또한, 대처 총리는 공기업을 민영화하면서 주식매각 등을 통해 약 235억 파운드의 수입을 국가재정에 충당함으로써 국가재정의 건전화에 일조하였다(황성돈, 2008).

으로써 정부부채를 축소시키는 등의 효과를 거두고자 하였다(소순창 · 홍진이, 2004; 황성돈, 2008). 즉, 영국 정부의 민영화 정책은 공공부문을 통한 자원배분과 전달 등이 우월하다는 전통적인 행정국가형 시각에서 벗어나, 특정 분야에서는 공공서비스와 재화 등을 생산 및 공급하는 역할을 시장메커니즘에 맡기는 것이 정부 경쟁력을 보다 제고시킬 수 있다고 주장으로 변화했음을 의미한다(김성규 · 채준호, 2009). 뿐만 아니라, 대처 총리의 민영화 정책은 공공서비스 제공 및 전달 분야에서 경쟁제도를 도입함으로써 공공부문의 효율성을 극대화하고자 하는 전략의 일환으로 추진되었으며, 이와 같은 전략은 신공공관리론이 주장하는 원리 등과 일맥상통하는 부분이라 할 수 있다.

영국 정부의 민영화 정책의 특징과 실적 등은 다음과 같다. 대처 총리의 1차 집권기간(1979-1983)에는 민영화 정책의 사전 정지작업과 함께 소규모의 경쟁적 공기업만이 민영화되었다(김성규 · 채준호, 2009; Vicker & Yarrow, 1988). 즉, 대처 총리는 British Petroleum 등과 같은 경쟁적 공기업에 대한 민영화 정책을 통해 정부의 경제개입을 축소하고자 하였으며, 약 12개 정도의 공기업만이 민영화되었다. 대처 총리의 보수당 집권 2기(1983-1987)에는 1차 민영화 정책의 긍정적인 결과 등으로 인해 보다 강력한 민영화 정책을 추진했으며, 이에 따라 자연독점적인 공기업도 민영화 대상에 포함시켰다. 즉, 대처 총리는 주식보유자의 증가, 공공부문의 생산성 향상, 그리고 고용확대 등을 달성하려는 수단으로 민영화 정책을 추진하였다(Wright & Thompson, 1994). 대처 총리의 집권 2기에는 British Gas 등의 공기업이 민영화 되었으며, 민영화에 따른 매각액은 약 110억 파운드에 달하는 것으로 나타났다(Wright & Thompson, 1994). 보수당 정부는 3차 집권(1987-1993)에 성공한 이후, 수도와 전력 등의 민영화를 추진하였다. 이와 같은 국유산업에 대한 민영화를 통해 대처 총리는 정부부문의 인력감축 등을 진행시킴으로써 1979년 공사의 인력이 2백만여 명에서 1997년에는 공사인력이 37만 명으로 감소하였다(Office for National Statistics, 2003). 이와 같은 영국 정부의 민영화 정책은 국가의 경제에 대한 개입을 축소하고, 국가재정의 건전성을 확보하며, 공공부문의 경쟁력 강화와 효율성을 강화하려는 목적에서 일관되게 추진되어온 점에서 민영화의 일반적인 목적을 달성했다고 평가할 수 있다(박희서, 1998; 양형일, 1997; 황윤원 외, 2003; Veljanovski, 1987).

(3) 책임운영기관제도(Next Step's Agency 또는 Executive Agency) 도입

공무원의 감축 노력과 더불어 추진된 Next Step 프로그램은 정부부처의 기능을 정책수립과 집행으로 분리한 후, 집행기능을 담당하는 기관을 독립기관화 함으로써 국민을 위한 행정서비스의 집행에 효율성과 책임성 등을 확보하려는 차원에서 도입되었다(김순은, 1999; 윤광재, 2006; 황윤원 외, 2003).[7] 즉, 정부부처의 업무 중 집행업무를 담당하는 책임운영기관을 설립함으로써 집행의 효율성과 책임성을 강화시킬 뿐 아니라, 정책담당부서는 정책의 형성과 분석기능 등을 담당함으로써 정책결정능력을 향상시키고 공공서비스 전달에 대한 책임성을 강화하는데 초점을 맞추고 있다(Cabinet Office, 2006). 책임운영기관이 정책서비스의 전달과정을 담당함으로써 영국 정부는 정책집행의 분권화와 자율성 등을 확보했을 뿐 아니라, 조직 및 인력관리도 탄력적으로 운영할 수 있는 기반을 마련했다는 점에서 보수당 정부의 주요 정부개혁 프로그램으로 평가받고 있다(김근세, 2005). 이와 같은 책임운영기관을 통해 영국 정부는 정부부처의 인력 등을 민영화하는 계기로 삼았으며, 책임운영기관 인력의 외부충원과 기업의 재무 및 회계원리 등을 적용함으로써 성과지향적인 시장기제를 활용했다는 측면에서 신공공관리론의 시장주의적 접근방법을 채택한 개혁프로그램으로 해석된다(김근세, 2005; 윤광재, 2006).

책임운영기관의 시행 초기에는 정부출판, 여권사무, 그리고 고용사무 등과

---

7) Sir Robin Ibbs를 수장으로 하는 능률 진단팀은 1986년부터 약 2년 동안 정부부처의 장·차관 및 공무원을 면담한 결과를 바탕으로 1988년에 Improving Management in Government: The Next Steps 보고서를 대처 총리에서 제출하였다(김성철, 2001; 윤광재, 2007). 본 보고서에는 장관의 업무분야 조정, 고위공무원의 정책발굴 능력 향상, 자율 보장, 그리고 책임보장을 위한 조직개편 등을 제시하였으며, 영국 정부는 본 보고서의 내용을 바탕으로 책임운영기관제도를 도입하였다(행정자치부, 2002).

같이 비교적 용이한 분야를 대상으로 정책의 수립과 집행업무를 분리했으며, 후에는 회계서비스, 행정통계, 그리고 정보기술처리 등의 분야로까지 확대하였다(행정자치부, 2002). 이와 같은 책임운영기관의 영역과 분야의 확대를 바탕으로, 영국 정부는 책임운영기관제도를 도입한 이래 행정부처의 업무 가운데 약 75%를 책임운영기관 업무로 전환함과 동시에 공무원도 약 10여만 명을 감축하는 결과를 달성하였다(강원택, 1998; 민진, 1999). 뿐만 아니라, 책임운영기관의 기관장에 대한 정실적 임명을 배제하고 공개경쟁 및 성과 등에 따라 임명하게 함으로써 인사의 탄력성을 제고할 수 있었다는 점과 성과계약을 통한 업무평가 등은 공공부문에 분권화와 경쟁의 개념을 도입했다는 점에서 책임운영기관의 중요한 성과라고 평가할 수 있다. 이와 같은 긍정적인 평가에도 불구하고, 책임운영기관은 중앙정부를 대상으로 급진적인 방법을 통해 정부의 기능을 분리했다는 점과 행정서비스 전달과 관련된 책임소재를 불명확성 등을 초래했다는 점 등은 비판의 대상이 되고 있다(윤광재, 2007).

2) 메이저 총리

메이저 총리는 대처 정부가 중점적으로 추진한 대부분의 정부개혁 프로그램을 계승하였다. 그러나 대처 총리는 공기업 민영화와 책임운영기관 등을 통해 작고 효율적인 정부의 구현을 최상위의 목표로 설정한데 비해, 메이저 총리는 공공서비스 개혁을 통한 공공서비스의 질(quality) 향상을 위한 관리개혁과 고객만족 향상에 보다 중점을 두었다(민진, 1999; 황윤원 외, 2003). 공공서비스 개혁에 초점을 맞춘 결과, 메이저 총리의 보수당 정부는 시민헌장과 시장성 테스트 등, 행정의 공급자가 아닌 행정의 수요자를 정책의 우선순위로 설정했으며 민간부분의 참여와 경쟁 등을 강조한 특징을 지니고 있다(서필언, 2005).

(1) 시민헌장(Citizen Charter)

시민헌장은 1991년부터 행정서비스의 품질 향상과 더불어 고객에 대한 대응성 및 책임성 제고라는 목적을 위해 10년 간 한시적으로 도입하려 한 정부개혁 프로그램이다(라휘문 · 권오철, 2000; Cabinet Office, 1991; Drewry, 2003). 신공공관리론의 원리를 채택한 시민헌장은 행정서비스의 품질과 전달체계에 대한 시민의 권리를 강조함으로써 기존의 공급자 중심형 행정서비스 시스템을 수요자 혹은 고객중심형 행정서비스 체계로 변화시키는 계기를 마련했다는 평가를 받고 있다(Drewry, 2005; Shand & Amberg, 1996). 즉, 행정서비스의 품질과 전달체계 등에 대한 정부와 국민 간 계약관계를 명시화함으로써 국민이 갖고 있던 행정서비스에 대한 권리와 권한 등을 명시화하고 강제화했다는 점에서 의의를 찾을 수 있다(라휘문 · 권오철, 2000; Drewry, 2003). 또한, 영국 정부는 시민헌장제도를 통해 공공부문에 고객개념을 도입했을 뿐 아니라, 정부조직의 성과중심형의 평가제도를 구축했다는 점에서 그 의의를 평가받고 있다(라휘문 · 권오철, 2000).[8] 이와 같은 시민헌장제를 통해 영국 정부는 정부가 제공하는 행정서비스의 목적과 내용, 집행과정, 그리고 평가 및 환류 등을 국민에게 제공하게끔 제도화함으로써 국민에 의한 행정관료의 통제가 가능하도록 하였다. 따라서 시민헌장제는 국민을 행정기관이 제공하는 행정서비스의 고객으로 명시함으로써 주인-대리인 이론이 주장하는 정보의 비대칭성 문제를 해결하고 행정기관 간 경쟁체제를 도입했다는 점에서 의의를 찾을 수 있다.

영국 정부의 모든 행정기관과 책임운영기관은 시민헌장의 수립 및 실행 등을 공공서비스 과학청(Office of Public Service and Science)으로부터 관리 및 감독을 받게 되었으며, 1992년부터는 헌장마크상(Charter Mark Awards)을 수여함으로써 고객 중심형 행정서비스의 확산에 기여하였다(서필언, 2005). 특히, 헌장마크상은 2005년도를 기준으로 702개 기관에 수여되었으며, 약 20여만

8) 라휘문 · 권오철(2000, 170)은 서비스헌장과 성과관리는 공공부문에 시장기제 및 시장원리를 도입하고 고객중심형의 행정시스템을 구축한다는 측면에서 유사성을 지닌 제도로 평가하고 있다.

명의 개인이 헌장마크상을 수여한 것으로 조사되었다(Cabinet Office, 2006).[9] 이와 같이 영국 정부는 시민헌장제를 정부부처와 책임행정기관에 적용하고 헌장마크상을 각 기관과 개인에게 수여함으로써 영국의 공공부문에서 수요자 중심형 행정시스템을 구축할 뿐 아니라, 공공기관의 업무 기준과 책임 등의 분명한 영역을 공개시켰다는 점에서 큰 의미를 갖는 개혁 프로그램으로 평가할 수 있다. 그럼에도 불구하고, 시민헌장제는 공공부문의 상의하달식으로 기준이 설정됨에 따라 행정서비스의 고객인 국민과의 상호작용이 부족했던 점과 행정기관 등에 부가의 업무를 부여함으로써 업무량이 증가했다는 점 등에서 비판을 받고 있다(금창호, 2008; 서필언, 2005).

(2) 고위공무원단(Senior Civil Service) 도입

영국 정부는 1990년대 초반부터 중하위직 공무원의 인사권한을 책임행정기관과 각 부처에 위임하는 정책을 추진하였다. 이와 같은 인사정책에 대한 상쇄정책으로 영국 정부는 1996년부터는 Grade 5 이상의 공무원을 정부 전체의 공동자원으로 묶어서 고급인력의 관리방식을 변화시키는 개혁 프로그램인 고위공무원단을 도입하였다(서필언, 2005; 중앙인사위원회, 2000).[10] 이와 같은 고위공무원의 새로운 관리방식을 통해 영국 정부는 행정의 생산성, 대응성, 책임성, 그리고 성과주의 등을 제고할 뿐 아니라, 개방형 공직구조의 설계와 정부부처 간 이기주의의 감소 등을 추진하였다(김연수 · 김근세, 2007; 박천오 외, 2004; 중앙인사위원회, 2004). 뿐만 아니라, 영국 정부는 고위공무원단의

9) 2000년대에 들어오면서 헌장마크상을 수상한 기관과 개인의 숫자는 다음과 같다(Cabinet Office, 2006): 2000년(751개 기관; 185,844명), 2001년(708개 기관; 157,928명), 2002년(949개 기관; 133,967명), 2004년(525개 기관; 158,703명), 2005년(702개 기관; 205,291명).

10) 영국의 고위공무원단은 1급(Permanent Secretary; 사무차관)에서 5급(Assistant Secretary; 과장)까지의 공무원을 하나의 관리계급으로 묶어서 관리하고 있으며, 이와 같은 제도를 통해 전문행정가 중심의 공직사회 구현, 공무원 사회에 대한 정치적 통제의 강화, 전문기술직 공무원의 관리직 진출 확대 등과 더불어 공직사회에 경쟁, 개방, 그리고 성과에 연계된 보수 등을 강조하고 있다(박천오 외, 2010; 서필언, 2005; 이재호 외, 2008; www.civilservant.org.uk).

운영을 통해 과거의 계급제적인 요소를 직무중심의 관리방식으로 전환함에 따라 계층구조를 간소화했으며, 개인의 성과와 보수체계의 연계 및 계약에 의한 임용 등을 통해 고위공무원의 책임성을 강화시킨 점에서 제도의 의의를 찾을 수 있다(서필언, 2005; 중앙인사위원회, 2004). 영국 정부는 고위공무원단 제도를 통해 공무원 사회에 공개경쟁에 의한 외부 충원, 성과와 보수와 연계된 성과관리 시스템, 그리고 정치적 목표에 대한 대응성과 책임성 등을 강조하는 신공공관리론의 이념을 반영했다는 특징을 찾을 수 있다.

2009년을 기준으로, 영국의 정규직 및 비정규직 공무원은 524,423명으로 조사되었으며, 이 가운데 고위공무원단에 속하는 공무원의 숫자는 4,923명인 것으로 나타났다(Office for National Statistics, 2010).[11] 이와 같은 고위공무원단에 속한 공무원의 숫자는 초기에는 약 3,500명 내외에서 형성되었으나, 이후 지속적으로 고위공무원단에 속하는 공무원의 숫자는 증가하는 경향을 보이고 있다.[12] 뿐만 아니라, 영국 정부는 고위공무원단에 민간부문에서 경쟁력을 갖춘 적격자의 진입 비율을 지속적으로 증가시킴으로써 공직 내의 공개경쟁체계를 구축하는 것으로 나타났다.[13] 영국 정부는 고위공무원단의 확대를 통해 고위공무원에 대한 내각사무처의 통제를 강화시킴으로써 관리책임을 강화시켰을 뿐 아니라, 외부개방 임용제도를 활용함으로써 전문성과 개방성을 동시에 제고시킬 수 있는 제도적 장치를 마련했다는 점에서 긍정적인 개혁 프로그램

11) 2009년 3월을 기준으로, 영국의 공무원은 총 524,423명이며, 이 가운데 정규직 공무원은 417,566명, 그리고 비정규직 공무원은 106,857명인 것으로 나타났다. 또한 고위공무원단에 속하는 공무원 중, 정규직은 4,603명, 그리고 비정규직은 320명인 것으로 조사되었다(Office for National Statistics, 2010).

12) 고위공무원단은 2000년도까지는 약 3,000여명 내외로 구성되었으나, 이후에는 지속적으로 증가하는 것으로 나타났다[2001년-2002년(3,500명), 2002년-2003년(3,700명), 2003년-2004년(3,900명), 2006(4,480명), 2007년(4,570명), 2008년(4,750명), 2009년(4,923명)](www.statistics.gov.uk/StatBase).

13) 민간부문에서 고위공무원단에 진입하는 비율은 2003년-2004년의 30%에서 2005년-2006년에는 35%로 증가하는 등, 민간부문 출신의 적격자가 공직에 입문하는 비율이 증가하고 있는 것으로 나타났다. 또한, 고위공무원단을 출범시킨 초기에는 고위공무원단 내 공개경쟁직위가 약 100여 개에 불과했지만, 2000년 이후에는 약 200개 정도로 공개경쟁직위가 확대된 것으로 나타났다(www.statistics.gov.uk/StatBase).

중 하나로 평가받고 있다. 그러나 고위공무원단제도를 활용함으로써 나타나는 문제점들, 예를 들어 장관의 고위공무원단에 대한 통제력 약화와 신분상의 불안정성 등은 고위공무원단제도의 부작용으로 평가받고 있다.

(3) 시장성 평가(Market Testing)의 도입

시장성 평가는 정부가 공공서비스를 제공할 때 정부조직과 민간위탁을 통해 행정서비스를 제공하고자 하는 민간공급자를 경쟁시켜 보다 효율적인 공공서비스의 제공자를 선택하기 위한 취지로 1991년 「품질을 위한 경쟁(Competing for Quality)」이라는 정책백서가 출간되면서 영국의 중앙정부에 적용되었다(최영출, 2000; 최영출 · 옥동석, 1999; 박용성 · 임승빈 · 임성범, 2008; Cabinet Office, 1996; HM Treasury, 2006).[14] 시장성 평가는 정부조직과 민간조직 간 행정서비스 제공에 대한 품질경쟁을 실시함으로써 행정서비스의 고객임과 동시에 납세자인 국민에게 세금의 가치를 극대화시키려는 목적에서 도입되었으며, 뿐만 아니라 경쟁의 개념을 공공부문에 도입함으로써 공공서비스 전달체계를 고객 및 생산지향적으로 개혁하고자 하였다(박용성 외, 2008; 최흥석 · 한승주, 2008). 이와 같은 영국 중앙정부의 시장성 테스트는 행정서비스 공급주체를 공공부문과 민간부문의 경쟁을 통해 결정하게 함으로써 공공부문에 경쟁이라는 개념을 도입했으며, 민간부문이 행정서비스의 공급자로 결정되면 해당 행정서비스를 제공하던 공무원은 민간조직의 직원으로 신분이 변경됨으로써 공공부문의 인력을 감축하는 효과를 발생시키도록 하였다(Cabinet Office, 1996).[15]

---

14) 영국 중앙정부의 시장성 검증은 1980년대부터 영국의 지방정부에 적용되던 강제경쟁입찰제도(Compulsory Competitive Tendering)에서 기원한다. 강제경쟁입찰제도는 행정서비스 공급주체의 결정을 위해 지방정부는 강제적으로 민간부문과 경쟁해서 서비스 공급주체를 결정해야 하는 제도를 의미한다(Carnaghan & Bracewell-Milnes, 1993). 강제입찰제도에 의해, 영국의 지방정부는 도로, 건물의 건설, 쓰레기 수거, 급식, 그리고 전문사무직 등의 영역에서 민간위탁 등을 통해 서비스를 제공하고자 하는 민간부문과 경쟁하도록 법(The Local Government Act, 1992)을 통해 규정하였다(최영출, 2000).

15) 영국의 중앙정부는 정부의 모든 기능에 대해 5년을 주기로 해당 정부기능의 존폐 및 기능의 수행주체를 결정하도록 제도화하였다(최영출, 2000). 이와 같은 조치를 사전적 대안분석(Prior Option Review)이라는 제도를 통해 실시하고 있으며, 이를 통해 각 정부기능에

시장성 평가를 통해 영국 정부는 신공공관리론이 주장하는 작은 정부를 구현하고자 했다는 점에서 시장주의를 강조하는 보수당 정부의 특징을 발견할 수 있다.

영국 정부는 시장성 평가를 도입한 이후, 1992년부터 1993년에 걸쳐 389건의 시장성 평가가 진행되었으며, 약 50% 정도의 업무가 민간부문과 외부계약된 것으로 보고되었다(서필언, 2005; Pyper, 1995). 뿐만 아니라, 영국 정부는 1992년부터 1995년까지의 기간 동안, 시장성 평가를 거쳐 약 3.3억 파운드의 행정비용을 절감했으며, 약 2만여 명의 공무원이 시장성 평가 결과에 따라 정부에서 퇴직하는 인력감축 효과를 나타냈다(서필언, 2005; 황성돈, 2008; Cabinet Office, 1996). 이와 같은 예산절감 및 인력감축의 효과 외에도, 영국 정부는 시장성 평가를 도입함으로써 공공부문의 경쟁개념과 성과평가 등을 도입했다는 측면에서도 의미를 찾을 수 있다. 그럼에도 불구하고, 시장성 평가제도는 행정서비스의 공공성(publicness)에 대한 중요성을 간과할 수 있다는 측면과 오히려 행정상의 거래비용을 증가시킨다는 비판 등으로부터 자유롭지 못한 개혁 프로그램으로 평가받고 있다(박용성 외, 2008).

3) 보수당 정부개혁의 특징 및 한계

1970년대 비대해진 정부조직과 비효율적인 정부조직 운영, 그리고 과도한 복지지출에 따른 재정악화 등으로 표현되는 '영국 병'을 치유하기 위한 국가전략의 하나로 대처 총리는 신공공관리론에 의한 정부개혁 프로그램을 추진하였다. 대처 총리는 시장메커니즘을 정부부문에 도입함으로써 정부 인력의 감축과 권한위임 등을 통해 정부운영의 효율성을 추진했다. 뿐만 아니라, 공기업을 민영화하고 책임운영기관을 설립하는 등, 정부조직의 감축을 통해 정부의 생산성을 제고하려는 노력을 꾸준히 시도하였다. 이와 같은 노력으로 인

대해 폐기, 민영화, 전략적 외부위탁, 시장성 평가, 그리고 내부구조조정 등의 여부를 결정하고 있다(Cabinet Office, 1996).

해, 대처 총리는 공공부문에 효율성 · 생산성 · 책임성 등의 개념을 도입했으며, 이와 같은 노력들은 1980년대 이후 신공공관리론에 의한 '작은 정부'의 이념과 운동을 세계적으로 확산시켰다는 점에서 의의를 갖는다고 할 수 있다.

이에 비해 메이저 총리는 대처 총리가 추진한 주요 정부개혁 프로그램을 계승하면서 공공서비스 전달체계의 혁신, 고객중심형 행정체제 구축, 그리고 공무원제도의 개혁 등을 추가적으로 진행하였다. 즉, 과거 대처 총리가 강조한 외형적인 정부개혁 모형에서 정부조직과 민간부문과의 경쟁을 통해 보다 효율적으로 행정서비스를 공급할 수 있는 제공자를 선택함으로써 공공부문의 인력 · 조직 · 재정 등을 절약할 수 있게 했을 뿐 아니라, 행정서비스의 질도 향상시키려 노력하였다(서필언, 2005). 이와 같은 정부개혁 프로그램을 통해 메이저 총리는 민간부문과 정부 간 경쟁을 통해 정부가 누구를 위해 존재하는지를 명확히 하고자 했으며, 행정체계를 국민의 권리와 권한을 강조하는 시스템으로 변화시키려 노력하였다.

그러나 작은 정부를 추진하면서도 교육 및 보건 등, 여러 분야에서 중앙정부의 부처가 직접적으로 관여하는 영역이 감소하지 않았다는 점과 지방정부의 전통적인 업무까지도 중앙정부가 개입함에 따라 중앙집권화의 경향에서 벗어나지 못했다는 점은 보수당 정부개혁의 이념 및 원리 등과 일치하지 않는다는 점에서 비판의 대상이 되고 있다(Dunleavy, 1997).

2 노동당 정부의 정부개혁

시장의 경쟁논리를 통해 정부규모와 인력 등의 감축한 결과, 보수당 정부가 집권하는 동안에는 경제지표가 호전되는 등의 긍정적인 효과가 나타났다. 그러나 공공부문에도 시장원리가 적용됨에 따라 나타나는 부수적인 문제들, 예를 들어 급격한 빈부격차와 고용불안 등으로 인해 시장실패, 그리고 정부의 시장부문에 대한 지나친 개입 등의 부작용이 심화되었다(양형일, 1997). 이와 같은 문제점 등을 해결하기 위해 노동당 정부는 협력(collaboration), 파트너십, 그리고 포용(inclusion) 등을 통해 공공부문의 현대화(modernization)에 초점을 맞추기 시작했다(Ahmad & Broussine, 2003; Hay, 1998).[16] 즉, 보수당 정부가 추진한 일련의 정부조직 및 인력의 감축과 규제완화 등의 정책을 계승하면서도 정부-민간부문 간 협력관계, 공동체주의, 사회정의, 그리고 시민사회의 자율성 강조 등을 통해 보수당 정부의 정부개혁에서 나타난 문제점 등을 개선하려 하였다(김정렬, 2001). 본 연구에서는 노동당 정부의 블레어 및 브라운 총리가 강조했던 주요 정부개혁에 대해 살펴보고자 한다.

1) 블레어 총리

블레어 총리는 보수당 정부가 추진한 신자유주의적 정부개혁 프로그램의 가치와 방법 등은 인정했지만, 그에 따르는 문제점들, 즉 시장실패에 대한 개선에 초점을 맞추었다. 즉, 공공부문과 민간부문 간 협력적 거버넌스 관계의 확립, 부처 간 혹은 중앙-지방 정부 간 협력체계 강조, 수요자 중심의 행정시스템 강화, 그리고 시민사회의 자율성을 강조하는 '정부 현대화(modernising government)'를 추진하였다(김근세, 2005; 김정렬, 2001; 민진, 1999).

(1) 최고가치제도(Best Value) — 정책수준의 거버넌스

정부 간 관계, 특히 중앙정부와 지방정부 간 관계는 보수당 정부와 노동당 정부의 정부개혁에 대한 시각 차이를 극명하게 보여주는 분야라 할 수 있

16) 노동당 정부는 보수당 정부에서 추진한 여러 정부개혁들이 시장의 유인 등을 지나치게 강조함에 따라 정부 부처에 초점을 맞춘, 즉 공급자 중심형의 개혁에서 벗어나지 못하고 있다고 비판한다. 따라서 여러 부처에 함께 관여하는 다부처 정책의 경우, 각 부처의 이해관계 등으로 인해 쉽게 합의에 이르지 못하는 전달 및 서비스의 분절성(fragmentation)을 야기한다고 주장한다(Ling, 2002).

다.[17] 보수당 정부는 의무경쟁입찰제도(Compulsory Competitive Tendering)를 통해 지방정부의 행정서비스에 대한 법적 요건을 강화시키고 행정비용의 절감 등을 강조함으로써 지방정부의 권한을 약화시키고자 하였다(이상호 · 이승우, 2006). 그러나 블레어 총리는 중앙정부와 지방정부 간 관계의 불균형을 통해 지방정부의 행정기능과 시스템 등을 통제하려하기 보다는 지방정부의 행정력 강화와 서비스 개선, 책임성 및 투명성 강화, 그리고 협력적 관계의 복원 등을 통해 지방정부의 근대화를 추진하였다(강혜규 외, 2006; 라휘문 외, 1999; 유재원 · 김영미, 2006).

최고가치제도는 1999년에 제정된 지방정부법(Local Government Act)을 통해 법적인 강제력을 보유하게 되었으며, 각 지방정부가 공공서비스의 이용자인 국민 또는 주민을 위한 최고의 가치를 지닌 행정서비스를 제공하도록 의무화한 개혁 프로그램이다. 최고 가치의 행정서비스를 제공하기 위해 각 지방정부는 매년 자체적인 목표계획을 수립한 후, 100여 개에 달하는 최고의 가치수행지표(Best Value Performance Indicators; BVPis)에 의해 목표 및 성과달성에 대한 평가를 받아 행정서비스 운영 및 제공 등에서 자율성 등을 인정받도록 고안되었다. 즉, 국민 또는 주민이 납부한 세금에 대해 최고의 행정서비스를 제공함으로써 경제적 · 능률적 · 효과적인 서비스 전달체계 등을 구축하고자 하였다.[18] 이와 같은 행정서비스에 대한 최고가치제도의 도입은 중앙정부가 일방적으로 지방정부의 행정서비스의 내용과 전달체계 등을 경제적 잣대를 통해

17) 최고가치제도는 보수당 정부가 추진했던 의무경쟁입찰제도의 한계점을 극복하려는 차원에서 도입된 프로그램이지만, 양 제도는 근본적으로 신공공관리론이 추구하고 있는 효율성, 성과지향적 문화, 정부의 납세자에 대한 책임성 등을 강조하고 있다는 공통점을 갖고 있다(라휘문 외, 1999; 유재원 · 김영미, 2006; Geddes, 2001; Martin, 2001). 그러나 최고가치제도는 행정서비스의 질과 비용을 동시에 평가기준으로 선정하고 있는 점, 행정서비스 제공 메커니즘의 다양성을 인정하고 있는 점, 그리고 민간부문과 공공부문 간 협력관계를 강조하는 점 등에서 의무경쟁입찰제도와 구분된다(유재원 · 김영미, 2006).

18) BVPIs는 협력적 보건(11개 지표), 사회서비스(12개 지표), 교육(11개 지표), 주거(13개 지표), 주거 수당 및 지방의회세(5개 지표), 쓰레기(9개 지표), 교통(9개 지표), 계획(5개 지표), 환경(4개 지표), 문화서비스(3개 지표), 지역사회 안전(8개 지표), 소방(11개 지표) 등 총 12개 부분으로 구성되었으며, 중앙정부가 지방정부 및 감시위원회 등과 협의하여 기준 등을 정하고 있는(강혜규 외, 2006).

통제하려 하기 보다는 지방정부와의 협력과 합의를 통해 협력적 거버넌스를 지향했다는 점에서 의미를 찾을 수 있다. 중앙정부는 행정서비스의 결정과 집행과정에서 다양한 이해당사자들, 예를 들어 지방정부와 지역사회 대표자 등과의 협력과 합의를 도출함으로써 중앙정부와 지방정부 간 관계가 대립에서 협력관계로 변화시키고자 하였다(Martin, 1999). 최고가치제도를 기초로 형성된 중앙정부와 지방정부 간 협력관계는 더 나아가 정부부문과 민간부문 간 협력관계, 즉 민·관 파트너십(public-private partnership)을 촉진시키는 계기를 마련했다는 점에서 또 다른 의미를 찾을 수 있다. 영국의 중앙정부는 최고가치제도의 적용을 통해 지방정부의 자율권 등을 제도적으로 보장함으로써 지역사회의 다양한 이해당사자가 행정서비스의 수립 및 집행과정에 참여케 됨으로써 강제적으로 공공부문과 민간부문을 경쟁시키기 보다는 두 개 부문의 이해당사자가 협력할 수 있는 제도적 장치를 마련했다는 점에서 의미를 찾을 수 있다(강혜규 외, 2007; 유재원·김영미, 2006; Martin, 1999; Walker & Davis, 1999).

(2) 연계형 정부(Joined-up government)

보수당 정부가 정부개혁의 주요 원리로 채택한 신공공관리론은 정책결정과 집행의 분리 등을 강조하는 분절화(fragmentation) 전략을 통해 행정서비스 전달의 효율성 등을 극대화하고자 하였다. 이와 같은 보수당 정부의 분절화 전략은 행정의 효율성과 책임성을 제고하였지만, 다부처와 관련된 정책수립 및 집행과 전체적·장기적 시각에서의 정부 효율성 등의 제고 측면에서는 문제가 있는 것으로 나타났다(성지은, 2010). 뿐만 아니라, 신공공관리론은 정부 전체의 목표에 대한 통합성 등을 강조하기 보다는 개인과 부처 자체의 목표 달성에 관심을 기울임으로써 정부 부문의 각 구성원 혹은 부처 간 횡적인 협력과 통합에 관심을 덜 기울이는 결과를 초래하였다(서필언, 2005).[19] 따라서 블레

19) 신공공관리론을 정부개혁의 주요한 원리로 도입한 주요 국가에서는 신공공관리론이 주장한 분절화의 폐해 등을 극복하려는 차원에서 정부 부처 간 혹은 정책 간 협력체계를 구축하는데 관심을 기울이고 있다. 이와 같은 협력적 체계는 영국의 연계형 정부(joined-up

어 총리는 보수당 정부가 추진한 정책수립 및 집행 간 분절화 전략 등에서 나타나는 문제점을 해소하기 위해 부처 간 횡적인 협력을 강조할 뿐 아니라, 정부 부처가 민간부문, 자원봉사단체, 그리고 비영리단체 등과 같은 이해당사자와 정책수립 및 집행과정에서 상호연계를 추구함으로써 지속가능한 발전을 도모하고자 하였다(Richard & Kavanagh, 2000).

연계형 정부에 대한 기본적인 목표와 방향 등은 노동당 정부의 정부개혁 백서인「사회서비스 현대화: 독립 촉진, 보호 증진, 기준 향상(Modernising Social Services: Promoting Independence, Improving Protection, Raising Standard)」에 나타나 있다. 즉, 보수당 정부 하에서의 분절된 협력체계를 복원하려는 차원에서 공공서비스의 제공과 전달 등은 정부부처 간 협업을 유지할 뿐 아니라, 민간부문 혹은 비영리부문과도 협력할 것을 요구하고 있다(Department of Health, 1998). 특히, 내각사무처 내에 성과 · 혁신국(Performance and Innovation Unit)과 정책관리연구원(Center for Management and Policy Studies) 등을 설립함으로써 정부 부처 간 전략목표의 상호연계와 정책통합, 그리고 관리적 협력방안 등을 주도하였다(강혜규 외, 2007). 또한, 블레어 총리는 정부부처 간 협력체계를 강조할 뿐 아니라 공통된 목표와 가치 등을 지향하는 책임운영기관, 민간부문의 조직, 그리고 자발적 단체(voluntary organizations)와의 협조 등을 통해 공공서비스 제공과 전달의 효율성과 효과성, 그리고 만족도 등을 제고하고자 하였다(House of Commons, 2001). 블레어 총리는 연계형 정부라는 거버넌스체계를 바탕으로 공공부문과 민간부문 간 경계를 퇴색시킴으로써 정부 부처 내에서 뿐 아니라 공공부문과 민간부문 간에도 협력체계를 통해 국민의 요구사항과 수요 등에 효과적으로 대응할 수 있는 행정시스템을 구축하고자 했으며, 이와 같은 협력체계를 통해 행정서비스의 질을 제고하고자 하였다(한인섭 · 김정렬, 2004).

---

government), 호주의 총체형 정부(whole-of-government), OECD의 정책정합성(policy coherence) 등으로 나타나고 있다(성지은, 2010: 3).

2) 브라운 총리

브라운 총리는 블레어 총리와 마찬가지로 대처리즘에 입각한 정부개혁을 지지했을 뿐 아니라, 실용주의 혹은 '제3의 길'로 표현되는 신노동당 정부의 정부개혁 기조를 유지한 것으로 평가받고 있다(김정렬, 2008). 이와 같은 정부개혁의 원리와 접근방법을 유지하면서도 브라운 총리는 이전 정부가 추진했던 외형적인 정부개혁 프로그램 등을 제도화하는 노력을 기울임으로써 30여 년간 지속되었던 정부개혁을 완성하려는 노력을 기울였다. 즉, 브라운 총리는 영국의 국가경쟁력을 강화하기 위해 정부부문의 혁신과 생산성 향상 등을 강조했을 뿐 아니라, '현명한 정부(smart government)'를 국정운영의 목표로 설정하면서 정부업무의 효율성 제고 등에 관심을 기울였다(성지은, 2009). 이와 같은 정부개혁의 목표를 위해, 브라운 총리는 공공서비스의 내용과 전달체계 등에 관심을 기울이면서 공공서비스의 '최고지향성과 공정성(excellence and fairness)'을 정책의제로 선정했으며, 이에 따른 정부조직개편 등에 관심을 기울였다(김정렬, 2008; HM Government, 2009). 이하에서는 공공서비스의 최고지향성과 공정성 및 정부조직개편 등을 중심으로 브라운 총리의 정부개혁 프로그램을 살펴보고자 한다.

(1) 공공서비스의 최고지향성과 공정성(excellence and fairness)

영국 정부는 대처 총리가 집권한 이래, 공공서비스의 공급주체 및 전달체계 등에 관심을 기울여 왔다. 보수당 정부에서는 의무경쟁입찰제도(CCT)를 통해 공공서비스 전달체계의 효율성 제고에 관심을 기울였지만 행정의 책임성 저하 등의 문제를 초래하였다(김정렬, 2008). 노동당 정부에 집권하면서도 공공서비스 공급 및 전달체계 등에는 관심을 기울였으며, 블레어 총리는 공공서비스 공급주체의 다원화 정책을 통해 행정서비스의 질을 향상시키고자 하였다. 이에 비해 브라운 총리는 대처리즘적인 접근방법과 블레어의 공공서비스 주체의 다원화 정책의 기조는 대체적으로 지지하였다(Griffiths, 2009).

그러나 브라운 총리는 공공부문 혹은 공공서비스 분야에서의 무한경쟁에 의한 서비스 공급 및 전달체계를 선호하기 보다는, 정부부문과 지방정부, 여타의 공공부문, 그리고 민간부문의 주체와의 협력적 파트너십을 통한 공공서비스 제공과 전달에 보다 많은 관심을 보였다. 이와 같은 브라운 총리의 정책 기조는 '최고지향성과 공정성'이라는 정책 의제로 발전하였으며, 이와 같은 정책 목표를 달성하기 위해 브라운 총리는 시민의 권한부여(empowerment), 신전문가주의, 그리고 전략적 리더십 등을 강조하였다(Public Service Commission, 2009). 첫째, 브라운 총리는 공공서비스의 공급주체와 전달체계 등을 결정하는데 있어 공급자 중심의 행정시스템을 구축하기 보다는 공공서비스의 최종적인 소비자인 시민들에게 공급주체와 전달체계 등을 결정할 수 있도록 권한부여와 참여 전략 등을 채택하였다. 즉, 공공서비스의 이용자인 국민이 자신에게 적합한 공공서비스의 내용과 공급주체 등을 결정할 수 있는 권한을 갖게 함으로써 서비스의 개인화(individaulization)를 지향하고자 하였다(Cabinet Office, 2008). 이와 같은 전략을 통해, 브라운 총리는 공공서비스 제공주체 등에 대한 경쟁을 유발시킴으로써 시민의 권리를 보장하게끔 하였다(김보영, 2009; Cabinet Office, 2008). 둘째, 브라운 총리는 시민이 공공서비스의 질과 전달 등에 만족하기 위해서는 전문가와의 협력체계 구축이 필요하다고 주장함으로써 공공서비스 주체공급 및 전달체계 등에 전문성을 지닌 민간부문과 제3섹터의 주체들과의 협력을 강조하였다(Cabinet Office, 2008). 즉, 민간부문과 제3섹터에서 근무하는 전문가 등을 활용함으로써 양질의 공공서비스를 전달할 수 있다고 믿었으며, 이와 같은 공공서비스 전달체계에 있어서의 전문가주의를 구현하기 위해 2009년에 제3섹터 내각위원회(Cabinet Committee on the Third Sector)를 구성하는 등의 노력을 기울였다(송백석 · 곽진오, 2010). 셋째, 브라운 총리는 공공서비스 선진화를 위해서는 위에서 언급한 요건 이외에도 중앙정부가 공공서비스에 대한 명확한 목표와 운영체계, 그리고 인센티브 등에 대한 확고한 리더십을 발휘하는 것이 필요하다고 명시하였다. 즉, 공공서비스 공급 및 전달과정 등에서 민간부문 등의 참여와 협력 등이 필요하지만, 궁극적으로 공공서비스 분야의 최종적인 책임과 관리 등은 중앙정부에 귀속된다고 명시하였다(Cabinet Office, 2008). 따라서 중앙정부는 공공서비스 분야에 있어 시민의 권리보호 및 이익증진, 민간부문 및 제3섹터와의 협력적 관계, 그리고 공공서비스 공급 및 전달과정에서의 적절한 감시체계 구축 등과 같이 포괄적인 역할을 담당하는데 필요한 전략적 리더십을 갖춰야 할 것을 요구받고 있다(김보영, 2009).

(2) 연계형(joined-up) 정부를 위한 정부조직 개편

보수당 정부가 추진했던 정책결정과 집행기능의 분절화 전략은 효율성과 단기적 관점의 성과를 제고하는데 기여했지만, 행정의 책임성과 통합성 등을 저해한다는 이유로 블레어 총리가 집권한 이후에는 연계형 정부 등을 추구하면서 정책 간 연계와 통합 등을 강조하였다. 즉, 정부부문의 개인, 부서, 그리고 부처의 개별적 혹은 수직적 능률성은 달성했지만, 각 수준별 수평적 통합성과 협력성 등에 문제를 나타낸 신공공관리론의 분절화 전략을 극복하고자 노동당 정부에서는 횡적 협력을 강조하는 연계형 정부를 정부개혁 프로그램으로 도입하였다. 블레어 총리는 정부부처 간 혹은 공공부문과 민간부문 간 협력체계를 제시함으로써 정부부문의 전체 효율성을 증대시키려는 커다란 정책방향을 제시했지만, 브라운 총리는 정부조직개편을 통해 부처별로 흩어져 있던 기능 등을 통합하거나 특정 부처 등을 폐지 혹은 신설함으로써 궁극적으로 국가경쟁력 제고라는 목표를 추진하였다(해외경제포커스, 2007).

브라운 총리는 다부처가 관련된 정책을 수립하거나 집행하는 데 있어 부처별 혹은 기관별로 정책 및 행정기능과 과정 등이 분화되어 있기보다는 하나로 연계시키는 작업을 통해 총괄적인 부서나 부처 등을 신설하는 정부조직개편을 시도하였다. 이와 같은 연계형 정부로의 변화를 위해, 브라운 총리는 2007년 6월에 통산산업부를 폐지하고 교육기술부를 아동·학교·가족부

및 혁신 · 대학 · 기술부 등으로 분리 확대하였으며, 2008년 이후에는 에너지 기후변화부와 기업혁신기술부를 신설하는 등, 정부기능의 연계를 위한 정부조직개편을 단행하였다(성지은, 2009). 브라운 총리의 이와 같은 정부조직개편은 국가경쟁력을 강화하고 부처 간 업무연계와 협력을 촉진하려는 차원에서 이루어졌을 뿐 아니라, 새로운 행정수요에 보다 적극적으로 대응한다는 차원에서 단행되었다는 점이 특징이다.

3) 노동당 정부개혁의 특징 및 한계

노동당 정부는 시장주의를 강조하는 신공공관리론의 주요한 원리를 정부개혁 프로그램에 반영하면서도, 시장부문에의 지나친 공공부문의 개입과 시장실패로 나타난 보수당 정부의 정부개혁 프로그램의 문제점을 극복하려는 노력을 기울였다. 블레어 총리는 정부부문에 도입한 시장메커니즘의 실패를 극복하기 위해 공공부문과 민간부문 간 협력체계를 구축했을 뿐 아니라, 정부부처 간 혹은 중앙정부와 지방정부 간 거버넌스체계를 구축함으로써 공동체주의와 사회정의를 강조하였다. 즉, 대처 총리와 메이저 총리가 추진한 신공공관리론에 기반을 둔 정부개혁 프로그램의 지지를 통해 효율성과 경제성 등을 추구했지만, 이에 덧붙여 정부의 책임성 강화와 민간부문 등의 이해당사자를 정부의 정책 및 행정과정에 참여 및 협력케 함으로써 대응성과 전문성 등을 강조하는 정부개혁 프로그램을 도입하였다. 이와 같은 노력을 통해 블레어 총리는 정부부처 간 정책 및 행정의 수평적 연계성을 강조했을 뿐 아니라, 공공부문과 민간부문 간 협력적 거버넌스체계를 도입함으로써 정부가 보다 적극적으로 행정의 책임성을 강조했다는 점에서 의미를 찾을 수 있다.

브라운 총리는 블레어 총리와 마찬가지로 보수당 정부가 추진했던 주요한 정부개혁 프로그램의 원리 등을 지지하면서도 실용주의 등을 가미함으로써 대처 총리 이후에 영국 정부에서 지속적으로 시도된 정부개혁 프로그램을 제도화했다는 평을 받고 있다. 특히, 브라운 총리는 시민 및 시민사회의 역할 강조, 중앙정부의 업무와 지방정부 간 업무의 연계성 분석, 그리고 정부기능의 효율화를 통한 공공서비스의 제공 및 전달체계의 합리화 등을 추진하면서 공공서비스 분야에 대해 정부개혁의 초점을 맞추었다. 이와 같은 노력을 통해 브라운 총리는 정책수립 및 집행과정 등에서 시민의 역할과 권한 등을 강조했을 뿐 아니라, 민간부문 등에서 활동하고 있는 전문가 그룹을 활용해서 행정의 전문성 등을 확보하려는 노력을 기울였다. 또한, 블레어 총리가 추진했던 연계형 정부의 구조적인 측면에서의 완성을 위해 불필요한 정부조직을 폐지하거나 다부처가 관련한 정책을 총괄할 수 있는 부서나 부처 등을 신설 또는 확대함으로써 정부기능의 통합뿐만 아니라 행정과정에서의 효율성도 함께 추구하고자 하였다. 이와 같은 노력을 통해 브라운 총리는 정부조직의 생산성 및 효율성 제고 등에도 관심을 기울였지만, 정부업무 및 기능의 효율성에도 관심을 기울였다는 점에서 의미를 갖는다고 할 수 있다.

노동당 정부는 정부개혁에 민간부문의 효율성과 전문성을 활용하고 중앙정부 부처 간 혹은 중앙정부와 지방정부 간 협력체계를 유지함으로써 시장실패에 따른 문제점들을 극복하려 했지만, 대처 총리 등 보수당 정부가 추진한 정부개혁의 이념과 방향 등에서 독립하지 못한 채 보수당 정부의 프로그램을 부분적으로 수정 및 활용한 부분 등은 아쉬움으로 남는다.

3 보수당과 자유민주당의 연합정부

1) 캐머런(Cameron) 총리

2010년 5월 6일에 치러진 총선에서 보수당은 하원의석(총 650석)의 과반에 미치지 못하는 306석을 확보하여 어느 정당도 의회의 과반을 차지하지 못하는 형태인 헝의회(Hung Parliamentary)가 형성되었다. 보수당은 연정을 통한 집권을 위해 자유민주당의 요구사항인 비례대표제 도입과 부총리를 포함한 장관직의 배분 등을 수용하면서 보수당과 자민당의 연합정부가 구성되었으며, 2010년 5월 12일에 보수당의 캐머런 당수를 연합정부의 총리로 추대한 보수당-자민당 공동정부의 출범으로 13년간의 노동당 집권시대를 마감했다(김균태, 2010). 이하에서는 캐머런 총리의 공약 등에 근거한 정부개혁의 방향을 간략하게 살펴보도록 하겠다.

캐머런 총리는 선거공약 등에서 밝힌 것과 같이, 사상 최대의 재정적자를 해결하기 위해 공공부문의 지출삭감, 인력감축, 불필요한 공공부문의 민영화, 그리고 복지지출 삭감 등을 추진하고 있다. 즉, 캐머런 총리는 영국 GDP의 11%에 육박하는 재정적자를 해결하기 위해 대처 총리가 추진한 정부개혁 프로그램의 정책기조를 유지하면서 작은 정부를 지향하고 있다. 재정적자의 감축을 위해 세금을 신설하고 세율을 인상할 뿐 아니라, 기존의 복지수당을 감축함과 동시에 공공부문 인력의 감축과 임금 동결 등도 추진하고 있다.[20] 이와 같이 정부부문의 지출, 인력, 조직 등의 감축을 통해 캐머런 총리는 정부의 재정적자를 유럽연합(EU) 집행위원회가 요구하는 GDP 대비 3% 수준 이하로 감소시켜 재정건전성을 회복하는데 총력을 기울이고 있다(Cabinet Office, 2010).

캐머런 총리는 정부의 재정건전성을 회복하기 위해 '큰 사회(Big Society)'를 제창하고 있다(Cabinet Office, 2010). 보수당-자민당 연합정부는 정부가 운영하고 있는 각종 공공서비스의 공급 및 전달체계 등을 민간부문과 자원봉사단체 등에게 이양함으로써 서비스의 질을 향상시킬 뿐 아니라, 정부규모도 축소시키려는 노력을 기울이고 있다. 노동당 정부에 비해 캐머런 총리는 정부

20) 조선일보(2010.10.21)와 매일경제뉴스(2010.9.8) 등에 따르면, 캐머런 총리는 부가가치세(VAT)의 세율을 현재 17.5%에서 2011년 4월부터 20%로 인상하기로 했으며, 영국 내 모든 금융기관에 대해 은행세를 신설해 새로운 세수의 발생을 유도하기로 했다. 뿐만 아니라, 공공기관 근로자는 향후 2년간 임금이 동결될 뿐 아니라, 49만여 명의 근로자가 단계적으로 해고할 계획을 추진 중인 것으로 나타났다. 또한 국방예산의 감축을 통해 재정적자의 폭을 감소시키려는 노력을 진행하는 등, 영국의 최대 현안 중에 하나인 재정적자의 감축을 위해 정부를 포함한 공공부문의 규모를 축소하려는데 초점을 맞추고 있다.

가 모든 일을 담당하기보다는 개인 또는 지역공동체 등에게 공공서비스의 공급 및 전달에 관한 정보와 권한 등을 이양하면 전문성, 책임성, 그리고 효율성 등을 동시에 추구할 수 있다고 주장한다(Cabinet Office, 2010). 이와 같은 노력을 통해 캐머런 정부는 공공서비스의 질 향상과 동시에 재정적자의 문제를 일정 정도 해결할 수 있으며, 궁극적으로는 정부의 생산성도 향상시킬 수 있다고 예상하고 있다. 공공서비스의 공급과 전달체계에서 지역사회 및 지방정부 등과의 협력관계는 민간부문, 지방정부, 그리고 지역공동체 등의 역할을 강화시키고 큰 정부를 지양한다는 차원에서 '큰 사회(Big Society)'를 이루려는 캐머런 총리의 의중이 담긴 것으로 해석할 수 있다(Cabinet Office, 2010).

Ⅳ. 우리나라 정부개혁에 대한 시사점

영국의 정부개혁에 대한 논의는 우리나라의 정부개혁의 내용과 방향 등에 여러 가지 시사점을 제공한다. 비록 영국과 우리나라가 처한 행정환경과 조직문화, 그리고 정책 및 행정과정 등에서 구분되는 특징이 있지만, 정부개혁을 통해 '작고 효율적인 정부'를 구현하고자 하는 목표는 동일한 것으로 파악되고 있다. 영국 정부가 택한 정부개혁의 방향과 내용이 우리나라의 정부개혁에 동일하게 적용되지 못하겠지만, 영국의 정부개혁 프로그램과 접근방법에 대한 검토를 통해 우리나라 정부개혁의 전략을 수립하는데 참고 자료로 활용할 가치는 충분하다고 생각된다. 이하에서는 영국 정부의 정부개혁의 특징과 문제점 등을 되짚어 봄으로써 우리나라가 택할 수 있는 혹은 참고할 수 있는 정부개혁에 대한 시사점을 도출하고자 한다.

1 정부개혁의 연속성 유지

영국은 1979년 대처 총리가 집권한 이후, 두 차례의 정권 교체와 몇 번의 총리 교체에도 불구하고 시장주의에 기반을 둔 신공공관리론의 원리인 '작고 효율적인 정부'를 구현하기 위한 정부개혁의 기조가 연속성을 띠고 유지되는 특징을 갖고 있다. 보수당 정부와 노동당 정부의 이념적인 차이 등으로 인해 정권이 교체될 때마다 정부의 역할과 규모 등에 대한 사소한 논란은 일어나고 있지만, 큰 틀에서 정부개혁의 기조를 바라봤을 때에는 신공공관리론의 원리가 주요하게 적용되고 있음을 알 수 있다. 뿐만 아니라, 정권이 교체되었음에도 불구하고 이전 정부의 주요한 정부개혁 프로그램 등에 대한 검토를 거쳐 수용할 개혁정책은 새 정부의 이념과 철학 등에 맞게끔 적절한 수정절차를 거쳐 지속적으로 추진하는 등의 전략을 채택하고 있다(서필언, 2005). 예를 들어, 보수당 정부의 강제경쟁입찰제도와 시민헌장제도는 노동당 정부의 최고가치제도(Best Value)와 서비스 우선제도(Service First)로 대체되었다. 물론, 노동당 정부는 보수당 정부가 주장한 각종 개혁프로그램의 내용과 접근방법 등을 무조건적으로 수용하기보다는 정부부처 간, 중앙정부와 지방정부 간, 그리고 공공부문과 민간부문 간 협력체계 등의 구축을 통해 협력적 거버넌스체계와 민·관 파트너십을 통해 공동체주의와 사회정의 등을 보다 강조한 측면을 부인할 수 없다. 그러나 정부개혁 프로그램에 대한 접근방법을 일부 수정하거나 새로운 이념 혹은 가치 등을 추가하면서 정부개혁 프로그램을 변화시켰을 뿐, 보수당 정부의 개혁프로그램이라고 해서 일방적으로 폐지하지 않음으로써 비록 영국 정부의 집권당과 총리는 교체되었지만 전체적인 시각에서의 영국 정부의 개혁프로그램은 연속성을 갖고 지난 30여 년 동안 지속적으로 추진되어 온 특징을 찾을 수 있다. 이와 같이 정부개혁 프로그램에 대한 연속성을 유지함으로써 개혁의 장점은 확대시킴과 동시에 단점으로 분석된 부분들은 지속적인 개선작업을 통해 정부개혁에 대한 소기의 목적을 달성한다는 점은 우리나라의 정부개혁에 대해 시사하는 바가 크다 할 수 있다. 우리나라의 경우, 정권이 교체될 때마다 행정부 수반의 정치적 혹은 관리적 목적과 국정운영의 철학과 이념 등으로 인해 전 정부의 정부개혁 프로그램을 계승 및 발전시키기 보다는 새로운 정부개혁 프로그램을 도입하려는 노력을 기울여 왔다. 따라서 정부개혁의 목표와 접근방법, 그리고 각종 개혁프로그램의 연속성이 유지되지 못하고 있다는 비판을 받아오고 있다. 따라서 영국의 정부개혁과 같이, 우리나라도 정권 교체와 상관없이 정부개혁 프로그램의 연속성을 유지할 수 있는 각종 방안들에 대한 연구가 필요하다고 할 수 있다.

2 정부개혁의 협력체계 유지

영국 정부의 정부개혁 프로그램은 중앙정부의 일방적인 지시와 통제 등에 의한 접근방법이라기 보다는 정부부처 간, 중앙정부와 지방정부 간, 그리고 공공부문과 민간부문 간 협력체계에 의해 수립 및 집행되고 있다는 특징이 있다. 대처 총리의 보수당 정부 시절에는 지방정부의 공공서비스 공급 및 전달 등의 비효율성의 문제로 인해 중앙정부가 지방정부를 통제하려 했던 시도도 있었지만, 그 후에는 지방정부 등과 같은 정책 이해당사자를 정부개혁의 수립 및 집행과정, 그리고 환류과정 등에 참여시킴으로써 중앙정부가 갖고 있지 못하는 전문성을 활용할 뿐 아니라 공동체주의 및 사회정의 등을 함께 추구하고자 하였다. 특히, 블레어 총리는 신공공관리론의 분절화 전략에 따라 수직적 효율성을 향상되었지만 수평적 협력체계와 효율성 등의 문제를 갖고 있는 공공부문에 협력과 파트너십 등의 개념을 도입하면서 거버넌스체계를 구축하고자 했으며, 이와 같은 노력을 통해 공공부문의 현대화를 추진하였다. 노동당 정부가 관심을 기울인 거버넌스체계는 수평적 이해당사자 간 협력관계와 민 · 관 파트너십 등을 강조했으며, 이와 같은 협력체계를 통해 공동체주의, 시민사회의 자율성, 그리고 사회정의 등을 복원하고자 하는 노력을 기울였다. 노동당 정부의 정부개혁에 대한 계획수립 및 집행과정에서의 수많은 정책이해자와의 협력관계는 최고가치제도(중앙정부-지방정부 간 협력체계), 연계형 정부(중앙정부 부처 간 협력체계), 공공서비스의 최고지향성과 공정성(정부-민간부문-지역사회-제3섹터 간 협력체계) 등과 같은 정부개혁 프로그램에서 잘 설명되고 있다. 우리나라의 경우, 정부개혁의 방향성과 개혁 프로그램의 수립 및 집행 등이 지방정부, 민간부문, 그리고 시민단체 혹은 지역사회와의 협력에 의하기 보다는 중앙정부에 의해 일방적으로 추진되고 있는 특징을 갖고 있다. 뿐만 아니라, 중앙정부 부처 간에도 정부개혁 프로그램의 수립 및 추진체계에 대한 협력관계는 찾아보기 어려운 상황이다. 중앙정부에 의한 일방향성의 정부개혁은 효율적인 측면에서는 효과를 찾아볼 수 있지만, 각 이해당사자가 갖고 있는 특수성에 대한 이해와 전문성의 활용, 그리고 국민적인 합의성 도출에 문제점을 갖고 있다. 이와 같은 문제점을 해결하기 위해서는 영국 정부가 취한 각 이해당사자 간 협력체계 구축을 통해 문제가 일정 부분 해결될 수 있기에, 우리나라의 정부개혁의 방향성 설정과 프로그램 내용 등에 시사하는 바가 크다고 할 수 있다.

V. 결 론

영국은 1979년 대처 총리가 취임하면서부터 대대적인 정부개혁 프로그램을 공공부문에 도입했으며, 30여 년이 지난 오늘날에도 영국 정부가 추진했던 주요한 정부개혁 프로그램이 수정 및 발전 등의 과정을 거치면서 공공부문에 적용되고 있다. 대처 총리가 집권하기 전의 영국은 '영국 병' 으로 인해 국가경쟁력에 많은 문제점을 안고 있었지만, 현재에는 세계 각 국가가 영국의 정부개혁 방향과 프로그램 등을 벤치마킹할 정도로 정부개혁에 관한 한 모범적인 국가로 평가받고 있다. 본 연구에서는 1979년 대처 총리가 추진했던 주요한 정부개혁 프로그램에 대한 설명 및 분석으로부터 노동당 정부가 추진했던 실용주의와 '제3의 길', 그리고 거버넌스체계에 대한 이해에 이르기까지 지난 30여 년간 추진되어 온 영국의 정부개혁 프로그램을 살펴보았다. 즉, 영국은 시장주의의 원리를 채택하고 있는 신공공관리론을 공공부문 개혁의 이론적 기초로 활용함으로써 비대하고 무능력한 정부를 작고 효율적인 정부로 변화시키는데 성공했으며, 민간부문 및 지역사회 등과의 협력관계를 유지함으로써 민간부문의 창의성과 전문성 등을 활용하려는 전략을 추진하였다. 뿐만 아니라, 경쟁과 협력을 통해서 공공서비스의 공급과 전달체계 등에 대한 효율성 및 책임성 확보 등을 통해 행정서비스의 최종 수요자인 국민의 편의를 제공하는데 정부개혁의 초점을 맞춘 것으로 나타났다. 이와 같은 영국 정부의 정부개혁 내용과 성과, 그리고 한계 등은 지속적으로 정부개혁을 추진하고 있는 우리나라에 시사하는 바가 크다고 할 수 있다. 즉, 성공적인 정부개혁을 위해서는 영국 정부가 강조하고 있는 개혁의 연속성과 민간부문 및 시민사회와의 협력관계 구축 등은 우리나라의 정부개혁 방향과 접근방법 등에 시사하는 바가 크다.

참고문헌

강성남. (1996). 행정개혁의 이념과 방향에 대한 소고. 「입법조사연구」 239: 53-87.

강원택. (1998). 영국 행정개혁과 국가 통치 기능의 변화: 국가의 공동화 혹은 중앙집권화? 「한국행정학보」 32(4): 53-66.

강혜규 외. (2006). 「지방화시대의 중앙 · 지방간 사회복지 역할분담 방안」. 서울: 보건사회연구원.

강혜규 외. (2007). 「사회서비스 공급의 역할분담 모형개발과 정책과제: 국가 · 시장 · 비영리민간의 재정 분담 및 공급참여 방식」. 서울: 보건사회연구원.

권순원 · 윤윤규. (2009). 주요 선진국의 고용정책 거버넌스 개혁. 「월간노동리뷰」 9월호: 54-68.

금창호. (2008). 외국의 행정서비스헌장제도 사례. 「월간자치」 7월호: 51-55.

김균태. (2010). 영국총선에 대한 평가와 전망. 「지역경제포커스」. 서울: 대외경제정책연구원.

김근세. (2005). 영국 국가행정구조의 재형성. 「한국행정연구」 14(1): 120-156.

김보영. (2009). 영국 신노동당 정부의 사회서비스 개혁 방향과 전략 연구. 「사회복지정책」 36(3): 127-152.

김성규 · 채준호. (2009). 「공공부문 민영화 및 구조조정에 관한 연구: 독일, 영국, 한국의 전력산업 사례를 중심으로」. 서울: 한국노총 중앙연구원.

김성철. (2001). 책임운영기관의 체계적 성과관리 방안. 「정부행정」 2: 66-81.

김순은. (1999). 영국의 행정조직 및 관리개혁에 관한 연구: Next Steps 프로그램을 중심으로. 「한국지방자치학회보」 11(4): 249-270.

김연수 · 김근세. (2007). 고위공무원단 제도 비교분석: Huddleston 모형을 중심으로. 「한국거버넌스학회보」 14(1): 31-63.

김정렬. (2001). 영국 블레어 정부의 거버넌스. 「한국행정학보」 35(3): 85-102.

김정렬. (2008). 실용주의 '제3의 길'은 계속된다. 「중앙SUNDAY Special Report」. 서울: 중앙일보.

김태룡. (2001). 한국 지방정부의 행정개혁에 대한 평가. 「한국행정학보」 35(4): 239-260

김호진. (2000). 「노동과 민주주의」. 서울: 박영사.

라휘문 외. (1999). 「지방정부 성과공시제도 도입방안 연구」. 서울: 한국지방행정연구원.

라휘문 · 권오철. (2000). 행정서비스 헌장제의 발전을 위한 정책방향의 모색. 「한국정책학회보」 9(2): 163-187.

민진. (1999). 한국과 영국의 행정개혁의 비교. 「한국행정학보」 32(4): 37-52.

박용성 · 임승빈 · 임성범. (2008). 시장성 평가제도(market test)의 가능성과 한계: 영국과 일본사례를 중심으로. 「한국행정학회 하계학술대회 발표논문집」.

박희서. (1998). 영국 민영화사업의 전개과정과 성과평가. 「사회과학연구」 19: 127-139.

박천오 · 남궁근 · 김상묵 · 김영우. (2004). 「주요 외국 고위공무원단 제도의 운영 현황과 과제」. 서울: 명지대학교.

박천오 외. (2007). 「현대인사행정론」. 파주: 법문사.

박천오 외. (2010). 「현대인사행정론(2판)」. 파주: 법문사.

서필언. (2005). 「영국 행정개혁론」. 서울: 대영문화사.

성지은. (2009). 영국 신노동당 정부의 사회서비스 개혁 방향과 전략연구. 「과학기술정책(겨울호)」: 서울: 과학기술정책연구원.

성지은. (2010). 새로운 행정개혁기조로서 통합형 정부(Joined-up Government)의 등장과 과제. 「정부와 정책」 2(2): 1-19.

소순창 · 홍진이. (2004). 신공공관리(NPM)적 측면에서 본 행정개혁:한국, 일본, 그리고 영국의 비교분석. 「한국지방자치학회보」 16(1): 319-342.

송백석 · 곽진오. (2010). 영국의 제3섹터 정책과 사회적 기업 정책: 노동당 공동체주의로 이해하기. 「한국사회정책」 17(2): 103-134.

양형일. (1997). 영국 노동당정부의 이념과 정책적 진로. 「한국행정학보」 31(2): 141-155.

유재원 · 김영미. (2006). 성과관리를 통한 지방정부의 책임성 확립: 영국 Best Value의 교훈. 「지방행정연구」 20(1): 21-44.

윤광재. (2006). 영국과 프랑스의 행정개혁에 관한 비교연구. 「한국행정학보」 40(2): 243-266.

윤광재. (2007). 책임운영기관에 대한 비교연구: 영국과 프랑스를 중심으로. 「한국사회와 행정연구」 18(2): 167-189.

윤용희. (2002). 토니 블레어 신노동당의 이념과 정책.

은재호. (2006). 「선진국 정부혁신의 성과」. 서울: 한국행정연구원.

이계식 · 문형표. (1995). 「정부혁신: 선진국의 전략과 교훈」. 서울: 한국개발연구원.

이상호 · 이승우. (2006). 「최고가치(Best Value) 낙찰제도 도입을 위한 기초 연구」. 서울: 한국건설산업연구원.

이재호 · 최순영 · 황성원 · 황혜신. (2008). 「고위공무원단제도 평가와 개선방안 연구」. 서울: 한국행정연구원.

이종수. (1994). 영국에서의 행정개혁과 최근의 쟁점: 대처정부의 행정개혁과 그에 대한 비판을 중심으로. 「한국행정연구」 3(1): 27-46.

임도빈. (2000). 행정개혁의 추진체계. 「한국행정학회 추계학술대회」.

주재현. (2010). 영국 보수당 정부(1979-1997) 행정개혁의 효과에 관한 연구: 의도하지 않은 효과의 발생 및 그 원인 분석. 「한국행정학회 추계학술대회」.

중앙인사위원회. (1999). 「개방형직위제도의 의의와 주요 운영방향」. 서울: 중앙인사위원회 직무분석과.

중앙인사위원회. (2004). 「주요 외국의 고위공무원단제도」. 서울: 중앙인사위원회 성과관리과.

총무처 직무분석기획단. (1997). 「신정부혁신론: OECD국가를 중심으로」. 서울: 동명사.

최영출. (2000). 영국의 시장성 평가(Market Testing) 제도에 관한 연구. 「한국행정학회 춘계학술대회 발표논문집」.

최영출 · 옥동석. (1999). 영국의 시장성 평가(Market Testing) 제도의 적용가능성에 관한 연구. 「한국행정학회 동계학술대회 발표논문집」.

최흥석 · 한승주. (2008). 중소기업지원서비스 전단체계의 국가간 비교연구. 「한국정책학회보」. 17.

한인섭 · 김정렬. (2004). 영국 행정의 본질과 혁신. 「정부학연구」 10(2): 151-184.

행정자치부. (2002). 「책임운영기관 등 선진 행정개혁사례 연구(별책)」. 서울: 한국행정연구원.

황성돈, (2008). 대처 수상의 정부혁신(1979~1990)에 관한 연구: 전자정부의 가치정향에 관한 역사해석주의적 탐구. 「한국지역정보화학회지」 11(1): 149-161.

황윤원 외. (2003). 「정부개혁론」. 서울: 박영사.

황혜신. (2005). 「역대정부와의 비교론적 관점에서 본 참여정부의 정부혁신」. 서울: 한국행정연구원.

Ackroyd, S., Kirkpatrick, I., & Walker, R. M. (2007). Public management reform in the UK and its consequences for professional organization: A comparative analysis. Public Administration, 85(1): 9-26.

Ahmad, Y., & Broussine, M. (2003). The UK public sector modernization agenda: Reconciliation and renewal? Public Management Review, 5(1): 45-62.

Bacon, R., & Eltis, W. (1976). Britain's economic problems: Too few procedures. London: Palgrave Macmillan.

Barzelay, M. (2001). The new public management: Improving research and policy dialogue. Berkeley, CA: University of California Press.

Broadbent, J., & Laughlin, R. (1997). Evaluating the 'new public management' reform in the UK: A constitutional possibility?. Public Administration, 75(3): 487-507.

Cabinet Office. (1991). The citizen's charter programme: Raising the standard. Cm 1599. London: HMSO.

Cabinet Office. (1996). Competing for quality policy review: An Efficiency Unit Scrutiny. London: HMSO.

Cabinet Office. (2006). Executive agencies: A guide for departments. London: HMSO.

Cabinet Office. (2006). The customer voice in transforming public services. London: HMSO.

Cabinet Office. (2008). Excellent and fairness: Achieving world class public services. London: HMSO.

Cabinet Office. (2010). Building the big society. London: HMSO.

Caiden, G. E. (1991). Administrative reform comes of age. Berlin, Germany: Walter de Gruyter & Co.

Carnaghan, R., & Bracewell-Milnes, B. (1993). Testing the market. London: IEA.

Colin, P. (1999). The civil service in Britain today. Manchester, England: Manchester University Press.

Drewry, G. (2003). Whatever happened to the Citizen's Charter? Paper presented at the International Symposium on Service Charters and Customer Satisfaction in Public Service.

Drewry, G. (2005). Citizen's charters: Service quality chameleons. Public Management Review, 7(3): 321-340.

Dunleavy, P. (1997). The constitution. In P. Dunleavy et al. (ed.), Development in British Politics (Vol. 5). New York: St. Martin's Press.

Efficiency Unit. (1988). Improving management in government: The Next Steps. London: HMSO.

Evans, M. (2009). Gordon Brown and public management reform: A project in search of a 'big idea?' Policy Studies, 30(1): 33-51.

Gamble, A. (1979). Thatcher: Make or break? Marxism Today, Nov.: 14-20.

Geddes, M. (2001). What about the workers? Best value, employment and work in local public services. Policy & Politics, 29(4): 497-508.

Gray, A., & Jenkins, B. (1993). Codes of accountability in the new public sector. Accounting, Auditing, and Accountability Journal, 6(3): 52-67.

Greenwood, J., & Wilson, D. (1993). Public administration in Britain. London: Routledge.

Hay, C. (1998). That was then, this is now: The revision of policy in the "modernization" of the Britain Labour Party, 1992-1997. New Political Science, 20(1): 7-33.

HM Government. (2009). Putting the frontline first: Smart government. London: HMSO.

HM Treasury. (2006). Operational taskforce note I: Benchmarking and market testing guidance. London: HMSO.

Hood, C. (1991). A public management for all seasons? Public Administration, 69(1): 3-19.

House of Commons, (2001). Joining up to improve public service. London: The Stationery Office.

Kettl, D. F. (2005). The global public management revolution. Washington, DC: Brookings Institution Press.

Ling, T. (2002). Delivering joined-up government in the UK: Dimensions, issues, and problems. Public Administration, 80(4): 615-642.

Martin, S. (1999). Picking winners or piloting Best Value? An analysis of English Best Value Bids. Local Government Studies, 25(2): 53-67.

Martin, S. (2001). Introduction: Re-evaluating public service improvement: The early impacts of the Best Value regime. Policy & Politics, 29(4): 447-450.

Massy, A., & Pyper, R. (2005). Public management and modernization. London: Palgrave Macmillan.

Metcalfe, L., & Richards, S. (1987). The efficiency strategy in central government: An impoverished concept of management. Public Money, 7(1): 29-32.

Moynihan, D. P. (2006). Managing for results in state governments: Evaluating a decade of reform. Public Administration Review, 66(1): 77-89.

Mullard, M. (2006). Does politics make a difference?: Thatcher, Blair, and the politics of public expenditure. Public Management Review, 8(3): 463-482.

Office for National Statistics. (2010). Statistical bulletin: Civil service statistics. London: ONS.

Osborne, D., & Plastrik, P. (1997). Banishing bureaucracy: The five strategies for reinventing government. Reading, MA: Addison Wesley Pub. Co.

Peters, B. G., & Pierre, J. (2000). Citizens versus the new public manager: The problem of mutual empowerment. Administration & Society, 32(1): 9-28.

Public Service Commission. (2009). A brief history of public service reform. London: HMSO.

Pyper, R. (1995). The British civil service. Upper Saddle River, NJ: Prentice Hall.

Rhodes, R. A. W. (1997). Understanding governance: Policy network, governance, reflexivity, and accountability. Buckingham, England: Open University Press.

Richards, D., & Kavanagh, D. (2000). Can joined-up government be a reality? A case study of the British Labour Government 1997-2000. Paper presented at the Australian Political Studies Association 2000 Conference. October 4-6, Canberra, Astralia.

Shand, D., & Amberg, M. (1996). Background paper. In OECD (ed.), Responsive government: Service quality Initiative. Paris: OECD.

Veljanovski, C. (1987). Selling the state: Privatisation in Britain. London: Butler & Tanner Ltd.

Vickers, J., & Yarrow, G. (1988). Privatisation: An economic analysis. London: The MIT Press.

Walker, B., & Davis, H. (1999). Perspectives on contractual relationships and the move to Best Value in local authorities. Local Government Studies, 25(2): 16-37.

Wright, M., & Thompson. S. (1994). Divestiture of public sector asset. In P. Jackson and C. Price(eds.), Privatisation and regulation: A review of the issues. London: Longman.

Zipack, A. (1994). New managerialism: Administrative reforms in Whitehall and Canberra. Buckingham, England: Open University Press.

http://www.cabinetoffice.gov.uk

http://www.statistics.gov.uk/articles/labour_market_trends

http://www.statistics.gov.uk/StatBase

제 4 장 영국의 중앙 및 지방 간 관계

최 영 출 (충북대학교)

I. 정부 간 관계의 분석기준 및 역사적 발전과정

1 정부 간 관계의 분석기준

영국에서 중앙과 지방관계를 연구하는 학자들의 주장을 보면 전형적으로 두 가지 대조되는 관계 양식에 초점을 둔다. 하나는 영국의 지방정부들이 중앙정부의 대리인 역할을 하며 중앙정부로부터 강한 통제를 받고 있다는 것이며, 다른 하나는 지방정부가 중앙정부와 파트너십을 맺은 상태에서 지방 내의 정책형성과 집행에 중요한 영향을 미치고 있다는 주장이다(Martin et al., 2010:

1-3). 이러한 주장들은 두 가지 상반되는 논의로부터 출발된다고 할 수 있다. 가령, Martin et al.은 대처의 보수당이 집권한 1979년에서 토니 블레어로 정권이 넘어간 1997년까지 의회는 지방정부에 큰 영향을 미치는 200개 이상의 법률안을 제정했는데, 이러한 법안들이 중앙정부의 집권화에 유리한 형태로 영향을 미치게 되었다고 주장한다. 중앙집권화 경향은 이러한 법 속에 포함되어 있는 제도들, 가령, 지방정부 지출에 대한 통제, 지방정부로부터 선출되지 않은 공사, 공단과 같은 기구로 권한 이양, 많은 성과지표들의 도입 등이라고 지적한다. 이러한 주장에 대해서 많은 영국학자들은 영국의 중앙-지방관계는 통제와 명령에 바탕을 둔 계층제적 중앙-지방관계라고 지적한다(Wilson, 2003; Davis, 2008; Goldsmith, 2002).

이에 반하여 다른 주장도 있는데, 중앙정부는 현장에서 많은 정책들을 집행하기 위해서는 지방정부에 의존해야 한다고 한다. Rhodes(1988)는 지방정부 정책을 관리하는 책임을 지고 있는 중앙과 지방의 행위자들의 네트워크를 기술하면서, 효과적인 네트워크 관리의 열쇠는 바로 이러한 정책 커뮤니티 사이에서 조정, 협상, 촉진 등의 기능을 수행하는 데 달려 있다고 주장한다. Stoker (1998: 22) 역시, 서로 다른 수준의 정부들이 자원을 교환하고 공동의 목표를 서로 협의해야 할 필요성이 있다고 강조한다. 이러한 교섭이나 협상들은 중앙과 지방 간의 비공식적 접촉, 공식적인 협의적 자문, 공무원의 교류 및 계약 등에서 명백히 나타나고 있다고 한다.

한편, Chandler(2009)는 영국에 있어서 정부 간 관계는 거버넌스, 네트워크, 그리고 주인과 대리인(principles and agents) 사이에 협상(bargaing) 모델에 바탕을 두고 설명할 수 있다고 하고 있다. 그러나 중앙-지방관계를 어떠한 관점에서 바라보든 간에 그 관계를 제대로 이해하기 위해서는 중앙과 지방의 기본적인 권한배분 정도, 재정관계, 행정적 관여정도, 그리고 중앙과 지방 간의 파트너십을 유지하기 위한 기제 등을 파악하는 것이 중요하다고 본다(Leeke et al., 2003).

본 연구에서도 우리나라의 중앙-지방관계에 보다 실질적인 문제해결에 도움을 주기 위한 방편으로, 영국의 중앙과 지방 간의 권한배분(권한이양과 지방분권), 재정관계, 행정적 관여정도, 중앙과 지방 간의 파트너십 기제 등을 분석하기로 한다. 여기서 권한배분관계란 중앙정부와 지방정부가 기능분담을 어떻게 하고 있는가 하는 점이다. 이 권한배분관계는 두 가지 관점에서 분석한다. 하나는 스코틀랜드와, 웨일즈 및 북아일랜드에 대한 권한이양(devolution)[1] 정도를 보며, 또 하나는 잉글랜드 지방정부에 대한 지방분권(decentralisation) 관점에서 파악한다. 스코틀랜드, 웨일즈 및 북아일랜드는 하나의 지방정부라기 보다는 국가에 가까운 지역정부(regional government)적 성격을 가진다. 이러한 지역정부에 대한 영국 정부(UK)의 권한이양은 만약에 우리나라에 초광역적 지역정부가 수립된다면 의미가 있을 수 있으므로 이에 대한 검토를 수행한다. 나아가서, 지방분권 차원에서 잉글랜드 내의 지방에 대한 지방분권정책의 내용도 다루고자 한다.

재정관계는 지방재정의 특징과 중앙정부가 지방재정에 관여하는 정도관점에서 분석한다. 행정적 관계는 중앙정부가 지방정부에 어떠한 방법과 과정을 거쳐서 행정적으로 통제하고 관여(intervention)하는가 하는 것과 관련된다. 마지막으로 중앙-지방 파트너십 기제는 중앙정부와 지방정부가 양자 간에 발생할 수 있는 갈등관계를 조정하고 협력적 관계를 유지시켜 나가기 위한 장치가 무엇이며 어떠한 기능을 수행하는가를 논한다.

분석의 시간적 범위는 주로 1970년대부터 2010년 5월 캐머런 정부가 들어선 이후까지로 한다. 다만, 2010년 5월에 집권한 보수당(Conservative Party)과 자민당(Liberal Democratic Party)의 연립정부의 경우 중앙과 지방관계에 대한 정책윤곽은 나타나고 있으나 집행단계는 아니기 때문에 5월 집권 이후 제시되고 있는 중앙-지방관계와 관련한 법안과 계획 중심으로 설명하도록 한다.

1) Devolution이나 decentralisation은 중앙권한을 지방으로 이양하는 것에는 같다고 할 수 있다. 그러나, 영국에서 devolution이라고 할 때에는 스코틀랜드나, 웨일즈와 같은 지역정부에 대하여 중앙의 의회권한까지 포함하는 광범위한 차원의 분권을 의미하며, decentralisation이라 할 때에는 잉글랜드 내의 지방정부에 대한 재정지출 통제를 완화시키거나 행정적 권한을 지방정부로 이양하는 등의 실무적 차원의 분권을 의미한다.

2 역사적 발전과정

영국에 있어서 중앙-지방과의 관계를 지방자치적 관점에서 보기 위한 역사는 11세기로 거슬러 올라간다. 이때는 단일의 지방정부가 도로, 배수, 교육과 같은 서비스를 제공했다. 이러한 과정이 19세기까지 진행되었으며, 19세기 때인 1884년과 1894년에 각각 카우티 카운슬(광역단체)과 디스트릭 카운슬(기초단체)을 설립하는 입법화가 이루어졌다. 1970년대와 1990년대 중반에는 두 가지 중요한 지방정부 부문에서의 변화가 일어나서 1974년에는 대도시 카운티와 비대도시 카운티의 창설을 가져왔으며, 1990년대 중반에는 단층자치단체(unitary authority)의 창설을 가져오게 되었다.

1998년에는 스코틀랜드, 웨일즈 그리고 북아일랜드에 대해서 대대적인 권한이양이 이루어졌다. 1999년에는 대 런던지방정부법이 통과되어 런던시장과 의회를 직접 선출하는 제도를 도입하여 시행해 오고 있다. 2004년 11월 4일에는 북동잉글랜드 지역(North East of England)에도 잉글랜드 지역에서는 처음으로 스코틀랜드와 같은 지역정부(regional goveernment)를 구성하기 위하여 주민투표를 실시하였으나 부결되어 지역정부가 중단되어 있는 상태이다. 2009년 4월에는 기초와 광역권한을 동시에 가지는 단층자치단체를 더욱 출범시켜서 지방정부의 권한을 강화하면서 효율화하는 노력을 해온 바 있다. 한편, 2010년 5월 7일 캐머런 연립정부가 들어서면서 기존의 중앙 - 지방관계는 완전히 달라질 가능성이 커지고 있다. 후술하는 바와 같이, 2010년 10월 현재 영국 의회에 제출되어 심의중인 '분권화와 지방주의 법안(Decentralisation and Localism Bill)'이 통과된다면 2010년 이전에 보수당과 노동당이 추진해온 중앙과 지방과의 관계와는 상당히 달라지는 정책이 집행될 가능성이 높다.

II. 중앙정부와 지방정부 간 관계: 2010년 캐머런 정부 이전

1 권한배분 관계

권한배분 관계는 전술한 바와 같이 두 가지 관점에서 검토한다. 하나는 영국의 중앙정부와 지방정부 간의 지방분권적 차원에서의 권한배분을 보며, 나머지 하나는 스코틀랜드 같은 지역정부에 대한 권한이양이다.

1) 잉글랜드 지방정부와 권한배분 관계

영국은 다른 나라에 비하여 중앙정부와 지방정부 간에 기능배분이 비교적 명확히 정립된 국가이다. 다시 말해서 국가가 하는 일과 지방정부가 하는 일이 매우 분명히 구분되어 있다. 예를 들어, 사회보장, 연금은 중앙정부가 대인사회서비스는 지방정부가 담당하는 것으로 구분된다. 그리고 사무배분과 재원배분이 잘 연계되어 있다. 영국의 중앙정부는 국방, 외교, 해외원조, 통화관리 등 국가차원의 거시적 기능을 담당하는 한편, 주민의 일상생활과 밀접한 복지 및 편익에 관한 대부분의 기능 —교육, 주택, 사회서비스, 환경서비스, 경찰 및 소방, 쓰레기 처리— 등은 지방정부가 수행한다. 한편 아래 표에서는 영국을 비롯한 주요 국가들의 중앙과 지방 간 공무원 수와 지방공무원 수의 비율을 보여주고 있다. 전체 공무원 중에서 지방공무원의 비율을 보면, 국가와 지방의 업무 중에서 지방이 담당하는 업무의 비중을 알 수 있다. 이를 통해서 중앙과 지방 간의 관계를 간접적으로 예측할 수 있다는 점이다. 지방의 비중이 높다는 것은 중앙과 지방관계에서 볼 때, 지방분권이 많이 이루어졌다고 할 수 있는 것이다.

<표 2-12> 지방공무원 비율기준 분권화 수준(OECD 국가들의 중앙-지방 공무원 수)

(단위: 천명)

국가명	중앙 공무원	지방공무원	합계 (기준구분)	지방 공무원비율	기준 연도	출처
호주	244.3	1,265.7	1,510(1)	0.84	2004	ILO
오스트리아	191.5	292.7	484.2(1)	0.60	2003	ILO
벨지움	144.6	557.1	701.7(1)	0.79	2000	ILO
캐나다	366.7	713.4	1,080(1)	0.66	2004	ILO
체코	435.2	266.1	701.3(1)	0.38	2000	ILO
덴마크	175.8	660.9	836.7(1)	0.79	2004	ILO
핀란드	148.6	444	592.6(1)	0.75	2003	ILO
프랑스	2,488.3	2,331	4,891.3(3)	0.46	1997	ILO
독일	688	3,192	3880(1)	0.82	2003	ILO
그리스	33	237	270(1)	0.88	1998	OECD1
헝가리	280.6	528.6	809.2(1)	0.65	2004	ILO
아이슬랜드	15.1	10.6	25.7	0.41	1993	OECD2
아일랜드	199.9	30.9	230.8(2)	0.13	1997	ILO
이태리	2,040.9	1,412.4	3,453.9(1)	0.41	2000	ILO
룩셈부르크	22	8	30(1)	0.27	2000	ILO
멕시코	1,320	2,549.9	3,869.9(1)	0.66	203	ILO
네덜란드	181	326.4	507.4	0.64	2003	ILO
한국	614	342	956	0.36	2009	행안부
일본	505	2,964(1)	3,469(1)	0.85	2005	일본 노무라 연구소
뉴질랜드	193.4	20.30	213.70(1)	0.09	2004	ILO
노르웨이	268.7	454.3	723(2)	0.63	2004	ILO
폴란드	161.50	194.60	356.1(1)	0.55	2003	ILO
포루투갈	528.8	181.30	710.1(1)	0.26	2002	ILO
슬로바키아	-	-	84.4(1)	-	2004	ILO

스페인	486.2	1,242.9	1,729.1(1)	0.69	2000	ILO
스위스	32.5	407.5	440(1)	0.93	2001	ILO
스웨덴	219.4	975.7	1,195.1(2)	0.82	2004	ILO
터키	318	1,879	2,197(2)	0.86	2000	OECD
영국	515	2,070	2,585	0.80	2008	
미국	2,761	18,822	21,583(3)	0.86	2003	ILO
OECD 평균 (지방공무원비율)	0.62					

자료: ILO, Public Sector Data(http://laborasta.ilo.org); OECD1(2002), Highlights of Public Sector Pay and Employment Trends, OECD2(1997), Measuring Public Employment in OECD Countries: Sources, Methods and Results.

위의 표를 보면, 우리나라의 경우는 지방공무원 비율이 0.36이며, OECD 평균은 0.62 수준이다. 이에 반하여 영국의 경우는 지방공무원 비율이 0.80 수준으로서 전체 업무 중에서 지방에서 수행하는 업무가 많다고 할 수 있으며, 지방분권 수준도 높은 편이라고 할 수 있다.

2) 스코틀랜드, 웨일즈, 및 북아일랜드 지역정부와 권한배분 관계

스코틀랜드와 웨일즈에서는 1999년 5월 6일, 북아일랜드에서는 1998년 5월 22일 영국 중앙정부로부터의 대대적인 권한이양 선택문제에 대한 주민투표가 이루어진 바 있다. 그 결과 세 개의 지역정부에서는 권한이양을 받는 것을 찬성한 바 있다. 물론 세 지역의 권한이양 정도는 상이하다. 여기에서는 세 개 지역의 권한이양 정도를 살펴 보기로 한다.

<스코틀랜드에 이양된 권한>

먼저 스코틀랜드의 경우이다. 영국에서 1997년 노동당 정부가 들어선 이후 1998년도에 스코틀랜드법(The Scotland Act)이 통과되었으며 이 법은 지금까

지 없었던 스코틀랜드 의회를 구성할 수 있도록 하였다. 이 법에 의거하여 스코틀랜드에 영향을 주는 많은 문제들에 대해서 직접 법을 만들고 통과시킬 수 있는 권한이 주어졌으며 일정한 범위 아래에서 자율적으로 소득세율을 올리거나 낮출 수 있게 되었다. 이 법에 따른 스코틀랜드 의회선거가 1999년 5월 6일 시행되었으며 첫 번째 회의가 동년 5월 12일 개최되었으며 동년 7월 1일 여왕에 의해서 공식적으로 개원되었다.

이른바 권한이양(devolution)이라는 영국 정부의 정책에 의해서 영국 의회와 영국 정부의 권한들 중 일부는 스코틀랜드 의회와 정부로 이양되었으며, 나머지 일부는 여전히 영국 중앙정부가 가지게 되었다. 영국 중앙정부는 스코틀랜드에 대해서 100% 권한이양이 아니라 보유업무(reserved matters)라는 용어를 사용하여 일정한 범위 아래에서 다양한 방식의 수단을 통하여 느슨하게 관여하고 있다고 할 수 있다.

(1) 스코틀랜드 의회

① 성 격

1997년 9월 11일 스코틀랜드 주민투표는, 조세를 변경시키는 권한을 가진 스코틀랜드 의회의 창설을 가져왔다. 그 주민투표율은 60%였고 유권자 중에서 74%는 스코틀랜드 의회(Scottish Parliament)의 창설을 찬성했으며 64%는 스코틀랜드 의회가 세금변경권(tax varying powers)을 가져야 된다고 했다.

1998년 영국 의회에 의해 통과된 스코틀랜드법(The Scotland Act)은 1707년 이래 최초로 스코틀랜드에 의회를 수립했으며 이 법 아래에서 스코틀랜드 의회는 광범위한 국내문제에 대해서 스코틀랜드에 영향을 미치는 법을 통과시킬 수 있다. 나아가서 1파운드에 3펜스 정도까지, 소득세의 기본율을 낮추거나 올릴 수 있다.

주민투표에 뒤이어서 자문조정그룹(Consultative Steering Group, CSG)이 만들어졌으며 이 기구가 새 의회의 실질적인 운용을 위한 각종 제안을 했다. 이

CSG 구성원들은 스코틀랜드에 있는 정당, 시민집단 및 이익단체들을 대표했다. 이 CSG는 광범위하게 자문을 받았으며 공청회를 열고 전문가들로 하여금 각종 증거자료들을 준비하도록 한 바 있다. 1999년 1월 이 CSG는 스코틀랜드 의회조직(Shaping Scotland's Parliament)라는 보고서를 제출했으며 이는 의회에 의해 채택되었다. 이 보고서는 다음과 같은 4가지 원칙들을 확인한 바 있다.

○ 권한공유

○ 책임성

○ 개방성, 접근성 및 참여

○ 평등한 기회강화

② 구 성

스코틀랜드 의회(Scottish Parliament)는 129명으로 구성되어 있으며(Members of Scotish Parliament) 스코틀랜드에게 이양된 문제에 관한 법을 만들고 통과시키는 기능을 수행한다. 동시에 스코틀랜드 집행부의 정책을 감시하는 역할도 한다. 129명의 의원 중 한 명이 의장으로서 활동토록 선출되며 두 명의 부의장이 또한 선출된다.

③ 권 한

스코틀랜드 의회는 아래의 이양업무에 대한 법을 제정하는 등 각종 권한을 갖는다. 영국 중앙정부가 스코틀랜드 의회와 정부에 이양한 업무들은 다음과 같다.

○ 보건

- 스코틀랜드의 NHS(국민보건서비스 기능), 공공보건, 정신보건서비스 포함
- 보건전문가 교육 및 훈련
- NHS 직원 및 일반 의사(GP) 포함

○ 사회복지 및 주택업무

- 어린이 복지
- 자원봉사 분야
- 주택

- 기업 존(enterprise zone)설정 및 지역재생
- 토지이용계획 및 건축통제

○ 교육과 훈련

- 5세 이전 교육, 초등 및 중등교육
- 학교감독 기능
- 교사공급
- 교육서비스 조건
- 스코틀랜드 고등, 대학교육의 정책, 재정
- 학생지원
- UK 연구위원회를 제외한 과학 및 연구재정
- 모든 훈련책임(훈련정책 및 평생학습)
- 직업교육
- 직업자문 및 지침

○ 지방정부

- 지방정부 재정
- 지방세
- 비 주거 레이트 세

○ 도시계획

- 사법
- 형법 및 절차(마약과 총기를 포함한 보유사안과 관련된 법에 관련된 범죄를 제외함)
- 민법
- 지방정부선거와 관련한 선거법
- 형사사법 및 기소제도
- 사법직원 임명
- 형사 및 민사법원
- 이양된 사안과 관련된 재판

- 법률지원
- 가석방, 종신죄인들의 석방, 오심
- 교도소

○ 농업, 임업 및 어업
- 농장
- 식품표준
- 임업지원
- 어업지원

○ 환경
- 환경보호
- 토지 및 수질오염
- 동물원 허가
- 야생동물 통제, 개 관리
- 홍수예방, 해안선 보호, 저수지 안전

○ 경찰과 소방
- 경찰 및 소방기능
- 민방위 및 긴급구조
- 국제적 사법공조체제 아래에서의 기능(어린이 유괴 등)

○ 관광, 스포츠 및 문화유산
- 관광증진
- 문화유산관리
- 스포츠 지원
- 예술지원

○ 경제개발 및 국내 교통
- 지방기업지원기능
- 산업에 대한 지원
- 투자유치

- 교역과 수출증진

○ 통계, 공공등록 및 기록
  - 공적 통계

한편 권한이양 이후에도 영국 중앙정부가 여전히 보유하고 있는 업무들은 아래와 같다.

○ 헌법
○ 외교문제
○ 국방
○ 국제개발
○ 중앙공무원
○ 재정 및 경제문제
○ 국가안전
○ 이민 및 국적
○ 마약남용
○ 통상 및 산업
○ 에너지 규제(전기, 석탄, 석유 및 가스, 핵에너지)
○ 사회보장
○ 고용
○ 낙태, 유전자공학, 대리모 제도, 의약
○ 방송
○ 기회균등

등이다.

<웨일즈 및 북아일랜드에 이양된 권한>

한편 참고로 웨일즈와 북아일랜드에 이양된 권한들과 영국정부에 보류되는 업무를 간단히 살펴본다. 그 이유는 스코틀랜드와 서로 다르기 때문이다. 이를 통해서 스코틀랜드에 대한 이양과의 차이점을 발견할 수 있다. 먼저, 웨일

즈에 이양된 권한들을 살펴보면 아래와 같다.

- ○ 농업과 어업
- ○ 문화
- ○ 경제개발
- ○ 교육 및 훈련
- ○ 환경
- ○ 보건
- ○ 고속도로
- ○ 주택
- ○ 산업
- ○ 지방정부
- ○ 사회복지서비스
- ○ 스포츠
- ○ 관광
- ○ 타운계획 및 농촌계획
- ○ 교통
- ○ 상수도
- ○ 웨일즈 언어 등이다.

즉, 스코틀랜드에는 이양되어 있던 의회, 사법, 경찰, 소방 등의 기능들은 빠져 있다.

다음에는 북아일랜드(Northern Ireland)의 경우 이양된 권한을 살펴볼 필요가 있다. 북아일랜드에 이양된 권한을 보면 아래와 같다,

- ○ 재정과 인사
- ○ 사회복지
- ○ 보건
- ○ 공공안전
- ○ 교육

- 농업 및 농촌개발
- 기업
- 무역
- 투자
- 환경
- 문화, 예술 및 레저
- 학습과 고용
- 지역개발
- 사회개발 등이다.

북아일랜드의 경우에도 의회나 사법, 경찰, 소방 등의 권한은 여전히 중앙정부에 속해 있다. 이러한 점에서 스코틀랜드의 경우가 훨씬 이양범위가 넓다고 할 수 있다.

(2) 스코틀랜드 집행부

① 성 격

스코틀랜드 집행부는(Scotland Executive) 스코틀랜드의 정부이다. 스코틀랜드에 이양된 사안에 대한 책임은 1999년 그 동안 있던 스코틀랜드 사무소(Scottish office)와 여타 영국 정부부처로부터 이 스코틀랜드 집행부로 넘겨졌다. 이는 스코틀랜드 의회와는 별도의 조직이다. 스코틀랜드 의회는 이양받은 사안에 대한 법을 통과시키며 또한 스코틀랜드 집행부의 업무를 감시한다. 스코틀랜드 의회와 집행부와의 관계는 영국 정부와 의회와의 관계와 유사하다. 실제에 있어서 스코틀랜드 집행부의 구성원은 의회 다수의석을 가지고 있는 당에서 선출된다. 2003년 선거 후 스코틀랜드 노동당(Scottish Labour Party) 당수와 스코틀랜드 자유민주당(Scottish Liberal Democrat) 당수가 연합정부를 구성하기로 합의한 바 있다.

② 구 성

스코틀랜드 집행부는 아래 주요 3요소로 구성되는데 제1장관(The First Minister), 스코틀랜드 검찰관(The Scottish Law officers), 및 스코틀랜드 장관(The Scottish Ministers)이 그들이다. 스코틀랜드 집행부는 모두 11명의 장관으로 구성된다. 구성을 보면, The First Minister, The Deputy Minister를 비롯하여, 법무부, 교육 및 청소년, 기업, 교통 및 평생학습, 환경 및 농촌개발, 재정 및 공공서비스, 주택 및 커뮤니티 케어, 의회업무, 사회정의, 관광, 문화 및 스포츠 부 장관으로 되어 있다.

③ 권 한

스코틀랜드 집행부(Scotland Executive)는 스코틀랜드의 이양받은 기능을 집행하는 기관이며 보건, 교육, 사법, 농촌문제 및 대부분의 교통문제와 같이 스코틀랜드에 위임된 모든 문제들을 다루는 책임을 가지고 있다. 이는 최초의 스코틀랜드 의회선거에 뒤이어서 1999년 수립되었으며 스코틀랜드 의회에 의해서 임명되고 여왕에 의해 승인된 제1장관(First Minister)이 맡고 있다. 이 제1장관은 스코틀랜드 내각을 구성하는 여타 장관들을 임명한다. 스코틀랜드 집행부(Scosith Executive)와 스코틀랜드 의회(Scottish Parliament: 129명의 의원) 사이의 관계는 영국 정부와 의회 사이의 관계와 유사하다.

제1장관은 영국의 총리에 대한 스코틀랜드의 카운터파트의 지위를 가지며 이는 스코틀랜드 장관 수 및 장관들의 책임범위들을 결정한다. 스코틀랜드 검찰관은 검찰총장(The Lord Advocate)와 검찰차장(The Solicitor General)을 포함하는데 이들은 법률문제에 대해서 스코틀랜드 집행부를 자문하며 법률문제에 대해서 스코틀랜드의 이익을 대변한다. 한편, 스코틀랜드 장관들은 법무장관, 보건장관, 교육장관들을 의미하며 이들은 각주 주어진 영역에서 입법과 정책활동을 수행한다.

집행부 산하에는 우리나라의 공사, 공단에 해당되는 공공기관(public bodies)들이 있다. 스코틀랜드에 있는 공공기관이라고 해서 모두 스코틀랜드 집행부 산하는 아니며 일부 기관들은 영국 중앙정부 소속이다. 왜냐하면, 일부 중앙정부 보유사안(reserved matters)과 관련된 기관들이 있기 때문이다. 스코틀랜드 집행부에 속하는 전체 수자는 143개이다. 이 중에서 국가 공공기관이 79개, 지방공공기관이 64개이다. 공공기관의 전체예산은 104.58억 파운드(약 20조원)에 달하는 수준이다.

④ 영국 중앙정부와 스코틀랜드 집행부: 관여수단

영국 중앙정부는 스코틀랜드에 대한 보유업무에 대한 권한은 여전히 가지고 있으므로 이를 효과적으로 집행하기 위하여 중앙정부 내각에 Scotland office를(우리나라의 처 수준) 두고 스코틀랜드 장관(Secretary of State for Scotland)을 두고 있다. 이 스코틀랜드 장관은 내각 내에서 스코틀랜드의 이익을 대변하며 특히 스코틀랜드법에 의해 중앙정부가 가지도록 되어 있는 문제들을 다루며, 스코틀랜드법의 지킴이 역할을 한다.

이 스코틀랜드처는 런던과 에딘버러에 사무소를 두고 있다. 여기에 근무하는 공무원들은 장관에게 보고하도록 되어 있다. 스코틀랜드 집행부와 파트너십을 형성해서 일을 하지만 영국 중앙정부 소속이며 특히, 영국 중앙정부와 스코틀랜드 집행부 사이의 재정거래와 관련된 기능에 초점을 두며 일정한 집행적 기능을 다룬다.

다음은 재정지원방식에 의해서 관여할 수 있다. 스코틀랜드 정부는 영국 중앙정부의 재정정책에 의한 지원을 받고 있다. 스코틀랜드 집행부(the Scottish Executive), 웨일즈 의회(the Welsh Assembly) 및 북아일랜드 집행부(the Northern Ireland Executive)는 영국 중앙정부로부터 일괄보조금에 의해 재정지원된다. 다만, 스코틀랜드는 웨일즈와 북아일랜드와는 다소 다르다. 그 이유는 스코틀랜드의 경우 소득세의 표준율을 변경시킬 권한을 가지고 있기 때문이다. 따라서, 소득세를 추가하거나 적게 할 수 있다.

1978년 이래로 스코틀랜드에 대한 일괄보조금은 전 재무성 장관인 Barnett 경에 의해 만들어진 소위 Barnett 공식에 의해 결정되고 있다. 이 공식은 잉글랜드 지출사업에서의 증가나 감소분만큼의 비율대로 자동적으로 스코틀랜드에 적용되도록 되는 것임(인구규모 기준). 지역정부는 일괄보조금 형태로 지원을 받기 때문에 자기들이 적합하다고 생각하는 분야에 예산을 사용할 수 있으므로 재정적 자율성은 훨씬 크게 되었다고 할 수 있다. 일괄보조금의 계산방식은 기본적으로 수요를 반영하여 복잡하게 계산하는 것이 아니라 인구를 기본변수로 하여 단순하게 처리한다. 아래 〈표 2-13〉은 연도별 스코틀랜드, 웨일즈 및 북아일랜드의 지출규모를 제시해 주고 있다.

〈표 2-13〉 3개 지역의 지출규모

(단위: 십억 파운드)

구분	2002-03	2003-04	2004-05	2005-06
스코틀랜드	19.3	20.4	21.6	22.9
웨일즈	9.9	10.6	11.3	12.1
북 아일랜드	6.8	6.8	7.2	7.6
합계	36	37.8	40.1	42.6

자료: House of Commons(2003).

스코틀랜드의 경우 잉글랜드에 적용되는 Barnett Formula 산식을 기초로 하며, 이 공식을 이용하여 산정된 스코틀랜드 전체 예산규모를 증가시킬 여지는 적다. 그리고 세금변경권을 가지나 제한적이라고 할 수 있다. 영국 재무성이 잉글랜드 중앙 부처에 대해서 가지는 공공서비스합의문(public service agreements)을 스코틀랜드 정부와는 가지지 않는다 하더라도 재정적인 부분에 대해서는 여전히 상당한 통제권을 가지는 형태를 유지하고 있다.

⑤ 중앙정부와의 갈등조정

영국 중앙정부와 스코틀랜드 집행부는 서로 MoU(Memorandum of Understanding)을 체결하고 있고 집행부와 중앙정부 개별 부처 사이에서는 개별 기능별 갈등방지를 위해서 Concordat라는 협약을 맺고 있다. 아울러, 스코틀랜드 집행부와 영국 중앙정부가 맺고 있는 MoU 제2부에는 갈등이 발생했을 때 동원할 수 있는 공식적 및 비공식적 해결장치에 대해서 기술해 두고 있다. 보다 법적인 측면에서, 스코틀랜드 법(The Scotland Act)에서도 스코틀랜드 의회와 집행부의 법적 권한을 넘어선 문제를 해결하기 위한 규정을 두고 있는데, 만약 이러한 문제가 생기면 추밀원(Privy Council)의 사법위원회에 조회를 해서 해결한다. 추밀원 사법위원회는 잉글랜드, 웨일즈 및 스코틀랜드의 고위사법관으로 구성되어 있다. 이러한 규정이 있다 하더라도 이 규정은 마지막 해결책으로서의 의미를 가지고 있고 이를 직접 동원하는 경향은 없다. 최근에는 이 문제의 해결권한을 영국 대법원(Supreme Court)로 바꾸는 시도가 검토 중에 있다.

⑥ 스코틀랜드 집행부와 지방정부와의 관계

스코틀랜드 지방정부 구조는 1996년 이전에는 9개의 광역자치단체(region)와 53개의 기초자치단체(디스트릭)로 구성되었으나 1996년 4월 1일부로 32개의 단층자치단체로 재편되었다. 이 단층지방정부들이 교육, 사회복지, 경찰, 소방, 비상계획, 도로 및 교통, 환경서비스, 문화서비스, 도시계획 및 경제개발 등을 제공한다. 스코틀랜드의 지방정부와 타 주체와의 관계에 대해서는 크게 2가지의 법적 토대가 있다. 첫째, 스코틀랜드 지방정부의 구성이나 지방정부와 타 주체와의 관계에 대해서는 2004년 로컬거버넌스법(Local Governance Act 2004)이 규정하고 있고 이 법이 상세한 사항에 대해서 규정해 두고 있다. 둘째, 지방정부와 스코틀랜드 집행부와의 관계에 대해서는 집행부에서 작성한 파트너십 프레임워크(The Partnership Framework)와 스코틀랜드 지방정부 협약(Convention of Scotish Local Authorities)도 관련되는 사항에 대해서 규정해 주고 있다. 최근에는 스코틀랜드 지방정부를 거버넌스 차원에서 보다 민주적으로 운영하기 위해 Renewing Local Democracy라는 보고서를 제시하고 있고 이를 통해서 다양한 장치를 제시해 주고 있다.

⑦ 스코틀랜드의 초광역정부와 기초지방정부와의 관계

스코틀랜드는 1996년부터 그 이전에 있던 2층제형태(9개의 광역은 region, 53개의 기초는 district)에서 광역과 기초기능을 동시에 수행하는 33개의 단층자치단체(unitary authority)로 전환하게 되었다. 그 결과 기존의 광역과 기초기능분리는 의미를 잃게 되었으며 33개의 단층자치단체가 광역과 기초의 양 기능을 수행하는 형태가 되었다. 33개의 단층자치단체는 아래 〈그림 2-7〉에서 보는 바와 같다.

<그림 2-7> 스코틀랜드의 단층자치단체

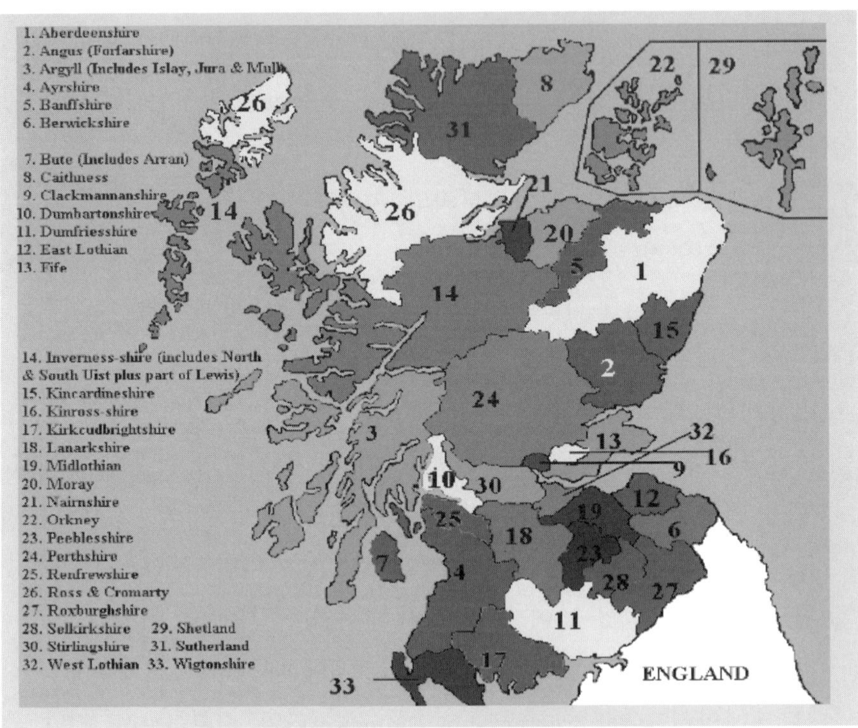

그 결과, 초광역정부와 기초와의 관계는 결국, 초광역정부와 단층자치단체와의 관계를 의미하는 것이다. 스코틀랜드의 경우 초광역지방정부라고 할 수 있는 스코틀랜드 집행부와 단층자치단체와의 관계는 잉글랜드의 경우 중앙정부와 지방정부와의 관계와 거의 같다고 볼 수 있다. 즉, 지방정부기능은 잉글랜드의 지방정부기능과 같으며 잉글랜드에 있어서 중앙정부기능을 스코틀랜드 집행부가 수행하고 있는 것이다. 따라서 스코틀랜드에 있어서는 단층자치단체가 영국 중앙정부를 상대할 일이 없이 스코틀랜드 집행부만 상대하면 되는 것이다. 아래 〈표 2-14〉는 정부 간 기능배분 관계를 보여 주고 있다.

<표 2-14> 스코틀랜드의 정부 간 기능배분

<table>
<tr><th colspan="2">기능</th><th>스코틀랜드 정부</th><th>단층자치단체</th><th>공동위원회</th></tr>
<tr><td colspan="2">사회복지서비스</td><td></td><td>○</td><td></td></tr>
<tr><td colspan="2">교육</td><td></td><td>○</td><td></td></tr>
<tr><td colspan="2">도서관</td><td></td><td>○</td><td></td></tr>
<tr><td colspan="2">박물관 및 미술관</td><td></td><td>○</td><td></td></tr>
<tr><td rowspan="2">도시계획</td><td>전략적 계획</td><td></td><td>○</td><td></td></tr>
<tr><td>지방계획</td><td></td><td>○</td><td></td></tr>
<tr><td colspan="2">고속도로</td><td>○</td><td></td><td></td></tr>
<tr><td colspan="2">교통관리</td><td>○</td><td></td><td></td></tr>
<tr><td colspan="2">승객수송</td><td></td><td>○</td><td>○</td></tr>
<tr><td colspan="2">운동장 및 수영장</td><td></td><td>○</td><td></td></tr>
<tr><td colspan="2">공원 및 오픈스페이스</td><td></td><td>○</td><td></td></tr>
<tr><td colspan="2">쓰레기 수집</td><td></td><td>○</td><td>○</td></tr>
<tr><td colspan="2">쓰레기 처리</td><td></td><td>○</td><td>○</td></tr>
<tr><td colspan="2">소비자보호</td><td>○</td><td></td><td></td></tr>
<tr><td colspan="2">환경보전</td><td></td><td>○</td><td></td></tr>
<tr><td colspan="2">경찰</td><td></td><td></td><td>○</td></tr>
<tr><td colspan="2">소방</td><td></td><td></td><td>○</td></tr>
<tr><td colspan="2">사법</td><td>○</td><td></td><td></td></tr>
<tr><td colspan="2">산업지원</td><td>○</td><td></td><td></td></tr>
<tr><td colspan="2">경제개발</td><td>○</td><td></td><td></td></tr>
<tr><td colspan="2">통계, 공공등록, 기록</td><td>○</td><td></td><td></td></tr>
</table>

자료: Scottish Local Government Financial Statistics 2008-09.
임성일·최영출(2001)의 기능분류방식에 의거 재정리.

한편, 초광역지역정부가 되면서 주민과 가장 가까운 행정현장에서 수행기능을 보완해 주기 위한 패리쉬(parish)의 기능이 중요한 의미를 가진다. 단층자치단체 아래에는 parish(community council이라 부르기도 함)라는 것이 있다.

이는 후술하는 바와 같이 완전한 자치단체라기보다는 하나의 준자치단체적인 기능을 가지는 가장 최하위 단위이다. 초광역지방정부로서 중앙정부에 해당하는 정부가 있고 그 아래 단층자치단체가 광역 및 기초의 기능을 동시에 수행하는 형태이기 때문에 말단의 패리쉬가 일부 제한되나마 기능을 수행하고 있다고 할 수 있다. 패리쉬(parish)는 원래 교회교구를 의미하며 15세기경부터 카운티 및 버러와 더불어 중요한 주민서비스 제공기관의 위치를 차지하게 되었다. 이때에는 지방의 법질서유지, 쾌적서비스 제공, 사회적으로 고통받는 약자 보호 등에 대한 업무를 주로 하였다. 이 당시에는 교회교구로서 사회적 서비스의 일부분을 담당하는 수준에 있었다. 그러다가 1894년 지방정부법에 의해서 농촌지역에 있는 모든 교구(parish)는 최소한 패리쉬 미팅을 가져야 하며 일정한 인구를 가지면 패리쉬 카운슬을 가질 수 있게 법적 장치가 마련되어졌다. 그 이후 지방정부법은 농촌지역만 아니라 도시지역에서도 패리쉬 카운슬(도시지역에서는 타운 카운슬이라 불림)을 가질 수 이 있도록 허용되어졌다.

패리쉬 카운슬은 도시지역에서는 타운 카운슬로 불리며 지위면에서는 최하위 단체라는 점에서 동일하다. 크기, 기능 및 상황면에서 대단히 다양하다. 관할하는 인구는 200명에서 7만명까지 천차만별이나 대부분은 규모가 작다. 1만개 정도 되는 패리쉬 카운슬 중 80% 정도는 인구가 2,500명 이하이며 약 50%는 500명 이하이다. 면적은 수 에이커에서 거의 백 평방마일에 이르기까지 다양하다. 재원의 경우를 보면 몇 파운드 되는 패리쉬 카운슬에서부터 30만 파운드(Swanlea, Kent) 또는 40만 파운드(East Grinstead, West Sussex) 되는 카운슬 등 다양하다. 이 패리쉬 카운슬의 지방의원은 약 7만명 되며, 이들은 선출된다. 약 150개의 패리쉬 카운슬은 2개 이상의 패리쉬를 커버하는 경우도 있다.

1974년 이전에는 농촌지역에만 패리쉬 카운슬이 존재했다. 그러나 1972년의 지방정부법은 패리쉬 카운슬이 도시지역에도 있을 수 있는 규정을 제공했다. 그 결과 패리쉬 카운슬은 도시지역에도 있으나 여전히 농촌지역에 훨씬 많이 있는 것이 특징이다. 1997년의 지방정부법에 의하여 중앙부처 장관이 패리쉬 유권자들의 10% 이상의 청원(petition)에 의하여 새로운 패리쉬를 창설할 수 있도록 하였다. 패리쉬 카운슬은 제한적 재량권과 권리를 가진 선출된 조직이며 최종적으로는 국회에 의해 정해진다.

패리쉬는 제한된 범위 내의 주민서비스를 제공 한다. 가령, 놀이터, 커뮤니티 홀, 버스 대기소 등에 관한 권한을 행사하는데 중요한 것은 패리쉬의 상급인 단층자치단체와 기관간협약을 맺어서 관할 자치단체의 승인 하에 이루어진다. 직접 제공하든지, 공동으로 제공하든지 또는 자발적 조직이나 민간조직과 파트너십을 이루어 제공한다. 이는 우리나라처럼 중앙정부가 읍 · 면 · 동의 기능을 획일적으로 정하는 것이 아니라 관할 자치단체가 그 하부기관에게 개별적으로 협약을 맺고 기능을 수행하게 한다는 점에서 차이가 있다. 그리고 패리쉬는 모든 단층자치단체에 반드시 있는 것이 아니고 주민이 원하는 경우에 청원을 통해서 설치되며 관할자치단체의 권고안이 있어야 한다. 이같은 의미에서 볼 때 관할 자치단체의 의사가 중요하다. 그렇다고 관할 자치단체가 지시하고 명령하는 관계는 아니다. 가령 감사를 받을 필요가 있게 되면 이는 지방감사원의 감사를 받게 되는 것이며, 이를 관할하는 단층자치단체의 감사를 받는 것이 아니다. 일부 문제(가령, 초등학교 운영위원회 위원들의 임명)에 대해서는 관할 자치단체로부터 통보를 받든지 함으로써 일정 사안에 대해서는 상급자치단체로부터 업무처리에 관하여 통보를 받는 권한을 가지고 있다.

가장 중요한 패리쉬의 기능으로서 지역문제에 대한 토론의 장으로서의 기능을 수행하며 자기들의 문제를 관할 자치단체에 대하여 제시함으로써 자기들의 이익을 대변하는 기능을 수행한다. 집행부를 가지고 있지 않은 패리쉬 미팅의 경우에는 반드시 1년에 두 번은 모든 지역주민들이 참여하는 공론의 장이 열리게 되어 있다. 즉, 인구나 면적 면에서 적기 때문에 전 주민의 토론과 참여를 전제로 하는 제도라고 할 수 있겠다. 1990년대 지방정부 재조직화 정책에 의하여 적은 규모의 인근 기초자치단체들이 통합되어 단층자치단체로 통합된 바 있다. 이러한 까닭으로 주민들의 접근성 보완을 위한 필요성으로 인하여 패리쉬의 기능을 강화시키려는 조치가 있었다. 일부에서는 주요한 의사결정권한을 패리쉬로의 이양가능성을 탐색하기 위한 움직임이 있었다. 청소년 서비스, 탁아소 및 지역사회 교육, 학교 관리, 가로등 관리, 주차장 관리, 여가 제공, 소음통제, 도서관 등과 같은 서비스가 대상이었다. 일부 지역에서는 진전이 있었으나 대부분의 지역에서는 단층자치단체의 기능이 이양될 것을 두려워한 나머지 소극적으로 이루어졌다. 단층자치단체와 그 아래 있는 패리쉬와의 관계는 자치단체 간의 관계가 아니라 자치단체와 그 하부기관 간의 관계와 유사하다. 그러나 기능을 일부 패리쉬로 이양해서 수행할 때에는 전술한 바와 같이 기관 간 협약을 체결하여 수행한다. 주요 수요기능으로서는 커뮤니티 홀, 레크레이션 시설(놀이터, 수영장, 공원 및 오픈 스페이스), 화장장, 연못청소, 버스 대기소, 보행자 가로등, 자전거 공원, 길 바깥 주차장시설 등 주민과 가장 가까운 일상생활기능이 대부분이다.

교회교구로서 주민들, 특히 빈자들에게 구호서비스를 제공하던 전통에서 이를 발전시킨 것으로서 자발적 성격이 강하다. 주민들의 청원에 의하여 설치노력이 시작된다든지, 의원들의 경우 의장을 빼 놓고는 수당이 지급되지 않는 점, 근무하는 직원들도 자원봉사적 성격이 강한 점 등을 볼 때 지극히 자발적, 명예적 성격이라고 할 수 있다.

우리나라의 경우에는 읍 · 면 · 동이 영국의 패리쉬와 가까운 구조라고 할 수 있다. 예전과 달리 교통통신의 발달로 공간적 거리는 주민의 대면활동에 큰 문제가 되지 않고 있다. 오늘날의 사정을 감안하여 영국 패리쉬의 시사점을 생각해 본다면, 우리나라의 현재의 읍면동을 보다 광역화하고 이러한 읍 · 면 · 동에 기초자치단체의 권한을 대폭 이양하여 주며 주민자치위원회를 활성화하여 보다 주민과 가까운 곳에서 행정이 이루어지도록 하는 방안을 검토해 볼 수 있을 것이다.

⑧ 스코틀랜드 지방정부와 시민사회와의 관계

일반적 특징을 보면, 첫째, 스코틀랜드 지방정부법은(The Local Government in Scotland Act 2003)은 지침서를 통해서 지방정부가 해당 지방의 중요한 지역사회 결정과정에 지역의 관계단체들을 참여시켜서 파트너십을 형성하도록 규정하고 있다. 법 제15조 제1항에서는 지방정부가 하나의 촉진자(facilitator)로서 지역사회 및 적절한 여타 조직들로부터 자문을 구하고 협력하도록 규정하고 있다. 또 제16조 제2항에서는 이러한 지역사회의 발전과정에 참여하도록 요구되는 조직들은 지방정부를 도와주도록 규정해 두고 있다.

둘째, 효과적인 관여는 바로 지역사회 발전계획의 핵심으로 인정되고 있다. 이러한 조직들은 지역의 범위에 의해서(근린구역 등) 규정되기도 하고 공유된 이해관계(청소년조직, 도우미 조직 등)에 의해서 규정되기도 한다. 법 제15조 제4항에서는 특정 조직을 배제하는 것을 방지하기 위하여 그 범위를 한정하지 않고 광범위하게 규정하고 있다. 그럼에도 불구하고 일반적으로 지방정부의 파트너십 대상은 지역사회의 자선봉사조직, 가령 청소년단체, 환경단체, 농촌단체, 소비자단체, 스포츠 및 문화단체 등이다. 아울러, 평등추진단체, 기업조직, 노동조합, 전문가 조직 등도 포함된다. 즉, 법 규정 속에는 특정조직으로 한정하지 않고 범위를 넓게 잡고 있으며 주로 현실적으로 포함되는 조직은 위에서 언급한 바와 같다.

셋째, 관여수단을 보면, 파트너십을 통하여 지방정부에 관여하는 방식으로서 자문(consultation), 협력(co-operation), 참여(participation) 등이 있다. 지방정부는 자신들의 특별한 사정에 따라 특정한 관여장치를 결정하도록 하고 있다. 파트너십을 형성하면서 관여하는 방법은 지역사회의 상황을 반영할 수 있어야 한다고 보고 있다. 그 결과 농촌지역의 구조는 도시지역의 경우와는 다르며 농촌지역의 경우는 일반적으로 맞춤형 접근방법을 취하고 있다. 그러나 도시와 농촌지역 간 공통적인 방법은 있다고 할 수 있는데, 가령, 지역사회 참여를 위한 공통기준을 마련하고 있으며 체계적인 검토를 위한 절차와 같은 것은 정립되어 있다. 아울러 여러 기관들이 참여함에 따라 집단적 의사결정을 하기 위한 방법, 자문 및 협동적 메카니즘을 보완하는 방법 등 다양한 수단을 마련하고 있다. 최근에는 지역 내의 사회자본(social capital)-주민들의 동기부여, 네트워크, 지식, 신뢰 및 기술-이 효과적인 지역사회 관여를 위해 필수적인 요소로 인식하고 이를 발전시키기 위한 노력을 하고 있다. 이를 위해서는 '보다 강한 지역사회를 형성하기 위해 함께 일하고 학습한다'(Working and Learning Together to Build Stronger Communities)라는 지침서가 2003년에 발표되기도 했다.

위에서 언급한 민간조직과는 달리 공공적 성격의 기관들을 참여시키기 위한 방안도 마련되어 있다. 이는 법 제15조 제2항에 규정되어 있는데, 민간의 시민조직에 대한 규정과 같이 여기서도 범위는 광범위하고 포괄적으로 규정되어 있다.

2 재정관계

1) 지방지출 수준

아래 표에서 보는 바와 같이 영국의 경우 GDP 대비 총 정부지출은 2006년 기준으로 37%를 차지하고 있으며 지방지출은 GDP 대비로 약 10%를 차지하고 있다. 이는 유럽의 다른 나라에 비하여 가장 낮은 비율이다(덴마크 31%, 스웨덴 23%). 총 정부지출 중 지방정부에 의한 지출 비율은 28%이며 이는 프랑스 다음으로 낮은 수준이다.

<표 2-15> 지방정부의 세입지출 내역: 국제비교

	영국	프랑스	스페인	네덜란드	덴마크	스웨덴	이탈리아	벨기에	Mean
GDP 대비 총 정부지출	37%	46%	41%	46%	53%	59%	47%	48%	47%
GDP 대비 총 지방정부지출	10%	10%	17%	13%	31%	23%	14%	n.a	17%
총 정부지출 중 지방정부지출 비율	28%	22%	40%	29%	57%	39%	30%	n.a	35%

기능별 지방 정부지출									
일반공공서비스	4%	11%	7%	9%	4%	2%	6%	21%	8%
국방	0%	0%	0%	0%	0%	0%	0%	0%	0%
공공질서와 안전	12%	2%	4%	3%	0%	0%	0%	0%	3%
교육	29%	20%	18%	18%	13%	4%	1%	35%	17%
보건	0%	2%	21%	3%	16%	87%		6%	25%
사회보장과 복지	33%	18%	5%	23%	57%	0%	68%	4%	17%
주택 및 커뮤니티 어메니티	5%	24%	11%	20%	1%	0%	1%	0%	8%
오락, 문화, 종교	3%	8	6%	6%	3%	0%	1%	13%	5%
연료 및 에너지	0%	4%	0%	0%	0%	0%	0%	0%	1%
농업, 임업, 어업	0%	0%	3%	0%	0%	0%	2%	0%	1%
제조업, 광업, 건설업	0%	0%	1%	0%	0%	0%	1%	0%	0%
교통 및 통신	5%	4%	7%	7%	0%	0%	6%	0%	4%
경제문제	1%	0%	3%	0%	5%	0%	2%	6%	2%
기타	8%	8%	14%	11%	0%	7%	11%	15%	9%
Total	100%	100%	100%	100%	100%	100%	100%	100%	100%

자료: NERA(2008).
주: 2006년 기준관계.

2) 세입지출 한도설정을 통한 통제

영국의 중앙정부는 지방정부의 재정운용에 대하여 법적·제도적 통제를 가하고 있다. 그 예가 세입지출에 대한 통제이다. 즉, 중앙정부는 지방정부의 재정상태에 대하여 일정한 한도를 넘는다고 판단하면, 특정 지방정부의 세입지출의 상한선을 설정하고 그 범위를 넘지 못하도록 상한선 설정제도(Capping)를 가지고 있다. 이는 1984년 레이트 법(The Rates Act 1984)에 의해 처음 도입되었다. 상한선 설정제도는 1980년대 내내 유지되어 왔다. 1991년과 1997년 사이에는 보수당 정부가 특히, 전반적 상한선 설정(universal capping)이라는 제도를 활용한 바 이는 지방자치단체가 그들의 예산규모를 설정하기 이전에 상한선 기준을 공표하는 제도이다. 이후 1997년 노동당 정부는 이러한 전반적 상한선 설정제도는 폐지했으나 지방자치단체들의 과도한 지출을 통제하기 위한 권한은 중앙정부가 여전히 유지해 오고 있다.

이는 1999년 지방정부법(Local Government Act 1999)에 근거를 두고 있는데, 현행 법 규정 아래에서 중앙정부의 주무장관은 지방자치단체의 예산상한 통제를 위한 원칙을 결정할 수 있는 권한이 있다. 장관은 모든 자치단체의 예산을 검토한 후 특정 자치단체의 예산규모가 지나치게 많다고 판단하면 이 자치단체에게 예산규모의 최상한선을 설정해 준다. 이 상한선은 하원의 동의를 추후에 얻어야 한다. 물론 상한선 설정을 당한 자치단체는 이의신청을 할 수 있다.

주무장관은 이러한 상한선 설정대상을 지정하는 권한과 동시에 다음 연도의 상한선 설정대상후보 자치단체를 지명(nominate)하는 권한도 가지고 있다. 다시 말하면 해당 연도의 상한선 설정대상 자치단체를 선정하는 권한과 후년도의 후보대상 자치단체를 지명하는 권한도 가지고 있다. 자치단체의 성격, 즉 광역단체, 단층자치단체, 기초단체, 경찰단체, 소방단체 등 단체들의 유형별 차이에 따라서 상한선 설정기준이 상이하다. 2004-05년에 7개의 지방정부(Hertfordshire; Nottingham; Telford and Wrekin; Torbay; Fenland; Shepway; Hereford and Worcester Fire Authority)가 상한선설정대상에 포함된 바 있다. 이 제도에는 찬반양론이 있는 상태이나 중앙정부는 지방정부의 지나친 예산확대를 방지하기 위하여 이 제도를 계속 운영하고 있다.

3) 보조금을 통한 통제

영국에 있어서 지방정부에 대한 보조금은 일반보조금(general grants)과 특정보조금(specific grants)으로 나누어진다. 일반적인 원칙은 보조금의 경우,

관련 부처 장관이 보조금이 요구되는 특정서비스에 대한 지방정부 성과수준에 만족하지 않으면 주어지지 않으며 또 대부분의 경우 보조금에 의한 지출은 관련 부처 장관에 의해서 어떤 방식이든지 지출승인(approved expenditure)이 이루어져야 된다는 것이다. 따라서 부처 장관들은 지방정부의 성과가 부처에서 정한 표준에 달하지 못하면 보조금 지출을 보류하든지 또는 지급된 보조금을 회수하는 권한을 갖고 있으며 이러한 권한들은 흔하지는 않지만 행사되고 있다. 이 보조금과 관련해서는 1960년대 이전에는 특정보조금이 주류를 이루었으나 그 이후에는 일반보조금이 중심이 되고 있다. 즉, 2008년 현재 중앙정부로부터 받는 보조금의 경우, 일반보조금은 지방정부의 전체수입의 24%, 특정보조금은 25%를 차지하고 있다.

3 행정적 관계

현실적으로 자치권에 대한 통제가 다양한 형태로 가해지고 있기 때문에 지방정부가 어느 정도 자치권을 확보하고 있는지 하는 문제를 파악하기 위해서는 중앙정부의 전체적인 통제형태를 파악하는 것이 필요하다. 아래에서 기술되고 있는 다양한 형태의 자치권 통제가 모든 자치단체에 대하여 획일적으로 적용되지 않고 자치단체의 능력 및 형편에 따라서 예외적으로 적용되고 있다는 사실도 유념할 필요가 있다.

1) 규정을 통한 통제

지방정부에 대해서 권한이나 의무를 주고 있는 법(statutes)들은 장관으로 하여금, 지방정부업무들이 수행되어져야 할 방법들에 관한 규제(regulations)나 표준(standards) 또는 보조금지급조건들을 작성하도록 권한을 부여해 주고 있다. 이러한 법들은 권한 또는 의무가 수행되어져야 할 포괄적인 원칙들을 제시해 놓고 있으며 세부적인 실무적 원칙 및 규칙들은 장관이 규정하도록 하고 있다. 1990년의 도시 및 농촌계획법(Town and Country Planning Act)은 이러한 방식의 통제들이 어떻게 실제 수행되고 있는지에 관한 많은 사례들을 보여주고 있다. 이 법은 많은 부분에서 주무장관으로 하여금 이 법이 운영되는 구체적인 방법을 규정하도록 권한을 부여해 주고 있다. 예를 들면, 장관은 이 법의 제53항을 통하여 광역자치단체가 만드는 구조계획(structure plan)과 기초자치단체가 만드는 지방계획(local plan)의 형태와 내용 및 계획의 준비, 제출, 승인 및 수정을 할 때 따라야 할 절차에 관하여 세부적인 규정을 만들 수 있다. 이러한 권한들에 의하여 장관은 지방자치단체의 계획허가를 승인하든지 보류하든지 함으로써 지방자치단체의 재량권을 제한 또는 확대할 수 있다. 장관이 이 법에 근거를 두고 세부적인 규정을 만들어 통제하는 이와 같은 방법들은 계획에 관한 것뿐만 아니라 지방자치단체의 다른 서비스의 경우에도 많이 발견된다.

2) 조사(inspection)를 통한 통제

조사를 통한 통제방식은 제한적인 분야에서 사용된다. 즉, 이는 교육, 경찰 및 소방서비스 등에서 사용된다. 교육법 제77조 제2항에서는 교육부 장관이 일정한 기간 간격을 두고 모든 교육기관에 대해서 정기적인 조사 및 특별조사를 할 수 있도록 하고 있다. 조사단(inspectorate)은 자문, 아이디어 교환, 경험의 공유, 중앙부처 교육행정가와 일선 교사들 간의 개인적인 유대 제공 등의 방법으로 상당한 영향력을 행사할 수 있다. 경찰의 경우에도 1996년의 경찰법(Police Act)에 의해 경찰조사단이 임명되어지는데 주무부처 장관에게 경찰의 효율성 및 효과성에 관해서 조사하고 보고를 할 의무를 주고 있다. 소방서비스의 경우에도 마찬가지인데 소방법(Fire Service Act) 제24항은 내무부 장관이 소방조사단을 임명하고 이들로 하여금 소방서들이 소방기능을 수행하는 방법에 관한 정보를 수집하고 소방서비스의 기술적인 문제들에 대해서 관여할 수 있도록 하고 있다. 이와 같이 제한적인 분야에서는 정기적 또는 특별한 조사활동을 통하여 중앙부처가 지방정부의 개별 서비스에 대하여 관여함으로써 자치단체의 자치권에 대하여 일정한 제한을 두고 있다. 중요한 것은 이러한 조치들이 자치권 제한 목적이 아니라 국가적인 최소한의 서비스 수준을 국가적으로 보장하는 데 목적이 있다는 것이다.

3) 명령발동

중앙부처의 장관은 개별 자치단체에 대하여 특별한 성격의 명령(direction)을 발동할 수 있다. 이러한 종류의 명령권한 발동이 확대된다면 지방자치가 심각히 위태로워질 수 있다. 이러한 권한이 장관에게서 발동된 사례는 적지 않으나 이때에도 권한이 광범위하게 이용되지는 않는다. 1990년 도시 및 농촌계획법 제77항은 환경부 장관으로 하여금 지방자치단체로 하여금 토지개발 허가를 위한 신청 또는 특정분야의 허가신청은 지방정부가 계획부서가 아니라 장관에 의해 다루어져야 한다고 요구하는 명령을 내릴 수 있도록 하고 있다. 1993년의 청정공기법(Clean Air Act)의 제19항은 환경부 장관이 지방정부로 하여금 흡연통제지역을 설정하고 흡연통제프로그램을 실시하도록 할 수 있게 하고 있다. 이와 같은 맥락에서 1992년의 지방정부재정법(Local Government Finance Act)은 5장 1편에서 지방정부의 수수료의 상한선을 정할 수 있도록 하고 있다.

4) 불이행권한(Default Power)

영국에 있어서 일부 법들은 장관에게 지방정부의 차등적 자율성 확보와 관련해서 특정한 권한을 부여한다. 이는 지방정부가 어떤 서비스를 만족스럽게 제공하지 못한다고 판단할 경우 장관이 '불이행권한(Default Power)'을 발동하여 특정 자치단체를 통제하는 권한이다. 예를 들면, 1990년에 제정된 국가보건서비스 및 커뮤니티보호법(NHS and Community Care Act) 아래에서 장관은 지방정부가 사회적 보호서비스(social care service)를 제대로 이행하지 못한다고 평가하면 불이행권한을 행사할 수 있도록 되어 있다. 이것은 1990년대 이전에도 부분적으로 있어 왔으나 2000년도 최선의 가치제도(Best Value)가 도입된 이후 본격적으로 시행되고 있다. 최선의 가치제도는 1999년까지 지방정부에서 시행해 오던 의무경쟁입찰제도(CCT)를 폐지하고 2000년부터 도입해서 시행되고 있는 제도이다.

5) 성과결과를 연계한 통제

영국의 행정평가제도는 지방정부에 대하여 분권화를 추구하되 그에 상응하는 책임성을 확보하는 것을 전제로 하고 있다. 따라서 행정평가 후 그 결과에 따라서 서비스 제공능력이 부실한 자치단체에 대해서는 중앙정부가 개입하여 당해 자치단체의 권한을 박탈한다든지, 자구책(recovery plan)을 마련하게 하고 상응하는 기능적, 재정적 패널티를 부여하여 분권화에 상응한 강력한 책임성추구를 하고 있는 것이 특징이다.

영국의 지방정부가 처음으로 국가적 수준에서 정해진 성과지표에 관해서 법적으로 자료를 수집하고 발표하도록 규정된 것은 1993년 감사위원회(Audit Commission)[2]에 의해서이다. 1992년의 지방정부법(Local Government Act 1992)은 감사위원회에 대해서 지방정부 간의 성과비교 및 동일 지방정부의 장기간에 걸친 성과비교를 용이하게 하기 위한 지표들을 구체화할 의무를 부여했다. 지방정부들은 성과지표들에 관한 정보를 수집하고 이를 지방신문의 광고란에 발표를 하도록 규정되어 있다. 이 법을 추진하게 된 동인은 일반 주민들로 하

2) 감사위원회(Audit Commission)은 감사원(National Audit Office)과는 기능이 다르다. 양 기관은 전혀 별개이며 감사원은 중앙정부의 지출 및 사업에 대하여 감사와 조사(audit and inspect)하는 권한을 가지는 반면에, 감사위원회는 지방정부의 지출에 대한 감사권을 갖는다.

여금 지방정부의 성과에 대해서 잘 알게 하고 이를 통해서 책임성(accountability)을 증가시키도록 하기 위한 것이다. 1992년 이래로 매년 감사위원회는 지방정부들이 수집하도록 규정되는 지표들에 대한 제목 및 정의를 상세히 규정한 법적 지침서를 제시해 오고 있다. 감사위원회에 의해 임명되는 감사관(Auditors)들은 지방정부들에 의해 이용되는 시스템들이 관련 법 규정 아래에서 신뢰할 수 있는 정보들을 생산하기에 충분한지를 점검한다. 감사위원회는 각 지방정부에 의해 발표된 정보를 대조하고 모든 지방정부들의 지표들의 내용을 표로 제시하여 발표한다. 이에 더하여 개별 서비스별(가령, 주택, 교육 등) 특별보고서 형태로 보다 상세한 내용을 발표하기도 한다.

이러한 평가는 2002년부터 2008년까지는 종합성과평가(CPA, Comprehensive Performance Assessment)제도로 시행되어져 왔다. 그러나 이 제도는 2008년에 종합영역평가(Comprehensive Area Assessment)로 대체되었다. 이 제도의 특징은 그 동안 영국의 지방서비스가 Audit Commission, Care Quality Commission, Her Majesty's Inspectorates of Constabulary, Prison and Probatio, and Ofste 등 다양한 기관에 의해서 별도로 수행되던 것을 종합적으로 평가하기 위한 제도라는데 차이가 있다. 그러나 2010년 5월 보수당 정부가 들어서면서 이 CAA는 폐지되기로 되어 있으며, 이에 대한 대안이 현재 마련 중에 있다(www.audit-commission.gov.uk).

4 협력적 파트너십 기제: 중앙-지방 파트너십의 법제화

1) 중앙-지방 파트너십 협약 체결

1997년 11월 영국 부총리(Deputy Prime Minister)인 John Prescott은 지방정부 연합의 장인 Jeremy Becham과 중앙정부와 지방정부 간의 협조체계를 통해서 지방정부가 중앙정부의 정책에 참여할 수 있도록 하는 문서인 '파트너십 프레임워크'(A Framework for Partnership)에 서명했다. 이 문서는 중앙정부와 지방정부는 기본적으로 상호 의존되어 있다는 점을 인정하고 중앙과 지방의 목표들은 그들이 서로 서로의 역할을 존중하고 정책개발과 집행에 있어서 협력해 왔던 파트너십에 의해서 달성될 수 있다는 점을 분명히 했다. 공동의 업무추진을 증진시키는 것에 더하여, 이 문서는 중앙과 지방의 모든 공동관심사에 대해서 완전하고 효과적인 사전협의(consultation)를 위한 장치 및 정보교류를 위한 장치도 아울러 포괄하고 있다. 정부와 LGA는 상호 긴밀한 이해를 계속 증진시키기 위해서 열성적으로 임한다는 점 및 이 기본 틀의 합의에 충실한다는 점을 재확인한 바 있다. 한편, 어느 한 쪽이 이러한 합의가 준수되고 있지 않다는 점을 인지하게 되는 상황에서는 LGA 장과 부처 장관은 다 같이 불일치되는 상황을 해결할 것이라는 점도 분명히 하고 있다. 중앙-지방 파트너십을 위해서 양자는 지방정부에 영향을 미치는 주요 이슈들을 규칙적으로 검토하기 위해서 만나며 이 만남은 이 양 주체 사이의 공동업무 추진이 필요한 영역을 확인하는 기회로 삼는다는 점도 분명히 하고 있다.

2) 파트너십 프레임워크의 주요 원칙

1997년 중앙정부와 지방정부가 체결한 파트너십 프레임워크의 주요 원칙을 간추리면 다음과 같다.

○ 지방정부의 의사결정은 국가적 우선정책과 지방의 견해를 같이 반영할 수 있도록 해야 함. 이를 통해서 지방정부들은 지방의 일상문제에 대해서는 중앙정부에 의해 제약을 덜 받도록 하며, 지방 주민에 대해서 보다 책임성 있고 반응성이 있도록 해야 할 것이다.

○ 지방정부의 지출과 세입문제에 대해서 지방정부의 재량성과 책임성을 증가시키는 것.

○ 공공서비스 공급에 있어서 최선의 가치(best value)를 확보하는 것.

○ 지방정부로 하여금 그들의 구조를 현대화하고 재구성하도록 고무시키며 이

를 통해서 지역사회에 책임성 있고 반응성 높은 리더십을 제공하도록 하는 것.

○ 일반적 원칙으로서 지역사회에 영향을 미치는 서비스나 의사결정이 주민과 가장 가까운 곳에서 수행되도록 하며, 실용성 및 효과성과 일관성이 있도록 하는 것.

○ 비 이기심(selflessness), 청렴성, 객관성, 책임성, 공개성, 정직성 및 리더십 원칙에 바탕을 두고, 공공생활의 행위규범 수준을 제고시키는 것 등이다.

3) 파트너십 프레임워크의 실천방법

영국 중앙정부가 지방정부를 국정의 파트너로 인식하고 지방정부의 의견을 중앙정책결정에 반영하기 위하여 LGA와 합의한 협약서에 담긴 주요 실천방법은 다음과 같다. 이러한 내용은 바로 중앙정부와 지방정부가 파트너십을 형성하고 구체적으로 지방정부의 의견을 국정에 반영시키기 위한 수단들을 설명하고 있다.

(1) 정기적 미팅

영국 중앙정부와 LGA는 중앙-지방 파트너십 미팅(Central Local Partnership Meeting)을 구체화했는데 이를 위해서 이들은 정기적으로 만나서 지방정부에 영향을 미치는 주요한 이슈들을 다룬다. 이 미팅을 통해서 중앙-지방관계에 대한 공동의 접근방법 이행을 감시하고 아울러 중앙-지방 간 합의가 제대로 이행되는지도 정기적으로 검토한다. 이 미팅은 중앙과 지방이 공동으로 업무 추진해야 할 영역이 어디인지도 확인하는 기회가 된다.

(2) 공식적 및 비공식적 사전협의

중앙정부는 지방정부에 영향을 미치는 모든 문제(국가안보에 관련되는 문제를 제외하고)에 대해서 지방정부와 완전하고도 효과적인 사전협의(full and effective consultation)를 하도록 합의한 바 있다. 중앙정부는 지방정부에 영향을 미치는 결정을 하는 데 있어서 지방정부의 견해 및 지방정부의 경험의 이점에 대해서 충분히 고려를 해야 한다는 점에도 합의했다. 이를 용이하게 하기 위하여, 중앙정부는 LGA를 지방정부의 대표기관으로 공식 인정하고 있다. 이러한 사전협의를 원활히 하기 위하여 공식적 비공식적 미팅을 가지며, 공동업무추진(joint working), 자료보호 및 대외비 조건에 부합된 정보교류 등을 활발하게 수행한다.

(3) 충분한 사전협의 시간 부여

중앙정부는 지방정부에 영향을 미치는 정책이나 기타 행위를 할 때, 지방정부와의 사전협의과정을 거치기 위하여 충분한 시간적 여유를 준다. 충분하면서도 동시에 지방정부의 대표적 견해가 수렴될 수 있도록 휴가기간 등도 고려하면서 보통 6주 정도 이상의 기간을 주도록 되어 있다.

(4) 일반적 사전협의 대상

중앙정부는 지방정부에 대하여 자문이나 지침을 줄 때 및 지방정부들이 새로운 입법안을 효과적으로 그리고, 일관성 있게 집행할 수 있도록 하기 위한 실질적인 조치들을 고안할 때에도 중앙정부 일방적으로 결정하는 것이 아니라 LGA와 공동으로 작업을 하여 결정한다. LGA는 정책과 운영상의 변화에 관한 정보를 유포하고, 검토하며 업데이트 할 때에도 중앙정부를 도와준다.

(5) 엄격한 사전협의 대상

아래와 같은 사항에 대해서는 중앙과 지방정부 사이에 보다 엄격한 사전협의가 진행된다. 첫째, 지방정부와 관련되는 재정적인 문제들이다. 이에는 지방정부에 보조금을 분배할 때 가이드라인 및 공식 같은 것을 포함한다. 즉, 중앙정부는 이러한 재원배분시의 공식의 기초가 되는 주요한 데이터를 제공해야 한다. 둘째, 지방정부에 영향을 미치는 새로운 법안-지방정부 기능에 관한 법 포함-의 집행을 위한 준비나 계획에 관련해서 이다. 셋째, 지방정부에 관련되는 유럽의 법 및 정책이슈들이다. 넷째, 중앙정부가 다른 기관들 —지역적, 국가적, 국제적이든 간에— 에 지방정부대표자들을 임명하는 경우이다. 이러한 경우에는 중앙정부가 반드시 지방정부 연합회와 사전협의를 거치도록 되어 있다.

⑹ 실질적 사전협의

지방정부에게 새로운 부담이 되는 법률이나 규정을 중앙정부가 제안할 때, 중앙정부는 LGA와 이러한 부담이 가져올 예상비용을 논의하고, 이러한 비용들을 재검토하도록 되어 있다. 정부는 또한 불필요한 규정을 확인하고 이를 제거하기 위하여 LGA와 공동으로 업무를 추진한다. 최근에 성과평가제도가 영국에서는 제도화되어 있는데, 성과평가결과 특정 자치단체가 일정수준 이하의 결과를 받게 되면, 중앙정부는 해당 지방정부와 성과를 향상시키기 위한 업무를 수행한다. 이 경우 만약 해당 자치단체가 지방정부 내부로부터 지원이 필요하게 되면, 이는 IDeA(Improvement and Development Agency for Local Government)의 지침 아래 놓여지게 된다. 이 IDeA는 지방정부연합에 속한 하나의 연구개발기관이라고 할 수 있는데 지방정부들에게 각종 실질적 자문, 관리개발에 대한 지식 등을 제공하는 기능을 수행한다. 중앙정부는 특정 지방정부가 성과평가 결과 지극히 불량한 경우에는 종국적으로 지방정부에 대하여 법적으로 개입할 수 있는 권한을 가지고 있는데 이 경우에 이러한 권한을 행사하기 전에 LGA와 사전협의를 한다.

⑺ 실질적 정보교환

중앙정부는 각종 지방정부관련 발표문들을(가령, 의회 문서, 발간물, 뉴스 보도문) 언론사에 보내기 전에 먼저 LGA에 송부한다. 발표문들이 언론에 엠바고된 형태로 제공되는 경우에도 오히려 사전에 LGA에 전달되며 LGA 문서 중에서 중앙정부에 관련된 것들은 언론에 보내기 전에 중앙부처에 전달된다. LGA 문서로서 엠바고된 형태로 언론에 LGA 발간물들이 제공되는 경우에도 발간되기 이전에 중앙정부에 제공된다. 즉, 중앙정부와 LGA는 실질적인 파트너로서 정보교환을 하고 있다. 중앙정부와 LGA는 서로 상대에 대하여 그들이 하고 있는 활동이나 정책, 제안들을 항상 주지시키고 있다. 만약 정책이나 제안들이 컨설턴트나 연구보고서에 기초할 때에는 중앙정부나 LGA는 이러한 보고서나 사실분석자료들의 복사본을 상대에게 제공한다.

위에서 살펴본 파트너십 프레임워크의 주요 내용에서 보듯이 중앙정부와 LGA는 형식적인 협력관계가 아닌 실질적인 협력관계를 맺고 있으며 이를 문서화해서 시행하고 있다는 점이 특징이라고 할 수 있다.

III. 중앙과 지방정부 간 관계: 2010년 캐머런 정부 이후

전술한 바와 같이, 2010년 5월 출범한 캐머런 정부는 출범하자마자 소위 '큰 사회(Big Society)'를 슬로건으로 내걸고, 중앙과 지방관계를 이전과는 완전히 새로 구성할 계획을 수립하고 있다. 여기서 '큰 사회'란, '큰 정부'(Big Government)가 아니라 지방정부와 지역사회, 민간부문들이 파트너쉽을 강화하게 하여 지방정부 중심으로 많은 참여가 보장되는 사회를 구성하겠다는 것이다. 다만, 2010년 10월 현재까지 법제화가 완전히 이루어지지는 않고 있는 상태이나 일정표상으로 조만간에 구체화될 예정으로 있다. 여기에서는 집권 후 지금까지 이루어지고 있는 내용을 중심으로 살펴보기로 한다. 중앙과 지방정부관계의 재구성을 주도하고 있는 부처는 내각사무처(Cabinet Office)와 커뮤니티 및 지방정부 부(DCLG, Department for Communities and Local Government)이다. 중앙-지방정부 간 관계를 재구성하려는 정책은 '지방분권 및 지방주의 법안'(Decentralisation and Localism Bill)과 DCLG의 구조개혁계획(2010)에 포함되어 있다. 전자는 2010년 11월 영국 의회통과를 계획하고 있으며,

2010년 현재 의회에 계류 중에 있다. 후자는 2010년 6월에 발표된 바 있다. 따라서 위에서 기술한 캐머런 정부 이전까지의 중앙-지방관계에 관한 각종 내용들은 현재 유지되고 있으나, 앞으로 후술할 개혁 법안들이 통과되면 상당 부분 달라질 것이다. 이하에서는 주요 개혁정책들의 내용들을 간단히 살펴본다.

먼저, '지방분권 및 지방주의 법안'의 핵심내용들을 살펴보기로 한다(http://www.communities.gov.uk). 우선, 첫째, 그 동안 지방정부에 대해서 시행해 왔던 종합평가제도(CAA, Comprehensive Area Assessment)를 2010년 6월 25일부로 폐지하기로 하였다. 캐머런 정부는 지방정부들이 중앙정부가 시행하는 평가로 많은 부담을 가지고 있다고 여기고 있으며, 지방정부에 대한 중앙정부의 종합평가제도를 폐지하기로 결정하였다. 둘째, 지방정부에 대해서 재정적인 자율성을 크게 강화하려고 하며, 지방정부에 대해서도 기존에 지역정부들에게 했던 권한이양(devolution) 수준의 분권화를 계획하고 있다는 점이다. 이와 관련하여, 특히 특정보조금제도를 일반보조금으로 전환하는 것을 단계적으로 추진하고자 한다. 2010-11년 동안 10억 파운드 이상의 특정보조금을 일반보조금으로 전환하려고 하고 있다. 다만, 학교에 대한 재정지원과 Sure Start 프로그램, 및 16-19세 교육에 대한 지원프로그램은 여전히 특정보조금 형태로 운영하려고 하고 있다. 아울러, 소위 현장중심적인 예산제도(Place-based Budgeting)를 통해서 지방정부의 재정자율성을 크게 강화시키고자 계획하고 있다. 이 제도는 지방에서 집행되는 각종 서비스들이 여러 부처에 의해서 지원되는 경향이 있기 때문에 이러한 서비스 재원을 하나의 지붕(one roof)아래에서 집행되도록 하자는 것이다. 이는 지난 노동당 정부가 구상해 온 것이기는 하나 구체화하여 집행하고자 하는 점이 특징이다. 셋째, 현재 잉글랜드에 9개 권역별로 운영되는 중앙정부의 종합특별행정기관(Government Office for the Regions)과 지역개발청(Regional Development Agency)를 2012년 4월까지 폐지하는 것이다. 이러한 기관들은 성격상 중앙정부의 기관인데, 이 기관들이 수행하는 기능들을 관련 지방정부들이 민간부문과 파트너십을 형성하여 수행하게 하겠다는 것이다. 넷째, 지역사회가 현재 지방정부가 운영하는 서비스를 민간위탁해서 운영할 수 있는 기회를 많이 부여하겠다는 것도 포함된다. 다섯째, 지방정부가 민간기업들과 파트너십을 형성하여 현재의 중앙정부 서비스를 이양 받도록 촉진시키는 것, 여섯째, 그 동안 진행되어 왔던 일부 자치단체들(Norfolk, Suffolk, Devon)의 재구조화를 중지시키는 것 등을 포함한다.

이러한 내용들은 기본적으로 중앙권한을 대폭 지방에 이양시키겠다는 의도를 포함하고 있는 것으로서 정치적 슬로건인 '큰 사회'(Big Society) 구성정책과 맥을 같이 한다고 할 수 있다.

IV. 주요 특징 및 정책적 시사점

영국의 중앙-지방관계의 발전과정과 캐머런 정부의 정책방향들을 종합해 볼 때, 몇 가지 특징 및 시사점을 발견할 수 있다.

1 차등적 분권을 통한 다양성 인정 및 자율성 부여

스코틀랜드와 웨일즈 및 북아일랜드에 대한 지방이양을 차등적분권이라는 시각에서 본다면 이는 세 초광역지역의 다양성을 인정해 주면서 동시에 자율성과 책임성을 같은 차원에서 인정해 주고 있다는 점이다. 아울러 비록 지방이양을 대대적으로 했다고 하지만 여전히 중앙정부가 관여할 수 있는 여지는 많이 남아 있다. 이는 정책실험이라고 할 수 있으며 동시에 유럽 전역의 추세이기도 하다. 초광역권 설정을 통한 대 권역 중심의 지방정부 형태를 띠면서도 동시에 해당 지방정부의 능력, 요구 등을 종합적으로 고려하여 자율성과 책임성을 동시에 추구하려는 영국 정부의 의지가 담겨 있다고 할 수 있다. 아직 그 역사가 길지 않기 때문에 어떤 구체적 성과가 나오고 있다고 단정하기는 어렵다. 그러나 지금까지는 순조롭게 진행되어 오고 있다고 볼 수 있으며 점점 더 많은 중앙정부의 권한의 이양을 요구하고 있다는 점을 볼 때 긍정적인 측면이 더 많은 것으로 짐작할 수 있다.

2 광역화와 분권화의 동시추진

글로벌화 되어가는 상황 속에서 지역의 경쟁력 강화를 위해서 영국은 기존의 공간적 영역을 확대해서 새로운 초광역지방정부 수립에 보다 적극적이었다. 이를 통해서 중앙-지방관계를 재구성해 왔다는 점이다. 광역정부 간 조정제도를 통해서 해결하는 것이 아니라 권역의 통합을 통해서 보다 적극적으로 광역화와 분권화를 추구해 왔다는 점이다.

3 지방에 대한 보다 많은 권한이양과 중앙관여의 축소

2010년 5월 출범한 캐머런 정부의 경우는 기본적으로 지방에 대한 보다 많은 권한을 부여하고 중앙정부가 시행해 왔던 각종 평가제도를 폐지하겠다는 것 등은 지방정부의 자율성 강화 쪽으로 정책을 대폭 변화시키겠다는 의지의 표현으로 보인다.

4 다양한 형태의 지방거버넌스 채택

스코틀랜드에서는 초광역지방정부로 인한 주민대표성 및 주민참여약화 가능성을 대비하여 지역사회 내의 다양한 참여자 —기업, 시민단체(자원봉사단체)— 들을 의사결정과정에 포함시키는 노력을 다양하게 하고 있다. 이러한 구체적인 형태는 지역포럼(area forum), 시민배심원 및 시민패널과 같은 형태를 지니고 있다. 그러나 이를 강제하지는 않는다. 그 이유는 지방의 수요와 상황이 지방정부별로 다르기 때문이다. 그럼에도 불구하고 스코틀랜드의 지방정부 담당 장관은 모든 지방정부들이 지역사회의 다양한 주체들의 의견을 보다 잘 반영하도록 촉진시키는 역할을 하고 있다. 예를 들면, 지방정부의 집행위원회에 투표권이 없는 상태에서의 위원으로 참여시키는 방법도 많은 지방정부에서 채택하고 있다.

참고문헌

임성일 · 최영출. (2001). 영국의 지방정부와 공공개혁. 서울: 법경사.

Chandler, J.A. (2009). From Networking to Incorporation? Central-Local relations in Britain. Presentation to PSA Annual Conference April 2009: Panel 90.

Davis, J. (2008). Double Devolution or double dealing? The local government white paper and the Lyons review, Local Government Studies 34(1) 3-22.

DCLG(Department for Communities and Local Government). (2010). DCLG Draft Struc-tural Reform Plan. London: DCLG.

Goldsmith, M. (2002). Central control over local government-a western European comparison, Local Government Studies 28(3) 91-112.

Leeke, M., Sear, C., and Gay, O. (2003). An introduction to devolution in the UK. Research Paper 03/84, Parliament and Constitution Centre, House of Commons Library.

Martin, S., Guarneros-Meza, V., Entwistle, T., Downe, J. (2010). Central-local part-nership in Wales: the whole truth, a half truth or nothing like the truth?.

Paper presented to the Political Studies Association Specialist Group Conference on British and Comparative Territorial Politics, University of Oxford, 7-8 January 2010.

Rhodes, R.A.W. (1988). Beyond Westminster ad Whitehall, London: Unwin Hyman.

Stoker, G. (1998). Governance as theory, International Social Science Journal 50(155) 17-28.

제 3 편

영국의 행정체제와 과정

제 1 장 영국의 정부조직

양 현 모 (한국행정연구원)

I. 서 론

1980년대 이후 시장 · 경쟁원리를 우선시하는 신공공관리론의 이론과 접근방법이 확산되면서 세계의 많은 국가들은 공공부문에서도 민간부문의 관리기법을 활용하여 비효율 · 비효과적인 관료조직을 성과지향적이고 결과중심적인 조직으로 변화시키려고 노력하고 있다. 영국은 이러한 변화를 주도적으로 이끌어가고 있는 대표적인 국가로서, 행정을 끊임없이 변화시키고 개혁해야 할 정치적 의제로 상정하고 꾸준한 변화를 시도해 가고 있다.

특히 영국은 성문헌법이 아닌 오랜 역사적 관례와 판례들을 통해 진화해 온 관습법 체제의 국가로서 행정기관의 수와 기능, 그리고 명칭 등을 유연하고 신축적으로 변화시킴으로써 급격하게 변화하는 행정환경에 적극적으로 대처하고 있다는 평을 듣고 있다. 또한 1980년대 이후 현재까지 경쟁과 효율성에 바탕을 둔 정부조직의 변화를 유도하고 조직간 긴밀한 상호작용을 추진함으로써 정부의 효율성과 행정서비스의 극대화를 유도하고 있다.

이런 변화 속에서 2010년 5월 하원 총선 결과 지난 13년 동안 집권하였던 노동당 정부가 퇴진하고 보수당 중심의 새로운 정부가 출범하였다. 그러나 보수당은 선거에서 노동당에 승리하였으나 의회 과반의석[1]을 차지하지 못해 단독으로 정부를 구성할 수 없어 자유민주당(자민당)과 연합하여 정부를 구성할 수밖에 없었다. 보수당과 자민당 연합정부는 총리인 보수당의 데이비드 캐머런(David Cameron)과 부총리인 자민당의 닉 크레그(Nick Clegg) 중심으로 통합적 사회를 강조하면서 '큰 사회,'[2] '작은 정부'를 추구하는 개혁을 추진하고 있다. 영국에서는 현재 정치 · 행정의 새로운 실험이 진행되고 있는 것이다.

본 연구의 목적은 꾸준하게 행정적 변화를 추구하는 국가인 영국의 정부조직변화과정과 구조 및 그 특징을 파악해 보는 것이다. 특히 이 연구에서는 캐머런 정부를 중심으로 해서 영국 정부조직[3]의 구조 및 특징들에 대해서 알아본다. 마지막으로 영국 정부조직의 변화와 특징이 우리나라의 정부개혁에 미친 시사점에 대해서 알아본다.

---

1) 2010년 5월 영국 총선에서 보수당은 하원 전체 의석 650석 가운데 306석을 차지해 원내 제1당을 차지하였지만 과반의석을 확보하지 못해 57석을 확보한 자민당과의 연합을 통해 정부를 구성하였다. 이전 집권당인 노동당은 258석을 획득하는데 그쳤다.

2) '큰 사회'란 사회단체를 지원하고 국민의 참여를 증진시키는 한편 정부의 투명성과 지방분권화를 추구하는 캐머런 정부의 정책 슬로건이다.

3) 본 연구에서는 영국의 중앙행정조직을 중심으로 그 특징과 현황을 분석하며, 지방정부는 연구의 대상에서 제외한다.

II. 영국 정부조직의 특징 및 개편과정

1 통치기구의 개관

내각책임제 국가이면서 입헌군주제를 채택하고 있는 영국의 통치기구와 정부조직 형태는 다른 국가들처럼 성문헌법과 관련 법규에 근거해서 만들어진 것이 아니라, 오랜 역사적 관례와 사건들을 통하여 조금씩 변화·발전되거나 새롭게 형성되어 왔다. 아래 〈그림 3-1〉에서 보는 바와 같이 영국의 주요 통치기구로는 우선 국왕과 그 직속기관으로서 추밀원을 들 수 있으며 의회(상원과 하원)도 중요하다. 내각 밑에는 각 행정부처 및 행정기관들이 있다.

<그림 3-1> 영국 통치기구의 개요*

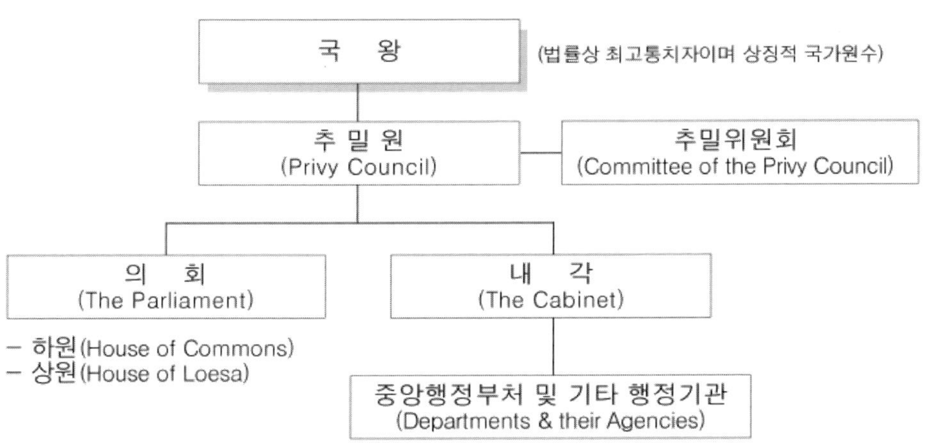

* (박재희, 1997: 91) 참조하였음.

1) 국 왕

영국의 국왕은 국가원수이며 최고통치자로서 행정부의 수장(Head of Executive)인 동시에 軍총사령관이자 영국 교회의 수장(Supreme Governor)이다. 국왕은 총리와 각료의 임명권 그리고 고위직 법관에 대한 임명권과 법률안에 대한 최종 승인권을 가지고 있다. 또한 외국에 대한 선전포고권과 외국과의 조약체결권, 외국 국가 및 정부에 대한 승인권도 국왕의 권한이다.

그러나 1215년 대헌장(Magna Carta) 이래 국왕의 권한은 계속 의회에 이양되면서 축소되었고, 현재는 '군림하나 통치하지는 않는 존재(not rule but only reign)'로 남아 있다. 즉, 영국 국왕은 상징적인 의미의 국가원수일 뿐 국정운영에 관한 실질적인 정치·행정적 권한은 총리와 그가 구성한 내각 및 정부가 행사하고 있다. 국왕에게 총리 임명권이 있지만 이는 다분히 형식적인 절차일 뿐 실질적으로는 선거 결과에 따라야 한다. 즉, 국왕이 총리를 임명할 때 자신의 의중에 따라 임명하는 것이 아니라 하원 다수당의 당수를 지명하여야 하며, 각료들도 총리가 추천하는 자를 임명하여야 한다.

2) 추밀원

추밀원은 왕의 직속기관으로서 왕정시대 당시에는 국가행정의 중심기관이었으나, 현재는 형식적인 행정부 최고기관으로서 귀족칭호 등의 추서 사항에 관하여 국왕을 보좌하고 있다. 또한 추밀원은 왕에 대하여 추밀원령의 승인이나 의회의 해산 등과 같은 왕권의 발동에 대해 자문하는 일부 기능만을 수행하고 있다. 추밀원은 총리의 추천에 의해 국왕이 임명하는 위원(약 590명 정도)들로 구성되는데, 이들은 내각의 모든 장관, 고위 법관, 그리고 영연방 국가에서 개별적으로 임명된 인사들이다.

3) 의 회

내각책임제인 영국에서 의회는 행정의 출발점 동시에 감시자 역할을 수행한다. 의회는 국민의 직접선거에 따라 선출되는 의원으로 구성되는 하원(House of Commons)과 귀족 등 임명직 의원으로 구성되는 상원(House of Lords)으로 구분되는데, 이 중 하원이 행정에 있어 핵심적인 가능을 수행한다. 하원 다수당의 당수가 총리가 되며 소속 의원들의 일부가 행정부의 각료(Secretary of State 또는 Minister)로 입각하여 이들에 의해 정부가 운영되기 때문이다. 따라서 일부 의원들은 입법부의 일원이면서 동시에 행정부의 각료로서 역할을 수행하게 된다. 이 밖에 하원은 정부의 정책수행을 비롯한 정부의 제반활동을 감독한다. 하원의장은 의원들에 의하여 선출되며 통상 'Speaker' 라고 불린다.

영국 상원의 기능은 하원의 그것과 비슷하지만 전반적으로 하원에 비해 제한적이다. 구체적으로 상원은 제한된 범위의 입법기능을 담당하며, 정부의 내각을 비롯한 주요 직책을 담당하는 기능을 담당한다. 대부분의 장관급 각료들이 하원의원들로 충당되지만 일부 상원의원들도 각료로 임명되기도 한다. 이 밖에 상원도 하원과 마찬가지로 정부의 활동을 감시하고 정책과정에서 영향력을 행사한다. 이 밖에 영국 상원은 다른 나라의 의회와는 달리 영국의 최고법정의 역할을 수행하는 등 일부 사법기능을 담당하기도 한다. 상하원 의원들 모두 약칭으로 MP(Members of Parliament)라고 불린다.

4) 내 각

내각(Cabinet)은 영국정부의 최고의사결정기구로서 국정운영에 있어 가장 핵심적인 기능을 수행하는 기관이다. 내각은 17세기 말, 명예혁명 이후 군주의 권력을 제한하고 통제하기 위해 생겨났는데, 19세기 이후 현대적인 형태로 발전했다. 영국의 내각에 대해서 논할 때 먼저 '정부(Government)' 라는 개념과 구분해서 언급할 필요가 있다. 정부는 정책형성과 의사결정 그리고 정책집행에 관련된 모든 행정기관과 집단, 개인을 포함하는 포괄적 개념이다.[4] 이에 반하여 내각은 총리와 총리의 추천에 의해 국왕이 임명하는 부총리를 포함한 약 20여 명의 내각장관(Cabinet Ministers)[5]으로 구성되는 집단적 의사결정체를 의미한다. 다시 말하면 정부는 총리, 총리를 보좌하는 기관, 중앙행정부처와 기타 행정기관 등 내각에 속하는 것과 관계없는 포괄적인 개념인데 반해 내각은 정부보다 그 규모가 작아 20여 명의 내각장관들로만 구성된 정부의 최고 의사결정체를 의미한다.

내각의 권한 및 기능에 대해서 정확히 정의하는 것은 어렵다. 왜냐하면, 무엇보다도 영국에는 그 역할을 명확히 규정해 주는 성문헌법이 존재하지 않기 때문이며, 또 한편으로는 내각의 권한과 역할은 총리의 개인적인 통치스타일에 따라 다르기 때문이다. 다시 말해서 총리가 내각을 어떻게 생각하고 운영하는가에 따라 그 역할과 기능이 달라지기 때문이다. 그럼에도 불구하고 내각의 권한에 관한 많은 설명들을 종합해 볼 때 다음과 같은 몇 가지 주요 기능을 들 수 있다.

· 정부 주요 정책에 대한 심의 및 의결
· 부처 간 갈등이나 이견의 조정
· 대(對) 의회업무의 기획 및 조정
· 당이나 의회, 그리고 국가에 대한 정치적 역량의 표출
· 언론 및 여론관리
· 중요한 정부결정 입법화

4) 영국에서의 정부(Government) 개념과는 달리 같은 내각제 국가인 독일에서 정부(Regierung)의 개념은 내각(Kabinet)과 동일한 개념이다. 즉, 영국에서는 '정부'와 '내각'의 개념이 서로 다른 데 반해, 독일에서는 정부와 내각이 동일한 개념으로서 사용되고 있다.

5) 이들을 내각위원(Cabinet Member)이라고도 하며 대부분 의회(하원)의 의원신분을 가지고 있다. 내각장관들은 두 가지 형태로 나누어지는데 하나는 정부부처의 수장인 장관과 다른 하나는 정부부처의 임무를 맡고 있지는 않고 대신 정치적 문제를 담당하는 사람들이다. 또한 내각회의에 참석하지만 의결권을 행사하지 않은 내각장관도 있는데, 이들은 '내각 배석장관(Ministers Attending Cabinet)'이라고 한다.

· 국가 위기관리에 관한 사항 논의 및 결정

내각의 주요한 결정은 총리가 주재하는 내각회의(Cabinet Meeting)를 통해 이루어진다. 국정에 관한 활발한 토론 이후 총리가 전체적인 사항을 종합·정리하게 되는데, 일단 총리가 여러 의견을 종합·정리하면 그것이 내각의 결정사항으로 된다. 내각은 의회에 대해 공동책임을 지게 되기 때문에 내각의 결정사항에 대해 내각장관들은 자신의 개인적 의견과는 관계없이 따라야 한다. 즉, 내각장관들은 내각의 결정사항이 비록 자신의 의견과 다르다 하더라도 이를 따르고 지지하여야 한다.

영국 내각은 정책분야별로 심도 있는 논의와 검토를 위해 내각위원회(Cabinet Committees)를 설치해 놓고 있는데, 대부분의 정책은 내각에 상정되기 전에 일차적으로 내각위원회에서 협의·결정되며, 내각은 이러한 결정사항을 공식화하는 역할을 하게 된다. 결국 내각위원회에서 결정된 사항은 내각의 결정과 동일한 효력을 갖게 되며, 다만 내각위원회에서 합의되지 못했을 경우 전체 내각회의에 추가적으로 상정되고 논의·결정된다.

내각위원회는 상임위원회(Standing Committee)와 특별위원회(ad hoc Committee)로 구분되는데, 상임위원회는 국가의 주요정책을 다루기 위한 기구로서 국정의 주요 분야별로 구분되어 있으며, 특별위원회에서는 단기적 국정과제 또는 당시 영국 사회의 주요한 이슈로 등장한 문제 중 의회가 관여하여야 할 문제들을 다룬다. 상임위원회와 특별위원회의 설치문제는 전적으로 총리를 중심으로 하는 내각의 결정 사항이기 때문에 그 명칭과 수는 각 정권에 따라 조금씩 차이가 있다.

한편 모든 내각위원회는 소위 공무원위원회(Official Committee)에 의해서 큰 영향을 받는다. 이 위원회는 모두 공무원으로 구성되는데, 그 역할은 정보를 수집하고 많은 국정 문제들을 각 위원회에서 논의되고 결정될 있도록 단순한 대안들로 선별해 주는 것이다.

영국의 내각과 내각위원회에서 가장 큰 영향력을 행사하는 사람은 총리(Prime Minister)이다. 명확한 헌법적인 규정이 있는 것은 아니지만 영국 총리의 권한과 역할을 다음과 같다(서필언, 2005: 82).

첫째, 행정부의 수장으로서의 역할을 수행한다. 총리는 내각을 관리하며 정부기관의 기능과 공무원 활동에 대한 총괄적인 권한을 행사하며 이에 대한 일차적 책임을 진다.

둘째, 정부정책에 대한 책임자로서, 정부 정책결정시 결정적인 역할을 수행한다. 특히 군의 통수권자이며 재무부 제1각료(First Lord of the Treasury), 공무원담당 각료(Minister for Civil Servant)로서 국방 · 외교 · 재무 · 공무원 분야 정책결정에 절대적인 영향력을 행사한다.

셋째, 국가정상회담 및 주요 국제행사에서 영국을 대표한다. UN, EU 정상회담, G7, G20을 포함한 각종 국제회의에서 영국을 대표한다.

넷째, 집권당의 대표로서의 역할을 수행한다. 총리는 행정부를 구성하는 집권당의 정책을 추진하고 관리하는 기능을 수행한다.

다섯째, 각료 등 국가 주요 직위에 대한 임면권을 행사한다. 총리는 중앙행정부처 장관(Secretary of State)들의 임명을 국왕에게 추천하며, 장관들과 협의하여 국무장관, 정무차관 등 다른 각료를 임명한다. 또한 총리는 국왕을 대신해서 성공회 대주교를 비롯한 성직자, 고위 법관, 추밀원 의원 등 수많은 직위에 대해 실질적인 임면권을 행사한다.

총리의 실질적인 국정장악력은 일차적으로 내각위원회에서도 나타나는데, 총리는 중요한 내각위원회 위원장이기 때문에 주요 정책형성 및 결정과정에서 결정적 권한을 행사할 수 있다. 또한 총리는 내각위원회의 설치, 구성원의 배치 등에 있어 영향력을 행사할 수 있다. 즉, 어떤 위원회가 구성되어야 하는가, 그 위원회의 권한과 역할이 무엇이어야 하는가, 누가 위원장이 되어야 하는가, 그리고 누가 그 위원회의 구성원이 되어야 하는가 등의 사항의 결정에 있어 총리는 강한 영향력을 행사할 수 있다.

1916년 내각위원회 제도가 도입된 주요 이유 중 하나는 내각의 과중한 업무 부담을 줄이면서 정부의 의사결정을 보다 효율적으로 하기 위한 이유였다. 그런데 시간이 지나면서 오히려 이 제도로 인해 총리의 권한이 더욱 강화되는 결과를 나타났다. 위원회 수가 많아지고 그 역할도 확대되는 것은 물론 위원회 내부에서 총리의 역할이 확대되면서 결과적으로 총리의 권한강화 현상이 나타난 것이다.

이렇듯 총리는 영국의 정치·행정체제에서 가장 중요한 역할을 수행하는 사람이다. 그러나 그에게 의사결정의 전권이 있는 것은 아니다. 총리는 정책결정 과정에서 의회의 지지는 물론 내각장관들의 지원과 협조를 받아야 하며, 당 안팎 유력 정치 세력들과의 협력 속에서 국정을 수행하여야 한다. 또한, 총리는 자신의 전문분야를 벗어난 업무 영역에 있어서는 전문가의 도움을 필요로 하며 자신의 내각 및 여러 위원회 소속 인사들과 협력관계를 유지하여야 한다.

특히 현 캐머런 정부와 같이 선거 결과 총리가 소속한 정당이 단독으로 정부를 구성할 수 없어 다른 정당과의 연합을 통해 정부가 구성할 때 총리의 권한은 축소될 수밖에 없다. 이 경우 부총리직은 물론 일부 장관직도 자신의 의중과 관계없이 연정에 참여하고 있는 다른 정당의 몫이 되며, 이 때 부총리의 위상은 총리 못지않게 높아지게 된다. 따라서 국정운영과정에서 총리는 부총리는 물론 연합정당의 지도자들과도 긴밀히 의사소통을 하여야 하며 그들의 요구도 일정 부분 수용하여야 한다. 또한 내각장관과 행정기관의 수장(首長)을 임명할 때는 물론 내각위원회 구성에 있어 연정에 참여하고 있는 연합정당의 몫을 인정하여야 한다.

부총리는 내각의 제2인자로서 총리에 이어 영국 정부를 대표하여 국정을 운영한다. 특히 부총리는 정부의 일부 주요 문제에 대해 책임을 지고 수행하는데, 특히 지역발전 문제, 국가발전 문제 등의 업무를 전담한다. 특히 현 정부의 크레그(Clegg) 부총리와 같이 부총리가 총리 소속 정당과 연합한 정당 소속일 경우 그 위상은 더욱 높아진다.[6)]

---

6) 크레그 부총리는 보수당과 연합정부를 구성하고 있는 자민당의 당수이기 때문에 내각위원회의 하나인 연정위원회(Coalition Committee)에서 공동위원장(총리와 공동)의 자격으로 국정 전반에 걸쳐 자신의 의견을 표현하고 있으며, 이외에도 정치개혁, 헌법개혁 등 중요한 사무를 전담하고 있다.

2 영국 정부조직의 특징

1) 조직형태의 다원화 및 유연화

영국 정부조직은 매우 유연하고 신축적으로 변화되는 특징을 가지고 있다. 영국에는 정부조직을 통일되게 규정하는 정부조직법이 존재하지 않는다. 따라서 영국 부처의 수, 기능, 명칭 등이 법 개정 없이 정부 결정에 의해 신설되거나 폐지될 수 있다(서필언, 2005: 74). 정부조직의 개편에 대한 결정은 보통 내각에서 결정되는데, 행정환경과 국가가 처한 상황 그리고 정부의 국가 운영 전략 등이 종합적으로 고려된 후 결정된다. 영국 정부조직의 개편은 다른 나라와 마찬가지로 일반적으로 정권이 바뀌게 되면 이루어지는데, 간혹 의회 임기 내에도 이루어지기도 한다.

정부조직의 신축적 변화 또는 유연화 현상은 각 중앙행정기관 하부부서의 특징에서도 볼 수 있다. 각 기관의 하부구조는 기관마다 상이하며 통일적이지 않은데, 이는 조직 설립 및 구성에 관한 권한이 각 부처에 위임되어 있기 때문이다(장지원, 2007: 47). 또한 각 부처는 단독으로 내부 행정권한과 기능을 조정할 수 있다. 다만 특정한 정부기능을 한 부처에서 다른 부처로 이관하고자 할 경우 추밀원의 규정에 따라 총리의 승인을 받아야 한다. 그리고 기능이관 문제를 둘러싸고 부처 간 갈등이 발생하여 이에 대한 조정이 필요한 경우, 부처 간 또는 기관 간의 기능조정이 정치적으로 민감하거나 또 다른 문제를 야기시킬 수 있는 경우에도 내각의 논의와 총리의 승인을 필요로 한다(이남국, 2001: 45).

2) 핵심 부처와 계선 부처의 이중적 구조

영국 정부조직의 특징의 하나는 내각사무처, 재무부, 외무부를 중심으로 하는 핵심기능 부서와 기타 부서로 구분할 수 있다는 점이다. 영국 중앙행정기관은 내각 지원 업무를 수행하고 모든 공무원 관련 제도의 수립과 이의 관리 및 정부개혁 업무를 수행하는 내각사무처, 경제와 재정업무를 수행하는 재무부와 외교업무를 수행하는 외무부를 중심으로 구성되어 있다. 이들 부처들은 영국 행정에 있어 핵심적인 기능을 수행하기 때문에 이들을 '핵심 부처(Central function Departments)' 라고 부르며, 나머지 부처들은 각 분야별로 정책을 수립하고 이를 집행해 나가는 '계선 부처(Line Departments)' 이다(서필언, 2005: 76).

3) 각료급 행정기관과 비 각료급 행정기관의 구분

영국에서는 행정기관을 구분할 때 일차적으로 각료급 행정기관(Ministerial Department)과 비 각료급 행정기관(Non-ministerial Department)으로 구분한다. 각료급 행정기관은 각료[7]가 기관장인 중앙행정기관으로서 정치인인 의회의원이 기관장을 맡는 행정기관을 지칭한다. 즉, 장관 또는 차관급 기관을 의미한다. 각료급 행정기관은 영국의 최상위 행정기관으로서 주로 정책결정의 역할을 수행하고 있으며 국가의 중추적인 행정기관으로서 우리나라의 중앙부처와 비슷한 개념이다. 영국의 각료급 행정기관은 각 정부마다 명칭과 그 수에서 차이를 보이고 있지만 보통 내각사무처, 재무부, 내무부 등 20~24개 정도이다.

그런데 각료급 행정기관의 명칭을 보면 한국과는 달리 다양한 명칭이 있다는 것을 알 수 있다. 우선 대부분의 경우 'Department' 라는 명칭을 가지고 있는데, 국방부(Ministry of Defence), 법무부(Ministry of Justice) 등은 이와 달리

---

7) 각료란 영국 행정부의 장관, 국무장관, 정무장관, 정무차관 등 영국 의회 의원을 신분을 가진 정치적 임명자를 지칭한다. 사무차관은 제외된다. 그런데 영국의 부처에는 '장관' 이 1명만 있는 것이 아니라 여러 명 있기 때문에 우리나라의 경우와 직접 비교하기가 어렵다. 이들 각료는 업무 수행과정에서 직업공무원의 보좌와 지원을 받으나, 해당 부처의 정책결정과 결과에 대한 책임은 본인의 이름으로 이루어지며, 그 임무와 권한에서 직업공무원과 엄격히 구별된다(서필언, 2005: 79).

'Ministry' 라는 명칭을 사용하고 있으며, 재무부의 경우 'HM Treasury' 라는 독특한 명칭을 가지고 있다. 이 밖에 스코틀랜드부(Scotland Office), 웨일즈부(Wales Office), 북아일랜드부(Northern Ireland Office) 등 작은 부처의 경우 'Office' 명칭을 사용한다.

반면 비 각료급 행정기관이란 독립된 행정기관의 위상을 가지고 있지만 기관장이 각료가 아닌, 즉 의회 의원이 아닌 자가 기관장으로 임명되는 행정기관을 지칭한다. 이들 행정기관은 각료급 행정기관보다 낮은 위상을 가지고 있으며, 주로 특정한 분야에서 집행적 기능을 수행한다. 이들 기관은 각료급 행정기관에 소속되어 있지 않은 독립기관으로서 의회가 규정한 업무지침에 따라 업무를 수행한다. 비 각료급 중앙행정기관 기관장의 명칭은 일반적으로 위원회의 경우 Chairman 또는 Commissioner, 그 밖의 경우에는 Chief Executive, Regulator 등을 사용하고 있다.

4) 지역문제를 담당하는 지역부처(Territorial Departments)의 존재

영국의 정부조직에는 장관급 조직으로 스코틀랜드, 웨일즈, 북아일랜드 지역의 행정을 책임지는 스코틀랜드부(Scotland Office), 웨일즈부(Wales Office), 북아일랜드부(Northern Ireland Office) 등의 부처들이 있다. 이를 지역부처(Territorial Departments)라고 한다. 이들 지역부처들은 2003년 이전에는 모두 독립된 부처로 존재하였으나, 20003년 스코틀랜드부와 웨일즈부가 폐지되어 새로이 신설된 헌법부(Department of Constitutional Affairs)에 통합된 후 북아일랜드부 하나만 독립 부처로 남아 있었다. 그러나 2010년 출발한 캐머런 정부에는 이들 3개 부처들이 다시 부활되어 지역 사무 및 분권화 사무를 담당하고 있다.

5) 다양한 고위직 직위

영국 중앙부처에는 한국과는 달리 1개 부처에 다수의 장 · 차관을 두고 있으며, 그 명칭도 다양해서 외국인이 그 직위를 정확하게 구별하기가 쉽지 않다. 우선 대부분의 부처에서는 기관장인 '장관(Secretary of State)' 1명이 있으며, 그 밑에 '국무장관(Minister of State)' 1~3명, '정무차관(Parliamentary Under Secretary of State)' 1~4명, 1명의 '사무차관(Permanent Secretary)'을 두는 구조를 띠고 있다.

그러나 내각을 지원하는 조직인 내각사무처(Cabinet Office)의 경우 일반 부처와는 다르게 국무장관급인 '내각사무처장관(Minister for the Cabinet Office)'이 있으며, 다른 부처에는 없는 '정무장관(Parliamentary Secretary)'과 '무임소장관(Minister without Portfolio)'을 두기도 한다. 또한 재무부(HM Treasury)의 경우도 기관장(장관)을 다른 부처와는 달리 'Chancellor of the Exchequer'라고 표기하고 있으며, 그 밑에 'Chief Secretary', 'Financial Secretary', 'Exchequer Secretary', 'Economic Secretary', 'Commercial Secretary' 등 다수의 고위 직위를 두고 있다. 장관과 국무장관, 정무장관, 정무차관들은 모두 '각료'로서 이들의 관계는 상호 독립적이고 협력하는 관계이며 상하관계가 있어 명령하고 지시하는 관계는 아니다.

한편 이들 각료들에게는 '각료직무규정(Ministerial Code)'이 적용되는데, 이의 구체적 내용을 보면 다음과 같다(www.cabinetoffice.gov.uk).

- 모든 정부 각료들에게는 정부 결정에 대한 공동책임 원칙이 적용된다.
- 정부 정책이 결정되기 전에 각료들은 비공개된 자리에서 제약 없이 그들의 의견을 충분히 피력할 수 있어야 한다.
- 각료들은 의회에 그들의 부처와 기관들이 관련된 정책결정 및 집행 관련 사항에 대해 설명할 의무를 가진다.
- 각료들은 그들의 권한을 소속 정당의 이익을 위해 사용하지 말아야 한다.

– 총리는 행정부의 전반전인 조직구성과 부처를 담당하는 각료들 사이의 업무분담에 대한 책임을 가진다.
– 부처의 수장과 책임운영기관의 기관장은 회계담당관(Accounting Officer)으로 임명된다.

이들 각료 중 '장관(Secretary of State)'은 한국 또는 다른 국가들 중앙부처의 장관과 비슷한 개념으로, 소관 부처의 모든 사무를 총괄하며 책임을 진다. 영국 중앙부처의 장관은 모두 내각장관(Cabinet Minister)으로서 내각회의에 참석하여 정부의 주요 정책에 대해서도 의사를 개진하고 그 결과에 대해 내각 전체의 명의로 책임진다. 이들은 동시에 하원 의원이며 총리의 추천에 따라 국왕이 임명한다. 중앙부처의 장관들은 '고위 장관(Senior Minister)'이라고 불리며, 그 이하의 국무장관과 정무차관 등을 '하위 장관(Junior Minister)'이라고 한다.

'국무장관(Minister of State)'은 장관 밑 단계의 직위로서 부처 내부에서 장관을 보좌하여 부처를 총괄하지만 동시에 고유의 업무영역이 있어 이를 전담한다. 예를 들어 교육부(Department for Education)의 경우 2명의 국무장관이 있는데, 1명은 아동교육과 가정교육(Children and Families)을 전담하고 있으며, 1명은 학교교육(Schools)에 관한 업무를 책임지고 있다. 대부분의 부처에서는 1~3명의 국무장관을 두고 있으나 현 캐머런 정부의 문화·올림픽·미디어·체육부와 같이 국무장관을 두지 않은 부처도 있는데, 이 경우 정무차관이 업무를 담당한다. 국내에서는 부(副)장관이라고 번역되기도 하며, 장관과 마찬가지로 의원(대부분 하원)이 임명된다.

'정무장관(Parliamentary Secretary)'은 보통 실무부처에는 없고 내각사무처 등 일부 행정기관에만 있는 직위로서, 실무부처의 국무장관과 비슷한 개념이라고 볼 수 있다. 즉, 장관 밑 단계의 직위로서 일부 독자적인 업무를 수행하면서 의회와의 협력업무도 수행한다. 장관 또는 국무장관과 마찬가지로 대부분 의원이 임명된다. 현 캐머런 정부 내각사무처에는 2명의 정무장관이 있는데, 이들은 총리와 부총리를 보좌하여 정치개혁 및 헌법 개정업무, 사회적 기업 문제 등 사회의 주요 아젠다(Agenda)에 대한 직무를 수행한다. 한편 재무부에 있는 'Chief Secretary', 'Financial Secretary', 'Exchequer Secretary', 'Economic Secretary', 'Commercial Secretary' 등도 일종의 정무장관이라고 볼 수 있다.[8)]

'정무차관(Parliamentary Under Secretary of State)'은 국무장관 또는 정무장관보다 직위가 낮은 정무직 공무원으로서, 대부분 의원이 임명되지만 간혹 의원이 아닌 사람이 임명되기도 한다. 영국과 같은 내각책임제 국가인 독일의 '정무차관(Parliamentarischer Staatssekretär)'은 장관을 정치적으로 보좌하며 주로 부처와 의회 간의 협조 및 소통 업무를 수행하는 것과는 달리 영국의 정무차관은 의회와의 연락업무는 물론 국무장관과 마찬가지로 부처 내에서 일부 행정적 업무를 맡아 수행하고 있다. 예를 들어 캐머런 정부 '문화·올림픽·미디어·체육부'의 경우 3명의 정무차관을 두고 있는데, 이들은 의회업무는 물론 각각 '관광 및 문화유산', '체육과 올림픽', 그리고 '커뮤니케이션과 창조산업' 업무를 전담해서 수행하고 있다. 정무차관의 수는 각 부처마다 다른데, 예를 들어 '에너지·기후변화부(Department of Energy and Climate Change)'의 경우 국무장관이 2명 있는 데 반해 정무차관은 1명에 불과하다. 반면 국무장관이 1명에 불과한 국방부의 경우 정무차관은 4명이다.

행정부의 장관 또는 국무장관직은 반드시 의회 의원들 또는 정치인들이 차지하기 때문에 직업공무원이 행정부 내에서 가장 고위직에 올라갈 수 있는 직위는 사무차관(Permanent Secretary)이다. 사무차관은 각 부처의 한 명뿐인 직업공무원의 최고 직위로서 부처의 업무를 총괄하고 소속 공무원을 관리한다. 아래 〈표 3-1〉은 캐머런 정부의 각 부처 장·차관 현황이다.

8) 기존 연구 대부분에서는 이들 재무부 고위직 장관들을 '국무장관'의 범주에 포함시켰으나, 필자는 이들의 직위 명칭(Secretary), 업무 등을 고려하여 '정무장관'의 범주에 포함시켰다.

<표 3-1> 캐머런 정부의 각 부처 장 · 차관 현황(2010년 7월 현재)

부처	장관	정무장관	국무장관	정무차관	사무차관
내각사무처	2 (총리, 부총리)	2	2	0	1
경영 · 혁신 · 기술부	1	0	3	3	1
지역사회 · 지방정부부	1	0	2	3	1
문화 · 올림픽 · 언론 · 체육부	1	0	0	3	1
국방부	1	0	1	4	1
교육부	1	0	2	2	1
에너지 · 기후변화부	1	0	2	1	1
환경 · 식품 · 농촌부	1	0	1	2	1
외무 · 영연방부	1	0	3	2	1
내무 · 여성평등부	1	0	3	2	1
보건부	1	0	2	2	1
국제개발부	1	0	1	1	1
법무부	1	0	2	2	1
총리실	0	0	0	0	1
노동연금부	1	0	2	2	1
하원지도자실	1	1	0	1	1
상원지도자실	1	0	0	0	1
교통부	1	0	1	2	1
재무부	1	5	0	0	1
북아일랜드부	1	0	1	0	1
스코틀랜드부	1	0	0	1	1
웨일즈부	1	0	0	1	1
합계	22	7	28	34	21

자료: www.cabinetoffice.gov.uk

3 정부조직의 개편과정

1) 조직개편의 배경

이미 언급한 바와 같이 영국은 우리나라의 정부조직법과 같이 정부조직에 관한 명문화된 법률이 따로 없으며, 내각 구성과 각 중앙행정기관의 소관업무 배정 등은 내각에서 논의하여 결정할 수 있다. 또한 각 부처 내부조직의 변경은 원칙적으로 해당 부처의 권한이기 때문에, 각 부처는 단독으로 내부 행정권한과 하부 조직의 형태와 기능을 조정할 수 있다. 영국에서는 내각이 바뀌면 부분적인 조직개편이 이루어지는 것이 관례화되어 왔으며, 본격적으로 행정개혁의 일환으로 중앙정부 차원의 변화가 이루어진 것은 1979년 이후 보수당 정부의 등장 이후라고 할 수 있다(윤광재, 2006: 247).

1976년 3월 영국에 불어 닥친 금융위기(IMF 위기)로 인해 경기침체와 함께 정치적 혼란을 가져오면서 정부부문에 대한 개혁 요구가 확산되었다. 특히 기존의 노동당 정부가 추진했던 과도한 복지국가정책으로 인해 지속적인 재정적자 현상이 나타났으며, 노동조합의 영향력이 극대화되면서 소위 '영국병'이라고 하는 공공부문의 낮은 생산성과 질 낮은 서비스가 문제시되었다(최종만, 2007: 60). 이러한 문제를 타파하기 위하여 1979년 집권에 성공한 대처 총리의 보수당 정부는 중앙부처의 정책기능과 집행기능을 분리하고, 인력을 감축하는 등 강력한 정부개혁을 추진하였다.

이러한 개혁은 1980년대 이후 주춤했으나, 1990년대 메이저 총리 등장 이후 다시 중앙부처의 슬림화 조치 등을 취하게 되었고, 1997년 새롭게 정권을 잡은 블레어 노동당 정부는 물론 2007년 브라운 총리 정부에 이르기까지 지속적인 개혁을 추진하였다. 영국사회에 대한 진단 내용은 각 정부마다 조금씩 차이는 있지만 행정개혁에 대한 각 정부의 의지와 추진력은 다른 국가의 모범이 되곤 하였다.

2010년 5월 출범한 보수당과 노동당의 연합정부인 캐머런 정부는 정부의 권력을 일반 대중에게 재분배 하는 해방운동의 일환인 '큰 사회' 계획을 발표하고 그 동안의 정부가 추진하였던 '작은 정부' 와 '관료주의의 제거' 를 공공부문 개혁의 첫 번째 목표로 설정하였다.

2) 조직개편의 전략

행정조직 개편의 추진전략은 정권에 따라 달라지는데, 크게 1980년대에서 1990년대까지의 대처/메이저 보수당 정부에서 추진했던 전략들과 1990년대 말부터 시작된 블레어와 브라운 노동당 정부의 조직개편 전략으로 구분해 볼 수 있다.

먼저 보수당 정부는 행정부 기능의 재편을 통한 정부규모의 감축, 관리권한의 위임 및 관리의 전문화 유도, 시장원리 및 성과관리 제도의 도입, 행정서비스의 강화 등을 개혁의 기본 전략방향으로 설정하였다. 이를 위해서 능률성 정밀조사(Efficiency Scrutinies), 재정관리 개혁(Financial Management Initiative), 그리고 넥스트 스텝스(the Next Steps) 등을 통해 불필요한 조직 축소 및 인력 감축작업을 추진하였고, 중앙정부의 기능을 정책 및 집행기능으로 분리하는 등 다양한 방안들을 채택하였다. 그러나 이러한 개혁조치들은 처음부터 장기적이고 종합적인 전략을 가지고 기획된 것이 아니라 당시의 상황이나 필요에 따라 단기적 조치와 그에 따른 보완 및 수정조치 중심으로 추진하였다.

반면 이후 노동당 정부는 경쟁에 의한 시장원리의 강조에 있어서는 보수당 정부와 같은 입장을 취했으나, 맹목적인 시장원리 도입이 아닌 실용적인 개혁에 초점을 두고 공공서비스의 효율성 강화와 철저한 성과평가체제의 구축, 시민사회의 활성화 등에 역점을 두었다. 특히 이전 보수당 정부와는 달리 급격한 조직 축소와 인력의 감축보다는 개혁 진행상황 전체를 조망하고 우선적으로 추진할 과제 등을 설계하고 여러 행정기관들의 협력적 업무시스템을 강화하는 방식으로 개혁을 추진하였다.

3) 조직개편의 추진내용

(1) 보수당 정부 시기(1979-1996)

1979년 대처 총리 취임 이후 영국 정부는 행정관리처의 능률기획단(Efficiency Unit)을 중심으로 각 부처가 수행하는 기능 중 낭비적인 사업을 발굴하고, 이러한 기능의 수행에 관계되는 절차나 제도 중 비능률적 요인들을 찾아내어 개선하는 작업을 적극적으로 추진하였다. 한편 이와 함께 각 부처 목표의 명확화, 조직구조와 예산 및 성과에 대한 측정과 보상 등을 목표로 각 부처의 예산을 사업단위로 편성하고 이를 자율적으로 운영하게 함으로써 부처들이 자체적으로 인력과 예산을 감축하도록 유도하였다.

이러한 조직 효율성을 위한 조치 이외에 제도적 개편을 위한 넥스트 스텝스(Next Steps) 도입방안이 시도되었다. 이에 따라 1988년 중앙정부의 기능을 정책수립기능과 집행적 기능으로 분리하여, 집행적 기능을 독립기관인 책임운영기관(Executive Agency)[9]에게 이관하였다. 또한 시기별로 다양한 행정개혁을 추진하여 왔는데, 특히 정밀진단을 실시하여 정부기능의 민영화 또는 폐지 여부를 결정하였다. 또한 기존조직을 고수할 것인지, 아니면 책임운영기관으로 전환할 것인지도 결정하였다. 이러한 개혁은 보수당 정부의 강력한 의지에 의해 지속적으로 추진되었는데, 그 결과 1996년까지 129명의 책임운영기관이 설치되었고 중앙부처의 인력들도 대폭적으로 감축되었다. 예를 들어 사회보장부(Department of Social Security)의 경우 1989년까지만 해도 8만 4천여 명이 근무했던 대규모 중앙부처였지만, 6개의 책임운영기관이 떨어져 나간 1995년도 이후에는 2,828명의 소규모 조직으로 축소되었다(최종만, 2007: 150).

---

9) 책임운영기관은 기존의 관료조직에 비해 조직구조상으로는 높은 신축성을 가지며, 관리과정에 있어서는 상대적으로 높은 자율성과 책임성을 보유하는 조직으로 기능 중심의 직제를 자율적으로 구축할 수 있도록 조직되었다. 책임운영기관으로 분리되더라도 각 기관은 여전히 소속부처의 장관으로부터 관리통제를 받지만 관리자들은 상대적으로 일상적인 행정업무 처리에 있어서 상당히 자유로운 입장에 놓이게 된다(박우서 외, 2000: 38).

(2) 노동당 정부(1997년 이후)

토니 블레어(Tony Blair) 총리의 노동당 정부는 주로 중앙행정기관의 재개편을 통한 정부개혁을 추진하였다. 블레어 정부는 집권기간 동안 1997년, 1999년, 2000년, 2001년, 2003년 등 다섯 차례에 걸쳐 중앙부처 조직을 개편하였다. 2003년 5월 단행된 중앙정부 조직개편을 통해 처음으로 부처(Department)와 같은 위상을 가지는 부총리실(The Office for the Deputy Minister)을 신설하였다. 당시 부총리실은 부총리를 직접 보좌했을 뿐만 아니라 중앙부처의 총괄기능 및 영-아일랜드 위원회(the British Irish Council)의 업무총괄 등의 기능을 수행하였다.

또한 블레어 정부는 내각사무처 내에 공공서비스 기능 강화를 위하여 공공서비스개혁실(Office for Public Services Reform)과 개혁집행기구(Delivery Unit)를 신설하였다. 공공서비스개혁실은 2001년 7월 신설되어 주요 공공행정서비스에 대한 국민들의 만족도를 측정하고 서비스 혁신과 관련하여 부처의 능동적 변화를 유도하는 부처개선 프로그램(Departmental Change Programme)을 중점적으로 추진하였다. 이 밖에 내각사무처 내에 정책관리연구센터(Center for Policy and Management Studies)를 신설하여 정책결정의 질을 높이는데 주력하였다. 이 밖에 정부기능의 개선된 성과관리를 위해 행정서비스 5개년 개혁추진사업을 담당하는 공무원 조직 관리개혁실(Civil Service Corporate Management and Reform)과 범정부적 장기혁신과제를 제안 및 성과향상을 위한 제도적 장치마련 등의 업무를 담당하는 성과·혁신기구도 신설 또는 재편하였다.

한편, 블레어 정부는 정보기술을 기반으로 한 행정혁신 프로그램의 추진을 위하여 내각사무처에 e-Envoy 담당실(Office of the e-Envoy)을 신설하여 공공행정서비스 향상과 온라인 정부서비스를 통한 장기적 비용절감을 목표로 운영하였다. 그리고 총리실 내에 총리에 대한 정책 자문 및 전략적 과제를 수행하는 미래전략실(Forward Strategy Unit)을 신설하여 미래지향적인 정부건설을 위한 전략을 수립하였다. 여성 및 사회 취약계층의 권익문제에 대해서는 기존의 여성국(the Women's Unit)을 여성평등국(Women and Equality Unit)으로 개편하여 여성의 사회 참여를 위한 법률, 제도적 장치를 마련하는 기능을 수행하였다.

노동당 블레어 정부의 중앙정부 조직개편 중 가장 눈에 띄는 개편은 2001년 단행한 정부조직개편으로 환경, 교통, 고용 등 새로운 사회현안을 보다 효율적이고 효과적으로 담당할 수 있는 체계를 구축한 것이다. 이를 위해 환경 · 식품 · 농촌부(Department for the Environment, Food and Rural Affairs), 교통부(Department for Transport), 노동 · 연금부(Department for Work and Pensions)가 신설되었으며, 이들 조직은 현 캐머런 정부까지 유지되고 있다.

블레어 총리 집권 이후 북아일랜드부, 스코틀랜드부, 웨일즈부의 해당 지역에 대한 관할 권한이 각 분권정부 및 의회로 상당부분 이양되었다. 북아일랜드부는 1998년 4월에 체결된 벨페스트 협약 이후 많은 권한을 북아일랜드 행정청으로 이관하였다. 스코틀랜드부는 1999년 5월에 설립된 스코틀랜드 분권행정부로 많은 기능을 이양하였다. 웨일즈부는 1997년 7월 블레어 정권의 권한 이양정책에 따라 대부분의 행정적 기능을 웨일즈 의회로 이양하였다. 이후 2003년 이들 지역부처는 북아일랜드부만 남고 나머지 두 부처는 헌법부에 통합되었다.

2007년 6월 블레어 총리의 뒤를 이은 고든 브라운(Gordon Brown) 총리는 보건, 교육개혁뿐만 아니라 국제개발, Britishness(영국인으로서의 정체성, 현대적 애국심)의 재정립, 불평등 해소 관련 정책에 개혁의 우선순위를 두었다. 브라운 정부는 기존 블레어 정부와 다르게 급격한 조직개편 대신 기능별 또는 분과별로 시너지 효과를 극대화하기 위한 기존부처들의 기능을 통합 또는 특화하는 방식으로 개혁을 추진하였다.

한 예로 브라운 정부 출범 시 통상 · 산업부(Department of Trade and Industry)의 주요 기능을 분할하여 경영 · 기업 · 규제개혁부(Business, Enterprise and Regulatory Reform)를 신설하고, 통상 · 산업부의 혁신관련 기능과 교육 · 기술부(Department for Education and Skills)의 기능을 통합한 혁신 · 대학 · 기술부(The Department for Innovation, Universities and Skills)를 신설하였다. 또한

아동 · 학교 · 가족부(The Department for Children, Schools and Families)를 신설하여 유아, 아동, 교육과 관련된 기능을 수행하였다. 그런데 2009년에는 영국의 경제와 기술 분야 역량강화를 위해 경영 · 기업 · 규제개혁부(Business, Enterprise and Regulatory Reform)를 혁신 · 대학 · 기술부와 통합하여 다시 경영 · 혁신 · 기술부(Department for Business, Innovation and Skills)로 재편하였다.

III. 캐머런 정부의 행정조직

1 내 각

1) 내각장관

내각장관은 내각의 핵심이다. 이들에 의해 국가의 주요 정책이 결정되기 때문이다. 2010년 7월 현재 캐머런 내각의 내각장관은 총리(캐머런)와 부총리(크레그)를 포함하여 모두 23인인데, 총리와 부총리를 제외한 21인 중 18인은 모두 각 중앙부처의 장관(Secretary of State)[10]직을 수행하고 있으며, 나머지 3인은 부처장관(Secretary of State)의 직위를 가지고 있지 않다. 3인은 재무부 수석부(副)장관(Chief Secretary to the Treasury), 무임소장관, 상원지도자이다. 내각장관의 명단과 직위는 다음과 같다.

10) 보통 영국 내각에서 장관 중 서열 1위인 장관을 제1장관(First Secretary of State)이라고 하는데, 통상 부총리가 맡았다. 그런데 현 캐머런 정부의 크레그 부총리는 연정 파트너 정당의 수장으로서 총리와 비슷하게 그 위상이 높아졌기 때문에 제1장관을 외무부 장관으로 지명하였다.

<표 3-2> 영국의 내각장관 명단 및 직위(2010년 7월 현재)

성 명	직 위
David Cameron	총리 겸 재무 제1각료 겸 공무원 담당 장관 (Prime Minister, First Lord of the Treasury and Minister for the Civil Service)
Nick Clegg	부총리 겸 추밀원장(Deputy Prime Minister, Lord President of the Council(With special responsibility for political and constitutional reform))
William Hague	외무·영연방장관(First Secretary of State, Secretary of State for Foreign and Commonwealth Affairs)
George Osborne	재무장관(Chancellor of the Exchequer)
Kenneth Clarke	헌법장관 겸 법무장관(Lord Chancellor, Secretary of State for Justice)
Theresa May	내무·여성평등장관(Secretary of State for the Home Department and Minister for Women and Equalities)[11]
Dr Liam Fox	국방장관(Secretary of State for Defence)
Dr Vincent Cable	경영·혁신·기술 장관(Secretary of State for Business, Innovation and Skills)
Iain Duncan Smith	노동·연금장관(Secretary of State for Work and Pensions)
Chris Huhne	에너지·기후변화장관(Secretary of State for Energy and Climate Change)
Andrew Lansley	보건장관(Secretary of State for Health)
Michael Gove	교육장관(Secretary of State for Education)
Eric Pickles	지역사회·지방정부장관(Secretary of State for Communities and local Government)
Philip Hammond	교통장관(Secretary of State for Transport)
Caroline Spelman	환경·식품·농촌장관(Secretary of State for Environment, Food and Rural Affairs)
Andrew Mitchell	국제개발 장관(Secretary of State for International Development)

Jeremy Hunt	문화 · 올림픽 · 언론 · 체육장관(Secretary of State for Culture, Olympics, Media and Sport)
Owen Paterson	북아일랜드장관(Secretary of State for Northern Ireland)
Michael Moore	스코틀랜드 장관(Secretary of State for Scotland)
Cheryl Gillan	웨일즈장관(Secretary of State for Wales)
Danny Alexander	재무부 수석副장관(Chief Secretary to the Treasury)
Baroness Warsi	무임소장관(Minister without Portfolio)
Lord Strathclyde	상원지도자 겸 '랑카스터' 공령 장관(Leader of the House of Lords, Chancellor of the Duchy of Lancaster)

자료: www.cabinetoffice.gov.uk의 내용을 필자가 재편집.

한편 캐머런 내각에는 정식 내각장관은 아니지만 내각회의에 배석하는 이른바 '내각 배석장관(Ministers Attending Cabinet)'을 두고 있는데, 이들은 내각회의에 참여하여 발언할 수 있지만 내각 결정에 참여할 수는 없다. 내각 배석장관의 명단과 직위는 아래 〈표 3-3〉과 같다.

<표 3-3> 영국의 내각 배석장관 명단 및 직위(2010년 7월 현재)

성 명	직 위
Francis Maude	내각사무 장관(Minister for the Cabinet Office, Paymaster General)
Oliver Letwin	내각사무처 국무장관(Minister of State, Cabinet Office(Providing policy to the Prime Minister in the Cabinet Office)
David Willetts	경영 · 혁신 · 기술 국무장관(Minister of State(Universities and Science), Department for Business, Innovation and Skills)
Sir George Young	하원지도자(Leader of the House of Commons, Lord Privy

11) 모든 내각장관은 1개 부처의 장관직을 수행하고 있는데 반해, Theresa May 장관은 내무부와 여성 · 평등부 두 부처의 장관직을 겸직하고 있다.

	Seal)
Patrick McLoughlin	재무 정무차관(Parliamentary Secretary to the Treasury and Chief Whip)
Dominic Grieve	Attorney General

자료: www.cabinetoffice.gov.uk의 내용을 필자가 재편집.

2) 내각위원회

아래 〈표 3-4〉은 현 캐머런 정부 내각위원회(상임위원회)의 구성 현황과 주요 기능에 대한 설명이다. 현 캐머런 정부의 내각위원회 구성에 있어 특이한 점은 다른 정부에서는 볼 수 없었던 '연정위원회(Coalition Committee)' 의 설치가 눈에 띈다는 점이다.[12] 이 연정위원회는 보수당이 단독으로 정부를 구성하지 못해 자민당과 연합정부를 구성하였기 때문에 설치한 위원회인데, 여기서 집권당인 노동당과 자민당은 국정운영에 관해 긴밀한 소통을 하며 주요 정책에 대해 논의·합의한다. 다른 위원회의 경우 위원장이 1인인 데 반해 연정위원회의 경우 총리(보수당 소속)와 부총리(자민당 소속)가 공동위원장을 맡고 있는 것이 흥미롭다.

또한 현 캐머런 정부는 국가안전보장위원회를 ① 국가안보 전반, ② 테러 및 위기문제, ③ 핵문제 3개 분야로 각각 구분해서 설치하였다는 점이다. 그만큼 캐머런 정부가 핵, 테러 등 국가안전에 관한 문제를 중요시하고 있다는 것을 보여주고 있다. 이 밖에 2012년 런던 올림픽을 성공적으로 개최하기 위해 내각위원회를 설치하여 준비하고 있다.

12) 영국에서 전시가 아닌 평시에 연합정부가 탄생한 것은 1930년대 이후 처음이다.

<표 3-4> 영국 내각의 내각위원회 현황(2010년 7월 현재)

위원회 명칭	위원장 및 구성원	역할
연정위원회 (Coalition committee)	총리와 부총리 (공동위원장) 등 10명	연정위원회의 동의가 필요한 정부 정책의 관리 및 실행, 운영에 관한 사항에 대한 협의
국가안전보장위원회 (National Security Council)	총리(위원장)와 부총리 등 10명	국가안보, 외교정책, 안전, 국제관계 및 발전, 경제부흥 및 에너지, 자원정책에 관한 사항의 협의
국가안전보장위원회 (테러) (NSC : Threats, Hazards, Resilience and Contingencies)	총리(위원장)와 부총리 등 18명	테러 및 다른 위협, 위기, 경제회복, 지식정책 및 안보수행 및 자원, 비상사태에 대한 협의
국가안전보장위원회(핵) (NSC : Nuclear Deterrence and Security)	총리(위원장)와 부총리 등 7명	핵 확산 및 저지에 대한 국가 안보 협의
유럽위원회 (European Affairs Committee)	외무・영연방부장관(위원장) 등 14명	유럽연합 관련 사항 협의
사회정의위원회 (Social Justice Committee)	노동・연금장관 (위원장) 등 10명	빈곤, 평등 및 사회정의 관련 사항 협의
내무위원회 (Home Affairs Committee)	부총리(위원장) 등 20명	헌법개정, 이민, 건강, 교육 및 복지 관련 사항 협의
국민건강분과위원회 (Public Health sub-Commitee)	보건차관(위원장) 등 19명	국민건강 관련 사항 협의
올림픽분과위원회 (Olympics sub-Committee)	내각사무 장관(위원장) 등 8명	2012년 런던올림픽 및 장애인올림픽 계획 및 운영에 대한 사항 협의
경제정책위원회 (Economic Affairs Committee)	재무장관(위원장) 등 12명	경제 관련 사항 협의

규제완화분과위원회 (Reducing Regulation sub-Committee)	경영 · 혁신 · 기술 차관(위원장) 등 9명	규제완화 관련 사항 협의
금융개혁위원회 (Banking Reform Committee)	재무장관(위원장) 등 6명	금융 관련 사항 협의
입법위원회 (Parliamentary Business and Legislation Committee)	하원의장(위원장) 등 13명	의회업무 및 입법관련 사항 협의
공공지출위원회 (Public Expenditure Committee)	재무장관(위원장) 등 5명	공공지출 관련 사항 협의

자료: www.cabinetoffice.gov.uk의 내용을 필자가 재편집.

3) 내각사무처

(1) 총리실 및 부총리실

영국의 총리는 행정부의 수장으로 모든 행정기관으로부터 업무지원을 받지만 특별히 총리실의 지원을 받는다. 그런데 이 '총리실'이라는 단어는 약간의 혼동을 줄 수 있기 때문에 자세한 설명을 필요로 한다. 영국 총리를 보좌하는 기관으로 우리 말로 '총리실'이라고 번역할 수 있는 기관은 2개이다. 첫째 총리가 기관장으로 되어 있는 'Cabinet Office'를 들 수 있으며, 다른 하나는 'Prime Minister's Office'를 들 수 있다. 여기서는 'Prime Minister's Office'를 '총리실'로, 'Cabinet Office'를 '내각사무처'로 구별하여 지칭하기로 한다.

총리실(Prime Minister's Office)은 다우닝가 10번지에 소재하고 있기 때문에 통칭 'No.10'으로 불린다. 총리실은 총리를 최측근에서 직접 보좌하는 일종의 비서실로서 경호, 연설문 작성, 홍보 등이 주요 임무이며, '영국군의 아프간 파병에 따르는 문제' 등 총리가 특히 관심을 가지고 추진하는 일부 현안

<그림 3-2> 캐머런 정부 영국 총리실 조직도(2010년 7월 현재)

자료: www.cabinetoffice.gov.uk

업무에 대해 보좌하고 있다. 총리실 조직의 구조 또한 이들 기능들을 중심으로 설계되어 있으나 구체적인 구조 및 명칭은 정부에 따라 수시로 변했다. 특히 총리의 의중에 따라 조직의 기능과 규모는 달라, 블레어 총리의 경우 총리실에 '정책회의실(Policy Directorate)'을 설치하여 여기에서 최측근 보좌관들과 국가의 중요 사안을 논의·결정하여 내각에 보내기도 하였다(최종만, 2007: 133). 브라운 총리의 경우에도 보좌관들의 정책 영향력이 조금 줄기는 하였으나, 200 여명이 국내 및 경제정책에 대한 보좌업무, 외교정책, 의회 관련 업무, 영예 수여 및 임명관련 업무 등 광범위한 업무를 수행하였다(서필언, 2005: 84).

노동당 정부까지 총리실은 장관급 행정기관으로서 독립기관이었으나, 현 캐머런 정부에서는 내각사무처의 내부조직으로 편재되어 있으며 수장(首長)인 총리실장의 직급도 이전 장관급에서 사무차관(Permanent Secretary)으로 격하되었으며 조직규모도 축소되었다.

한편 부총리를 보좌하는 '부총리실(Deputy Prime Minister's Office)' 또한 내각사무처 내부조직으로 편재되어 있는데, 부총리를 보좌하고 정치개혁과 선거 및 정당에 관련된 업무를 수행하고 있다. 현 정부에서 부총리실의 수장(首長)인 부총리실 실장은 실장(Director General)급이다. 부총리실은 2002년 이전 내각사무처 내부조직으로 편재되어 있다가 이후 독립기관으로 분리되었으나, 현 정부에서는 다시 내각사무처 내부조직으로 들어 왔다.

(2) 내각사무처의 임무 및 기능

내각사무처(Cabinet Office)는 총리가 기관장으로 되어 있으며, 현재 부총리를 포함해서 6명의 각료급 인사가 근무하는 영국 행정기관 중에서도 가장 중요한 업무를 수행하는 핵심 기관이다. 내각사무처는 총리와 부총리를 보좌하고, 내각을 지원하며 영국 공무원의 관리와 능력 향상업무를 주요 업무로 하고 있는 기관이다. 내각사무처는 총리를 보좌하기 때문에 '총리실' 이라고 부를 수 있지만 내각을 총괄 지원하며 부처 간 정책조정과 주요 정책에 대한 조정 등의 업무를 수행한다는 점에서 총리를 직접적으로 보좌하는 'Prime Minister's Office' 와는 차이점을 보이고 있다. 우리나라 대부분의 학자들은 'Cabinet Office' 를 '내각사무처' 라고 번역하고 있다.

내각사무처의 업무는 일차적으로 내각사무처 안에 있는 내각사무국(Cabinet Secretariat)에 의해서 수행된다. 내각사무국은 기능과 목표에 있어서 특정한 부처에 얽매이지 않는다. 내각사무국은 내각과 내각위원회를 지원하며 정부의 업무가 적시에 그리고 효과적인 방법으로 수행되도록 해주는 동시에 정책결정이 이루어지기 전에 적절한 검토 및 고려가 이루어지도록 보좌하는 기능을 한다.

이 내각사무국은 정치적 영향력이 매우 크다. 왜냐하면 내각사무국의 고위공무원들은 내각 및 내각위원회의 회의에 참석하며 총리 및 내각위원회 멤버인 고위 장관들과 많은 협의를 하는 등 정책결정에 큰 역할을 하기 때문이다. 이들은 총리 및 내각위원회 장관들과 회의 때마다 만나고 필요한 자료를 제시하며 위원회 위원장 및 총리에게 브리핑을 한다. 동시에 총리는 장관뿐만 아니라 고위공무원들과도 비공식적으로 접촉하면서 정책에 관련된 조언을 듣는다. 이러한 과정 속에서 내각사무국의 공무원들은 정책과정에 실질적으로 큰 영향력을 행사한다.

(3) 내각사무처 각료

내각사무처에 배치되어 있는 각료의 수와 그 임무는 각 정부마다 다르지만, 현 캐머런 정부 내각사무처에는 총리와 부총리를 비롯해서 6명의 각료와 1명의 무임소장관, 그리고 1명의 사무차관이 배치되어 근무하고 있다. 내각사무처 수장은 총리이나, 실질적 업무는 국무장관인 내각사무처 장관(Minister for the Cabinet Office)을 중심으로 이루어지고 있다. 캐머런 정부 내각사무처 장관은 내각사무처 업무에 대해 전반적인 책임을 지며, 특히 정부효율성 증진에 관한 문제를 담당한다. 내각사무처 장관의 직무 범위는 총리와 내각사무처장의 개인 특성에 따라 영향을 받기도 하나 대부분 행정상의 업무를 넘어 정책결정과정에 깊숙이 관여하는 경우가 많다. 또한 내각사무처 장관에게는 정부각료들에게 적용되는 각료직무규정(Ministerial Code)을 시정하는 의무가 있기 때문에 다른 각료들보다 더 높은 권한을 가지게 된다.

현 캐머런 정부 내각사무처에는 내각사무처 장관 이외에 1명의 국무장관(Minister of State)이 더 있다. 내각사무처 국무장관은 정부정책 장관의 역할을 수행하는데, 특히 노동당과 자민당 연정에 관한 문제와 전략적 정부개혁 문제를 전담하고 있다. 한편 현 캐머런 정부 내각사무처에는 추가로 2명의 정무장관(Parliamentary Secretary)이 있는데, 그 중 한 명은 총리와 긴밀하게 협조하여 의회 및 입법, 선거 관련 업무를 보좌하며 '정치 · 헌법개혁장관(Minister for Political and Constitutional Reform)' 의 직함을 가지고 이에 대한 부총리의 업무를 보좌한다. 또 다른 정무장관은 '시민사회장관(Minister for Civil Society)' 로서 주요 사회 현안, 자선업무와 분권화 정책에 대한 업무를 지휘한다. 이 밖에 1명의 무임소장관(Minister without Portfolio)은 부처 관련 책임은 없으나 정부와 보수당 사이의 매개 역할을 수행하며 총리에게 전반적인 정부정책 방향에 대한 전략적 자문을 제공한다. 내각사무처 사무차관은 내각사무국을 총괄 지휘한다. 캐머런 정부 내각사무처 각료 명단과 담당 업무는 다음과 같다.

<표 3-5> 캐머런 정부 내각사무처 각료 명단(2010년 7월 현재)

성명	직위 (의원 신분 보유 여부)	주요 담당업무
David Cameron	총리(의원)	총리, 제1재무장관, 공무원담당 장관
Nick Clegg	부총리(의원)	부총리, 정치·헌법개혁, 선거위원회 등 담당
Francis Maude	내각사무처장관(의원)	내각사무처 업무 총괄.
Oliver Letwin	국무장관(의원)	연정문제, 전략기회 담당
Nick Hurd	정무장관(의원)	시민사회 담당 장관, 사회 이슈, 자원봉사, 시민-정부 네트워크 담당
Mark Harper	정무장관(의원)	부총리 지원, 정치개혁, 헌법개혁 문제 지원 등
Baroness Warsi	무임소장관	당정문제, 총리 정치 지원
Gus O'Donnell	사무차관	내각사무처 장관 지원, 내각사무국 업무 총괄,

(4) 내각사무처 조직

내각사무처 조직 또한 각 정부마다 다르며, 그 동안 역대 정부에서 내각사무처 조직들은 많은 변화를 거쳤다. 현 캐머런 정부 내각사무처 조직형태는 다음과 같다.

〈그림 3-3〉에서 보는 바와 같이 내각사무처의 단위 조직의 주요 기능은 다음과 같다.

· 의회·입법실(Office of the Parliamentary Counsel & offices of the parlia mentary business managers): 정부의 주요 입법사항을 계획하고 이를 검토하는 기능을 수행한다.

· 공직윤리지원실(Propriety & Ethics Private Office Group): 내각장관을 비롯한 모든 각료의 복무규정 준수여부 감시, 각료직무규정(Ministerial Code)에 대한 자문기능을 수행한다.

· 영예수여·임명사무국(Honours and Appointments): 총리 포상 등 영국의

<그림 3-3> 영국 내각사무처 조직도(2010년 7월 현재)

총리(Prime Minister)
- 총리실(Prime Minister's Office)
- 부총리실(Deputy Prime Minister's Office)
- 내각사무처장실(Cabinet Secretary's Office)
- 의회·입법실 (Office of the Parliamentary Counsel & offices of the parliamentary business managers)
- 공직윤리지원실 (Propriety & Ethics Private Office Group)
- 영예수여·임명사무국 (Honours and Appointments)
- 유럽·글로벌이슈사무국 (Europe & Global Issues Secretariat)
- 국내정책실(Domestic Policy Group)
- 국가안보사무국(National Security Secretariat)
- 합동정보기구(Joint Intelligence Organisation)
- 헌법실(Constitution Group)
- 능률향상·개혁실(Efficiency & Reform Group)
- 정부통합서비스지원국(Corporate Services Group)

자료: www.cabinetoffice.gov.uk

영예수여 시스템의 정책에 대한 책임을 지며, 관련 업무를 수행한다.

정부통합서비스지원국(Corporate Services Group): 내각사무처의 기능별 조직의 인적자원관리, ICT(정보통신기술), 재무 및 자산관리, 지식정보관리, 공직자 연금과 관련된 서비스를 통합적으로 담당한다.

이 밖에 현 캐머런 정부의 내각사무처의 조직은 크게 4가지 기능별로 분류되어 효율적으로 운영된다.

첫째, 내각, 총리, 부총리를 지원하기 위한 내각사무처의 하위조직으로 유럽·글로벌이슈사무국(Europe & Global Issues Secretariat)과 국내정책실(Domestic

Policy Group)이 있다. 유럽·글로벌이슈사무국은 유럽과 세계의 주요 이슈를 담당하는 조직과 경제정책 관련 이슈를 담당하는 조직으로 세분화되어 있다. 국내정책실(Domestic Policy Group)은 영국 내 경제 및 현안이슈를 담당하는 조직과 정책적 이슈에 대한 전략적 자문을 제공하는 전략국으로 나뉘어져 있다.

둘째, 국가안보와 관련되어 국가안보사무국(National Security Secretariat)과 합동정보기구(Joint Intelligence Organisation)를 분리하여 운영하고 있다. 특히 국가안보사무국에는 국가위기상황 발생과 관련된 정보수집과 위기상황 시 신속하게 정부기능을 복구시켜 정부연속성 체제를 상시 유지하기 위한 정보보안 및 복구담당부서가 있다.

셋째, 헌법실(Constitution Group)은 부총리와 밀접하게 관련된 조직으로, 부총리가 주도하는 정치·헌법개혁 진행을 보좌한다.

넷째, 능률향상·개혁실(Efficiency & Reform Group)은 공무원의 공공행정 분야 업무수행의 효율을 높이고 역량을 개발하는 등의 개혁을 담당하며 그 하위조직은 다음과 같다.

· 공무원역량개발국(Civil Service Capability Group): 각종 공무원제도를 관리, 개혁하며 공무원능력개발과 성과관리 기능을 담당한다.
· 정부상무청(Office of Government Commerce): 공공조달 및 계약부문 개혁 업무를 수행하며 국가 프로젝트의 비용관련 업무 지원 및 대행기능을 담당한다.
· 정부 최고정보담당관 및 선임정보위기담당관실(Office of Government CIO & SIRO): 정부부처의 정보통신분야를 총괄 담당하며 그에 따른 위기를 분석하고 대처방안을 마련하는 기능을 수행한다.
· 정부홍보담당국(Government Communications): 정부부처 간 각종 정책과 관련한 의견을 조율하고 부처 간 업무관련 소통을 담당한다.
· 민간분야 담당국(Office for Civil Society): 민간단체 및 자선단체 설립, 운영과 관련한 지원업무를 수행하며 민간부문과 정부의 연계된 활동을 지원한다.

2 중앙행정기관의 조직

언급한 바와 같이 영국 중앙행정기관은 크게 각료급 행정기관과 비 각료급 행정기관 그리고 책임운영기관으로 구분할 수 있다.[13] 이 세 단위기관을 중심으로 캐머런 정부조직의 형태와 그 특징을 알아보기로 한다.

1) 각료급 행정기관(Ministerial Department)

다음 〈그림 3-4〉은 영국 캐머런 정부 각료급 중앙행정기관을 표시한 것이다. 캐머런 정부가 출범한 지 얼마 되지 않았기 때문에 부처 하부 조직 등 중앙행정기관 개편에 관한 세부적인 사항을 자세히 분석하기는 어렵다. 따라서 여기서는 캐머런 정부의 행정조직을 전 브라운 정부의 행정조직과 비교해서 조직개편의 내용과 그 의미를 분석해 본다.

아래 그림에서 보는 바와 같이 영국 캐머런 정부 각료급 중앙행정기관은 내각사무처를 비롯해서 모두 22개이다. 22개의 부처에서 총리실을 제외한 정부 부처는 21개이며, 여기에 북아일랜드부, 스코틀랜드부, 웨일즈부와 상·하원지도자실 같은 규모가 작은 국무장관급 부처 5개를 제외할 경우 실제 장관급 중앙부처는 16개로 줄어든다. 이외에 현 정부 중앙행정조직을 브라운 정부시기와 비교해 보면 다음과 같다.

첫째, 지역사무를 담당하는 부처가 부활되었다, 현 캐머런 정부 중앙행정기관을 이전 정부의 그것과 비교해 보면 일차적으로 웨일즈부, 스코틀랜드부 같은 지역사무를 관장하는 부처가 부활된 점이 눈에 띈다. 원래 2003년 이전까지만 해도 북아일랜드부를 비롯해서 스코틀랜드부, 웨일즈부 모두 3개의 지역부처가 각료급 정부조직으로 설치되어 있었다. 그러던 것이 2003년 정부조직

13) 이 밖에 중앙 단위의 조직으로 공공법인(Public Bodies)이 있으나, 이 조직은 행정기관이라고 볼 수 없기 때문에 본 연구의 대상에서는 제외하였다.

<그림 3-4> 캐머런 정부의 정부조직(2010년 7월 현재)

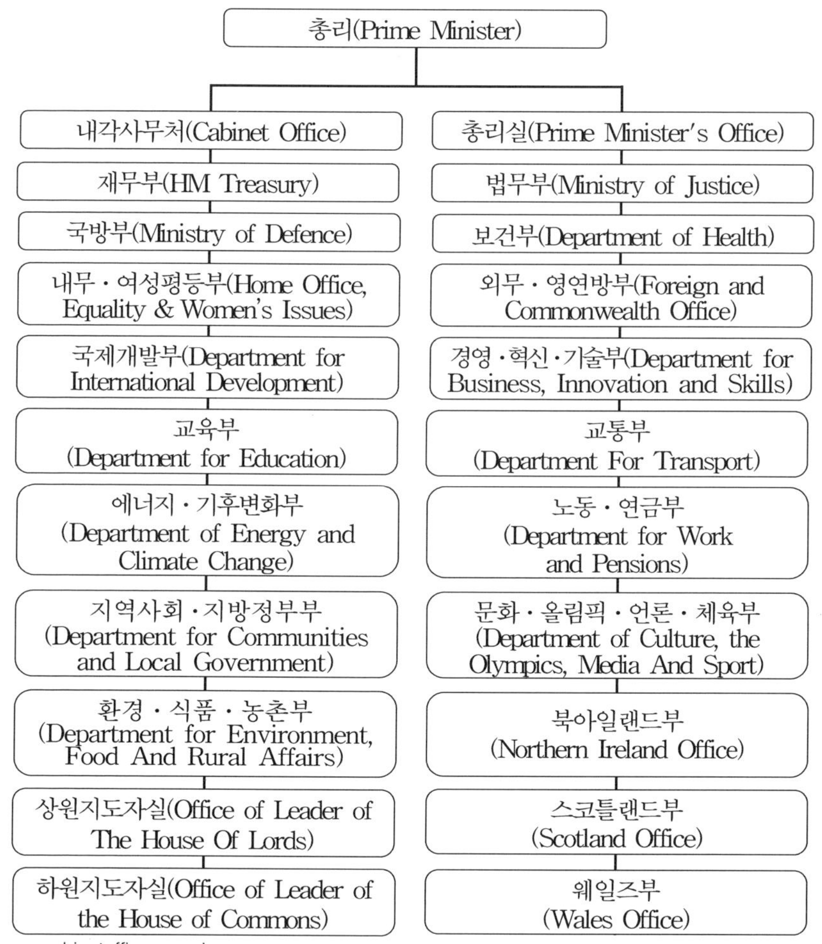

자료: www.cabinetoffice.gov.uk

개편과 함께 북아일랜드부 하나만 독립 부처로 남고, 나머지 두 부처는 폐지되어 새로이 신설된 헌법부에 통합되었다. 그러나 2010년 출범한 캐머런 정부에는 이들 부처들이 다시 부활되었으며, 헌법부는 폐지되었다. 헌법개혁과 같이 이전에 헌법부에서 담당했던 사무는 부총리실로 이관되었다.

지역사무를 관장하는 부처들이 부활하게 된 배경에는 캐머런 정부에서 추진하고 있는 국가 권한의 분권화와 무관하지 않다. 캐머런 정부는 출범과 동시에 '큰 사회' 건설을 강조하면서 국가 권한의 분산을 천명하였고, 이러한 배경에서 지역부처를 부활시킨 것으로 판단된다.

둘째, 이전 정부에서는 총리실은 독립기관이었으나, 현 캐머런 정부에서는 '내각사무처' 내부조직으로 전환되었다. 총리실을 내각사무처의 내부기관으로 전환한 것은 '작은 정부' 실현 정책의 일환이라고 볼 수 있다.

셋째, 브라운 정부에서는 내무부(Home Office)가 국가안정, 이민 등의 업무를 관장하였으며, 교육 · 아동 · 가족부에서 이민, 건강, 교육 및 복지 관련 사무를 관장하였다. 그러나 현 정부는 내무 · 여성평등부를 신설하여 기존 두 부처의 사무를 통합하게 하였으며, 여기에 남녀평등에 관한 사무도 추가로 부여하였다.[14] 기존의 교육 · 아동 · 가족부는 폐지되었다. 부처의 명칭을 바꾸고 성 평등에 관한 업무를 추가한 것은 현 정부가 여성의 사회적 지위 향상과 육아 등에 많은 관심을 갖고 있다는 것을 말해주고 있다.

넷째, 브라운 정부의 '문화 · 언론 · 체육부'는 '문화 · 올림픽 · 언론 · 체육부'로 개칭되고, 2012년 런던 올림픽 개최와 관련된 사무가 추가되었다.

다섯째, 추밀원부가 폐지되었으며, 관련 사무는 부총리실로 이관되었다.

2) 비 각료급 행정기관(Non-Ministerial Department)

비 각료급 행정기관은 각료가 수장으로 있지 않은 정부 행정기관으로 중앙부처와 독립적으로 운영되며 그 업무현황을 의회에 보고하도록 되어있다. 이는 자선사업, 인권, 인종평등정책 같은 공공현안을 처리함에 있어 정치적 개입을 배제시키기 위해서이다. 비 각료급 행정기관은 의회가 규정한 바에 따라 집행기능을 수행한다는 점에서 정부각료 및 부처의 목표달성을 위해 운영되는 책임운영기관 및 비 부처 공공법인과 구분된다.

---

14) 인터넷 자료에 의하면 내무부와 여성평등부 모두 독자적인 이메일 주소를 가지고 있는 등 독립적 부처로 구성되어 있다. 그러나 장관과 정무차관 등 고위직 인사가 동일인으로서 실제적으로 1개 부처인 것으로 나타나고 있다. 본 연구에서는 1개 부처로 판단하였다.

캐머런 정부의 비 각료급 행정기관은 22개로 브라운 정부 시기의 20개보다 2개 증가하였다. 현 정부 비 각료급 행정조직을 브라운 정부 시기와 비교하면 다음과 같다.

첫째, 브라운 정부 시기 재무부 산하 책임운영기관이었던 화폐주조청과 저축투자청이 캐머런 정부에서는 비 각료급 행정기관으로 편성되었다.

둘째, 공인자격관리청이 새로이 비 각료급 행정기관의 지위를 갖게 되었다. 공인자격관리청의 주관 업무는 잉글랜드 내 국가공인자격시험의 응시자격 심사, 시험시행 및 평가이다. 또한, 북아일랜드의 직업관련 자격 관리업무를 담당한다.

셋째, 이전 정부의 조세기소청(Revenue and Customs Prosecution Office)이 왕실기소청으로 통합되어 효율적이고 보다 전문적인 업무수행이 가능하게 되었다. 기존 조세기소청의 조세관련 부정 기소업무는 왕실기소청의 중앙부정담당국(Central Fraud Group)에서 담당한다.

– 비 각료급 행정기관 현황(2010.07)

· 자선위원회(Charity Commission for England and Wales)
· 국가부채관리위원회(Commissioners for the Reduction of the National Debt)
· 왕실자산관리청(Crown Estate)
· 왕실기소청(Crown Prosecution Service)
· 식품기준청(Food Standards Agency)
· 산림위원회(Forestry Commission)
· 정부계리청(Government Actuary's Department)
· 조세청(HM Revenue and Customs)
· 저축투자청(National Savings and Investments)
· 국립행정학교(National School of Government)
· 교육기준청(Office for Standards in Education, Children's Service and Schools)

· 공정거래청(Office of Fair Trading)
· 가스 · 전기관리청(Office of Gas and Electricity Markets)
· 공인자격관리청(Office of Qualifications and Examinations Regulation)
· 철도관리청(Office of Rail Regulation)
· 수도관리청(Office of Water Services)
· 우편관리위원회(Postal Services Commission)
· 국가기금대부위원회(Public Works Loan Board)
· 화폐주조청(Royal Mint)
· 중대부정기소청(Serious Fraud Office)
· 통계청(UK Statistics Authority)
· 무역 · 투자지원청(UK Trade & Investment)

자료: www.cabinetoffice.gov.uk

3) 책임운영기관(Executive Agencies)

책임운영기관은 독립된 운영, 예산체계를 가지고 영국 정부의 일부 집행기능을 수행한다. 책임운영기관은 정부의 조직 중 집행적 성격이 강한 조직을 분리하여 기관장 책임 하에 운영되는 조직으로서, 이는 각료의 통제에서 법률 및 구조적으로 완전히 분리되어 있는 비 각료급 중앙행정기관(Non-Ministerial Department)은 물론 비 부처 공공법인(Non-Department Public Bodies)과도 구분된다.

캐머런 정부는 이전 브라운 정부의 66개 책임운영기관에서 9개 줄어든 57개의 책임운영기관을 부처별로 운영하고 있으며 이는 효율적인 정부운영을 위한 캐머런 정부의 개혁의지를 단적으로 보여준다. 이 외에 캐머런 정부의 책임운영기관 편성을 브라운 정부와 비교하면 다음과 같다.

첫째, 정부조달계약청이 재무부에서 내각사무처 산하로 재편되었다. 이는 내각사무처가 관련 업무조직들과의 업무협조를 통해 효율적인 업무수행을 위한 조치로 볼 수 있다. 또한, 공공기관 구매를 담당하는 정부조달계약청을 내각사무처의 책임운영기관으로 편성함으로써 내각사무처는 정부개혁의 중심역할을 담당하도록 조치하였다.

둘째, 전 세계를 강타했던 세계금융위기에 대한 대응책으로 재무부 산하 자산보호청(Asset Protection Agency)이 신설되었다. 자산보호청은 정부자산 사용 및 처분 등을 모니터링 하며 미래 발생 가능한 손실을 미리 예측하여 재무부가 그 손실이 국가재정에 미치는 영향을 예상할 수 있도록 하는 기능을 수행한다.

셋째, 브라운 정부 시기 북아일랜드부에 편성되었던 책임운영기관 4개가 캐머런 정부에서는 북아일랜드 분권행정부 산하로 편입되었다. 이는 2010년 4월, 북아일랜드부가 치안 및 형사사법책임을 북아일랜드 분권행정부로 이양함에 따른 조치이다.

– 부처별 책임운영기관 현황(2010.07)

[내각사무처(Cabinet Office)]

· 정부조달계약청(Buying Solutions)

· 중앙정보지원청(Central Office of Information)

[사법부(Attorney General’ s Office)]

· 공공기관자문서비스청(Treasury Solicitor's Department)

· 국립부정기소국(National Fraud Authority)

[경영 · 혁신 · 기술부(Department for Business, Innovation and Skills)]

· 기업관리청(Companies House)

· 파산기업관리청(Insolvency Service)

· 국립표준도량청(National Measurements Office)*

· 지적재산권청(UK Intellectual Property Office)

· 국립우주청(UK Space Agency)*

· 평생학습지원청(Skills Funding Agency)*

[지역사회 · 지방정부부(Department for Communities and Local Government)]

· 소방학교(The Fire Service College)

· 육지측량부(Ordnance Survey)

· 도시계획감독원(Planning Inspectorate)

· 엘리자베스 2세 기념관(Queen Elizabeth II Conference Centre)

[문화 · 올림픽 · 언론 · 체육부(Department for Culture, Media and Sport)]

· 왕립공원관리청(Royal Parks Agency)

[국방부(Ministry of Defence)]

· 국방과학기술연구소(Defence Science and Technology Laboratory)

· 군수물자비축보급청(Defence Storage and Distribution Agency)

· 국방정비청(Defence Support Group)

· 군보안관리청(Defence Vetting Agency)

· 항공기상청(Met Office)

· 국방경찰 · 경비부(Ministry of Defence Police and Guarding Agency)

· 군사행정연금국(People, Pay and Pensions Agency)

· 군자녀학교(Service Children's Education)

· 재향군인지원청(Service Personnel and Veterans Agency)

· 수역측량청(UK Hydrographic Office)

[환경 · 식품 · 농촌부(Department for Environment, Food and Rural Affairs)]

· 동물보건국(Animal Health)

· 식품 · 환경연구소(Food and Environment Research Agency)*

· 환경 · 수산생물과학센터(Centre for Environment, Fisheries and Aquaculture Science)

· 농촌지원청(Rural Payments Agency)

· 수의학연구청(Veterinary Laboratories Agency)

· 수의약품부(Veterinary Medicines Directorate)

[외무 · 영연방부(Foreign and Commonwealth Office)]

· 외무부지원청(FCO Services)
· 윌튼파크(Wilton Park)

[내무 · 여성평등부(Home Department)]

· 범죄기록국(Criminal Records Bureau)
· 주민등록 · 여권청(Identity and Passport Service)
· 국경관리청(UK Border Agency)

[법무부(Ministry of Justice)]

· 법원지원실(HM Courts Service)
· 토지등록청(HM Land Registry)
· 국립기록보존청(The National Archives)
· 공공복지관리청(Office of the Public Guardian)
· 국립수형자관리청(National Offender Management Service)
· 행정심판소관리청(Tribunals Service)

[교통부(Department for Transport)]

· 운전면허등록소(Driver and Vehicle Licensing Agency)
· 운전평가위원회(Driving Standards Agency)
· 정부차량 · 우편배송청(Government Car and Despatch Agency)
· 고속도로청(Highways Agency)
· 해양 · 해안경비청(Maritime and Coastguard Agency)
· 차량운행정보청(Vehicle and Operator Services Agency)
· 자동차보증청(Vehicle Certification Agency)

[재무부(HM Treasury)]

· 자산보호청(Asset Protection Agency)*
· 부채관리청(UK Debt Management Office)

[노동연금부(Department for Work and Pensions)]

· 고용안정센터(JobCentre Plus)
· 연금 · 장애인 · 보호자서비스청(The Pension, Disability and Carers Service)

[기타-각료급 부처에 소속되지 아니한 책임운영기관]

- 자산평가청(Valuation Office)
- 산림관리청(Forest Enterprise England)
- 산림연구소(Forest Research)
- 의약품관리청(Medicine and Healthcare Products and Regulatory Agency)

* 신설된 책임운영기관명.

– 현 캐머런 정부에서는 타 기관으로 이관 및 통·폐합된 책임운영기관

- 범죄피해자보상국(Compensation Agency)
- 청소년범죄예방청(Youth Justice Agency)
- 북아일랜드 범죄수사청(Forensic Science Northern Ireland)
- 북아일랜드교정청(Northern Ireland Prison Service)
- 과학연구소(Central Science Laboratory)
- 수출신용보증청(Export Credits Guarantee Department)
- 정부방사성통제청(Government Decontamination Service)
- 해양수산청(Marine And Fisheries Agency)
- 식육위생청(Meat Hygiene Service)
- 국립도량형연구소(National Weights And Measures Laboratory)
- 의료제품조달청(NHS Purchasing And Supply Agency)
- 아동지원청(Child Support Agency)
- 화폐주조청(Royal Mint)
- 저축투자청(National Savings And Investments)

자료: www.cabinetoffice.gov.uk

Ⅳ. 결론: 우리나라에 대한 시사점

영국의 정부조직 구조는 성문헌법에 의해 규정되어 있는 것이 아니라 오랜 역사적 관례와 사건들을 통해 점진적으로 변화하였으며, 행정환경의 변화에 따라 조직이 신설, 폐지, 통합 및 분할되어 왔다. 중앙부처의 경우 외무부, 내무부, 국방부 등 전통적인 부처의 경우 1800년도 이전에 신설되어 존재하여 왔지만, 그 외 경제, 산업, 복지 관련 부처들은 행정환경과 정부의 역할 변화와 함께 설치되어 그 명칭과 기능도 변해왔다. 잉글랜드, 스코틀랜드, 북아일랜드, 웨일즈부 등 영국 특유의 지역 부처의 경우도 신설 이후 행정환경의 변화에 따라 일부는 다른 부처와 통·폐합되기도 하였으며, 시간이 지나 다시 부활되기도 하였다. 비 각료급 행정기관 또는 책임행정기관은 수십 개가 존재하는데, 어떤 기관은 지속적으로 존립하여 활동하고 있지만, 일부 기관의 경우 폐지되기도 하였으며, 다른 부처 소속으로 변경되어 그 위상을 달리하기도 한다. 정부조직에 대한 이러한 변화는 조직개편을 통해 정부의 효율성을 높이고, 행정서비스를 증진하며 나아가 공공인력을 감축하려는 영국 역대 정부의 의도에서 비롯된 것이다.

1979년 대처 총리 집권 이후 계속된 영국의 행정개혁은 다른 여러 나라의 관심 대상이 되었으며, 개혁의 모델이 되기도 하였다. 영국의 행정개혁에서 보여주고 있는 책임행정의 구현, 공공인력의 감축, 조직슬림화, 민영화, 행정서비스 향상, 행정 효율성 강조 등은 영연방 국가들은 물론 세계 많은 국가들에게 모범과 벤치마킹의 대상이 되기도 하였다.

물론 영국의 행정개혁은 우리나라 정부개혁에 있어서도 큰 영향을 미쳤다. 1990년대 이후 우리나라도 세계화 추세에 맞추어 영국의 행정개혁에 대해 꾸준히 관심을 가져왔으며, 특히 영국식 행정제도에 대한 이식 작업을 추진해 왔다. 내각책임제 정부형태이며 시민문화(civic culture)의 특징을 갖는 영국은 대통령제 정부형태의 국가로서 대륙계 국가의 행정체제의 특징을 가지고 있는 우리나라와는 행정체제의 기반이 다름에도 불구하고 우리나라는 영국의 행정개혁과 목표와 접근방법을 받아들인 것이다. 개혁의 여러 사례 중 정부기구의 축소와 인력감축과 같은 하드웨어의 개혁은 영국식 개혁의 결과였다고 할 수 있다.

최근 출범한 보수당과 자유민주당의 연립정부는 또 다른 정부개혁을 시도하고 있다. 아직 집권 초기이기 때문에 구체적인 개혁사례는 뚜렷이 나타나고 있지 않지만, 영국 정부는 '작은 정부', '큰 사회'라는 정부개혁 슬로건 하에 분권화의 촉진과 시민사회와의 연대강화를 위한 구체적인 작업에 착수하고 있다. 정부조직과 관련되어 지금까지 나타난 결과로는 총리실을 비롯한 내각사무처 조직이 축소되었으며, 중앙행정기관과 비각료급 행정기관, 그리고 책임운영기관 등 정부조직의 수가 줄어들었으며, 그 기능도 변경되었다.

향후 영국의 행정개혁 방향과 그 내용은 지속적인 행정개혁을 추진하여야 할 우리에게는 관심과 벤치마킹의 대상일 수밖에 없다. 조직의 축소 또는 인력감축 등 하드웨어의 개혁은 물론 효율적인 정부를 지향하고 행정서비스 증진 등 영국 행정개혁의 과정과 그 성과는 내적인 개혁을 추진하여야 할 우리에게 여전히 큰 관심의 대상이다.

참고문헌

김광웅 · 김신복 · 강성남. (2005). 「비교행정론」. 서울: 한국방송통신대학교 출판부.

김근세. (2005). "영국 국가행정구조의 재형성". 「한국행정연구」. 14(1): 120-157.

김순은. (1999). "영국의 행정조직 및 관리개혁에 관한 연구: Next Steps 프로그램을 중심으로". 「한국지방자치학회보」. 11(4): 249-270.

김정렬. (2001). "영국 블레어정부의 거버넌스". 「한국행정학보」. 35(3): 85-102.

박우서 외. (2000). 「정부개혁의 과제와 전략」. 서울; 집문당.

박재희. (1997). 「영국의 중앙정부조직」.서울: 한국행정연구원.

서필언. (2005). 「영국 행정개혁론」. 서울: 대영문화사.

윤광재. (2006). "영국과 프랑스의 행정개혁에 관한 비교연구". 「한국행정학보」. 40(2): 243-266.

이남국. (2001). 「영국의 중앙정부조직」. 서울: 한국행정연구원.

임도빈. (2005). 「비교행정강의」. 서울: 박영사.

임성일 · 최영출. (2001). 「영국의 지방정부와 공공개혁」. 서울; 법경사.

장지원. (2007). 「주요국의 행정제도 동향조사: 영국의 정부조직」. 서울: 한국행정연구원.

한인섭·김정렬. (2004), "영국 행정의 본질과 혁신", 「정부학연구」. 10(2): 151-184.

최종만. (2007). 「영국의 정부시스템 개혁」. 파주: 나남.

Cabinet Office.)2002). Better Government Services: Executive Agencies in the 21st Century, available at http://archive.cabinetoffice.gov.uk/opsr/documents/pdf/opsr-agencies.pdf accessed on June 10, 2010

Cabinet Office. (2006). Executive Agencies: A Guide for Departments, available at http://www.civilservice.gov.uk/Assets/exec_agencies_guidance_oct06_tcm6-2464.pdf accessed on June 10, 2010

Cabinet Office. (2010). Public Bodies 2009, available at http://www.civilservice.gov.uk/Assets/PublicBodies2009_tcm6-35808.pdf accessed on June 10, 2010

Cabinet Office. (2010). List of Ministerial Responsibilities, available at http://www.cabinetoffice.gov.uk/media/416777/lmr100701.pdf accessed on June 10, 2010

Cabinet Office. (2010). Structure Chart, available at http://download.cabinetoffice.gov.uk/organogram/co-organogram.pdf accessed on June 10, 2010

Colin Pilkinton. (1999). The Civil Service in Britan Today. Manchester Universtiy Press.

Jarvis, R. (2002). The UK Experience of Public Administration Reform. London:

Commonwealth Secretariat.

Turpin, C., & Tomkins, A. (2007). British Government and the Constitution: Text, Cases and Materials (6th ed.). Cambridge: Cambridge University Press.

Pollitt, C., & Talbot, C. (2004). Unbundled Government: A Critical Analysis of the Global Trend to Agencies Quangos and Contractualisation. New York: Routledge.

Pollitt, C. (2006). Performance Management in Practice: A Comparative Study of Executive Agencies. Journal of Public Administration Research and Theory, 16(1), 25-44.

제 2 장 영국 정부의 인력자원관리

이 종 수 (연세대학교)

I. 영국 인사행정의 패러다임 변화

영국의 인사행정 발달은 세 단계를 거쳐 왔다. 1854년 Northcote-Trevyllian 보고서에 의한 민주성 혁명, 1968년 Fulton 보고서에 의한 전문성 혁명, 1979년 집권한 Thatcher 정부의 능률성 혁명이 그것이다.

1854년 보고서가 나왔을 때는 명목상 약 4만 명의 공무원이 고용되어 있었으나, 대부분은 자문 혹은 규제 관련 일을 담당하고 있었다. 보고서가 제안한 개혁에 대하여 초기 반응은 적대적이어서, 빅토리아 여왕조차도 전문화된 관료에게 국가운영을 맡긴다는 사실을 수용하지 않았다. 그러나 1855년 독립적인 중앙인사위원회가 설립되고, 1870년 공개경쟁에 의한 공무원 선발이 이루어지게 된다.

두 번째 영국 인사행정의 패러다임 변화는 1968년 마련되었다. 노동당의 Herald Wilson 내각은 공무원의 전문성 부족을 심각하게 인식하고, 서섹스 대학의 부총장이던 John Fulton에게 개혁과제를 연구케 하였다. 보고서는 1) 공무원 인사를 담당할 공무원처를 창설할 것, 2) 공무원처장이 공무원의 수장이 될 것, 3) 계급제를 폐지하고 전 부처에 공통되는 직위구조를 수립할 것, 4) 행정대학을 설립할 것 등이 주요 내용이었다.

세 번째 패러다임은 1979년 집권한 보수당의 대처 정부 출범 이후 나타났다. 공공부문의 규모를 축소하기 위해 민영화를 우선적으로 고려하고, 다음으로는 탈규제인데, 탈규제조차 어려운 기관에 대하여는 독립성을 제고하여 책임운영기관화 전략을 추진하였다. 민영화의 시책으로 말미암아 대처 정부와 존 메이저 내각을 거치는 동안 중앙정부 공무원이 732,000명에서(1979) 500,000명(1997)으로 감축되었다. 공무원의 관리에 있어서는 보수, 평가, 채용에서 각 부처에 자율성을 부여하고 성과관리 체제를 강화하였다. 이러한 인사개혁을 추진하는 주체는 Efficiency Unit과 FMI(1982)가 주도적 역할을 하였다. 약 3개월 동안 Efficiency Unit 담당자들은 다수의 공무원들을 심층면접하고, 그들이 필요로 하는 사항을 정리하였다. 150여 년 동안 많은 총리들이 위원회를 설치하도록 하였지만, 공무원들이 생각하는 바를 집대성한 사례는 처음이었다.

보수당의 대처 정부는 초기 개혁을 추진 한 뒤, Robin Ibbs 경에게 분석을 의뢰하여 다음 단계 개혁 프로그램인 〈Next Steps〉를 1988년 본격화하였다. 정부가 하는 일은 정책에 대한 조언과 자문, 집행기관이 있는데 집행기능이 다양한 조직으로 넘어간 상태에서 아예 정책기능과 집행기능을 분리하여 집행기능을 책임운영기관화 하게 하였다.[1] 1996년까지 125개 기관이 자율적인 책임운영기관으로 재편되었다. 6만 명 규모의 정부보조금 지원국을 비롯해 200명 미만의 정부차량관리소에 이르기까지 집행 성격을 띠는 업무들을 독자적인 자

1) 이들 조직들은 책임운영기관으로 불리기도 했고, 정책을 주도한 프로그램 이름을 따라 'Next Step' 기관으로 불리기도 하고, 때로는 단순히 agencies로 불리기도 하였다.

율기관으로 개편한 것이다. 1998년에는 영국 전체 공무원의 75%가 책임운영기관으로 소속될 만큼 기구개편이 대거 단행되었다.[2] 1996년 상위 1% 공무원들이 고위공무원단으로 전환되어, 성과에 따른 보수의 차등화가 이루어졌다.

<표 3-6> 영국 인사행정 패러다임 변화와 개혁의 초점

개혁의 주요 초점	Departments + Agencies + NDPBs			
지 향	민주성	전문성	효과성	공정성 다양성
시 기	1854	1968	1988	2000
계 기	Northcote-Trevyllian Report	Fulton Report	Ibbs Report	1997 노동당 2010 보수당 정권 정책의 혼합
기 타	영국 인사행정 체계의 바탕을 마련		대처 정부, 초기엔 능률성 추구했으나, 효과성으로 확대	2010년 David Cameron 내각 연정

2000년대 들어 노동당이 13년간 집권하고, 2010년 보수당의 캐매런 내각의 연정이 시작되면서 두 정권의 정책이 혼합되어 지속되고 있다. 노동당은 공정성과 다양성을 내걸고, 비정부부처인 공공기관(NDPBs: Non Departmental Public Body)의 인사관리에서 공정성을 확보하기 위해 노력하였다. 캐머런 내각은 'Big Society Plan'을 변화의 구호로 내걸고 정부가 독점하던 서비스를 사회로 이

2) 책임운영기관으로의 전환보다 과격한 수단은 민영화였다. 민영화 추이는 〈표 3-7〉에서 공무원 규모가 감축되는 추이와 비례하는 것으로 파악할 수 있다. 민영화의 성공적 사례는 운전면허시험장처럼 대기시간이 줄어드는 경우였고, 가장 실패한 사례는 교도소와 여권관리소, 어린이지원국 등이었다.

양하면서 다양성을 더욱 확대하고 있다.

영국 공무원 인사행정을 이해하기 위해 여기서는 관리체계, 선발방식, 역량개발, 최근의 쟁점을 중심으로 정리해보기로 하겠다. 관리체계와 선발방식 및 역량개발은 인사행정의 개혁을 설명하는 데 핵심적 요소일 뿐 아니라, 1990년대 이후 신자유주의적 변화를 선도해 온 영국의 정부개혁을 보는 기준점이 될 수 있다. 기본적으로 영국 정부의 백서, 통계자료, 정책보고서를 활용하기로 하고, 이를 보완하기 위해 학술 논문들을 활용하기로 한다.

II. 영국 정부 공무원의 인사행정 체계와 선발방식 개편

1 정부인력 규모의 변화

먼저, 영국 정부의 공무원 인력규모의 변화를 살펴보기로 하자.[3] 영국의 공무원 수는 최근까지 지속적으로 감소하여 왔다. 제2차 대전 기간을 제외하고, 1977년 이후 계속 감축되어 온 것이다. 1944년 영국 역사상 가장 많은 1,160,000명을 기록하였고, 1999년에는 제2차 대전 이후 가장 적은 478,000명을 기록하였다. 현재 498,000명의 전일제 공무원이 근무하고 있고, 전체 사람 수 기준으로 치면 532,000명의 중앙정부 공무원이 존재한다.

3) 전통적인 군주국가 시절에는 지배자의 비서, 법원의 관리가 대부분이었다가 18세기 영국 식민지가 확대되면서 노동사무소, 해군사무실의 인원이 대폭 확대되었다. 이것이 초기 영국 공무원의 모습이었다.

<표 3-7> 영국 인사행정의 패러다임 변화와 개혁의 초점

연 도	공무원 수
1918	221,000
1939	347,000
1944	1,160,000
1945	1,100,000
1977	746,000
1997	495,000
1999	478,000
2005	536,000
2009	498,000

자료: Cabinet Office(2010).

2 인사관리 체계

영국의 공무원 인사관리는 〈중앙인사위원회〉와 〈내각사무처〉에 의해 이루어지고 있다. 중앙인사위원회는 1855년 설치된 이후 현재까지 존속하고 있으며, 현재 13명의 위원이 활동하고 있다. 위원은 국왕에 의해 임명되며, 공무원 신분이 아니다. 위원회는 특히 공정하고 경쟁, 개방적인 채용을 감시하고, 기본 정책을 결정한다. 상위 공무원 임명을 승인하며, 일부 소청 청취 기능을 수행한다. 소청의 경우 부처 내의 정상적 소청과정에 의해 해결되지 않은 일부 소청업무에 한한다.

내각사무처는 1981년부터 공무원 인사행정 업무를 담당하여 왔다. 1981년 말 Civil Service Department를 폐지하고, 인사관리 업무를 내각사무처의 공무원인사국으로 이관하였다. 내각사무처 안에서 인사행정 업무는 다시 1987년 Office of the Minister for the Civil Servants로, 그리고 이후에는 Office of Public Service로 이관되었다. 현재는 내각사무처 Efficiency & Reform

Group과 여기에 소속된 Capability Review Team이 인사행정 전반을 담당하고 있다.

중앙인사위원회와 내각사무처를 제도적인 축으로 하고, CSSB나 차관협의회 등의 메커니즘[4]을 통해 인사행정 업무를 수행한다. 영국 공무원의 채용과 승진, 교육 등에 대한 일상적 업무는 기본적으로 각 부처의 소관이고 이들 기구들은 정책과 프로그램의 변화 등을 선도하는 셈이다. 〈표 3-8〉는 영국 공무원 인사행정의 최근 변화과정을 요약하여 정리한 것이다.

<표 3-8> 1980년대 이후 영국 인사행정의 변화일지

1982년 9월 Financial Management Initiative 출범
1984년 12월 성과급제 도입
1988년 2월 Improving Management in Government: The Next Steps 발표
1988년 책임운영기관 제도 도입
1992년 시민헌장 관리 위한 기구 설치(Office of Public Service and Science)
1996년 공무원헌장(Civil Service Code) 처음으로 도입.
1996년 상위 1% 공무원 고위공무원단으로 편입
1998년 People's Panel 구성하여 중앙정부 서비스 개선 추진
1999년 Modernising Government 시책 도입, 7개 차원 혁신 추진
1999년 지방정부에 대하여는 지방정부법에 의해 Best Value 정책 도입
2006년 공무원헌장 개정
2007년 Civil Service Steering Board(CSSB) 설치(성과 및 평판개선 담당)
2011년 Equality Duty 발효. 연령, 성적 선호, 종교와 사상의 다양성 존중

4) 영국에서 공무원은 국왕의 통치수단의 일부로 간주되기 때문에, 공무원에 대한 규정이 의회의 입법에 의해 만들어지는 것이 아니라 국왕 자문기관인 추밀원(Privy Council)의 영으로 정해지고 있다. 이는 공무원의 정치화를 방지하기 위한 것으로, 공무원은 의회가 아니라 국왕의 피고용자라는 사실을 명백히 하고 있다. 영국 정부의 civil servant 개념 규정에는 지방공무원이 제외되어 있다.

3 직급체계

공무원 인사체계는 사회적 수요와 복잡성, 다양성[5]에 능률적으로 대응하고자 개선되어 왔다. 전통적으로 영국의 공무원 체계는 12단계를 유지하여 왔는데, 이를 5단계로 단순화시켜 운영하고 있다. 그림과 같이 종전의 Grade 1부터 Grade 5까지를 고위공무원단(SCS)로 전환하고, Grade 6와 Grade 7을 Pay Band A, SEO(Senior Executive Officer)와 HEO(Higher Executive Officer), EO (Executive Officer)를 Pay Band B로 전환하였다. Pay Band B는 한국의 행정고시에 해당하는 Fast Stream으로 불린다. AO(Administrative Officer)는 Pay Band C2, AA(Administrative Assistant)는 Pay Band C1이라는 보수등급으로

<그림 3-5> 영국 공무원의 직급체계 개편

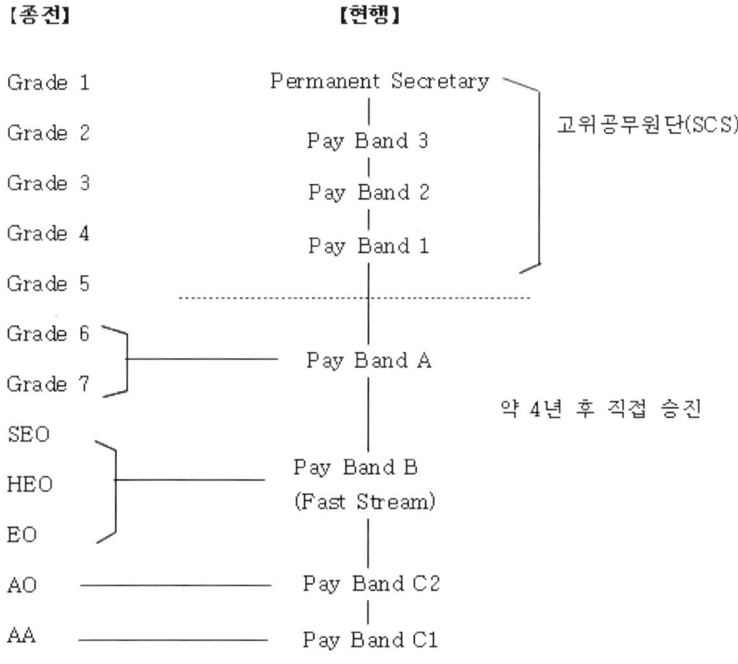

5) http://www.civilservice.gov.uk

대치되었다. 이들의 급여는 종전에 계급별로 일률적으로 정하여졌으나, 부처별로 직무의 내용과 난이도를 평가하는 직무평가(JESP) 값에 따라 결정된다. Deputy Director(Grade 5 level) 이상 공무원은 고위공무원단으로 편입되어 있고, 5급 아래의 공무원에 대하여는 정부 가이드라인에 따라 부처가 자율적으로 보수와 근무여건을 정할 수 있다. 정부 전체적으로 보수와 평가 가이드라인이 별도로 제시되어 있다.

〈표 3-9〉은 영국 고위공무원단의 직책과 보수등급을 요약한 자료이고, 〈표 3-10〉는 고위공무원단(SCS)의 보수표다. 직급별 최소액과 최대액이 정해져 있고, 이 사이에서 보수는 정해진다.

<표 3-9> 영국 공무원의 직책과 보수등급

직 책	보수등급
Permanent Secretary, Cabinet Secretary	Permanent Secretary
Director General	SCS Pay Band 3
Director	SCS Pay Band 2
Deputy Director	SCS Pay Band 1

<표 3-10> 고위공무원단(SCS)의 보수표

보수 등급	최 소	최 대
Perm. Sec.	£141,836	£277,349
SCS3	£101,500	£208,100
SCS2	£82,900	£162,500
SCS1A	£67,600	£128,900
SCS1	£58,200	£117,800

자료: www.cabinetoffice.gov.uk/about-cabinet-office

4 일반 공무원의 채용과 Fast Stream의 선발

영국의 일반적 공무원을 채용하는 단계는 4단계다. 1단계 지원으로, 채용부처에서 지원서를 교부하며 대부분 온라인을 활용한다. 2단계는 표준화된 시험으로, 채용 전 컴퓨터화 된 객관식 시험인데 지원자의 80%가 이 시험에서 탈락한다. 논리, 환경, 수치 등에 대한 문제가 객관식으로 출제된다.[6] 3단계는 평가센터 평가로, 2일간 평가센터에서 발표, 역할극, 집단토론 등 직무 관련 사항을 평가한다. 4단계는 패널 인터뷰로, 복수의 심사자들로부터 행태, 지식 차원 질문 응답 형식으로 진행된다.

그런데, 영국의 공무원 체계에서 특히 주목할 필요가 있는 부분은 한국의 행정고시에 해당하는 속성 승진군(Fast Stream)의 선발이다. 이들의 선발은 중앙정부, 의회, 유럽연합, 과학 및 공학, 외교 등 다섯 개 분야로 구분하여 진행된다. 고위직 공무원에 타당한 인재를 선발하기 위하여 크게 세 단계의 선발절차를 부과하고 있다. 실제 지원자는 2003년 최대치를 기록하였고, 2009년에는 14,910여 명이 지원하였다. 14,910명 가운데 선발은 630명을 하였다. 지원자가 늘어나는 것은 경제 불황의 영향으로 평가되는데, 자기평가 방식으로 실제 지원자를 가려낸 결과를 보면 실지원자는 약간 증가한 것으로 보인다.

<표 3-11> 영국 정부의 Fast Stream 지원자가 평가받는 차원

영 역	차 원
업무기술	• 서비스전달 기술, 결과에 대한 추진력
	• 학습과 개선
지적능력	• 의사결정을 위한 인지능력
	• 사고력
대인관계	• 생산적 관계구축을 위한 대인관계 기술
	• 효과적인 컴뮤니케이션

6) 시험 샘플 CivilServicePrep/SampleTests.

— **제1단계** —

1) Fast Stream 웹사이트에 등록

2) 온라인 자기평가[7]: 온라인 지원서 작성 전에 자기평가 실시. 적정한 자격을 갖추었는지 객관적으로 자기 평가하도록 유도. 공직의 다양한 상황에서의 선택, 언어와 숫자적 추론을 평가하도록 하여 컴퓨터가 자동채점, 지원의 적합성 여부 조언. 하위 50% 탈락(적성검사라 불림).

3) 지원과 온라인 시험

4) 감독입회의 시험: 지역의 컴퓨터 시험센터에서 실시. 온라인상으로 친 언어와 수리추론 확인, 실제업무를 재현한 서류함(e-Tray)기법을 컴퓨터로 1시간 진행. 첫 15분은 모의상황을 읽고, 나머지 45분간 약 25개의 이메일에 응답하되 문항별로 4지선다 형식으로 가장 적합한 대응방식 고르도록 함. 다음 1시간은 상관의 2가지 질문에 답변하는 형식으로 하여 회의를 위한 자료준비 내용임. 상위 1,000명을 선발하여 평가센터 시험토록 함.[8]

— **제2단계** —

5) 속성승진군 평가센터 평가

첫날: 서류 시험, 보고서 작성, 집단토의, 성과에 대한 자기진단,[9] 시나리오를 분석하여 대안을 제시하는 브리핑 실습,[10] 일반 및 역량면접.

(1) 집단토의: 30분 준비 후 집단토의. 특정 부처의 대표로 가상 쟁점에 대한 서류를 제공받아 자신의 부처 시각을 45분간 대표. 최선의 대안을 선택도록 하고, 최종 10분은 평가자들이 소속부처의 장관에게 문제와 해결책을 설명하는 형식 요구.

---

7) 이는 2004년 도입되었는데, 비현실적인 지원자를 가려내기 위한 방법으로 사용되고 있다.

8) http://www.whatwilltheyask.co.uk/Civil-service/civilservice

9) 각 평가단계에서 느꼈던 점들에 대하여 스스로 느낀 점을 설문지 형식으로 묻는데, 주로 자기개발의 필요성을 어떻게 받아들이고 있는가에 관한 것이다. 솔직히 스스로의 단점을 기술하는 것도 필요하다. 이 역시 평가의 대상이다.

10) 어떤 문제에 대한 세 가지의 가상적 대안이 지원자에게 주어진다. 각 대안에 대하여는 매우 제한된 정보와 기준들만이 설명되어 있는데, 지원자는 하나의 대안을 택하여 10분 정도 준비한 후 25분간 브리핑을 하고 질문을 받게 된다.

(2) 필기시험: 두 가지 필기시험이 부과되는데, 하나는 30분간 특정 상황에 대해 판단하고 평가토록 요구하는 시험이고, 다른 하나는 1시간 30분 동안 각종 서류와 통계 제시하고 주어진 목적을 해결하는 대안 개발토록 함.

(3) 점심

(4) 인터뷰: 45-60분 동안 일반 주제에 대한 면접[11]

<그림 3-6> Fast Stream 지원자의 변화, 1998-2009

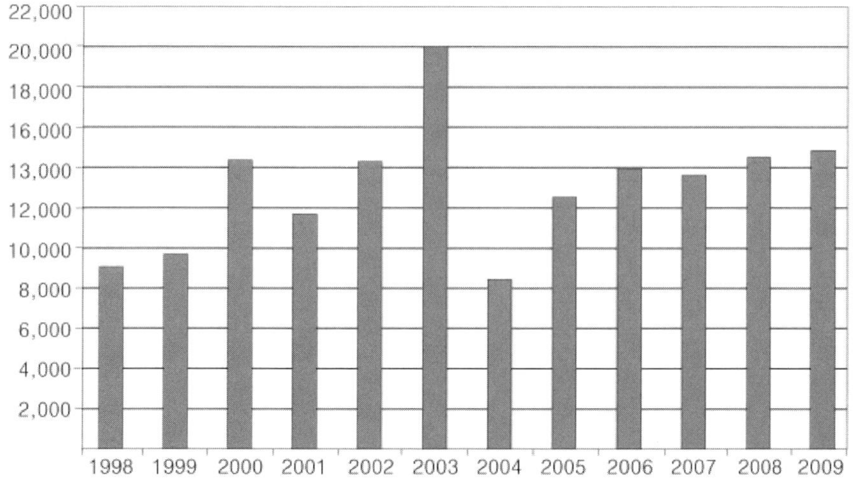

22,000
20,000
18,000
16,000
13,000
12,000
10,000
8,000
6,000
4,000
2,000

1998 1999 2000 2001 2002 2003 2004 2005 2006 2007 2008 2009

자료: The 2009 Fast Stream Annual Report.

11) 예를 들면, '귀하는 언제 중압감을 느끼며 일한 적이 있는가', '그 중압감을 어떻게 극복했는가', '스스로를 어떻게 동기부여 시키는가' 같은 질문을 던진다.

 III. 관리 및 역량개발 단계의 쟁점과 변화추이

1 역량개발

공무원의 역량개선을 위해 내각사무처에 Capability Review Team을 운영하고, 역량개발을 위한 역량모델을 정립하였다. 역량은 리더십, 전략, 서비스 전달로 구성된다. 다시 리더십은 방향의 설정, 열정과 추진력, 책임감, 능력개발로 이루어지고 전략은 공동의 목표설정, 현실에 기반을 둔 기본선택, 결과에 대한 집중으로 이루어진다. 서비스 전달은 성과관리, 명백한 역할과 책임 및 서비스전달 모델의 개발, 계획과 자원 및 우선순위 결정으로 이루어진다.

공무원은 상관에게 보고하고 국민에게 서비스 전달의 책임을 지기 위해 다양한 정보를 분석하고 정책을 개발하며 서비스를 전달하는 역량을 보유하여야 한다. 이를 위해서는 훌륭한 의사소통 기술, 팀워크, 의사결정, 리더십 같은 요소를 보유하여야 한다. 영국 정부는 이를 명백히 하기 위해 역량모델을 개발하였다. 역량모델은 학습, 성과평가, 직무분석 등에 사용된다.

먼저, 영국 정부는 역량개발 모델을 새롭게 정립하였다. 모델을 설정하는 이유는 공공서비스의 수준을 직접적으로 개선하고, 시민과 장관들에게 각 부처가 발전전략을 보유하고 있다는 사실을 확신시키고, 장기적 발전계획을 바탕으로 각 부처가 행동하도록 유도하기 위한 것이다.

새로운 역량모델에 입각하여 부처와 개인에 대해 4점 척도로 평가하도록 되어 있다. 새 모델의 특징은 역량을 성과 및 결과와 더욱 밀접하게 연계시켰다는 점이다(Cabinet Office, 2009: 5). 역량 그 자체는 목적이 아니라, 하나의 수단일 뿐이기 때문이다. 이와 함께, '전달'의 측면에 초점을 둔다. 전달이 모델에서 차지하는 비중을 늘리고, 구성요소를 3개로 확대하였다. 정부부처로 하여금 서비스 전달의 혁신을 하도록 유도하는 데 비중을 두고 있다. 협력에 대한 강조도 특징이다. 부처 간, 부처-주민 간, 부처-이해당사자 간 협력을 통해 혁신을 추진하고, 서비스를 전달하는 측면에 강조점이 주어졌다. 마지막은 투자비 대비 비용편익을 강조하고 있다는 점이다. 이는 전통적인 역량모델과 유사하다.

<그림 3-7> 새롭게 설정된 영국 공무원의 역량모델

자료: Cabinet Office(2009), p. 7.

2 다양성의 촉진과 관리 전략

다양성을 존중하는 것이 사회의 수요에 대한 대응성을 높이는 지름길이라는 인식이 증가하고 있다. 영국 정부는 최대한 공무원의 다양성을 존중하고, 활용하는 방향으로 정책을 추진하고 있다. 공직의 다양성을 확보하는 책임은 내각사무처가 보유하고 있다.

공무원 인사행정에서 다양성을 강조하는 이유는 모든 사람에게 공평한 기회를 주기 위한 것이다. 다양성 의제는 곧 평등의 의제라는 인식이다. 사회의 대표성을 확보하고, 유능한 인력을 유인하기 위해 필요한 요소이다(Cabinet Office, 2008). 다양성에 대한 접근 차원을 영국 정부는 네 가지로 확인하고 있다(Cabinet Office, 2008).

- 행태와 문화혁신: 포용적 문화와 직무에 대한 몰입
- 리더십과 책임성: 투명한 리더십
- 재능의 개발: 다양한 각 개인이 최선의 역량 발휘
- 대표성: 여성, 소수민족 출신, 장애인 2020년까지 개선 계획 수립

이러한 요소들을 보호하기 위해, 영국 정부는 평등에 대한 의무법을 추진하고 있다. 2008년 7월 영국 정부가 계획을 발표하여, 2009년 4월 정부가 법안을 발표하고, 2010년 4월 국왕의 재가를 얻었으며, 2010년 10월 일부가 발효될 예정이다. 2011년 4월 잉글랜드와 스코틀랜드에서 전면적으로 발효될 이 법안에는 평등의 의무를 7가지 요소에 적용할 예정이다. 1) 인종, 2) 성, 3) 성적 정체성, 4) 장애인, 5) 연령, 6) 종교나 신앙, 7) 성적 선호가 그것이다. 이 법에 따라, 7개 항목에 대한 평등을 확보하기 위하여 공공기관은 의무사항을 준수하여야 한다. 선발방식, 근무조건, 승진기회, 교육훈련, 전보, 기타 후생복지에서 차별받지 않도록 하는 것이다.

다양성을 보호하기 위해 첫째는, 차별을 금지한다. 법으로 정해진 것 외에는 선발방식, 근무조건, 승진기회, 교육훈련, 전보, 기타 후생복지에서 차별받지 않도록 한다. 둘째는, 공공조직 내에서 사상과 종교에 대한 보호 원칙이다. 셋째는, 희롱 금지 원칙이다.

현실적으로 영국 공무원 인사행정에 반영된 다양성 관련 지표들을 보면 아래와 같다. 고위공무원단으로 승진하게 되는 Fast Sream 합격자의 경우 소

수인종 비율이 2008년 9.3%에서 2009년 10.7%로 증가하였다. 장애인의 비율 역시 2008년 12.6%에서 2009년 14.6%로 크게 증가하였다. 여성의 지원율은 2009년 43.5%를 차지하고, 합격자 중에서는 42.8%를 점유하고 있다.

1) 성 별

<그림 3-8> Fast Stream(고시) 남녀 합격자 비율

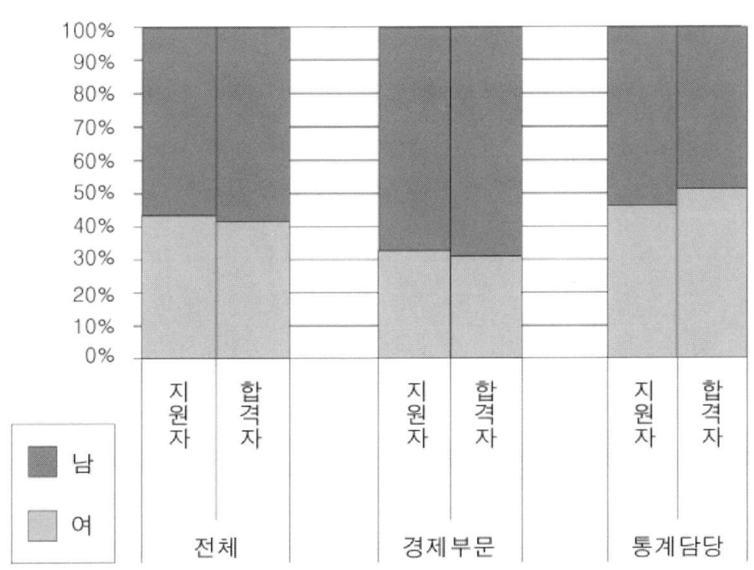

2) 인 종

1976년 제정된 〈인종관계평등법〉은 정부로 하여금 각 인종별 지원과 합격 상황을 모니터하고 그 결과를 출판하도록 법적으로 요구하고 있다. 장차 고위 공무원단으로 성장해 갈 Fast Stream의 경우 소수집단 지원자 비율이 2008년 14.9%였는데, 2009년에는 18.3%로 증가하였다. 합격자 가운데서는 소수집단

<그림 3-9> Fast Stream(고시) 인종별 합격자 비율

All Fast Stream Schemes(excluding In-Service Fast Stream Competition)

	Applications		Recommended for Appointment	
	Number	Percentage	Number	Percentage
영국 출신 백인	11,020	73.9%	500	79.4%
아일랜드 출신 백인	220	1.5%	20	3.2%
기타 백인	690	4.6%	30	4.8%
아시아 - 방글라데시	170	1.1%	-	-
아시아 - 인도	700	4.7%	40	6.3%
아시아 - 파키스탄	300	2.0%	-	-
기타 아시안	170	1.1%	-	-
아프리카 출신 흑인	450	3.0%	-	-
카리비안 흑인	90	0.6%	-	-
기타 흑인	30	0.2%	0	0.0%
중국 출신	190	1.3%	10	1.6%
혼혈 - 아시안과 백인	220	1.5%	10	1.6%
혼혈 - 아프리카 흑인과 백인	50	0.3%	-	-
혼혈 - 카리비안 흑인과 백인	60	0.4%	-	-
기타 혼혈	180	1.2%	10	1.6%
기타	110	0.7%	-	-
언급 회피	260	1.7%	10	1.6%
합계	14,910	100%	630	100.0%

출신자 비율이 2008년 9.3%였고, 2009년에는 10.7%로 향상되었다. 전체적으로 백인 지원자는 4.6%가 합격하는데 비해, 소수인종 출신자는 지원자 가운데 2.5%가 합격하는 수준이다.

3) 장애인

1995년 제정된 〈장애인 차별금지법〉은 스스로를 장애인으로 인식하는 것을 중요한 요소로 규정하고 있다. 속성승진군의 경우 장애인으로 스스로 인식하는 지원자 비율은 2009년 4.7%로 전년도 5.1%에 비해 약간 감소하였다. 합격자 가운데 비율은 2009년 14.6%로, 2008년 12.6%에 비해 향상되었다. 전체적으로 장애인 지원자 가운데서는 13.2%가 합격을 하는데, 비장애인 지원자 가운데 합격하는 비율 3.8%에 비해 대단히 높은 수준이다.

<그림 3-10> 장애인의 속성승진군 지원과 합격비율

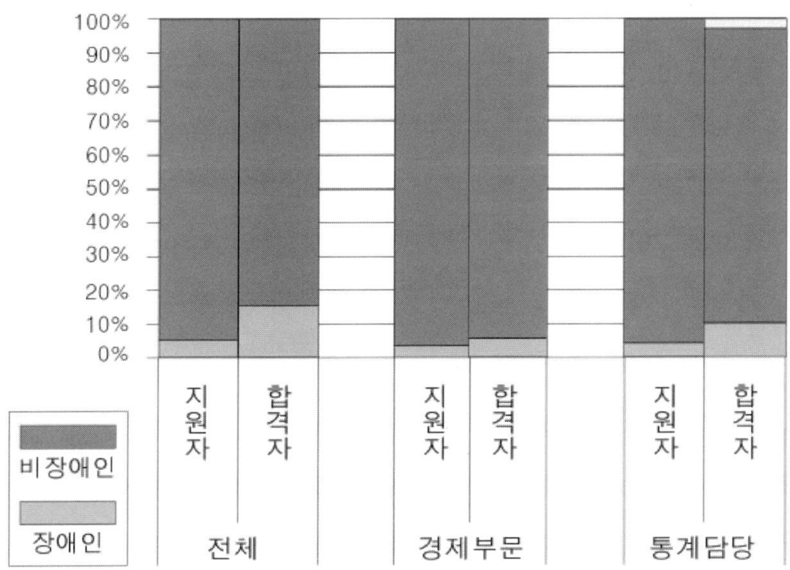

4) 연령, 학력

지원자는 기본적으로 연령을 표시하도록 요구받지 않는데, 연령을 공개한 지원자의 평균연령은 25.1세이고, 합격자의 평균연령은 24.9세이다. 2009년 공개한 지원자 중 최고령 합격자는 1960년생이다. 지원자들은 2009년의 경우 영국 내 120개 학위수여 기관 출신이며, 합격자는 모두 50개 학위수여 기관 출신자들이다. 옥스포드와 캠브리지대 출신 지원자는 2008년 12.3%였으나, 2009년 11.1%로 약간 감소하였다. 합격자 중 두 대학 출신자는 2008년 29.1%였고, 2009년 26.2%였다. 지원자의 56%가 인문사회 계열 전공자들이다.

3 투명성에 대한 강조

1997년 노동당의 집권 이래 2009년까지 공직의 투명성에 대하여 다시 강조점이 주어졌다. 총리는 모든 장관들로 하여금 투명성에 대한 소속 부처의 기준을 새롭게 정립하라고 지시하고, 내각사무처는 연봉 15만 파운드 이상의 보수를 받는 모든 고위공무원단 소속 공무원 명단을 공개하여, 대국민 투명성을 높였다. 연간 5만 8,200파운드 이상을 받는 자문위원들의 명단도 모두 공개되었다.

공무원들에게 유연한 근무형태는 점점 일상적인 요소가 되고 있다. 예컨대, 파트타임으로 근무하는 공무원의 비율이 1997년 10%에서 2009년 20%로 증가하였다(ONS, 2009). 공무원 신분이되, 파트타임으로 근무하는 비율인 셈이다. 영국은 공무원의 분류를 정규직-임시직,[12] 전업직-시간직[13](part-time), 사무직-현업직[14]으로 구분하는 단순한 분류체계를 보유하고, 유연성을 최대한 제고하려 노력하고 있다. 공직의 유연성을 위해 서비스의 온라인화에 관심을 집중하고 있다. 인터넷 기업가 출신인 Martha Lane Fox가 능률성위원회 위원으로 임명되어 온라인화를 독려하고 있다.

1989년 대처 정부의 주도하 에 추진해 온 능률성에 대한 개선노력 역시 멈춘 것은 아니다. 이를 바탕으로 다양성과 유연성에 대한 시도를 덧붙이고 있는 셈이다. 능률성의 향상을 위해서는 Efficiency Board를 설치하고 있는데, 이는 내각사무처장관과 재무1차관이 공동위원장으로 이끌고 있다. 이의 감독을 받는 능률성 개선을 위한 조직을 Efficiency and Reform Group(ERG)이 있다. 두 조직은 정부조직의 부처 간 협력을 증진하고, 낭비요인을 제거하며,

12) 임시직 공무원은 일시적인 행정수요에 대응하기 위해 통상 1년 이내의 단기간 동안 근무를 전제로 고용된 공무원을 지칭한다.

13) 시간직 공무원은 정규 근무시간보다(보통 주 36시간) 적게 근무하는 공무원들로, 정규직과 임시직 모두에게 적용된다.

14) 현업직 공무원은 사업소, 공장 등 현업기관에 근무하는 공무원으로 숫자는 미미하다. 특히 국방부 소속이 많은 편이다.

책임성을 향상시키는 개혁을 주도한다.

Gordon Brown은 전 총리는 2009년 12월 Plan for Reforming Ggovern-ment를 선언하고, 고위공무원단의 보수를 20%까지 삭감하겠다는 계획을 발표하였다. 연간 6억 5천만 파운드를 절감하겠다는 내용이다. 123개의 산하기관을 통폐합함으로써 연간 5억 파운드를 절감하겠다는 내용도 포함되었다.

4 공공기관장 인사의 공정성 제고 정책

1) 공공기관장 인사의 중요성에 대한 인식

정부 부처의 공무원에 대한 개혁이 집요하게 진행되는 과정에서 소홀하게 다루어 온 것이 공공기관의 인사였다. 영국 정부는 이를 인식하고, 공공기관장의 인사에 대하여 공공성을 극대화하기 위한 전략을 도입하고 있다. 영국에서 공공기관의 범위는 (1) 집행적 업무를 수행하는 비정부부처 기관, (2) 자문형 비정부부처 기관, (3) 공사, (4) 국영기업(현재는 하나의 국영기업밖에 남아 있지 않음), (5) 서비스 사용 규제기관(Utility Regulators), (6) 국가의료기관(NHS)이다.

'준 정부' 라는 의미는 정부가 만들었지만 일정수준은 정부로부터 독립되어 있고 일정 수준은 관계를 갖고 있는 상태에서 민간조직처럼 작동하는 조직을 지칭한다(Greenwood *et al.*, 2002: 2). QUANGOS는 많은 사람을 공직에 임명할 수 있는 자리를 제공하고 있다. 대략 3만 명 이상이 공공기관 이사회 임원으로 일하고 있는 실정이다.[15]

지방정부 수준에서 QUANGOS가 가장 폭발적으로 증가한 것은 대처와 메이저 정부 기간 동안이었다. 선출직위를 대거 감축하면서, 그 직위들이 대거 임명직 QUANGOS로 전환되었기 때문이다. 1997년 새롭게 집권한 노동당 정

15) 이 가운데 여성은 33%, 소수민족 출신은 4.4%이다.

부는 지방정부 차원에 존재하는 공공기관 역시 공공기관의 범주로 포함을 시켰다. 2000년 영국 정부에 의해 확인된 지방 공공기관의 규모는 표와 같다.

<표 3-12> 지방수준의 공공기관 종류와 수

지방수준의 공공기관	수
고등교육기관	166
평생학습 기관	511
교육훈련 및 기업 운영기구	72
지방정부가 설립한 기업	22
등록된 주택연합	295
등록된 전세업자 연합	2,166
총 계	3,232

2) 공공기관 인사의 공정성을 위한 제도적 장치

공공기관의 장과 이사진에 대한 임명은 각각의 독립적인 선발위원회에서 담당한다. 각각의 독립적인 선발위원회를 감시하고, 공정하게 작동되도록 유도하는 독립적 장치로서 Office of the Commissioner for Public Appointments (OCPA)가 존재한다. OCPA는 1995년 Nolan Report의 영향으로 설립되었다.

이 기관은 1,123개의 공공기관의 기관장과 이사회 이사의 임명을 감시. 모든 공공기관의 관리팀에 대한 임명을 공정하고, 경쟁적으로 이루어지도록 감시하는 역할을 수행한다. 2006-2007 회계연도 기간 동안 3,862명에 대한 신규임용 및 재임명이 이루어졌다. 이 가운데 2,060명은 신규 임명에 해당하고, 1,802명은 재임명에 해당한다. 2005-2006년 기간 동안에는 2,907명의 임용이 이루어졌는데, 이 가운데 1,521명이 신규임명이고 1,386명이 재임명에 해당하였다.

3) OCPA의 '독립적 평가자' 육성과 선발위원회의 파견

OCPA는 70명의 독립적인 평가자를 뽑아서, 철저히 교육을 시킨 후 각각의 공공기관 선발위원회 위원으로 1인씩 참여케 한다. 이들이 선발위원회가 자의적, 형식적으로 결정하지 못하도록 감시하고 호루라기를 부는 역할을 수행하게 된다. 모든 공공기관 선발위원회에 필요한 교육훈련을 거치고 공공성으로 무장한 전문가가 1명씩 파견되는 것이다. 이들의 성향은 철저히 전문성과 공공성으로 이루어져 있다. 독립적 평가자들은 스스로 강력한 동기와 지식, 의지를 보유한 사람들인데다 공공인선감독관실에 의해 인선과정과 관련된 교육훈련을 받았기 때문에 매우 효과적이고 충실하게 인선과정을 감독한다.

공공인선감독관실은 약 70명의 투입 가능한 '독립적 평가자' 집단을 보유하고 있는데, 이들의 면면은 주도 인력자원관리(HR) 전문가나 인사업무에 전반적 지식을 보유한 사람들이 대부분이다. 선발절차 전반에 관하여 정통하도록 교육훈련을 받은 후 감독업무를 수행하게 되며, 1일 수당은 168 파운드(약 30만 원)이다. 지난 12개월 동안 해당 부처에서 근무한 경험이 있는 사람은 독립적 평가자로서 해당 부처에 파견될 수 없다.

4) OCPA의 역할

전체적으로 11,261명의 임명을 감시하고, 공정한 임명을 유도하며, 발전을 기획한다. 위원회의 역할은 (1) 규제, (2) 모니터, (3) 보고로 나누어진다. OCPA의 운영 원칙은 7가지로 정립되어 있다.

(1) 부처 책임의 원칙

(2) 실적주의

(3) 독립적 감찰

(4) 기회균등의 원칙

(5) 청렴성

(6) 개방성과 투명성

(7) 대표성의 존중

IV. 맺음말

본 글에서는 영국의 공무원 인사행정 패러다임 변화와 관리체계, 그리고 역량개발과 다양성 촉진 및 공공기관장 인사의 공공성 제고를 살펴보았다. 몇 가지 한국의 인사행정에 중요한 시사점을 보여준다.

첫째, 중앙인사위원회의 기능과 역할이다. 영국의 중앙인사위원회는 1855년 설치된 이후 현재까지 존속하고 있으며, 현재 13명의 위원이 활동하고 있다. 위원은 국왕에 의해 임명되며, 공무원 신분이 아니다. 위원회는 특히 공정하고 경쟁, 개방적인 채용을 감시하고, 기본 정책을 결정한다. 상위 공무원 임명을 승인하며, 일부 소청 청취 기능을 수행한다. 소청의 경우 부처 내의 정상적 소청과정에 의해 해결되지 않은 일부 소청업무에 한한다.

중앙인사위원회는 인사행정의 공정성, 공공성, 중립성을 유지하는 데 결정적인 기여를 하고 있다. 2010년 영국의 총선에서도 'Constitutional Reform and Governance Act 2010'가 중앙인사위원회의 유지를 가장 먼저 확인한 바 있다. 최근 외교통상부를 비롯한 특채의 공정성 문제가 불거진 상황에서, 중앙인사위원회를 단기간 설치한 후 폐지한 우리나라의 문제를 반추해 볼 필요가 있다.

둘째, 정부 인사행정에서 다양성을 존중하고 확대하기 위한 정책을 도입하는 점이다. 정부 인사행정에서 다양성 다양성을 강조하는 이유는 모든 사람에게 공평한 기회를 주기 위한 것이다. 다양성 의제는 곧 평등의 의제라는 인식이다. 사회의 대표성을 확보하고, 유능한 인력을 유인하기 위해 필요한 요소이다. 우리나라에 있어서도 다양성의 제고를 위해 공직을 더욱 개방하고, 성이나 연령, 인종에 입각한 차별을 엄격히 금지하도록 해야 할 것이다.

셋째, 인사행정의 개혁을 지속적으로 추진하는 측면이다. 1979년 이후 정권의 변화에도 불구하고 지속적으로 능률성 개혁, 서비스 개선, 국민적 요구의 수용을 위한 메커니즘과 시책들이 발전적으로 진화하고 있다. 인사행정 및 인사행정 혁신업무의 지속성에 대한 교훈을 주고 있다.

넷째, 공공기관장의 인사에 있어 공공성을 극대화하기 위한 노력이 시사점을 준다. OCPA를 설치하여 70명의 독립적인 평가자를 뽑고, 이들을 교육시킨 후 각각의 공공기관 선발위원회 위원으로 1인씩 참여케 하는 방식이다. 이들이 선발위원회가 자의적, 형식적으로 결정하지 못하도록 감시하고 호루라기를 부는 역할을 수행하게 된다. 모든 공공기관 선발위원회에 필요한 교육훈련을 거치고 공공성으로 무장하도록 되어 있다. 한국의 공공기관장 인사의 개선을 위해 참고할 만한 가치가 크다.

참고문헌

서필언. (2005). 영국행정개혁론, 서울: 대영문화사.

이종수. (2006). 정부혁신과 인사행정, 서울: 다산출판사.

Basu, Rumki. (2004). Public Administration, Sterling Publishers.

Cabinet Office. (2007). The Civil Service Year Book.

Cabinet Office. (2008). Promoting Equality, Valuing Deversity: A Strategy of the Civil Service.

Cabinet Office. (2009). Capability Reviews: Refreshing the Model of Capability.

Cabinet Office. (2010). Civil Service Fast Stream Recruitment 2009, May 2010.

Dorey, Pete. (2008). The Labour Party and constitutional reform, Basingstoke: Palgrave Macmillan.

Drewry, Gavin and Tony Butcher. (1991). The civil service today, Oxford: Blackwell.

Fast Stream Annual Report, 2009.

Foster, Christopher. (2005). British Government in Crisis, Hart 2005.

Goetz, Anne Marie. (2009). Governing women, New York: Routledge.

House of Commons Public Administration Committee. (2002). These Unfortunate Events: Lessons of Recent Events at the Former DTLR, HMSO.

House of Commons. (2007). Civil service management reform: the next steps, The government reply to the eighth report from the Treasury and Civil Service Committee, session 1987-88, HC 494-I.

House of Commons. (2007). Treasury and Civil Service Committee Sub-Committee.

IPPR and PWC. (2009). The challenge of giving power away in a centralised political culture.

Kenny, Michael and Guy Lodge. (2010). The English Question: The View from Westminster, Institute for Public Policy Research.

Levy, Brain. (2007). Governance reform, Washington, DC, World Bank.

Marsh, D., Richards, D. and Smith, M.J. (2004). Understanding and explaining civil service reform: A reply to Dowding and James. British Journal of Political Science, 34 (1). pp. 189-192.

Marsh, David. (2001). Changing patterns of governance in the United Kingdom, Basingstoke : Palgrave.

National Audit Office. (2009). Innovation across central government.

Nigro, Felix A. and Lloyd G. Nigro. (2006). The New Public Personnel Administration, Wadsworth Publishing Co.

ONS. (2009). Civil Service Statistics.

Peele, Gillian. (2004). Governing the UK: British politics in the 21st century, Oxford: Blackwell.

Richards, David. (2008). New Labour and the civil service: reconstituting the Westminster model, Basingstoke : Palgrave Macmillan.

Whitfield, Dexter. (2006). New Labour's attack on public services, Nottingham: Spokesman.

http://www.direct.gov.uk/en/Dl1/Directories/DG_10012309

http://www.nao.org.uk/publications/0809/innovation_across_government.aspx

제 3 장 영국 정부의 재정 및 예산시스템

이 정 희 (한국행정연구원)

Ⅰ. 서 론

영국 행정부는 지속적으로 행정개혁을 추진해왔다. 특히 재정시스템의 개혁이 두드러져 1980년대 대처 행정부가 재무관리개혁(Financial Management Initiative)으로 각 행정부처의 성과목표를 설정한 이후 성과목표와 재정책임의 연계와 보상 시스템이 지속적으로 확대 추진되어왔다. 전반적으로 보수당과 노동당의 정권교체가 이루어진 상황에서도 행정수반의 변화와 무관하게 재정가치의 극대화와 공공가치의 실현이라는 목표 하에 행정관리의 개혁이 지속적으로 이루어진 점, 행정개혁의 주요한 내용으로 조직, 인사의 개선 및 재정정책, 재정, 예산시스템의 개선이 주된 요소로 포함되어 있음이 특징이라고 할 수 있다. 이는 행정개혁이 실질적인 성과를 도출하기 위해서는 조직, 인사 시스템의 개편과 함께 조직을 물적으로 뒷받침하는 재정, 예산시스템의 변화가 동반되어야 한다는 점을 잘 보여주고 있다고 하겠다.

근래의 영국의 재정, 예산시스템 개혁의 주요 내용은 원칙 있는 긴축재정정책의 고수, 민영화 및 민자 유치, 성과주의 예산제도의 구축, 예산과정의 개선, 자원예산회계를 도입 등이다. 재정수입 및 재정운용 절차의 개선, 예산제도 및 예산과정의 개선, 정부회계의 개선 등 재정, 예산시스템의 주요 하위시스템의 개선이 빠짐없이 망라되고 개선되었음을 알 수 있다. 이러한 재정,예산시스템의 하위시스템의 개선은 전체적으로 시너지효과를 낳아 전체 재정,예산시스템의 개선을 가져온 것으로 평가되고 있다.

본 연구는 이러한 영국의 최근의 재정정책, 예산제도, 예산과정의 개혁의 과정과 내용을 검토하고 우리나라 상황에 적용할 수 있는 교훈을 찾는 것을 목적으로 한다. 먼저 영국의 재정, 예산시스템의 개선의 방향을 영국의 정치, 경제 환경의 변화와 행정개혁의 내용을 신공공관리론(New Public Management)의 내용을 중심으로 살펴본다. 보수당 정부와 노동당 정부가 추진해온 행정시스템의 변화의 내용을 간략히 살펴본 후 이러한 행정관리의 개혁의 일부로서 재정정책으로서 긴축재정정책의 고수와 민자유치정책, 예산제도의 개혁으로서 성과주의 예산제도, 예산과정시스템의 변화로서 예산과정의 변화와 자원회계제도의 내용을 구체적으로 검토한다. 이후 이러한 영국의 재정예산제도가 우리나라에 주는 시사점을 도출해본다.

II. 신공공관리론과 영국의 재정예산시스템 개혁

1 신공공관리론(New Public Management)과 영국의 행정개혁

영국은 신공공관리론이 출발한 곳으로 이에 근거한 행정개혁의 성공사례로서 교과서적인 예로 꼽힌다. 1979년 보수당 정부의 주도 하에 도입된 신공공관리이론은 이후 계속 영국의 행정개혁의 지배적인 이념으로서 작용하여 왔다.

신공공관리론의 핵심은 시장은 본질적으로 관료제 등 다른 형태의 조직보다 서비스 제공이라는 측면에서 효율적이라는 명제이다. 이 명제를 전제하면 민간부문은 시장에 의해서 지속적으로 성과향상의 압력에 직면한 반면 관료제는 이러한 인센티브가 없으므로 공공부문은 시장의 경쟁 압력에 노출됨과 동시에 민간부문에서 계발된 다양한 성과향상기법을 도입해야 한다는 결론에 도달하게 된다. 이런 주장에 근거하여 시장의 자원배분 원칙을 전면적으로 받아들여 시장에 노출되는 정책으로 공기업의 민영화가 시도되었고, 시장제도를 도입하기 어려울 경우 시장메커니즘을 적용한 제도로 민간위탁, 경쟁입찰 등 다양한 형태의 준시장(quasi-markets)을 제도화하는 정책이 시도되었다.

영국의 성공적인 신공공관리론 행정개혁에는 다음과 같은 특징이 있다.

첫째, 영국에서 신공공관리론에 근거한 행정개혁은 정치권력에 의한 새로운 제도의 인위적인 수입이 아닌 시민들과 정치권력에 의해 요구된 행정시스템의 개혁 요구에 대하여 행정부 수반이 강력한 의지를 가지고 수용한 점이 특징이다. 1970년대 저성장 고물가의 스테그플레이션으로 특징지워지는 경제적 불황과 1976년 외환위기에 따른 IMF 차관 도입 및 IMF 구조조정 프로그램에 따른 경제시스템 개혁 과정에서 경제시스템의 개혁에 대한 국민적 공감대가 형성되었고 이에 따라 정치적 반대자(veto-player)의 행정개혁에 대한 적극적인 저항이 적었다. 행정부 수반은 국민들의 광범위한 지지와 공감을 바탕으로 다양한 실험적인 정책을 시도할 수 있었다.

두 번째 영국의 신공공관리론적 행정개혁은 보수당과 노동당의 정치권력의 변동에 큰 영향을 받지 않고 유사한 형태의 개혁조치들이 지속적으로 추진된 특징이 있다. 1994년 보수당 정권을 승계한 토니 블레어는 기존의 노동당의 핵심 가치들에서 벗어나 '제3의 길'을 추구하며 전정권인 보수당 정부의 정책을 크게 수정하지 않고 승계하게 된다. 보수당이 노동당의 정책을 적극적으로 수용하는 동시에 노동당도 보수당의 정책을 실용적인 측면에서 승계하는 현상이 1990년대 영국에서 벌어져 거시경제정책 및 사회복지정책, 노동정책, 산업정책에서 양당의 정책이 수렴하는 현상이 발생한다(Arestis and Sawyer 2001). 같은 맥락에서 노동당 정부는 보수당 정부의 신공공관리 정책을 계승하였다. 예를 들어 보수당 정부가 시장메커니즘을 도입하여 사회간접자본 투자에 민자를 동원하는 민자유치정책(Private Finance Initiative)에 대하여 노동당 정부는 1997년 총선거 이후 적극적으로 수용하는 정책을 취하게 된다. 이러한 지속성 및 일관성이 영국의 행정개혁의 성공의 밑거름이 되었다.

셋째, 영국의 행정개혁은 서비스제공 부처와 기획부처의 분리라는 조직의 개혁과 함께 서비스제공 부처에 성과평가를 요구하고 인센티브를 제공하는 예산시스템의 개혁이 동시에 상호 보완적으로 작용함으로써 성공적인 행정개혁이 이루어질 수 있었다. 조직 면에서 영국의 행정부는 기존에 기획부서와 집행부서가 하나의 부처로 존재하였었는데 행정개혁 과정에서 집행부서는 독자적인 의사결정권을 가진 독립적인 조직이 되었다. 이에 따라 기존에 단일한 관료제가 다양한 독자적인 집행기구들로 재편되었다. 이러한 조직적 변화에 행정부의 재정적, 예산적 구조의 변화가 뒤따랐다. 독자성을 확보한 집행부서들은 재정적으로도 예산편성에 있어서 의사결정권을 부여받고 동시에 성과평가와 인센티브를 제공받게 되었다. 즉, 조직적 변화에 따른 독자성과 책임성이 재무적 자원배분에 의해서 지지됨으로써 관료제는 큰 저항 없이 행정개혁에 동참할 수 있었다.

2 영국의 재정, 예산시스템 개혁

이상의 영국의 행정개혁의 특징이 가장 잘 드러나는 부분이 재정, 예산시스템의 개혁이며 동시에 재정, 예산시스템 개혁의 성공이 영국의 행정개혁의 성공에 가장 중요한 원인이라고 할 수 있다.

1980년대 이후 영국의 행정개혁의 중추적인 동인으로서 재정, 예산시스템 개혁의 주된 내용이 〈표 3-13〉에 정리되어 있다. 중요한 재정, 예산시스템 개혁으로 공기업민영화, 민간위탁(Contracting-Out), 공공재무관리(Public Financial Management)의 개혁, 성과연봉제의 도입, 책임행정청(Executive Agencies)의 설치, 공직에 외부 충원 등이 있다. 이상의 내용은 정부부문을 시장규율에 맞기는 기업민영화와 공공부문에 준시장요소를 도입하는 민간위탁, 공공재무관리의 개혁, 성과연봉제의 도입, 책임행정청의 설치, 시장의 요소를 도입하는 공직에 외부 충원으로 분류할 수 있다.

시기적으로는 1980년대 대처 행정부는 재정지출의 감소와 공공부문의 민영화를 통한 정부부문 감축에 정책에 우선순위를 두었고 행정부 내부에서는 성과지표의 계발, 성과연봉제의 도입, 독립적 집행기관 설치하는 작업을 하였다. 정권을 승계한 1990년대 메이저 행정부는 집행기관들의 독립성과 책임을 높이는 작업을 하고 사회간접투자에 민자유치를 함으로써 재정지출 확대를 방지하는 정책을 채택하였다.

2000년대 들어 블레어 행정부는 이전 단계에 시행된 개혁정책을 기반으로 본격적으로 예산시스템의 개혁에 착수한다. 성과주의 예산을 본격적으로 도입하여 각 집행부서는 중앙예산기구와 3년단위의 예산계약을 하며 성과목표 달성과 연계된 인센티브를 받는다. 이상의 내용이 아래의 〈표 3-13〉에 정리되어 있다. 아래에서는 이상의 내용을 구체적으로 재정정책, 성과주의 예산제도, 예산과정 및 시스템으로 나누어 살펴본다.

<표 3-13> 영국의 주요 행정개혁 1980-2010

연도	주요 행정개혁 프로그램	행정수반	재정, 예산시스템 개혁의 주요 내용
1982	재무관리개혁 (Financial Management Initiative)	대처	모든 정부 부처에 성과 지표 부여, 재무 인사 책임 이양
1984-94	공기업 민영화 (Privatization of State-owned Enterprises)	대처, 메이저	British Airways(1981), British Telecom(1984), British Gas(1986), British Airports Authority(1987) 등 공기업 민영화
1987	성과연봉제 (Performance-Related Pay)	대처	성과연봉제 도입
1988	넥스트 스텝 (Next Steps programme)	대처	공공서비스, 정책집행에 책임이 있는 독립기관 (executive agencies) 100여 기관 선정. 정책형성과 정책집행의 분리, 기관들은 성과목표를 달성하기 위한 독립성을 갖고 있음. 독립기관의 장은 일정기간 보장된 직위와 성과연봉이 주어짐
1991	시민헌장 (Citizen's Charter)	메이저	공공서비스 담당 기관은 성과지표를 계발하고 성과를 보고함. 투명성과 재정정보 제공, 정부부처는 기관들을 감독
1994	민자유치정책 (Private Finance Initiative)	메이저	공공투자와 조달행정의 개혁. 사회간접자본에 민영투자와 민자합작 촉진
1998	정부지출리뷰 (Comprehensive Spending Review) 공공서비스계약 (Public Service Agreements) (PSAs)	블레어	성과목표가 부서예산과 연관됨. 중간연도의 리뷰, 성과목표에 대한 행정부의 주요 5개 분야에 대한 우선적 관심
1999	공공서비스개혁	블레어	성과연봉에 대한 재평가 및

	(Civil Service Reform Report)		개선, 외부 인원 충원
2006	성과역량 리뷰 (Capability Reviews)	블레어	정부부처의 3대 주요 관리 부문 개선 (리더십, 전략, 서비스제공)

III. 재정정책

1 긴축재정정책 기조

1970년대 노동당 정부 시기에 급격히 늘어난 정부부채가 경제적 부담으로 작용하였다는 지배적인 의견에 1979년 집권한 보수당은 정부지출의 축소를 추구하여 1987년에는 균형재정을 달성하였다. 메이저 보수당 행정부와 블레어 노동당 정부는 모두 거시적인 측면에서 시장경쟁력을 유지하기 위해 개인과 기업을 도우면서 낮은 인플레이션을 유지하는 것을 주요한 거시경제목표로 두는 대처의 경제정책을 유지했다.

긴축적 재정정책은 메이저 정부 초기에 문제를 야기시켰다. 정부지출에 대한 통제의 완화가 1990년대 초반의 경기후퇴기 동안의 세금 수입의 감소와 결합되어, 1993년 GDP의 9%에 다다를 정도로 정부 재정적자를 만들어 내었기 때문이다. 그러나 이후의 경제회복기와 재정적인 변화는 1990년대 후반까지 적자를 급격하게 줄여나갔다. 메이저 정부는 시장의 힘에 의존하여 민영화를 지속해나갔다. 규제기관이 통신이나 가스와 같이 이전에 민영화된 산업에는 좀더 경쟁을 촉진하는 가운데, 철도산업은 1994년 민영화되었다.

1980년대 정치권에서는 정치이념의 차이에도 불구하고 재정정책에 대한 합의가 이루어져, 1990년대에 들어서 노동당의 블레어 정부는 전체적으로 긴축적 재정정책, 낮은 인플레이션율과 시장경쟁의 촉진이라는 대처 정부의 재정정책의 목표를 추구하였다. 블레어 정부의 긴축적 재정정책은 전통적인 노동당 정부의 확장적 재정정책과 근본적인 결별을 의미하며 이는 블레어 정부의 제3의 길이라는 정치이념의 특징을 잘 보여준다. 전형적인 예가 영국 노동당은 생산수단의 공공소유에 대한 당헌 4조을 제거하면서, 집권기간 동안 재국유화에 대한 어떠한 언질도 하지 않은 점이다. 노동당 정부의 긴축적인 재정정책은 1970년대의 확장적 재정지출의 비효율성과 재정지출의 시장의 경쟁력 저하 효과에 대한 반성의 결과라고 할 수 있다.

한편 시장에 대한 정부의 간섭과 직접 투자의 효과에 대한 의문이 제기됨과 동시에 건전한 경제의 지속적인 성장을 위한 공공투자에 대한 수요, 사회간접자본에 대한 투자에 대한 수요는 지속적으로 증가하였다. 영국 행정부는 이런 모순적인 요구, 사회간접자본에 대한 공공투자의 수요와 재정증가에 대한 반대를 민간자본의 적극적인 유치로 해결하였다. 사회간접자본에 대한 공공투자 요구에 대한 대안으로서 민자유치정책을 아래에서 자세히 살펴본다.

2 민자유치정책(Private Finance Initiative)

1) 개 념

민자유치(Private Finance Initiative: PFI)는 공사합작회사(Public-Private Partnership)를 수립하여 사회기반시설을 민간의 자본으로 재정적 지원을 하는 것을 말한다. 이 제도는 1992년 보수당 정부에 의해 최초로 도입되었고 이후의 노동당 행정부에 의해서 계승되고 있다.

1990년대 초반, 노후화된 영국의 공공 인프라와 서비스가 중요한 정치적

이슈가 된 상황에서 메이저 행정부는 병원, 학교, 도로건설, 주택과 같은 인프라 프로젝트에 투자하는데 민간자본(Private capital)을 유입하는 방식인 민자유치정책(PFI)를 도입하였다. 1990년대 본격적으로 공공부문의 자본재 관련 사업에 민간의 자본과 기술 등을 끌어오기 위한 목적으로 1997년 노동당 정부는 민자유치정책(PFI)의 Task Force를 만들어서 민자유치정책(PFI)를 구체적으로 실현할 수 있는 시스템을 만들도록 했다. 이 결과로 민자합작(Public Private Partnership; PPP)제도가 도입되었다. 그 결과 영국에서 1999년까지 계약이 이루어진 민자유치정책(PFI)거래가 1600만 파운드 이상에 달하고, 2000년과 2001년 사이 거의 1000억 파운드 정도 되는 민간부문 계약에 대한 수익이 있었다.

영국에서 성공적으로 정착한 민자유치정책은 다른 국가에 전파되어 일본에서는 인프라시설 건설을 촉진하기 위해 1999년 10월부터 민자유치정책(PFI)법을 시행하였고, 2002년까지 49개의 프로젝트가 있다. 민자유치정책(PFI)는 OECD국가에서 인프라 자금을 조달하기 위한 일반적인 수단이 되어 왔다. 핀란드, 프랑스, 아일랜드, 스페인, 그리스의 도로, 포르투갈의 건강복지 시설, 네덜란드의 철도, 그리고 여러 국가의 수자원 프로젝트, 최근 캐나다와 남아프리카공화국의 다양한 정부부문에서 적용되고 있다.

민자유치정책(PFI)의 핵심적인 성격에 대해서 Hood는 신공공관리(NPM)의 일부라고 보고 있으며, Broadbent와 Laughlin는 시장의 힘과 기업가 정신, 민간부문의 전문성을 공공부문으로 가져오는 것이라고 보았고, Francis Terry는 민자유치정책(PFI)를 단순히 긴축재정상태에서 나타난 자금조달방법이라고 보고 있는 등 다양한 견해가 있다. 일반적으로 민자유치정책(PFI)는 이론적으로 공공서비스의 민영화와 신공공관리(NPM)을 지향하고 있다고 간주된다.

2) 제도작동원리

민자유치(PFI)는 공공부문이 민간 자본공급자에 대한 장기적인 재무적 기여를 통해, 새로운 사회적 인프라 투자의 자금을 조달하는 구조를 갖는다.

민자유치정책(PFI) 프로젝트에서 민간 컨소시엄은 인프라 시설을 설계하고, 건설하고, 자금을 조달하며, 운영하기 위해 협동을 해야 한다. 관련된 정부기관과 장기적인 계약을 바탕으로 하며, 민자유치정책(PFI) 프로젝트가 빌려온 자본에 대한 이자를 포함하여, 그 투자에 대한 수익을 더해, 컨소시엄이 비용에 대한 충분한 수익을 보장받을 수 있도록 하도록 구성되어야 한다. 이때 수익은 서비스의 사용료나 주기적인 사용료(fee-for-service)의 형태를 띨 수 있다.

민자유치정책(PFI)는 전형적으로 조달을 주관하는 정부부문의 기관, 공공인프라나 서비스를 건설하고 제공하기 위해 입찰하려는 민간부문의 컨소시엄, 자금을 제공하는 은행이나 금융기관으로 구성된다. 민간사업자는 특별목적기구(Special Purpose Vehicle)을 형성하여 감독기관과 계약한다. 민간사업자는 통상 전체사업을 관장하는 지주회사(holding company), 설비투자를 담당하는 건설회사(capital equipment or infrastructure provision company), 설비건설이 끝난 후 서비스제공을 위한 운영회사(services or operating company)로 구성된다. 계약은 통상 30-60년의 장기간의 계약이며 계약기간 동안 민간사업자들은 공공재 및 공공서비스를 제공하게 되며 컨소시엄은 제공하는 서비스에 대한 반대급부로 일정의 요금을 징수할 수 있다. 정부는 민간기업과 계약을 맺을 수 있고 계약당사자인 민간기업은 공공재의 공급을 책임지게 된다. 단, 민자유치 후 공공부문은 공공서비스 제공에 관련된 사업의 직접적인 법적 책임(responsibility)은 지지 않으나 감독기관으로서 경제적 배상 등의 책임(accountability)를 지는 구조를 갖는다.

민자유치정책(PFI)의 전형적인 단계는 1단계 서비스 수요의 설정과 정의 그리고 민자유치정책(PFI) 접근방법의 적용가능성에 대한 정부 기관에 의해 평가, 2단계 입찰 신청과 선발 후보 회사들과 상세한 요구조건을 포함한 협상, 3단계 선호하는 응찰자와 계약 협상, 4단계 민간 컨소시엄에 의한 인프라 건설, 5단계 공공서비스에 대한 민간의 공급이다.

1단계에서 주요한 기준은 자본금은 민간부문으로부터 대부분 이루어져야 하고, 서비스의 컨소시엄과 연관된 계약상의 관계는 그 자체로 자산이 되지 않아야 하며, '실질적인' 사업의 위험이 민간부문으로 이전해야 하고, 사업 프로젝트가 반드시 납세자들에게 경제적 가치(value for money)를 제공해야 한다는 것이다. 계약단계에서 공공기관은 컨소시엄이 반드시 달성해야 하는 민간컨소시엄의 서비스 및 공공재의 상세사양(output specification)을 적시한다. 컨소시엄이 적시된 상세기준을 달성하지 못한 경우 공공기관은 계약을 갱신하거나 투자된 설비를 몰수하는 등의 조치를 취할 수 있다. 설비투자 과정에서 자금동원방식이 변경되거나 회사채의 종류가 달라지는 경우 감독기관의

<표 3-14> 공공부문의 자본지출

	projections		
	2001/02	2002/03	2003/04
공공부문의 총자본지출	26.0	28.8	33.2
(% of GDP)	(2.6%)	(2.8%)	(3.0%)
민자유치정책(PFI)에 따른 자본지출	3.5	3.1	2.4
(% of total public capital expenditure)	(11.9%)	(9.7%)	(6.7%)
총사회간접자본지출	29.5	31.9	35.6
(% of GDP)	(3.0%)	(3.0%)	(3.2%)

<표 3-15> 다양한 분야의 민자유치 현황 Private Finance Initiative

프로젝트 명	총액	책임기관	분야
University Hospital	6억 달러	Warwickshire NHS 기금	의료
Sky Bridge	1억4천만 달러	Scottish Office	교통
Future Strategic Tanker Aircraft	150억 달러	Royal Air Force	국방
Whitecross High School	2천7백만 달러	Herefordshire County Council	교육

승인 및 검토를 받아야 한다. 대규모의 민자유치정책(PFI)는 대부분 회사채의 발행으로 자본투자가 이루어졌고 소규모의 민자유치정책(PFI)의 경우 대부분 은행들의 투자에 의해 이루어졌다. 민간자본유치 현황이 아래의 표에 제시되어 있다.

3) 민자유치정책에 대한 찬반논의

영국의 민자유치정책(PFI)의 성과에 대하여는 다양한 의견이 공존하고 있다. 특히 노조나 녹색당, 노동당의 일부, 스코트랜드국민당 등으로부터 정치 이념적인 이유로 비난을 받고 있다. 연구기관의 의견들의 경우 신중한 입장을 취하면서도 민간의 경영능력의 효율성 도입의 장점을 강조하고 있으며(Health Select Committee 1999), 전체적으로 부적절한 경쟁이나 독점의 가능성을 적절히 통제할 경우 효과가 클 것으로 기대하고 있는 것으로 보인다(Corner, 2006: 45-50).

민자유치정책(PFI)를 찬성하는 입장은 공공재공급에 있어서 민간공급이 공공부문의 공급보다 우월하다는 가정을 한다. 민자유치정책(PFI)가 정부계약과 아웃소싱의 개선된 형태로서, 이는 적합한 환경 하에서 효율성과 value for money에 있어 더 나은 성과를 보여줄 수 있다는 것이다.[1] 또한 민자유치정

---

1) Andersen는 민자유치정책(PFI)에서 경제적인 가치창출의 요인(value-for-money)의 6가지 핵심적인 동인을 제시했다. 1. 건설과 운영비용, 기술변화, 시설과 공공목적 사이의 장기적인 적합성을 포함해 공공부문에서 민간부문으로 위험을 이전하는 것 2. 계약의 장기적인 속성은 민간투자를 합리적인 수준의 장기간 동안 만회할 수 있도록 민간투자를 가능하게 하고, 공공서비스에 대해 정부가 더 낮은 비용을 지불하도록 한다. 3. 산출에 기반한 서비스의 specification을 사용: 민자유치정책(PFI)는 서비스를 생산 —예를 들면, 건물이나 산출과 관련된 자산— 다른 자산하기 위한 투입보다는 일정한 서비스의 수준을 전달하는 것을 기반으로 —산출지향적인— 한다. 4. 입찰과정에서의 경쟁은 장기간 동안 자본의 비용과 서비스를 낮춘다. 5. 성과측정과 인센티브는 민자유치정책(PFI)제공자들이 결과에 책임을 질 수 있도록 하는 도구로서 개발되어 왔고 사용되어 왔고, 더 나은 성과를 위한 금전적인 인센티브를 창출하는 사용될 수 있다. 6. 규모의 경제와 정부에 대해 비핵심적인 기술이 필요한 서비스를 전달하는 것을 포함하여 민간부문의 관리 기술들은 운영효율성을 증대시킨다.

책(PFI)이 정부가 이러한 지출에 대한 공적 자금으로 지원하기 어려울 때 사회간접자본지출에 대한 수요에 대응할 수 있는 방법이라는 점을 강조한다.[2]

민자유치정책을 지지하는 가장 중요한 이론은 민간이 사업운영에 있어서 공공부문에 비해 우수하므로 이를 적극적으로 활용해야 한다는 경쟁시장이론(competitive market theory)이다. 정부는 정부서비스의 전달을 위해 경쟁적인 시장의 이점을 취할 수 있고, 이러한 시장을 형성할 수도 있다. 경쟁시장모형은 여러 시장, 충분한 수의 생산자와 소비자, 상품의 가격과 질에 대한 완전한 정보, 독립적인 협상(arm's length principle), 진입장벽 없음 등을 가정한다. 만약 이러한 모든 조건이 충복된다면, 시장은 정부보다 우월한 사회서비스의 생산자와 분배자로 간주될 수 있다. 민간재화와 서비스를 공급하는데 경쟁적인 시장이 존재하는 것은 당연한 현상이지만, 일부 정부 서비스를 전달하는데 있어서는 이러한 경쟁시장을 적용하는 것에 대해서 의문이 제기될 수 있다. 예를 들면, 정부와의 계약은 완전하게 정치적 영향력으로부터 독립적이지 않고 정치는 종종 계약과정을 중재한다. 이에 더해, 복잡한 정부 재화와 서비스의 집합을 공급할 수 있는 공급자는 한정적인 경우도 종종 있다. 또한, 프로젝트의 규모, 효율적으로 사용될 필요가 있는 정보, 선행투자 자본요구는 진입제약요인으로 작용하기도 한다. 이러한 우려에도 불구하고, 시장모형은 효율적인 서비스 전달에 강력한 유인을 제공한다.

---

2) 영국에서, 민자유치정책(PFI)는 자본예산에 대한 보고서(Public Sector Borrowing Requirement: PSBR)에 정부부채로 등장하지 않고 사회간접자본을 건설할 수 있도록 했다. 미국에서는 민자유치정책(PFI)는 정부부채(government borrowing) 없이 필요한 서비스를 제공할 수 있는 방법을 제공하였다. 다만, 일반적으로 받아들여지는 회계기준에 의하면(GAAP reporting), 민자유치정책(PFI)프로젝트가 매년 정부의 회계감사에 대한 장기적인 의무로 포함될 수 있다. 민자유치정책(PFI)은 정부에 충분한 자금이 없이도 인프라 프로그램을 확장할 수 있는 여력을 제공해 준다. 이는 off-balance-sheet 자금조달(off-balance-sheet financing)로, 채무에 대한 책임을 정부의 채무로 인식하지 않는다. 근본적으로, 공공자금 조달에 대한 민자유치정책(PFI)의 효과는 현재 지불해야 하는 비용을 줄여주고, 이를 미래의 부채로 대체하는 것이다. 민간투자자들의 부담분에 대한 현재 인식된 자본투자는 미래에 정부를 위한 현재의 지출이 될 것이다.

민자유치정책을 지지하는 또 다른 이론은 주인-대리인 이론이다.[3] 이 정책을 지지하는 입장에서는 민자유치정책이 공공서비스 전달의 주요한 문제인 관료제의 사적 이익 추구에 대한 책임성의 문제를 해결할 수 있다고 주장한다. 민자유치정책(PFI)를 찬성하는 사람들은 정부가 민간부문만큼 효율적으로 시설에 대한 자금을 모으고, 건설하고, 운영할 수 없다고 주장한다. 그러한 주장의 핵심은 주인-대리인(agent-principal relationship) 문제다. 주인인 국민은 공공서비스가 효율적으로 전달되기를 원한다. 그러나 대리인인 관료는 그들 자신을 위한 목적을 가진다. 그들은 자신의 권력과 권위를 증대시키기를 원할 수 있고, 효율성의 비용으로 그들의 임금을 증대시키려 할 수도 있다. 공공서비스 제공 영역에서 정치적인 수요의 변화, 환경적인 영향, 조합과 절차에 규정된 규칙 등은 주인인 국민이 그들의 대리인인 관료들이 효율적인 자세로 업무를 수행하는지 아는 것을 매우 어렵게 만든다. 더 나아가 주인인 국민이 대리인인 관료제의 효율성목표를 충족시키도록 보장할 수 있는 인센티브에 제약이 있다. 이에 반해 민자유치정책(PFI)의 경우 주인-대리인 문제를 부분적으로 해결할 수 있는 메커니즘 설계가 가능하다. 즉, 민자유치정책(PFI)를 이행하는 데 있어 민간 컨소시엄이 그들의 관리능력, 건설과정과 서비스 전달에 대한 가격선호, 프로젝트를 실행하기 위한 구체적인 계획에 대한 정보를 시민들에게 제공하도록 할 수 있다.

민자유치정책은 위험분산이 가능하다는 점에서도 지지를 받는다. 정부는 전통적으로 공공서비스의 전달에 있어서 위험을 내포해왔다. 그러나 정부고용자들은 위험을 감수하거나 관리하는데 대한 보상을 받지 않으며, 종종 위험을 감수하는 것을 피할 수 없다. 민자유치정책(PFI)를 지지하는 가장 중요한 주장 중 하나는 좀더 최적의 위험분산이 이루어진다는 것이다.

3) 주인-대리인 이론은 계약당사자간의 정보의 불균형 문제를 다룬다. 이론에서 주인-대리인 패러다임은 '역선택'과 '도덕적 해이' 문제로 나뉠 수 있다. '역선택'의 문제는 대리인의 특성이 주인에 의해 불완전하게 관찰될 때 발생한다. 도덕적 해이의 문제는 대리인의 행동이 주인에 의해 불완전하게 관찰될 때 발생한다. 이러한 용어는 보험시장에서 잘 알려진 현상으로부터 도출되었다.

또한 민자유치정책은 장기적인 책임성의 확보라는 관점에서 장점을 갖는다고 주장된다. 정부와 그들의 정치적 리더는 종종 단기적인 시야(horizon)를 갖고, 그들의 의사결정이나 행동의 장기적인 결과에 대한 책임이 매우 적거나 없다. 이는 공공서비스의 효율적인 전달을 고려할 때 문제를 낳는다. 이상적인 상황에서 인프라 시설은 필요한 만큼 시설의 유지와 보수를 하기에 충분한 적절성을 지닌 최선의 수명주기 비용기법을 이용하여 건설될 것이다. 그러나 정치적인 장에서 장기간의 성공에 대한 신뢰는 적다. 정치적인 시계는 오직 다음 선거까지만 지속된다. 그래서 저비용의 입찰조건은 생애주기 동안의 비용문제를 무시할 수 있다. 반면, 변경요구는 본래 측정한 것 이상으로 비용을 상승시킬 수 있다. 시설유지에 대한 적절성이 정치적으로 좀더 즉각적인 만족감을 제공하는 새로운 자본예산 항목에 의해 대체됨에 따라, 제대로 유지되지 못한다.

민자유치정책(PFI)는 이러한 단기적인 시계의 문제를 장기적인 시기 동안 전반적으로 받아들일 만한 서비스 수준을 정의하여 해결한다. 그래서 성공적인 입찰자들은 단기적인 운영비용에 대해 덜 우려하고, 장기적인 시계에서 가장 효율적인 것에 우선순위를 둔다.

민자유치정책에 대한 비판도 다양한 근거에서 이루어지고 있다. 먼저, 민자유치정책(PFI)는 거래비용이라는 관점에서 문제가 될 수 있다.[4] 민자유치정책(PFI)의 경우 공공-민간 간 파트너 기관(public-private partnership agencies)을 설립하여 거래비용을 축소시키려 노력해 왔다. 다른 정부 인프라서비스의 전달시스템에 비해 민자유치정책(PFI)의 정치적인 거래비용이 더하거나 덜한

4) K. Arrow는 거래비용을 '경제 시스템을 운영하는 비용'이라고 정의했다. 거래비용은 세 가지 범주로 나뉠 수 있다: 시장 거래비용, 관리상 거래비용, 정치적 거래비용. 시장 거래비용은 주로 정보와 흥정 비용, 감독과 강제 비용으로 주로 구성된다. 구체적인 시장 이전에 대한 개별적인 계획은 거래하기에 적합한 집단을 기대한다는 것을 의미하고, 그러한 정보를 찾고 획득하는 과정에서 불가피하게 비용이 발생한다는 것을 의미한다. 흥정비용(bargaining costs)은 계약이 공급과정 전반에 반드시 흥정하고 협상해야 하는 집단과 준비되고 연관되었을 때, 반드시 지출해야 하는 지출과 관련되어 있다. 게다가 시장 거래비용(market transaction costs)은 감독과 강제비용을 포함한다. 이러한 비용은 합의된 계약을 실행하는지 감시하는 것과 관련되어 있다. 관리거래비용은 조직을 운영하는 비용이다.

지에 관해서는 불분명하다. 일단 민자유치정책(PFI) 거래가 자리잡게 되면, 계약 그 자체로, 잘 구성되었다면, 지속적으로 정부의 간섭과 거래비용을 줄일 수 있다. 서비스의 유형과 질에 대한 수요가 불안정하거나 점진적일 수 있는 범위까지는 거래비용은 증가하고, 민자유치정책(PFI)는 적합하지 않을 수 있다.

민자유치정책(PFI)는 민간부문은 형평성의 문제에 대한 관심이 제한적이다. 분배적인 결과는 정부에게 무엇보다 중요한 것이지만, 민간부문은 실제적으로 서비스를 제공받는 사람에게 계약상의 서비스만 공급한다. 이는 계약서를 작성할 때 이러한 문제를 다룰 수 있지만, 민간부문의 조직은 정부기관처럼 서비스에 대한 평등조항에 관한 관심을 가지고 있지 않다. 만약 민자유치정책(PFI) 계약이 사용료에 대한 부담을 받아들인다면, 정부가 지불할 수 없는 사람들을 위해 서비스를 제공하도록 보조금을 제공하지 않는다면, 저소득 가정은 고통을 받을 수 있다.

또한 민자유치정책(PFI)과정은 잠재적인 프로젝트들이 전체적인 사회적 이익을 가장 우선순위에 두기보다는 민자유치정책(PFI)를 할 수 있거나(PFIable) 돈벌이가 되는 수익에 둘 수 있기 때문에 지출우선순위를 왜곡할 수 있다. 반면, 공공지출 결정은 순이익을 극대화하는 원칙상의 목표와는 상이한 정치적인 과정이다.

4) 전 망

영국의 경험을 토대로 민자유치정책(PFI) 성공의 결정적인 세 가지 요소를 생각해보면 먼저, 정부는 반드시, 상당한 시기 동안, 구입하는 재화나 서비스에 대한 상세한 특성을 정의할 수 있어야 하며, 둘째, 다양한 프로젝트의 위험을 공공부문과 민간부문에 적절하게 분산해야 하며, 셋째, 공공부문은 특정한 재화와 서비스의 생산과 분배를 위한 경쟁적인 시장의 형성을 육성할 필요가 있다고 하겠다. 민자유치정책(PFI)에는 많은 이점이 있지만, 그 성공은 많은 부분에서 위의 세 가지 조건을 PFI 설계자인 정부가 만족시키느냐에 달려 있다고 하겠다. PFI 설계시 정부서비스의 산출 수준뿐 아니라 생산방식 결정하는 정부기관의 능력에 달려 있다고 할 수 있다. 영국에서 현재까지 PFI에 대한 찬반 논의가 지속되는 과정에서 의회나 시민에 의해 크게 비난받는 사업은 없었다는 점에서 향후 PFI를 통한 사회간접자본투자는 당분간 지속될 것으로 보인다. 그러나 이러한 전망 역시 PFI를 설계하는 영국정부의 능력에 달려 있다고 말할 수 있겠다.

IV. 예산제도 개혁: 성과주의 예산편성(Performance Budgeting)

1 개 요

1990년대 후반 블레어 정부는 정부의 각 부처가 재정이 목적을 정하고 이 목표를 달성하기 위한 계획을 수립하는 종합지출검토(Comprehensive Spending Review, CSR)제도를 도입하였다. 이 제도 하에서 부처는 3년 간의 예산을 배분받고 3년 동안에는 예산의 이월을 허용받았다. 즉 3년의 중장기 예산을 수립할 수 있다. CSR제도는 부처들이 중장기적 계획을 세워서 추진하도록 유도하는 효과가 있고 회계연도 말에 예산을 집행하기 위해서 낭비적인 사업을 추진하던 관행을 바꾸는 효과가 있다. CSR의 핵심적인 요소는 중앙부처와 재무부(Her Majesty Treasury) 간에 맺는 성과계약(Public Service Agreement, PSA)이다. 성과계약에서 부처는 3년 동안 추진할 구체적인 사업목표와 사업의 기대효과 등을 제시한다.

1) 중앙정부 공공서비스계약(Public Service Agreement: PSA)

성과계획계약은 부처가 향후 3년간 달성 가능한 사업목표를 제시한다. 현재 18개의 중앙부처가 개별 부서의 공공서비스 계약을 제시하고 있으며 5개의 공동사업(cross-departmental areas)에 대한 PSA가 있다. PSA의 구조는 최상위 단계의 목표(aim)과 성과목표(objective), 목표달성을 측정하기 위한 지표(target)이 있다. 마지막으로 이 지표의 달성을 책임지는 책임부서가 제시된다. 사업의 책임소재를 분명히 해 두 개 이상의 부처가 연관되어 있는 경우 연관된 모든 부처뿐만 아니라 주도적인 역할을 하는 부처가 명시되어야 한다. 이상의 내용이 앞의 〈그림 3-11〉에 표시되어 있다.

<그림 3-11> 중앙정부 공공서비스계약 개념도

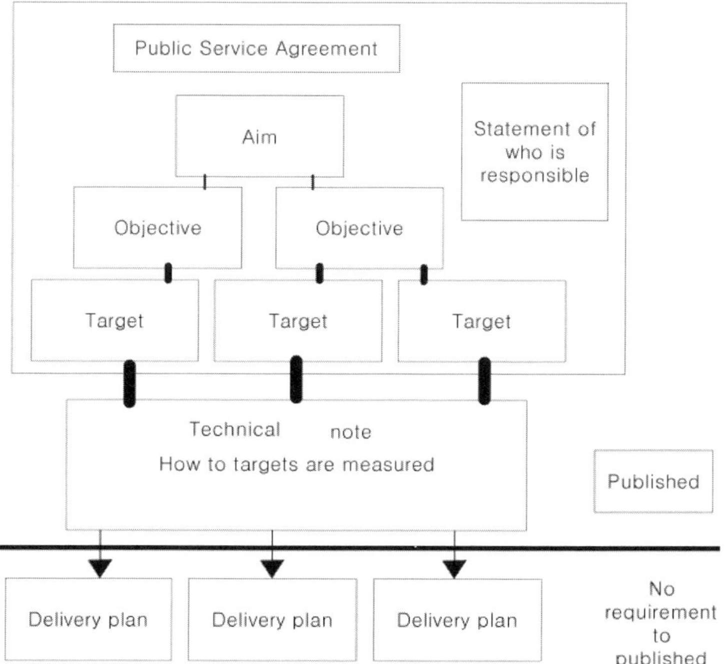

각 중앙부처는 회계연도 동안에 사업추진 현황을 자세히 감독하고, 중간성과 결과를 부처성과보고서(Annual Departmental Report)에 보고한다. 이 보고서의 내용은 의회뿐만 아니라 국민에게도 공개되며 중간점검의 의미를 갖는다. 최종성과는 추계성과보고서(Autumn Performance Report)에서 보고된다.

2002년에 발간된 지출평가백서(2002 Spending Review White Paper)에 따르면 공공서비스계약은 4가지 원칙에 기초한다(HM Treasury, 2002). 첫째, 정부에 의해 설정된 결과 중심의 국가적 목표이다. 둘째, 지역공동체의 수요를 충족시키기 위한 인센티브, 혁신을 위한 지역의 재량과 유연성을 최대한 보장한 공공서비스 제공자의 책임 위임이다. 셋째, 책임성에 대한 감독과 감사를 위한 독립적이고 효과적인 조정이다. 넷째, 지역적으로나 국가적으로 성과에 관한 더 나은 정보를 제공하여 무엇이 성취되고 있는지에 관한 투명성을 중시한다. Target에 대한 더 많은 원칙들은 2004 지출평가백서(2004 Spending Review White Paper)에 제시되어 있다(HM Treasury, 2004).[5]

공공서비스계약은 재무성(HM Treasury)과의 합의 하에 각 부처가 계발해 왔다. 많은 경우 재무성과 정부부처는 지출 평가를 통해 중간지점에서 합의해 왔고, 정확한 target수준, 기준, 전문가와의 합의와 전달망, 그리고 무엇이 전달되어야만 하는지에 관한 이해에 정부부처의 의견을 존중해 왔다. 이러한 방법에 대해 OECD는 Top-Down and Total System 접근방법으로 설명하고 있다(OECD, 2005, p.61).

모든 부처가 공공서비스계약을 개발하고 수용할 것이 요청되어 왔고, 모두 지출평가과정에 참여해야 하지만, 부처가 성과측정수단을 개발하거나 평가를 수행하고, 부처의 미션을 공시할 법적인 요구조건은 없다. 관행적으로 정부는

5) 예를 들어 다음과 같은 기준이 제시되고 있다. 공공의 기대와 개선에 대한 정부의 공약을 충족시키기 위해 의욕적으로 일해야 한다. 10%의 개선을 target으로 설정하고, 결국 9%만 개선하는 것은 의욕적이지 않은 목표를 충족시키기는 것보다 훨씬 더 나은 결과이다. 성과평가에 대한 영향력을 극대화하기 위해 그들의 선택, 표현, 측정에 있어 best practice와 증거, 분석을 통합한다 등이다.

의회에 2년에 한 번 성과정보를 보고해 왔다.

공공서비스계약은 재무성이 주도해 왔다. 각 부처의 작업은 재무성의 지출팀(Spending Teams)이 감독하고 있다. 또한 재무성은 총리실(Prime Minister's Delivery Unit)과 조달청(Office of Government Commerce)과 공동으로 작업하고 있다.

공공서비스계약이 정부의 모든 부처에 적용되는 것은 아니다. 예를 들면, 결과나 산출이 측정하기 어려운 부문에서는 적절하지 않다. 이런 점이 반영되어 2005/06부터 2007/08까지의 지출 평가기간에는 1998년의 600개에서 줄어든 110개의 PSA target이 설정되었다.

최근의 종합지출평가(Comprehensive Spending Review)는 향후 10년의 장기 도전과제에 필요한 자원을 공개하기 위한 Value-for-Money 프로그램이 제시되었다. 이는 정부의 장기 objective 전달의 효과성을 평가하기 위한 각 부처의 기준 지출의 영기준 평가에 더해, 2004년 정부부문의 효율성에 대한 독립적인 평가의 일부로 확인된 효율성 영역을 포함한 것이다. 과거의 지출평가가 전통적으로 점증하는 지출의 증가를 배분하는 것에 초점을 두었다면, 종합지출평가는 새로운 장기 objective 설정 과정에서는 부처 내외의 지출경향과 균형에 대한 좀더 기본적인 평가를 할 수 있는 중요한 기회를 제공한다. 영기준 평가의 목표는 최초의 종합지출평가로부터 10년 동안의 우선순위를 반영한 각 부처의 지출기준(baseline expenditure)을 갱신하는 것이다.

2) 지방공공서비스계약(Local Public Service Agreements)

지방정부의 경우 중앙정부와 공공서비스계약(Public Service Agreements)를 맺는다. 지방공공서비스 제공에 있어서 최고가치(Best Value)제도의 기본 틀을 바탕으로 하여 보다 높은 수준의 성과목표를 달성하기 위한 것으로 지방정부가 제공하는 공공서비스에 대하여 공급비용이나 품질 등의 측면에서 최고의 성과를 기준으로 설정된 표준에 비교함으로써 지속적인 개선과 발전을 추구하는 것이 최고가치제도이다. 중앙정부와의 협의를 통하여 특정 분야별로 사전에 합의된 성과목표를 지방정부가 성공적으로 달성하는 경우 포상교부금을 지급하는 등 인센티브를 제공한다.

최고가치(Best Value)는 재정을 사용하여 얻을 수 있는 최고의 가치를 말하며 지방공공서비스계약은 공공서비스의 소비자인 지역주민은 지방정부가 제공할 수 있는 범위에서 최고가치를 향유할 권리가 있다는 전제 하에 체결된다.

최고가치의 표준은 기본적으로 지방정부가 자체적인 검토과정을 통하여 수립하고, 교육이나 사회서비스 등 중앙정부가 핵심적인 역할을 담당하는 분야에 대해서는 중앙정부가 전국적인 표준을 설정한다.

중앙정부는 목표달성에 대하여 포상교부금(performance reward grant)를 지급한다. 포상교부금의 크기는 설정된 목표를 완전히 또는 초과달성할 경우 회계연도 순예산의 2.5%를 지급하는 것을 최대금액으로 하여 지급하게 된다. 실제 교부금액은 각 목표의 가중치를 균등하게 하여 목표별 목표달성률이 반영된다.

이상의 내용을 보면 지방공공서비스계약의 성패는 지방정부의 성과평가의 타당성 및 공정성 여부에 달려있음을 알 수 있다. 지방정부의 경우 중앙집행부서의 경우와 같이 성과평가가 타당성(validity)와 신뢰성(reliability)를 확보하지 못할 경우 이에 따른 예산의 인센티브에 대해 강한 저항을 할 것이다. 따라서 개혁지지자들은 공정한 성과관리 시스템을 고안하려고 노력 중이다.

3) 평가 및 전망

PSA시스템은 시작단계부터 완전히 성숙된 도구로 제시되기보다는 시간이 흐르면서 제출된 지출보고서와 함께 점차적으로 개선되어 왔다. PSA는 Cabinet Committees와 부처의 공약에 관한 시스템, 행정관리와 조직, 지출통제 역량을 증대시켜 핵심행정부의 노젓기(steering)와 조정(co-ordination)을 위한 도구로서 기능을 하였다. 정책우선순위 설정에 전반에 대한 핵심행정부의 영향력은 재무성과 국무조정실, 총리실이 다른 그들이 가진 다른 도구와 함께 사용했을 때 가장 효과적이었다. 이러한 도구들의 대부분은 위임된 행정업무, 유럽수준의 기관, 다른 국제기구, 공적인 활동에 관여하고 있는 민간기관보다 중앙정부부처, 집중적으로 운영되는 정부 서비스와 지역당국과의 관계에서 좀 더 쉽게 적용되었다.

PSA 레짐의 유인 효과(incentive)는 적어도 시스템 설계자에 의도를 분명하게 나타내고 있다. 그러나 목표는 핵심행정부에 의해 가치가 부여된 모든 결과들을 반영하지 않으며, 빈번하게 변화되고, 진전을 이끌어내지 못했다고 평가받는다. 이는 많은 목표들이 성과에 영향을 미치는 다양한 활동이 일어나는 지역이나 다른 시스템에 충분히 통합되지 못했고, 정책시스템에서 책임성(responsibility) 또는 책임(blame)은 PSA시스템의 설계자들에 의해 만들어진 것과는 다르고, 좋지 않은 성과에 대한 책임을 다루기 위한 효과적인 전략이 없다는데 기인한다. 중앙정부의 개별부처 내에서 장관들과 고위관리들은 성과를 보고하고 정당화하는 조건을 통해 책임을 공유해 왔다. 성과에 대한 개인적인 공헌과 부처의 성과에 대한 책임은 정치적인 것이어서 그 효과는 제한적이었다. 장관들은 야당 의원들로부터 비난을 받아왔고, 그들이 목표를 충족시키지 못한 것에 대해 언론의 비난을 받아왔으나, 고위관리들의 형편 없는 성과에 대해 제재를 가하거나 사임을 압박하는 경우는 드물었다. 대신, 비난을 피하는 것에 대한 관심과 약속한 목표에 대한 현재시점의 강조는 책임회피전략을 광범위하게 사용하도록 해 왔다. 또한 장관과 고위관리(senior officials)들은 목표에 대한 진전이 지역과 다른 공공조직의 활동을 포함한 그들의 직접적인 통제 외의 요인에 의해 영향을 받고 있다고 기록하여 책임을 회피하는 전략을 사용한다. 공유적인(cross-cutting) 책임 분배방식으로서 공유한 목표에 대한 책임은 분배하기가 어려운 것으로 보인다.

책임의 분배에 대한 중앙정부와 공공부문의 이런 태도와 달리 보건이나 지역 공공서비스에서 그러한 책임 분배에 대한 강력한 대중의 비판이 이어져왔다. 목표설정과정에 시민들의 참여가 증가하는 것은 그러한 책임을 지고 있는 공공행정의 시스템의 정당성을 높일 수도 있고, 미래의 목표를 성취하는데 실패한 것에 대한 비난을 회피하는 것을 좀더 어렵게 만들 수도 있다. 최근 중앙정부의 고위관리들은 목표를 설정할 때, 부분적으로는 그들의 성취에 대한 기여분에 대한 책임을 정할 수 있도록 설계하고 있다.

책임을 회피하는 또 다른 대표적인 전략은 보건서비스나 지방정부에서 나타나는 성과에 대한 잘못된 보고이다. 그러나 목표에 대응하는 성과의 선택적인 제시는 좀더 호의적인 성과의 경향을 나타내기 위해 중앙정부에 의해 사용되어 왔다. 이런 문제에 대하여 자료에 기초한 성과에 대한 판단과 정보의 독립적인 확인은 보고 시스템에 대한 신뢰를 강화할 수도 있다. 일부 PSA 자료는 통계의 질과 신뢰성을 확보하기 위해 이미 2000년 6월부터 장관들과는 독립적으로 운영되는 영국 Statistics commission에 의해 감시가 이루어지고 국가통계를 산출하고 있다. National Audit Office는 최근 PSA의 성과정보가 신뢰할 만한 것인지 확인하기 위해 PSA의 보고에 바탕이 되는 자료 시스템을 조사할 것을 요청받았다. Public Administration committee는 이러한 정보에 기초하는 목표에 대응하는 성과의 평가는 NAO에 의해 독립적으로 인증받아야 한다고 제안했다. 시민들과 의회에 대한 성과정보의 규제는 비난을 줄이기 위해 발표와 관련된 전략을 사용하는 공공기관의 의도를 제약할 수 있고, 책임을 회피하기 위해 안이한 책임 분배 시스템을 유지하려는 것을 제한할 수 있으며, 중앙정부와 다른 공공기관들 사이의 책임의 할당을 명확히 할 수 있다.

이런 전략들이 지속적으로 관찰됨을 고려할 때 PSA의 성과평가에 대한 공직자들의 책임회피전략이 점증적으로 불가능해질 때까지 지속적인 시스템개선이 이루어져야 할 필요가 있다고 결론내릴 수 있다. 현재 중앙정부나 지방정부의 경우 어느 정도 시스템이 안정된 것은 시스템의 지속적인 개선작업이 동시에 진행된 결과라고 할 수 있다. 지속적인 개선작업이 큰 문제 없이 이루어진다면 PSA는 향후 영국 행정부 내에 핵심행정부의 통제수단으로, 행정부에 대한 시민과 의회의 통제수단으로 남을 것으로 전망된다.

V. 예산과정의 개선

1 예산편성 및 집행과정의 개선

영국의 전통적인 예산과정의 특징은 헌법적 관례에 따라 정부가 의회에 예산을 요구하고 하원은 예산을 승인하며 상원이 이에 동의하는 형태로 이루어진다는 점이다. 영국은 의원내각제 국가로 의회가 정부가 제출한 예산안의 심사에 큰 관심을 보이지 않는 경향이 있고 상대적으로 행정부 내의 재무부의 역할이 크다. 예산이 집행되는 기간 동안 각 부처의 자체적인 통제와 재무부와 의회의 지속적인 통제가 뒤따르고 회계연도 종료 후 회계보고와 감사가 이루어진다.

이러한 전통을 기본적으로 유지하면서 1990년대 이후 영국 정부는 Audit Commission Act(1998), Devolution Acts(1998), Finance Act(1998), Government Resources and Accounts Act(2000) 등을 제정하여 예산과정에 변화를 꾀하였다. 이는 80년대 이후 정부 부처의 운용 및 관리 방식이 제도적으로 크게 변화한 점, 특히 Next Steps에서 독립기관(Agencies)들이 만들어진 점에 기인한다.

먼저 예산안편성과정의 개선으로 의회가 심의시 집중적으로 사용할 수 있는 편리성 있는 정보를 제공한다는 차원에서 기존의 예산관련 정보의 간소화를 추진하였다. 전통적으로 영국에서 집권당과 정부가 동일 정당이라는 헌법적 특성에 의해 의회는 예산안 심의에서 큰 역할을 하지 않았다. 이런 상황에서 예산안 심의의 효율성을 높이기 위하여, 현재 예산안 편성시 의회에 제공되는 정보를 간소화하여 의회는 '프로그램' 이라는 큰 단위의 예산규모에 대한 편성에 집중하도록 하였다.

예산집행과정의 개선으로 정부는 투자의 경우에만 채무를 질 수 있고 지출을 위해서는 채무를 질 수 없다는 재정원칙과 GDP 대비 공공부문 순부채가 일정한 수준을 유지해야 한다는 재정원칙이 재무부에 의해서 수립되었다. Next Step에 의해 도입된 130개의 기관(Agencies)은 예산집행의 독립성도 갖는다. 예산집행과정에서 정부재무관리의 개선을 위해 발생주의회계제도 도입한 점도 중요한 변화라고 할 수 있다. 영국 정부는 2000년 지출검토(spending review)에서 비현금비용을 제외하고 2003년부터 모든 비용을 발생주의 원칙에 의해서 기록하기 시작했다. Government Resources and Accounts Act(2000)에 의해 도입된 발생주의 회계제도는 기업회계방식으로 중앙정부의 회계를 처리하는 것을 의미하며, 이와 같은 방법으로 얻어진 회계정보는 차년도 발생주의 예산을 편성하는 것에 기여한다. 발생주의를 기본으로 한 자원회계예산은 정부의 자산과 투자를 관리하는 데 있어서 효율성을 높이고, 이전의 현금기준 회계방식에서의 불합리한 인센티브제도를 개선하고, 정부의 책임자가 의사결정에 필요한 중요한 정보를 충분히 제공할 수 있을 것으로 기대된다. 영국의 발생주의 예산인 자원회계 및 자원예산에 대하여 상세히 검토한다.

2 자원회계 및 자원예산제도(resource accounting and budgeting: RAB)

1) 개념 및 도입배경

자원예산·회계(RAB: Resource Accounting and Budgeting)는 발생주의 회계제도(Accrual Accounting)인 기업회계방식으로 중앙정부의 회계를 처리하고 이와 같은 방법으로 얻어진 회계정보를 가지고 차년도 예산을 편성하는 것을 말한다.[6] 자원예산은 자원소모액과 자본투자를 구분하여 제공하고 각 부처의 서비

6) 영국 정부는 발생주의 회계 대신 자원회계라는 용어를 사용하고 있는데, 이는 정부회계 개혁을 단순히 발생주의 회계기법을 채택하는 것이라고 보기보다는 재정 관리의 도구로서 정부회계의 특징인 예산과 회계를 강조하고 이를 기업회계와 차별화하기 위한 것으로 볼 수 있다.

스와 원가를 대응시키도록 하는 것이다.[7] 이 개혁은 기존의 현금주의 기준에 의한 예산편성 및 집행결과를 계리하는 예산회계시스템(Budgetary Accounting System)과 발생주의에 의한 사업원가 산정과 자산-부채에 관한 재무보고회계(Proprietary Accounting System)를 하나의 자원예산회계로 통합하여 기존의 현금회계에서 주는 정보의 제약성을 해소하고 더 나은 관리와 의사결정 체제를 갖추게 되었다는 점에서 의미 있는 개혁으로 평가받고 있다.

영국에서 발생주의 회계는 1974년 지방정부의 개혁 후 일부 소규모 지자체를 제외하고 대부분 지자체가 발생주의 회계를 도입하였다. 이때부터 발생주의에 대한 공감대가 형성되어 있었으나, 중앙정부에 의해 발생주의에 대한 도입이 본격적으로 논의된 것은 1990년대부터이다. 보수당 대처 정부는 집권과 함께 시장경제의 원리에 입각한 '작고 효율적인 정부'를 지향하면서 강력한 개혁을 추진하게 되었다. 이러한 개혁의 성과는 재정분야의 책임성과 효율성의 강화에 초점을 맞추고 있지만, 종전의 회계제도로는 이러한 재정개혁의 준수 여부 확인과 재정이 경제에 미치는 영향을 파악하기 어려웠다. 따라서 관리의 개선과 납세자에 대한 비용가치의 달성을 위해서는 완전히 자원에 기초한 예산회계시스템이 필요하다는 인식 하게 되었고, 예산회계에 전면적으로 발생주의를 적용한 RAB를 도입-시행하게 되었다. 중앙정부는 공공부문에 발생주의를 적용하는 RAB를 1993년 시도하여 1994년 Better Accounting for the Tax Payer's Money: Resource Accounting and Budgeting in Government를 발간하였다. ① 1997년 4월 주요 부처, 1998년 전부처 자원회계제도 시행, ② 1999-2000 회계연도 최초 자원회계보고서(Resource Accounts) 의회 제출, ③ 2000년 자원부처에 기초한 최초 공공지출 서베이, ④ 2001-2002 회계연도 의회 승인 하에 완전한 자원에 기초한 세출예산서(Supply Estimates) 제출 등의 일정으로 진행되었으며, 2005-2006 회계연도에는 중앙정부, 지방정

7) 영국 중앙정부의 자원예산시스템(Resource Budgeting System)은 종전의 예산계정(Appropriation accounts) 대신에 자원계정(Resource accounts) 즉, 자원회계정보를 이용하여 공공지출의 계획과 통제의 기초를 삼는 것이다.

부 및 공공기업까지 포함하는 정부전체통합재무보고서(Whole of Government Accounts: WGA)의 도입이 확정되었다.

2) 재무보고서의 구성

회계원칙과 기준(accounting principles and standards)은 재무부의 주관 하에 재무보고자문위원회(Financial Reporting Advisory Board to the Treasury)가 중심이 되어 설정하고 이를 재무부가 공표하는 방식을 취하고 있다. 각 중앙부처의 자원회계는 매년 중앙부서별(관련 부속기관 포함)로 발간되는데 여기에는 자원소요액, 재원요구액, 재무상태, 부처의 목적·목표별 자원보고서 등 일련의 보고서를 포함하도록 의무화되어 있다.

자원회계제도 하에서는 다음의 재무제표들이 발행되어야 한다. 즉, 재무보고서는 서문, 회계책임자의 임무, 내부통제시스템, 재무제표 및 주석, 감사보고서, 부속명세서로 구성된다. 서문은 재무제표의 전반적인 내용을 압축적으로 설명하는 내용을 담고 있다. 자원회계예산에 의한 정부회계의 기본적인 재무제표는 다음과 같다.

① 자원산출요약서(Summary of Resource Outturn)
② 운영원가계산서(Operating Cost Statement)
③ 대차대조표(Balance Sheet)
④ 현금흐름계산서(Cash Flow Statement)
⑤ 부처의 목적/목표별 자원명세서(Resources by Departmental Aim and Objectives)

(1) 자원산출요약서는 자원예산과 현금소요에 대한 예산액과 실제집행액을 비교하여 예산과 실적을 표시하는 회계보고서로서 현금기준의 예산편성에 대한집행결과 및 발생주의에 의한 자원집행결과를 동시에 표시하도록 작성된다.

이 재무제표는 기업회계에 포함되지 않는 재무제표로 자원예산과 자원회계를 연결하는 회계보고서로서 그 중요성이 인식되고 있다.

(2) 운영원가계산서는 미국의 활동보고서, 한국의 재정운영보고서, 뉴질랜드의 재정성과보고서, 일본의 행정비용계산서에 해당하는 재무제표이며, 기업회계의 손익계산서에 대응되지만 해당 회계연도의 자원소모액을 기관운영에 필요한 행정비용과 사업지출비용을 구분하여 표시한다는 점에서 기업의 손익을 표시하는 성격과는 차이점을 갖는다.

(3) 대차대조표는 회계연도 말의 재정상태를 표시하는 재무제표로 총자산에서 총부채의 차감한 금액을 순자산이라는 용어를 사용하지 않고 뉴질랜드와 마찬가지로 납세자지분(taxpayer's equity) 개념을 사용하고 있는 것이 특징이다(이경섭, 2003).[8]

(4) 현금흐름계산서는 운영활동과 자본지출을 구분하여 현금유입액과 현금유출액을 통해 회계연도의 현금수지를 파악하는 재무제표로서 기업회계 방식과 유사한 성격을 지닌다.

(5) 부처 목적·목표에 의한 자원보고서는 부처 조직단위에 대해 설정한 목적과 목표에 따른 비용과 수익을 비교하여 순원가(net cost)를 표시하는 재무제표로 정부의 특성이 반영되고 있다.

그 밖에 정부부처별로 산출·성과분석(output and performance analysis) 보고를 하도록 하고 있다. 산출·성과분석 보고는 재무제표와 별개로 작성되고 비록 재무제표를 보완하는 기능을 하는 점도 있지만 재무제표는 아니다. 산출·성과분석과 예산대비 결산이나 예측 대비 결과에 대한 정보는 의회 예산승인을 요구하는 시점에 관계부처별로 발표하여야 한다.

한편, 회계감사는 앞서 열거한 각종 재무제표와 주석을 그 감사대상으로 하

8) 미국의 순자산보고서, 뉴질랜드의 재정상태보고서, 한국의 재정상태보고서, 일본의 대차대조표에 해당하는 것이다.

며, 정부부처의 목적 · 목표에 의한 성과분석도 회계의 정식 항목이자 감사대상이 되고 있다. 다만, 산출 · 성과분석 보고는 자원회계와 별도로 분리 제공되므로 감사대상은 아니지만 그 정보는 다양하게 활용된다는 점에서 중요성이 인정된다.[9]

3) 평가 및 전망

자원회계는 좀더 나은 재무적인 정보를 가진 서비스를 제공하고, 중앙정부가 좀더 세분화된 의사결정을 할 기회를 준다. 또한 더 많고 더 나은 정보를 의회에 제공하여 의회에 대한 중앙정부의 책임성(accountability)을 제고할 수 있도록 한다. 많은 의원들이 민간부문에서 사용되는 것과 다르지 않은, 이해하기 쉬운 새로운 정보를 찾을 수 있을 것이다. 새로운 회계정보가 의회와 중앙정부에 재무적인 절차의 과정과 내용의 통제에 어떤 변화를 일으키고 있는지는 앞으로 더 관찰해야 할 부분이다. 대부분의 학자들은 새로운 형태의 회계정보가 주인-대리인 문제를 해결하는데 긍정적인 영향을 미치고 있다고 보고 있다. 앞으로의 과제는 이러한 회계정보시스템의 변화가 제공하는 새로운 형태의 재무정보의 활용 잠재력을 극대화하는 것이라고 하겠다.

9) 그리고 회계기준과 관련하여 자산의 인식기준을 보면, 자산의 회계처리에 있어서 사회간접시설(infrastructure assets)은 양도할 수 없는 자산으로 도로, 보도, 교량 등이 이에 해당되는데, 이들 사회간접자본자산은 역사적 원가에 의해 대차대조표(balance sheet)에 기록되며, 내구연수에 기초하여 감가상각을 실시하고 있다. 또한 유산자산(heritage assets)은 정해진 내구연수가 없다는 특성을 지니는 자산으로서 대표적으로 역사적 공원, 예술작품, 문화재 등이 이에 해당한다.

VI. 요약 및 결어

영국은 지난 20년간 중앙정부 및 지방정부의 행정개혁을 위해 다양한 일련의 개혁을 추진해 왔다. 행정개혁의 목표를 달성하기 위해 긴축적 재정정책, 성과주의 예산 도입 및 예산시스템의 변화가 추진되어 왔다.

현재 영국의 중앙정부 및 지방정부는 이러한 행정개혁, 재정예산제도의 개혁의 결과로 전통적인 정부, 행정과 달리 3년간의 중장기 예산 하에 장기적인 성과를 낼 수 있는 목표를 세우고 이에 따라 다양한 재정집행을 독립성을 갖고 추진하고 있다. 그리고 성과에 따라 부서 및 지방정부는 인센티브를 받고 있다.

특히 영국의 지방공공서비스 계약제도는 포상교부금의 지급 등 인센티브를 부여함으로써 지방정부의 적극적인 참여를 유도하는 등 많은 성과가 나타나고 있다(Boyne & Law, 2005). 목표 설정 단계에서 지방정부가 적극적으로 참여하여 자율성도 확보되고 동시에 개혁에 대한 동기부여도 되고 있다.

이러한 영국의 성공적인 공공재정의 개혁은 우리나라 중앙정부 및 지방정부 재정 개혁에 많은 시사점을 준다고 하겠다. 우리나라는 그 동안 투입 중심의 예산제도에서 성과 중심, 결과 중심의 예산제도로 개편하려는 노력을 기울여 왔다. 이에 따라 많은 발전이 이루어진 반면 제도 개선에 따른 인센티브가 행정의 주체인 부서와 지방정부에 적절히 배분되지 않음으로써 더 적극적인 개혁이 이루어지지 못하였다.

이런 점에서 영국 중앙정부의 공공서비스계약제도(PSA), 영국의 지방공공서비스제도는 인센티브 제공과 지방정부의 자율성 확대라는 측면에서 시사점이 많다. 또한 민자유치정책(PFI)도 유사한 제도적 도입이 우리나라에서도 시도되었는데, 영국의 제도적 특성을 참조하여 우리나라의 민자유치 사업에 적용할 수 있을 것이다. 마지막으로 예산편성 및 집행 등 예산시스템의 변화에서 재정예산시스템의 변화와 더불어 자원회계(resource accounting and budgeting)

도 우리나라와 유사한 제도라고 할 수 있다. 우리나라 예산 및 회계 제도에 현금주의에서 발생주의로의 변화 과정에서 영국의 경험은 시행착오를 줄 일 수 있는 많은 교훈을 줄 수 있을 것이다.

참고문헌

원윤희. (2001). 「외국의 지방예산제도 개혁사례-영국의 지방공공서비스협약(Local Public Service Agreements)제도」. 지방재정 제6호.

이경섭. (2003). 영국의 자원예산회계, 감사원연구보고서.

전택승. (2004). 「우리나라와 외국의 성과주의 예산제도」. 한국조세연구원 연구보고서.

Arestis, Philip & Malcolm Sawyer. (2001). The Economics of the Third Way: Experiences from around the World, Edward Elgar.

Boyne, G. & Law, J. (2005). Setting Public Service Outcome Targets: Lessons from Local Public Service Agreements. Public Money and Management, August.

James, O. (2004). The UK Core Executive's Use Of Public Service Agreements As A Tool Of Governance. Public Administration, 82(2).

Likierman, A. (1998). Report: Recent Developments In Resource Accounting And Budgeting (RAB). Public Money And Management, Oct-Dec.

Noman, Z. (2008). Performance Budgeting In The United Kingdom. OECD Journal Of Budgeting, 8(1).

OECD. (2004). United Kingdom. OECD Journal Of Budgeting, 4(3).

Shaw, E. (2004). What Matters Is What Works: The Third Way And The Case Of The Private Finance Initiative. In Hale, S. et. al. (eds). The Third Way And Beyond.

Wegrich, K. (2009). Public Management Reform In The United Kingdom: Great Leaps, Small Steps and Policies As Their Own Cause. International Handbook Of Public Management Reform.

제 4 장 영국의 전자정부

류 현 숙 (한국행정연구원)

I. 서 론

1 연구배경 및 목적

최근들어 각국 정부는 거버먼트 2.0[1)]의 철학을 바탕으로 대국민 서비스와 내부업무프로세스 개선에 노력하고 있으며 가장 대표적인 국가가 영국이라고

1) 기존의 전자정부로부터 한 차원 진화한 개방형 정부의 패러다임으로 국민의 참여와 민관 협업이 활성화된 정부라고 할 수 있다. Web 2.0 철학인 개방, 공유, 협업을 응용하여 공공부문에 적용시키고자 한 노력으로 등장한 개념이다(석봉기 · 민정욱, 2010).

할 수 있다. 영국의 전자정부는 정부가 전통적인 전달 수단 이외의 정보기술을 통해 고객으로서의 국민과 기업에게 각종 서비스를 전달함으로써, 서비스의 질을 향상시키고 궁극적으로는 정부의 효율성을 제고하기 위한 방안으로 등장하였다. 이후 영국의 전자정부는 행정 문제에 대한 기술적인 해결방안을 정보기술에서 찾을 뿐 아니라, '정보시대의 정부(Information Age Government)'를 구현하겠다는 비전을 가지고 발전하였다(황종성, 2000).

영국[2]을 비롯한 유럽 국가들의 전자정부 사업의 핵심 비전[3] 중 하나가 'e-Inclusion(전자적 포용)'[4]이다. 이는 정보 불평등 및 정보격차를 줄여 모든 사람들에게 정보통신기술에 대한 접근권을 제공하는 것을 목표로 하며, 이러한 비전은 정보격차가 경제격차를 더 심화시킬 수 있다는 문제 인식에 바탕을 두고 있다.

영국의 중앙정부는 2000년대 초반부터 'e-Inclusion'과 더불어 지방전자정부(local e-Government) 사업의 확산 및 중앙-지방 전자정부의 연계에 역점을 두어왔다. 이는 중앙정부가 지방전자정부 체제 구축을 통해 중앙-지방간의 업무 효율성과 고객에 대한 대응성을 제고시키려는 목적에 기인한다(류현숙, 2009).

한편 영국은 전자정부 도입 당시의 초기 정책의제인 '시장닮기'를 지속적으로 진행해 왔으며, e-business 모델을 공공부문을 개혁하기 위한 전략으로 활용하고 있다. 무엇보다 정부서비스는 내부조직 중심에서 벗어나 고객 중

2) 영국의 공공정보화 서비스는 1994년 이후 급속히 발전해 왔으며 2009년 기준으로 EU의 전체평균은 71% 수준이나 현재 영국은 대국민서비스(G2C)를 100% 온라인으로 제공하고 있다(UK, 2010).

3) 미국과의 경제격차를 좁히기 위해 1999년 단일통화권을 합의한 이후, EU는 미국을 따라잡기 위한 리스본전략(Lisbon Strategy)을 채택하게 되었다. 리스본전략은 크게 경제개혁, 고용증대 및 사회통합의 3대분야로 구분되어 추진되었으며, 경제개혁분야에 정보화의 진전, 연구 및 혁신 촉진, 역내 시장통합, 거시경제정책 조정 등에 관한 추진계획을 포함하고 있다. 경제개혁분야 중 디지털 융합 시대의 정보사회 및 시청각미디어 전략으로 i2010을 추진하였고, 이는 ICT의 광범위한 사용을 통해 경제 전반의 효율성을 제고시키는 것을 목표로 하고 있다(정중호 · 채송화, 2006).

4) EU의 전자적 포용(e-inclusion)은 i2010 세 가지 정책의제 중 하나로 '지속가능한 발전과 부합하는 방식으로 성장과 고용을 증진시키며, 공공서비스의 개선과 삶의 질 향상을 우선시하는 참여적 유럽 정보사회의 달성'과 관련이 있다. 이는 유럽의회의 정보사회와 미디어를 위해 임명된 특정분야의 전문가들(Directorate-General)에 의해 관리된다.

심으로 제공되어야 하며, 이를 위해서는 새로운 협력(partnership) 속에서 기관 간 상호 협력이 강조된다.5)

영국은 이러한 비전을 가진 전자정부 사업을 통해, 모든 사람들이 정보통신에 대해 보편적 접근권을 보장받을 수 있도록 '포용사회'와 '지방분권화' 실현을 추진전략으로 삼고 있다. 이와 같은 영국의 전자정부 사업은, 여전히 기술 인프라와 하드웨어의 고도화에 집중하고 있는 한국의 전자정부 사업에 시사하는 바가 크다고 볼 수 있다. 따라서 본 연구는 영국 전자정부의 비전 및 추진 전략, 추진체계를 살펴보고 향후 우리나라의 전자정부 정책과 사업에 주는 시사점을 도출하고자 한다.

2 영국 전자정부의 추진 전략

1) 보편적 서비스 : 전자적 포용(e-Inclusion)

전자적 포용(e-Inclusion)은 EU 내에서 통합적인 정보 사회의 성취와 관련된 활동을 포함하는 정책이다. 이러한 맥락에서 새로운 기술 개발은 디지털 양극화의 위험을 디지털 통합의 기회로 바꾸고 인터넷의 이익을 가져오며, 모든 집단의 사람들에게 기술적인 수단성을 높인다. 특히 교육(e-Competences), 연령(e-Ageing), 접근성(e-Accessibility), 윤리, 지리적 조건 등으로 인해 불이익을 받는 사람들이 새로운 기술 개발의 혜택을 받을 수 있다.

5) 이를 위해 블레어 정부에서는 전자상거래를 활성화하고 전자정부를 구현하기 위한 정보화 정책을 마련하였다(황종성, 2000).

(1) 전자적 포용(e-inclusion)의 필요성: 정보격차와 웹 접근성[6)]

ICT 접근성과 기술의 불평등은 전자정부 서비스 이용에 하나의 큰 장애요인이다(European Commission e-Government unit, 2007; 이희열, 2009에서 재인용). 취약계층이 인터넷에서 유용한 정보를 찾고 이를 활용하는 ICT 기술(Skill)을 갖지 못한다는 것은 온라인 서비스로부터 아무런 혜택을 얻지 못하게 됨을 의미하기 때문이다.[7)]

2009년 6월 디지털 영국(Digital Britain)과 시장조사기관 PwC(Price Water-house Coopers)와 공동으로 주요 분야에 대해 잠재적인 디지털 통합 경제효과를 분석한 결과, 실제 낮은 학력이나 부족한 IT 활용능력을 가진 취약계층은 디지털 무능력자로 분류되고 이는 구직의 어려움과 연결되어 사회적 소외를 가져올 수 있는 것으로 나타났다(한국정보화진흥원, 2009).[8)] 또한 영국은 취약계층 중 장애인의 정보접근권 향상[9)]을 위해 장애인차별금지법(Disability Discrimination Act: DDA, 1995)을 제정하여 웹 접근성을 의무화하고 있다(이윤희, 2009). 영국 비즈니스혁신 기술부(BIS)는 누구나 디지털 콘텐츠에 접근 가능하도록 하는 것을 목표로 2010년 10월 12일 'e접근성 실행계획(e-Accessiblity Action Plan)'을 발표하였다. 이를 통해 특별한 요구를 가진 장애인 등 취약계층을 디지털 경제에 포함시킬 수 있을 것으로 기대된다(한국정보화진흥원, 2010). 최근 들어 웹 접근성의 향상은 장애인, 낙후지역 주민, 노인 등 정보취약계층에게 정보화의 혜택을 줄 수 있고, 무엇보다 전자정부에서 제공되는 공공정보는 모든

---

6) 웹 접근성이란 '어떠한 사용자(장애인, 노인 등), 어떠한 기술 환경에서도 사용자가 전문적인 능력 없이 웹 사이트에서 제공하는 모든 정보에 접근할 수 있도록 보장하는 것'으로 정의할 수 있다(현준호, 김석일, 2006).

7) 영국은 전체 가구의 35%가 인터넷을 이용하고 있지 못하며, 이 중 26%는 인터넷 장비와 이용부담 등으로 사용에 어려움이 있는 것으로 나타났다(이희열, 2009).

8) 심각한 사회적 불이익을 겪고 있는 사람들의 1/3(약 성인 760만 명)이 인터넷을 사용하지 않으며, 성인 600만 명이 디지털 사회적 소외자로 분류된다. 65세 이상 노인이 가장 큰 디지털 소외집단이지만, 사회적 소외와 상관관계가 높은 그룹은 실업자 집단이었다.

9) 영국은 노동연금부(Department for Work and Pensions: DWP), 평등인권위원회(The Equality and Human Rights Commission)를 중심으로 장애인의 정보접근권 향상을 위한 정책을 추진해 왔고, 장애인 차별금지법과 이 법의 실행을 위한 지침을 제정한다(이윤희, 2009).

국민에게 동등하게 제공되어야 할 콘텐츠이므로, 헌법으로 명시된 모든 국민의 권리 차원에서 당연히 보장될 필요가 있다(이성일, 2009)[10]는 주장이 점차 주목받고 있다. 아울러 이러한 정보격차(digital divides and choice)가 전자정부의 활성화를 저해할 수 있으므로(OECD, 2003), EU는 소외계층의 정보에 대한 접근장벽을 낮추어 공공서비스의 혜택을 확대할 필요가 있음을 지적하고 있다[11](문정욱, 2010).

(2) 정보격차와 시민참여[12]

정보통신기술의 발전은 시민참여의 새로운 접근 채널을 제공할 뿐만 아니라 참여의 활동범위를 확장하는데도 중요한 역할을 한다. 2009년 3월 20일 영국 Ofcom(Office of Communication)의 'Citizens Digital Participation'의 보고서에 따르면 인터넷 사용자 그룹은 온라인 및 오프라인의 모든 활용에서 높은 시민참여수준을 보이지만, 이와 달리 저소득층 거주자 지역의 시민참여 수준은 낮은 것으로 나타났다. 무엇보다 인터넷 사용자들 중 50%가 시민참여 경험이 있는 반면 저소득층 지역거주자의 10%만이 인터넷을 통해 시민참여를 한 경험이 있는 것으로 나타났다.[13] 이러한 결과는 저소득층의 낮은 시민참여의 원인이 사회적 이슈에 대한 관심부족보다는 인터넷 장치나 지식 결여, 정보에 대한 신뢰나 자신감 부족이 시민참여의 장벽일 수 있음을 시사한다(윤유진, 2009). 이는 시민참여가 국가정책 방향 뿐만 아니라 사회적 분위기와 환경을

---

10) 웹 접근성에 대한 인식제고가 중요하며 특히 공공 및 민간부문의 최고경영자, 정책입안자, 정책실무자 등의 웹접근성에 대한 인식제고가 필요하다(이성일, 2009).

11) 수요자 중심서비스 제공의 관점에서 다양한 국민의 요구를 충족시키고자 개인특성과 행정을 연계될 수 있는 서비스를 제공할 계획의 일부이다(문정욱, 2010).

12) 영국은 시민들이 총리에게 직접 질문하고 답변을 들을 수 있도록 유투브에 직접 채널을 개설하였다.

13) 우리나라의 경우 전국에 거주하는 만 19-49세 성인 인터넷 이용자 1,000명을 대상으로 인터넷을 통한 의사결정참여 경험에 대한 조사결과, 응답자의 35.2%만이 온라인상에 정책현안이나 쟁점에 관하여 의견표출, 온라인 정책토론, 정책평가와 감시 등에 참여해 본 경험이 있는 것으로 조사되었고, 청와대와 정부부처 사이트 이용률은 15.6%으로 나타났다(이원태 · 홍순식, 2008).

조성하는데 필수적인 역할을 하고 있는 상황에서(윤유진, 2009), 정보격차는 정보소외계층의 시민참여의 장벽이 될 수 있다는 것이다.[14] 우리나라의 경우 온라인 시민참여 기반은 마련되어 있으나 실질적인 참여 및 만족도는 낮은 실정[15]으로, 이는 공공과 민간의 의사소통 채널은 양적으로 증가했는지는 모르나 정책과정에서 공급자와 수요자 사이의 쌍방향 소통에 기반을 둔 의사결정이 제대로 반영되고 있지 못함을 반증하고 있다(윤성이 · 장우영, 2007; 정연정, 2004; 문형남 · 이경상, 2008; 김희연, 2009에서 재인용). 많은 국가들이 국가 안의 모든 주체가 참여할 수 있는 '열린 정부' 구현에 힘쓰고 있다. 이러한 열린 정부 의제를 통해 기업서비스 개선, 지방 전자정부의 활성화, 온라인을 통한 시민 참여 증대와 민주주의에 대한 재해석 등 수 많은 이슈들이 향후 전자정부가 각 주체별 쌍방향 커뮤니케이션과 이를 통한 가치 창출을 향해 나아가고 있음을 알 수 있다(이종화, 2010).

(3) 전자적 포용과 효율성

전자적 포용은 개인과 조직 모두에게 기회를 가져다 줄 뿐 아니라 공공서비스 제공의 비용을 줄이는데 막대한 잠재적 가능성을 내포하고 있다. 인터넷으로 전자정부를 이용할 때, 1회당 69분의 시간이 절감되고 약 32,000원(1유로=1,800원 기준)이 절감되는 효과가 있을 뿐만 아니라, 웹 접근성 개선을 위한 추가비용[16]을 감안하더라도 정보 취약계층의 20%만이라도 인터넷을 활용한다면 연간 약 1조 5,000억 원의 비용 절감 효과가 있을 것으로 추정된다(Commission

---

14) 결국 한 사회의 구성원인 시민들로서의 기본권(civil right)을 침해하는 결과를 낳을 수 있다.

15) 국내 16개 광역자치단체와 15개 주요 중앙부처 등 총 31개 웹 사이트의 웹 2.0 적용 국민참여형 소통에 대한 평가결과, 중앙부처 31점, 16개 광역지자체는 35점(100점 만점)으로 조사되었다(문형남 · 이경상, 2008). 모든 중앙부처와 웹 사이트에 국민참여기능은 있으나 공무원참여와 시민참여 촉진 기능의 부재, 낙후된 기술의 사용 등으로 유명무실한 실정으로 기술적인 기반은 마련되어 있으나 실제 활용률 낮은 것을 알 수 있다(김희연, 2009).

16) 추가비용이 2%-30%까지 다양하게 발생하여 웹 접근성 개선을 위한 시간적, 재정적인 부담을 갖고 있어 인식제고가 필요하다(이윤희, 2009).

of the European Communities, 2008; 이윤희, 2009에서 재인용).

전자정부는 인터넷 기반의 전자적 처리 과정을 통해 전통적인 민원서비스를 대신하여 훨씬 저렴한 비용으로 고객과 상호작용을 하는 효율성을 담보할 수 있다. 이 같은 계획은 경제 전반에 잠재적으로 중요한 파급력을 가지며, 영국 정부는 전자정부와 디지털 교육 프로그램으로 2008년에서 2010년까지 GDP의 1.1~1.5%p 증가를 산출할 것으로 기대하고 있다.

2) 중앙정부와 지방정부 연계

영국은 중앙정부 수준에서의 핵심적인 전자정부 추진 조직을 설립함과 동시에 민주주의적 분권화를 위한 전략에도 관심을 가지고 있으며, 부처의 자율성을 극대화하면서 총리(Prime Minister) 중심의 추진체계를 구축하고 있다. 또한 중앙정부와 지방정부의 행정업무 연계 역시 지속적으로 추진되어 왔다. 한마디로 영국 정부는 전방위적 차원의 분권과 집권의 조화를 모색하고 있음을 알 수 있다.

우선 영국은 전자정부국(e-Government Unit)을 중심으로 전자정부의 핵심적 전략을 수립하고 집행 측면에 있어서는 중앙과 지방간의 유기적 연계를 도모하여 탈(脫)중앙집권화된 사업을 추진하고 있다. 전자정부 계획과 실질적인 정책 집행을 추진하면서 각급 행정기관의 특수성과 선택권을 인정하고 있으며 총리의 혁신적 리더십에 바탕을 둔 강력한 중앙집권적 정책조정 기능을 발휘시키고 있다. 중앙-지방정부 부문 뿐만 아니라 특별지방행정기관, 정부산하기관, 비정부 공공기관 등을 포함한 범공공부문 차원의 전자정부 정책을 마련하고, 이에 대한 공통 집행을 도모하는 전자정부 추진체계를 구축하고자 노력한다(정재동, 2006).

이와 같은 특징을 가진 영국의 전자정부를 도식화하면 〈그림 3-12〉과 같다.

<그림 3-12> 영국 전자정부

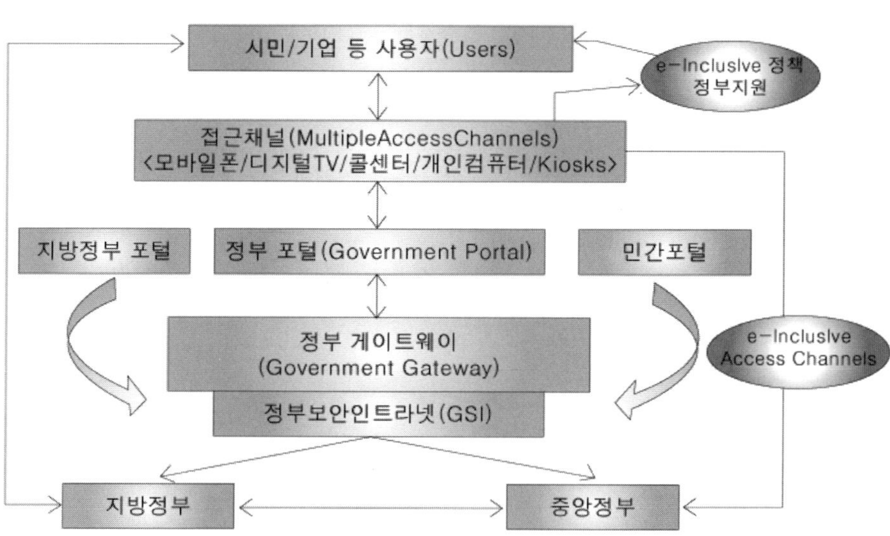

참조 : 영국 내각사무처 보고서(2000) 변형.[17]

II. 추진체계

1 전자정부 정책결정 및 조정체계

영국의 전자정부 추진체계는 총리실 산하의 전자정부단(e-Government Unit : eGU)을 중심으로 하여 전자정부를 총괄하고 있으며, 부처 차원에서는 전자상거래 및 기타 정보화를 담당하는 통상산업부(Department of Trade and In-

17) e-government: A strategic framework for public services in the information age.

dustry : DTI), 예산 성과관리를 위한 재무부(Her Majesty' s Treasury : HMT)와 재무부 산하에 전자조달을 위한 전자조달국(Office of Government Commerce : OGC) 등이 포함되어 있다(조대정, 2008).

<그림 3-13> 영국 전자정부 정책 결정 및 조정체제

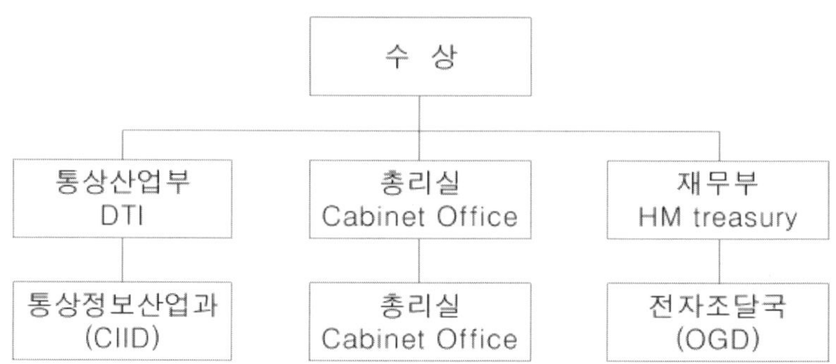

1) 총리실 내각사무처(Cabinet Office)

영국은 1998년 7월 공공서비스처(Office of Public Service : OPS)를 내각사무처(Cabinet Office)에 통합하면서 전자정부 추진 조직인 전자정부국(eGU)을 신설하였다. 이로써 내각사무처가 범정부적 차원에서 전자정부 정책의 총괄조정기관 역할을 담당하게 되었다.

이후 총리실(Cabinet Office) 직속의 정보화 추진본부(Office of e-Envoy)가 신설되었고 그 아래에 중앙정보기술국(Central Information Technology Unit : CITU)이 포함되었다. 정보화 추진본부(Office of e-Envoy)는 국가정보화 리더로서의 역할을 수행하기 위해 설립된 최고의 IT 총괄조정 기구이며, 동시에 실무를 직접 담당하는 실무기구로서의 지위를 갖는다. 정보화 추진본부(Office of e-Envoy)는 광범위한 e-Commerce 전략의 개발 및 검토, 정부부처 간 이해관계 조율, 전략보고서의 진행상황 및 모니터링 등을 담당한다(조대정, 2008).

정보화 추진본부의 장은 정보화 혁신 프로그램을 작성하고 이의 실행을 주관하며 여러 기관과 관련된 정책을 개발한다. 또한 정보화 기금과 관련하여 재무부 장관을 보좌하는 등 전자정부 추진에 가장 핵심적인 역할을 수행한다.

2004년에는 구축된 정보화 기반을 토대로 전자 서비스의 통합적 운영과 효율적 지원에 중점을 두는 새로운 정보화 전략이 발표되고 이러한 전략에 따라 정보화 추진본부(Office of e-Envoy)가 전자정부국(eGU : e-Government Unit)으로 개편되었다. 전자정부국은 정보기술 전략 및 정책수립, 전자정부 선진사례 발굴 및 보급, 시민중심적 서비스 제공 등의 업무를 담당한다(정재동, 2006).

한편 총리실은 재무부와 함께 정보화 및 전자정부에 대한 의사결정을 최종 승인하는 역할을 담당하고 있으며, 총리실 산하 미래전략단(Strategy Unit)은 2005년 3월 통상산업부와 국가차원의 종합정보화정책을 함께 제시하였다. 그리고 전자정부단(eGU)은 총리실에 위치하여 각 부처내의 전자정부 사업개발 조정 등 정책수행을 총괄적으로 관장하는 영국 전자정부의 핵심적 실무조직이라고 할 수 있다.

최근 총리실은 국민과의 소통을 활성화하고, 공공업무를 혁신하기 위해 디지털 참여국장(Director of Digital Engagement) 보직을 신설하였다(한국정보사회진흥원, 2009). 이 보직의 주요 업무는 정부와 시민 간 소통 활성화를 위한 전략 수립 및 집행, 정부기관 대내외 업무조정을 비롯한 협업체계 개선, 디지털 통합을 위한 지식정보관리, 신기술 도입 및 자문단 창설 등이다. 특히 PIO (Power of Information) 태스크포스 팀이 제안한 공공부문의 정보공유 및 개방을 통해 시민들이 정부가 제공하는 공공서비스에 보다 편리하게 접근할 수 있도록 권고안[18]을 집행하고 추진한다(김희연, 2009).

18) 영국 정부는 PIO(Power of Information) 태스크포스 팀의 25개 권고안을 별도수용/원칙적 수용/일부 수용으로 구분해 영국의 공공-민간 온라인 소통 4대 원칙을 발표하였다(김희연, 2009).

2) 통상산업부(Department of Trade and Industry)

통상산업부(DTI)는 통신정보산업과에서 방송, 컴퓨터 게임, 디지털 콘텐츠, 모바일통신, 전자기술, 정보보호, 정보미디어, S/W와 컴퓨터 서비스, 통신 등을 담당하고 있다. 여기서는 국가정보화 추진을 위하여 1996년 '정보사회정책(Information Society Initiative)' 기본계획과 1998년 '국가경쟁력 : 지식기반 경제구축(Our Competitive Future : Building the Knowledge-driven Economy)'을 발표한 바 있다. 또한 총리실 미래전략단(Strategy Unit)과 함께 2005년 '영국정보화 : 디지털전략(Connecting the UK : the Digital Strategy)'이라는 새로운 국가정보화 전략을 발표하여 국가차원의 종합정보화 전략을 제시하였다(조대정, 2008).

3) 재무부 전자조달국(Office of Government Commerce)

재무부 전자조달국(OGC)은 재무부 산하의 독립기구로서 전자정부 추진정책의 일환으로 정부조달의 e-비지니스화를 효과적으로 달성하기 위한 조달업무 및 정보기술 구매정책과 전략 수립을 전담한다. 전자조달국(OGC)은 내각의 구성원인 재무부 장관에게 직접 보고하는 독립기구로서 중앙정부 조달의 효율성과 현대화를 증진시키는데 중요한 역할을 수행하고 있다. 이 밖에 광범위한 프로그램과 민・관 협력을 촉진하고 개발하는 역할도 수행한다(조대정, 2008).

4) 정보화 추진단 : 인력연계방안

영국은 정보화추진단(e-Champion)에 의하여 전자정부 추진의 인력 활용을 유기적으로 연계해서 추진하고 있다. 내각사무처에 설치된 정보화 추진본부와 각 중앙부처 및 지방자치단체에는 각 기관의 정보화를 이끌어 나갈 정보화 책임관이 임명되어 있는데 이들을 'e-Champion' 이라고 부른다. 이들은 각 부처와 자치단체의 공무원 중에서 임명되며, 정보화 추진본부와의 긴밀한 협력 하에 각 기관의 정보화 추진에 관한 책임을 맡고 있다. 이들은 정부업무 분야별로 정보화 연계작업에 대한 협력, 중앙의 정책문제 해결을 위한 공동 노력, 정보 통신 기술의 활용 촉진 및 정책에 대한 조언, 선진 사례의 공유 등에 관한 역할을 수행한다. 전자정부 핵심인력의 유기적 연계와 통합은 범정부적 전자정부 추진방향의 거시적인 방향을 제시하고 부처 및 지방정부의 세부적인 전자정부 사업 간에 조화를 도모한다. 영국은 중앙뿐만 아니라 지방차원에서의 인력통합을 통해 중앙과 지방간의 전자정부 추진방향에서 발생 가능한 혼란을 효과적으로 극복하고 있다(정재동, 2006).

5) 지방 전자정부(Local e-Government) 추진체계

현재 영국은 내각(Cabinet Office)에서 지방 전자정부 사업을 총괄하고 있다. 산하기관인 최고정보화책임자협의회(CIO Council)가 국가 차원의 비전 및 전략을 개발하여 내각과 여왕의 승인을 받아 의회에 제출한다. 의회에 통과되면 최고정보화책임자협의회가 공식적으로 전자정부정책을 발표하고 공식화된 국가 차원의 정책을 바탕으로 공동체 · 지방정부부(Department of Communities and Local Government : DCGL)가 전자지방정부 추진전략을 개발하여 여러 차례의 조율 및 조정 과정을 거쳐 발표한다. 공동체 · 지방정부부는 지방정부온라인프로그램위원회(Local Government Online Program Board)와 추진정책에 대하여 합의한다. 위원회는 내각 산하기관인 전자정부국(eGU), 지방정부 의견을 반영하는 지방정부협회(Local Government Association : LGA), 개선 · 개발부(Improvement and Development Agency : IDeA), 지역 고위공무원으로 구성된 정보통신관리사회(Society of IT Management : SOCITM)와 지역고위급인사모임

(Society of Local Authority Chief Executive and Senior Managers : SOLACE) 등 6개 기관으로 구성된다. 각 기관들은 국가차원의 전략, 각 지방정부의 의견, 지역의 이해관계 등을 반영하여 지방 전자정부의 정책방향을 결정하고 지역협의체에 실행방향을 제시한다. 또한 각 지역마다 지역협의체(Local Council)가 존재하여 공동체·지방정부부가 각 지역의 지역협의체에 실행방향을 제시하면 각 지역협의체는 전자정부 실행서(Implementing Electronic Government Statement)를 통해 비전과 계획을 제시한다. 공동체·지방정부부의 평가를 통해 제시된 비전과 계획이 합당한 경우에는 재정지원을 받게 된다. 이렇게 하여 합의된 비전, 계획 및 재정은 각 지역기관의 공동추진기관에 전달되고 각 기관에서 추진된다. 이 때 각 기관에서 비전과 계획을 개별적으로 추진할 수도 있으나 정부는 공동추진을 적극 권장하고 있어 영국 정부는 각 지역기관과 크고 작은 협력관계를 맺고 있다.

한편 공동추진시에는 별도의 추진기관이 설립된다. 규모와 목적에 차이는 있으나 공동추진 기관을 통해 각 기관들은 전자지방정부 사업을 추진한다. 영국 지역단위 추진기관 중 가장 활발한 활동을 하는 기관은 런던 커넥트(London Connect)와 북서지역 전자정부 그룹(North West eGovernment Group : NWeGG) 등이다(최향미, 2007).

2 전자정부 사업 집행체제

2005년 발표된 '기술에 의한 정부혁신'(Transformational Government-Enabled by Technology) 하에서의 거버넌스는 크게 장관차원과 실무차원으로 나눠진다. 장관급 수준에서는 재무장관이 의장이 되는 전자정부서비스 내각위원회(PSX(E))를 두어 전략을 총괄 관리하고, 공공섹터 간 자료 공유를 위한 전략을 개발하기 위해 장관급 위원회(Misc31)를 설치하였다. 장관들은 상호 지원하고 문제를 해결해 주며, 자기 부처의 전자정부 프로그램의 실행을 책임진다. 반면 실무급 수준에서는 CIO 협의회를 설치하여 정부의 변혁을 지원하는 범정부적 CIO 아젠다를 구상하고 이를 전파한다(이희열, 2009).

<표 3-16> 영국 전자정부 사업 집행체제

조직명	내용 및 구성
PSX(E)	- 내각사무처에 소속된 전자정부 관련 위원회 - 각 부처의 장관급 인사로 구성
Misc31	- 내각사무처 소속 - 정부데이터 및 서비스 공유추진을 관장하는 위원회
DC	- Delivery Council - 보다 빠르고 원활한 서비스 제공을 위해 2006년부터 구성
PGSSB	- Pan-Government Shared Services Board - 범부처 간 서비스 확산 및 공유 추진
CTO & CIB	- Chief Technology Officers Council & Common Infrastructure Board - 기술 및 인프라 이슈를 중심으로 범부처 차원에서 접근

한국정보사회진흥원 2007 참조.

III. 사업 추진 과정 및 내용

1 전자정부 사업 추진 과정

영국 전자정부의 발달은 1957년으로 거슬러간다. 이 때, 영국 정부는 기술지원단(Technical Support Unit: TSU)을 설립하여, 통신서비스를 이용하는 컴퓨터 및 그와 관련된 기술자들에 대해 평가하고 진단하였다. 이 시기에는 전자정부 초기의 모습을 엿볼 수 있다.

<그림 3-14> 영국 전자정부 사업 집행체제

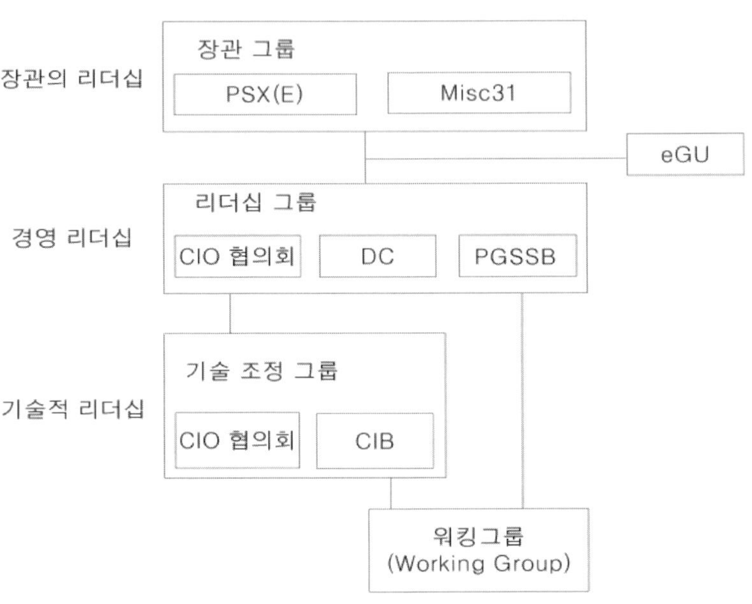

1980년에 이르러 대처 수상의 보수당 정권이 행정부문에서 효율화를 달성하기 위해 민간의 경영기법을 도입하여 행정의 능률성, 효과성 및 대응성 향상에 기본적인 목적을 둔 전자정부 사업을 진행하였다. 하지만 1990년대부터 정부는 정보통신기술의 중요성을 인식하고 국가 정보화 및 전자정부를 적극적으로 추진해 왔으며, 정부 혁신에 정보 기술을 도입하여 활용하는 것에 대해 정책의 비중을 두기 시작하였다. 이러한 ICT 전략을 기반으로 2008년까지 공공부문에 ICT 제품 및 서비스를 조달하는 ICT 기업은 10만 개 이상으로 증가했다. 또한 공공부문은 매년 약 160억 파운드(약 29조 6000억 원)를 ICT 도입에 지출했으며, 이는 공공부문 전체 지출의 약 4.6%에 해당하는 수준이었다(강근복, 1999; 윤미영, 2010).

1991년에는 시민헌장(Citizen Charter)을 도입하여 공적 서비스의 질을 향상시키고자 하였다. 1996년에 공공서비스처 장관인 로저 프리맨(Roger Freeman)에 의해 발표된 '녹서(Green Paper: Government Direct/ A Prospectus for the

Electronic Delivery of Government Services)' 에서부터 전자정부 발전에 대한 체계적인 계획을 완성하였고, 'Government direct' 에서 전자정부 구현의 주요 원칙과 장 · 단기적인 목표안을 제시하였다. 또한, 이전까지 전자적 정부 서비스라는 용어를 사용하던 영국이 이 녹서에서부터 전자정부의 개념을 제시하기 시작한다. 이 녹서에서 전자정부는 '정부가 일반 국민과 기업에게 각종 서비스를 전달함에 있어, 종래의 전통적인 수단 이외에 발전된 정보기술(Information Technology)을 적용하여 서비스를 확대하고 서비스의 질을 향상시키는 한편, 정부행정의 효율성을 높여 나가는 것' 으로 정의하고 있다. 이후 1997년에는 행정부문의 근대화와 효율화 목표를 헌장에 추가하였으며, 업적 달성도 평가를 통해 업무절차 개선에 노력하고자 하였다. 같은 해 영국의 노동당(Labor Government)이 새롭게 출범하면서, 국민에게 간단하고 효율적인 서비스를 제공하기 위한 새로운 형태의 기술인 전자정부(Electronic Government)를 우선공약으로 내세웠다.

한편, 영국은 전자정부 구현을 위한 기술 기반 구조의 확충과 법 · 제도의 정비와 관련하여 1997년 정보자유법(A Freedom of Information Act)을 제정하고, 2000년에는 전자통신법(Electronic Communication Act)을 제정하였다. 전자통신법은 종이문서와 전자문서 간 동등한 법적 효력 기반을 제공하며, 정부의 전자적 서비스 전달이나 전자상거래에 대한 법률적인 제약요인을 제거하였다(황종성, 2000).

블레어 총리는 1997년 취임 직후 2002년까지 정부의 대민서비스의 25%가 전자적 수단을 통해 수행되도록 목표를 설정하고 1998년에는 '정보시대 : 정부의 비전(Our Information Age: The Government' s Vision)' 이라는 보고서와 '경쟁력 있는 미래(Our Competitive Future)'라는 백서를 통해 전자상거래와 디지털 방송을 활성화하고 지식기반 경제를 달성하는 정보사회기반을 구축하려는 기획을 천명하였다(김종철, 2003).

1998년 7월에는 공공서비스처(OPS)를 내각사무처(Cabinet Office)에 통합시키면서 전자정부 추진 조직을 신설하고, 내각사무처를 범정부적인 차원의 전자정부 정책 총괄조정기관 담당자로 지정하였다. 특히 내각사무처 산하에 정보화추진본부(Office of the e-Envoy)를 신설하고, e-Minister, e-Government

Minister 등의 직제를 신설함으로 인해 전자상거래(e-Commerce)와 전자정부(e-Government) 분야의 정책조정 및 연계기능을 강화하였다(황종성, 2000).

영국의 전자정부 사업은 1998년의 지식기반경제 백서와 1999년의 정부현대화 백서에서 발표된 국가정보화정책을 통하여 구체화되었다. 지식기반경제 백서에서는 정보화역량제고, 경쟁촉진을 위한 협력, 경쟁을 강조하는 현대화된 시장의 창출, 정부 혁신 및 기업가정신 고취 등을 통한 세계 제일의 전자상거래 국가 건설이 제시되었다. 정부현대화 백서는 전자정부를 통해 정부가 국가정보화를 선도함으로써 정보화 기반시설과 대중의 수요를 촉진하고, 정보시스템의 법 · 제도적 기반을 구축하는 것을 정책 목표로 제시하고 있다(송희준, 2004).

1999년에 공표된 영국 정부의 '전자상거래전략(e-commerce@its.best.uk)' 보고서는 국가 차원의 전자상거래 비전과 전략 및 실행계획을 제시하고 있다. 이 보고서에서는 현대적 시장(modern market) 구축, 신뢰 구축(confident people), 정보화시대 정부(information age government), 분석과 벤치마킹 등 네 개의 핵심과제가 제시되고 이를 기반으로 한 구체적인 집행이 전개되고 있다. 한편, 전자상거래전략 보고서가 제시한 전자정부 구현 과제인 '정보화 시대의 정부'는 전자적 조달, 정부의 업무 프로세스 개선, 서비스와 정보 제공 등을 목표로 설정하고 있다(황종성, 2000).

이후 '전자상거래전략'에 의해 설치된 정보화담당장관과 정보화사절은 정부, 산업계, 제3섹터, 노조와 소비자 그룹이 총망라된 인터넷 기반시설의 확충을 위한 '영국 온라인 캠페인(UK Online Campaign)' 추진을 위한 첫 번째 연차보고서 '영국 온라인 전략(UK Online Strategy)'을 블레어 총리에게 제출하였다(김종철, 2003).

영국의 전자상거래전략이 발표된 지 1년 후인 2000년 9월 총리에 의해 공표된 'UK Online'은 우리나라 정보화촉진기본계획에 해당하는 영국판 정보사회의 마스터플랜이라 볼 수 있다. UK Online의 가치는 바람직한 정보사회 실현을 위해 필수적으로 요구되는 전자상거래전략, 인터넷확산전략, 전자정부 전략을 UK Online 틀에 포함시켜, 상호관련성은 높이면서 시너지효과를 유발하는 포괄적인 계획으로 발전시켰다는 점에 있다(오관석, 2002). UK Online

은 전자상거래(세계에서 전자상거래를 하기에 가장 좋은 환경을 갖춘 국가 신설), 인터넷 확산(2005년까지 전 국민이 인터넷에 접근할 수 있는 환경 조성), 전자정부(2005년까지 모든 정부서비스의 온라인화), 초고속망 구축(2005년까지 G7국가 중 가장 광범위하고 경쟁력 있는 광대역망 시장구축) 등의 목표를 설정하고 이 목표 아래 다양한 세부사업들을 지속적으로 추진해오고 있다(김현곤, 2002).

국무장관 이안 맥카트니(Ian McCartney)는 2000년 4월 3일에 '전자정부: 정보화시대 정부서비스 기본전략(E-Government: A Strategic Framework for Public Services in the Information Age)'을 발표하여 토니 블레어 총리의 정책비전을 구체적인 실행계획으로 뒷받침하였다. 영국 전자정부의 구체적인 목표로는 국민들의 공공정보 접근 및 정치과정 이해 확대, 특정 쟁점에 대한 토의 및 그룹형성, 정부 감시, 투표 용이성, 민주적 의사소통, 국민의 참여 장려, 국민과 국회의원, 국민과 정부, 국민그룹 간 연계 강화 등이 있다(한국전산원, 2000).

영국 정부는 2005년 3월에 국가발전전략으로 'Connecting the UK'를 발표하였다. 이후 2005년 11월에 '기술에 기반을 둔 정부혁신(Transformational Government – Enabled by Technology)'을 발간하여 전략에 따른 공공서비스 선진화 정책을 추진하였다. 이 보고서에서는 국민과 기업활동의 수요에 맞게 디자인 된 서비스를 제공하기 위한 효율적인 기술 이용이 실생활에서 어떻게 변화를 불러올 수 있는지를 제시하고자 하였으며, 경제생산성, 사회정의 및 공공서비스 개혁의 세 가지 과제를 전자적으로 해결하려는 의도를 담고 있다(정충식, 2009).

2006년 3월에는 위의 전략을 실천하기 위한 '실행 계획(Transformational Government Implementation Plan, 2006, 3)'을 수립하였다. 이 실행계획에서는 정보통신기술을 활용하여(Doing IT differently) 시대의 요구에 부응할 수 있는 유연한 정부로 거듭나기 위한 네 개의 비전과 세 가지 핵심 추진 전략이 제시되었다. 구체적으로 ① 국민생활의 질을 향상시키는 공공서비스 제공, ② 선택의 폭이 넓어진 개인별 맞춤 서비스 제공, ③ 일선 공무원의 업무 부담 완화로 지역사회의 범죄와 빈곤 해소, ④ 규제 개선 및 정부 조직의 합리화를 통한 경제발전 도모 등이 언급되고 있다(박선주, 2007).

2008년 말 전 세계적인 경기침체로 인해 공공 부문에서의 업무 효율성 및 예산 절감에 대한 혁신의 필요성이 제기됨에 따라 영국 정부는 업무 혁신, 공공서비스 선진화 등을 위한 새로운 ICT 전략을 수립하였다.

글로벌 차원의 그린 IT 환경으로의 전환과 맞물려, 가장 최근에 발표된 ICT 전략은 정부 클라우드 서비스(G-Cloud)[19] 구축을 포함한 총 14개의 추진과제로 구성되어 있다. 주요 계획은 데이터 센터의 숫자를 최대 12개로 감소시켜 3억 파운드의 비용 및 데이터 센터의 전력과 냉방수요를 75% 절감하도록 하고, 공통 데스크톱의 구축으로 인한 연간 4억 파운드의 예산 절감과 정부 앱 스토어(G-AS)의 구축으로 인한 연간 5억 파운드의 비용 절감 등을 기대한다는 내용이다. 이러한 예산 절감 및 업무 효율화를 위해 정부는 클라우드 서비스(G-Cloud) 구축을 우선 업무로 추진하여 다양한 데이터센터의 효율성 개선 전략을 수립해나가고 있다.

또한 성공적인 ICT 전략 추진을 위해 내각사무처(Cabinet Office)를 중심으로 CIO협의회(Government CIO Council), CTO위원회(CTO Council)가 협업을 통해 ICT 전략을 운영하고 있으며, 각 영역에 대한 업무 프로그램을 관장하는 자체 거버넌스 담당기관을 운영할 예정이다(윤미영, 2010).

요약하면, 영국의 전자정부 사업 추진 과정은 초기의 정부 효율성 강조에서 유럽 연합의 공통 아젠다인 보편적 접근권 강화로의 전이, 그리고 최근의 글로벌 기후변화 환경을 반영한 그린 IT 패러다임으로의 발전으로 요약할 수 있다.

19) 클라우드 컴퓨팅은 '인터넷을 이용한 IT 자원의 주문형(On-demand) 아웃소싱 서비스'로 서버에 개별적으로 저장해 둔 프로그램이나 문서를 인터넷 접속이 가능한 곳이라면 다양한 단말기를 통해 웹 브라우저 등 필요한 응용 소프트웨어를 구동하여 작업을 가능케 하는 이용자 중심의 컴퓨터 환경이다(이주영, 2010).

2 전자정부 사업 추진 내용

영국 정부는 전자상거래(e-Commerce)부문의 선진국으로 부상함과 동시에 국민들이 전자정부서비스를 널리 이용할 수 있게 한다는 목표 아래 공공부문 정보화 과제 추진에 지속적인 노력을 기울여왔다(한국전산원, 2000).

영국의 정보화 관점은 민관 구분 없이 모두 e-Business화한다는 것이며, 이에 따라 1999년에는 전자정부 전략 프레임워크를 개발하고, 각 부처에 이에 기초한 e-Business 전략을 수립하도록 하였다. 같은 해 9월에는 정보기술(IT)을 활용한 공공개혁을 효율적으로 추진하기 위해 블레어 총리의 전자정부 추진 주무부처인 e-Envoy를 설립하여 강력한 권한을 부여하였다. e-Envoy는 2005년까지 모두 10억 파운드(약 17조원)의 예산을 투입하여 완벽한 전자정부와 전자거래를 구현한다는 프로젝트를 수립 · 추진해왔다(황종성, 2000).

전자정부 구현을 위한 전자적 서비스 개발의 주요 목표로 선정된 정부조달 분야의 정책조정기능을 강화하기 위해 2000년 4월 '영국조달청(Office of Government Commerce : OGC)'이 신설되고, 내각사무처 소속의 책임집행기관인 중앙 컴퓨터 통신처(Central Computer & Telecommunications Agency : CCTA), Property Advisers to the Civil Estate(PACE), The Buying Agency(TBA)가 영국조달청(OGC)으로 이관되었다. 그리고 중앙정부의 전자상거래 및 전자정부 계획과 지방정부 계획의 통합성과 일관성을 확보하기 위해 중앙-지방정부 간 정책조정 및 협의기능이 강화되었다(황종성, 2000).

모든 국민들이 인터넷을 통해 각종 공공서비스를 제공받을 수 있는 토대를 마련하는 것 역시 e-Envoy의 핵심적인 업무이다. 이를 위해서 e-Envoy는 2001년 초 인터넷 포털 사이트인 'UK-Online'을 구축했다. 이 사이트는 전국 4,300여 개의 도서관과 6,000여 개의 공공기관, 2,000여 개의 상점을 인터넷망으로 연결하여 공공서비스 제공 및 전자상거래까지 모두 가능하도록 구성

<표 3-17> 영국의 주요 전자정부 사업

주요 사업	내 용
CitizenSpace	국민들이 정부시책에 관한 정보를 입수하고 새로운 정책의 형성과정에 의견을 제시
Quick Find	강력한 검색엔진을 이용하여 사용자가 정부의 미로를 헤매는 일 없이, 필요로 하는 정보를 바로 찾을 수 있게 함
UK-Online	전자정부 단일창구로 모든 서비스를 30분 이내에 찾을 수 있도록 목표 설정
E-GIF	정부와 정부, 국민, 기업 간의 정보 공동이용 시스템
GovTalk	국민과 업계의 정부에 대한 의견개진을 장려하고 특히 업계 및 글로벌 자문 전용으로 활용되어 의견요청(RFC)과 제안요청(REP)등의 공개응모과정이 제공됨
Joint-up service	정부기관별 경계를 초월하여 관련정보를 공유하는 통합서비스
IACS Area Aid Applications	지역보조금을 온라인을 통해 신청

자료: www-e-envoy.gov.uk/Resources; 문정욱(2005)에서 재인용.

되었다. 영국 국민들은 UK-Online에 접속한 후 집 주소를 입력하면 쓰레기 분리수거 일자를 알 수 있고, 세무서에 가지 않고도 인터넷을 통해 세금을 납부할 수 있다. 또한 외국에 나가 여권을 분실했을 시에도 UK-Online을 통해 재발급 신청이 가능하다(김동욱, 2004). 전자정부의 대표 포털인 UK-Online은 정부의 정보전달, 서비스 검색, 접근편이성을 개선한 사용자 중심의 'Directgov (www.directgov.go.uk)'를 재구축하였다. 모든 정부기관의 정보를 한곳에 모아둔 'Directgov'는 국민이 여러 개의 기관사이트를 방문할 필요 없이 한 곳에서 원하는 정보를 찾을 수 있고 정부기관을 비롯하여 신뢰할 수 있는 제 3부문의 웹 사이트를 링크해 두어 고객중심, 사용자 중심의 서비스를 구현하였다(문정욱, 2005).

2000년 9월에 전자적으로 제공하는 정부서비스 비율은 약 33%였으며, 이를 상승시키기 위해 온라인 정부서비스의 접근 채널도 더욱 다양화되는 한편, 이를 통한 서비스 제공범위도 증가되었다. 당시 정부는 인터넷을 통한 정부서비스의 개수를 약 256개(2005년 목표치 대비 51%)로 2005년까지 총 513개(99%)로 증가시킬 것을 증가를 목표로 내세웠다.

한편, 2001년 당시 온라인으로 서비스가 제공되고 있는 유형을 살펴보면, 2001년 7월에 76%가 정보제공에 머물고 있으나, 2005년경에 63%로 감소해서 기타 업무처리(transaction) 등의 비율이 증가할 것으로 예상하였다. 또한 서비스 제공 채널도 인터넷이 가장 대표적인 수단으로 전체의 87%를 차지하였으나, 이후에는 다른 채널의 비중도 다소 증가할 것으로 예상하였다(한국전산원, 2002).

2000년 3월 정부의 Policy Action Team 15가 발표한 '낙후 지역의 정보기술: 정보격차 해소(Closing the Digital Divide: Information and Communication Technology in Deprived Areas)' 라는 보고서는 정보격차의 원인이 비싼 인터넷 접속요금과 정부의 명확한 정책의 부재에 있다고 지적하였다. 그리고 2002년 4월까지 낙후지역 주민들에게 공공 키오스크를 제공하고 2004년까지 정부서비스의 온라인 조기 구축과 더불어 많은 재원 투입 정책 등을 수립할 것을 권고하였다(황종성, 2000).

정부현대화백서(Modernizing Government White Paper, 1999)에서의 전자정부구축과 관련한 구체적인 사업이나 목표를 보면 먼저 전자정부구축과 관련하여 2002년까지 정부서비스 중 25%가 전자적으로 공급되도록 하고, 2005년까지 50%, 2008년까지는 모든 정부의 서비스가 전자적으로 국민들에게 공급되도록 명시되어 있다. 하지만 당시 영국 총리인 토니 블레어는 전자정부 구축의 신속한 완결을 위해 2005년까지 모든 정부의 전자적 공급이 가능하도록 독려하였다. 또한, 2002년까지 영국을 전자상거래의 최적지로 만들기 위한 노력과 더불어 이를 적극적으로 추진하기 위해 e-Envoy를 임명하였다. 이에 따라서 국가 수준의 전자상거래 구축과 추진을 위한 계획은 국가전담반(Departmental Champions)의 책임으로 하였다(김동욱, 2004).

2006년부터 영국 정부는 주요 공공서비스 제공 사이트를 Directgov, Business Link, NHSChoices의 3개로 압축시켜 지정하여 전자정부서비스의 통합성을 제고시키는데 역점을 두었다.

2007년까지 추진되는 1단계 정부 개혁에서는 교육, 보건, 형사사법 분야의 혁신을 목표로 하며, 이 중에서 영국 전체를 연결하는 디지털 전략(Connecting the UK: the Digital Strategy)을 통해 정보격차 해소 및 공공서비스 제공 관련 정책을 다루고 있다(윤미영, 2010).

3 최근 추진 동향

최근 영국 전자정부는 보편적 서비스를 강화하기 위한 'Connecting the UK' 사업 및 경기 침체 타파를 위한 신성장 동력 모색 일환인 'Digital Britain'과의 연속선상에서 'Government ICT Strategy'를 발표하였다.

1) Connecting the UK 계획의 향후 추진 계획

2005년에 발표된 'Connecting the UK: the digital strategy'의 세부실행계획은 CIO위원회의 승인을 받아서 2006년부터 실행되고 있다. 영국 정부는 2007년~2011년까지 기술투자 및 업무 혁신의 최우선 순위를 공공서비스에 두고 정보격차해소 및 국민의 보편적 광대역 접근 달성을 목표로 하고 있다. 2011년 이후에는 기술에 의한 공공서비스 제공에 더욱 급진적인 변화가 발생할 것을 예측하고 이에 대응하여 새로운 기회를 제공할 것을 밝히고 있다(정충식, 2009).

<표 3-18> 2000년 이후의 영국의 주요 온라인 공공서비스 추진 전략

정보화 계획	목표	주요 내용
정보시대 공공서비스 전략(2000)	중앙정부의 공공서비스 온라인화	- 모든 공공부문 조직의 IT를 통한 혁신 체계 정비 - 모든 중앙부처의 e-Business 전략개발 - 공동 인프라 및 리더십 정비

UK Online (2000)	2005년까지 인터넷 보급, 전자상거래, 전자정부 분야 선도	- 2002년까지 세계 최고의 기업정보화 - 2002년까지 세계 최고 전자상거래 환경조성 - 2005년까지 전자정부 구축 - 2005년까지 G7 국가 중 IT 전자통신부문 최고 생산성 달성 - 2005년까지 보편적 인터넷 접속 구현
Connecting UK: Digital Strategy (2005)	정보격차 해소 및 국민의 보편적 광대역 접근 달성	- ICT를 활용한 교육개혁 및 취약계층의 ICT 접근성 개선 - Digital Challenge 선정제도를 운영하여 지방정부의 온라인 공공서비스 제공 촉진 - 인터넷 보안 강화로 안전한 인터넷 이용 국가 건설 - 혁신적인 브로드밴드 콘텐츠 창출 진흥 - 전자조달 등 IT를 활용한 정부서비스 제공 및 브로드 밴드 혁신과 경쟁을 위한 규제

* e-government: A strategic framework for public service in the information Age(한국정보화진흥원, 2009: 124에서 재인용).

2) Digital Britain

영국 정부는 2009년 6월 미래 영국 경제의 방향을 제시하고 경제성장을 촉진하기 위해서 디지털 영국 추진계획에 대한 최종보고서(digital britain final report)를 발표하였다. 이 보고서는 2012년까지 영국의 모든 가정에 브로드밴드 서비스를 제공하고 영국의 디지털 전환을 위한 22개의 실행계획을 제시하고 있다. 디지털 영국을 위한 주요 목표 및 실행계획에는 디지털 네트워크, 디지털 콘텐츠, 네트워크의 보편적 서비스 및 연결, 디지털 미디어 활용강화 및 서비스 이용 등의 항목이 포함된다(정충식, 2009).

이후 영국 문화미디어체육부(Department for culture, media and Sport)와 기업혁신기술부(Department for business, innovation and skills)에서 발표한 디지털 브리튼 최종보고서에(2009)에 따르면 이 전략의 목표는 아래와 같이 다섯 가지로 분류될 수 있다(류현숙, 2009).

① 디지털 세계에서 국제적 경쟁력을 갖추기 위해 유·무선 통신 설비와 방송 설비 등 기존의 디지털 네트워크 인프라의 업그레이드 및 현대화;

② 디지털 콘텐츠 지원 사업과 서비스 산업에 대한 국가적 환경 조성 및 디지털 경제 내부적 투자를 활성화하기 위한 역동적인 투자 환경조성;

③ 국민을 위한 영국 고유의 콘텐츠(보편적 영국 시민의 흥미와 경험, 필요를 충족시켜 줄 수 있는 콘텐츠), 특별히 불편부당성에 부합하는 뉴스, 코멘트와 분석을 제공;

④ 모든 사회구성원에게 공정한 접근성 보장: 디지털 기술 및 디지털 활용능력(digital literacy) 향상을 통해 보편적으로 참여할 수 있도록 유도;[20]

⑤ 온라인으로 제공되는 정부 주도의 공공서비스와 공공사업의 인터페이스 확산을 위한 인프라를 구축하고 기술을 개발.

3) Government ICT Strategy[21]

(1) 주요 내용

2010년 1월 영국 정부는 2020년까지 국가정보화 방향을 담은 국가정보화전략을 발표하였다. 정부는 2009년에 발표한 디지털 브리튼(Digital Britain)의 연속선상에서 공공서비스 질 향상, 공공서비스로의 접근성 향상, 효율적인 공공서비스 제공을 그 목적으로 하고 있다. ICT 전략은 중앙부처 및 지방정부, 기타 공공기관은 각각의 사업전략, 즉 개별 사업의 목표달성을 가능케 하는 표준화 작업을 통해 유연하고, 효율적인 ICT 인프라를 제공하고자 한다. 무엇보다 부처별 중복투자, 중복시스템 구축 등을 방지하여 비효율적인 정보화사업을 예방하는데 노력을 기울이고 있다. 모든 정부 영역에 걸쳐 목표수행에 ICT가 하나의 동력이 된다는 점이 특이할 만한 사항이다. 영국의 정보화전략은 공통의 인프라(common infrastructure), 공통의 표준(common standards), 공통의 역량(common capabilities)등의 정책목표에 따라 14개 주요과제를 가진다.

---

20) Ofcom은 BBC 등과 협력해 기존 미디어 리터러시 관련 법안 및 규제체계를 검토하여 '국가 미디어 리터러시 계획(National Media Literacy Plan)' 을 제시하였다(권성미, 2009).

21) 문정욱(2010)에 소개된 내용을 중심으로 재구성하였다.

<표 3-19> Government ICT Strategy의 주요 추진과제

정책목표	주요 전략	주요 추진 내용
공통 인프라	공공부문 네트워크	- 네트워크 표준화 - 저비용, 고효율의 안전한 유무선 커뮤니케이션 실현
	정부 클라우드 (G-Cloud)	- 정부 ICT 자산의 선진화 - 클라우드 컴퓨팅을 이용한 ICT 역량 및 보안 강화, 비용 절감
	데이터 센터	- 비용 절감과 유연성 및 역량 강화를 위한 데이터 센터 통폐합
	정부 앱스토어 (G-AS)	- 조달 체계의 혁신, 시간 및 비용 절감
	정보 공유 및 협업 서비스	- 정부 클라우드를 기반으로 정보 공유 및 협업 서비스 실시
	데이터 서비스	- 공통의 모델을 이용한 데스크탑 디자인의 단순화, 표준화를 통해 비용 절감 및 업무 효율화
공통 표준	아키텍처와 표준화	- 안전하고, 이음새 없는 상호협력적 방식으로 연동할 수 있는 업무 환경조성
	오픈소스, 오픈 스탠더드, 재활용	- 조달 업무의 선진화 및 정보자원 재활용을 통한 비용 절감
	녹색 정부 ICT	- 지속가능한 ICT 활용을 통해 탄소배출 감소 및 비용 절감
	정보 보안 및 보호	- 데이터(시민, 기업 등)를 디지털 위험으로부터 보호
공통 역량	IT 인력의 전문성 제고	- IT 인력의 IT 역량과 관리 능력 육성
	신뢰 있는 정책 집행 및 서비스 제공	- 포트폴리오 관리를 통해 신뢰 있는 정책 집행 및 서비스 품질 제고
	효율적 공급 관리	- 협업을 통해 공급자와 수요자 또는 공급자 간의 최대 가치 창출
	국제적 협력을 통한 글로벌 ICT	- 모범사례의 공유 등 국제적 협력 실시

UK(2010), 'Government ICT Strategy: Smarter, Cheaper, Greener', HM Government.; 문정욱(2010 : 56)에서 재인용.

(2) 국가정보화 전략 추진 거버넌스

영국의 국가정보화 전략은 모든 공공분야 즉 중앙정부, 지방정부, 공공기관 등이 해당되며, 모든 정보화 추진 단계를 포괄하여 우선적으로 추진되어 각각 정보화 추진 체계와 정보화 아젠다를 가지고 있다.

추진 체계의 원칙은 수요와 공급의 조정, 세대 변화 예측, 표준화와 공유를 위한 기준 마련, 선택과 집중 설정 등을 바탕으로 하고 있다. 영국 국가정보화 전략은 내각사무처와 CIO협의회를 중심으로 추진되며, 각 추진단계별 위원회가 이를 측면 지원한다. 또한 효과적인 ICT전략 추진을 위해서는 공공영역 부처간의 협업을 통해 기관 간 갈등을 예방하고, 구성원들의 관심을 결집시킬 수 있는 강한 리더십이 강조된다.

명확한 책임 관계와 효율적인 서비스 제공방식에 따라 CIO협의회는 ICT 전략을 수행하고 있다. 무엇보다 서비스 요청, 효율적 공공정보 서비스의 필요성이 전 공공영역(중앙정부, 지방정부, 비영리기관, 출연기관, 공공기관, 공기업 등)에 해당되는 사항이므로 모든 공공기관의 CIO들은 영국 ICT 전략의 실행에 책임을 가지고

<그림 3-15> 영국 국가정보화 전략 추진 체계

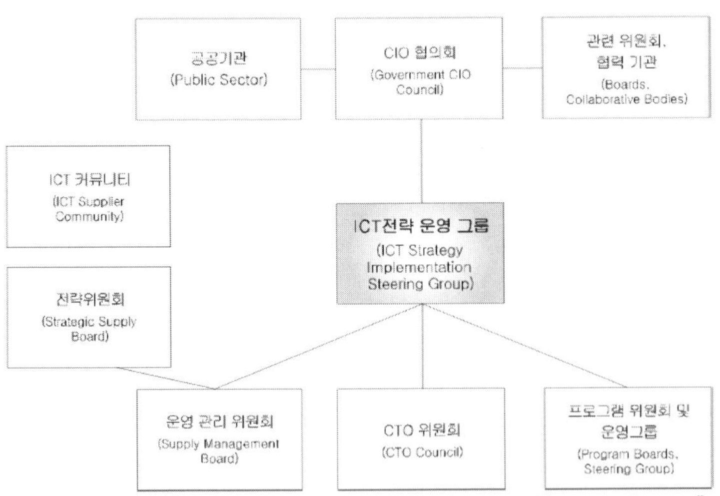

자료: UK(2010), "Government ICT Strategy: Smarter, Cheaper, Greener", HM Government.; 한국정보화진흥원(2010).

협력해야 한다. 영국의 국가정보화 전략은 공통 인프라를 구축하여 부처별, 공공기관별 중복투자를 방지함으로써 예산을 효율적으로 집행하고, 정보자원을 효율적으로 관리하기 위해 공공 정보자원을 재활용하는 방안을 모색하고 있다.

IV. 영국 전자정부의 성과

1 전자적 포용(e-Inclusion) 측면

1) 정보격차 해소 및 웹 접근성 향상을 위한 정책적 노력

영국 정부는 전자정부 구현을 위해 인터넷에 대한 보편적 접근을 보장하겠다는 목표 하에 보편적 서비스 확보와 정보격차 해소를 위한 적극적인 정책적 노력을 하고 있다.

우선 보편적인 접근을 보장하기 위하여 저소득층 학교 학생 및 교사들을 위한 'City Learning Centers(CLCs)'를 설립하였고 전국에 약 3,000개의 'IT for All' 프로그램 센터를 설립하였다.[22]

또한 정보격차를 해소하기 위해 인터넷 접속요금의 정액제와 가입자망의 자유화 조치, 저소득자와 장애인에 대한 정보서비스 요금 감면제 실시 등의 조치들이 이루어졌다. 최근 정보기술 활용능력 육성을 위해 17억 파운드 규모의 투자계획이 발표되었는데, 이 계획에는 IT 교육훈련과정 신설, 공공인터넷 접속지점 구축, 직원에게 컴퓨터 구입비용 제공시 세제 혜택, 저소득 계층에 10만

22) 'IT for All' 프로그램은 1996년부터 추진되고 있는 모든 국민들을 대상으로 한 인터넷 교육 사업이다.

대의 컴퓨터 제공 등이 포함되어 있다. 이 프로그램의 일환으로 영국 정부는 2000년 초반에 종업원의 신기술 습득을 지원하는 기업과 종업원에 대해 세금감면 혜택을 부여하는 개인 학습촉진제도를 도입하는 한편 PCS와 S/W 등을 임대하는 도서관 1,000여개를 각지에 설립할 계획을 추진하고 있다(곽채기, 2001).

이와 함께 영국 정부는 지역 간 정보격차해소를 위하여 2005년 12월 디지털 도전과제(Digital Challenge)의 세부 추진계획을 발표하였다.

교육부에는 어린이들의 정보격차 해소를 위해 모든 어린이가 가정에서 컴퓨터에 접속할 수 있게 하고 부모에게 자녀의 학업과 학교에서의 행동에 대한 실시간 정보를 제공하는 방안에 대한 정책계획을 발표하였다. 이 추진안은 향후 3년 동안 3천만 파운드(한화 548원)의 자금을 제공할 계획이며, 버밍엄, 우스터셔, 스톡턴, 브렌트 지역의 50개 학교에서 가정 컴퓨터로의 접속을 넓힐 파일럿 프로젝트에 대해 델, 인텔 등의 IT 회사들과 대담을 개최할 계획이다.

<표 3-20> 디지털 챌린지 세부 추진 계획

단 계	개 요	시행내용	일 정
1단계	지역별 디지털 비전 제안	- 지역정보화 추진 계획 제출	2006.4.28
		- 우수기관 도전을 위한 10개 후보자 선정 및 상금(12만 파운드) 수여	2006.6
2단계	디지털 도전과제 수행	- 10개 기관에서 최종 디지털 비전 제출	2006.12
3단계	디지털 비전 수행	- 우수지역을 디지털 커뮤니티로 선정	2007.1
		- 디지털 비전 실행	2007.4-2008.3
		- 사업성과 1차 평가	2008.3
		- 다른 지방정부를 대상으로 우수사례 전파	2009
		- 사업종료 및 성과 평가	2010.3

자료 : 2006-07정보격차해소백서, 2007, 한국정보문화진흥원, pp.394-397.

따라서 영국의 모든 중·고등학교는 실시간 보고 시스템을 2009년에 시작하여 2010년까지 설치 완료하고 초등학교는 2012년까지 완료할 계획이다(유승무, 2008).

2) 사용자 중심(citizen-centric services)의 공공서비스 제공[23)]

영국은 2006년 4월부터 공공 웹 사이트 합리화 정책에 따라 공공부문의 웹 사이트를 통합운영하고 있다. 대민서비스는 'Directgov', 대기업서비스는 'BusinessLink' 사이트로 통합운영하고 있다.[24)] 또한 모든 학교의 99%가 브로드밴드 액세스가 가능하며, 학부모와 교사간 원활한 의사소통을 위해 86%가 이메일을 사용하고 있다. 또한 기존의 서비스 중 불필요한 것들을 제거하고 유사한 서비스를 통합하여 고객의 편의성을 높이고, 서비스 이용 필요성을 증대시킬 수 있도록 서비스로의 전환을 추진하고 있다.

서비스 콘텐츠를 활성화하기 위한 노력과 더불어 서비스 전달방식도 컨택트 위원회(contact council), 인터넷, 전화, 면대면 방식 등의 다양한 채널을 개발하여 관리하려는 노력을 보이고 있다.

3) 전자정부를 통한 국민의 참여

영국은 인터넷을 통한 참여를 이끌어 내기 위한 다양한 노력을 기울이고 있다. 이러한 정부차원의 관심과 정책적 접근은 디지털 참여(Direct of Digital Engagement, 2009)의 공공과 민간의 소통을 활성화하기 위한 4대 원칙[25)]에서도

---

23) 한국정보화진흥원(2009: 126)의 '정보화 통계조사 및 동향분석에 관한 연구' 보고서 〈표 4-9〉의 내용을 중심으로 작성하였다.

24) 2006년 내각사무처에서 발표한 '정부혁신전략실행계획(Transformational Government Implementation Plan)'에 따라 온라인 공공서비스 선진화정책이 추진되고 있으며 2006년에서 2007년도 주요 성과이다.

25) 영국은 PIO(Power of Information) TF가 제안한 공공부문의 정보 공유 및 개방을 통해 시민들이 정부서비스에 보다 쉽게 접근할 수 있도록 25개의 권고안을 수용, 원칙적 수용, 일부 수용하여 만들어졌다(김희연, 2009).

<표 3-21> 공공과 민간의 소통을 활성화하기 위한 4대 원칙

4대 원칙	내 용
열린 정보 (Open Information)	시민들의 목소리를 듣기 위해 정부는 국민들이 공공서비스 관련 정보를 쉽게 찾고, 이용하고, 재활용할 수 있도록 다양한 방식으로 공개
열린 피드백 (Open Feedback)	정부서비스에 대한 피드백을 얻기 위해 'NHS Choices'나 'Publicexperience.com'과 같은 서비스를 확대할 계획
열린 대화 (Open Conversation)	온라인 협의와 협조를 통해 더 많은 시민참여를 이끌어 내고, 전문가 온라인 지원네트워크(Online Peer-support Networks) 활동 지원
열린 혁신 (Open Innovation)	정보는 'Show Us a Better Way'를 정부 주요업무에 도입하여 온라인 공공서비스 혁신을 촉진하고자 함

*김희연(2009: 43-44)의 내용을 중심으로 작성.

엿볼 수 있다.

또한 'GovTalk'는 국민과 기업이 정부의 정책수립과정에 참여할 수 있는 인터넷 공간으로 각종 의견이나 제안 등이 공개 응모될 수 있다(문정욱, 2005).

4) 중앙과 지방의 전자정부 연계

영국 정부는 온라인 공공서비스 선진화를 위한 전략과 발전계획을 범정부적 차원으로 확산시키기 위해 중앙정부와 지방정부 간 연계 메커니즘 고도화를 추진하고 있다.

온라인 무료 학교 급식(Online Free School Meals: OFSM)은 아동가족교육부(DCSF)가 학부모나 보호자가 온라인으로 무료 급식을 신청하면 신청확인 여부, 혜택 가능 여부 등에 대한 신속한 피드백을 제공하는 서비스로, 지방정부와의 서비스 연계를 통해 지방 학생들에게도 1-2일 내에 급식 제공을 가능하게 한다.

또한 대다수의 지방정부는 취업 및 실업 프로젝트(In and Out of Work Project)를 통해 시민이 한 곳의 웹 사이트에만 자신의 구직 및 채용에 대한 정보를 등록해 놓으면, 안전하고 신속하게 연계된 정부 기관으로 전송되어 관련 피드백을 송신할 수 있도록 하고 있다(최호진 · 류현숙, 2009).

2008년 영국은 정부부처와 기관의 프론트(front)-백(back) 오피스 서비스를 통합하고, 인사, 급여, 재무관리 등 공통적인 기본업무에 대한 공동 서비스를 제공하였다(한국정보화진흥원, 2009). 총 18개 부처 중 50% 이상(2009년 2월을 기준)이 실행단계에 있으며 공통서비스를 증대하고 기업, 시민들에게 시민과의 공통서비스 활용 방안을 모색하고 있다(한국정보화진흥원, 2009). 내각사무처는 영국 내 공공부문의 서비스 공통서비스 센터 책임자들로 구성된 범정부공유서비스그룹(Pan-Government Shared Sercive Group)을 조직하여 정부 기관별 기본 업무에 공통서비스 구축 및 이용 활성화를 담당하고 있다.

2 한 계

전자정부 구축을 위한 적극적 예산 투입과 노력에도 불구하고, 전자정부 서비스의 이용률, 행정효율성 및 만족도에 있어 가시적 성과는 그다지 크지 않은 것으로 평가된다. 주된 이유로는 지금까지의 전자정부 사업이라는 것이 단순히 정부 업무의 온라인화 및 시스템 구축위주의 사업에 치우쳐, 부처 간의 정보공유 및 연계가 부족했던 점을 들 수 있다. 또한 수요자 입장의 서비스 제공에 대한 기획과 홍보 미흡으로 전자정부 이용률이 아직 기대수준에 못 미치고 있는 실정이다.

전자정부 사업이 그 동안 투자한 것에 비해 가져온 효과가 다소 못 미치고, 정부나 대중의 관심에서 다소 벗어난 감이 없지 않지만, 정부 업무 환경이나 사회기술 환경이 ICT를 기반으로 이미 웹 2.0과 컨버전스 기술을 적극 활용하는 방향으로 진행되고 있다(Margetts, 2009).[26] 따라서 향후 전자정부 사업

26) 2009년 'Web 2.0과 컨버전스 환경특성을 반영한 I-Government 구축방안연구'를 위한 영국 출장에서 필자와의 인터뷰 내용이다.

은 오히려 보다 적극적으로 이러한 외부환경의 변화를 수용해 시민의 전자정부 이용률과 만족도를 제고하고(e-Inclusion), 정부부처 간 협력을 통해 행정 효율성을 향상시키며 분권화(devolution)시키는데 활용해야 할 것이다.

3 향후 추진 방향

1) e-Inclusion 측면

영국은 e-Inclusion 측면에서 2011년까지 공공서비스 전달의 참여 주체를 시민 및 기업 중심으로 변모시키는 것과 정보공유 서비스 프레임워크에 대한 지원 강화에 투자하여 급진적인 기술 변화에 따르는 환경에 대비할 계획이다. 서비스 전달 및 전문성에 초점을 둠으로써 정부 스스로 근본적 개혁을 이루어 낼 수 있는 능력에 대한 신뢰 형성, 정보공유를 적극적으로 수용하려는 문화로의 전환, 시장과 기타 정부들은 시민의 기대를 새롭게 설정하여 영국 정부가 활용할 수 있는 새로운 기회를 창출할 것 등이 그 구체적인 추진방향이다(박선주, 2007). 또한 정부 포털을 비롯한 정부 게이트웨이에서 모바일 폰과 디지털 TV 등의 채널을 통해 e-Inclusive 정책을 지원할 수 있는 접근통로를 제공한다.

한편, 서비스 개발 및 제공에 대한 시민참여를 극대화할 수 있는 방안들이 마련되어야 하는바, 공공부문에 Web 2.0 기술이 도입되면서 정부활동에 대한 모니터링이 활발해지고 시민들이 정부서비스의 제안자로서의 역할을 담당하게 되면서 정보 및 서비스의 수용자로서 수동적인 지위에 있던 시민들이 각자의 요구를 자유롭게 표출하고, 새로운 서비스를 제안하는 주체로 발전하게 되었다.

영국의 'FixMystreet' 서비스의 경우 시민들이 자기 지역의 문제를 UCC(User Created Contents)로 직접 등록함으로써 공무원이 언제까지 어떻게 처리하는지를 감시하는 것으로, 도로 파손, 가로등 불량, 위험한 건널목 등 자신이 거주하는 지역 내 불편 사항들을 사진 및 동영상을 통해 신고하는 방식 등을 취하고 있다. 이는 정부와 국민들의 상호작용 방식이 기존이 일방향 형식에서 쌍방향 형식으로 전환하고 있음을 의미한다(최호진 · 류현숙, 2009).

2) 중앙과 지방의 연계

UN, EU 등이 실시한 평가에서 영국의 온라인 공공서비스 수준은 지방정부 및 범부처 간 서비스 연계 부문이 특히 우수한 것으로 평가되고 있으며, 영국은 IT를 전략 동인으로 지속적인 공공서비스 선진화를 위한 정책을 추진 중이다.

1990년대 영국의 지향 목표는 모든 정부 업무의 정보화를 통한 공공서비스의 온라인화를 이루는 것으로 이를 성공적으로 마무리하였으며, 2000년대 초반에는 접근이 용이하고 시민들이 자유롭게 이용할 수 있는 웹 포털을 활용한 공공서비스 제공을 시작함과 동시에, 중앙-지방 간, 지역 간, 개인 간 정보격차 및 서비스 접근성 해소를 위한 방안을 강구하였다.

또한, 중앙-지방간 서비스 연계를 위한 기관들의 신뢰와 협업 기반의 서비스 체계는 소외 지역과 계층을 위한 사회적 혜택 확산에도 기여하고 있는 것으로 평가된다, 영국의 이러한 선진화 전략을 통해 각 부처별 경계나 중앙정부와 지방정부의 경계, 공공부문과 민간부문의 경계 등은 점점 더 무의미해지고 시민과 기업은 온라인상에서는 그 경계를 의식하지 않게 될 것으로 예측된다.

V. 시사점 및 결론

영국을 비롯한 대부분의 선진국들의 차세대 전자정부 비전은 미래 사회를 살아갈 시민들의 삶의 질 향상에 기여할 수 있도록 하는 데 중점을 두고 있다. 단순히 생활의 편리함과 간소함, 비용과 에너지 절감의 차원을 넘어 IT 중심의 삶에서 잃어버렸던 '휴머니즘'을 부활시킬 수 있는 인간다운 삶 구현을 목표로 한다.

1 보편적 서비스권 확대(E-Inclusion)

i2010에서 정의된 e-Inclusion 정책의 영역은 노령화(ageing), 인터넷 접근성(eAccessibility), 정보 격차(digital divide), 포용적 전자정부(inclusive eGovernment), 정보 리터러시(digital literacy) 등을 포함하며, 더 나은 공공 서비스 정책 및 개인의 삶의 질을 개선시키기 위한 ICT의 잠재성을 극대화하는데 목표를 두고 있다.

한국의 일반국민과 취약계층간 정보격차를 정보접근 격차(정보기기 보유, 성능 및 컴퓨터 인터넷 접근 용이성의 차이), 정보역량격차(컴퓨터 인터넷 사용능력 수준 차이), 정보활용격차(컴퓨터 인터넷 이용량, 일상생활 도움 및 활용정도 차이)로 나누어서 각각 비교해 보았을 때, 매년 그 차이를 좁혀가고 있으나 여전히 역량은 51.1%, 활용면에서는 45.2%로 차이가 큰 것을 알 수 있다(한국정보화진흥원, 2010; 〈그림 3-16〉 참조).[27]

이들 영역 중에서 특히 한국은 인구 고령화의 급진전으로 사회적 변화를 맞고 있으며, 고령층과 장애인의 정보격차 해소는 중요한 사회적 과제 중 하나이다. 이들의 정보격차 해소를 위한 정책은 단계별 전략을 수립함으로써 접근해야 할 것이다.

먼저, 정보통신매체에 대한 접근성 개선이다. 저렴한 정보기기를 제공하여 원하는 정보서비스에 접근 가능하게 하고, 고령자와 장애인의 신체적 특성에

27) 대비수준은 일반국민의 정보화 수준을 100으로 가정할 때, 일반국민 대비 취약계층의 정보화 수준을 의미하며, 격차지수는 1-100점의 범위값을 가지며, 100점에 가까울수록 격차가 큰 것을 의미한다.

<그림 3-16> 일반국민 대비 취약계층의 정보화 수준

(단위: %)

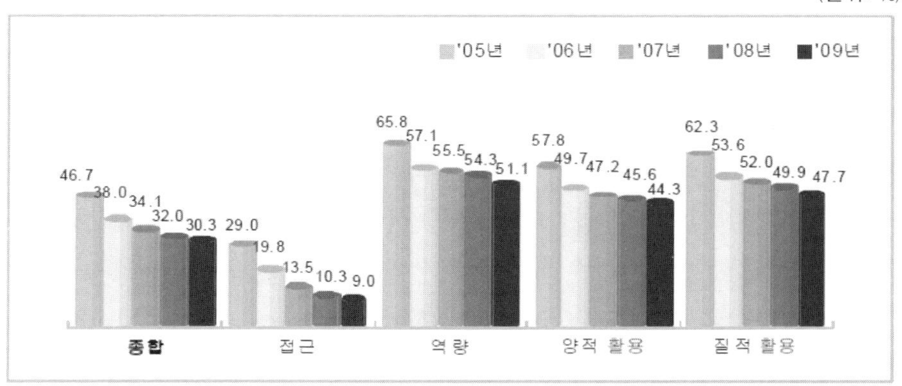

적합한 보조기술을 개발하여 보급하는 것 등이 이에 해당한다. 정부부처를 포함한 공공부문은 접근성 제고를 위한 주도적 지원자가 되어야 할 것이며, 정보통신망에 대한 고령층의 사용 장벽을 낮춤으로써 네트워크의 접근을 용이하게 하기 위한 노력을 경주해야 할 것이다.

많은 국가들에서는 정보접근권과 정보리터리시가 이미 모든 국민들의 기본권으로 자리 잡기 시작했다. 우리 정부도 그간의 정보접근권에 대한 시혜적 접근에서 나아가 보편적 권리의 확대라는 측면에서 접근해야 할 것이다.

한편 정보접근권의 확대는 전자정부 사업을 비롯한 정부의 모든 정보화 정책의 성공에서 기본적 조건이라고 할 수 있다. 전자정부의 이용률과 정보화 이용률이 최소한 80-90%를 넘어서지 않는 한 온라인 서비스와 오프라인 서비스는 이중적으로 제공되어야 한다. 따라서 국가정보화정책의 성공을 위해서라도 정보의 보편적 접근은 시민의 권리(civil right)의 차원에서 이해되어야 한다(류현숙, 2008). 이를 위해 향후 지속적인 관심과 예산지원을 통해 웹 접근성 교육을 실시하여 정부 및 지자체의 정보화담당관들이 전문성을 키울 필요가 있다(이성일, 2009).

2 집권과 분권의 조화

미국과 유럽 등 각 지방정부의 자율성과 책임이 크고 국가의 규모가 방대한 국가들에게 지방전자정부의 구현이 필요한 만큼, 우리와 같이 상대적으로 작은 규모의 국가들에서도 지방전자정부는 효율성과 영향력 측면에서 그 의미가 크다고 볼 수 있다. 영국과 같은 해외 사례의 경험에서 배울 수 있는 교훈은 지방전자정부 추진 체계와 중점 프로젝트의 중요성이다. 지방정부 간 연계 강화는 물론, 중앙과 지방간 연계를 원활하게 해줄 추진 체계의 뒷받침과 지방 특성을 감안하지 못해 실패했던 다양한 사례에서 배울 수 있는 프로젝트 추진 전략 등이 그것이다. 그리고 경제적 효과와 균형적인 국가발전 이외에도 지방전자정부 추진을 통해 반드시 얻어야 할 성과는 지방 시민들의 활발한 정치참여 증진일 것이다(박선주, 2007).

3 인적 자원의 활용과 성과와의 연계

영국은 정보화추진단(e-Champion)에 의하여 전자정부 추진의 인력 활용을 유기적으로 연계해서 추진하고 있으며, 범정부 차원에서 전자정부 사업의 성과에 따라 예산을 연계하여 지원하는 시스템을 구축하고 있다. 한국의 경우 전자정부 사업에 특화된 전문가의 육성에 대한 구체적인 정책방향과 전자정부 사업에 대한 성과지표가 미비한 실정이다. 전자정부 핵심 인력의 유기적인 연계와 성과예산과의 조화는 범정부차원의 통합적 정책추진과 지방정부의 전자정부 사업을 추진하는 데 있어 효과적 유인책을 제공할 것으로 판단된다.

특히 고령화와 빈곤층의 사회양극화 문제가 한국에서 중요한 사회 이슈로 대두되고 있는 시점에서 노인계층의 정보접근성을 강화시킬 수 있는 방안을 마련하기 위해, 정보통신기술과 사회복지 분야를 아울러 다룰 수 있는 인적 전문가 그룹을 조직하는 것도 하나의 대안이 될 수 있을 것이다. 이러한 경우 중앙정부에서 대략적인 틀과 성과지표 등을 제시하고 지방정부가 지역 특색에 맞는 세부정책 방안을 세워 실행하며, 성과지표에 따라 예산지원을 추가하는 방안을 고려하는 것이 바람직할 것으로 생각된다.

참고문헌

강근복 외. (1999). 「지식정보사회와 전자정부」. 16-17, 서울 : 나남출판.

곽채기. (2001). 미국과 영국의 전자정부 비전과 정책에 대한 비교 연구. 법률행정논총 21. pp.358~359.

권성미. (2009). 영국의 차세대 디지털 전략인 '디지털 브리튼(Digital Britain)' 추진 동향. 정보통신정책연구원. 동향 제 21권 3호 통권 456호.

김동욱. (2004). 「전자정부와 정부 운영방식의 변화」. 33-34, 과천 : 정보통신정책연구원.

김성홍. (2008). 「전자정부 성과관리 추진방향」. 디지털행정, 2008-1 : 7-24.

김종철. (2003). 영국의 전자정부정책과 법제. 「인터넷법률」 18: 31-51.

김현곤. (2002). 영국의 전자정부 전략 벤치마킹. 「디지털행정」 25(1): 62-77.

김희연. (2009). 국내외 공공-민간 온라인 소통 활성화 현황 및 시사점: 영국 Power of Information Taskforce Report를 중심으로. 정보통신정책연구원. 초점 제 21권 10호 통권 463호.

류현숙. (2009). 공공성과 전자정부, KIPA(2009) 「새로운 시대 공공성 연구」, 서울: 법문사.

문형남 · 이경상. (2008). 지자체 주요 중앙부처의 '참여형 웹2.0 적용 소통' 평가, 보도자료 2008.7.25.

문정욱. (2005). 세계 주요국가의 전자정부 동향분석: 미국, 덴마크, 영국, 호주, 캐나다의 전자정부 사업을 중심으로. 정보통신정책 제 17권 15호 통권 376호.

문정욱. (2010). 영국의 국가정보화 전략 및 시사점: 'Government ICT Strategy'를 중심으로. 정보통신정책연구원. 초점. 제 22권 17호 통권 493호.

박선주. (2007). 미래 사회를 대비한 차세대 전자정부 : 해외 전자정부 비전과 전략을 중심으로. 「디지털행정」 109: 21-34.

석봉기 문정욱. (2010). 전자정부의 패러다임 변화와 발전 방향에 대한 전망. 정보통신정책연구원. 초점 제 22권 19호 통권 495호.

송희준. (2004). 「전자정부사업 성과관리 체계에 관한 연구」 94-101, 용인 : 한국전산원.

유승무. (2008). 정보격차 정보문화 동향 심층분석. 한국정보문화진흥원. p.16.

윤성이 · 장우영. (2007). 한국의 온라인 정치참여 특성: 수요자 중심모델을 중심으로. 「정보화 정책」 14(4): 82-101.

윤미영. (2010). 「영국, 새 ICT 전략으로 연 7조원 절감」. 전자신문, Feb. 8, 2010.

윤유진. (2009). 영국의 디지털을 통한 시민참여. 동향 제 21권 7호 통권 460호. 정보통신정책연구원.

오관석. (2002). 「전자정부의 민주성과 효율성에 관한 연구」. 전주: 전북대 대학원.

이윤희. (2009). 주요국의 웹 접근성 추진동향 및 시사점. 한국정보화진흥원. CIO Report vol.16.

이성일. (2009). 웹 접근성 제고의 중요성. 한국정보화진흥원. CIO Report vol.16.

이종화. (2010). u-Health 동향 및 활성화를 위한 정책방향. KISDI 이슈리포트 10.-09. 정보통신정책연구원.

이주영. (2010). 클라우드 컴퓨팅의 특징 및 사업자별 제공 서비스 현황. 정보통신정책연구원. 초점 제22권 6호 통권 482호.

이희열. (2009). 「전자정부 사업의 효율적 관리방안 : 영국, EU의 전자정부 장애요인을 중심으로」. 행정안전부 교육훈련정보센터.

정연정. (2004). 전자거버넌스와 온라인 시민참여 활성화 방안: 중앙행정부처의 온라인 포럼 활성화를 중심으로. 「한국지역정보화학회지」 7(2): 1-25.

정재동. (2006). 「해외 전자정부 추진체계 비교」. 전자정부 포커스, 2006-3 : 25-40.

정충호 · 채송화. (2006). 디지털 융합시대의 디지털콘텐츠정책과 추진전략. 한국소프트웨어진흥원.

정충식. (2009). 「전자정부론」 2009(2판), 134-142, 서울 : 서울경제경영.

조대정. (2008). 「한국 전자정부 추진 실태에 관한 분석」 25-30, 한양대학교 행정자치대학원.

최향미. (2007). 영국 전자지방정부 추진체계 : 전자지방정부 관련 정부부처를 신설하여 추진. 「지역정보화」 44: 66-71.

최호진 · 류현숙. (2010). 「Web 2.0과 컨버전스 특성을 반영한 I-Government 구축방안 연구」, 서울: 법문사.

한국전산원. (2002). 「국가정보화백서」 531-533, 서울 : 한국전산원.

한국전산원 정보화지원단 지원기획부. (2000). 「전자정부 및 정보공동활용 정책 분석 : 영국과 호주를 중심으로」. 3-4, 용인 : 한국전산원.

한국정보사회진흥원 전자정부기획팀. (2007). 전자정부 해외 동향 : 영국의 전자정부 현황. 「전자정부 포커스」 2007(5) : 36-39.

한국정보화진흥원. (2009). 정보화 통계조사 및 동향분석에 관한 연구. 행정안전부, 한국정보화진흥원.

한국정보화진흥원. (2010). 2010 국가정보화 백서.

황종성. (2000). 「주요 선진국의 전자정부 체계분석」. 71-80, 한국전산원.

현준호 · 김석일. (2006). 국내 행정기관의 웹 접근성 준수실태 및 개선방안. KADO ISSUE REPORT 통권 31호. 한국정보문화진흥원.

Cabinet Office. (2005). Connecting the UK: the Digital Strategy.

Department of Business Innovation and Skills. (2009). Digital Britain: Final Report.

Direct of Digital Engagement. (2009). Digital Engagement: Update on Power of Information.

Ofcom. (2009). Citizens' Digital Participation, Research Report.

Power of Information Taskforce. (2009). Power of Information Taskforce Report.

UK. (2010). Government ICT Strategy: Smarter, Cheaper, Greener. HM Government.

UN. (2010). E-Government Survey 2010.

www-e-envoy.gov.uk/Resources

제 5 장 영국의 성과관리

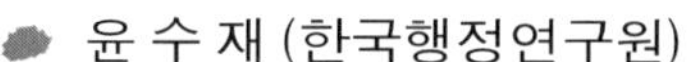
윤 수 재 (한국행정연구원)

I. 서　론

우리나라는 '정부업무평가기본법' 하에 성과관리를 도입하여 정부업무에 대한 성과관리제도를 운영하고 있다. 물론 이러한 제도가 운영되는 과정에서 정부 성과관리제도의 발전적인 진화가 이루어지고 있으나, 여러 한계가 나타나고 있는 것도 현실이다. 이처럼 성과관리 패러다임 변화와 정부업무평가제도를 둘러싼 다양한 문제들이 나타나고 있는 상황에서, 이에 대한 체계적이고 종합적인 진단이 필요한 실정이다. 이러한 요구에 부응하기 위한 하나의 시도로써 영국의 선진적인 성과관리제도 운영에 대한 내용을 탐색 · 진단하는 연구가 필요하다.

주요 선진국에서는 업무에 대한 핵심역량 위주로 정부조직과 인력을 개혁하고 경쟁과 성과중심의 운영체계를 구축하고 있다. 이를 통해 국민에게 보다 품질 높은 정책서비스를 제공하고 있으며, 대부분 '결과중심의 관리체계' 구축에 초점을 맞춰 정부 성과관리제도를 운영하고 있다. 특히 영국은 '정부업무서비스에 대한 높은 국가적 기준 설정과 책임성 확보'의 원칙 하에 각 공공기관이 수행할 업무목표가 정해지고 그 성과달성도를 측정하는 성과관리시스템이 구축·운영되고 있다. 영국에서 이러한 성과관리체계가 이루어진 요인으로는 공공분야의 효과성과 효율성이 중요하다는 인식과 정부업무 수행의 결과에 대해 책임을 지는 것이 필요하다는 인식이 제고되었기 때문이다. 영국 성과관리시스템의 구체적인 방안으로는 중앙정부의 성과목표를 설정한 공공서비스협약과 여기에 투입예산 규모, 그 절감목표가 추가된 지출점검 그리고 지방자치단체 등의 성과를 종합평가하는 종합지역평가제도 등이 그 핵심이다.

이에 본 연구는 정부업무에 대한 효율성 제고와 책임성 확보 차원에서 성과관리를 둘러싼 패러다임의 변화에 부응하면서도 종합적인 관점에서 성과관리에 초점을 두어 영국의 성과관리제도를 체계적으로 비교·정리하고자 한다. 이처럼 영국의 성과관리제도를 고찰하는 이유는 무엇보다도 정부개혁을 포함해 성과관리제도가 비교적 빨리 정착되고 모범적으로 운영되는 나라이기 때문이며, 이를 살펴보는 것이 우리나라의 성과관리제도에 유용한 시사점 도출에 기여할 것이라고 보았다. 영국은 성과관리제도를 일찍부터 도입하여 제도적으로 정착시키고 있는 국가이지만 성과관리제도를 지속적으로 개선하여 그 변화가 큰 편이다.

종합적으로 본 연구에서는 먼저 이론적·현황적 논의 차원에서 성과관리에 대한 체계적 접근, 영국의 성과관리제도 운영 실태 등에 관해 체계적으로 고찰하고자 한다. 또한 영국의 성과관리제도 분석을 통해 우리나라에 적용할 수 있는 정책적 시사점을 도출하고자 한다.

II. 성과관리에 대한 이론적 논의와 영국 성과관리의 제도적 발전

1 성과관리에 대한 다양한 개념 정의

성과관리(performance management)[1]에 대한 개념 정의는 다양하다. 먼저 성과란 기관의 핵심산출 또는 결과의 양과 질을 측정하는 것으로서, 성과는 기관의 목표와 임무에 비추어 핵심산출물이 고객에게 미친 영향을 의미한다(서울시정개발연구원, 2001). 또한 공공부문에 있어 성과란 조직 및 그 구성원이 서비스의 생산 및 제공을 위해 수행한 업무, 정책 및 활동 등의 현황 또는 정도를 의미한다(박중훈, 1999). 이처럼 성과의 개념 정의는 산출(Output), 성과영향(Outcome), 경제성(Economy), 효율성(Efficiency), 효과성(Effectiveness) 등 매우 다양하고 다의적으로 해석하고 있다(정정길 외, 2003).

Armstrong(2006)은 성과관리를 개인과 팀의 성과를 진전시킴으로써 조직성과를 개선하기 위한 체계적인 과정으로 정의하며, 성과관리의 핵심내용을 투입·과정·산출·결과의 과정이라 주장한다. 또한 Walters(1995)는 구성원들이 조직의 요구에 부응하여 가능한 한 효율적·효과적으로 업무를 수행할 수 있도록 관리·지원하는 과정이라고 제기한다. Pollitt(2001)는 협의적 의미에서 성과관리는 주로 인사관리를 의미하며, 광의적 의미에서 성과관리는 공공부문의 전

1) 성과관리 차원에서 성과측정(performance measurement)은 매우 중요한 부분으로 설명된다. 여기서 주의할 점은 성과관리(performance management)라는 개념이 종종 '성과측정(performance measurement)' 또는 '성과점검(performance monitoring)'이라는 말과 동일하게 사용되고 있다는 점이다(Mayne and Zapico-Go i 1997; Wholey and Newcomer 1997; Wholey 1998; Davies 1999; Greene 1999; Perrin 1999). 성과측정은 사전 목표에 대한 업무진행과정을 평가하기 위해서 지표를 개발하고, 이러한 지표에 근거하여 성과를 점검하는 과정을 의미하며, 프로그램의 성과(달성), 특히 사전에 설정된 목표에 대한 진행을 지속적으로 모니터링하고 보고하는 것을 의미한다(GAO, 2005).

략적 우선순위를 설정하고 이를 조직과 개인 단위의 구체적 성과목표로 변화시키는 과정이라 주장한다. 또한 성과관리는 조직이나 팀, 개인들로 하여금 조직의 비전과 전략에 기초하여 목표와 활동계획을 수립하여 시행하게 하고, 그 결과로서 성과를 평가하여 정책 및 기관관리에 환류시킴으로써 성과를 극대화하려는 일련의 과정과 장치 · 노력을 의미한다고 제시한다(성과관리혁신포럼, 2005: 10).

한편 Behn(2002)은 성과관리를 성과예산, 성과계약 등과 같은 일련의 다양한 개념을 포함하는 것으로, 결과중심의 성과관리(result-driven management) 등 다양한 의미로 사용되고 있다고 제시한다. 고경훈 외(2005)는 성과관리를 조직목표 설정과 지표개발, 성과측정(평가), 결과의 환류 등을 모두 포함하는 것으로 주장한다. 공동성(2008)은 성과관리를 기능적 개념에서 기획과 관리, 예산과 감사를 통합해 운영하는 내부통제를 위한 관리시스템으로, 문화적 개념에서 단순한 관리기법이 아닌 사회적 문화를 재형성하기 위한 제도라 설명한다. 그리고 전략적 개념에서는 조직의 비전을 설정하고 비전달성을 위한 전략을 수립하고, 이를 실현시키며 계속적 분석과 평가를 통해 환류하여 조직성과를 향상시키고 구성원의 역량을 강화하는 일련의 관리체계라고 설명한다. 이세구(1999)는 조직의 장기적인 비전 또는 전략을 경제적 · 능률적 · 효과적으로 달성하기 위하여 조직의 성과와 개인의 성과를 일련의 성과지표를 통하여 체계적으로 집계 · 관리 · 환류하는 과정으로 제시한다.

종합적으로 보면 복합적인 개념으로 구성되어 있는 성과관리의 개념은 결국 조직의 성과목표 달성을 위한 것으로, 목표설정, 지표개발, 성과측정, 환류 등의 여러 체계들을 포함하고 있어야 하며, 여러 목적에 따라 다양하게 활용될 수 있어야 한다. 특히 성과관리에 있어서는 성과측정과 성과보고가 핵심 사안이라 할 수 있다.

결국 영국의 PSA 등 부처 수준에서의 성과관리제도들은 대체로 다음과 같은 과정을 포함한다(Davies, 1999). 먼저, 성과를 산출 또는 결과(outputs, outcomes, effects, impacts)로 정의하며, 의도된 목표성취의 달성수준을 설정한다(performance targets, service standards). 또한 성과지표를 사용하여 달성된 업무결과수준을 결정하고(performance measurement, performance monitoring), 사용된 자원의 관점에서 달성된 결과에 대해 설명하며(performance reporting, effectiveness reporting, value-for-money accounting), 성과정보에 기반하여 자원을 배분한다(performance-based budget, result-based budget). 이러한 일련의 과정은 계획(planning) - 측정(measuring or monitoring) - 보고(reporting)의 3단계로 요약 제시된다.

2 영국 성과관리의 제도적 발전

영국 중앙정부는 정책분석 · 검토 정책(Program Analysis and Review: PAR)과 효율성 전략(Efficiency Strategy), 재정관리전략(Financial Management Initiative: FMI)을 중심으로 정부정책의 관리적 효율성 제고와 업무성과 향상을 추구하는데 초점을 두어 발전되었다(차의환, 2002). PAR는 정책목표 · 예산 관련 평가와 정책분석업무를 수행하였으나, 1970년대 후반에 운영상의 여러 한계가 나타났다. 효율성 전략은 정책서비스의 효과성 제고의 목적으로 정부의 특정과제를 평가하고 평가보고서를 발간하였으며, FMI는 1980년대 초반에 실시하여 비용효과분석과 사업에 대한 성과측정을 수행하였다. 또한 지방정부의 경우, 1980년대 초반에 지방재정법에 따라 감사위원회(Audit Commission)를 설치하여 주택 · 쓰레기처리서비스의 성과를 평가하였다.

영국정부의 성과관리 제고 차원에서 살펴보면, 먼저 영국정부의 효율성 제고를 위해 책임운영기관제도(Executive Agency)를 운영하였으며, 정부서비스의 품질을 제고하기 위해 시민헌장제도(Citizen Charter)를 시행하여 고객지향적 정부의 체계를 정립하였다. 결국 이는 정책서비스 품질과 재정가치(Value for Money) 그리고 공공부문의 효율성을 제고할 목적으로 운영되었다. 또한 시장성검증제도를 바탕으로 민간과의 공개경쟁입찰을 통해 정부서비스의 품질을 제고하는데 노력하였다. 이는 모두 영국정부의 효율성과 능률성을 제고하기 위한 목적으로 시행되었다. 특히 지방정부 차원에서는 공공서비스 공급에 민간을 참여시키는 강제경쟁입찰제도(Compulsory Competitive Tendering)2)의 형식으로 시장성검증제도를 시행하였다(박용성 외, 2008).

한편 최고가치(Best Value)3) 성과관리제도를 도입하여 정책서비스의 비용, 효율 외에 서비스 품질에서도 최상의 상태를 달성하고자 노력하였다(DETR, 1998). 이 제도는 경제성·효율성·효과성의 가치를 핵심으로 여러 측면에서 성공을 거둔 제도로 입증되고 있으며(Martin, 2000), 정부서비스 제공에 있어 민간의 역할을 중시하고 성과주의 원칙하에 경쟁과 계약의 원리를 바탕으로 영국정부의 책임성·효과성을 제고하고자 운영되었다. 여기서 중앙·지방정부 모두 달성하기 위한 성과목표치를 설정하고 이에 대한 달성도를 측정한다. 그리고 감사원 등의 외부평가기관도 정부의 서비스 수준과 서비스 개선역량의 기준에 따라 지방정부의 정책성과를 등급화하여 평가하고 있는 실정이며, 정부의 업무관리와 정책결정과정에 성과평가시스템이 확립되도록 다차원적인 제도적 노력을 기울이고 있다.

영국 중앙정부 성과관리제도는 업무에 대한 성과목표 설정과 이에 대한 달성도 측정 등을 내용으로 하는 공공서비스협약(Public Service Agreements: PSA)이 그 핵심으로, 여러 관련 기관과의 유기적 협력네트워크를 구축하여 운영되고 있다. 또한 재무부와 내각사무처 등 각 부처 간의 유기적 협력시스템 하에 기관의 성과목표와 달성목표치 등이 제시되고 있다. 이는 결과(outcome) 본위의 성과관리로 중앙정부는 매년 본 협약체결 시 성과목표와 지표를 설정하고

2) 경쟁입찰의 공정성 확보를 위해 다음 규정을 명시하고 있다. ① 외부계약자 명부작성, ② 최소한 3명 이상 응찰자 초청, ③ 지역신문과 EU의 정기간행물에 입찰공고 및 계약관련 세부사항 게재, ④ 내부조직에 낙찰될 경우 계약조건 이외에 사용자본의 일정수익율 달성을 요구하고 있다. 또한 중앙정부는 입찰시 내부 부서나 특정 민간 업체에게 부당하게 지방정부가 특혜를 주는 반경쟁행위에 대한 이의신청을 접수하여 심사하는 제도를 운영하고 있다(박용성 외, 2008).

3) 먼저 지방정부의 경우 1990년도에 강제경쟁입찰제도를 도입하였으나 서비스 품질 저하 등으로 인해 1997년에 이 제도를 폐지하고 1999년 지방정부법을 제정하였으며, 이와 함께 최고가치(Best Value)제도를 도입하여 2000년부터 운영하고 있다. 그 이후 CPA(Comprehensive Performance Assessment), CAA(Comprehensive Area Assessment)제도 등이 도입되어 운영되고 있다.

성과관리 결과에 대한 성과보고서를 작성 · 보고한다.

한편 지방정부는 성과관리제도가 사업에 대한 재정관리의 효율성을 확보하기 위한 수단으로 시작되었으며, 정부업무에 대한 목표 설정과 이에 대한 예산비용 분석, 목표달성 정도를 측정하는 것이 중요시되었다. 지방정부의 성과관리체계 강화 차원에서 다양한 정책이 시도되었는데 그 중 가장 대표적인 것이 종합성과평가(Comprehensive Performance Assessment: CPA)제도로, 영국 지방정부에서 실시되고 있는 성과관리정책의 핵심 부분이다. 특히 CPA는 지방정부가 수행하는 대부분의 주요 행정업무를 일련의 성과체계 —성과목표 및 성과지표 설정, 성과달성도 측정, 측정 결과의 환류 등— 보다 강력히 실시함으로써 지방행정의 민주성, 효율성, 대응성을 지속적으로 제고하기 위한 목적으로 추진되고 있다(임성일, 2005). 즉, 지방정부가 제공하는 서비스 전반에 걸친 종합평가에 중점을 두고 있다(최영출, 2006). 이 제도에 이어 2009년부터 지방정부를 포함한 여러 서비스 공급주체가 연계된 성과평가제도인 종합지역평가(Comprehensive Area Assessment: CAA)제도가 도입되었다. 또한 지방정부는 최고가치 성과지표(Best Value Performance Indicators)를 운영하고 있다.

III. 영국 성과관리제도의 운영실태: 중앙정부 · 지방정부 중심으로

1 중앙정부의 성과관리제도[4)]

영국의 성과관리는 재무부와 내각사무처, 각 부처의 긴밀한 협조 하에 진행

4) 본 파트는 윤수재 외(2008: 73~81)의 내용을 중심으로 일부 참조하였다.

되고 있다. 재무부의 일반지출정책국 성과능률팀은 지출분석(Spending Review: SR) 합의·조정의 결정적인 역할을 하면서 이후 지침과 목표를 제공·지원함과 동시에 예산을 총괄 조정하는 역할을 수행하고 있다(HM Treasury, 2008: 9). 내각사무처는 총리직속기관으로 전략국 개혁집행실의 역량점검팀을 구성하고 있고, 이 팀은 각 부처의 공공서비스협약(PSA) 목표달성과정을 지원하고 감독하는 상설 팀으로서 PSA를 점검할 뿐만 아니라 성과관리의 전반에 영향력을 미치고 있다(윤수재 외, 2008). 또한 내각사무처는 평가대상 선정, 평가설계·관리 등의 지원 총괄기능을 수행한다. 각 중앙정부는 종합지출분석(Comprehensive Spending Review: CSR)과 지출분석(SR)의 협의·조정 과정에 적극 참여하며 PSA를 구체적으로 수행한다. 또한 이후 봄에 부처성과보고서(Departmental Report)와 가을에 연간성과보고서(Autumn Performance Report)를 작성하며 여러 부처의 협조가 필요한 PSA 목표를 설정하여 운용하고 있다.

<그림 3-17> 영국 중앙정부의 성과관리 운영체계

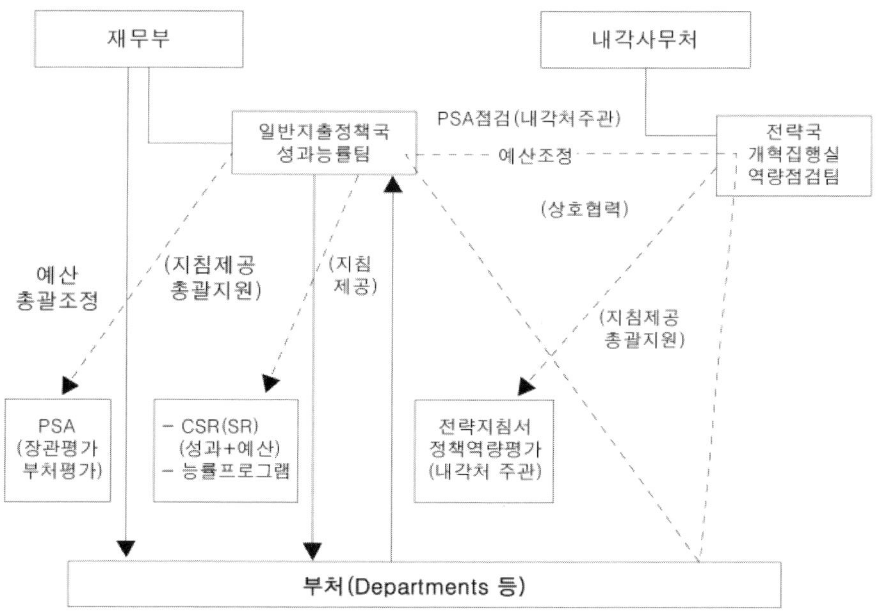

자료: 윤수재 외(2008: 73)

한편 영국의 성과관리제도는 '계획 – 집행 및 모니터링 – 보고' 체계로 운영되며, 우리나라 성과관리계획에 해당하는 PSA는 이 과정에서 중요한 역할 · 기능을 수행한다. PSA는 중앙정부 업무성과를 측정하기 위한 주요수단으로 각 중앙정부는 프로그램에 대한 달성목표를 설정하는데, 최상위 차원에서 기관목적이 제시되며 이를 달성하기 위한 전략목표와 PSA 성과목표가 함께 제시된다(HM Treasury, 2008: 2).[5] 여기서 최상위에 위치하고 있는 PSA 전략은 그 하부 서비스제공을 비롯한 각 사업계획을 전체적으로 관리하는 위치에 있으며, 부처별로 설정한 PSA는 하나의 목적과 여러 개의 목표들로 구성되어 있다(HM Treasury, 2008: 2).

<그림 3-18> 영국 PSA 체계도

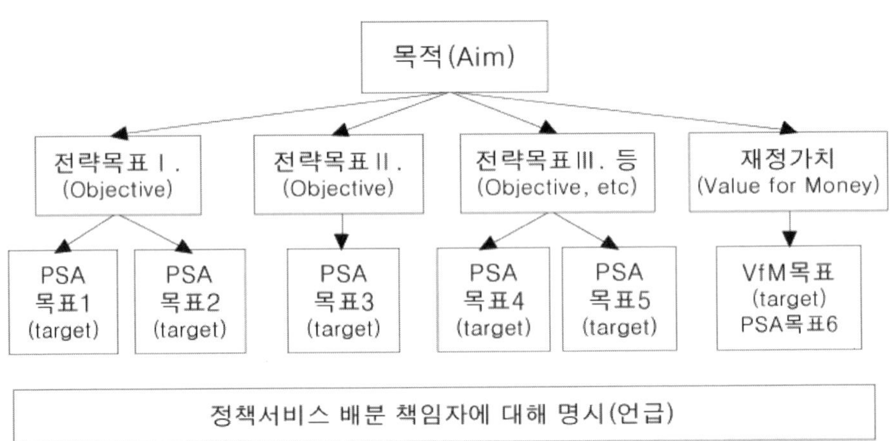

자료: HM Treasury(2008: 3)

영국 중앙정부는 부처별로 여러 단계별 성과협약 형식으로 성과관리제도를 운영하고 있으며, 최상위 단계의 PSA는 결과위주의 성과관리에 초점을 둔다(HM Treasury, 2008: 1). 이 PSA는 각 중앙정부 내의 세부사업계획과정과 유

5) 예를 들어 중앙정부인 환경식품농촌부(Department for Environment, Food, and Rural Affair: DEFRA)에서는 2008년 기준으로 총 9개의 PSA목표가 세워져 있으며 각각의 목표가 달성 진행 중(on course)에 있다.

기적으로 연계되며, 이는 다시 부처·서비스집행기관 내 개별 성과목표들로 연계되는 단계별 배분시스템을 구성하고 있다(HM Treasury, 2008: 1). 여기서 단계별 성과관리시스템은 PSA – 서비스제공협약(Service Delivery Agreement: SDA) – 부처전체 사업계획(Departmental Business Plans) – 부처내 실국별 사업계획(Business Group Plans) – 개인별 성과계획(Individual Staff Performance & Accountability Plans)의 단계별 구조를 이루고 있다.[6]

공공서비스협약(PSA)은 각 중앙부처가 달성하고자 하는 정책우선순위와 정책목표를 중장기적 관점에서 제시하는 것으로, 공공서비스부문에 있어 성과목표·목적, 자원, 성과 및 효율성 달성목표치를 구체적·정량적으로 기술한다. 또한 업무관련 성과목표 이외에 재정가치(VfM) 관련 성과목표를 설정하고 있다. 즉 업무 관련 투입요소와 해당 투입으로 인한 성과가 밀접한 관계성이 있는지를 파악하기 위해 재정가치(VfM) 관련 성과목표를 추가로 설정하고 있다. CSR은 향후 10년에 대한 장기 업무계획으로 정부사업을 미션·전략목표에 따라 분석하여 지출우선순위를 5년 주기로 결정하며, SR은 PSA와 SDA를 기초로 하여 10년 동안의 장기계획 안에서 3년 단위로 계획을 수립하는 제도이다(윤수재 외, 2008). 즉 이전 2년간의 성과를 평가하고 이를 기초로 향후 3년간의 정책목표를 수정·보완하면서 이에 대한 예산을 2년 주기로 배정한다. 예를 들어 2004년 7월에 발표된 SR을 살펴보면, 이는 2006년부터 2008년까지 총 3년 동안의 정부 공공지출에 대한 계획으로써 이는 모든 국민에게 품질 좋은 공공서비스를 제공하기 위한 목적을 제시하고 있다(HM Treasury, 2004: 1). SR은 정부의 중장기 기본계획이 포함되어 있는 국정운영의 주요수단이며, 각 부처의 PSA를 달성하는데 필요한 정부지출을 매 2년마다 종합점검하고, 각 점검시점으로부터 향후 3년간의 '부처별 총지출 한도'와 '효율목표(Efficiency Target)'를 결정하는 제도를 의미한다. 또한 SR은 먼저 각 중앙정부의 장관이

6) 먼저 중앙정부의 PSA는 지역단위기관, 청, 비정부기구, 다른 부처 등과 협력체계를 이루고 있다. 또한 PSA 는 서비스제공협약 → 부처수준의 전략인 부처전체사업계획 → 부처내 실국별 사업계획 → 개인별 성과계획의 체계로 세부사업계획과 밀접한 연계구조를 이루고 있다(HM Treasury, 2008: 2).

재무부와의 합의 하에 전략적 우선순위를 결정하는 절차를 거치고, 그 다음 경상지출 · 자본지출이 포함된 지출요청안과 PSA안을 재무부에 제출하며, 마지막으로 내각사무처에서 검토한 후 부처요청안을 전원합의로 결정한다.

한편 효율프로그램(Efficiency Programme: EP)은 공공지출을 정비할 목적으로 재무부의 주도 하에 기존의 정부규모를 축소하고 효율성을 확립하기 위해 만들어졌다(Gershon, 2004). 여기서 효율성이란 같은 자원을 투입하여 더 나은 결과를 산출하거나 더 적은 자원을 투입하여 같은 결과를 산출하는 것을 의미한다(NAO, 2007). 즉 EP는 정부의 조직 · 사업 운영 전반에 대한 효율성 제고를 목적으로 하며, 예산 · 재정효율과 인력효율을 달성하기 위해 효율이익 증가, 인력감소, 인력재배치라는 3대 효율목표를 설정하고 있다(Gershon, 2004). 그리고 효율목표 달성을 지원하기 위해 효율기금(Efficiency Challenge Fund)을 마련하고 목표달성 방안을 제시하고 있다.

중앙정부의 PSA 기술설명서(Technical Note: TN)는 PSA에 따라 설정된 업무성과목표에 대한 성과측정방법과 자료출처 등을 자세하게 설명한 부록이다. 여기에는 목표연도, 성과데이터 출처, 기준, 측정범위 · 측정방법, 모호한 개념 정의, 세부자료들의 타당성 제시 등이 포함되며 웹사이트에 공개된다. TN이 운영되기 시작한 것은 2000년 SR부터이다. 즉 2000년 SR에서는 PSA 성과목표 달성을 위해 하위수준의 목표를 설정하는 SDA 제도와 PSA 성과목표를 어떻게 측정할 것인지에 대한 TN제도가 새롭게 도입되었다(HM Treasury, 2000). 실제로 생산성 측정관련 TN에서는 생산성을 측정하기 위한 7가지 방법을 제시하고 있다.[7)]

2 지방정부의 성과관리제도

먼저, 지방정부 수준의 조직 성과관리제도의 핵심인 '최고가치 성과지표'는

7) 구체적으로 생산성 측정, 데이터 출처 및 정의, 데이터 유용성, 측정 기간, 측정대상의 지역적 범위, 타당성 합의과정, 데이터 개발 · 개선이다(DEFRA, 2006a: 10-13).

지방정부가 제공하는 서비스, 즉 업무의 전 분야에 걸쳐 그 성과를 측정하는 표준화된 지표들로 구성되어 있으며, 현재 PSA 4번째 성과목표를 실현하기 위한 정책수단이라 할 수 있다. 중앙정부가 정한 본 지표의 분야는 보건, 교육, 사회서비스, 주택, 환경, 문화서비스, 지역안전, 소방분야로 구분되어 운영된다. 또한 지방정부가 수립하는 계획인 '최고가치 성과계획(Best Value Performance Plans)'은 본 계획을 통해 부처 스스로가 달성하고자 하는 목표치를 설정하고 그 달성도를 평가받도록 되어 있다. 즉 세부분야별로 그 성과지표를 정리하고 있고 연도별로 계량목표치를 설정 · 운영하고 있으며, 지방정부에 따라서는 본 계획서의 담당자 · 책임자의 실명까지 제시하는 경우도 있다. 그리고 지방정부마다 최고가치 성과지표를 보완하는 '지방성과지표(Local Performance Indicators)'를 개발하여 운영하고 있다. 지방정부가 자체적으로 효율적인 성과지표를 정립하도록 지역안전, 문화정책서비스, 교육, 환경정책서비스, 생활의 질, 사회정책서비스 등의 분야별로 약 700여 개를 개발하여 수록한 '성과지표 작성 및 개선안내서'를 보급하고 있는 실정이다.

다음으로, 지방정부와 국민에 대한 정책서비스 개선을 위한 제도의 성과에 관한 핵심평가는 종합지역평가(CAA)제도이다.[8] 이에 앞서 CAA의 근간인 CPA 제도를 살펴보는 것은 매우 중요하다. 2002년 초기 CPA제도는 종합적으로 지방정부의 현재 서비스 성과에 대한 평가와 서비스 개선역량에 대한 평가로 구성되어 있다. 첫째, 기관의 현재성과에 대한 평가는 사회보호, 교육, 지원금, 주택, 자원이용분야 등에서 평가된다. 둘째, 서비스 개선을 위한 정부역량 차원에서, 자체평가(self assessment)와 기관평가(corporate assessment)로 운영된다. 기관 평가의 경우 열망, 초점, 우선순위, 역량, 성과관리, 개선도,

8) 본 제도는 2009년부터 도입되어 실시되었는데, 이에 앞서 지방정부에서 실시했던 성과관리제도는 종합성과평가(CPA)제도이다. CPA제도의 전체구조는 서비스 개선역량을 의미하는 기관평가(corporate assessments), 재정평가(resource assessments), 서비스평가(service assessments), 개선도평가로 구성되어 있다. CPA제도는 2002년에 처음 도입된 이후 2005년에 변화를 겪었으며, 2009년부터는 종합지역평가(CAA)로 변화하여 발전적인 모습으로 거듭나고 있다.

투자, 학습, 미래계획 등의 분야에 대한 평가로 진행된다. 최종평정은 5등급(최우수-우수-양호-미흡-부진)으로 구성되며 그 결과는 인터넷을 통해 지역주민에게 공개하고 있다. 2005년 이후 CPA제도는 재정가치를 강조하였고 현재 수준에 대한 평가 이외에 개선도 평가(direction of travel assessment)도 추가하여 수행하고 있다. 즉 자원이용평가,[9] 서비스평가,[10] 주기적 기관평가,[11] 개선도 평가로 구성·운영되고 있으며, 개선도 평가를 제외한 평가부문에서는 종합평정을 통해 등급을 부여하는 평정을 실시한다.

본 연구에서는 영국의 지방정부 성과평가제도인 '종합성과평가(Comprehensive Performance Assessment: CPA)'와 CPA를 개선한 '종합지역평가(Comprehensive Area Assessment: CAA)'에 대해 분석하고자 한다. 이를 위해 먼저 CPA의 등장배경과 핵심요소, 프레임워크와 성과측정의 기준을 검토하고자 한다. 다음으로 CPA가 시행된 2002년-2008년의 성과평가결과에 대한 분석을 바탕으로 CPA에서 CAA로의 전환이 일어나게 된 배경을 살펴보고자 한다. 또한 2008년 말 새롭게 제시된 CAA가 어떤 부분에 초점을 맞추고 있으며, CPA와 어떤 차별화된 특성을 가지고 있는지 분석하고자 한다. 마지막으로 CAA 시행 1년 동안의 평가내용을 평가보고서를 중심으로 평가결과와 평가기준표를 검토하고자 한다.

1) 종합성과평가(Comprehensive Performance Assessment)

CPA는 '지방정부 간의 비교를 통해 한 지방정부가 타 지방정부보다 얼마만큼의 좋은 성과를 달성했는지를 평가하여 보고하는 제도'이다. 여기서는 먼저 CPA의 등장배경을 살펴보고, CPA 실시기간을 2002년-2004년과 2005년-2008년으로 구분하여, CPA의 핵심요소와 프레임워크, 성과측정기준에 대해 분석하

9) 자원이용평가는 재정보고, 재정관리, 재정상태, 내부통제, 재정가치의 부문으로 구성되어 있다.

10) 서비스평가는 레벨 1 수준(아동 및 청소년, 사회보호서비스)과 레벨 2 수준(주택, 환경, 문화, 지원금, 소방 등)의 서비스로 구분하여 운영한다.

11) 기관평가는 열망, 우선순위, 역량, 성과관리, 달성도로 구성되어 있다.

고자 한다. CPA 실시기간을 2개로 구분한 것은 CPA의 프레임워크가 이 2005년 'The Harder Test' 발표를 기점으로 명백한 변화가 있었기 때문이다.

먼저 등장배경을 살펴보면, 1999년 영국의 지방정부 성과평가의 프레임워크는 최고가치(Best Value) 성과프레임워크이다. 이는 지방정부서비스를 가장 효율적 · 효과적 · 경제적으로 정확한 기준에 따라 전달하도록 하기 위한 정부 노력을 의미한다. 모든 기관들은 서비스 향상을 목표로 설정하고 이를 달성해 나가고자 노력하였다(Audit Commission, 2009a: 9). 특히 감사위원회의 2001년 보고서에서는 많은 지방정부가 서비스 평가 '우수(good)' 또는 '최우수(excellent)'를 부여받았다(Audit Commission, 2001a; Audit Commission, 2009a: 9). 이러한 평가결과는 매우 좋은 결과이었으나 보고서는 최고가치 성과프레임워크에 의한 평가에 2가지 문제가 있다고 지적하였다. 즉 지방정부의 자체평가만을 바탕으로 한다는 단점과 지속적인 개선을 하기 위한 역량(능력) 배양 측면의 문제를 해결하지 못한다는 한계를 의미한다(Audit Commission, 2009a: 9).

이와 같은 문제점을 해결하기 위해서 감사위원회(Audit Commission)는 새로운 프레임워크로 5가지 아이디어를 제안하였다(Audit Commission, 2009a: 9). 첫째, 지방정부는 서로 다른 이슈를 다루고 있기 때문에 이들에게 일관된 접근방법을 제안하기 위해서 보다 체계적인 서비스기반 접근평가방법을 개발하는 것이다. 둘째, 서비스 개선 및 변화를 위해서 통합적인 기관평가를 실시하는 것이다. 셋째, 어떤 것을 평가할 것인지를 선택하기 위해서 보다 심도 있는 평가기준을 마련하는 것이다. 넷째, 개별 지방정부의 성과 개선을 위한 체계는 각 지방정부마다 별도로 확립하며, 이때 각 지방정부의 성과와 잠재성 기반의 차이를 반영하여 구성한다는 것이다. 다섯째, 보다 효과적이면서도 비용은 절감할 수 있도록 평가와 감사업무를 통합한다는 것이다. 이와 같은 5가지 제안을 바탕으로 2001년 12월 지방정부백서(Strong Local Leadership-Quality Public Service)에서는 CPA를 처음으로 소개하고 있다(Department for Transport, Local Government & the Regions, 2001; Audit Commission, 2001a; Audit Commission, 2009a: 9).

(1) 2002-2004년 CPA

① 핵심요소

감사위원회의 2001년 보고서에서 조직 내부의 변화를 창출하기 위한 방법에 대해서 7가지 핵심요소의 중요성을 강조하였다. 이는 '첫째, 효율적인 리더십을 갖고 있는 팀을 구축하는 것, 둘째, 변화를 위해 지역이 주인의식을 갖도록 만들 것, 셋째, 주요 우선선위에 지속적으로 집중할 것, 넷째, 고객을 이해하고 그들의 인식에 집중할 것, 다섯째, 사업과 성과를 관리하여 변화를 관리할 것, 여섯째, 외부 전문가의 자문을 활용할 것, 마지막으로 지속적인 개선을 위한 능력을 배양하는 것' 을 의미한다(Audit Commission, 2009a: 4).

이와 같은 핵심요소를 달성하기 위해 CPA는 과거의 자체평가방식에서 벗어나 '검사를 바탕으로 한 서비스 성과에 대한 평가', '자원의 사용에 대한 감사관(auditor)의 판단' 등 종합적인 평가를 통해서 보다 체계적인 틀을 제공하는 방식을 채택하였다(Audit Commission, 2009a: 4). 그 결과 2002년 처음 실시된 CPA는 '지역 주민들을 위한 지방정부의 서비스 개선 능력과 지역커뮤니티의 리더십' 을 판단하는 것을 목표로 종합적인 평가를 실시하였다(Audit Commission, 2009a: 4). 이후 2003년에는 그 평가대상기관이 확대되며 2008년까지 7년 동안 '지방정부의 서비스, 거버넌스, 예산관리 분야' 의 개선에 영향을 미쳤다.

② 프레임워크와 성과평가 등급기준

2002년-2004년까지의 초기 CPA 평가는 첫째, 6개 분야(교육, 사회보호, 환경, 주거, 도서관/레저, 지원금)에 대한 평가, 둘째, 자원에 대한 평가, 셋째, 서비스 개선을 하기 위한 지방정부의 역량에 대한 평가인 기관평가의 3가지로 구성된다. 이 중 6개 분야에 대한 평가는 각각 검사와 성과지표, 계획평가를 통해서 결과가 산출된다. 또한 자원이용에 대한 평가는 감사 판단, 검사, 성과지표, 계획판단을 통해 결과를 산출한다. 지방정부의 역량에 대한 평가(corporate assessment)는 자체평가와 검사로 구성된다. 이 3가지 평가결과는 CPA 프레임워크를 기준으로 등급화 된다. 등급화된 평가의 최종결과는 일반국민에게 보고되며 기존의 문제를 개선하고 향후 계획을 수립하는데 적절하게 활용된다. 다음의 그림은 2002년-2004년 CPA 종합프레임워크의 체계를 나타낸 것이다.

<그림 3-19> 2002년 - 2004년 CPA 종합프레임워크

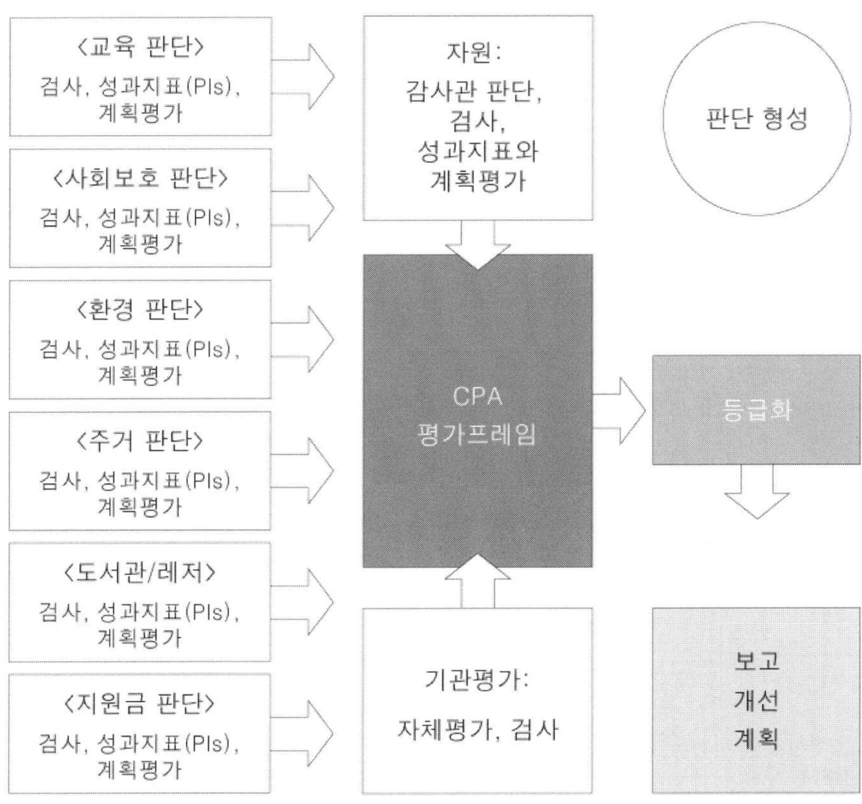

자료: Audit Commission(2009a: 14)

먼저 핵심 서비스분야에 대한 평가는 기관별 핵심서비스 점수결정기준에 따라 이루어진다. 이를 살펴보면 분야별 평가는 최저 1점에서 최고 4점을 부여하며, 서비스 분야별로 중요도를 반영한 차별적인 가중치 부여한다. 교육과 사회서비스는 4점, 환경과 거주는 2점의 가중치를 부여하는 반면, 도서관/레저, 지원금과 자원의 이용은 가중치 1점을 부여한다. 따라서 교육과 사회서비스 점수가 상대적으로 보다 중요한 비중을 차지한다. 따라서 각 서비스 분야별 평가점수는 '최저 1점 × 분야별 가중치' 부터 '최고 4점 × 분야별 가중치' 까지로 분포한다. 특히 6개 핵심서비스 성과평가의 경우, 기준 대비 성과달성도(%)별 점수를 표준화하여 1-4점을 부여하는 기준을 설정하였다. 즉 목표기준대비 성과달성도가 80% 이상인 경우는 4점, 60-79%까지는 3점, 40-59%까지는 2점, 40% 미만은 1점을 부여하였다(Audit Commission, 2009b: 9). 합산점수의 경우, 카운티정부와 일반정부의 점수가 약간 다르다. 합산점수 역시 4등급으로 구분되며, 1점은 합산점수가 15-29점(카운티: 12-23), 2점은 합산점수가 30-37점(카운티: 24-29)이다. 3점인 경우는 합산점수가 38-45점(카운티: 30-36), 4점인 경우는 합산점수가 46-60점(카운티: 37-48)이다. 또한 지방정부의 역량에 대한 평가는 지방정부 역량평가에 대한 점수결정기준에 따라 이루어진다.

<표 3-22> 지방정부 역량평가에 대한 점수 결정기준

1. 각 테마별 현재의 점수: 1점(최하)-4점(최고)	
2. 각 테마별 가중치	
테 마	가중치
지방정부가 달성하고자 하는 것	
- 목표	1
- 성과 초점	1
- 우선순위	1
달성하고자 하는 것을 이루기 위해 지방정부가 수행하는 방법	
- 역량(능력)	1
- 성과관리	1
지방정부가 달성하지 못해 왔던 것	
- 개선 달성	3
- 투자	2
지방정부가 향후 계획하고 있는 것	
- 학습	1
- 미래계획	1

3. 최저점수와 최고점수		
테 마	최저점수	최고점수
목표	1	4

성과 초점	1	4
우선순위	1	4
역량	1	4
성과관리	1	4
개선 달성	3	12
투자	2	8
학습	1	4
미래계획	1	4
종합	12	48

4. 종합점수

점수	종합점수
1	12-23
2	24-31
3	32-39
4	40-48

자료: Audit Commission(2002: 11)

한편 핵심서비스 성과와 지방정부 역량에 대한 평가점수는 2가지 평가별 종합점수와 배점규칙에 따라 등급 분류된다. 지방정부의 능력과 핵심서비스 성과라는 2개 차원을 각각 4개 등급으로 구분하여 16개의 조합을 구성한다. 등급은 '최우수(excellent)-우수(good)-양호(fair)-미흡(weak)-부족(poor)'의 5단계이며, 각 조합의 성과 등급을 살펴보면 다음의 표와 같다.

<표 3-23> 2002-2004년 CPA의 성과 등급표

	점수	핵심서비스 성과			
		1	2	3	4
지방정부의 역량	1	부 족	부 족	미 흡	not applicable
	2	부 족	미 흡	양 호	우 수
	3	미 흡	양 호	우 수	우 수
	4	not applicable	우 수	최우수	최우수

자료: Audit Commission(2002: 12)

이처럼 평가등급표 상의 두 차원에 대한 4개 등급(1-4점)별 점수는 '자원사용, 기관평가, 서비스평가'를 위한 점수산정기준에 따라 결정된다. 즉 1점은 최소요구조건에도 미치지 못한 경우(적절히 수행하지 못함), 2점은 단지 최소요구조건만을 간신히 충족한 경우(적절히 수행함)이고, 3점은 지속적으로 최소요구조건을 초과해 충족한 경우(충분히 수행함), 4점은 최소요구조건을 충분히 초과해 충족한 경우(매우 잘 수행함)를 의미한다(Audit Commission, 2009b: 48).

(2) 2005-2008년 CPA

① 핵심요소

2002년 최초로 시행되었던 CPA는 2005년 검사기준 정립, 자체평가 개선 그리고 주요 서비스와 최소기준 강조를 초점으로 하는 개선과정을 진행하면서 변화하였다(Audit Commission, 2009a: 4). 특히 감사위원회는 지속적인 평가 유지와 고객 관점 중시 그리고 지방정부 정책의 우선순위 · 파트너십 · 지방정부의 커뮤니티 리더십 역할 반영과 지방정부의 효율적 운영을 위한 전략적 관리에 초점을 맞추었다(Audit Commission, 2009a: 15).

② 프레임워크와 성과측정기준

2005년-2008년의 CPA 프레임워크는 이전 2002년-2004년 프레임워크와는 약간의 차이가 있다. 먼저 7개 서비스에 대한 평가부문의 경우 레벨 1 서비스(아동청소년, 사회보호(성인))와 레벨 2 서비스(거주, 환경, 문화, 지원금, 소방)로 구분하고 있다. 또한 서비스 평가 외에 자원사용에 대한 평가는 '재정보고(financial reporting), 재정관리(financial management), 재정상태(financial standing)와 내부관리(internal control), 재정가치(VFM)'의 5가지로 구분한다. 그리고 기관평가의 경우 '열망(ambition), 우선순위(priortisation), 역량(capacity), 성과관리, 달성도(achievement)'의 5가지로 수정되었다. 결국 이 3가지 평가에 대한 CPA 성과평가등급을 총 5단계로 부여한 뒤 개선정도를 총 4가지(강하게 개선, 충분히 개선, 적절히 개선, 적절히 개선 안함/개선 안함)로 구분한다.

<그림 3-20> 2005년 - 2008년 CPA 종합프레임워크

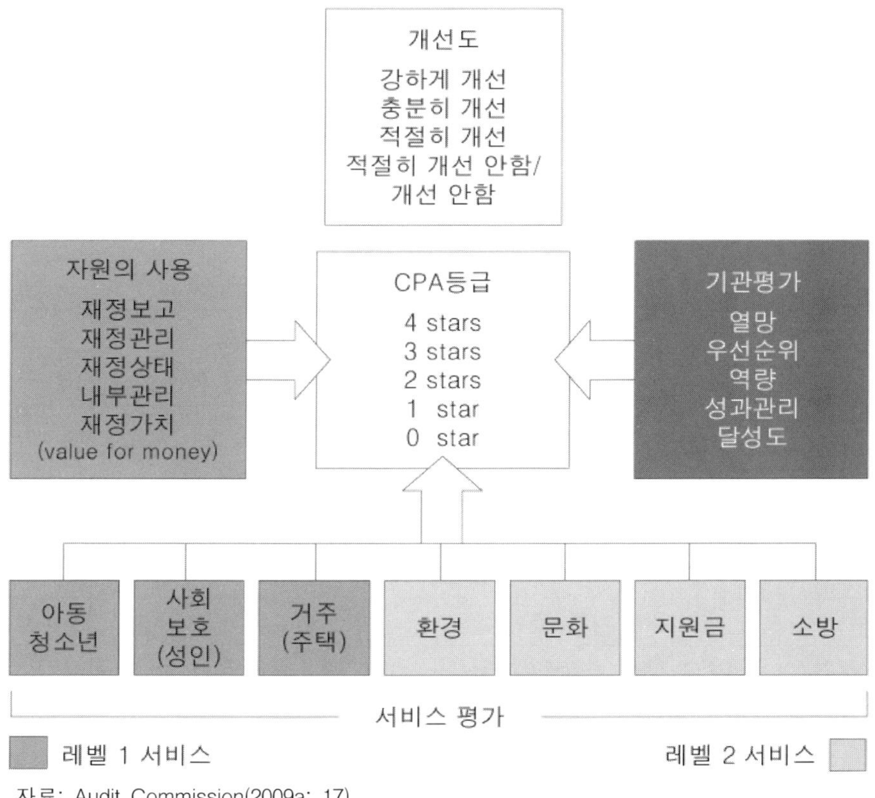

자료: Audit Commission(2009a: 17)

한편 평가프레임워크에서 제시되고 있는 평가등급기준과 관련해 레벨 1 서비스와 자원사용은 동일한 기준을 적용하고 있으며 레벨 2 서비스와는 다른 기준을 사용한다. 대체로 레벨 1 서비스와 자원사용이 레벨 2 서비스 보다 엄격한 기준을 적용하고 있지만 등급에 대한 평가기준은 2002년-2004년까지와 동일하게 적용된다.

<표 3-24> 2005년-2008년 CPA 평가등급기준

종합평가 등급	레벨 1 서비스(자원사용)	레벨 2 서비스	등 급
4	3보다 낮은 등급이 없음	2보다 낮은 등급이 없음	4 star
4	2보다 낮은 등급이 없음	2보다 낮은 등급이 하나 이하	3 star
4	3보다 낮은 등급이 하나 이하	2보다 낮은 등급이 하나 이하	2 star
4	그 외의 다른 조합		1 star
3	3보다 낮은 등급이 없음	3보다 낮은 등급이 없음	4 star
3	2보다 낮은 등급이 없음	2보다 낮은 등급이 없음	3 star
3	2보다 낮은 등급이 없음	2보다 낮은 등급이 하나 이하	2 star
3	그 외의 다른 조합		1 star
2	3보다 낮은 등급이 없음	2보다 낮은 등급이 없음	3 star
2	2보다 낮은 등급이 없음	2보다 낮은 등급이 없음	2 star
2	2보다 낮은 등급이 하나 이하	2보다 낮은 등급이 하나 이하	1 star
2	그 외의 다른 조합		0 star
1	3보다 낮은 등급이 없음	2보다 낮은 등급이 없음	2 star
1	2보다 낮은 등급이 없음	2보다 낮은 등급이 없음	1 star
1	그 외의 다른 조합		0 star

자료: Audit Commission(2009a: 85)

(3) 종합성과평가 결과분석

영국 CPA는 그동안 지방정부 부문에서 역량을 개선하고 책임성을 제고하는 중요한 역할을 수행하였다. 여기서는 2002년부터 2008년까지의 CPA 종합성과평가결과를 분석하고자 한다.

먼저 2002년-2004년까지 CPA 초반의 등급변화는 가장 높은 등급인 '최우수(excellent)' 가 2002년에 22개 지방정부였으나 2004년에는 44개로 2배 증가하였다. 한편 가장 낮은 등급인 '부족(poor)' 은 2002년 13개에서 2004년에는 1개로 거의 사라졌다. 전체적으로 등급이 올라간 지방자치단체는 71개(=12+59)로 등급이 내려간 지방자치단체(4개)보다 월등히 많았을 뿐만 아니라 보통(양호)

이하의 등급이 모두 감소되는 등의 우수한 결과를 보였다. 그러나 2004년과 2005년의 평가결과를 비교해 보면, 평가기준을 대폭 강화하였던 2005년-2008년 CPA 평가기준의 적용 후 가장 높은 등급인 '최우수'가 44개에서 38개로 감소하였고, 그 대신 '우수'는 54개에서 66개로 증가하였다. 반면 낮은 등급인 '미흡'과 '부족'은 각각 21개에서 8개, 13개에서 1개로 급격히 감소하였다.

<표 3-25> 2002년-2004년 / 2005년-2008년 CPA의 등급변화

등 급	2002	1등급 이상 올라감	1등급 올라감	1등급 내려감	1등급 이상 내려감	2004	순수 변화
Excellent	22	1				44	22
Good	54		21			58	4
Fair	40	1, 5	20		1	33	-7
Weak	21	5	12	3		14	-7
Poor	13		6			1	-14
합 계	150	12	59	3	1	150	

등 급	2005	1등급 이상 올라감	1등급 올라감	1등급 내려감	1등급 이상 내려감	2008	순수 변화
4 star	38	6		5		62	24
3 star	66	1	24	7	1	57	-9
2 star	36	4	15		1	26	-10
1 star	8	1	3	1	2	4	-4
0 star	1					0	-1
합 계	149	12	42	13	4	149	

* 자료: Audit Commission(2009a: 92)

또한 2005년과 2008년을 비교해 보면, 다시 '최우수'가 38개에서 62개로 약 2배 가량 증가하였으며, 전체적으로 등급이 올라간 지방자치단체가 54개(=12+42)로 등급이 떨어진 지방자치단체 17개(=13+4)보다 월등히 많게 조사되었다.

이 결과를 바탕으로 각 서비스 영역별 개선 정도를 비교해 본 결과, 평가기간 동안 개선이 이루어진 비율은 주거와 복지서비스의 경우 75%로 가장 높았고, 어린이와 청소년에 대한 서비스가 14%로 상대적으로 낮게 나타났다.

분석결과 CPA 평가기간 동안 지방정부의 능력이 개선되었다는 점을 확인할 수 있다. 지난 7년간 최고등급의 수행평가결과인 '최우수(excellence)'가 42%로 증가하였고, '미흡'은 사라졌다(Audit Commission, 2009a: 6). 또한 '부족'이나 '미흡' 등급인 지방자치단체는 2002년의 34개와 비교했을 때 겨우 4개에 불과하였다(Audit Commission, 2009a: 6). 그러나 이와 같은 성과에도 불구하고 CPA는 2가지 한계를 지니고 있다(Audit Commission, 2009a: 7). 첫째, 지방정부와 그 공무원들이 제공하는 다양한 정책서비스는 많은 전문가들과 복잡한 환경 속에서 다양한 조직들의 성과가 결합되어 나타나게 된다. 이런 부문은 다른 서비스 부문에 비해서 개선의 정도가 낮게 나타나게 된다. 둘째, 성과가 개선되었음에도 불구하고 공공만족도는 오히려 떨어진 결과를 보였다. 결국 다양한 조직과 그 서비스를 지나치게 단순화하면서 생기는 위험, 즉 지방정부 내부의 접근방법상에서의 위험성, 일반국민이나 미디어매체 일부의 잘못된 분석 · 판단 그리고 성과수준의 등급제로 인해 본래의 모습을 볼 수 없다는 등의 한계를 지닌다는 것이다.

2) 종합지역평가(Comprehensive Area Assessment)

앞에서 설명한 CPA의 여러 한계를 극복하기 위해 2009년 지방정부의 성과평가는 CPA에서 CAA 방식으로 전환하였다. 여기서는 CAA의 개념과 특성, 프레임워크, 주기를 포함한 CAA의 전반적인 설명과 함께 2010년 발간된 'CAA 시행 첫해에 대한 평가보고서'를 분석하고자 한다.

(1) 개념과 특성

CAA는 '일반국민이 지방공공기관의 공공서비스[12]를 얼마나 제대로 수혜 받

12) 여기서 공공서비스란 지방자치단체, 보건당국, 경찰 · 소방 · 구호서비스 모두를 포함하는

고 있는지에 대한 독립적인 평가'를 의미한다(Audit Commission, 2009c: 5). 따라서 CAA는 공공기관들이 공공서비스의 개선을 위해 얼마나 노력하고 있는지와 장기적인 목표수행을 위해 얼마나 업무를 잘 수행하고 있는지에 대해 집중 조명한다(Audit Commission, 2009c: 5). 또한 성과에 대한 평가와 재정가치(VFM)에 대한 평가를 연계하여 지방정부의 지역평가와 조직평가를 모두 실시하고 있다(Audit Commission, 2009c: 5). CAA에 대한 핵심을 살펴보면 먼저 CAA는 성장을 위한 촉매로서 성과, 파트너십 활동, 서비스, 재정가치 분야 등 각 분야의 개선에 기여해야 한다. 둘째, 시민, 서비스 사용자, 납세자에 대한 보장을 강화하여야 하고, 셋째, 지방정부가 정책의 우선순위를 결정하는 과정에서 중앙정부로부터의 독립성을 확보해야 한다. 마지막으로, 평가를 위한 조사방법론을 개선해야 한다는 것이다.

<표 3-26> CAA의 핵심

1	성장을 위한 촉매: 보다 나은 지방정부의 결과, 보다 효과적인 파트너십 활동, 보다 대응성 있는 서비스, 보다 나은 재정가치(VFM)
2	시민, 서비스 사용자, 납세자에 대한 독립성 보장
3	국가 우선순위와 지방서비스 개선과정에서 중앙정부에 대한 독립적 증거 기반
4	집중적이고 합리적이며 조화로운 평가조사방법

자료: Audit Commission(2009c: 6)의 내용을 재구성

(2) CAA 프레임워크

CAA는 지역평가(area assessment)와 조직평가(organizational assessment)의 2가지 평가로 구성되며 서로 긴밀하게 연계되어 있다.

먼저 지역평가는 지방정부의 공공서비스가 지역주민을 위해 전 지역에 제대로 전달되고 있는지, 보건 · 경제적 잠재성 · 공동체의 안전성과 같은 우선순위에 동의하고 있는지 그리고 향후 그것들이 얼마나 개선될 수 있는지를 집중

개념이다. 왜냐하면 이들 모든 기관은 해당 지역사회가 직면한 문제를 해결하기 위해 공동으로 협력하여 업무를 수행하기 때문이다.

적으로 검토한다. 또한 지역평가는 점수화되어있지 않는 대신, 향후의 개선에 대한 중요사항, 추가 성과나 개선에 대한 내용을 제공하기 위해 '적신호와 청신호'를 사용한다. 적신호는 '성과가 나쁘거나 개선되지 않았을 때, 서비스나 결과기준이 받아들일만하지 않을 때, 개선 정도가 목표달성을 하지 못한 수준일 때, 지역적으로 합의된 우선순위가 증거를 반영하지 못하거나 수요를 충족시키지 못했을 때, 불충분한 설명이 이루어졌을 때(Audit Commission, 2009c: 21)' 등 부정적인 상황을 표시한다.

한편 조직평가는 지방정부 서비스성과의 공동조사 평가시 자원의 이용과 재정가치(VFM)에 대한 외부평가와 결합하여 지방정부를 평가한다. 즉 재정관리와 사업관리 그리고 자원관리를 모두 같은 선상에서 종합 평가한다(Audit Commission, 2009c: 25). 조직평가의 점수는 성과관리와 자원사용에 대한 평가점수라는 2가지 차원을 바탕으로 구성되어 있다.

<표 3-27> 조직평가의 점수기준

	성과관리				
자원의 사용	Scores	1	2	3	4
	1	1	1	1	1
	2	1	2	2 or 3	2 or 3
	3	1	2 or 3	3	3 or 4
	4	1	2 or 3	3 or 4	4
1	최소요구조건을 충족시키지 못함			부진하게 수행함	
2	최소한의 요구만을 만족함			적절하게 수행함	
3	최소한의 요구를 초과해 만족함			충분히 수행함	
4	최소한의 요구를 충분히 초과해 만족함			훌륭히 수행함	

자료: Audit Commission(2009c: 30)

이와 같이 지역평가와 조직평가는 서로 긴밀한 관계를 맺고 있으며, 증거를 주요 기반으로 하는 성과지표체계(National Indicator Set)를 바탕으로 성과를 보고한다. 2가지 평가에서 사용될 수 있는 증거의 종류는 LAAs, 지속가능한 공동체 전략과 다른 지역적으로 동의된 목표, 성과지표체계와 다른 국가적 접근 가능한 데이터, 검사로 인한 발견, 규정, 감사 등 다른 성과프레임워크로부터 얻은 관련 증거, 지역적 성과관리정보, 지역별 자체평가, 기관별 브리핑자료, 서비스사용자의 관점에서 얻은 자료 등이다(Audit Commission, 2009c: 34).

(3) CAA 평가보고서

CAA 평가보고서는 'CAA의 전달과 그 영향'이라는 2개의 중요한 연구 문제를 제시하고 있다. 첫째, CAA가 효과적으로 전달되는 핵심요소를 가지고 있는지와 CAA가 핵심과정목표들을 달성했는지에 대한 내용이다. 둘째, CAA는 어떤 방법으로 지방정부와 그 파트너십의 행동에 어떤 변화를 가져왔는지에 대한 문제로 재정의 될 수 있다(Audit Commission, 2010a). 이를 위해서 연구방법은 온라인 설문조사와 주요 CAA평가와 관련된 업무를 담당한 공무원들에 대한 전화인터뷰를 사용하였다. 설문조사는 조직평가와 지역평가를 담당하는 616명의 고위공무원을 대상으로 하며, 2009년 12월부터 2010년 1월까지 CAA에 대한 그들의 경험과 전반적인 견해를 질문하였다(Audit Commission, 2010a: 5). 그 내용은 첫째, 새로운 CAA 프레임워크와 전달방법, 둘째, 공동평가 경험, 셋째, CAA 커뮤니케이션과 조직평가결과, 넷째, CAA 과정과 개선을 위한 보고방식, 다섯째, 파트너십 업무에 대한 CAA의 영향 등 총 5가지이다(Audit Commission, 2010a: 5). 설문은 평균적으로 40%의 응답률을 보였다.

이는 CAA의 첫 번째 시행연도의 평가를 위한 매커니즘과 향후 의도하고 있는 결과를 나타낸 것이다. 즉 CAA 평가과정을 통해서 만들어진 첫 해 동안의 변화와 이 평가가 지속될 경우 향후 2-3년 동안의 영향(효과)에 대한 것을 의미한다. 먼저 CAA 평가과정을 개발과 전달의 2가지로 구분되어 있다. 첫째, 개발은 조사관들 모두가 함께 훈련하고 지식을 관리하는 등 공동업무를 위한 역량을 개발해야 한다. 또한 증거에 기반한 평가방법론과 판단에 대한 공통된 합의를 이루어야하고, 검사관들 전체의 커뮤니케이션 계획을 수립해야 한다. 마지막으로 신호시스템(flag system)은 개선을 이루지 못하게 되는 행위에 대해서는 적신호를 주어 경계하도록 하고, 혁신이나 빠른 변화를 만든 경우에는 청신호를 주어 보상하는 방법을 취한다. 이처럼 다양한 조사관들이 함께 때로는 각각 평가를 시행하는 방법을 채택하는 CAA의 특성 때문에 이들 간에 평가방법과 목적 등을 공유하고 공동업무를 할 수 있는 환경을 조성하는 것이 무엇보다 중요하다. 둘째, 전달은 평가과정을 보다 발전시키고자 노력해야 하며, 성공여부에 대한 명백한 기준을 설정해야 한다. 그리고 검사기관들 간의 긴밀한 관계를 유지하고 지역적 맥락과 정치적 맥락에 따른 다양한 과정을 거칠 수 있게 한다. 또한 양질의 증거를 기반으로 신뢰성을 제고해야 하며, 증거수집에 있어서는 지역기반의 정보, 지역우선순위에 따른 정보, 신호시스템 사용에 따른 위험증가를 인식해야 한다. 또한 직원을 훈련하고 보고와 웹 사이트 게재시의 양식을 개발하는 등 성과정보를 제공하는 방법에 대한 연구도 필요하다. 이를 통해서 조직의 문화적 변화를 가져올 수 있다.

이러한 결과를 바탕으로 보고서는 CAA가 향후 2-3년 동안 다음과 같은 3가지 영향을 미치게 될 것이라고 제시하고 있다. 첫째, 일반국민과 지역에 보다 나은 결과를 가져올 것이다. 먼저 납세자들이 그들의 사는 지역에 대해 보다 집중할 수 있고, 향후 성과가 개선될 것이라는 신뢰가 증가할 것이다. 또한 취약계층에 보다 집중하게 될 것이고 지역적인 문제가 개선될 수 있다. 그리고 파트너십을 통해서 성과향상에 대한 기대가치가 보다 개선될 것이다. 둘째, 검사관들 간의 공동업무가 나아질 것이다. 탈관료적이고 시간을 절약할 수 있도록 공동업무를 보다 잘 수행할 수 있게 될 것이다. 범죄와 관련된 조사가 통합되고 관계를 지속하고 행동을 변화하는데 노력할 것으로 예상된다. 또한 이와 같은 경험을 통해 학습할 수 있다. 셋째, 모두에 대한 직접적인 공공책임을 지게 된다. 더 많은 사람들이 지역적인 성과에 관심을 갖기 때문에 보다 직접적으로 책임지게 될 것이다.

IV. 결론: 정책적 시사점

우리나라는 '정부업무평가기본법' 하에 성과관리를 도입하여 정부 정책에 대한 성과관리제도를 운영하고 있다. 이러한 제도의 운영과정에서 영국의 성과관리제도 고찰은 우리나라 정부의 성과관리 효율성 제고에 유용한 정책적 시사점을 함의한다 할 수 있다.

먼저 영국의 중앙정부차원에서는 첫째, 성과관리 총괄기관과 각 부처 간의 명확한 역할과 기능이 정립된 하에 상호 밀접한 연계가 이루어지고 있다는 것이다. 결국 우리 정부의 성과관리계획에 해당되는 영국의 공공서비스협약(PSA)은 정부정책의 성과를 측정하는데 핵심인 전략목표와 성과목표 등이 체계적으로 정립되어 운영된다 할 수 있다. 둘째 우리의 총리실에 해당하는 영국 내각사무처는 각 부처 성과관리계획의 목표달성과정을 총괄 지원하고, 정부부처의 전략수립에 도움을 주기 위한 전략가이드라인을 개발하여 부처의 성과관리문화 확산에 일조하는 컨트롤 타워 기능을 수행한다. 이처럼 성과관리 총괄기관의 역할은 부처 성과관리 제고에 중요한 역할을 담당한다는 것을 의미한다. 셋째, 각 부처의 적극적인 성과관리 구축 노력도 정부정책의 책임성을 높이는데 중요하며, 여기에 1년에 2회 발간하는 정부성과에 대한 부처별보고서와 성과보고서도 업무성과의 심층분석을 통해 도출되는 성과를 한 눈에 보여주는 의미 있는 활동내역이라 할 수 있다. 넷째, 영국의 성과관리제도는 '정책계획—이행모니터링—보고' 라는 성과관리사이클을 구성하고 있는데, '국민에게 책임을 다하는 정부구현' 을 위해서는 각 부처별 성과관리가 상위-하위차원에서 체계적으로 연계되어 운영되는 것이 실효성 제고 차원에서 중요하다. 각 부처는 다단계 계층별 성과관리체계를 갖추고 있으며, 전반적으로 단순한 산출물이 아닌 결과위주의 성과관리를 지향하며 운영되고 있다. 이는 성과체계의 첫 단계인 성과관리계획이 체계적으로 정립되어 각 부처의 세부사업계획과 상호 연계가 잘되고 있음을 말하며, 이는 다시 각 개별 성과목표들로 연계되어 관리되는 체계를 이룬다. 이는 우리 정부의 성과관리시스템 운영에 있어서 중요한 정책적 시사점을 부여한다 할 수 있다. 다섯째, 영국 성과관리의 또 다른 의미 있는 특징 중의 하나는 정책(사업)의 재정가치(VFM) 관련한 성과목표를 포함하여 운영하고 있다는 것이다. 이는 사업과 관련된 투입요소와 해당 투입으로 인한 결과(성과)가 상호 관련성을 갖도록 하는 틀을 마련하기 위한 목적인데, 정부정책의 성과로 인한 효과를 비용의 개념으로 가치화는 것을 의미한다. 결국 재정가치는 국민의 세금이 얼마만큼 효율적으로 운영되는지를 파악하는데 중요한 수단으로 작용한다는 의미를 지닌다. 여섯째, 영국은 성과관리측정방법과 성과데이터 출처 등을 구체적으로 관리하고 있는데, 이는 정부업무 성과의 타당성과 신뢰성을 제고하는데 유용한 것이라 할 수 있다.

다음으로, 영국의 지방정부차원에서는 첫째, '최고가치 성과지표' 라는 표준화된 지표를 통해 지역정책서비스의 성과를 측정하고 있다는 것이다. 이는 지역주민에게 유용한 성과를 창출하기 위한 정부의 효과적인 정책수단이라 할 수 있다. 이는 우리 지방정부의 성과관리체계에도 의미 있는 함의를 준다 할 수 있다. 둘째, 지방정부는 '최고가치 성과계획(Best Value Performance Plans)' 이라는 계획을 수립하여 성과달성문화를 구축하고 있다는 것이다. 셋째, 지방정부는 최고가치 성과지표를 보완하는 '지방성과지표' 를 개발하여 운영하고 있는데, 이는 정부가 효율적인 업무성과를 달성하기 위해 자체적으로 성과창출분야를 분류하여 운영하고 있다는 것이다. 즉 사회 · 문화 · 환경분야 등 지역주민에게 밀접한 서비스를 성과지표화 하여 성과측정을 한다는 것은 지역서비스 제고 차원에서 우리 정부에게 중요한 시사점을 제공한다. 넷째, 지방정부가 정책서비스 성과를 측정하기 위해 '종합지역평가(CAA)' 를 수행한다는 것이다. 여기서 특히 보건 · 경찰 등의 공공서비스 개선 정도를 목표설정을 통해 측정한다는 것은 매우 의미 있는 일이다. 또한 지역평가를 통해 정책서비스가 주민에게 제대로 배분 · 전달되었으며, 지역의 우선적인 정책의제가 체계적으로 분석되었는지 그리고 이에 대한 성과 개선정도가 어떠하였는지 등을 검토하는 것은 우리 지방정부에게 시사하는 바가 크다 할 수 있다. 조직평가 차원에서는 지방정부 서비스 성과 평가시 자원의 이용과 재정가치(VFM)에 대한 평가를 한다는 것이다. 이는 정부 내부조직의 역량을 강화하는 차원에서 효율적으로 운영되는 평가제도라 할 수 있다. 다섯째, 성과보고서가 심도 있는 정책내용의 성과를 제대로 설명하는 역할을 수행한다는 것이다. 이는 정부정책이 국민의 의견을 잘 반영하여 집행되고 있는지와 정책의 핵심과정목표를 달성했는지 그리고 지방정부의 다각적인 협력노력이 얼마만큼 이루어졌는지를 평가한다는 것을 의미한다. 1년 동안의 변화를 담고 있는 보고서는 정책서비스의 성과를 점검하는 차원에서 유용하며, 정부 대 국민 간의 정책소통채널이라는 차원에서 매우 중요한 성과관리 핵심요인이라 할 수 있다.

궁극적으로, 영국 정부의 성과관리제도는 오랜 전통 하에서 여러 시행착오를 겪으면서 발전적인 운영체계를 정립하고 있다 할 수 있다. 이런 차원에서 본 연구에서 살펴본 영국의 성과관리제도는 우리나라 정부에게 유용한 시사점을 줄 것이라 판단된다. 물론 우리나라 정부의 성과관리제도도 많은 발전을 거두면서 현재에 이르고 있지만, 영국 성과관리제도의 수범사례를 보다 잘 취사선택하여 제도적 개선노력을 끊임없이 한다면 향후 우리나라 정부의 성과관리체계는 '국민에 대한 책임성 확보와 업무효율성 제고' 차원에서 많은 발전을 이룰 것이라 기대해 본다.

참고문헌

강창구. (2000). 책임운영기관제도 도입의 역사적 배경과 운영체계. 「한국행정사학회」.

고경훈 · 박해육. (2005). 지방자치단체 성과관리시스템 구축에 관한 연구 – Balanced Scorecard를 중심으로. 「지방행정연구」 19(3).

공동성. (2008). 성과란 무엇인가. 공동성 교수 홈페이지 (http://betulo.blog.seoul.co.kr/1223).

김순은. (2005). 지방정부의 성과관리: 영국의 성과관리 정책의 관점에서. 2005년도 한국행정학회 춘계학술대회 발표논문집.

박용성 · 임승빈 · 임성범. (2008). 시장성 평가제도의 가능성과 한계. 2008년도 한국행정학회 하계학술대회 발표논문집.

박중훈. (1999). 결과중심의 성과측정 및 성과관리체제에 관한 연구. 서울: 한국행정연구원.

박중훈. (2004). 성과평가제도 및 운영실태에 대한 분석과 개선방안. 서울: 한국행정연구원.

성과관리혁신포럼. (2005). 「성과평가 및 관리 매뉴얼」.

유재원. (2004). 성과관리를 통한 지방정부의 책임성 확립: 영국 Best Value의 교훈. 2004년도 한국행정학회 동계학술대회 발표논문집.

윤수재 · 이광희 · 홍재환. (2008). 성과관리제도에 대한 해외사례 비교분석. 서울: 한국행정연구원.

이성우. (1998). 정부기능의 민간위탁 확대방안. 「한국정책학회보」, 제7권 제3호.

이세구. (1999). 성과지향 예산제도 도입방안. 서울: 서울시정개발연구원.

임성일. (2005). 영국의 평가제도와 예산회계제도의 변화. 「지방자치」, 제199호.

정정길 외. (2003). 정책평가-이론과 적용-. 서울: 법영사.

차의환. (2002). 정책평가의 이론과 실제. 서울: 한울아카데미.

최영출 · 옥동석. (1999). 영국의 시장평가제도의 적용가능성에 관한 연구. 1999년도 한국행정학회 동계학술대회 발표논문집.

최영출. (2006). 영국 공공부문 성과관리제도. 「평가리뷰」, 제1권 제1호. 감사원 평가연구원.

한국지방행정연구원. (2004). Best Value in UK. 서울: 한국지방행정연구원.

행정자치부 · 기획예산위원회. (1999). 「문답으로 알아보는 책임운영기관제도」.

Armstrong. Mi. (2006). Performance Management: Key Strategies and Practical Guidelines. Kogan Page; 3ed.

Audit Commission. (2001a). Change Gear: Best Value Statement 2001a.

Audit Commission. (2001b). Department for Transport, Local Government and the Regions, Strong Local Leadership: Quality Public Services, Her Majesty's Stationery Office.

Audit Commission. (2002). Delivering Comprehensive Performance Assessment: consultation draft, UK: Audit Commission.

Audit Commission. (2006). The Future of Regulation in the Public Sector.

Audit Commission. (2009a). Local Government National Report–Final Score: The impact of the Comprehensive Performnace Assessment of local government 2002–08.

Audit Commission. (2009b). CPA–The haeder Test: Score and analysis of performance in single–tier and county councils 2008.

Audit Commission. (2009c). Comprehensive Area Assessment Framework document–Effective from 01 April 2009.

Audit Commission. (2009d). Comprehensive Area Assessment Fire and rescue service–Effective from 01 April 2009.

Audit Commission. (2010a). Comprehensive Area Assessment.

Audit Commission. (2010b). Comprehensive Area Assessment: an evaluation of Year 1: Technical Appendix. by Shared Intelligence in partnership with Cardiff Bussiness School and Ipsos MORI. March. 2010.

Audit Commission 홈페이지: http://www.audit–commission.gov.uk/ssessment: an evaluation of Year 1. by Shared Intelligence in partnership with Cardiff Bussiness School and Ipsos MORI. March. 2010.

Barlett, D. et al. (1999). Preparing for Best Value. Local Government Studies, 25(2): 102–118.

Behn, R. D. (2002). The Psychological Barriers to Performance Management: Or Why Isn't Everyone Jumping on the Performance–management Bandwagon? Public Performance & Management Review, 26(1): 5–25.

Bovaird, T. (2000). The Role of Competition and Competitiveness in Best Value in England and Wales. Public Policy Administration, 15(4): 82–99.

Davies, I. C. (1999). Evaluation and Performance Management in Government. Evaluation, 5(2): 150–159.

DEFRA. (2006a). Defra Public Service Agreement Technical Note 2005–2008.

DEFRA. (2006b). Defra Public Service Agreement Technical Note 2005–2008: Detaling PSA1 Measurement 2005.

DEFRA. (2006c). Measuring Performance against 2004 Spending Review Public Service Agreement Targets.

Department for Transport, Local Government and the Regions. (2001). Strong Local Leadership: Quality Public Services, Her Majesty' s Stationery Office.

DETR. (1998). Modern local government: In touch with the people, Cmnd 4014, London: Stationary Office.

Gershon, Peter. (2004). Releasing Resources for the Frontline: Independent Review of Public Sector Efficiency. HM Treasury.

HM Treasury. (2000). 2000 Spending Review: Service Delivery Agreements and Technical Notes.

HM Treasury. (2004). 2004 Spending Review: New Public Spending Plans 2005-2008 : Chapter 17. Department for Environment Food and Rural Affairs.

HM Treasury. (2008). General Expenditure Policy(a), HM Treasury Website.

Martin, S. (2000). Implementing 'Best Value': Local Public Services in Transition. Public Administration, 8(1): 209-227.

Mayne, J. & E. Zapico-Goni. (1997). Effective Performance Monitoring: A Necessary Condition for Public Sector Reform in Mayne, J. & E. Zapico -Goni.(eds.) Monitoring Performance the Public Sector: Future Directions from International Experience. New Brunswick: Transaction Publishers.

NOA. (2007). The Efficiency Programme : A Second Review of Progress.

Perrin, B. (1999). Effective Use and Misuse of Performance Measurement. American Journal of Evaluation, 20(1).

Pollitt, C. (2001). Integrativng Financial Management and Performance Management. OECD Journal on Budgeting, 1(2): 7-37.

Walters, M. (1995). Performance Management Handbook. London: Institute of Personnel and Development.

Wholey, J. (1999). Performance - Based Management - Responding to the Challenges. Public Productivity & Management Review, 22(3): 288-307.

Wholey, J. and K. Newcomer. (1997). Clarifying Goals, Reporting Results. New Directions for Evaluation, 75: 91-98.

제 4 편

영국의 주요 정책

제 1장 민영화 정책

이 민 호 (한국행정연구원)

I. 서 론

20세기를 '행정국가의 시대' 라고 표현할 만큼 정부의 역할이 차지하는 비중은 지속적으로 확대되어왔다. 두 차례의 세계대전으로 인해 전후 경제재건 과정에서 정부의 역할이 강조되었으며, 1960년대 이후 복지국가에 대한 전 세계적인 열망은 사회복지비 지출의 확대를 통한 정부부문의 팽창을 상당히 가능하게 하였다. 그러나 한편으로는 팽창일로의 정부 규모에 대한 우려와 함께 민간부문의 자율성을 강조하는 이념적 성향도 정부를 포함한 공공부문의 범위를 규정하는데 중요한 기준으로 작용하였다. 그리고 이러한 민간부문의 자율성, 특히 시장의 질서를 강조하는 논의들이 1980년대 이후 전 세계적으로 지지를 얻기 시작하면서 공공부문에 대한 개혁과 규모 축소의 정책들이 활발히 대두되게 되었다. 물론 최근 들어 전 세계적인 경제 불황의 어려움 속에서 정부의 역할에 대한 기대가 더욱 커진 것은 사실이지만, 여전히 우리 사회의 기본적 질서로서 공공부문의 개혁과 민간부문의 활성화에 대한 필요는 유효한 상황이라고 할 수 있을 것이다.

이러한 맥락에서 지난 1980년대 이후 진행된 영국의 민영화 정책은 '행정국가의 시대'를 넘어 새로운 시대로의 전환을 가능하게 한 중요한 시발점이 되었다고 평가된다. 사실 18세기 Adam Smith의 저술 이후로부터 이어져 온 국가와 시장의 명확한 역할 구분에 대한 논의는 1920-30년대의 Mises와 Hayek의 주장에까지 연결되었으며, 1960년대 Friedman을 중심으로 한 시카고 학파의 이론적 노력을 통해 상당한 입지를 구축하였다고 할 수 있다. 그리고 민영화 정책은 이러한 국가와 시장의 명확한 역할 구분을 위한 중요한 정책 수단이라고 할 것이다. 기능적 차원에서 민영화는 "공적 영역에서 사적 영역으로의 전체 또는 부분적 기능의 이전"으로 정의되지만, 이는 공적 목표를 달성하기 위해 민간 행위자와 시장의 힘에 대한 의존도 증가를 의미한다(Butler, 1985). 또한 민영화는 급격하게 팽창한 정부기구의 축소와 국가 책임성의 범위를 본래 수준으로 되돌리기 위한 자각운동으로도 해석되고 있다(Feigenbaum & Henrig, 1994). 그러나 실제로 민영화 정책이 현실에서 채택되고 적극적으로 추진된 것은 앞서 언급하였듯이 1980년대 영국의 Thatcher 정부 이후부터였다는 점에서 영국의 민영화 정책은 정책적인 측면에서 뿐만 아니라 이론적인 측면에서도 상당히 중요한 의미를 가진다.

영국의 민영화 정책이 갖는 정책적이나 이론적 차원의 중요성은 그간 많은 연구들이 영국의 민영화 정책에 대한 논의를 계속적으로 수행하게 되는 원인으로 작용하였다. 그리고 1990년대 후반에서야 본격적인 민영화가 추진되었던 우리의 경우에도 중요한 참고자료로서 영국의 민영화 정책은 중요한 연구대상으로 고려되었다. 그러나 1979년부터 1997년까지 근 20년에 걸쳐 진행된 영국의 민영화 정책을 논의하기에는 너무나 다양한 접근방식들이 존재하고 이들에 따라 민영화 정책을 평가하기 위해서도 너무나 방대한 근거자료가 필요하다. 또한 각기 다른 접근방식에 따른 평가과정은 각기 다른 정책목표나 평가기준을 전제하게 되고 이로 인해 동일한 영국의 민영화 정책에 대해서도 상당히 다양한 분석이 가능하고 엇갈린 평가를 내놓게 된다. 본 연구에서는 영국의 민영화 정책을 살펴봄에 있어 일반적인 민영화 정책의 이해를 위한 세 가지 시각, 즉 경제적 시각, 정치적 시각, 그리고 행정적 시각에 따른 접근방식을 전제하고 전반적인 민영화 추진 배경과 과정을 분석하고자 한다. 이러한 과정을 통해 각 접근방법에 따른 영국의 민영화 정책에 대한 성과를 다각적으로 이해할 수 있을 것이며, 이는 아직까지도 영국의 민영화 정책에 대해 엇갈린 평가를 내리고 있는 현실에서 의미 있는 작업이 될 수 있다.

이러한 연구의 목적을 고려하여 본 연구의 순서를 다음과 같이 간략하게 소개할 수 있다. 우선 2장에서는 민영화 정책의 이론적 접근으로 민영화 정책에 대한 경제적, 정치적, 행정적 시각의 차별적 접근방식과 특징을 살펴본다. 다음으로 영국의 민영화 정책 사례와 관련하여, 3장에서는 민영화 정책의 추진 배경을, 그리고 4장에서는 민영화 정책의 추진 경과를 검토한다. 1979년부터 시작되는 민영화 정책 추진 이전의 영국 상황을 통해 민영화 정책의 추진 배경을 검토하고 Thatcher 정부와 이후의 영국 정부들에서 추진된 민영화 과정과 민영화 이후 최근의 상황을 분석한다. 5장에서는 민영화 정책의 추진 성과와 관련해 세 가지 접근방식에 따른 평가결과의 차이점을 살펴보고, 이에 따른 영국의 민영화 정책에 대한 엇갈린 시각의 논의를 다루기로 한다. 마지막으로 6장에서 결론과 함께 영국의 민영화 정책에 대한 연구를 통해 우리 정책 현실에의 적용 가능한 시사점을 탐색한다.

II. 민영화 정책의 이론적 접근

1 공기업 민영화의 개념적 이해

공기업 민영화 정책에 대한 논의를 시작하기에 앞서 먼저 공기업의 개념과 의의를 이해하는 과정이 선행되어야 할 것이다. 일반적으로 공기업(public enterprise)의 개념정의는 소유주체로서 민간이 아닌 국가나 지방자치단체의 특성을 가장 강조하고 있다. '공기업이란 재화나 용역을 생산하여 판매하며 그 자산이 개인주주가 아니라 공공기관에 의하여 소유되는 조직체' 라고 정의내리고 있는 부분도 이러한 소유권에 착안한 개념정의라고 할 수 있다(Rees, 1984). 공공부문의 소유권이라고 하는 특성은 조직의 목적에도 영향을 미치게 되며, 공기업의 개념을 공공성과 기업성의 조화적 달성을 위한 조직으로 이해하는 부분도 결국은 공기업이 갖고 있는 소유권의 차별성에서 비롯된 것이라 할 수 있다(Ramanadham, 1991). 그러나 과거와 달리 민간과 공공부문의 역할을 명확하게 구분하기 어려운 상황에서 단순히 소유권의 개념만을 가지고 공기업을 분류하기는 한계가 있으며, 실무적 차원의 논의는 결국 공공부문의 소유권 보유 수준을 바탕으로 이루어지는 것이 보통이다. 예컨대, 공공단체의 지분율이 1/3 이상인 경우에만 공기업을 분류할 수 있다는 것과 같은 개념 정의가 바로 이러한 실무적 맥락에서의 개념 정의이다(박영희 외, 2009).

이와 같이 공기업의 개념 정의와 관련해 핵심적인 키워드는 소유권이라고 할 수 있다. 따라서 역으로 생각하면 공기업 민영화(privatization)의 개념은 공공부문이 보유하고 있는 공기업에 대한 소유권을 다시금 민간부문으로 이양하는 과정으로서 이해할 수 있다. 다시 말하면, 소유권의 이전을 통한 공기업의 지배 주체가 변화하는 것을 의미한다. 그런데 앞서 공기업의 개념 정의에서와 마찬가지로 공기업의 민영화의 개념 역시 공공부문의 소유권을 어느 정도로 이전할 것인지에 따라 다양한 유형 분류가 가능할 수 있다. 일반적으로 좁은 의미의 공기업 민영화는 정부보유 주식을 민간에 완전 매각하고 정부의 개입여지를 남기지 않는 형태의 민영화 방식을 의미한다. 반면 넓은 의미의 공기업 민영화는 부분 민영화나 프랜차이즈제도를 통한 운영권의 이전, 대여제도 등을 포함하게 된다.

앞서 살펴본 공기업의 개념과 공기업 민영화에 대한 개념 모두 형식적 의미에서 소유권의 보유 주체를 중심으로 논의가 이루어지고 있다. 그러나 실질적으로 공기업 민영화에 대한 이해를 위해서는 왜 공공부문이 소유권을 행사하는 공기업이 발생하고, 다시 공공부문의 소유권을 민간으로 이전시켜 민영화를 실시하는지에 대한 원인에 대한 논의가 더 의미를 갖게 된다. 문제는 이러한 공기업의 형성과 민영화의 실시에 대한 원인이 상당히 다양한 차원에서 접근되고 있다는 점이며, 동일한 소유권 이전의 관점에서 민영화를 정의하더라도 그 접근방식에 따라 차별적인 이해가 필요하다는 것이다. 다음에서는 공기업 민영화에 대한 이해를 경제적 시각, 정치적 시각, 그리고 행정적 시각에서 차별적으로 접근하기로 한다.

2 공기업 민영화에 대한 경제적 접근

공기업 민영화에 대한 경제적 접근에서는 흔히 민영화의 개념을 공기업의 소유권을 민간부문에 이전시킴으로써 시장의 경쟁을 통해 기업의 경영효율을 극대화하고 사회적 후생을 제고하기 위한 활동으로 정의한다(박영희 외, 2009). Hood(1994)는 공기업의 생성원인과 관련해 시장실패를 지적하면서, 시장실패에 따른 정부의 기능적 정책대응의 방식으로 공기업을 설명할 수 있다고 하였다. 자본시장과 산출물시장의 불완전성 또는 비효율성이 정부의 직접적인 정책대응을 요구하고 공기업은 이러한 정책대응을 위해서 활용된다는 것이다

(Kay et al, 1986).

공기업 민영화에 대한 경제적 접근은 이러한 시장실패에 대응으로서 공기업의 생성이 적절하지 않으며, 공기업이 역할을 수행하는 부분에 대해서도 민간의 역할이 보다 경제적으로 효과적이라는 점을 주장한다. 즉, 시장실패의 문제를 해결하기 위해 공기업이 만들어졌다면 시장의 힘이 효율적으로 작동되고 있는 부문에 대해서도 왜 공기업이 존재하고 있으며, 시장실패가 발생하더라도 왜 굳이 공기업과 같은 직접적인 정부개입이 필요한지에 대한 충분한 설명을 할 수 없다는 것이다(김준기, 2001).

이와 같은 경제적 접근은 신고전학파 경제학자들이 주장하는 것과 같이 정부와 민간의 역할 배분에서 정부의 과도한 개입이 오히려 사회적 후생을 저해한다는 점을 강조하며, 민간의 경쟁과 창의성의 발현을 위해 정부개입의 축소를 위한 목적에서 민영화를 이해한다. 1960년대 이후 팽창적인 복지국가 정책의 후퇴를 주장해 온 신고전학파의 성과물로서 민영화를 설명하는 것이 바로 이러한 경제적 접근의 핵심이다(Feigenbaum & Henrig, 1994). 민영화 이후의 기업 경영의 효율이나 생산성 제고 등을 주요한 민영화의 성과로 분석하고 있는 많은 연구들 역시 이러한 경제적 접근을 통해 민영화를 이해하고 있다고 할 수 있다(La Porta & Lopez-de-Silanes, 1997; Megginson, Nash & Van Randenborgh, 1994).

3 공기업 민영화에 대한 정치적 접근

공기업의 발생 원인과 관련해 Hood(1994)는 시장실패에 대한 정책대응 외에도 국제 정치적 요인, 국내 정치적 요인 등을 지적하고 있다. 식민지 시대의 청산과정에서 국내에 진출해 있던 외국자본을 흡수하는 차원에서 신생국가들에게 나타난 국유화는 이러한 국제정치적 요인 중의 하나이다(Foster, 1992).

또한 국내 정치의 산물로서 공기업을 바라볼 경우에는 공기업은 고위 관리자나 정치가들의 권력과 부를 제공하기 위한 정치적 수단으로서 역할을 담당한다. 공기업에 대한 낙하산 인사와 같은 부분이 바로 이러한 공기업의 정치적 특성에 기인한 결과라고 할 수 있다. 물론 이와 같은 개인적 권력의 축적을 위한 정치적 이유 외에도 특정한 정치적 이념을 달성하기 위한 목적에서 이루어지는 국유화 역시 공기업에 대한 정치적 접근에 포함될 수 있는 부분이다.

따라서 공기업 민영화에 대한 정치적 접근은 반대로 이러한 권력가의 정치적 영향을 제거하기 위한 목적에서 이해될 수 있다. 그러나 민영화를 통해 기존의 권력자들이 갖고 있던 정치적 영향력을 축소하고 이를 통해 경영의 효율성 및 경제적 후생 증대를 주장한다면 경제적 접근방식에 속한다고 할 수 있다. 오히려 정치적 접근에서는 공기업을 중심으로 한 기존의 권력이 공기업 민영화를 통해 재분배되면서 새로운 형태의 권력구조를 생성하는 측면을 강조한다. 이러한 맥락에서 민영화에 대한 정치적 접근에서는 민영화를 둘러싼 이념과 행위자, 제도, 이해관계의 변수들 간에 발생하는 상호작용이라고 정의할 수 있다(Heffernan, 2005). Feigenbaum & Henrig(1994)는 광범위한 민영화 정책을 단순한 경제적 논리를 통해서만 설명할 수는 없으며, 정치적 상호작용에 따른 다양한 의사결정이 민영화 정책에 반영되어 있고 다양한 민영화의 양상을 이끌어낸다고 주장한다.

4 공기업 민영화에 대한 행정적 접근

일반적으로 행정적 시각은 정부의 효과성 제고를 위한 정부 관료집단의 정책 도구 선택의 관점을 강조한다. 행정적 접근에서는 정부의 관료집단을 공공성을 추구하는 집단으로 이해하며, 공공성 추구를 위한 도구 선택의 과정에서 공기업의 형태를 채택할 수도 있고 민영화의 형태를 채택할 수도 있다고 판단

한다(Feigenbaum & Henrig, 1994; 김준기, 2010).

공기업의 생성과 관련해서 행정적 접근은 공기업이라고 하는 수단이 공익을 추구하기 위한 해당 목적에 가장 적절하기 때문이라는 것을 가정한다. 예컨대, 과거 포항제철의 경우 우리나라의 공업화를 위해 가장 필요한 사업임에도 불구하고 민간부문을 통해 이를 해결할 수 있는 방안이 없었고, 정부가 공기업을 설립하여 이러한 사업을 추진하는 것이 가장 적절하다는 판단에서 공기업 생성의 논리를 제시할 수 있다. 소득재분배 기능도 마찬가지이다. 민간 전력회사에 대한 지시나 간섭을 통해 저소득층에 대한 낮은 수준의 전기요금을 책정하는 것이 비효율적이라면, 정부가 공기업을 설립해 직접적으로 소득재분배 기능을 수행하는 것이 효과적일 수 있다(박영희 외, 2009).

이러한 맥락을 거꾸로 하면, 공기업 민영화에 대한 행정적 접근은 정책수단으로서 공기업의 효율성이 저하된 상황에서 또 다른 정책도구로서 민영화를 채택한 것으로 이해할 수 있다. 행정적 접근에서 민영화는 관료들이 과제를 수행하는데 가장 적합한 도구를 수행하는 도구상자로 표현되며, 여기에는 좁은 의미의 소유권 민영화와 함께 민간위탁, 사용자 부담금, 바우처, 자산매각과 규제완화 등 다양한 도구들이 포함된다. 정부가 공익을 추구하는 과정에서 단일하며 보편적인 최상의 방안이 있을 수 없다는 점을 인식하고 있는 행정관료들은 서로 다른 민영화의 도구나 민영화의 방식들을 적절히 조합하기 위한 전략적 접근을 채택하게 되며, 상당히 기술적인 측면이 강조된다(Feigenbaum & Henrig, 1994; 김준기, 2009).

5 연구의 분석틀

본 연구에서는 이론적 차원의 민영화가 실질적인 정책으로서 구현된 최초의 사례로 영국의 민영화 정책을 살펴본다. 앞서 살펴보았듯이 민영화 정책의 개념은 형식적으로 공기업에 대한 정부의 소유권을 민간으로 이전시킨다는 점은 공통적이지만, 각각의 민영화 정책은 각기 다른 배경과 목적에서 추진되고 이에 대해 다양한 접근이 가능할 수 있다. 민영화 정책에 대한 경제적 접근, 정치적 접근, 행정적 접근은 바로 이러한 맥락에 제시된 부분이다.

<그림 4-1> 연구의 분석틀

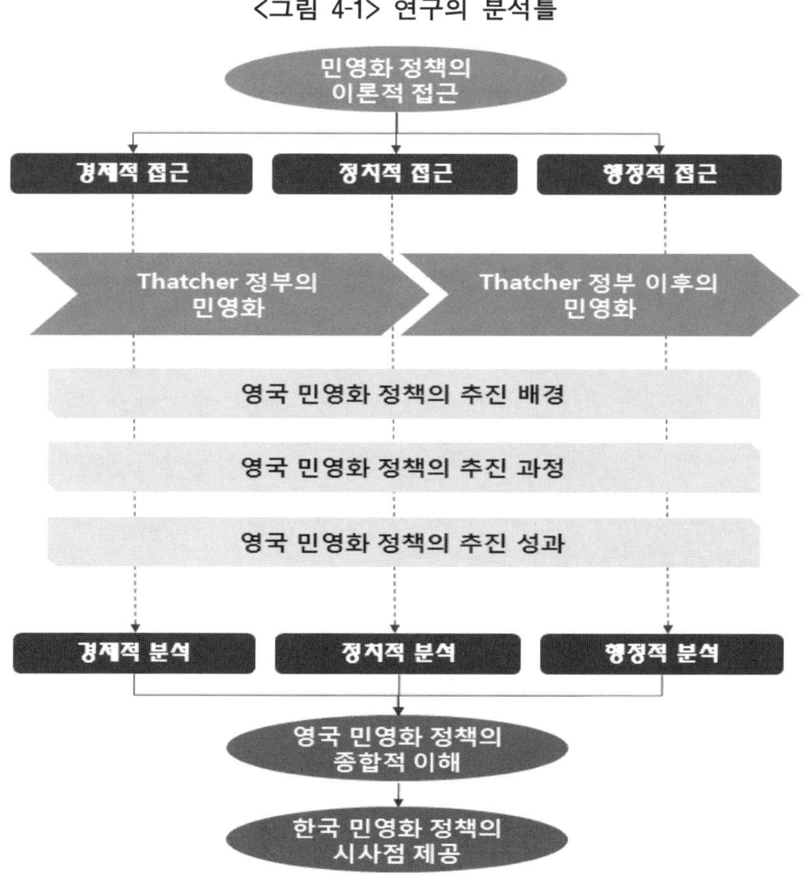

영국의 민영화와 관련하여 너무도 많은 연구가 수행되었고 각 연구마다 채택하고 있는 특정한 입장에 따라 너무도 많은 분석이 제공되었다. 그리고 각각의 입장에 따라 영국의 민영화 정책에 대한 평가결과도 상당히 다양하게 나타나고 있다. 본 연구에서는 이렇듯 다양하게 전개되는 민영화에 대한 접근방

식을 크게 경제적 접근과 정치적 접근, 행정적 접근으로 나누어 종합적으로 영국의 민영화를 살펴보고자 한다. 앞의 〈그림 4-1〉은 이와 같은 연구의 분석틀을 시각적으로 표현하고 있다.

앞서 살펴본 세 가지 민영화에 대한 접근 방식을 토대로 영국 민영화 정책에 대한 내용을 Thatcher 정부 시기와 Thatcher 정부 이후의 시기로 크게 구분하여 살펴보기로 한다. 민영화 정책의 추진 배경과 추진 과정, 추진 성과에 대한 분석에서 각각의 접근 방법은 차별적인 분석의 강점을 보일 것으로 예상되며, 이들을 종합을 통해 영국 민영화 정책의 종합적 이해를 도모한다. 그리고 이러한 분석 결과는 한국의 민영화 정책 집행과정에서의 시사점을 모색하는데 상당히 유용할 것으로 기대한다.

III. 영국 민영화 정책의 추진 배경

1 1970년대 극심한 영국 경제의 침체

1980년대 이후 영국이 대대적인 민영화 정책을 추진하게 된 배경의 첫 번째로 1970년대의 극심한 영국 경제의 침체를 고려할 수 있다. 〈표 4-1〉에서 나타난 것과 민영화 직전까지 전반적인 영국의 경제성장률은 다른 주요 국가들과 비교할 때 가장 낮은 수준으로 나타난다. 그러나 1950년대와 60년대에는 전후 복구 과정에서 높은 경제 성장률을 보인 일본이나 독일, 이탈리아, 프랑스와 같은 수준은 아니지만 3.0%라고 하는 비교적 높은 경제성장률을 나타내면서 양호한 경제수준을 유지하였고 같은 기간 1인당 GDP 성장률도 2.3%에 달하고 있다. 그런데 1970년대 영국의 경제성장률은 그 이전의 절반 수준인 1.5% 수준으로 떨어져 경제 상황의 악화를 확인할 수 있다. 물론 1970년대 오일쇼크와 전 세계적인 경제 불황 속에서 전반적인 국가들의 경제성장률이 떨어지고 있으나, GDP 성장률은 미국과 비교해서도 1% 포인트 가까이 차이를 보이고 있으며, OECD 평균과 비교할 때도 거의 절반 수준에 미치지 못하고 있다. 경제 불황에 따른 여파가 1970년대 영국에 더욱 치명적인 피해를 가져다주었을 것으로 예상되는 부분이다.

<표 4-1> 영국 및 주요 국가의 GDP 및 1인당 GDP 성장률 변화

(단위: %)

국 가	1950-1973		1973-1979	
	GDP	1인당 GDP	GDP	1인당 GDP
영 국	3.0	2.3	1.5	1.5
미 국	3.7	2.5	2.4	1.4
일 본	9.4	8.2	3.6	2.5
프랑스	5.1	4.2	2.8	2.3
독 일	5.9	5.0	2.3	2.5
이탈리아	5.5	4.8	3.7	3.2
EC 평균	n.a	n.a	2.5	2.1
OECD 평균	n.a	n.a	2.7	1.9

자료: Temple(1994), p.34; 이기환 · 김기수(1998), p.311에서 재인용.

1970년대 영국 경제의 침체는 세계대전 이후의 경기 호황 국면이 사그라지면서 1960년대 후반부터 가속화된 생산성의 하락에서 기인한다고 할 수 있다. 이미 1960년대 초 영국 경제의 비능률성을 가리켜 '영국이 병을 앓고 있다'고 지적한 내용들이 1960년대 후반부터 직접적인 산업의 생산성 하락으로 가시화되었다고 할 수 있다. 이후 1970년대 들어서면서 오일쇼크와 중동전쟁 등에 따른 세계 경제의 어려움은 영국의 경제 하강 국면을 가속화시켰으며, 실업률의 상승과 물가 상승에 따른 스태그플레이션이 나타났다. 더욱이 미국 중심의 팍스아메리카 체제의 몰락과 브레튼우즈 등 국제 금융체제의 붕괴는 영국 경제에 치명적인 외적 쇼크로 다가왔다. 이에 더해 내부적으로 강성노조의 태업과 파업에 따른 내적인 요인까지 영국 결제의 침체를 가속화하였으며, 제철, 제강, 조선, 기계 등 기간산업의 생산성 하락과 순이익률 감소, 이로 인한 수출 감소와 수입 증가에 따른 무역수지 적자 확대 등이 커다란 사회적 문제를 야기하였다. 경제위기 심화에 따른 파운드화의 평가절하와 국제수지 적자로 인해 결국 1976년 영국은 IMF 구제금융을 받아들이게 되고 재정긴축을 강행하게 된다. 그러나 재정긴축의 개혁노력은 이미 심각한 영국병을 앓고 있던 경제 상황을 근본적으로 해결할 수 없었고, 노사관계의 악화로 인해 대대적인 파업 등 경제적 혼란이 더욱 극심해지는 결과를 낳게 되었다.

2 공기업에 대한 높은 비중과 비효율적 경영

영국의 공기업 규모는 제2차 세계대전이 끝난 1945년까지 그리 높은 비중은 아닌 것으로 파악된다. 그러나 1945년 집권한 Attlee의 노동당 정부는 대대적인 국유화를 통해 공기업에 대한 영국 경제의 의존도를 심화시키는 결과를 가져왔다. 노동당의 정치이념에 따라 노동자의 권인을 보호하는 차원에서 국가의 주요 산업을 국유화하여 노동자의 고용 안정성을 정부가 보장해주는 경제정책을 실시한 것이다.

다음의 〈표 4-2〉는 1950년 이후 영국의 공기업 비중 변화를 살펴보고 있으며, 1950년 이후 1970년까지 공기업에 대한 경제적 비중이 상당히 높아진 것으로 파악할 수 있다. 우선 국민소득 중 공기업이 차지하는 비중과 관련해 1950년대 8~9% 수준에 달하던 것이 1960년대 후반부터는 10% 수준으로 확대되었다. 투자 면에서도 1950년과 1970년대 총고정자본 형성 중 17~20%가

공기업에 의해 이루어지고 있으며, 이러한 공기업의 비중 확대는 정부의 보조금 지급과 관련한 재정규모의 확대로 이어지고 있다.

<표 4-2> 영국의 공기업 비중 변화 추이(1950~1970)

(단위: 백만 파운드, %)

연도	국민소득 기여도		총고정자본 기여도		공기업 보조금	
	공기업 총요소소득	비중	공기업 고정자본	비중	보조금액	총재정지출 대비 비율
1950	983	8.4	288	17.0	477	11.8
1955	1,583	9.1	570	20.4	347	6.3
1960	1,942	8.7	799	19.4	462	6.3
1965	3,163	10.1	1,293	20.1	574	4.1
1970	4,306	10.1	1,650	17.9	859	3.9

주: 1950년도의 보조금은 주로 농업 및 식량부문에 주어짐.
자료: Shepherd(1976), p.108; 이기환・김기수(1998), p.315에서 재인용.

다음의 〈표 4-3〉는 역시 영국의 공기업 비중 변화 추이를 살펴보고 있으며, 1979년 Thatcher 정부가 집권하기 직전까지 1970년대의 상황을 보여주고 있다. 1970년대부터 극심해진 경제침체 상황에도 불구하고 부가가치 규모를 통해 파악되는 영국 경제에서 공기업의 비중은 여전히 GDP 대비 10%대의 높은 수준을 나타내고 있으며, 경제침체가 가속해지는 1970년대 중후반으로 갈수록 그 비중이 높아져 GDP 대비 11%까지 달하고 있다. 고용규모와 관련해서도 총노동력의 7.8%가 공기업의 종업원으로 파악되며, 이러한 경제 불황 속에서도 지속적으로 확대되어 1977년에는 1972년 대비 십만명 이상의 공기업 종업원 규모가 늘었으며 총 노동력 대비 비율도 8.4%까지 상승하였다.

<표 4-3> 민영화 직전 영국의 공기업 비중 변화 추이

(단위: 십만 파운드, 천명, %)

연도	부가가치		고 용		고정투자	
	금액	GDP 대비 비율	종업원수	총노동력 대비 비율	금액	총고정자산 대비 비율
1972	5.6	10.2	1,902	7.8	1.8	15.2
1973	6.4	9.6	1,890	7.5	2.1	14.0
1974	8.0	10.6	1,985	7.9	2.9	16.5
1975	10.6	11.1	2,035	8.1	3.9	18.4
1976	13.0	11.7	1,980	8.0	4.7	19.0
1977	14.5	11.3	2,089	8.4	4.8	17.7
1978	16.5	11.1	2,061	8.2	4.9	15.9

자료: Bos(1986), p.430; 이기환 · 김기수(1998), p.315에서 재인용.

이와 같이 영국 경제에서 높은 비중을 차지하고 있던 공기업이 정부의 간섭과 방만한 경영, 노조의 잦은 파업 등으로 인해 경영효율성이 떨어지면서 경제위기를 겪고 있던 영국 경제에 더 큰 타격을 안겨주게 된다. 경영부진에 따른 정부자금 조달을 위해 공공부문의 차입이 증대되고 이는 재정적자의 폭을 더욱 확대시켰다. 또한 공기업 경영과 관련한 각종 정치적 개입과 정부의 간섭은 기업경영의 효율성을 저하시키고 있는데, 1960년대 중반부터 1979년까지 공기업의 투하자본수익률은 민간부문의 자본수익률에 비해 현저하게 떨어졌으며, 1970년대 초부터는 공기업의 자본이익률이 거의 영(zero)의 수준까지 추락하였다. 그럼에도 불구하고 1970년대 공기업의 인건비 상승은 영국 전체의 평균 임금 상승을 초과하였으며, 공기업이 제공하는 서비스와 제품에 대한 소비자 만족도 매우 낮게 나타나는 등 공기업 비중의 확대에도 불구하고 영국 경제의 회복을 위한 수단으로서 공기업의 효과성은 상당히 미흡한 수준이었음을 확인할 수 있다.

3 정권교체를 통한 보수당 정권의 집권

1979년 Thatcher 정권 이후의 영국 민영화를 설명하는 주요 배경 중의 하나는 세계대전 이후 계속적으로 반복되어온 정권교체 속에서 핵심 쟁점으로 산업에 대한 공공소유권(public ownership)이 강조되었다는 점이다. 아래의 〈표 4-4〉를 살펴보면, 전후 1945년부터 Thatcher가 집권하기 직전인 1979년까지 보수당과 노동당은 거의 비슷한 기간 동안 정권을 획득한 것으로 파악된다. 그러나 이 기간 동안 전반적으로 정책의 주도권은 노동당이 쥐고 있었다고 할 수 있으며, 공공 소유권을 강조한 노동당이 기간산업에 대한 국유화 정책을 추진하면 다음에 보수당 정권이 집권했을 때 이를 중단하고 원상회복시키기에 급급했기 때문이다.

좀더 구체적으로 살펴보면, 우선 1945년에 집권한 Attlee의 노동당 정권이 내세운 국유화 정책이 기간산업에 대한 공공 소유권을 둘러싼 정책 갈등의 시발점으로 작용하고 있다. 1945년의 총선 공약에서 Attlee의 노동당은 제한적인 독점과 카르텔을 통해 국가의 이익을 저해하는 거대 산업들에 대해 적극적인 규제를 통한 국가의 감독과 공공소유권의 적용을 통한 국유화를 주장한다. 이후 선거에서 승리한 노동당 정부는 5년 간 영국 중앙은행과 통신회사인 Cable and Wireless를 포함하여 석탄, 전기, 가스, 철도, 내륙운하, 도로수송에 대한 공공소유권을 통한 국유화 계획을 제시하였으며, 이미 국유화 법안이 통과된 철강산업까지 포함하여 대대적인 국유화가 이 기간 동안 추진되었다. 1950년에 재집권에 승리한 Attlee 정부는 더욱 팽창적인 국유화 정책을 추진하는데, 설탕 정제나 시멘트 산업을 포함해 향후 어떠한 산업이라도 민간부문이 그 역할을 충실히 수행하지 못하는 경우에는 공기업의 설립을 추진할 것을 제안한다. 그러나 이러한 Attlee 정부의 대대적인 국유화 정책은 1951년 이후 보수당 정부의 재집권을 통해 전면 중단된다.

<표 4-4> 민영화 이전 영국의 역대 총리와 집권당(1945-1979)

	총 리	집권당
1945-50	Clement Attlee	Labour
1950-51	Clement Attlee	Labour
1951-55	Sir Winston Churchil	Conservative
1955-59	Sir Anthony Eden	Conservative
1959-63	Harold Macmillan	Conservative
1963-64	Sir Alec Douglas-Home	Conservative
1964-66	Harold Wilson	Labour
1966-70	Harold Wilson	Labour
1970-74	Edward Heath	Conservative
1974-76	Harold Wilson	Labour
1976-79	James Callaghan	Labour

1951년부터 1964년까지 네 명의 총리를 바꿔가며 집권한 보수당 정부는 총선 공약에서 이제까지의 노동당 정부가 추진한 국유화 정책의 전면 중단과 함께 철강산업 국유화에 대한 법률 폐지를 주장한다. 실제로 철강산업 국유화 철회에 대한 법률과 함께 도로수송에 대한 국유화 철회에 대한 법률이 보수당 정권으로의 교체와 함께 즉각적으로 의회를 통과하게 된다. 보수당 정권은 집권 시기 내내 민간기업의 자유경쟁과 국유화에 대한 적극적 반대를 주장하면서 정치적 지지를 확보하려 하였으며, 이미 국유화된 산업에 대해서는 집권적이지 않고 상업적 기준에 맞춘 최대한의 운영 개선 노력을 경주하게 된다.

한편 14년 동안 보수당에 정권을 넘겨 준 노동당의 입장에서는 기존의 국유화 추진 정책이 국민들에게 크게 호소하고 있지 못함을 깨닫고 새로운 돌파구를 찾고자 한다. 즉, 여전히 공공소유권에 기초한 국유화 정책의 추진을 천명하면서도, 이러한 국유화가 그 자체로 목적이 아닌 수단적 가치로서 강조될 필요가 있다는 점이다. 완전 고용의 실현, 형평성 확대, 높은 생산성 등 국유화를 통해 달성하고자 하는 정책 목표를 국민들에게 호소함으로써 노동당은 다시금 지지를 확보할 수 있었고, 이를 통해 1964년의 총선에서 승리하게 된다.

재집권 한 직후인 1964년과 1966년 사이에는 국유화에 대한 전면적인 추진이 재개되지는 않으며, 민간 독점이 이루어지고 있던 철강 부문의 국유화와 이미 각 지역공동체를 통해 소유되고 있던 상수도 부문에 대한 국유화만이 이루어진다. 1966년의 선거에서 약간의 우세를 통해 재집권한 노동당은 국유화에 대한 정책을 보다 강력히 추진하게 되는데, 이 때 제안한 내용이 산업구조조정협회(Industrial Reorganization Corporation: IRC)의 설립과 이를 통한 산업의 합리화 및 근대화 추진의 부분이다. 미국이나 다른 유럽 국가들과의 관계에서 산업경쟁력이 쇠퇴하고 있는 상황에 대해 국가적 차원의 대응 방안이 바로 IRC의 설립과 함께 기술부(the Ministry of Technology)를 새롭게 도입하여 정부의 자금지원을 확대하고, 국가연구개발협회(National Research Development Corporation)를 통한 기술개발 지원이 적극적으로 추진된다. 철강산업의 국유화 추진과 구조조정, 항공산업에 대한 국가적 개입이 이 당시 이루어진다.

그러나 1970년 선거에서 보수당 정권이 집권하면서 IRC를 통한 산업 구조조정과 국유화 및 국가적 개입의 확대 부분은 전면 중단된다. IRC는 1971년 해체되고, 국가항만당국(National Port Authority)을 통해 전국의 항만을 국유화하려던 계획은 7천 6백만 파운드의 예산절감과 함께 취소된다.

그럼에도 불구하고 1974년의 선거에서는 다시 노동당이 근소한 차로 집권하면서 국유화 추진 정책이 재개된다. 1974년에 재집권한 노동당은 의회 내 압도적 다수 확보에 실패했지만 국유화 정책에 있어 과거에 비해 보다 적극적인 정책 제안을 통해 지지세력을 결집하고자 한다. 노동당은 기존에 추진되던 국유화 정책을 넘어 토지개발 또는 광산채굴이나 선박건조, 해양기술, 항만, 항공기제조, 항공엔진제조 등 다양한 산업분야에 있어 공공소유권을 확대하고자 하였으며, 손실이 발생하거나 보조금이 지원되는 산업뿐만 아니라 자체적으로 수익성이 있는 경우에도 공공의 이익을 위해 정부의 개입이 필요하다면 국유화 할 수 있음을 주장한다. 실제로 이 기간 동안 항공산업 및 선박건조산업에 대한 국유화 조치 등이 진행되면서 대대적인 국유화 계획이 다시금 전개되기 시작한다.

이와 같이 1945년 이후 영국의 정치 역사는 공공소유권에 기초한 국유화가 주요한 정책 쟁점이 되었으며, 노동당과 보수당의 정권 교체 과정에서 정책의 추진과 중단이 계속적으로 반복되게 된다. 특히 1960년대 이후 경제상황의 어려움과 함께 돌파구를 찾고자했던 영국의 상황에서 노동당은 과거에 비해 보다 더 적극적인 국유화 정책을 추진할 것을 주장하였고, 의회에서 압도적인 다수를 차지하지 못한 상황에서 정책의 순도를 높임으로써 지지세력을 더욱 결집하고자 하였다. 이와 같은 배경에서 1979년 선거는 Thatcher가 이끄는 보수당 정권이 다시 재집권하는 결과를 낳았으며, 그간의 정치적 상황을 고려할 때 국유화에 대응하는 보다 강력한 민영화 정책이 추진된 것은 당연하게 이해할 수 있는 부분이다.

IV. 영국 민영화 정책의 추진 경과

영국의 민영화 정책 추진 과정은 일반적으로 1979년부터 1997년까지 보수당 정권이 집권한 시기에 초점을 맞추어 논의되고 있으며, 일반적으로 네 단계 정도로 구분하여 분석되고 있다(Miller, 1995; Yarrow, 1996; 이기환 · 김기수, 1998). 본 연구에서도 Thatcher 정부의 1, 2, 3기와 Major 정부 수립 이후를 구분하고, 1997년 이후의 노동당 정부 집권 이후의 시기를 추가하여 민영화 정책의 추진 경과를 살펴본다. 시기 구분과 관련한 내용은 다음의 〈표 4-5〉와 같다.

<표 4-5> 영국 민영화 정책의 추진 과정 구분

시기구분	정 부	주요 민영화 실적	민영화 수익금[a]
제1기 (1979-1983)	Thatcher 1기 (보수당)	British Petroleum, National Enterprise Board holdings, British Aerospace, Cable and Wireless, Britoil	1.6￡bn
제2기 (1983-1987)	Thatcher 2기 (보수당)	British Telecom, British Gas	10.3￡bn
제3기 (1987-1992)	Thatcher 3기+ Major (보수당)	British Airways, British Airports Authority	29.6￡bn
제4기 (1992-1997)	Major (보수당)	Coal, Railtrack	26.4￡bn
제5기 (1997-2010)	Blair + Brown (노동당)	NATS(air traffic control), bail out of Railtrack and National Air Traffic Service	4.0￡bn[b]

자료: Martin & Parker(1997), p.1의 자료를 활용.

a. 1996년 이후 민영화 수익금에 대한 부분은 추정치이며, 1994-1995년 물가수준을 반영한 규모.

b. 1997년부터 1999년까지의 민영화 수익금의 추정치.

1 제1기 경쟁적 공기업 민영화(1979~1983)

1979년의 총선을 통해 Thatcher의 보수당 정권이 성립되면서 영국 민영화 정책의 제1기가 시작된다. Thatcher가 두 번째로 신임을 받게 된 1983년 총선 전까지의 기간 동안을 영국 민영화 정책 추진 과정의 제1기로 이해하며, 이 시기에는 대대적인 민영화 정책의 추진을 위한 사전 정지작업과 함께 경쟁적인 기업 환경으로 인해 민영화가 용이하게 이루어질 수 있는 부분에 한정하여 제한적인 형태의 민영화가 추진되었다. 주로 자연독점적인 성격을 가지는 주요 공기업들은 민영화되지 않았으며, 대신 규모가 작고 경쟁 환경이 이미 조성된 공기업으로서 British Aerospace나 Amersham International과 같은 소규모 기업에 대한 매각이 이루어졌다. 한편 비교적 민간지분이 큰 British

Petroleum이나 Cable & Wireless 같은 기업들에 대해서도 주식매각의 방법을 통한 정부지분의 축소 등이 추진되었다.

이러한 부분은 극심한 경제 불황의 상황으로 인한 대규모 민영화 추진의 어려움과 함께 그 이전의 노동당 정권이 추진한 국유화 정책이나 국가 의료보험 서비스 정책 등 민영화와 배치되는 정책에 대한 지지세력이 여전히 큰 영향력을 발휘하고 있었던 정치적 한계를 그 원인으로 생각할 수 있다. 또한 1979년 총선 당시에 보수당 정권이 내세운 공약으로서 민영화 정책이 적극적으로 주장되지 않았으며, 민영화 정책에 대한 보수당 정부의 입장이 그 이전의 노동당 정부가 추진한 국유화 정책으로부터의 회귀라는 측면을 강조했다는 점도 대규모의 민영화 정책 추진이 이루어지지 않은 배경으로 볼 수 있다. 즉, British Aerospace와 같이 가장 최근에 국유화된 기업에 대한 원상복귀가 민영화 정책과 관련해 가장 먼저 제시된 과제였고, 기존의 노동당 정권이 추진한 국유화 정책에 대한 방어적 입장에서 민영화를 추진하였다는 점에서 대대적인 민영화의 추진은 적어도 단기적인 관점에서 의도되지 않았다고 볼 수 있다. 실제로 이 기간 동안에 총 12개 공기업이 민영화되어 16억 2,500만 파운드 규모의 민영화 수익 실적을 보이는데 그치고 있다.

그러나 한편으로 독점적인 위치에 있는 공기업들에 대한 민영화의 사전조치로서 경쟁 도입과 규제 완화를 위한 관련 법제도 정비의 활동도 함께 추진되었다. 교통서비스 시장의 규제 완화를 위한 1980년의 교통법 제정은 이후의 National Freight Corporation의 민영화를 위한 전제조건으로서 장거리 및 시내버스의 진입장벽 제거와 가격규제 등이 완화되었다. 1981년에 통신법 제정을 통해 British Telecom을 체신청에서 분리한 부분도 향후 추진될 민영화의 제도적 기반을 조성케 하였으며, 1982년의 석유가스법과 1983년의 에너지법 제정은 공기업 부문 가운데 가장 규모가 큰 에너지 분야의 경쟁 촉진을 통한 민영화의 사전 포석으로 해석될 수 있다.

2 제2기 자연독점적 공기업 민영화(1983~1987)

Thatcher의 보수당 정부 집권 2기인 1983년부터 1987년까지를 영국 민영화 정책 추진의 제2기로 구분할 수 있으며, 경쟁적인 시장 환경을 갖춘 공기업들뿐만 아니라 자연독점적인 거대 공기업에 대해서도 민영화 대상으로 포함시키면서 본격적인 민영화 정책을 추진하게 된다. 이러한 모습은 1983년 총선에서 Thatcher의 보수당 정부가 내세운 공약에서도 확인되고 있으며, 인플레이션의 억제를 위한 통화정책을 강조했던 지난 총선에서의 공약과 비추어 볼 때 국유기업에 대한 경쟁 도입과 민간부문의 참여를 통한 소유권의 전환 문제가 경제 회생을 위한 가장 핵심 사항으로 제시되고 있다. 공약을 통해 가장 먼저 제시되고 있는 부분이 바로 통신부문에 대한 경쟁 도입과 소유권 전환 부분이며, British Telecom에 대한 51% 지분의 매각을 선언하였다. 이 외에도 Rolls Royce, British Airways, British Steel, British Shipbuilders, 다수의 공항과 국영버스회사 등 다양한 자연독점적 공기업에 대한 민영화 계획을 천명함으로써 제1기와는 다른 차원의 민영화 논의가 진행되었으며, British Gas에 대한 정부의 잔여 지분 매각 등과 함께 에너지 및 전력산업에 보다 높은 수준의 경쟁 도입을 위한 계획이 제시되었다.

그리고 이러한 공약은 Thatcher의 보수당 정부가 압도적인 차이로 재집권에 성공하면서 강력한 추진동력을 얻게 되었고, 1984년에 추진된 British Telecom의 지분 매각을 통해 15억 파운드의 매각 수입 확보와 함께 2백만 명에 달하는 새로운 주주계층을 창출하면서 이후의 민영화 추진 계획에 힘을 더하게 된다. 이 기간 중 총 24개의 공기업이 완전한 민영화 혹은 부분적 민영화가 이루어져 총 매각 수입은 109억 8,300만 파운드에 이르렀다. 특히 통신, 교통, 에너지 부문과 같은 자연독점적인 망 산업 분야에 대해 경쟁 도입을 위한 강력한 민영화 정책을 추진한 부분은 Thatcher 정부의 민영화 정책이 이전의 보수당 정부가 시도했던 반국유화(denationalization) 정책과 확연한 차별성을 나타내는 점이다.

이와 같은 Thatcher 집권 2기의 대대적인 공기업 민영화 추진의 배경에는 인플레이션 억제를 위한 거시적 통화정책 위주의 경제 정책 운용에서 생산성 향상 및 고용 확대를 위한 미시적인 산업 정책 중심의 정책 방향 전환을 고려할 수 있다. 또한 노동당의 국유화 정책에 대응하는 차별적 전략의 강화와 집권 1기 동안에 확보한 정치적 지지에 대한 자신감이 강력한 민영화 정책 추진의 원동력이 되었다고 할 수 있다. 그러나 이와 함께 1981년부터 Central Policy Review Staff(CPRS)를 중심으로 급진적 민영화 정책에 대한 이론적 정당성과 실현 가능한 방안에 대한 논의가 진행되고 이러한 아이디어가 정책결정 과정으로 확산되면서 이전과는 차별화된 Thatcher 정권의 민영화 정책이 추진되었다고 판단된다. 물론 CPRS의 민영화 논의는 긴축재정을 통해 재정수지의 균형을 맞추고 재정적자 규모를 줄이기 위한 재무성의 전략적 필요에서 출발하였다. 그러나 통신과 에너지, 교통 등 전통적으로 자연독점의 논리에 따라 국유화되어 민영화의 예외 대상으로 분류되어 있던 산업부문에 대해 자연독점에 따른 정당성의 논리를 회의적으로 검토하고 경쟁이 가능한 부분에 대해 적극적인 민영화와 함께 규제의 필요성을 제안하면서 CPRS의 보고서는 집권 제2기부터 본격적으로 추진된 민영화 정책의 이념적 근간을 형성하게 되었다.

따라서 제2기의 민영화 추진 과정에서는 자연독점적인 공기업의 민영화 시도와 함께 민영화된 자연독점적 산업에 대한 규제체계의 구축 필요성이 제기되고 이에 따라 다양한 독립규제위원회의 신설이 진행되었다. OFTEL이나 OFGAS와 같은 새로운 규제기구의 설립은 민영화 이후에도 여전히 독점적 양상을 보이고 있는 망 산업 부문에 경쟁체제를 도입하고 가격 통제 및 독과점 규제를 강화하는 등의 목적에서 비롯된 것이다. 생산성을 극대화할 수 있도록 독점적 거대기업을 분리하는 등 산업구조 재편에 대한 논의가 1983년의 총선 공약에서 제시된 것도 이러한 맥락에서라고 할 수 있다. 그럼에도 불구하고 제2기까지의 민영화 추진 과정에서는 자연독점적 산업에 대한 정부 지분 매각에 초점을 맞춘 상황에서 본격적인 산업구조 개편과 경쟁 활성화를 위한 규제체계의 구축이 미흡한 수준이었다. 실제로 Mercury가 통신사업권을 따 내었지만 여전히 British Telecom의 독점적 시장지배력은 압도적이었다고 할 수 있으며, British Gas와 British Airways 역시 민영화 추진 이후에도 강력한 시장지배력을 갖고 있어 정부 소유권의 이전에도 불구하고 시장의 경쟁 활성화는 다소 더디게 진척되고 있는 상황이었다.

3 제3기 공기업 분할매각과 경쟁체제 강화(1987~1992)

Thatcher의 보수당 정부가 세 번째로 집권하게 된 1987년부터 1992년까지를 민영화 추진 과정의 제3기로 구분할 수 있다. 1990년 11월에 Thatcher가 자진 사임한 이후 Major가 총리직을 승계하였지만 1992년에 총선을 치르기 전까지는 여전히 Thatcher 정권의 민영화 정책 기조가 지속되었다는 판단에서이다(Yarrow, 1996). 영국 민영화 추진 과정의 제3기에서의 특징은 상수도나 전력 산업과 같이 산업구조 개편과 함께 공기업 분할 매각을 통한 경쟁체제의 강화를 적극 추진하였다는 점이다. 실제로 제3기 Thatcher 정부가 집권할 당시에 기존에 국유화된 기업이나 산업의 1/3 이상이 이미 민영화된 상태에서 이전과 같은 방식의 민영화 정책의 추진은 어려운 상황이었다고 하겠다. 그러나 경제회복을 위한 보수당 정부의 핵심 정책으로서 민영화 정책의 추진 의지는 기존에 비해 더욱 강력해졌고, 이미 민영화된 기업들의 생산성 향상 수준은 민영화 정책에 대한 정당성과 필요성을 제고하였다. 이러한 맥락에서 Thatcher의 보수당 정부는 1987년 총선 공약을 통해 공식적으로 상수도와 전력 산업에 대한 민영화 계획을 제시하였다.

구체적으로 1988년 2월에 전력산업의 구조개편에 대한 영국 정부의 백서가 발표되었고, 이후 1988년 7월에 전기법이 제정되면서 같은 해 10월부터 원자력 발전을 제외한 전력산업의 민영화가 추진된다. 1990년 3월에 National Grid Company의 설립을 통해 자연독점적인 송전 부문의 분리를 추진하고 나머지 발전과 배전 부문의 분할 매각을 통한 민영화가 진행되었다. 상수도 부문에 대한 민영화와 관련해서도, 1989년 12월에 수도사업을 지역별로 나누어 10개 회사로 분할하여 매각하는 방식을 통해 민영화를 추진하였다. 이와 같은 자연독점적 기반시설 부문의 민영화 과정에서 산업구조 재편과 민영화 이후의 독점적 시장 지위의 제한을 위한 독립규제기구로서 OFFER이나 OFWAT이 설립된 부분은 앞선 OFTEL의 사례와 동일한 맥락이다. 이렇듯 제3단계 추진기간 중에 10개 수도회사와 12개 배전회사를 포함해 총 40개의 공기업이 민영화되었으며, 이 과정에서 225억 1,400만 파운드에 달하는 매각 수입을 영국 정부가 달성한 것으로 파악된다.

그리고 이러한 민영화 과정을 통해 전통적으로 자연독점적 산업으로 분류되어 민영화 대상에서 제외되었던 많은 부문들이 실제로 민영화되면서 민영화 정책 추진에 대한 범위가 더욱 확대되는 경향을 보이게 된다. 1988년 이후 British Rail이나 British Coal 등 추가적인 산업분야에 대한 민영화 계획 발표는 이러한 맥락에서 영국 민영화 정책의 최고 정점으로 이해된다.

4 제4기 잔여 공기업 민영화 완료(1992~1997)

Thatcher 총리의 후임자로 Major 총리가 1992년의 총선을 통해 집권하게 된 이후부터 1997년 총선을 통해 보수당 정부가 18년 만에 노동당 정부로 정권 교체가 발생한 시기까지를 영국 민영화 추진 과정의 제4기로 정리할 수 있다. 이 시기에는 새로운 산업분야에 대한 민영화 계획이 추진되기보다는 이전에 이미 진행되거나 계획되었던 민영화 정책이 완료되는 단계로 이해될 수 있을 것이다. 이는 그간의 민영화 과정을 통해 1992년 Major 총리 집권 당시에 2/3 이상의 공기업들이 이미 민영화된 상태였고, Thatcher 정권의 막바지에 제시한 민영화 계획을 실제로 추진하는 것 역시 상당한 과제로 인식되었기 때문이다. 중앙정부가 소유한 공기업들의 민영화 이후 지방정부 수준에서의 민영화를 강조한 부분도 이 시기의 특징 중 하나라고 할 수 있다.

북아일랜드 전기회사, Trust Port, British Telecom에 대한 잔여 정부 지분의 매각 등이 이 시기에 진행되었으며, 이전 시기에 진행되었던 민영화 정책을 마무리하는 작업들이 특히 많이 진행되었다. 이와 함께 제4기의 민영화 추진 과정에서 두드러진 부분은 철도 부문의 민영화라고 할 수 있다. 철도 부문에 대해서도 이미 1988년 Thatcher 정부에서 민영화 방식에 대한 검토까지 이루어진 상황이었으나, 사회적 합의 달성의 실패로 인해 유보된다. 그러나 1992년 총선에서 Major 총리가 철도 민영화를 공식적으로 제시하면서 적극적인 민영화가 추진되었으며, 1993년 철도법의 제정을 통해 1994년부터 British Rail은 100여개의 단위사업별로 분할되어 매각되기 시작하였으며, 1996년에 최종적으로 철도기반시설을 포함한 모든 부문을 완전 민영화하였다. 1970년대 강력한 노조의 힘을 과시했던 영국의 석탄산업 역시 전반적인 산업의 사양화와 함께 1996년에 British Coal Enterprise가 민영화되면서 영국 민영화 추진 과정의 거의 마지막 부분을 장식하게 된다.

5 제5기 민영화를 넘어 파트너십과 규제의 강조(1997~2010)

1997년의 총선에서 보수당의 Major 총리가 재집권에 실패하고 노동당의 Blair 총리가 집권하면서 정권교체가 이루어진다. 이후 2010년 새롭게 Cameron의 보수당 정부가 집권하기 이전까지 Blair와 Brown의 노동당 집권 시기를 영국 민영화의 제5기로 분류할 수 있다. 역사적으로 민영화 반대를 주도한 노동당이 집권함으로써 1979년의 Thatcher 정부 이후 근 20년 간 지속되었던 민영화 정책의 기조는 폐지되었으나, 중도 좌파를 표방한 Blair 정부는 국유화에 대한 정강을 포기하고 민영화를 지지한다. 물론 보수당 정부가 기존에 주장한 방식의 민영화와는 다른 입장에서 민영화를 넘어 파트너십을 강조했다는 점을 차이로 지적할 수 있다. 실제로 Blair의 노동당 정부는 National Air Traffic Services(NATS)에 대해 황금주(golden share)만 남기고 부분적으로 민영화하였으며, 영국국가보건서비스(NHS)의 공급업체인 NHS 로직스도 민영화했다.

그런데 민영화와 관련한 노동당의 정책에서 민영화라는 용어보다 더 강조되고 있는 부분은 민간재원의 조달(private financing)에 대한 것이다. 노동당 정부는 정부의 주요 정책에 공공-민간 파트너십을 도입하여 민간으로부터 재원을 조달해 공공부문의 사업을 추진하는 것을 제안한다. 대표적인 사례가 런던 지하철 현대화를 위한 공공-민간 파트너십에 대한 부분이며, 당시 Metro Net은 주식을 받고 향후 30년간 지하철의 2/3를 현대화하고 유지 · 관리하는 계약을 체결하였다. 동일한 런던 지하철의 문제와 관련해 전면적인 민영화를 주장한 보수당의 정책 기조와 차이를 확인할 수 있다. 그러나 계약 당사자의 파산과 함께 공적자금 투입에 대한 부분은 실질적으로 영국 정부가 다시 기업을 국유화하는 결과로 나타나게 된다. 미국 서브프라임 파동으로 인해 도산한 Northern Rock 은행의 국유화는 바로 이러한 결과적 측면에서의 국유화의 양상을 보여주는 부분이다.

한편 기존에 민영화된 철도 등 기간시설에 대한 민영화의 후속대책으로서 엄격한 규제를 강조하고 있는 부분도 이 시기의 특징 중 하나이다. 대대적인 민영화 정책의 성과는 고객서비스의 저하라는 측면에서 많은 문제점을 야기하였고, 특히 철도 민영화 이후 1999년과 2000년에 발생한 대형 철도 사고는 민영화 이후의 대책 마련을 노동당 정부에 요구하게 되었다. 이와 관련한 재국유화의 논의가 2000년대 초반 상당히 활성화되었음에도 불구하고 노동당 정부의 선택은 엄격한 규제 감독을 위한 규제체계의 개편으로 결론을 맺는다. 대부분의 민영화된 기간시설이 경험하고 있는 서비스 안정성이나 높은 요금 수준, 서비스 충분성 등에 대한 불만과 관련해 독립규제위원회를 중심으로 한 규제체계의 강화의 필요성을 민영화 이후의 대응전략으로 제시하고 있는 것이다. 이는 민영화에 따른 사회적 문제를 재국유화로 해결하기에는 대규모의 재정이 소요되며, 2000년대 이후 긴축재정의 기조가 전 세계적으로 나타나고 있는 상황에서 정책 이념의 선호를 넘어 실용적인 정부 재정운용의 목적에서 그 원인을 찾을 수 있다.

V. 영국 민영화 정책의 추진 성과

영국의 민영화 정책 추진과 관련한 성과에 대해 그간 무수한 연구들이 진행되었다. 비단 영국 국내에서뿐만 아니라 영국이 아닌 다른 국가들에서도 영국의 민영화 정책에 대한 성과에 높은 관심을 보였으며, 이는 영국 민영화 정책이 갖는 선도적 특징에 기인한 결과라 할 수 있다. 그러나 이와 같은 많은 연구들에도 불구하고, 영국 민영화 정책이 성공적이었는지에 대해서는 여전히 논란의 여지가 존재한다. 이와 관련해 본 연구에서는 경제적 시각과 정치적 시각, 그리고 행정적 시각이라고 하는 세 가지 측면에서 영국 민영화 정책의 성과를 종합적으로 살펴보고자 한다.

1 경제적 시각 : 사회후생의 배분

1) 총량적 국가경제

경제적 시각에서 영국 민영화 정책의 성과를 분석하기 위한 가장 근본적인 질문은 민영화 정책 이후 영국의 사회후생이 얼마만큼 개선되었느냐에 대한 부분일 것이다. 경제학적 용어로 표현하자면, 영국의 민영화 정책이 파레토 개선(pareto improvement)을 달성했는지에 대한 질문으로 바꿀 수 있을 것이다. 이와 관련한 몇 가지 쟁점들을 통해 총량적인 사회후생 증대의 여부를 살펴보자(Florio, 2004).

첫째, 사회적 투자에 대한 부분이며, 공공투자의 감소 규모에 비해 민간투자의 증대 규모가 이를 충분히 대체하지 못했다는 평가를 내릴 수 있다. 우선 전반적으로 민영화 정책 시행 이후 영국의 공공부문 투자는 급감하게 되며, 그 원인으로 민영화에 따른 공기업의 규모 감소와 감축기조의 예산편성을 고려할 수 있다. 그런데, 이러한 공공투자 감소 규모에 비해 민간투자의 증대가 충분히 이루어지지 못했다는 점에서 문제점을 찾을 수 있다. 비록 민영화 이후 평균 2.5%의 민간투자 증가율을 나타내기는 하였으나, 외국인에 의한 민간투자 수준은 EU 국가 중 최하수준이었고, 전반적인 GDP 대비 투자규모 수준이 다른 EU 국가들에 비해 상당히 낮은 수준으로 파악된다. 결과적으로 이러한 사회적 투자의 저조가 전반적인 영국 경제의 활성화를 저해한 것으로 이해되며, 민영화로 인한 생산성 증대와 경제 활성화에 따른 긍정적 효과를 반감시킨다.

둘째, 고용시장의 자유화에 대한 부분이며, 폐쇄적인 노조 중심의 구조가 해체되고 민간부문으로의 대규모 고용이 이동되었음에도 불구하고, 노동참여율이 그리 증가되지 못했다는 점이다. 실제로 1988년과 1997년 사이 평균 8.1%에 달하던 실업률은 1990년대 후반에 들어 7.1% 수준으로 1% 포인트 가량 낮아졌다. 그러나 고용시장의 자유화를 위한 거센 노력에도 불구하고 실제 민간 부문으로 흡수되어진 노동 규모는 그리 큰 편이 아니었으며, 그 원인으로 경제활동인구에서 배제된 노동력의 증가를 들 수 있다. 즉, 급속한 민영화 과정에서 기존의 일자리를 잃고 새롭게 민간 부문에 흡수되지 못한 노동인력이 조기 퇴직 등의 형태로 경제활동인구에서 배제되면서 상대적인 실업률 감소의 형태로 나타나게 되었다는 것이다.

셋째, 장기적인 인플레이션의 지속과 관련해, 민영화 정책이 서비스 가격의 하락을 가져온 부분도 있지만, 공기업의 할인매각(underpricing)으로 인한 소비증대와 그에 따른 물가상승을 가중한 부분도 확인할 수 있다. 실제로 민영화된 기업의 평균적인 서비스 가격은 일반적인 소매물가지수에 비해 상대적으로 낮은 편이었지만, 잠재적인 가격하락요인에 비해 실질적인 가격 하락수준은 그리 큰 편으로 보기는 어렵다. 반면, 민영화 과정에서의 주식의 할인매각은 해당 주식을 구매한 민간부문의 소비증대에 대한 원인으로 작용하였으며, 별다른 공급부문의 변화가 없는 상황에서 수요 증대에 따른 물가 상승을 초래한 것으로 평가된다.

이러한 국가경제의 투자수준과 생산수준, 고용규모, 인플레이션 등과 함께 여러 거시경제 지표에 대한 영국 민영화 정책의 영향을 살펴볼 수 있지만, 전반적인 결론은 큰 변화를 확인할 수 없다는 것이다. 영국 경제의 부흥이나 혹은 기적으로 표현되는 경제적 성과에 대해 민영화 정책이 실제로 긍정적인 영향을 미쳤을 것으로 예상하지만, 여러 가지 환경요인 등을 제외하고 민영화 정책이 갖는 차별적 효과에 대해 명확하게 이를 입증할 만큼 그 효과가 크지 않다고 볼 수 있다. 결국, GDP의 2%에 달하는 대규모 민영화 정책의 수행이 영국 거시경제 상황에서 두드러진 파레토 개선을 이끌어냈다고 보기는 어려우며, 경제적 성과의 파악을 위한 다른 접근이 필요하다. 그 대안으로서 미시적 수준에서의 각 경제적 집단 간의 사회 후생이 어떻게 배분되었는지에 대한 검토가 가능하며, 이에 대한 추가적 논의를 다음에서 살펴보자.

2) 민영화된 기업

먼저 개별 기업에 대한 경영성과와 관련한 부분이다. 민영화 정책을 통해 영국에서 공기업의 소유권을 민간으로 이전한 후 기업이 얼마나 나은 경영성과를 달성하였는지에 대한 많은 실증 연구들이 이미 수행되었다(Yarrow, 1986; Foreman-Peck and Manning, 1988; Bishop and Kay, 1988; Vickers and Yarrow, 1988; Haskel and Szymanski, 1990; Hutchinson, 1991; Parker and Hartley, 1991;

Bishop and Thompson, 1992; Price and Weyman-Jones, 1993; Bishop and Green, 1995; Martin and Parker, 1997). 이들의 연구들은 민영화된 기업의 생산성, 수익성, 재무성과, 내부구조 조정 등을 통해 경영성과를 측정하고자 하였다. 이를 통해 긍정적인 경영성과 개선효과를 분석하고 있는 연구들도 있지만, 한편으로는 민영화에 따른 일관된 경영성과 개선의 효과를 명확히 결론내리고 있지 못한 경우도 살펴볼 수 있다.

예컨대, Martin and Parker(1997)의 연구는 66개의 민영화 기업을 대상으로 한 통계분석을 통해 영국 민영화 정책에 따른 기업 경영성과의 변화 추이를 분석하고 있다. 노동생산성과 총요소생산성 모두 평균적으로 국유기업 시기에 오히려 더 나은 모습을 보이고 있으며, 노동생산성의 경우에는 통계적으로 유의한 차이를 나타내고 있다. 상대적으로 수익률이나 부가가치의 측면에서는 민영화 발표나 직접적인 민영화 추진 이후에 개선된 측면을 살펴볼 수 있다. 그러나 전반적인 분석에서 통계적으로 유의한 수준의 경영성과의 차이가 나타나지 않는다는 점은 소유권의 민간 이전이라고 하는 민영화 정책이 기업의 경영성과에 그리 직접적인 영향을 미치지 못했다는 분석을 가능하게도 하는 부분이다. 그리고 이러한 경영성과는 개별적인 사례에 따라 다르게 나타나고 있다는 점도 확인할 수 있다. 실제로 생산성의 증대에 대해서도 British Airways나 British Gas, Rolls-Royce 등은 민영화 이후 총요소생산성이 증대되는 현상을 보이고 있지만, Britoil이나 British Telecom, Jaguar 등은 민영화 이전에 오히려 높은 생산성 수준을 나타내는 것으로 파악된다.

또한 민영화를 통한 소유권 이전 외에 시장의 경쟁수준과 규제환경이 기업의 경영성과에 중요한 영향을 미친다는 점을 고려해야 할 것이다. 영국의 경우 전통적으로 중소기업에 대한 성장기반이 다른 국가들에 비해 상대적으로 약한 상황에서 민영화 정책이 의도한 경쟁을 통한 생산성의 향상이라는 효과를 기대하기가 다소 어려웠던 것으로 평가된다(Florio, 2004). 따라서 민영화된 기업의 거버넌스 구조가 오히려 국유기업이었을 때보다 훨씬 느슨한 형태를 보이는 경우도 확인되고 있으며, 이에 따른 생산성의 차이를 설명할 수 있을 것이다. 시장 경쟁수준의 미흡은 결국 해당 산업과 관련한 규제정책의 중요성을 더욱 강조하게 만든다. 항공, 통신, 가스 등 민영화된 기간산업과 관련해, 영국은 개별적인 전문규제위원회를 구성하여 경쟁이 충분히 도입되지 않은 상황에서 최대한의 기업성과를 제고하기 위한 정책적 노력을 개진하였다. 단순한 소유권 이전을 통한 민영화 외에도 이러한 규제정책의 성공적 집행 여부가 기업의 경영성과 제고에 중요한 영향요인으로 작용하였다는 점을 고려해야 할 것이다.

<표 4-6> 영국 민영화 기업 경영성과 변화 추이 분석 결과

	국유기업 시기	민영화 직전 시기	민영화 발표 이후 시기	민영화 이후 시기
노동생산성	7.3* (2.3)	0.3 (3.3)	-0.2 (3.3)	-3.5 (3.3)
노동생산성 (상대적)	4.5* (2.2)	-0.1 (3.1)	0.0 (3.1)	-3.6 (3.1)
총요소생산성	3.9 (1.7)	0.2 (2.4)	-1.6 (2.4)	-2.0 (2.4)
총요소생산성 (상대적)	3.0 (1.6)	-1.0 (2.3)	-2.7 (2.3)	-3.5 (2.3)
수익률	9.0 (5.1)	8.4 (7.2)	15.4* (7.2)	10.8 (7.2)
수익률 (상대적)	1.7 (0.9)	1.3 (1.2)	2.1 (1.2)	0.9 (1.2)
부가가치 (상대적)	1.5 (2.5)	1.3 (3.6)	3.1 (3.5)	-3.2 (3.5)

자료: Martin and Parker(1997), Florio(2004)의 table 4.2를 재인용.
주: 괄호 안은 표준오차, *는 통계적 유의치를 의미.

3) 민영화된 기업의 주주

민영화된 기업의 주주와 관련한 민영화의 추진 성과에 있어 가장 핵심적인 사안은 영국 정부가 상당히 할인된 가격으로 공기업의 주식 매각을 시도하였다는 점이다. 민간의 기업공개에 비해 18.5% 정도 낮은 가격으로 공기업 매각과 관련한 기업공개가 추진되었으며, 전반적으로 대략 20% 정도의 가격이 할인된 수준에서 공기업의 주식이 매각되었다고 볼 수 있다. British Telecom과 같은 경우에는 30% 이상의 가격할인이 이루어진 것으로 파악되고 있는 상황이다.

이러한 할인된 가격에서의 공기업 주식 매각은 그 자체로 상당한 부의 재분배를 의미한다(Vickers and Yarrow, 1988). 민영화된 공기업의 주식을 구매한 주주들이 그에 따른 편익을 획득하게 될 것이며, 상대적으로 납세자들은 그에 따른 비용을 지불해야 하기 때문이다. 실제로 Florio(2004)의 연구에 따르면 영국의 공기업 민영화 과정에서 납세자들로부터 외국인을 포함한 주주들에게 이루어진 부의 이전이 약 140억 파운드에 달한다고 추정하고 있다. 더욱이 영국의 민영화 과정에서는 민영화 이후 기업의 경영성과 개선에 따른 효과가 주주들의 배당금 상승으로 이어져 주주에 대한 부의 이전이 더욱 가속화되었다고 판단된다. 특히 상수도와 에너지 부문에서의 이러한 효과는 두드러지게 나타났으며, 초기 매각 이후에도 약 10여 년간 이와 같은 주주 이익의 극대화 경향이 지속된 것으로 확인된다.

그렇다면 이와 같이 극대화된 주주 이익을 누가 획득하게 된 것일까? 대부분의 공기업 매각이 일반공모(flotation)의 형태를 취함으로써 대규모 일반 시민에 의한 소규모 주식 소유가 가능해졌으며, 이에 따라 대중자본주의(popular capitalism)가 가능해졌다. 또한 앞서 언급한 것과 같은 할인가격으로 매각을 추진함으로써 일반시민들에 대한 참여를 보다 제고할 수 있었던 것으로 판단된다. 실제로 영국 성인 인구의 1/4에 달하는 1천 1백만 명이 민영화된 기업의 주식을 소유한 것으로 파악되기도 하였다. 이러한 결과는 주식투자에 큰 관심이 없었던 일반 중산층 이상의 시민들의 주식투자 활성화를 통해 시장 확대를 가져온 측면도 있으며, 할인가격으로의 주식 구입이나 배당수익 증대에 따른 부의 재분배 효과도 긍정적으로 고려할 수 있다. 그러나 단일 종목에 한정한 주식투자의 확대로 인해 주식시장의 효율성이 충분히 제고되기 어려운 측면도 있으며, 소규모 주주들이 위주가 된 기업의 주주 구성에서 비롯된 문제점도 제기된다. 예컨대, 상대적으로 대규모 주식을 보유한 외국인 주주들의 영향력이 보다 크게 작용할 여지가 있어 국부의 유출이 우려되며, 기업 거버넌스와 관련해 적극적인 변화의 가능성이 적어 기업 효율성을 극대화하기 어렵다는 점도 지적된다.

4) 민영화된 기업의 종업원

공기업 민영화 과정에서 가장 큰 반발세력은 바로 민영화될 기업의 종업원이라고 할 수 있다. 당연히 공기업의 형태를 취하고 있을 때보다 민영화된 기업에서의 근무환경에 대한 불안정성과 낮은 임금 수준에 대한 우려가 크기 때문일 것이다. 영국의 민영화 정책 추진 과정에서는 이러한 공기업 종업원들에 대한 불만을 완화하기 위해 종업원지주제라는 수단을 채택하였다. 종업원들에 대해 자사주식을 할인된 가격으로 구입할 수 있게 하였으며, 이러한 종업원지주제의 방식은 민영화가 진행되는 과정에서 더욱 활성화되는 모습을 나타낸다. 1981년의 Cable & Wireless나 1986년의 British Gas 매각 과정에서는 99%에 달하는 종업원의 참여율을 확인할 수 있을 정도로 종업원지주제를 통한 반발세력의 완화를 도모하였다. 그리고 앞서 언급하였듯이 할인가격 매각에 따른 이익과 민영화 이후 증대된 배당수익 등을 통해 민영화된 기업의 종업원들은 민영화에 따른 상당한 이득을 향유할 수 있었던 것으로 판단된다.

그리고 민영화된 기업의 임금 하락이나 고용규모 감축과 관련해서도 초기에 예상했던 것만큼의 큰 손실이 종업원들에게 발생하지는 않은 것으로 파악된다. 즉, 민영화된 기업의 대부분이 민영화와 함께 생산성 개선을 위한 임금 삭감 등을 제시하였으나, 삭감의 폭이 그리 크지 않았으며 상당히 오랜 기간에 걸쳐 임금 삭감이 점진적으로 진행되면서 큰 부담으로 작용하지는 않았을 것으로 판단된다. 오히려 민영화된 기업의 임금 인상 폭은 일반적인 민간기업의 임금 인상 폭보다 훨씬 높은 수준으로 파악되고 있기도 하다. 또한 민영화 이후 상당수의 기업에서 고용규모 감축이 진행되었지만, 아래 표와 같이 일부 기업에서는 오히려 고용규모가 증가되는 등 고용규모의 감축이 종업원들에 대해 치명적인 손실을 안겨주었다고 보기는 어려운 부분도 존재한다.

<표 4-7> 영국의 민영화 전후 종업원 규모 변동 사례

민영화 기업	민영화 시기	민영화 전후 기간							종업원 변동
		-3	-2	-1	0	1	2	3	
Amersham	1982.2	-	-	-	2,088	2,148	2,498	2,742	+375
British Aerospace	1981.2	-	-	-	-	78,990	77,980	75,998	-
British Airways	1987.2	35,977	37,000	38,939	39,498	42,709	48,760	52,054	+10,536
British Gas	1986.12	97,200	93,118	89,747	86,096	82,300	79,400	80,481	-12,628
British Petroleum	1979	78,000	81,000	108,700	113,000	118,200	153,250	143,350	+49,033
British Steel	1988.12	62,000	57,000	55,000	55,100	53,300	-	56,100	-3,300
British Telecom	1984.11	-	-	241,000	235,178	235,988	234,400	237,205	-5,136
Cable & Wireless	1981.10	-	-	11,795	10,750	10,674	23,285	23,905	+7,313
Rolls-Royce	1987.5	42,300	40,900	41,700	40,900	42,000	40,900	64,900	+7,633

자료: Megginson, Nash and Randenborgh(1994), pp.449-450.

이와 같은 결과는 민영화된 기업의 관리자들이 갖고 있는 행태에서 그 원인을 찾을 수 있다. 즉, 내부적 반발을 최소화하고 자신들의 이해관계를 적극적으로 실현하기 위한 수단으로서 종업원들을 포섭하기 위해 임금 삭감이나 고용규모 감축 등의 방식을 회피하고자 했던 결과로 이해할 수 있다. 또한 민영화된 기업의 임원이나 관리자들도 원래 민영화되기 이전부터 해당 공기업에서 임원이나 관리자로 고용이 승계된 경우가 대부분이라는 점에서 새로운 변화와 경영혁신을 위한 구조조정 등에 민감하지 못했다는 점도 그 이유가 될 수 있다.

5) 소비자

민영화에 따른 소비자의 후생 편익은 민영화된 기업의 서비스 가격 변화에 따른 측면으로 해석된다. 이러한 측면에서 영국의 민영화 정책 추진 이후의 서비스 가격 변화의 수준은 소비자 후생 편익의 변화를 설명해 주는 부분이다. 실제로 전기나 가스, 통신 등 민영화된 많은 서비스들에 있어 민영화 이후 달라진 서비스 가격을 확인할 수 있으며, 서비스 가격의 하락을 통한 소비자의 후생 증가 부분을 파악할 수 있다. 그러나 이러한 서비스 가격의 변화가 필연적으로 민영화에 따른 소유권 이전의 결과로 해석되기는 어려운 부분이 있다.

실제로 영국의 전기요금은 민영화 직후 일시적으로 상승했으나 이후에 급격히 하락하였고, 가스요금은 민영화 직후 하락하는 모습을 보였다. 그러나 이러한 가격 변화의 원인이 민영화로 인한 소유권의 변화에 있다기보다는 원자재 가격의 변화에 그 원인을 찾을 수 있을 것이다. 전화요금의 경우도 British Telecom이 민영화된 이후 서비스 가격의 하락을 나타냈으나, 이것이 민영화에 따른 효과라기보다는 민영화 이후 도입된 새로운 규제방식의 효과로 보는 측면이 더 정확할 것이다. 가격상한규제(price cap regulation)에 따른 새로운 규제방식은 서비스 가격의 하락을 통한 소비자 후생 편익 증대에 직접적인 영향요인으로 파악된다.

이와 같이 단순한 소유권 이전이라는 측면에서 민영화 정책이 소비자 후생에 직접적으로 영향을 미친 부분에 대해서는 확인하기 어렵지만, 민영화와 함께 도입된 새로운 경쟁적 규제방식의 도입을 통해 상당히 긍정적인 소비자 후생을 가져왔다고 판단된다. Florio(2004)는 민영화된 기업의 서비스 가격 하락에 따른 소비자 후생 편익을 금전적으로 추정할 경우, 연간 40억 파운드 정도의 후생 증가가 발생하였다고 언급하고 있다. 그리고 이는 영국 시민 1인당 연간 70파운드 정도에 달하는 편익이 민영화 이후 발생하였다고 해석할 수 있다.

6) 납세자

민영화에 따른 납세자의 후생 변화에 대해서는 명확한 결론을 내릴 수 있을 정도의 근거자료를 확보하는 것이 쉽지 않다. 실제로 민영화로 인한 납세자들의 부담 변화는 영국의 민영화가 진행되는 동안 큰 변화를 나타내지 않았기 때문이다. 그러나 민영화에 따른 공공자산의 매각 부분이 향후 미래의 납세자들에 대한 추가적 부담을 발생시킬 가능성에 대해서는 많은 우려가 제시되고 있다. 물론 일차적으로 민영화 정책이 추진된 Thatcher 정부 시기의 긴축재정 운영 과정에서 공기업 매각 자산을 활용한 국정 운영을 통해 납세자들의 부담을 최소화한 부분은 인정할 수 있다. 그러나 할인가격을 통한 공기업의 매각 과정에서 발생한 손실은 납세자들이 향후 지불해야 할 손실의 발생으로 이해될 수 있는 부분이다.

특히 공공부문 투자 수준의 감소와 그에 따른 전반적인 사회의 투자 수준 감소에 따른 국가경쟁의 산출량 저하는 추가적인 납세자의 부담으로 연결되는 부분이라고 할 수 있다. 예컨대, 영국의 철도산업에 대해 민영화 이후 철도시설 투자에 대한 감소는 전 유럽에서 영국의 철도시설이 가장 낙후된 상황으로 이어지게 하였고, 이에 따른 부담은 결국 납세자의 몫으로 돌아갈 수밖에 없다는 것이다. 공공부문의 자산을 매각하였지만 그것이 다시금 재투자로 이어

지지 못한 상황에서 그 결과에 따른 납세자의 부담을 우려할 수 있다.

2 정치적 시각 : 정치적 정당성의 확보

정치적 시각에서 영국 Thatcher 정부의 민영화 정책 추진 성과를 살펴보면 크게 두 가지 측면으로 나누어 분석할 수 있다. 첫째, 보수주의 정치 이데올로기에 대한 이념적 구현이라고 하는 거시적인 측면과 함께, 둘째, 실제 민영화 집행 과정에서 정치적 이해관계자의 포섭과 이를 통한 정권 재창출이라고 하는 미시적인 측면이다. 결과적으로 영국의 민영화 정책은 그 이전의 노동당 정부를 중심으로 이어져 온 케인지안의 정부 역할에 대한 이념적 방향성을 신자유주의라고 하는 정반대되는 정치이념의 형태로 전환시킨 계기가 되었다고 할 수 있다. 또한 1979년 이후 Thatcher가 중심이 된 보수당 정권이 근 20년간 정권을 유지할 수 있었던 원동력으로서 민영화는 중요한 수단으로 작용하였다. 이러한 점에서 영국의 민영화 정책은 Thatcher를 중심으로 한 보수당 정권의 정치적 정당성을 확보하기 위한 가장 핵심적인 수단으로 기능하였으며, 이러한 정치적 시각에서 민영화 정책의 성과를 평가할 수 있을 것이다. 다음에서는 이와 관련한 보다 구체적인 내용을 살펴보기로 한다.

우선 거시적 측면에서 보수주의 정치이념으로 신자유주의의 확산에 대한 측면을 살펴보자. 1970년대 영국의 자본주의는 다른 선진 자본주의 국가들과 마찬가지로 기나긴 침체의 터널에 진입하게 되었으며, 높은 인플레이션과 실업률, 생산성 하락에 따른 경기 침체, 그리고 이러한 경제 상황에도 불구하고 지속적으로 확대되는 국가재정의 위기가 진행되었다. 이러한 문제 상황 속에서 노동당과 보수당은 각기 다른 정치적 입장을 채택하면서 문제의 해결 방안을 제시하였다. 노동당은 전통적인 케인지안의 국가개입을 확대함으로써 문제를 해결하고자 하였으며, 실제로 1974년 노동당의 선거강령은 '완전고용에 더욱 중요성을 두고 사회적 평등을 증진한다' 라고 선언함으로써 보다 체계적이고 강력한 국가개입의 정치이념을 제시하였다. 그리고 오일쇼크의 위기 속에서도 1978년 대규모 예산팽창을 통해 노동당의 정치이념을 실현시키고자 하였다. 이에 비해 보수당은 기본적으로 시장의 우위에 입각한 경제활성화를 의도하면서 시장의 경쟁메커니즘을 통한 공공부문의 축소를 강조하는 신자유주의를 대안으로 제시하였다. 그리고 그 구체적인 정책수단으로서 민영화 논리가 부각되게 된다. 이러한 두 가지 거시적인 정치이념 간의 갈등에 대해 Thatcher의 보수당 정부가 집권하면서 신자유주의의 전면적 수용과 그 구체적 정책수단으로서 공기업 민영화가 구체화되기 시작한다.

이렇게 시작된 공기업 민영화 정책은 결국 보수당 정부가 내세운 신자유주의 이념에 따른 정치적 대안에 대한 정당성을 더욱 강화하는 역할을 담당하였다고 판단된다. Thatcher 정부가 재집권하는 과정에서 지속적으로 공기업 민영화의 범위와 수준이 확장되고, 이는 다시 신자유주의 정치이념이 계속적으로 확대되는 형태로 나타나게 된다. 특히 이 과정에서 대중자본주의의 실현을 위한 일반공모에 따른 국민주 매각방식의 채택은 신자유주의 정치이념에 대한 정치적 지지를 더욱 강화할 수 있게 되는 배경으로 작용하였다. 결과적으로 1970년대 당면한 국가경제의 위기에 대응하여 공기업 민영화를 중심으로 한 Thatcher 정부의 경제정책이 상당한 성과를 거두게 되면서, 민영화 정책이 배태하고 있던 신자유주의 정치이념이 정당성을 확보하고 더욱 공고히 될 수 있는 계기를 마련하게 되었다고 볼 수 있다. 그리고 이러한 정치적 정당성의 확보는 Thatcher가 물러난 이후에도 1992년부터 Major 총리가 이끄는 보수당이 집권할 수 있는 정치적 배경을 마련하였고, 그 이후 정권이 교체되어 Blair의 노동당 정부가 집권한 이후에도 신자유주의의 정치이념이 계속적으로 영향을 미칠 수 있게 된 배경이 되었다.

한편, 거시적인 관점에서와 달리 미시적인 관점에서 영국의 공기업 민영화 정책은 Thatcher의 보수당 정권이 계속적으로 재집권할 수 있게 하는 정권창출의 전략적 수단으로서 정치적 기능을 수행하였다고 볼 수 있다. 즉, 민영화를 뒷받침하는 이론적 논리는 이데올로기적 역할을 수행하는데 그치고, 민영화의 구체적 과정에서는 이론적 논리와 또 다른 차원에서 관련 이해집단들의 정치적 배려라는 측면이 강조되는 전술적 민영화가 추진되었다. 민영화를 통한 부의 재분배는 일차적으로 경제적 성과의 측면과 함께 Thatcher 정부의 핵심지지층의 지지를 고착시키는 효과를 발생시켰다.

본질적으로 Thatcher 정부는 민영화를 통해 노동당의 지지세력인 강성노조의 기반을 위축시키고 지지계층의 응집을 위한 보상을 실시하는 등의 특징을 보였다(Foster, 1992). 할인매각을 통한 공기업 민영화의 추진은 이러한 보상이라는 측면에서 중요한 정치적 수단으로서 적극적으로 활용되었다. 국민주 방식으로 매각된 공기업 주식은 보수당 정부의 지지세력인 중산층 이상의 대다수 국민들이 이를 매입하였고, 그에 따른 시세차익 등의 이익을 획득하게 된다. 주식보유비율을 살펴보면, 1979년 성인인구의 7%에서 1987년 초에는 거의 20%로 증가하였으며, 민영화의 완결 시기인 1993년에는 영국 국민 가운데 주식보유자 수가 1천만 명을 초과하는 수준에까지 이르게 된다. 할인된 가격으로 매각된 주식보유의 이득은 일반 중산층뿐만 아니라 공기업 종사자들에게도 혜택이 주어졌으며, 이러한 부분은 강성노조를 해체하는 동시에 노동집단에 대한 유화정책을 통해 노동당의 지지기반을 보수당 쪽으로 이동시키는 목적을 의도한 것으로 볼 수도 있는 부분이다.

이와 함께 공기업 매각 자산을 활용한 국가부채의 감축과 그에 따른 납세자의 조세부담 감소는 비록 장기적인 관점에서 납세자의 추가적 부담 발생이 예상됨에도 불구하고, 단기적으로는 현 시점의 납세자들로부터 지지를 확보할 수 있는 수단으로 작용하였다. 공기업의 소유권을 민간으로 이전하여 매각하였음에도 불구하고, 공기업의 임원이나 관리자들이 민영화된 기업에서도 여전히 동일한 역할을 수행하게 함으로써 이들의 불만을 축소하고 변화에 따른 저항을 완화하고자 한 노력들은 모두 민영화 정책의 집행방식에서 정치적 고려가 작용하고 있음을 보여주는 측면이다.

이에 따른 결과로 영국의 민영화 정책 추진 과정에서 Thatcher를 중심으로 한 보수당 정부의 정치적 지지는 계속적으로 확보될 수 있었고, 1979년의 집권 이후에도 이후 1983년과 1987년의 총선에서 보수당 정부가 정권재창출에 성공할 수 있게 된 원인으로 작용하였다. 실제로 1974년 Edward Heath가 이끈 보수당이 277석만을 확보하고 전체 지지율도 35.8%에 불과하던 것이, 1979년 총선에서는 Thatcher의 보수당이 339석을 확보하고 43.9%의 지지율을 달성하게 되었다. 본격적으로 민영화 정책을 추진하기 시작한 1983년의 총선에서는 총 397석을 확보하였고, 이후 1987년의 총선에서도 총 376석을 확보하는 등 민영화 정책의 추진과 함께 정치적 지지와 정당성을 확보하고 이를 보수당 정권의 재창출이라는 정치적 성과로 이끌어내고 있음을 확인할 수 있다.

3 행정적 시각 : 정부조직의 효율성

행정적 시각에서 영국의 공기업 민영화는 소유권을 공공에서 민간으로 이전시키고, 공공부문은 민간의 경제활동을 효과적으로 감독하고 규제하는 역할을 수행함으로써 정부조직의 효율성을 제고하는데 기여하였다고 평가된다. 정부가 공기업을 통해 경제적 활동을 수행함과 동시에 해당 산업에서의 규제자의 역할을 수행하는 과정에서 정책적으로 긍정적인 효과를 기대할 수 있는 부분도 있겠지만, 생산자와 규제자의 역할을 명확히 구분하고 생산자로서의 역할을 민간에 이전함으로써 보다 효과적인 정부 활동의 추진이 가능할 수 있다. 영국의 민영화 정책 추진 과정에서는 이러한 규제자로서의 효과적인 정부조직의 구성과 규제 방식에 대한 부분을 중요한 성과 요소로 고려할 수 있다.

민영화 이전에 영국 정부의 산업 규제는 1949년 독점위원회(Monopolies & Mergers Commission: MMC)와 공정거래실(Office of Fair Trading: OFT)을 중심으로 소비자 보호와 기업간 경쟁촉진이라는 측면에서 일반적인 접근이 이루어졌다. 그러던 것이 민영화의 추진과 더불어 민영화된 독점기업의 규제를 위해 새로운 규제기구가 각 분야별로 설립되었으며, 그 내용은 다음의 표와 같다.

<표 4-8> 민영화 이후 영국의 산업별 규제기구의 설립

기구명	설립연도	관할산업
OFTEL(Office of Telecommunication)	1984	통신
OFGAS(Office of Gas Supply)	1986	가스
OFWAT(Office of Water Service)	1989	수도
OFFER(Office of Electricity Regulation)	1990	전기
HM Inspectorate of Pollution	1987	전반
National River Authority	1989	수도
Broadcasting Standard Council	1990	방송
Independent Television Commission	1991	텔레비전
Radio Authority	1991	라디오

사실 공기업 민영화의 초기 단계에서 규제의 문제는 별로 중요한 쟁점이 되지 못했으며, 이는 이미 경쟁이 어느 정도 갖추어진 제한된 산업에 한해서만 민영화가 추진되었기 때문이다. 그러나 1984년 British Telecom과 같은 대규모 독점적 공기업의 민영화와 함께 민영화된 독점기업을 규제할 수 있는 독립규제위원회의 필요성이 제기되었으며, OFTEL을 포함한 OFGAS, OFWAT, OFFER 등의 규제기구가 차례로 설립된다. 이러한 독점적 산업에 대한 규제는 기존의 일반적인 공정거래규제와 달리 해당 산업에 포함될 사업들의 허가조건과 이들 기업의 제품 및 서비스에 대한 가격조건에 대해 새로운 규제 방식을 요구하였다. 그 대표적인 내용이 바로 가격규제와 관련한 가격상한규제(price cap-regulation)의 적용이다. RPI-X로 정형화된 가격규제에서 RPI는 소비자물가지수(Retail Price Index)를 의미하며, X는 기업의 내부효율요인에 의한 생산성 증대분을 의미한다. 생산성 증대로서 X는 규제자가 규제대상자

와의 협의를 통해 정책적으로 결정되는 부분이며, 결국 이러한 공식에 의해 결정된 가격인상 한도를 5년 동안 적용하면서 이 과정에서 기업의 생산성 증대를 유도하게 된다. 이와 같은 규제방식은 전통적인 명령 지시적 규제방식에서 탈피하여 새로운 인센티브 규제 방식이 활성화되는 기초를 마련하였으며, 인센티브를 통해 생산효율의 증가와 함께, 가격신축성, 투명성, 재량성 등의 측면에서 훨씬 우월한 규제방식이라고 평가되고 있다. 물론 이러한 가격규제 방식에서 X의 설정 근거에 대한 불명확성과 적절치 못한 X의 설정이 시장 효율성을 저해할 수 있다는 부정적인 비판도 제기된다. 그럼에도 불구하고, 민영화 이후 통신요금을 비롯한 민영화된 기업의 서비스 가격이 낮아진 부분은 단순히 소유권의 이전을 넘어 훨씬 효율화된 규제체계의 도입에서 비롯되었다는 점을 감안하면, 상당히 긍정적으로 평가할 수 있는 성과로 이해할 수 있다.

VI. 결 론

영국의 민영화 정책은 1970년대 극도로 악화된 영국의 국가경제 상황과 그에 따른 정치적 대응논리의 변화 과정에서 나타난 대표적인 산물로 이해할 수 있다. 그리고 영국의 민영화 정책이 상당부분 성공적인 결과를 이끌어내면서 이후 많은 국가들이 민영화 정책을 받아들여 공공부문 개혁의 핵심적인 과제로 수행한 바 있다. 본 연구에서는 이러한 영국의 민영화 정책에 대해 다시금 되돌아보면서 민영화 정책의 추진 배경과 추진 과정, 그리고 추진 성과의 측면을 간략히 살펴보았다.

1979년부터 1997년까지 근 20년에 걸쳐 진행된 영국의 민영화 정책을 살펴봄에 있어 너무나 많은 자료들이 너무나 다양한 시각에서 접근되고 있음을 주목하였다. 그리고 본 연구에서는 이러한 측면을 크게 세 가지로 나누어 접근하고 있으며, 경제적 시각, 정치적 시각, 그리고 행정적 시각에 따른 접근이 바로 그것이다. 경제적 측면에서, 1970년대 높은 인플레이션율과 실업률, 낮은 경제생산성에 따른 경제적 위기를 극복하기 위한 대안으로 공기업의 민영화는 결과적으로 영국 경제의 회생이라는 중요한 성과를 이끌어내었지만, 이것이 단순히 소유권의 이전이라고 하는 민영화의 직접적 결과인지에 대해서는 많은 의문점을 제기하고 있다. 상대적으로 파레토 개선을 통한 사회적 후생의 증대보다는 민영화 과정에서 이루어진 사회적 후생의 재분배 측면이 더욱 두드러지고 있음을 지적하고 있다. 정치적 측면에서, 공기업 민영화는 신자유주의 정치이념이라고 하는 이데올로기의 확산을 위한 중요한 정책도구로 활용되는 한편, 민영화의 추진 과정에서 다양한 보상과 배려를 통한 보수당의 정치적 지지 확보의 수단으로 기능하였음을 주목하고 있다. 또한 이러한 정치적 성과는 보수당의 장기집권과 함께 신자유주의의 정치이념이 국정의 지배적인 이념으로 지속적으로 유지될 수 있는 배경으로 작용하였음을 지적하였다. 마지막으로 행정적 측면과 관련해, 공기업 체제의 비효율성에서 빚어진 문제점의 해결을 위해 공공소유권의 민간 이전이라는 방식이 제기되었음을 민영화의 배경으로 설명하였다. 그리고 결과적으로 단순히 소유권의 이전이 아닌 새로운 규제체계와 규제방식의 도입을 통해 보다 효과적인 정부조직의 운영이 가능하게 되었다는 점에서 민영화의 성과를 평가하고 있다.

결론적으로, 기존의 많은 연구들을 살펴볼 때 영국의 민영화 정책이 현재 영국 경제의 회생과 관련해서 직접적인 기여를 달성했는지에 대해 명확한 결론을 내리기는 어렵다. 그리고 원래 민영화를 주장했던 것과 달리 Thatcher 정부의 민영화 추진 과정에서 많은 정치적 고려의 작용은 민영화의 경제적 성과가 충분히 달성되지 못한 원인으로 작용하기도 하였다. 그러나 그럼에도 불구하고 정치적 측면에서, 또한 행정적 측면에서 영국의 민영화 정책은 상당히 긍정적인 성과를 달성한 정책으로 평가하는데 큰 무리가 없어 보인다. 물론 최근에 민영화의 성과를 회의적으로 평가하고 재국유화의 논리를 펼치는 입장들에서는 민영화된 기업의 성과 부진이나 서비스 저하 등의 문제를 지적하고 있다. 그러나 이러한 도전에도 불구하고 여전히 민영화 정책의 기조는 유지되고 있으며, 민영화 이후 적극적이고 합리적인 재규제(re-regulation)를 통해 문제를 해결하고자 하는 부분은 이러한 맥락에서 향후 지속적으로 논의되어야 할 부분으로 여겨진다.

참고문헌

김기수. (1999). 영국의 공기업 민영화와 정부규제, 제3권 제1호.

김대일. (2001). "영국의 경제정책과 노사관계의 변화", 사회과학연구, 제23권 제1호.

김대환. (1994). 영국의 민영화 기업 규제, 한국경제연구원.

김영세. (2007). "영국 대처 정부의 경제정책과 함의", 유럽연구 제25권 제3호.

김준기. (2001). "공기업 민영화 정책의 평가와 향후 과제", 한국행정학회 2001년도 춘계학술대회 발표논문집.

김준기. (2009). "행정이념과 실용행정: 공기업 민영화", 이민호 · 윤수재 · 채종헌(편), 한국의 행정이념과 실용행정, 법문사.

박규호. (1994). "영국의 민영화 과정에 관한 비판적 분석", 한국사회과학연구소, 동향과 전망, 통권 제24호.

박영희 외. (2009). 공기업론. 다산출판사.

이기환 · 김기수. (1998). "영국의 공기업 민영화 정책에 관한 연구", 유럽연구 제7호.

함시창. (1998). "영국 공기업 민영화의 교훈", 경제발전연구, 제5권 제1호.

Amstron, M., Cowan S. & Vickers, J.(1994). Regulatory Reform: An Economic Analysis and British Experience, Cambridge: MIT Press.

Beesley, M. E.(1992). Privatization, Regulation and Deregulation, London:

Routledge.

Bishop, M., Kay, J. and Mayer, C.(eds)(1994). Privatization and Economic Performance, Oxford: Oxford University Press.

Butler, S. M. (1985). Privatizing Federal Spending: A Strategy to Eliminate the Deficit, New York: Universe Books.

Caves, R. E.(1990). "Lessons from Privatization in Britain: State Enterprise Behavior, Public Choice, and Corporate Governance", Journal of Economic Behavior and Organization, vol. 13.

Feigenbaum, Harvey B. and Jefferey R. Henig(1994). The Political Underpinning of Privatization: A Typology, World Politics, vol. 46. no. 2.

Florio, Massimo(2004). The Great Divestiture: Evaluating the Welfare Impact of the British Privatizations 1979-1997, The MIT Press.

Foster, C. D.(1992). Privatization, Public Ownership and the Regulation of Natural Monopolies, Oxford: Blackwell Press.

Hefferman, Richard.(2005). UK Privatization Revisited: Ideas and Policy Change, 1979-92, Political Quarterly, 76(2).

Martin, S. and Parker, D.(1997). The Impact of Privatization, London: Routledge.

Miller, A. N.(1995). "British Privatization: Evaluating the Results", Columbia Journal of World Business, Winter.

Shepherd, W.G.(1976). Public Enterprise: Economic Analysis of Theory and Practice, Lexington: Lexington Books.

Yarrow, G.(1986). "Privatization in Theory and Practice", Economic Policy, vol.1.

Yarrow, G.(1996). "Privatization and Deregulation in the UK: Background and Overview", The Economic Analysis, No. 144.

Vickers, J. and Yarrow, G.(1988). Privatization: An Economic Analysis, MIT Press.

<부 록>

공기업명	분 야	시 기	민영화 방안[a]	수익금[b]
British Petroleum	Energy	1979	FPO	691.7
National Enterprise Board holdings	Various	1979-1980	TS	647.6
British Sugar Corporation	Manufacturing	1981	TS	85.3
Amersham International	chemicals	1982	FPO	124.0
Britoil	Energy	1982	TO	1,112.4
National Freight Corporation	Transport	1982	MBO/EBO	9.7
Associated British Ports holdings	Transport	1983	FPO	83.3
British Petroleum	Energy	1983	TO	940.3
Cable and Wireless	Telecommunica-tions	1983	TO	455.4
Associated British Ports holdings	Transport	1984	TO	83.9
Enterprise Oil	Energy	1984	TO	631.8
Britoil	Energy	1985	FPO	665.6
Cable and Wireless	Telecommunica-tions	1981; 1985	FPO	1,252.3
British Aerospace	Manufacturing	1981;1985	FPO	633.4
Wytch farm	Energy	1984-1985	TS	178.8
British Gas	Energy	1986	Sales of Shares: FPO+TS	7,568.0
British Airports Authority	Transport	1987	FPO+TO	1,697.2
British Airways	Transport	1987	FPO	1,262.2
National Seed Development	Agriculture	1987	TS	93.6

Organisation				
Rolls-Royce	Manufacturing	1987	FPO	1,485.2
Royal Ordnance Factories	Manufacturing	1987	TS	267.7
Land Settlement Association	Services	1983-1987	TS	35.2
British Telecom	Telecommunications	1984-1987	Loan Stock	1,389.0
British Steel	Steel	1988	FPO	3,151.5
General Practice Finance Corporation	Services	1989	TS	90.3
Harland and Wolff	Manufacturing	1989	MBO/EBO	10.1
Water	Water	1989	Sales of shares: FPO	3,896.3
British Telecom	Telecommunications	1986-1989	Redemption of preference shares	1,075.6
British Petroleum	Energy	1981; 1987-1990	Public Offer	7,014.2
Rover Group	Manufacturing	1989-1990	TS	188.6
Short Brothers	Manufacturing	1989-1990	TS	37.7
Water	Water	1989-1990	Redemption of debt	91.8
Electricity companies: Scotland	Energy	1991	Sales of shares: FPO	2,915.4
National Transcommunication Ltd.	Telecommunications	1991	TS	76.9
BritishTechnology Group	Manufacturing	1992	MBO/EBO	27.5
InsuranceServices Group	Services	1991-1992	TS	18.0
TSA	Services	1993	TS	20.6

Motorway Service Area leases	Services	1982-1993	TS	31.5
British Gas	Energy	1986-1993	Redemption of debt	3,259.0
NorthernIrelandElectricity	Energy	1992-1993	Redemption of debt	72.5
NorthernIrelandElectricity	Energy	1992-1993	Sales of shares: FPO+MBO+TS	725.8
British Telecom	Telecommunications	1984; 1991; 1993	Sales of shares: FPO+TO	16,873.4
Drivers, Vehicles, and Operators Information Technology	Services	1993-1994	TS	12.4
DTELS	Telecommunications	1993-1994	TS	5.2
Forward	Services	1993-1994	TS	4.1
Electricity companies: England and Wales	Energy	1995	Sales of shares: FPO	11,327.9
Forestry Commission	Forestry	1982-1995	TS	279.1
Electricity companies	Energy	1991-1995	Redemption of debt	2,406.9
Atomic Energy Authority Technology	Energy	1996	FPO	204.6
Nuclearpower-industry	Energy	1996	FPO	653.3
Railtrack	Transport	1996	FPO	2,235.7
Belfast International Airport	Transport	1994-1997	MBO/EBO	48.0
British Coal	Energy	1994-1997	TS+MBO/EBO	937.4

Chessington Computer Centre	Services	1996-1997	MBO+TS	10.6
Her Majesty's Stationery Office	Manufacturing	1996-1997	TS	1.9
Recruitment and Assessment Services	Services	1996-1997	TS	6.7
Transport Research Laboratories	Transport	1996-1997	TS	2.9
Professional and Executive Recruitment	Services	1988-1999	TS	6.7
Privatized companies' debt, various		1992-1998		4,091.1
Residual share sales, various		1995-1998		1,907.6
Miscellaneous		1979-1997		813.9
Total				85,926.5

자료: Florio(2004), pp.40-42에서 인용.

a: 민영화 방법: FPO: fixed price offer; MBO/EBO: management/employee buyout; TO: tender offer; TS: trade sale.

b: 수익금: 1995년을 기준으로 한 GDP 디플레이터를 적용한 국고 순수익금.

제 2 장 영국 다문화사회 정책

서 용 석 (한국행정연구원)

I. 서 론

언어, 종교, 관습, 인종 등 다양한 문화적 배경을 가진 사회적 구성 체제를 이해하고 여기에서 발생하는 문제들을 해결하기 위한 대안을 모색하는 다문화정책은 1970년대 호주, 캐나다 등 서구 사회에서 본격화된 문화적 인종적 다양성을 다루기 위해 등장하였다. 영국의 경우 다양한 문화와 정체성을 지닌 타 민족들과의 관계를 지속적으로 유지해온 역사적 사회적 전통에 따라 다른 국가들보다 비교적 제도화되고 유연한 다문화정책을 성공적으로 추진해 오고 있는 것으로 평가받고 있다. 영국 다문화정책들의 핵심 원칙은 인종평등과 차별철폐를 법적, 제도적 기제로 수행하면서 여러 차별적 요소를 제거하고 동시에 기회의 평등을 보장함으로써 다문화인종 사이 혹은 주류 사회와 소수 인종 사회의 우호적 관계 유지하는데 중점을 두고 있다. 그러나 최근 무슬림 사회와의 갈등이 고조되면서 이러한 유연한 다문화정책에 대한 비판이 강화되고 다문화정책 방향에 대한 논쟁들이 지속적으로 이어지는 등 영국 다문화정책에 새로운 변화 가능성이 점차 나타나고 있다.

본 연구에서는 영국 다문화주의[1]에 대한 담론을 중심으로 다문화사회정책이 추진되게 된 역사적 사회적 배경을 중심으로 영국 다문화정책의 형성 및 변화 과정을 살펴보고자 한다. 현재 한국은 세계화의 진전과 비약적인 경제성장으로 인해 외국인 유입이 급증하면서 급속도로 다문화사회로 이동하고 있다. 현재 국내 외국인 거주자는 110만 명을 돌파하였으며, 결혼이민자의 수는 14만 명, 다문화가정의 자녀 수도 6만 명에 육박한다.[2] 이러한 추세는 앞으로 더욱 증가할 전망이며 다양한 문화를 보유하고 있는 다문화 국민의 증가는 한국사회에 커다란 변화를 요구하고 있다. 이러한 현실을 고려해 볼 때 다문화정책의 지향성에 대한 국가와 사회적 구성원들 간의 합의와 갈등을 거듭하고 있는 영국의 사례를 통해 한국 다문화정책의 방향과 전략수립에 여러 시사점을 도출할 수 있을 것으로 기대된다.

1) 다문화주의는 국가나 인종, 민족 간 거시적 차원에 국한된 것이 아니라 사회 내 소외계층이나 소수인종, 또는 세대 간 갈등과 성 역할의 차이 등 미시적인 문제를 포함하는 매우 광범위한 주제의식을 지니고 있다(한승준, 2008: 468). 그러나 본 연구에서는 이주민정책을 중심으로 인종, 문화, 교육, 종교적 차원의 다문화주의 혹은 다문화정책에 대한 논의로 연구주제를 한정한다.

2) 행정안전부, “2009년 지방자치단체 외국인주민현황”, 2009.

II. 영국 다문화사회 구조

1 다문화사회 형성배경

기원 전 2500년경 잉글랜드에는 토착민 '이베리아' 인들이 하급의 문명을 이루며 살고 있었다. 기원 전 1세기 이후 중앙 유럽의 켈트족(Celtics)이 영국에 상륙하여 원주민인 이베리아인을 정복했다. 잉글랜드의 동남부를 점령한 켈트인은 '브리튼(Britain)' 인이라 불리었으며, 브리튼인의 나라를 로마인들은 브리타니아(Britannia)라고 불렀다. 기원 전 1세기를 전후로 로마인들이 브리타니아를 정복하였으며, 로마가 브리타니아를 떠날 때까지인 기원 후 407년까지 수많은 이민족들이 유입되었으며, 5세기에 유입된 게르만인들이 잉글랜드에 정착하기 시작하면서 오늘날 영국인의 모태가 되었다.

1066년 스칸디나비아의 노르만(Norman)인의 잉글랜드 정복과 함께 영국에는 상업과 무역이 활발해지고, 농노를 이용한 농장제도가 정착하기 시작하였다. 이후 농장 경영을 위한 노예매매가 성행하였고, 아프리카의 흑인들이 잉글랜드로 유입되기 시작하였다. 이후 중상주의 정책과 해외 식민지 개척으로 많은 부를 축적할 수 있었으며, 이를 기반으로 잉글랜드의 노예시장은 더욱 확장되었다. 이러한 과정 속에서 더욱 많은 아프리카인들이 영국에 거주하게 되었고, 1770년에는 그 수가 14,000여 명에 달한다는 통계수치가 남아 있다. 1772년 노예제는 폐지되었지만, 노예거래는 실질적으로 지속적으로 이루어졌다. 1883년 영국 의회는 노예제를 완전히 폐지하는 것을 선언하였으며, 노예제 폐지로 인해 아프리카인의 영국 유입은 사실상 중단되었다. 반면, 타국가 민족(특히 유럽인들)의 영국 유입은 지속적으로 증가하였다.[3)]

---

3) http://news.bbc.co.uk/hi/english/static/in_depth/uk/2002/race/short_history_of_immigration.stm, http://www.sovereignty.org.uk/features/articles/immig.html

20세기에 들어와서도 유럽인들의 영국 유입은 지속적으로 진행되었다. 특히, 제1차 세계대전 동안 약 19,000여 명의 벨기에 부상병들이 영국으로 유입되었으며, 240,000명의 벨기에 난민이 영국으로 유입된 후 모두 강제 송국되었지만, 10,000여 명에 달하는 난민은 영국에 남겨졌다. 이후 간헐적으로 이루어지던 외국인 유입이 본격적인 이민의 형태로 이루어지기 시작한 것은 제2차 세계대전 이후이다.

제2차 세계대전 이후 영국 정부는 부족한 노동력을 채우기 위해 적극적인 이민자 수용정책을 실시하였다. 초기 영국 정부가 고려한 이민 노동자들은 영국인들과 인종적, 문화적 동질성을 지닌 유럽인들이었지만, 실제 자메이카, 인도, 파키스탄 등 서인도제도와 인도대륙 등 신영연방(New English Commonwealth)[4] 이주민들의 이민이 급속도로 확대되기 시작했다. 제2차 세계대전 이후부터 1960년대까지 신영연방국가로부터 이주민들이 대거 영국에 정착하면서 영국은 본격적인 다문화시대를 맞게 된다. 이러한 상황은 식민지국가들의 자치를 허용하고 순차적 독립을 인정하면서도 신영연방의 테두리 안에 과거 식민지 국가들을 포함시켜 국제사회에서 자신들의 정치적 영향력을 유지하기를 원했던 영국의 정치적 입장에 기반을 두었다 (김용찬, 2007 : 146).

1914년과 1941년 제정 및 개정되었던 국적법(Nationality Act)에서 영국은 신영연방 국민들의 이주를 제한하기 위한 별도의 정책을 수립하지 않았다. 이로 인해 이들 국가 국민들의 영국으로의 대규모 이주가 시작되었다. 영국이 신영연방 내 모국으로서의 자기 위상을 유지하기 위한 방편으로 자유방임(laissez-faire)의 원칙을 적용하였기 때문이다. 이로 인해 1953년 2,000여 명에 불과하던 영국의 총 이민자 수는 1962년 전반기에만 94,500여 명에 이르는 등 이

4) 신영연방(New English Commonwealth)라는 용어는 1960년대에서 1970년대에 발생한 용어로 당시 기준으로 최근에 영연방에 편입된 국가들을 의미한다. 이러한 국가들은 자메이카, 인도, 파키스탄 등 대부분 아시아, 아프리카, 카리브해 등에 위치하고 있는 가난한 유색인종으로 구성된 영제국의 구식민지 국가들을 지칭하고 있다. 이러한 신영연방국가들과 반대되는 구영연방으로는 제2차 세계대전 이전에 영연방국이 된 호주, 뉴질랜드, 캐나다 등이 속한다(정희라, 2007: 4).

민자들의 영국 유입이 폭발적으로 증가하게 되었다 (Layton-Henry, 1992: 13). 영국 정부의 인구조사에 의하면, 서인도로부터의 이주민이 1951년 15,300명에서 1971년 299,580명으로 증가하였으며, 인도로부터의 이민은 같은 기간 30,800명에서 274,580명으로 증가하였다 (Rees, 1993: 94-97). 이러한 이주민들의 급격한 유입은 영국 정부로 하여금 자유방임원칙을 폐기하고 이주 통제 조치들을 취하게 만들었다. 1962년 일정한 자격요건(criteria)을 갖춘 이주민들에 대한 제한적인 이주 허용책을 담은 영연방이주민법(the Commonwealth Immigration Act)을 제정하여 잠재적 이주민들인 서인도제도 출신 국민들의 영국 이

<표 4-9> 중세 이후 영국으로의 이민족 유입

1100년대	독일과 네덜란드 상인의 정착
1500년대	매리여왕의 스페인 필립국왕과 혼인, 네덜란드와 프랑스 청교도인들의 정착
1600년대	아시안들을 영국 노예로 데리고 옴
1700년대	프랑스대혁명으로 인한 난민 유입, 런던에 첫 중국인 선원 기록
1800년대	동유럽에서 억압받던 유대인들의 이민 아일랜드의 기근으로 탈출하여 영국에 정착 무역으로 주요 항구에 인도인과 중국인의 유입
1900년대	1914년: 제1차 세계대전으로 250,000명의 벨기에 난민 유입 1930년대: 나치 억압에 벗어나기 위해 영국으로 망명 1940-1960년대: 폴란드 전쟁 난민 유입 1948년: 자메이카인 보트를 타고 영국으로 유입, 전쟁 후 영국의 재건을 위한 명목으로 캐리비안의 이민 1950-1960년대: 새로운 연방국가인 인도, 파키스탄, 방글라데시인 정착 1970년대: 동아프리카, 아시아인, 베트남 유입 1972년: 우간다로부터 추방당한 27,000여 명을 받아들임 1980년대: 루마니아와 전 유고슬라비아의 유입으로 영국 내 아프리카 사회의 확장 1991년: 소말리아의 몰락으로 7,500명의 난민 신청, 대부분 받아들임 1992-1997년: 전 유고슬라비아 몰락 후 2,500명의 보스니아 난민 수용 1999년: 5,130명의 스리랑카의 이민자신청을 받아들임

자료: 위키피디아.

주를 제한하는 등 급격하게 늘어나는 이민자들의 영국 이주를 통제하기 시작하였다. 그러나 이들 이민자들은 정부의 강력한 이민통제에도 불구하고 급속도로 증가하기 시작하였다. 영국은 1971년 이민법(Immigration Act)과 1981년 영국국적법(British Nationality Act)의 재정 이후에야 신영연방 국민들 및 기타 국가로부터의 영국 이주를 실질적으로 제한할 수 있게 된다 (김용찬, 2008 : 99). 〈표 4-9〉은 중세 이후부터 20세기 말까지 영국으로 유입된 이주민들의 역사를 시간 테이블로 나열한 것이다.

2 영국 다문화사회의 구조

1991년 인구조사에서 3백만에 달했던 영국의 유색인종 수는 계속된 이주민들의 이주와 2세와 3세들의 출생과 성장에 의해 지속적으로 증가하였으며, 2001년 기준으로는 유색인종의 수가 460만 명 정도로 10여 년 전에 비해 53%가 증가, 전체 인구의 7.9%를 차지하게 되었다 (김용찬, 2007: 147). 〈표 4-10〉에서 보이는 바와 같이 이러한 사회 인적 구성요소의 변화는 소위 '영국식 삶의 방식(British way of life)'을 변화시켜 영국을 인종적으로 흑인과 아시아인, 그리고 종교, 문화적으로 무슬림, 힌두교도, 시크교도가 공존하는 다문화 사회로 변화하게 되었다.

영국의 인구조사는 1801년부터 매 10년 단위로 행하여지고 있으며, 그 조사결과는 지금까지 보전되어 있다. 그 데이터를 토대로 영국 내 거주 외국인의 수를 파악할 수 있다. 2001년 조사된 영국 내 거주 외국인의 수는 미국, 캐나다, 호주 등 이민으로 형성된 국가에 비해서는 적은 수치이다. 하지만 그 전체 단위의 크기는 지속적으로 증가 추세에 있으며 현재 정확한 거주 외국인 수치는 알 수 없지만, 2007년의 통계상으로 볼 때 영국의 전체 국민 대비 외국인 비율이 10.6% 정도로 나타나고 있다. 이는 2001년보다 약 2.3% 가량 증가한 수치이며, 그 증가율을 더욱 늘어날 것으로 전망되고 있다.

<표 4-10> 영국 소수민족 현황(2001년)

	2001년	
	인구 수	비율
백 인	54,153,898	92.1
혼 혈	677,117	1.2
인 도	1,053,411	1.8
파키스탄	747,285	1.3
방글라데시	283,063	0.5
기타 아시아인	247,664	0.4
흑인 캐러비아인	565,876	1.0
흑인 아프리카인	485,227	0.8
기타 흑인	97,585	0.2
중국인	247,403	0.4
기타 소수민족	230,615	0.4
전체 유색인종	4,635,296	7.9
총인구	58,789,194	100

<표 4-11> 영국 내 거주 외국인 증가 및 전체인구 대비 비율

인구조사연도	외국인 수	전년도 대비 증가 비율	전체인구 대비 비율
1951	2,118,600		4.2%(이하 % 생략)
1961	2,573,500	21.5%(이하 % 생략)	4.9
1971	3,190,300	24.0	5.8
1981	3,429,100	7.5	6.2
1991	3,835,400	11.8	6.7
2001	4,896,600	27.7	8.3

자료: In Office for National Statistics, British Government.

〈표 4-12〉는 2001년에 작성된 영국 인구 중 거주 외국인 상위 20개국의 수

치와 예상되는 2009년 인구 수치를 나타낸 것이다.[5] 인도, 유럽, 동남아시아, 아메리카대륙 등 여러 지역으로부터 많은 이주민들이 정착하였고, 특징적인 것은 과거 영국의 식민지였던 인도인의 수가 가장 많았으며, 제2차 세계대전 이후 독립한 영연방국가 중 파키스탄으로부터의 이민자 유입이 두드러진다는

<표 4-12> 영국 거주 외국인 상위 20개 국가

출생국	인구(2001 센서스)	인구(2009 추정)
영 국	53,923,642	N/A
아일랜드	533,901	393,000
인 도	467,634	647,000
파키스탄	321,167	433,000
독 일	266,136	295,000
미 국	158,434	189,000
방글라데시	154,362	202,000
자메이카	146,401	143,000
남아프리카 공화국	141,405	216,000
케 나	129,633	148,000
호 주	107,871	118,000
이탈리아	107,244	106,000
홍 콩	96,445	78,000
프랑스	96,281	126,000
나이지리아	88,378	154,000
사이프러스	77,673	63,000
캐나다	72,518	82,000
스리랑카	67,938	106,000
폴란드	60,711	520,000
뉴질랜드	58,286	58,000

자료: In Office for National Statistics, British Government.

5) http://en.wikipedia.org/wiki/Foreign-born_population_of_the_United_Kingdom

점이다. 또한 노예제도를 통한 아프리카의 노동력 유입이 노예거래 금지 이후 자국민으로 편입되면서 많은 아프리카 민족이 영국 인구에 포함되어 있다.

제2차 세계대전 동안 유대인과같이 나치에게 억압받던 소수민족들은 영국으로의 이민을 모색하였었고, 약 5만 여명이 성공적으로 영국에 정착하였지만, 영국이 독일과의 전쟁을 선포한 이후로는 이민자의 수가 급격하게 줄어들었다. 전쟁이 종결되고 영국 정부가 새로운 연방이민법(The Commonwealth Immigrants Act 1962)을 공포하기 전까지 모든 이민자들은 아무런 재제 없이 영국으로 이민을 신청할 수 있었다. 가장 우선적으로 1947년 인도인들이 그들의 독립과 동시에 상당한 수가 영국으로 이민을 신청하였다. 1955년에는 6만 명이 넘은 인도인들이 노동자 신분으로 영국에 거주하고 있었다. 아울러, 전쟁 후 영국의 도시재건을 위해 '자원봉사자' 라는 명목으로 많은 유럽인들의 이민을 독려하였고, 같은 시기에 폴란드와 우크라이나에서도 많은 이민 유입이 있었다. 1931년의 인구조사에서 44,000명 정도였던 영국의 우크라이나계 인구는 1951년 160,000명까지 증가하였다. 또한 1956년 헝가리 혁명으로 새롭게 들어선 정부를 피해 달아난 난민들도 영국으로 이민을 신청하였는데 그 수

<그림 4-2> 1991-2008 사이 영국 총 이민자 수 변화추이

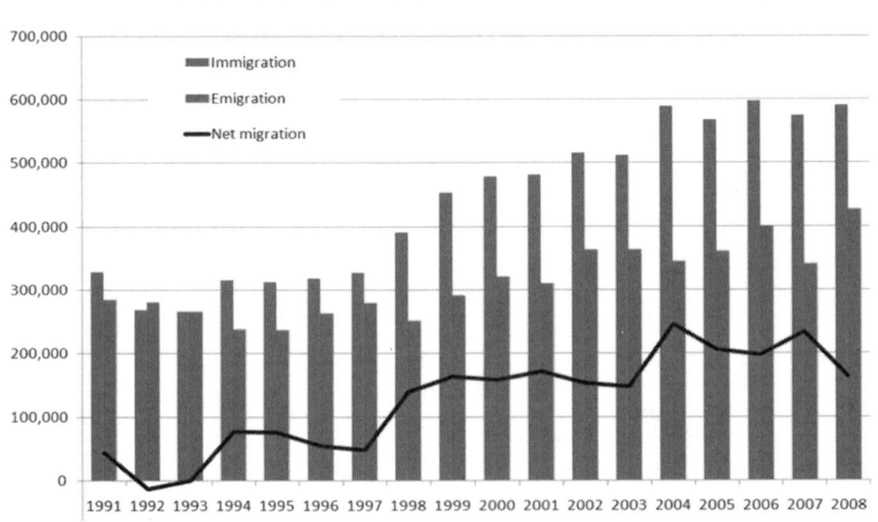

가 약 2만여 명에 달했다.[6)]

1971년 이민법 제정 이후 해외 이주민의 영국 유입에 대한 통제를 강화하면서 이민자 수는 비교적 안정성을 유지할 수 있었으나, 난민 수용 등으로 인해 이민자 수는 크게 줄지 않았다. 특히, 2004년 구 동구권 국가들이 유럽연합에 가입하면서 중부 및 동부 유럽, 몰타와 키프로스로부터 수십만 명의 노동인력이 영국으로 유입되었다. 이는 영국 이민 역사상 그 유례를 찾아볼 수 없는 수치이며, 영국 당국의 예상치를 훨씬 웃도는 수치였다 (최동주, 2009 : 94).

1) 혼혈결혼으로 희미해져 가는 인종구분

1997년 보고된 영국의 정책연구소(Policy Studies Institute) 조사에 따르면 영국 내 흑인남성의 50%, 흑인여성의 33%가 백인과 결혼했다고 밝혔다. 또한 대부분의 영국 내 유색인종들은 백인과의 결혼에 대해서 아무런 거리낌이 없다고 응답한 데 반하여, 백인들의 33%만이 다른 피부색 인종에 대해서 관대하다는 결과가 나왔다. 이러한 이유로 영국은 가파르게 다문화사회로 진행되고 있으며, 그 결과 영국 사회는 혼혈인들의 수가 빠르게 증가하고 있다. 문제는 혼혈에 대한 인식의 문제이다. 영국의 혼혈인들은 자신의 정체성을 명확하게 구분해 줄 기준이 모호하다. 제도상으로는 그들을 흑인 또는 소수민족으로 구분하지만, 정작 본인들은 그렇게 생각하지 않고 있다는데 문제가 발생하고 있다. 영국 사회에 여전히 존재하는 인종차별은 혼혈인들로 하여금 그들이 백인과 흑인 사이에서 태어났건, 황인종의 혼혈이든 간에 사회적 차별과 인종적 거리감을 느끼게 하고 있다. 또 다른 문제는 결혼의 당사자가 속한 집단 내의 압박으로써, 인종이 다른 두 명의 혼인자 가족이 결혼에 대한 동의가 없을 때, 가족들부터 결혼생활 초기의 금전적 지원을 받을 수 가 없다. 이것은 곧 혼혈가정을 가난의 굴레로 밀어 넣는 역할을 하고 있다. 아울러 혼혈자녀를 둔 편모, 편부 가정은 정부로부터 낮은 지원과 관심을 받고 있으며, 그들이

6) http://en.wikipedia.org/wiki/Immigration_to_the_United_Kingdom_since_1922

어려움을 호소할 곳은 아무데도 없다는 현실이 영국 혼혈가정의 문제를 가중시키고 있다.7)

2) 소수민족과 도시재생계획

1960년대 영국의 대도시들은 높은 범죄율과 실업률, 계층 간 갈등 등으로 심한 몸살을 앓고 있었다. 이러한 상황 속에서 해외 이민자의 지속적인 유입은 거대 도시에 또 다른 문제들을 발생시켰다. 도시주거공간의 부족, 이민족 부락의 형성, 이로 인한 지역주민과의 갈등, 이민자 범죄, 현지인의 차별 등 각종 문제는 새로운 도시설계에 대한 계획으로 이끌었다. 이러한 도시의 역기능을 극복하기 위해 추진된 것이 '런던 메트로폴리탄대학 연구소'가 수행한 '도시재생 프로젝트'이다. 4개의 그룹으로 구성된 연구단은 ① 주거와 편의 ② 교통정책과 도시계획 ③ 지역경제 발전 ④ 도시문화 등에 대한 연구 활동을 수행했다. 특히 도시문화와 관련한 연구에서는 도시 인프라 확충과 도시문화의 실천적 방향을 모색하고, 이에 대응하는 모델과 방법을 제시하였다. 다인종 지구(ethnic quarters), 문화유산경관(heritage landscapes), 창조산업(creative industries)의 육성 등 이 대표적인 모델들이다.8)

특히, 2005년 런던 테러사건을 계기로 도시재생프로젝트의 '다인종 지구'에 관한 이슈는 공론화되기 시작하였다. 이는 '다인종 지구'가 게토化(ghetto)로 전락할 수 있는 가능성을 내비추었으며, 통합으로서의 다문화가 아닌 분리로의 진행을 촉진시킬 수 있는 사건이었다. 실제로 영국 사회가 '소리 없이 분리로의 진행(sleepwalking to segregation)'이라고 표현되는 바와 같이 주류 사회로 편입하기를 원하는 소수민족의 바램과는 달리 '다인종 지구'가 지역주민에 의한 의식적, 개념적 게토가 될 수 있음을 상기시키는 사건이었다.

영국의 도시재생계획은 사회의 소외계층인 이민자를 배려하기 위한 연구도

7) http://news.bbc.co.uk/hi/english/static/in_depth/uk/2002/race/changing_face_of_britain.stm
8) Ibid, pp.7-8.

함께 진행되고 있음을 알 수 있으며, 이러한 도시재생과 이민자 통합의 문제는 영국 사회에 한정된 것이 아니라, 한국을 비롯한 전 세계의 대도시가 안고 있는 공통의 문제이기도 하다. 영국은 17세기 이후로부터 많은 이민자를 받아들여 인구가 증가해 온 국가이다. 제2차 세계대전 이후 탈식민화를 거치면서 더욱 많은 이민자의 유입으로 영국의 거리 모습은 '작은 지구촌'을 연상시켰다. 이러한 사회의 구조적 변화는 인종 간 분리(ethnic segregation)라는 부작용을 낳았으며, 심화된 인종 간의 갈등은 사회적, 문화적, 경제적인 문제로까지 비화되는 등 심각한 문제의 발원지가 되었다. 따라서 영국의 도시재생계획은 단순한 도시의 물리적 구조 변경을 의미하는 것이 아니라, 도시의 성격을 재구성하여 인종 간 분리를 통합으로 탈바꿈하게 하는 일차적 시발점 역할을 하고 있는 것이다. 대표적인 예로 방글라데시 이민자가 주로 거주하고 있는 브리데인의 경우, 도시의 미관을 아시아를 주제로 한 디자인 변경과 도로의 정비 등을 통하여 방글라데시인을 상대로 한 도시의 주요 수입원이 외국관광객으로 바뀌었다. 이러한 도시재생 사업은 지역경제를 살리는 동시에, 내국인과의 통합 도모 및 실업률을 낮추는 등에 커다란 기여를 하였다. 도시재생계획으로 인한 부작용이 없지는 않았지만, 계획을 통한 성과는 성공적이라는 평가가 지배적이다.[9]

3 다문화사회 특성

1) 동화주의에서 다문화주의로

영국은 제2차 세계대전 이후 신영연방을 중심으로 국제사회에서의 영향력을 행사하고자 하였다.[10] 이러한 정책기조 속에서 영국 사회로 급속히 유입되고

9) Ibid, pp.16-17.
10) 제2차 세계대전을 기준으로 구영연방과 신영연방으로 구분하며, 탈식민지화의 분위기 속

있는 영연방국가의 이주민들이 영국 사회에 성공적으로 적응할 수 있게 하기 위한 다문화정책을 채택하게 되었고, 이러한 정책은 영국 사회구조의 변화를 이끌었다. 한편으로는 급격하게 증가하는 이민자의 수를 조절하기 위해 영국 이주를 통제하는 '이주통제정책'을 수립하였고, 관련된 정책의 지속적인 개정(1962년 영연방이주민법, 1971년 이주법, 1981년 영국국적법 등)을 통해 이민자의 수를 적절하게 통제하는데 성공하였다. 1960년대 초반까지는 유럽계 이민자들의 영국인과의 혼인 장려를 통해 이주민들을 주류문화로 흡수·동화시키고자 하는 정책을 추진하였다. 그러나 이미 수적으로 덩치가 커진 이민자 집단을 영국 사회로 동화시키기에는 무리가 있음을 깨닫고, 60년대 이후부터 다문화주의 정책으로 이주민 정책노선을 변경하였다. 이는 영국 사회에 공존하는 다양한 문화를 인정하여 동화정책이 갖고 있는 문제점을 개선하는데 그 취지가 있었다. 1966년 당시 내무부 장관이었던 로이 젠킨스(Roy Jenkins)는 다문화주의에 대해 다음과 같이 강조하였다.

"나는 영국이 모두가 공동의 틀 안에서 전형적인 영국인의 모습으로 복사되어져 나오는 용광로(melting pot)와 같은 국가가 될 필요성을 느끼지 않는다. 그러므로 나는 '통합'이란 동화가 아닌 상호간의 관용이 있는 분위기 속에서 다양한 문화가 동반되는 동등한 기회라고 정의한다."[11]

2) 사회통합과 다문화사회 구축을 위한 언어 종교 정책

영국은 중상주의시대, 대항해시대, 산업혁명 등을 거치면서 많은 해외 식민지를 획득하였고, 이러한 과정에서 많은 이주민들이 영국으로 유입되었다. 특히, 제2차 세계대전 이후 영국의 노동력 부족을 채우기 위해 적극적인 이민자

에서 다원주의로의 체제개혁이 불가피한 상황에서 1950년 영연방 총회에서 '영국 국왕은 영연방의 수장이며, 자유로운 결합의 상징'을 내세우며, 대부분 국가의 자치권을 허락하였다. 현재 총 53개국이 영연방의 회원국이며, 명목상 구축된 연방체재를 의미한다.

11) http://news.bbc.co.uk/hi/english/static/in_depth/uk/2002/race/changing_face_of_britain.stm.

수용정책이 시행되었다. 해외 이주민들이 영국사회 저변에 흡수되는 과정 속에서 그들을 '영국인'으로 만들기 위한 동화의 노력 또한 함께 시도되었다. 그러나 1960년대 이후 동화정책이 그 정책상의 한계를 드러내면서, 이민자들의 문화적 정체성과 다양성을 인정하는 다민족·다문화사회통합정책으로 선회하게 된다.

역사적으로 볼 때 강대국의 약소국 식민지화 과정은 강대국 문화로의 편입을 강조한다. 문화의 동화는 우선적으로 언어와 종교의 동화로부터 이루어졌으며, 식민지 사업의 일환으로 진행된 '문화 예속화'는 약소국가의 언어를 언제나 역사적 희생물로 만들었다. 영국이 동인도회사를 통해 적극적인 식민지 교육정책을 검토하면서 2세기 이상에 걸쳐 식민지 주민의 언어 동화에 기반을 둔 교육정책을 시도하였지만, 결과는 그리 성공적이지 못하였다.[12] 한 사례로 인도의 행정권이 영국으로부터 이양되었던 1921년의 교육환경은 영국식 교육이 강화되었던 1821년의 그것보다 별반 나아진 것이 없었다. 인도와 같은 수준이었거나, 뒤떨어져 있던 다른 국가들이 교육분야에 있어서 같은 기간 눈부신 발전을 이룩한 데 반해, 인도는 그렇지 못하고 오히려 낙후된 국가로 전락하였다(김진식, 2004). 식민지 국가의 문화적 동화에 대한 자성적인 경험은 오늘날 영국 다문화정책의 핵심인 '다양성 존중'에 근간이 되었다.

오늘날 많은 국가들이 영어를 공용어를 채택하고 있지만, 언어적 특성상 타언어를 쉽게 습득한다는 것은 쉽지 때문에 이에 대한 많은 사회적 비용을 감수하고 있는 것이 현실이다.[13] 이러한 맥락에서, 비록 모국어로 영어를 사용하고 있는 영국의 입장에서도 영어 숙지를 통해 이민자들의 영국 사회 동화를 이끄는 것이 아니라, 영국 사회 내에서 그들 언어에 대한 다양성을 존중하는 다문화정책을 추구하고 있다. 그러나 영국의 많은 이민자들이 언어의 장벽에 부딪히면서, 학업과 구직활동 등에 심대한 영향을 끼치고 있다. 결국 언어는

12) 김진식, '인도에 대한 영국 식민교육 정책사의 단계적 전개론: A Study on the Demarcation of the Imperial Educational Policies in India During the British Period' 『교육논총』 23권, 2004년, p.1.

13) 캐나다는 이민자 영어교육을 위해 연간 40억 달러의 정부예산을 지출하고 있다.

이민자들의 주류사회 진입을 가로막는 주요 원인이 되고 있다. 이에 영국은 늘어나는 이민자들을 위하여 지자체에 통역서비스를 실시하는 등 부단한 노력을 기울이고 있다. 한 예로 영국의 밀튼 킨즈 카운슬(Milton Keynes Council)에서는 통역에 필요한 민원이 2000년 이후 10년 만에 20건에서 300건으로 늘었고, 서비스 언어의 종류도 12개에서 84개로 다양해졌다고. 또한 영어를 모국어로 사용하지 않는 이민자 가족의 수가 크게 늘면서 초등학생 6명 중 1명(50만 명)꼴로 가정에서 영어를 사용하지 않고 있다. 이것은 4-18세 사이의 학생 전체로는 7명 중의 1명(약 100만 명) 꼴이며, 이민자가 몰려 있는 도심지 지역(런던)에서는 전체 초등학생의 75%가 기타 언어를 사용하고 있다.[14] 영어와 언어적 유사성을 지닌 유럽어족국가(프랑스, 독일, 이탈리아 등) 이민자 출신들은 아시아, 아프리카 등에서 유입된 이민자에 비해서 상대적으로 언어의 습득이 용이하다. 이러한 이유로 영국 정부는 언어 습득에 필요한 사회적 비용을 줄이기 위한 방안으로 비 유럽권 출신의 이민자의 수를 줄이거나 제한하는 정책을 구상하고 있는 것으로 나타났다.[15] 이러한 경향에도 불구하고 언어 정책은 영국 다문화정책의 주요 근간이 되고 있다. 영국 정부는 해외로부터 이주해 오는 이민자들의 언어적 다양성을 존중하고 사회통합을 이끌어 내기 위한 정부 차원의 지원과 함께, '이종문화언어 교사교육(Intercultural Language Teacher Education)' 등의 언어 정책을 모색하고 있다.[16]

영국 정부의 다문화사회 통합에 대한 노력은 '종교의 다양성 인정' 에서도 찾아볼 수 있다. 특히, 무슬림과의 공존은 기독교 문화를 토대로 형성된 영국의 문화 구조적 특징을 비추어 볼 때, 영국 사회가 문화적 다양성을 수용하면서 사회통합을 이루려는 의지가 엿보인다.

〈표 4-13〉는 상위 8개 종교만을 기술해 놓았지만, 영국 정부가 공식적으로

---

14) '영국 지자체 통역 민원 급증,' 『The Korean Weekly』 2010년 5월 26일; http://www.koweekly.co.uk/news.php?code=kr&mode=view&num=7374&page=5

15) Ibid.

16) Gerard M. Willems, 'Language Teacher Education Policy Promoting Linguistic Diversity and Intercultural Communication,' Language Policy Division, 2002.

<표 4-13> 영국인의 종교 분포

종 교	인 구	비 율
기독교	42,079,000	71.6%(이하 % 생략)
비종교	9,104,000	15.5
무슬림교	1,546,626	2.7
힌두교	552,421	1.0
제다이 기사[17]	390,000	0.7
시크교	329,358	0.6
유대교	259,927	0.5
불 교	144,453	0.3
기 타	…	…
전 체	45,163,000	

자료: 2001년 영국 인구조사.

인정하고 있는 종교의 수는 28가지에 달하고 있고, 영국인은 약 170개에 달하는 종교를 믿고 있는 것으로 조사되었다. 종교적 다양성에 대한 법적인 지원 또한 사회통합을 위해 보장되고 있다. 2008년에는 교회 관계자 2명이 무슬림에게 전도행위를 하다 종교적 갈등을 조장하고 불쾌감을 조성한다는 이유로 조사를 받았다. 2009년에는 호텔을 운영하는 기독교인 부부가 투숙한 이슬람 신자에게 종교적인 모욕감을 주었다는 이유로 고소를 당했고, 재판 과정에서 전 재산을 잃는 재정적 손실을 입기도 하였다. 이와 같은 종교의 다양성을 보장하는 법과 제도는 다문화사회가 지니는 사회적 불안 요소를 제거하여 다문화 평등사회를 구축하는데 중요한 역할을 한다. 다문화사회 통합정책의 또 하나의 일환으로 영국 BBC 방송은 2003년 최초로 소수인종에 대한 방송정책을 구체적인 내규로 설정하였다.[18] 이 내규에는 인종적 편견을 심어줄 수

17) 영화 '스타워즈'에 나오는 '제다이 기사'를 가리키는 듯하다. 인구조사 기간 동안 나타난 흥미로운 반응이라고 당국은 밝히고 있고, 비종교인으로 구분해 놓고 있다.
18) 한국 콘텐츠 진흥원, 2007.

있는 내용의 컨텐츠를 제작할 경우 처벌을 받을 수 있도록 규정하고 있으며, 이러한 상황을 미연에 방지할 수 있도록 방송 스태프들에 대한 훈련규정도 포함되어 있다.[19] BBC의 이러한 노력은 영국 사회의 대다수 구성원인 백인들의 편견을 줄이고, 해외 이민자들이 영국이라는 같은 공간을 공유한 사회의 구성원임이라는 개념을 심어주는 중요한 시발점이 되고 있다. 이는 공영방송으로서 영국의 사회 안정을 도모하는 동시에 소수민족의 시청권에 대한 기회의 평등을 보장한다는 측면에서 시사하는 바가 크다. 이와 같이 사회통합을 위한 영국 정부와 기업의 노력은 영국이 다문화국가로써 선두 국가가 될 수 있었던 주된 요인에서 중요한 역할을 하고 있다.

III. 영국 다문화정책 특성 및 제도적 유형

1 영국 다문화정책의 수립 배경

1950년대와 1960년대 초에 등장한 이러한 급격한 사회인구 구조의 변화는 인도, 파키스탄 등 이민자들의 유입과 관련된 여러 정치적 논쟁을 불러일으키게 되었다(Braham, Rattansi and Skellington, 1992). 영국 정부는 급격하게 유입된 이주민들이 영국 사회에 동화 혹은 통합되는 과정에서 나타날 문제들에 대해 우려를 제기하였다. 이로 인해 1960년대 초반까지 대부분의 영국 정치 엘리트들은 다인종, 다문화사회의 문제점을 해결하는 유일한 방안은 이들을 영국의 주류문화로 흡수하는 문화적 동화(cultural assimilation)밖에 없다고 생

19) Ibid.

각하였다 (정희라, 2007: 5). 그러나 현실적으로 동화주의로 이민자들을 통합하기에는 그 수가 너무 많았고, 프랑스와 같이 동화주의만을 고집하기에는 통합 대상의 수가 적정선을 넘어서는 경우 동화는 현실적으로 불가능하다는 실용주의적 판단에 근거하였다 (정희라, 2007: 5; Weil and Crowley, 1994: 117). 이러한 현실적인 판단 아래 점차 영국 정부는 이러한 다문화주의 사회의 현실을 받아들이고 이에 대비한 새로운 법적, 정치적, 정책적 변화방향을 모색하였다.

1966년 당시 노동당 정부 내무장관이었던 로이 젠킨스(Roy Jenkins)는 최초로 다문화주의에 대한 개념을 제시하면서 다문화된 사회의 통합을 주장하였다. 그는 구성원들 간의 통합(integration)을 이민자들의 민족적 특성과 문화를 영국 사회에 흡수하는, 소위 동화가 아닌 상호간의 관용이 있는 다양한 문화가 동반되는 동등한 기회가 되어야 한다고 주장하였다. 그리고 이를 통해 영국의 문화를 일방적으로 강요하지 않는 이민자 자신들의 전통과 문화를 지켜나갈 수 있도록 하는 통합으로서의 다문화정책을 강력하게 추진하였다 (김복래, 2009: 222). 이러한 정책적 방향은 다문화주의 모형[20]에 기반을 둔 방식으로 독일이나 프랑스처럼 비교적 동질적인 문화를 가졌던 전통적인 국민국가들이 추진해 오던 동화주의 정책과는 큰 차이를 보인다. 동화주의 정책의 경우 소수이민자 집단의 주류사회로의 동화를 통해 사회갈등을 해소하고 문화적 동질화를 추구함으로써 기회의 평등을 강화하려는 것인 데 반해, 영국 정부가 추진한 다문화정책의 경우 소수집단들이 지니고 있는 문화적 이질성을 존중하고, 이들의 고유성을 인정하고 참여를 확대함으로써 사회적 통합을 추구하는 방식이었다.

---

20) Castles와 Miles(2003: 171-201)는 이주민 수용방식을 중심으로 크게 다문화정책을 차별적 포섭 및 배제모형, 동화주의 모형, 그리고 다문화주의 모형 등 3가지 유형으로 구분하고 있다. 차별적 포섭 및 배제모형의 경우 소수인종 집단과의 접촉을 배제하거나 최소화함으로써 사회갈등을 회피하고자 하는 모형으로 매우 제한적으로 나타난다. 동화주의 모형은 주류문화를 통한 사회통합을 목표로 하고 있으며, 다문화주의 모형은 주류문화 중심이 아닌 다양한 문화가 공존하는 가운데 집단 간 상호 존중의 질서가 자리잡는 것을 목표로 한다 (한승준, 2008: 470 재인용).

2 영국 다문화정책의 특성

영국 정부가 추진한 다문화정책은 영국의 역사적 사회적 전통에 기인하여 이루어져 왔다. 앞서 살펴본 바와 같이 영국은 오랜 이주와 이민의 역사를 갖고 있으며, 유럽을 대표하는 다문화국가이다. 따라서 현재 추진되고 있는 영국의 다문화정책을 이해하기 위해서는 현재의 다문화정책이 형성되기까지의 역사적 · 문화적 배경을 추적하고 분석해보는 역사 · 문화적 접근방법이 필요하다.

영국 노동당 정부의 '간접통치 전통에 기반한 통합'이라는 정책적 판단은 식민지 통치 전통에 의거 자치를 인정하고 문화적 전통을 유지할 수 있는 지역 차원의 간접통치 방식의 효율성을 인식하고 있었기 때문이다. 즉, 영연방의 본국으로서 영국의 포용성을 해치지 않으면서도 영국 사회의 가치와 정체성을 유지시키는 정책을 도출하도록 만들었으며, 이로 인해 다양성을 존중하는 다문화주의 정책으로 구체화되었다. 이러한 다문화정책의 형성과 실현 배경에는 식민지 시기 영국 지배체제 하에서 교육 등을 통해 이주민들이 영국 사회의 민주주의 등의 주요 가치들에 대한 존중의식을 지닌 이후 이주해 왔고, 이로 인해 자신들에게 부과되는 영국 국민으로서의 의무 준수를 위해 노력할 것이라는 신뢰가 작용하였다 (김용찬, 2008: 147).

아울러 영국 관습법이 지닌 유연성과 실용성이 문화적 다양성을 포괄하기 유리한 구조로 형성되어 있다 (Joppke, 1999). 문화와 종교적 차이로 발생한 문제들에 대해서 포용적이고 관용적인 판결들이 이루어지고 있으며, 이러한 결과는 종교적 자유주의 및 영국 국교회의 실용주의적 전통과도 관련되어 있다고 할 수 있다 (Fetzer and Soper, 2005). 또한 영국 이민자 보호에 관한 법률은 이민자 개인의 권리를 보호하기 위한 차원이 아닌 엘리트층의 사회질서 유지를 위하여 만들어졌다고 할 수 있다. 이민자 보호 법률은 인종에 기초한 사회적 불안으로부터 사회 전체를 보호하기 위한 의도가 강하며, 강제적 성격을 띠기보다는 권고적 차원에 머무르는 경우가 많이 발견된다.

3 다문화정책의 주요 유형

영국 다문화정책의 공식적 목표는 기회의 평등(equality of opportunity)과 좋은 인종관계(good race relations)의 증진을 통한 통합을 촉진하는 데 있다(김용찬, 152). 이러한 목적을 위해서 영국 정부는 법적 제도적 기제를 통해 차별적 요소를 제거하고 인종관계를 개선하기 위한 다양한 정책적 수단을 제시하고 있다.

1) 인종관계법(Race Relations Act) 제정

영국의 다문화정책은 이민자들의 통합이나 인종적 사안에 대해서 상대적으로 유연한 태도를 견지한다. 영국에서는 통합보다는 좋은 인종관계를 더욱 강조한다. 즉, 관용과 다양성, 다원주의를 통해 평화로운 공존을 주장하는 것이다. 유연한 태도를 견지하는 영국의 다문화정책의 기본방향은 1965년의 인종관계법(Race Relation Act) 제정을 통해 다문화주의 통합에 대한 제도적 터전을 마련했다. 인종관계법은 영국 내에서 인종차별에 대해 언급한 최초의 법안이다. 영연방으로부터 많은 이민자가 유입된 영국은 이민자들에 대한 편견과 차별이 심화되었고, 이로 인한 많은 사회적 문제들이 부각되면서 인종관계법을 제정하게 되었으며, 1967년 최초의 유죄판결을 이끌어낸다. 이 법은 공공기관에서의 피부색, 인종, 출신국가에 대한 차별을 금지시켰으며, 인종관계위원회(Race Relations Board)의 창립을 촉진하였다.

그러나 법안의 한계성이 드러나면서 주거와 고용분야를 포함하여 보다 범위가 확대된 새로운 인종관계법으로 강화되었다. 구체적인 내용은 공적 서비스, 고용 및 주거에 대해서 인종, 피부색, 출신국가로 인하여 차별받는 것을 불법으로 규정한 것이다. 이와 더불어 조화로운 사회를 구현하기 위한 '공동체 관계위원회(Community Relations Commission)'를 발족하였다. 1965년에 제정된 인종관계법은 1976년 수정 · 보완되었으나, 기본적인 법률의 골격은 1965

년의 그것과 크게 바뀌지 않았다. 수정·보완된 1976년 버전은 인종차별 방지에 대한 그 범위가 더욱 확대되어 민간에서의 고용, 상품, 서비스, 교육 및 공공 분야에서 인종, 피부색, 국적을 근거로 차별 할 수 없음을 표명하고 있다.

1976년에 보완된 인종관계법을 더욱 확장시킨 것이 2000년에 발효된 '인종관계 법률 개정안 2000(Race Relations Amendment Act 2000)' 이다. 2000년 법안은 영국 사회의 구조적인 인종차별을 철폐하고, 공권력으로부터 차별을 금지하는 것과 소수민족에 대한 국가보호에 관한 내용을 포함하고 있다. 이 법안에서는 인종평등을 촉진시키기 위한 공공단체에서의 적정세율을 부과와 인종차별이 일어나는 것을 미연에 방지하기 위한 절차 증명 등이 포함되었다.[21] 2000년 법안에서 눈에 띄는 사항은 소수민족에 대한 평등한 고용 기회의 제공이다. 영국 정부는 모든 공공기관들로 하여금 이 법안을 준수하도록 독려하였으며, 공공기관들에게 새로운 의무를 부여했다. 새로운 의무는 크게 일반 의무(general duty)와 세부 의무(specific duty)로 두 가지로 구분된다. '일반 의무' 는 공공기관이 수행하는 모든 공공업무와 관련해서 불법적인 인종차별을 제거하여야 하며, 평등한 기회를 보장하고, 올바른 인종관계를 촉진해야만 한다는 내용이다. '세부 의무' 에서는 '일반 의무' 사항들이 공공기관에서 원활이 수행될 수 있도록 돕는 일종의 도구 역할이다. '세부 의무' 에서는 인종관계에 영향을 끼치는 정책과 서비스를 매 3년마다 검토할 것을 규정하고 있으며, 이러한 정책과 서비스 개발을 위한 '인종평등계획(Race Equality Scheme)' 의 사전 작성을 의무 조항으로 넣고 있다. 영국 정부는 2006년 추가적으로 '인종과 종교 증오 법안 2006(Racial and Religious Hatred Act 2006)' 을 제정하였다. 이 법안의 주요 골자는 '종교적 증오' 에 대해 정의함과 동시에 인종 간, 문화 간 종교적 증오를 야기하거나 위협할 수 있는 요소들을 범죄로 간주하면

21) http://www.standards.dfes.gov.uk/ethnicminorities/raising_achievement/763611/
http://www.pcs.org.uk/en/equality/race_equality_toolkit/race_relations_amendment_act_2000.cfm

서 법적인 범위에 포함시키는 것이다.[22]

2) 교육정책

영국 다문화정책의 핵심은 교육정책에서 발휘되고 있다. 문화의 다양성과 평등을 존중하는 것을 전제로 다문화주의적 감성과 가치에 중점을 둔 커리큘럼이 국가적 차원에서 시행되었다 (김복래, 2009: 222). 이러한 다문화교육의 관점은 특히 1970년대 후반 소수민족[23] 아동교육에 대한 조사위원회가 설치되면서 1985년도에 완성된 스완 보고서(Swann Report)를 중심으로 확대되기 시작하였다. 모든 이들을 위한 교육(Education for All)을 기치로 한 스완 보고서에서는 영국이 다양한 문화를 갖는 것의 가치를 아이들에게 이해시키는 것이 중요하며 이를 위해 제도나 장소, 연령, 인종의 구분에 상관없는 모든 학교에 대한 다문화주의 교육시스템을 주장하였다 (Swann, 1985).

이후 정부의 적극적인 노력으로 영국 공립학교 내에 종교적, 문화적 다양성에 대한 교육이 이루어졌고, 무슬림 학생을 위한 급식마련, 히잡이나 터번 착용의 자유, 기도소 설치 등이 시행되었다. 이와 함께 교육에 있어 다양한 종파와 이민자 그룹의 의견이 반영될 수 있는 제도적 시스템을 구축하게 되었는데, 이를 위해 지역교육국(Local Education Authority: LEA)과 종교교육 상임위원회(Standing Advisory Committee on Religious Education: SACRE) 등이 설치되었다 (정희라, 11: Fetzer and Soper, 39).

다문화가정을 위해 고안된 제도는 아니지만 '슈어 스타트 프로그램(Sure Start Programme / Sure Start Children's Centres)' 라는 제도가 있다. 이 제도

---

22) http://www.guardian.co.uk/commentisfree/libertycentral/2008/dec/16/racial-religious-hatred-act

23) 영국의 정부 및 공식기구에서는 이민자(immigrants)라는 용어보다 소수인종(ethnic minority)라는 용어를 주로 이용한다. 따라서 이와 관련한 교육 영역에 있어서도 다문화교육(multicultural education)이라는 용어보다는 소수인종 성취도(ethnic minority achievement/attainment)라는 용어가 더욱 보편적으로 사용되고 있다. 교육과학기술부, '다문화교육정책 국제 비교연구', p.133.

는 가족 지원, 건강, 육아 및 조기교육을 통하여 아이들을 양육함으로써 모든 아이들이 자신의 인생을 최적의 상태로 출발할 수 있도록 돕는 정책지원 프로그램이다.[24] 이 프로그램은 다문화정책의 일환으로 시행되는 프로그램은 아니지만, 저소득층을 위한 교육 복지 프로그램이라는 점에서 상대적으로 소득이 낮은 다문화 구성원들이 이 제도의 혜택을 받고 있다.[25] 1997년 시작하여 2003년 당시 전국에 524개소의 Sure Start Children's Centres 운영하던 정부는, 2010년 말까지 전국적으로 3,500개소의 운영소를 목표로 증강사업을 벌이면서, 이민가족의 정착과 사회 적응을 돕는데 큰 일조를 하고 있다. Sure Start Children's Centres의 주요 사업내용은 종일탁아 제공과 더불어 양질의 조기 교육을 제공하며,[26] 학습능력을 개발할 수 있는 교사인력을 투입하는 동시에 출산서비스를 포함한 가족 건강도우미 역할을 한다. 또한, 부모 봉사활동, 가족지원 서비스 및 부모, 자녀간의 유대관계 강화를 위해 특별한 도움을 지원하기도 한다.

'소수민족 성취도 장학금(Ethnic Minority Achievement Grant)'은 이민자 자녀들이 원활한 영어 학습을 통해 언어습득을 장려하는 목적으로 지방정부가 고안한 기금이다. 이 장학제도는 신영연방국가로부터 이민 온 학생들의 욕구를 충족시킬 목적으로 만들어진 1966년 지방정부법안, Section 11에 그 기반을 두고 있다.[27] 기금의 주요 목적은 학업성취도가 떨어지는 소수민족 학생의 학업 성취도를 고취시키고, 영어가 목적인 학생과 난민 아이들의 특수한 욕구를 충족시키는 데에 있다. 하지만 불명확한 장학선정 기준과 이민인구의 급격한 증가로 인해 수요에 비해 장학기금이 충분하게 대응하지 못하고 있다. 이 기금은 2011년에 재정비 될 예정이다.

영국 정부는 주류 백인 학생들에 비해 상대적으로 학업성취도가 떨어지는 이민자 자녀들은 단순한 지능의 문제가 아닌 사회·경제적인 약점이 그들의 학업 성취도와 직결된다는 판단하고 있다. 아울러, 이민자 자녀들의 미약한

24) http://www.dcsf.gov.uk/everychildmatters/earlyyears/surestart/whatsurestartdoes/
25) Ibid, p.133.
26) 최소 하루 10시간, 주 5일, 연 48주 제공하고 있다.
27) http://multiverse.ac.uk/viewarticle2.aspx?contentId=291

학업성취도는 경제적인 연관성뿐만 아니라, 영국이 가지고 있는 교육시스템의 부적절함과도 관계가 있는 복합적인 문제라고 보고 있다. 따라서 영국 정부는 지난 20년 동안 성공한 학교 모델의 분석을 통하여, 성공에 필요한 핵심 요인을 파악하여 영국에 산재해 있는 많은 소수민족 학생들의 학업성취도를 향상시키는데 활용하고 있다. 한 예로, 2004년 영국 교육기술부(Department For Education and Skills)는 각 학교의 다문화가정 학생들의 학업성취도를 올리기 위한 방안으로 '더 높은 목표를 향하여(Aiming High: Understanding the Educational Needs of Minority Ethnic Pupils in Mainly White Schools)' 란 가이드북을 발간하여 각 학교에 배포하였다. 가이드북에서 지적하는 내용은 교사들의 강한 리더십과 학생들의 강한 동기가 우선되어야 하며, 학습에서의 효과적인 전달과 습득, 그리고 부모의 참관이 필수적인 요소라고 밝히고 있다. 이를 통하여 교사와 이민자 학생 간의 강한 유대감을 형성하여 높은 시너지 효과를 노림으로써 궁극적으로 학업성취도의 기준점을 상회하도록 만드는 것이다.[28]

3) 이민정책

영국 정부의 이민정책은 기존의 역사적 경험과 축적된 정책적 노하우를 기반으로 하여 해외 이민자의 대규모 영국 이민과 입국을 통제하는 방향으로 진행되어 왔다. 구영연방체재가 막을 내리고 식민지 국가들에게 자치권을 부여하는 방식으로 대다수의 영연방국가는 독립하였지만, 영국은 국제사회에서의 기득권 유지를 위해 새로운 영연방체재를 구축하였다. 신영연방체재로 불리는 이 체제의 배경에는 1962년도에 제정된 '연방이민법 1962(Commonwealth Immigrants Act 1962)' 이 밑바탕이 되고 있다. 아시아와 아프리카 대륙의 탈식민지화는 영국으로의 대규모 이민 유입을 알리는 신호였으며, 식민지 국민들의 본국 이주에 대한 아무런 법적 제약이 없는 기존의 이민법으로는 이민자의 대규모 영국 유입을 막을 수

28) Department for Education and Skill, 'Aiming High: Raising the Achievement of Minority Ethnic Pupils,' department for education and skills, 2003.

없었다. 이러한 문제를 해결하기 위해 '연방이민법 1962' 를 제정하고 영국 입국 시 필요한 여권의 발급을 제한하는 방법으로 이민자의 수를 줄여 나갔다. '연방이민법 1968' 은 영국을 자유롭게 드나들 수 있는 영국 시민권자와 영국과 긴밀한 관계에 있는 국가의 시민들과 그렇지 못한 국가들을 명확히 구분하였다.

이러한 배경에서 탄생한 '이민법 1971(Immigration Act 1971)' 에서는 '거주권(right of abode)' 이라는 개념이 새로이 등장하였다. '거주권' 이란 배우자, 부모 등이 영국에 관계가 있는 경우에 한해서 거주권을 내주는 일종의 제한적 거주 권리로서 이민 법령을 통해서 그 기준이 설정된다. 몇 가지 예로, 영국에서 태어나거나, 입양되거나, 행정적 등록이 되어야만 영국 시민이 될 수 있고, 5년간 거주 후 다른 이민법적 제재를 받지 않아야 하는 등, 매우 엄격한 기준을 내세워 이민자의 유입을 통제하였다. 하지만 이러한 법률 또한 일시적인 미봉책에 불과하다는 한계가 나타나면서 법을 새로이 개정하게 되었고, 그 결과 '영국국적법 1981(the British Nationality Act, 1981)' 이 탄생하게 된다.

'영국국적법' 은 기존의 영국 시민권 자격을 의미하는 'United Kingdom and Colonies' 을 수정 · 확대하여 등급에 따른 새로운 시민권 자격을 재정하였다. 새로운 시민권 자격은 'British Citizenship', 'British Dependent Territories Citizenship', 그리고 'British Overseas Citizenship' 의 3등급으로 구분하였다. 새로운 시민권 자격의 특징으로는 '국적의 계승' 이라는 새로운 개념이 적용되었다. 영국 본토 외에 거주하는 영국 국적을 가진 사람들이 자신의 국적이 후대로 계승되지 않게 함으로써, 1대에서만 시민권의 효력이 살아 있음을 의미한다. 2002년에 제정된 '영국해외영토법(British Overseas Territories Act 2002)' 은 영국국적법을 부분적으로 대체하는 법률이며, 영국국적법에서 정의해 놓은 시민권 범위에 대한 유사성을 만들어 냄으로써 그 취지의 모호성이 나타났다. 이후 '국적 · 이민 · 망명법(Nationality, Immigration and Asylum Act 2002)' 을 통해 영국 국적을 얻으려는 사람을 위한 자격시험을 도입하게 되는 기반을 만들었다.[29]

---

29) http://en.wikipedia.org/wiki/Nationality,_Immigration_and_Asylum_Act_2002

Ⅳ. 영국 다문화정책의 변화 및 최근의 이슈

2006년 조사에 의하면 영국의 국민은 약 6,000만 명이며, 백인은 전체인구의 91.2% 아시아 및 아프리카, 혼혈족이 나머지를 차지하고 있는 것으로 나타났다. 수치상으로는 대부분의 인구 비율에 백인들의 분포가 높기 때문에 문제가 되지 않을 것이라고 생각하기 쉽다. 그러나 서구 사회가 가진 공통적인 특징과 맞물리는 영국 사회의 문제는 고령화가 급속도로 진행되고 있다는 점이다. 이에 반해, 소수민족 젊은이의 비율은 상대적으로 높으면서도 그들의 증가 속도가 영국 백인보다 5배 이상을 웃돌고 있다. 또한 정책적, 교육적 혜택을 받은 이민 1.5세와 2세들은 높은 학력을 바탕으로 사회 요직에 진출하고 있다. 실제적으로 영국 내 소수민족의 비율이 9%가 채 안 되나 백인들이 느끼고 있는 체감 비율을 30% 정도임을 감안한다면, 영국 내 백인이 느끼고 있는 위기감은 정체성의 약화로까지 비화될 수 있는 상황이다. 또한 외국인 범죄가 외국인 인구 절대 수 증가에 비례하여 증가함으로써, 영국 내의 인종문제는 단순한 한 영역에 국한 된 것이 아니라, 심각한 사회 현상으로 받아들이고 있다.

영국의 다문화정책은 역사적인 전통성을 토대로 이루어진 모범적인 정책으로 비교적 성공적인 다문화사회를 구축했다는 평가를 받고 있다. 영국의 다문화사회 통합정책은 급속히 다문화사회로 이동하고 있는 한국 사회가 대안적 모델로 연구해 볼 만한 가치가 있는 것은 분명하다. 전통적으로 영국은 자유방임주의(laisser-faire)에 기반하여 이주민들에 대해서도 자유방임적 태도를 견지해 왔다. 실제 많은 영국인들에게 영국인이 된다는 것은 자기 일에 몰두하며, 가급적 다른 사람의 일에 개의치 않는 다는 것을 의미하는 것으로 인식된다 (김복래, 2009: 214). 그러나 최근 이러한 영국 다문화정책의 핵심가치들을 흔들고 있는 일련의 사건들의 발생은 향후 정책적 지향점에 대한 논쟁을 격화시키고 있다.

2005년에 런던에서 터진 한 발의 폭발음은 영국 시민에게 두 번의 충격을 가져다 주었다. 더 이상 영국도 테러의 안전지대가 아니라는 것이 그 첫 번째이며, 두 번째로는 그 동안 영국이 심혈을 기울여 구축해 오던 다인종 · 다문화와의 공존이 단지 허상에 불과했다는 것을 확인한 사건이었다. 폭탄 테러의 범인은 이민 1세대도 아니며, 철저하게 영국식 가치관과 문화 속에서 영국식 교육을 받고 자란, 즉 영국 다문화정책의 산물인 무슬림계 소수민족 청년이었기 때문이다. 소수민족인의 테러사건은 영국이 그 동안 쌓아왔던 다문화사회에 대한 자부심과 믿음을 한 순간에 무너뜨리는 사건 이였으며, 영국 주류사회와 소수민족 사이에서 완충제 역할을 하던 다문화정책의 기능을 의심하게 하는 사건이었다. 이 사건을 통하여 영국 국민들과 정부 관계자들은 경악과 공포에 휩싸이게 되면서 정책적으로 억눌려져 있었던 영국 사회의 소수민족에 대한 적대감이 조금씩 머리를 들기 시작하였다. 소수민족들은 당시 테러 사건이 백인 극우 세력을 자극함은 물론, 영국 사회 전체에 외국인혐오증(Xenophobia)을 불러일으킬 가능성에 대해 우려했다. 실제로 당시, 소수민족들에 대한 보복 행위로 인하여 무슬림 사원의 방화와 파키스탄인 한 명이 구타사고로 숨지는 일이 발생하였다.

2005년 테러 사건을 계기로 현재 영국에서는 다문화정책의 타당성과 효용성에 대한 논의가 점화되고 있다. 다문화 논쟁은 영국 사회를 극단적인 분열로 밀어 넣을 수도 있다는 가능성마저 제기되고 있다. 특히, 이민자 통합에 대한 극단적 회의감이 증가하고 다문화주의 정책이 인종차별에 효과적으로 대응하지 못할 뿐 아니라 '영국적 특성(Britishness)' 마저 약화시킨다는 비판에 직면하고 있다 (정희라, 8). 문화주의 정책은 영국시민이 공통적으로 간직해야 할 귀속에 관한 공통인식(a common sense of belonging)의 창출에는 한계를 지니고 있다는 비판 또한 강화되고 있다.

이러한 논의의 중심에 인종평등위원회(Commission of Racial Equalities)가 있다. 위원회는 '다문화주의가 다양한 문화의 공존에는 기여했으나 영국 시민의 공통성인 귀속에 관한 공통인식(common sense of belonging)의 창출에는 한계를 가진다' 라고 지적하고 있다. 아울러 다문화정책이 지니고 있는 한계를 극복해 줄 대안으로서 '통합정책(integration policy)' 을 제시하고 있다. 하지만, 통합정책은 프랑스나 미국의 '동화정책' 과는 명확한 차이가 있음을 강조하고 있다. 다시 말해, '통합정책은 동화정책과는 달리 기존 공동체의 이주민에 의한 변화의 수용과 통합된 사회로의 진전을 위해 이주민의 변화도 동시에 진행한다는 점' 을 위원회는 강조하고 있다(김용찬, 2008: 103).

영국 다문화정책 변화의 상징적 사건으로 이주 및 귀화 정책과 관련하여 2002년 '시민권 시험' 과 '시민권 의식' 의 법안이 통과되어 2005년부터는 영국으로 귀화를 희망하는 모든 요구자들은 '영어자격증' 과 '영국에서의 생활(Life in the UK)' 시험을 통과하도록 요구되고 있다. 교육 부문에서도 다문화주의 커리큘럼 못지않게 영국의 핵심적 가치, 영국 역사와 시민적 가치 등을 보다 강화할 것을 요구하고 있다.

2005년 무슬림 청년에 의한 런던 자살버스 테러 사건은 영국의 자유방임적인 전통 아래 수행되어 오던 다문화정책 기조에 일정 부분의 변화를 요구하고 있다. 이러한 요구에 대응하기 위해 영국은 다문화주의에 기반을 둔 '통합정책' 을 새로운 대안으로 제시하고 있다. 이러한 현상에 대해 김용찬은 다문화주의 정책과 동화정책의 '수렴경향' 으로 분석하고 있다. 다시 말해, 소수민족들의 문화적 다양성을 인정하는 다문화주의를 근간으로 유지하면서, 이주민들과 소수민족들이 영국의 주요 가치들을 수용하고 적응할 수 있도록 하는 동화정책이 영국 소수민족·이주민 통합정책에 수렴되고 있음을 의미하는 것이다(김용찬, 2008).

제2차 세계대전 이후 영국의 이민족 유입은 양적 확대는 이루었지만, 질적 확대를 이루는 데는 실패하였다. 해외 이민자 동화정책의 실패로 이민자들의 다양성을 인정하는 형태인 다문화사회로의 진화를 거듭하였다. 다양성은 획일성을 거부하는 가운데 이루어지는 결과물임에도 불구하고, 다양성에 획일화된 잣대를 들이대었다는데 그 문제가 있다. 영국의 철학자인 조너선 색스는 자신의 저서 '사회의 재창조' 에서 양적으로 확대된 다문화사회의 종말을 고하고 있다.[30] 그의 따르면 영국은 처음부터 통합이 아닌 분리를 통한 다문화를 이루었기 때문에, 긍정적으로 보이는 다문화가 오히려 부정적인 결과로 나타난다는 것이다. 그는 세 가지의 비유를 들며 다문화의 문제점을 지적하고 있다. 첫째 '시골별장으로서의 사회' 이다. 이는 외부인과 내부인에 대한 명확한 기준이 있기 때문에, 손님은 결코 집주인이 될 수 없음을 역설한다. 즉, 소수민족은 손님이기 때문에 노력 여하에 관계없이 집주인인 영국 시민이 될 수 없다는 것이다. 둘째는 '호텔로서의 사회' 이다. 여기는 손님과 주인의 명확한 기준이 없다. 들어와서 투숙을 하면 누구나가 손님이 될 수는 있지만, 이곳에서는 주인이 없기 때문에 정체성의 결여가 나타난다. 너도 아니고 나도 아닌, 지금 영국 사회의 모습을 반영하고 있다. 초기 다문화사회에서는 손님의 동화를 권유하였지만, 지금은 모든 소수민족의 다양성을 존중하면서 누구나가 손님인 호텔이 되어버린 형국이다. 이곳에는 책임감도 존재하지 않는다. 사회분열을 책임질 수 있는 사람이 없다는 데에 지금의 다문화사회의 실패 이유가 있다는 것이다. 마지막으로는 '우리가 함께 만들어가는 고향으로서의 사회' 이다. 새로운 패러다임을 통하여, 직접 사회의 일원이 되는 과정 속에서 소속감을 키워서, 사회 자체에 기댄 다문화가 아닌 함께 만들어가는 믿음과 소통이 뼈대가 되는 인간중심적 다문화사회가 이룩되어야 한다고 강변하고 있다.

30) 조너선 색스, "머리말", 「사회의 재창조」, 말글빛냄, 2009.

V. 시사점 및 결론

1 한국 다문화사회의 현상과 특징

교통 통신의 발달과 세계화의 진전으로 인해 국가 간의 이동 장벽이 낮아지면서 국제적 인적 교류가 활발하게 일어나고 있다. 다문화사회가 보편화되어 있는 서유럽국가의 경우 이러한 현상은 더욱 두드러진다. 특히, 독일과 영국의 국제적 인적 교류는 1998년 각각 104%, 130%에서 2007년도에서는 115%와 160%로 증가하였다. 다문화사회로 인한 심각한 사회적 갈등 양상이 드러내고 있음에도 불구하고,[31] 이들 국가들은 지난 10년간 지속적이며 활발하게 국제적 인적 교류를 증대시키고 있다. 국제적 인적 교류가 다문화사회의 척도를 나타내는 것은 아니지만, 다문화사회로의 진입 정도를 알리는 시금석으로서 충분한 가치를 지니고 있다.

한국의 국제 인적 교류는 1990년대 후반부터 두드러지는 증가세를 보이고 있으며, OECD 회원국 중에서도 높은 수준의 증가율을 보이고 있다. 이는 많은 이민자의 유입과 이민자 가족의 교류를 반증하는 지표로 볼 수 있다.

외국인 유학생 수의 급격한 증가도 국내 외국인 체류 증가에 커다란 몫을 차지하고 있다. 이들 외국인 유학생들은 학업을 마치고 자국으로 복귀하는 경우가 아직은 많으나, 국내 기업에 취업을 하거나, 내국인과의 혼인을 통해서 국내에 체류하는 경우도 점점 증가하는 추세이다. 현재 국내에 머물고 있는

31) 2005년 각각 영국에는 다문화정책의 수혜자인 무슬림 2세의 버스 테러, 프랑스의 2005년 파리와 마르세이유에서 이민자 폭동이 발생하여 다문화정책의 '구멍'이 드러났다. 또한 네덜란드에서는 지난 해 2009년에 이슬람 근본주의를 비판하는 영화감독이 피살되었고, 특히, 전형적인 다민족국가인 미국의 경우 표면적으로 들어나는 흑백갈등으로 인한 폭등은 미국 사회가 지니고 있는 고질적인 문제로써, 1992년 '로드니 킹 사건'으로 촉발된 LA폭동 사건은 미국 사회가 가지는 오류를 명백히 드러낸 사건으로 사망자 55명, 부상자 2,383명, 체포된자 13,379명이고 피해액이 7억 1,700만 달러에 이르는 사회적 자본 손실을 입혔다.

<그림 4-3> 국제 인적 교류 추이

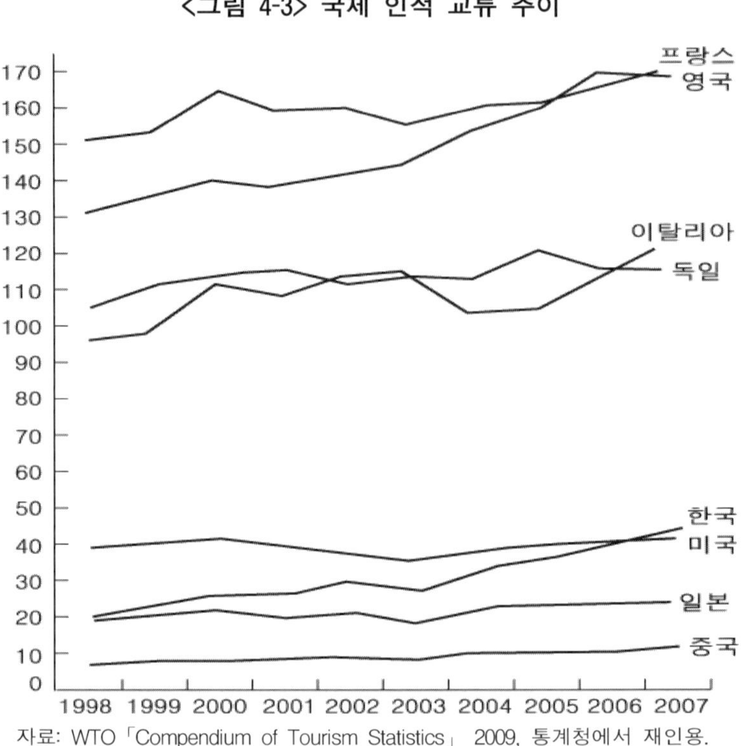

자료: WTO「Compendium of Tourism Statistics」 2009, 통계청에서 재인용.

외국인 유학생 수는 2003년 9,700명, 2009년 8만 2,000명으로 해마다 크게 증가하고 있다. 이 중 학위 과정생만 해도 2008년 현재 4만 명에 이르고 있다. 아울러, 해외에서 한국어 시험을 보려 하는 학생 수도 1997년 2,000명에서 2009년에는 18만 명으로 10년간 거의 100배의 증가율을 보이고 있다. 국내 해외 유학생 수의 증가는 지난 60여 년간의 고도경제성장과 한국 사회가 고도화되고, 한국의 대중문화가 전 세계적으로 확산되고 있는 것과 무관하지 않을 것이다.

저출산 · 고령화로 인한 국내 노동인력의 감소는 외국인 노동자의 증가로 나타나게 되었으며, 이는 국내 이주 근로자 집단의 형성으로 한국이 다문화사회로 이동하는데 가장 주요한 원인이 되고 있다. 1990년대 말 국내에 불어닥친 외환위기의 한파는 중소기업의 자금난을 가지고 오면서 조금 더 값싼 노동력을 원하게 되면서 급속도로 많은 개도국의 노동자들이 한국의 노동시장을 점유하기 시작하였다.

2008년 기준으로 외국인 체류자의 절반에 조금 미치지 못하는 47%가 근로의 목적으로 한국에 머물고 있으며, 결혼과 유학생은 각각 10%와 6%에 달하는 것에 비교하면 다문화사회 형성에 있어서 외국인 근로자는 상당히 큰 영향을 끼치고 있음을 알 수 있다. 또한 법무부의 출입국외국인정책 통계월보 2010년 상반기 자료에 따르면, 2010년도 상반기 국내 체류 외국인 수가 120만 명을 첫 돌파하였으며, 이는 2009년 대비 4.6% 증가한 것이다.

외국인과의 혼인은 3만 3천 건으로 2005년 이후 계속 감수하여 기울기가 완만한 경사를 이루지만, 누적 인구는 지속적으로 증가하고 있는 추세이며, 2005년도 이후로 약 400만 건의 국제결혼이 성사되어, 혼인 중 차지하는 비

<그림 4-4> 외국 유학생 추이

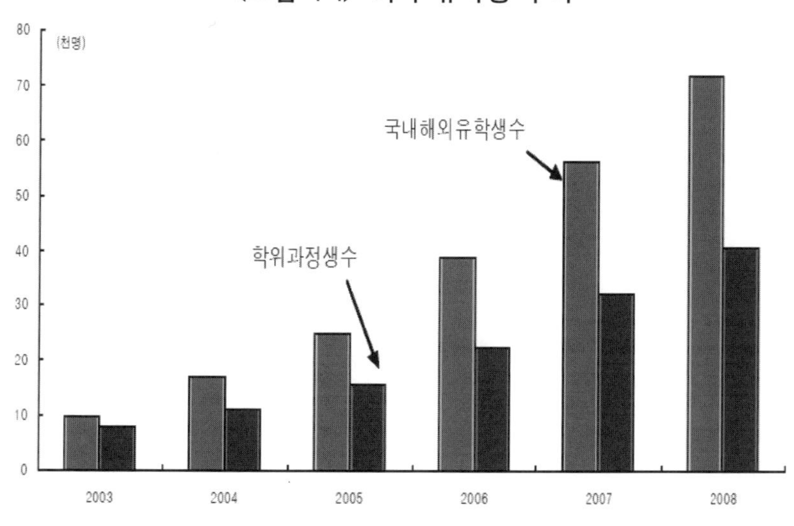

<표 4-14> 체류외국인 연도별 증감현황

(해당연도 12월말 기준, 단위 명)

구 분	2005	2006	2007	2008	2009	2010. 6월
인 원	747,467	910,149	1,066,273	1,158,866	1,168,477	1,208,544
증감률		21.8%	17.2%	8.7%	0.8%	4.6%

율은 대략 11% 정도였다. 이러한 국제결혼의 급증은 다문화 가정의 자녀수와 직결되기 때문에, 이러한 수치가 지속된다고 가정하였을 때 향후 15~20년 후에는 4가구당 1가구가 혼혈자녀를 가진 다문화가정이 될 것으로 전망되고 있다.

<표 4-15> 취업자격 체류외국인 현황

(2010년 6월 말 현재, 단위 명)

구 분	총 체류자	합법체류자	불법체류자
총 계	556,948	503,931	53,017
전문인력	43,546	40,900	2,646
단순기능인력	513,402	463,031	50,371

<그림 4-5> 연간 혼인 건수

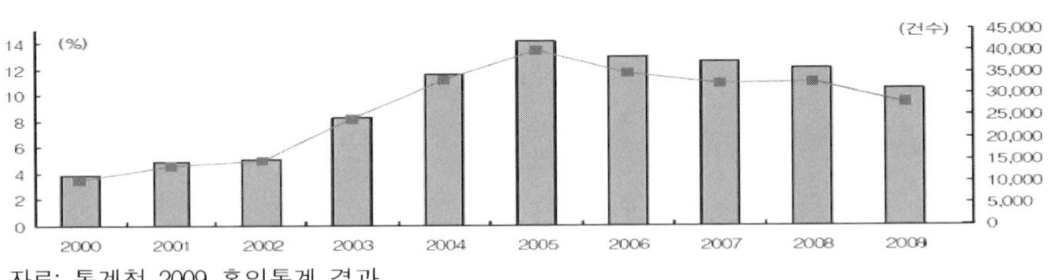

자료: 통계청 2009 혼인통계 결과.

<그림 4-6> 연간 이혼 건수

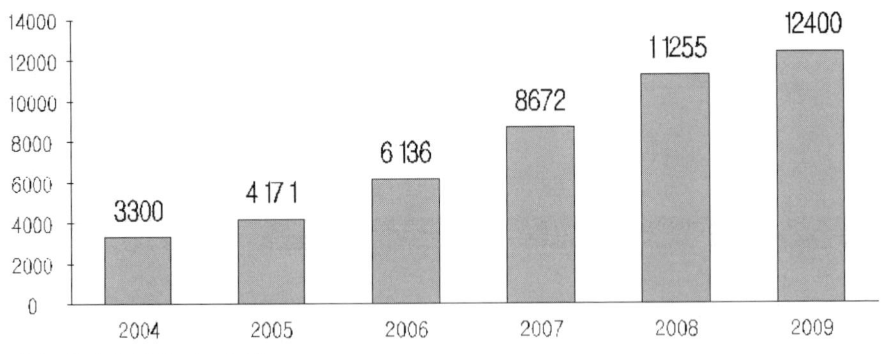

자료: 통계청 2009 이혼통계.

이러한 국제결혼의 급증과 더불어 문화적 차이에서 오는 갈등과 농어촌 등 저소득 계층으로 흡수된 소수이주민들 간의 경제적 불균형에서 오는 갈등으로 인하여 이혼 또한 급증하고 있는 추세이다. 2004년에 약 3,000건이던 이혼 건수가 2009년에는 약 4배 가까이 불어난 약 11,000건이 접수되었다. 경기불황으로 인하여 해마다 조금씩 결혼 건수는 낮아지는 반면에, 이혼 건수는 6년째 증가하고 있다.

이렇듯, 한국에서의 다문화 가정은 1990년대에 시작되어 지금까지 꾸준한 성장세를 이어오면서 여러 문제점을 양산해 왔지만, 사회는 그에 합당한 대응책을 준비해 오지 못한 것이 사실이다. 국내 일반가정과 다르게 다문화가정의 취약점은 단순한 문화적 갈등 차원을 넘어, 교육, 문화, 사회, 다방면에서 여러 문제들이 발생하고 있다. 실제로 행정 안전부 조사결과에 따르면 2007년 다문화가정의 상급학교 미 취학율은 24.5%이며, 이는 다시 학급별로 초등학교 15.4% 중학교 39.7%, 고등학교 69.6%로 일반가정에 비해 각각 22배, 10배, 8배로 심각한 교육문제를 떠안고 있는 실정이다.[32] 결국 교육에 대한 열세는 경

<표 4-16> 외국 문화 개방도 순위 및 이민법 항목 순위 비교

2009년 외국 문화개방도 항목 순위			2009년 이민법 항목 순위		
순 위	국 가	지 수	순 위	국 가	지 수
1	네덜란드	8.38	1	네덜란드	7.95
2	홍 콩	8.30	2	홍 콩	7.66
3	아일랜드	7.90	3	아일랜드	7.90
10	필리핀	7.68	10	필리핀	6.78
33	미 국	6.67	47	미 국	6.67
45	일 본	5.89	50	일 본	4.46
56	한 국	4.96	57	한 국	3.68

자료: IMD, World Competitiveness Yearbook, 2009.

32) 곽만근, '다문화 가정의 실태와 문제점 1', http://blog.naver.com/2340849?Redirect=Log&logNo=91134043.

제적인 원인을 기본으로 하고 있으며, 일반가정과 다르게 높은 이혼율로 인한 가정의 붕괴 또한 이러한 교육적 열세를 부추기는 또 다른 요인이다. 다문화 가구에 대한 관심을 가지지 않는다면 지속적인 붕괴는 가속화되면서 더욱 큰 사회적 파장으로 확대되어 종국에서는 걷잡을 수 없는 사회적 문제로 발현될 수 있다. 이토록 많은 외국인들이 한국 내에 상주, 생활, 근로를 하고 있음에도 불구하고 낮은 외국 문화 개방도 항목 순위는 한국이 다문화사회로의 진입을 막고 있다.

IMD가 발표한 '세계경쟁력 보고서'에는 세계 57개국 조사대상국 중에서 최하위권인 56위에 한국을 올려 두었으며, 이민 문호도에 대한 이민법 항목에서도 57위의 최하위로 나타내었다. 이는 아직 한국의 다문화 여건이 현저하게 낮다고 판단하고 있는 중요한 자료이며, 시급한 환경 변화가 필요함을 의미한다.

한국 내 다문화사회의 성립 배경은 상기 서술한 내용과 같이 국내 경제규모의 확대로 인한 문화개방, 국제적 경제, 문화, 학문 교류의 증가, 저출산·고령사회에 따른 외국 노동인력 수용에 따른 결과라고 볼 수 있다. 한국이 다문화사회로서의 양적인 면모는 갖추었으나, 성숙한 다문화사회로 진입하기 위한 제도적·사회적인 기반은 아직 상당히 미흡한 실정이다.

외국인과 유학생이 급증하고 이주근로자들은 집단을 형성해 지역 슬럼화를 만들고 있으며, 낮은 외국인 고용률로 인한 내적 흡수가 아직 이루어지지 않고 있다. 또한 외국문화의 대한 개방도가 최하위 순위를 기록하는 등 타문화에 대한 배척도가 상당히 높기 때문에 내국인들과 이주민들과의 융합을 꾀하기가 쉽지 않은 것이 현실이다.

실제로 다문화에 대한 내·외국인 갈등으로 발생하는 사회문제는 지속적으로 증가하는 추세이며, 실례로 외국인 범죄율이 2009년 말 기준으로 5년 사이에 3배 가까이 늘어난 것으로 집계되고 있다. 외국인 범죄율의 증가와 외국인 거주 집단의 슬럼화 등으로 인해 외국인들에 대한 국내인들의 편견 및 불만 누적이 외국인들을 향해 분출될 가능성이 증대되고 있다. 현재 온라인상에는 다문화정책을 반대하는 카페가 등장하는 등 외국인 혐오 사이트 급증하고 추세이다. 외국인 범죄에 대해서 정부는 3단계에 걸쳐서 외국인 지문 확인 시스템 대응책을 마련 중이지만 2011년 12월까지 완료되는 이 제도가 얼마만큼 실효성을 가지고 올지는 미지수이다.

2 영국 사례가 주는 시사점과 한국적 다문화사회 구축을 위한 제안

영국의 다문화정책은 자유방임적 견해를 바탕으로 이민자 규제정책과 사회통합 정책을 비교적 성공적으로 조율하고 균형을 맞추고 있다는 평가를 받고 있다. 그러나 한편으로 최근 런던 테러 등 극단적 사건들의 발생으로 인해 지금까지의 문화적 다원화를 추구하던 기존의 다문화정책에 대한 회의가 일면서 점차 보수적이고 영국적 가치를 강화하는 측면으로 정책의 방향이 선회되고 있다. 이민자들과 소수민족들의 다양성을 인정하는 다문화정책에서 그들이 영국적 가치를 수용할 것을 요구하는 '동화정책' 또는 통합정책' 으로 이동하고 있다는 것은 한국에게 많은 시사점을 제공하고 있다.

수천 년간 단일민족 단일문화에 익숙해 온 한국 사회는 오랜 다문화 전통을 가지고 있는 영국에 비해 다문화사회에 대한 문화적 · 사회적 · 제도적 인프라가 상당히 취약하다고 할 수 있다. 달리 말해, 한국 사회가 다문화사회로의 성공적인 이행과 사회통합을 이루기 위해서는 그만큼 어렵고 험난한 과정을 거쳐야 한다는 의미이기도 하다. 다문화 사회통합을 위해 지난 수백 년간 추진해왔던 영국의 성공과 실패의 정책 사례들을 통해 향후 한국 사회가 지향해야 할 정책적 방향들을 제안해 보고자 한다.

1) 고급인력 유치를 위한 개방적이면서도 선별적 이민정책

현재 한국의 저출산 · 고령화 추세로 노동력 감소와 이를 대체하기 위한 외국 노동력의 수입은 불가피해 보인다. 향후 한국 이민정책의 핵심은 노동력 감소 부분을 외국인 수용으로 보충해서 현재의 경제규모와 인구규모를 유지하는 방향으로 진행될 가능성이 높다. 성공적인 이민정책을 위해서는 한국의 문화와 특수성을 반영한 「한국적 이민정책 모델」이 필요하다. 한국적 이민정책 모델은 단순히 외국의 노동인력을 수용하는 것에서 벗어나, 외국의 우수한 잠재 인력 확보와 한국에 정착한 이주민들을 한국의 유능한 인재로 육성하는 것이 핵심이 되어야 할 것이다.

최근 영국 이민정책 변화의 주요 특징은 영국의 사회 발전에 도움이 되는 고급 인력 수용에 중점을 두고 그들의 능력을 십분 활용하면서 그만큼의 제도적 뒷받침을 해주는 데에 주안점을 두고 있다 (최동주, 2009 : 130). 즉, 투자 이민이나 선별적인 취업 이민 등 영국의 경제사회 발전에 도움이 될 수 있는 고급 인력의 유치를 적극적으로 추진하고 있다. 까다로운 과정을 통해 선별된 해외 이민자들은 일정 기간을 거쳐 영주권이나 시민권을 얻게 되며, 영국 정부가 제공하는 각종 의료, 교육 등 사회복지의 혜택을 차등 없이 누릴 수 있게 된다.

따라서 한국의 향후 이민정책은 고등교육을 받은 해외 고급인력의 유치와 함께 국내에 거주하고 있는 잠재적 고급인력을 육성하는 '육성형 이민정책' 도 병행할 필요가 있다. 육성형 이민정책의 성공 여부는 세계의 젊은 인재들을 한국의 교육 기관에 유치하고, 우수인재를 길러 낼 수 있는 것인가 아닌가에 달려 있다. 예를 들어, 출생률 감소로 정원에 결원이 생기는 단기대학 · 대학 · 대학원을 활용하고, 전문지식이나 첨단기술을 습득하는 외국인재를 육성 · 지원하는 방안을 모색해 볼 수 있다. 또한 국내 대학의 국제적 경쟁력 강화와 유학생에 대한 장학금제도의 충실, 학생 기숙사의 건설 등의 지원책을 확충하는 동시에, 유학생에게 대한 취직 지원도 정부가 적극적으로 고려해 볼 수 있는 사안이다. 특히, 출생률 감소 · 고령화의 진행에 따른 인력 부족이 심각하게 예상되는 간호 · 간병 복지 분야의 외국인 간호사 · 외국인 간병인 확보 및 직업교육훈련을 확충할 필요가 있다. 출생률 감소로 정원수가 줄고 있는 간호전문학교 및 간병인양성학교를 활용하고, '외국 인재 양성과정' 을 마련하여, 한국어를 비롯한 전문지식 교육을 제공한다. 이와 더불어 '외국 인재 양성 과정' 수료자에 대해서는, 병원이나 간병 시설에서 1년간의 실기연수를 받는 기회 부여하는 방안도 생각해 볼 수 있다. 전문적 인력 부족이 심각히 예상되는 타 분야에서도 이와 같은 방법으로 외국 인재에 대한 기술이나 기능을 교육하고 공공기관에 고용 배치하는 방안이 강구되어야 할 것이다.

2) 언어 및 다문화교육 정책

영국은 이민자들이 영국 사회에 동질감을 느끼고 영국 사회의 구성원으로 살아간다는 공동체 인식 배양을 위해 다양한 교육, 언어, 및 프로그램을 개발하고 있다. 특히, 이주한 이민자들이 가장 먼저 맞닥뜨리게 되는 언어 장벽에 대해 각별한 신경을 쓰고 있다. 이민자 자녀들인 이주 청소년의 경우 학교에서 충분한 영어교육을 통하여 이민 1세대가 언어장벽으로 인해 사회에서 겪었던 문제들을 되풀이하여 겪지 않도록 학교마다 이주 청소년을 위한 영어수업을 진행하고 있다 (최동주, 2009 : 130).

영국의 사례에서 보는 바와 같이 다문화정책의 핵심은 언어정책이라고 해도 과언이 아니다. 이주민에게 언어의 장벽은 그들이 주류 사회로 편입을 하거나, 동화, 통합, 공존 등 어느 길을 택하더라도 넘어야 할 장벽이다. 언어의 실패로 귀결되는 외적 통합, 내적 배제는 다문화사회를 꿈꾸는 대부분의 국가에서 나타나는 공통분모이며, 단순해 보이지만, 결코 단순해질 수 없는 문제이다. 따라서 한국도 외국 이민자들에 대한 체계적인 한국어 교육을 통해 한국 사회의 구성원으로 거듭날 수 있도록 다양한 한국어 교육 프로그램의 개발이 필요하다. 외국 이민자가 한국어 구사가 자유롭게 가능하게 되면 한국에서의 진학과 취업이 가능하고, 내국인과의 소통 원활과 한국의 문화, 가치관, 사고방식을 이해하기에 용이하다. 이를 위해 한국어 어학당 및 한국 문화 센터를 전국적으로 확충하고, 자원봉사자들을 적극 활용하여 한국어와 한국문화에 대한 교육을 체계적으로 실시할 필요가 있다. 아울러, 한국으로의 이민을 희망하는 해외 주요 지역에 한국어 및 한국문화센터를 설치하고 한국어 교육 실시하는 방안도 모색해 볼 수 있다. 이를 위해서는 외국인 인재육성을 위한 공적개발원조 프로그램을 책정하고, 해외에 파견하는 한국어 교원의 양성, 한국어 교육용 교재의 개발 등의 사업 전개가 요구된다.

3) 국민 인식의 전환

영국은 오랜 전통의 이민 문화와 다문화전통을 유지해 오고 있지만, 이와 함께 유색인종에 대한 뿌리 깊은 인종 편견과 차별이 영국 사회에 존재하고 있다. 1965년의 인종관계법(Race Relation Act)의 제정 이래 영국은 제도적으로 영국에서 행해지고 있는 각종 인종차별을 금지하고 있다. 공공단체에서의 피부색, 인종, 출신국가에 대한 차별을 금지시켰으며, 공적 서비스, 고용 및 주거에 대해서도 공평한 기회의 제공을 보장하고 있다. 그러나 백인 주류 영국인의 의식 속에 뿌리 깊게 자리 잡고 있는 인종에 대한 편견과 차별까지 공권력으로 해결하기는 한계가 있다.

한국도 다문화사회의 성공적인 정착을 위해서는 인종·민족 차별을 방지할 수 있는 다양한 제도적 장치들이 고안되어야 할 것이다. 그러나 무엇보다도, 혈연과 단일민족을 강조하는 한국 특유의 외국인 배타적인 문화에 대한 이해와 이를 극복할 수 있는 방안과 함께 한국인과 타 민족이 서로의 입장을 서로 존중하는 국민적 인식의 전환이 필요하다. 시민의식의 전환은 다양한 홍보와 교육을 통해서 성취될 수 있을 것이다. 먼저 한국의 청소년들에게 바른 외국인관을 갖게 하는 것이 필요하다. 이를 위해 다문화사회를 교육을 위한 초중고교의 커리큘럼 개발 등 초중고에서 다문화교육 실시가 적극적으로 요구된다. 아울러 일반시민들에 대한 사회교육 강화와 외국인과의 문화 교류를 위한 커뮤니티 활동 장려 또한 필요하다. 추진 주체로는 정부(중앙, 지방)뿐만 아니라 민간단체, 학교, 기업 등 다양화할 필요가 있다. 다문화사회로의 성공적인 진입을 위해서는 다문화사회에 대응한 정치·경제·사회제도의 전반적인 개혁과 기반 정비는 물론, 다문화사회 대한 전 국민적인 인식 변화와 합의가 함께 수반되어야 할 것이다.

참고문헌

김미나. (2009). 다문화사회의 진행단계와 정책의 관점: 주요국과 한국의 다문화정책 비교연구. 「행정논총」. 47(4): 193-223.

원숙연 · 박진경. (2009). 다문화사회와 외국인정책에 대한 정향성 분석: 중앙정부 공무원의 인식을 중심으로. 「행정논총」. 47(3): 201-224.

김복래. (2009). 프랑스, 영국, 미국의 다문화주의에 대한 비교고찰: 삼국의 이민통합정책을 중심으로. 「유럽연구」. 27(1): 207-236.

김남국. (2004). 영국과 프랑스에서 정치와 종교: 루시디 사건과 헤드스카프 논쟁을 중심으로. 「국제정치논집」. 44(4): 341-362.

김용찬. (2007). 영국의 다문화주의 담론과 정책. 「민족연구」. 30: 144-158.

김용찬. (2008). 서유럽국가 이주민통합정책의 수렴경향에 관한 연구: 영국, 프랑스, 독일 사례 분석. 「대한정치학회보」. 16(1): 89-108.

최동주. (2009). 영국의 이민 관련 제도와 다문화사회통합을 위한 정책. 「다문화사회연구」. 2(1): 93-134.

원숙연. (2008). 다문화주의시대 소수자 정책의 차별적 포섭과 배제: 외국인대상 정책을 중심으로 한 탐색적 접근. 「한국행정학보」. 42(3): 29-49.

한승준. (2008). 프랑스 동화주의 다문화정책의 위기와 재편에 관한 연구. 「한국행정학보」. 42(3): 463-486.

정희라. (2007). 영국의 자유방임식 다문화주의: 영국적 전통과 이민자 통합. 「이화사학연구」. 35: 1-27.

Ballard, R. 1990. "Marriage and Kinship" in Clarke, C. Peach, C. and Vertovec, S. eds. South Asians Overseas Cambridge, Cambridge University Press.

Banting, K. 2005. "The multicultural welfare state: international experience and North American narratives" Social Policy and Administration, 39: 98-115.

Braham, P. Rattansi, A. and Skellington, R. eds. 1992 Racism and Antiracism. London, Sage.

Brighton, S. 2007. British Muslims, multiculturalism and UK foreign policy: "integration" and "cohesion" in and beyond the state. International Affairs, 83(1), 1-17.

Fetzer, J. S. and Soper, J. C. 1998. Muslims and the State in Britain, France, and Germany, New York: Palgrave.

Goldberg, D.T. 1993. Racist Culture. Oxford, Blackwell.

Iganski, P. and Payne G. 1999. "Socio-economic restructuring and employment: the case of minority ethnic groups" British Journal of Sociology, 50.

Joppke, C. 2004. The retreat of multiculturalism in the liberal state: theory and policy. The British Journal of Sociology, 55(2), 237-257.

Kettl, D. F. 2000. The global public management revolution: A report on the transformation of governance. Washington, DC: Brookings Institution.

Layton-Henry, Z. 1992. The Politics of Immigration. Oxford, Blackwell.

Modood, T. and Berthood R. 1997 Ethnic Minorities in Britain Diversities and Disadvantage, London: PSI.

ODPM. 2004. Tackling Social Exclusion: Taking Stock and Looking to the Future http://www.socialexclusionunit.gov.uk/downloaddoc.asp?id=13 page 17.

Parker-Jenkins, M, Hartas, D. and Barrie, A. 2005. In Good Faith: Schools, Religion and Public Funding Hampshire, Ashgate Press.

Pilkington, A. 1984. Race Relations in Britain Slough, OUP.

Ratcliffe, P. 1999. "Housing inequality and race: some critical reflections on the concept of 'social exclusion'" Ethnic and Racial Studies, 22.

Skellington R. and Morris, P. 1992. Race in Britain Today, London: Sage.

Spencer, S. 2001. UK Migration Policy. London: Institute for Policy Research.

Solomos, J and Back,L.1996. Racism and Society. London: Macmillan Press.

Solomos, J. Findlay, B. Jones, S and Gilroy, P. 1982. The organic crisis of British capitalism and race: the experience of the 70s, Centre for Contemporary

Cultural Studies.

Stalker, P. 2002. "Migration Trends and Migration Policy in Europe" International Migration Vol 40(5): 151–179.

Swann, L. 1985. Education for All: The Report of the Committee of Inquiry into the Eduation Children from Ethics Minority Groups. London: Cmnd 9453, HMSO.

제 3 장 영국의 자산기반 복지정책

신 동 면 (경희대학교)

Ⅰ. 서 론

일반적으로 자산이 없는 빈곤 가구는 아동의 장래를 위한 인적자원 개발에 투자하는 것이 어렵고, 가족의 미래를 새롭게 형성할 수 있는 기회가 박탈되어 있다. 그러므로 자산이 없는 빈곤 가구의 구성원들이 최저생계비 수준의 공공부조 급여 소득을 가지고 하루하루 생계를 유지할 수 있을지 몰라도 현재보다 발전된 미래를 꿈꾸기 어렵다. 공공부조를 수급하는 빈곤가구가 좀처럼 빈곤의 덫에서 빠져 나오지 못하는 주요 원인 중 하나는 자산 빈곤으로 인해 '미래를 위한 투자능력'이 결핍되어 있기 때문이다. 빈곤 가구가 가족의 보다 나은 미래를 위하여 투자할 수 있는 수준의 자산을 지니고 있어야 빈곤에서 벗어날 수 있을 것이다.

이러한 현실을 반영하여, 최근 서구 복지국가들에서 자산(asset)—주택과 토지를 포함한 부동산과 주식, 채권, 예금 등을 포함한 금융자산—이 사회정책 분야의 정책 의제로 새롭게 부상하고 있다. 미국을 필두로 영국, 캐나다, 호주, 뉴질랜드, 독일, 스웨덴 등에서 자산 형성을 지원하는 제도가 도입되었다(OECD, 2003). 제2차 세계대전 이후 서구 국가들이 복지국가의 발달 과정에서 가구의 소득 유지에 관심을 기울이고 자산 문제를 소홀히 다뤄 왔다는 것을 고려하면, 최근 들어서 등장하는 자산에 대한 관심과 자산 형성 지원 제도의 확산은 복지국가의 새로운 변화라고 할 수 있다.

그런데, 자산 형성 지원 제도를 도입한 여러 나라들 중에서 영국은 중앙정부가 자산 형성을 지원하기 위하여 보편주의 사업과 선별주의 사업을 전국적으로 동시에 실시하고 있다는 점에서 다른 국가들과 구분되는 독특한 사례로서 관심을 끈다. 2000년 노동당 정부는 'Helping People to Save' 백서에서, 모든 국민들이 독립된 삶을 향유하고, 예기치 못한 나쁜 일에 대처할 수 있는 경제 안정을 유지하고, 노후의 안정된 생활을 위해서 저축이 필요하다고 강조하였다. 그 이후, 2001년 4월, 블레어 총리는 'Saving and Assets for All' 백서에서 노동당 정부의 복지정책은 모든 국민을 대상으로 일자리와 숙련기술 습득의 기회를 제공하고, 소득을 유지하고, 공공서비스 질을 향상시키는 것을 중심으로 추진된다고 밝혔다. 그리고 복지정책의 세 영역—일자리와 교육훈련, 소득유지, 공공서비스—을 보완하기 위한 금융자산의 중요성을 강조하고, 복지정책의 네 번째 영역으로 저축 및 자산형성의 필요성을 주장하였다(HM Treasury, 2001a: 1).

저축 및 자산 형성을 촉진하기 위하여 노동당 정부는 두 개의 혁신적 사업, 즉 아동신탁금(Child Trust Fund: CTF)과 저축의 길(Saving Gateway: SG)을 도입하겠다고 밝혔다. 노동당 정부는 미래를 위한 투자를 역설하며 아동복지의 대대적 확충을 도모하였고, 그 핵심 사업으로 2005년에 CTF 를 보편주의 사업으로 전격 도입되었다. 그리고 근로능력이 있는 저소득 가구의 저축 및 자산 형성을 지원하기 위한 SG사업을 두 차례의 시범사업을 거친 후 2010년부터 선별주의 공공부조로 전국적으로 시행하게 되었다. 자산 형성 지원 사업으로 보편주의 사업과 선별주의 사업을 동시에 시행하고 있는 영국의 경험은 자산 형성 지원 제도의 도입을 고려하는 국가들에게 좋은 정책 사례가 될 수 있을 것이다.

이 논문에서는 영국의 자산 형성 지원 사업인 CTF와 SG사업의 제도적 특징을 분석하고, 시범사업의 성과를 살펴보고자 한다. 이러한 논의에 기초하여 우리나라에서 도입 가능한 자산 형성 제도에 대하여 논의한다. 이 논문에서는 먼저 자산 형성 지원에 관한 기존의 연구 성과들을 검토하여 자산기반 복지에 관한 서로 다른 두 관점을 제시하고자 한다. 그리고 이러한 두 가지 관점에 근거하여, 영국의 자산 형성 지원 사업인 CTF와 SG의 제도적 특징을 분석하고, 각각의 성격을 규명해 본다. 다음으로 영국의 자산 형성 지원 사업이 우리나라의 사회정책에 주는 시사점을 사회정책 방향과 관련하여 살펴보고, 자산 형성 지원 사업의 제도 설계를 보편주의 사업과 선별주의 사업으로 나누어 논의한다. 이 연구에서는 영국 정부가 발간한 정책자료(백서), 통계, 사업평가 자료와 자산 형성 지원을 다룬 기존 연구들을 중심으로 문헌연구를 진행한다.

II. 자산기반 복지에 관한 이론적 논의

자산 형성 지원 제도는 소득이전(income transfer)처럼 개인에게 제공되어 소비되는 자원의 이전에 관심을 두는 것이 아니라, 저축 또는 주택과 같이 개인이 소유한 자원의 축적에 관심을 둔다. 이는 한 사람이 소유한 자산이 개인의 안녕(well-being)에 중요한 영향을 미친다는 인식에서 비롯된다. 자산은 개인의 필요에 따라 소득으로 전환될 수 있기 때문에 소득과 자산은 가구 구성원의 효용을 창출하고, 소비를 유지하는 데 사용될 수 있다(OECD, 2003: 9).

자산 형성 지원을 목적으로 도입된 각국의 제도들을 살펴보면, 장기 저축 계좌를 개설하고 저축을 장려하기 위하여 정부가 저축액에 매칭하여 대응금(matching money)을 수급자에게 제공하는 방식이 가장 일반적이다(OECD, 2003; 이태진 외, 2005; 신동면, 2009). 그런데, 정부가 자산 형성을 위해 지원금을 제공하는 경우, 여러 가지 문제들이 제기될 수 있다. 자산 형성 지원 대상을 누구로 할지, 즉 전체 국민으로 할지 혹은 특정 집단에 속한 모든 사람으로 할지, 아니면 특정 집단에 속한 사람들 중에서도 일부만을 대상으로 할지, 다시 말해서, 보편주의와 선별주의는 자산 형성 지원 제도를 설계할 때 결정해야 할 사항이다. 또한, 자산 형성을 지원하기 위한 정부 지원금의 규모는 어느 정도로 할지, 그 재원은 어떻게 충당할 것인지 등의 문제도 쟁점이 될 수 있다. 이와 함께, 저축 계좌가 만기가 되었을 때 계좌 소유자가 저축액을 자유롭게 사용할 수 있도록 할지, 아니면 사용처를 특정 항목으로 제한할지 등도 자산 형성 지원 제도에서 중요하게 다루어져야 할 문제이다.

자산 형성 지원의 제도 설계 과정에서 부딪히는 이와 같은 문제들에 대하여 논자들마다 다른 대안을 제시할 수 있는데, 이는 사회정책 과정에서 자산을 어떻게 이해하는지에 따른 논리적 결과이다. Prabhakar(2009)에 따르면, 자산을 사회정책 의제로 다루어야 한다는 학자들의 주장은 사회정책(social policy) 관점과 시민권(citizenship) 관점으로 구분할 수 있다. 사회정책 관점에서 자산은 경제 · 사회적 발전을 촉진하기 위한 수단이라면, 시민권 관점에서 자산은 시민권을 구성하는 주요 요소라고 본다. 여기에서는 Prabhakar의 구분에 기초하여 자산에 대한 논의들을 검토한다.[1])

1) 이하에서 논의하는 자산 형성에 대한 사회정책 관점과 자산 형성에 대한 시민권 관점은 신동면(2009)의 216-220면에 나온 내용을 가져옴.

1 자산 형성에 대한 사회정책 관점

사회정책 관점에서 자산의 중요성을 강조하는 학자들은 자산-기반 복지(asset-based welfare)를 주장한다. 자산-기반 복지는 개인에게 자산 형성의 기회를 제공하여 개인행동을 변화시킴으로써 경제 · 사회적 발전을 촉진할 것을 목적으로 한다. 자산 형성을 통해 개인의 행동을 변화시킬 수 있다는 주장은 다시 두 가지 접근으로 나누어 볼 수 있다(Prabhakar, 2009: 56). 첫째, 개인이 자산을 형성하게 되면 기존 세계관에서 벗어나 새로운 세계관을 지님에 따라 행동의 변화를 가져온다는 자산 효과(asset-effect) 접근이다. 둘째, 자산의 소유는 개인의 동기유인 구조를 변화시켜 생산성과 효율성을 높이게 된다는 동기부여(incentive framework) 접근이다.

자산 효과 접근을 주장한 대표적 학자로 미국의 개인발달저축계좌(Individual Development Account: IDA)의 이론적 토대를 제공하였던 Sherraden(1991; 2000; 2002)을 꼽을 수 있다. Sherraden(1991: 44)은 개인 복지에서 소득이 단기적인 효과를 지닌다면 자산은 장기적인 긍정적 복지 효과(positive welfare effects)를 지닌다고 주장하며, 소득과 함께 자산의 중요성을 강조한다. 그는 자산이 갖는 긍정적인 복지 효과를 아홉 가지로 상세하게 설명한다. 자산은 경제적 안정을 높이며, 미래에 대한 희망을 갖게 하고, 인적자원 개발과 자산 증식을 가능케 하며, 사회통합을 촉진하며, 모험적(risk-taking) 사업을 추진할 수 있게 하며, 자기 효능감을 높이고, 사회적 영향력을 증대시키며, 정치 참여를 높이고, 후세대의 복지에 영향을 미친다(Sherraden, 1991: 150-166). 열거한 자산 효과에 근거하여 Sherraden은 자산을 형성하는 것이 소득을 이전하는 것보다 중요하다고 주장한다. 왜냐하면, 사람들이 소득을 통하여 현재의 소비욕구를 충족시킨다면, 자산은 사람들의 세계관을 변화시키고, 미래를 위한 계획을 갖도록 해 주기 때문이다. 소득이 사람들의 배를 채워준다면, 자산은 사람들의 머리를 변화시킨다(Sherraden, 1991: 6). 이와 같이 자산이 지닌 긍정적 복지 효과의 대부분은 인적자원 개발 효과와 관련되며, 자산 소유 상태에 따라 '미래를 위한 투자 능력'이 결정된다. 개인은 자산을 소유해야 인적자원 개발을 위한 투자를 촉진할 수 있고, 이에 따라 세계관을 재정립하고, 선호를 새롭게 형성하며, 행동의 변화를 가져올 수 있다(Brooks and Tivol, 2008). 자산 효과 접근에서는 자산 형성 지원의 수급 범위와 관련해서 저소득층을 수급자로 선정하는 선별주의 원칙을 강조한다.

동기부여 접근에서는 개인의 선호는 고정되며 자산 소유에 따라 개인의 비용·편익 균형 구조가 변화하고, 그 결과 개인행동이 변화한다고 본다. 동기부여 접근을 주장하는 대표적 학자로 Bowles and Gintis(1998)를 꼽을 수 있다. 이들은 평등이 어떻게 효율성을 높일 수 있는지를 실증적으로 분석하며, 특별히 자산 분배의 평등 정도가 높아지면 효율성이 높아진다고 주장한다. 이러한 주장을 뒷받침하기 위하여 이들은 주인-대리인 이론(principal-agent theory)을 활용한다. 주인-대리인 이론에 따르면, 주인과 대리인은 각각 자기 이익을 극대화하려고 하기 때문에 상충된 이해관계를 가지게 된다. 그러므로 주인은 대리인과의 위임 관계에서 자신의 이익을 극대화하려면, 능력 있는 대리인을 골라야 하고, 그 대리인이 자신을 대신하여 업무를 적절히 수행하였는지를 감독하고, 업무 수행에 따른 보수를 지급하여야 한다. 그러나 주인은 대리인보다 그 과업에 관하여 지식이 부족하고, 또 실제로 대리인의 업무 수행 과정을 감시하기 어렵기 때문에, 만일 대리인이 자기 이익의 극대화를 추구한다면 대리인이 주인의 이익을 위하여 적절한 행동을 취한다는 것을 보장할 수 없게 된다.

Bowles and Gintis(1998)는 이러한 대리인 문제를 해결하기 위해서 주인이 소유한 생산 자산을 대리인에게 이전하는 것이 효과적이라고 주장한다. 이를테면, 기업주(주인)가 근로사(대리인)의 생산활동을 높이기 위해서 근로활동을 강화하는 쪽으로 근로계약을 갱신하는 것만으로는 한계가 있다. 근로자가 기업주보다 생산활동에 대한 정보를 더 많이 가지고 있고, 기업주가 생산과정을 효과적으로 감시·감독할 수 없기 때문에 근로 계약을 통해서 대리인 문제를 해결할 수 없다. 대리인 문제를 해결하기 위해서는 기업주가 회사 주식을 근로자들에게 배당하여 근로자들의 동기부여 구조를 바꿈으로써 그들의 생산활동 노력을 효과적으로 동원할 수 있다. 즉, 자사 주식 소유권은 근로자들이 더 열심히 일할 물질적 동기부여를 제공한다. 자산 효과 접근과 마찬가지로 동기부여 접근에서는 자산 형성 지원의 선별주의 원칙을 강조한다.

위에서 살펴 본 두 가지 접근은 개인적 선호의 변화에 대하여 서로 다른 주장을 펼치기 때문에 자산 형성 지원 사업의 세부적 내용에서 차이를 보인다. 자산 효과 접근에서는 개인의 선호가 변화한다고 보기 때문에 선호의 변화를 이끌 수 있는 공식적 교육의 중요성을 강조한다. 반면에, 동기부여 접근에서는 개인의 선호는 불변하기 때문에 교육을 통해 선호를 변화시킬 수 없으며, 개인들에게 자산 형성 프로그램에 관한 정보를 제공하면 된다고 본다. 그러나 두 가지 접근 모두 자산 형성 지원 제도가 기존 소득 정책과 사회서비스를 대체해서는 안 되며 보완적 역할을 담당해야 한다고 주장한다. 자산 효과 접근에서 예방적 성격의 자산기반 복지가 사후적 성격의 복지에 비해 우선시 되어야 하지만, 예방적 복지에 투자할 자산이 없는 사람들을 위하여 소득 정책과 사회서비스와 같은 사후적 성격의 복지가 필요하다고 본다. 동기부여 관점에서는 주인으로부터 대리인으로 자산을 재분배하기 위해 국가가 지속적인 노력을 기울여야 하지만, 자산 소유권을 통하여 동기 구조를 변화시킬 수 없는 아동, 정신 장애인 등과 같은 특정 집단을 위한 소득 정책과 사회서비스가 필요하다고 본다.

2 자산 형성에 대한 시민권 관점

자산 형성을 시민권을 구성하는 하나의 요소로 주장하는 논의들은 자유주의 접근(liberal approach)과 시민 공화주의 접근(civic republican approach)으로 구분하여 살펴볼 수 있다(Prabhakar, 2009: 60). 자유주의 접근은 Marshall (1950)의 시민권(citizenship) 이론에서 볼 수 있는 것처럼, 자산 소유를 사회 구성원이 누려야 할 개인적 권리로 이해한다. 반면에, 시민 공화주의 접근에서는 자산 소유를 사회 구성원이 누려야 할 개인적 권리라고 이해하지만, 동시에 권리에 대응하는 개인의 의무를 강조한다. 1980년대 이후 부각된 시민 공화주의 접근은 자유주의 접근이 시민의 권리와 개인의 이익을 일방적으로 강조한다고 비판하고, 시민의 의무를 강조하며 개인 이익은 공동선을 위하여 희생될 수 있다고 보며, 시민이 활동하는 공공영역을 강조한다(Oldfield, 1990).

자유주의 시민권에 따르면, 자산은 특정 집단만이 소유하는 것이 아니라 모든 사람이 자산을 소유하고 있어야 한다. 자유주의 시민권을 주장하는 대표적 학자인 Ackerman and Alstott(1999)는 미국의 모든 시민들을 대상으로 그들이 21살이 되었을 때 정부가 8만 달러의 자본금을 제공할 것을 주장한다. 비록 빈곤을 퇴치할 수 있는 다른 효과적 방법이 존재한다고 하더라도, 21세의 모든 청년들에게 자산소유의 평등을 추구하기 위하여 8만 달러의 금융자산을 제공해야 한다는 것이다. 즉, 8만 달러의 금융자산을 제공한다는 것은 탈빈곤 프로그램이 아니라 시민권 프로그램으로 이해한다. 아울러, 8만 달러의 사용에 대해서는 어떠한 조건이나 제약도 부과해서는 안 된다고 주장한다. 왜냐하면, 정부가 자산 사용과 관련하여 특정 제약을 부과하는 것은 공동선의 개념을 개인이 아닌 정부가 정하는 것이기 때문이다(Ackerman and Alstott 1999: 197).

시민 공화주의 시민권에 따르면, 모든 사회구성원은 자산 소유의 권리와 함께 이에 상응하는 개인의 의무를 지닌다. 시민 공화주의 전통을 가장 잘 보여주는 학자로 White(2003)를 꼽을 수 있다. 그에 따르면, 정의(justice)가 실현되기 위해서는 두 가지가 충족되어야 한다. 첫째, 모든 사람들이 자신의 안녕과 직결된 재화(goods)뿐 아니라 자신의 목적을 달성하기 위한 재화에 접근할 수 있어야 하며, 이를 위하여 자신이 통제할 수 없는 불운(brute luck)의 영향으로부터 자유로워야 한다. 이때, 불운이란 개인이 출생과 함께 어쩔 수 없이 획득하게 되는 지위, 유산, 재산의 불평등을 꼽는다. 둘째, 호혜원칙(reciprocity principal)이 지켜져야 한다. 호혜원칙은 사회적 산물을 공유하기를 원하는 사람은 이에 대한 대가로 사회에 적절한 생산적 기여를 해야 할 의무를 지닌다는 것이다(White, 2003: 5).

White(2003)는 자신이 제시한 정의관에 기초하여, 개인이 통제할 수 없는 불운의 영향으로부터 자유로울 수 있도록 모든 사람들에게 '기본 자본금(basic capital grant)'을 제공하여야 한다고 주장한다. 기본 자본금에 대한 주장은 기본 소득(basic income)에 대한 주장과 마찬가지로 자산 소유권을 시민권 차원으로 이해한다는 점에서 유사하다. 그러나 기본 자본금이 한 번에 큰 금액을 지급한다면, 기본 소득은 정기적으로 생계비 수준의 급여를 지급한다. 기본 자본금을 제공하는 목적은 사회구성원들 간에 부의 평등을 높이고, 가난한 환경에서 태어난 사람들의 불운을 교정하는 것이다. 정부가 모든 개인에게 기본 자본금을 제공함으로써 자산 소유에 대한 시민권을 실현할 수 있으며, 개인은 호혜원칙에 근거하여 정부가 부과하는 의무를 이행하여야 한다(White, 2003). 그러므로 기본 자본금의 사용처를 숙련 기술을 습득하기 위한 교육 훈련, 창업, 자원봉사 활동 등으로 제한할 것을 주장한다. 시민 공화주의 시민권 관점에서 자산의 사용처에 대하여 제한 규정을 부과하는 것은 축적된 자산의 사용처에 대하여 어떠한 제한도 부과하지 않을 것을 주장하는 자유주의 시민권 관점과 구분된다.

지금까지 자산에 대한 논의들을 사회정책 관점과 시민권 관점으로 나누어 살펴보았다. 물론, 사회정책 관점과 시민권 관점을 결합하여 자산 형성 지원 제도를 개발할 수도 있다. 예를 들면, 정부가 15세 미만의 모든 아동을 대상으로 장기 저축 계좌를 개설하여 일정 금액의 지원금을 제공하고, 이에 더하여 저소득층의 아동들에게 추가적인 지원금을 제공할 수 있다. 이는 자산 소유에 대한 보편주의 권리를 추구한다는 점에서 시민권 관점과 저소득층을 대상으로 선별적인 자산 효과를 추구한다는 점에서 사회정책 관점을 결합한 것이다. 자산에 대한 사회정책 관점과 시민권 관점을 엄격하게 구분하여 적용하기 어려울 수 있다. 그러나 이 두 관점은 자산 형성 지원을 둘러싼 여러 문제에 대하여 다음과 같이 서로 다른 주장을 펼친다.

첫째, 자산 형성을 지원하기 위한 급여액에서 차이가 있다. 사회정책 관점에서는 자산 형성을 지원하기 위하여 정부가 제공하는 지원금은 자산 효과를 지닐 정도로 대략 수백 달러 수준의 금액이다. 반면에 시민권 관점에서는 자원의 공정한 분배와 평등을 위하여 정부가 상당히 많은 금액을 제공할 것을 주장한다.

둘째, 자산 형성을 지원하는 정책의 수급 범위에서 차이가 있다. 시민권 관점에서는 사회구성원 전체를 대상으로 권리와 의무를 강조하기 때문에 보편주의 자산 형성 정책을 강조한다. 반면에, 사회정책 관점에서는 특정 집단을 대상으로 선별주의 자산 형성 정책을 활용할 것을 제안한다.

셋째, 자산 형성을 지원하기 위한 재원에서 차이를 보인다. 사회정책 관점에서는 자산 형성을 지원하기 위한 재원에 대하여 유연한 입장을 견지한다. 예를 들어, Sherraden(2000)은 IDA의 재원은 연방정부와 주정부가 새로운 세원을 만들어 충당하기 보다는 예산을 절약하거나, 자산 관련 역진적 조세를 개혁하는 방안을 제시한다. 그리고 정부 재원뿐 아니라 지역사회의 민간자원을 재원으로 활용할 수 있다고 본다. 반면에 시민권 관점에서는 자산 형성을 지원하기 위하여 부유세(wealth tax)를 부과할 것을 주장한다. Ackerman and Alstott(1999)는 기본 자본금의 재원을 정부의 소득세나 정부 지출 감축을 통하여 조달할 수 있으나, 부유세를 징수하는 것이 더 바람직하다고 주장한다. White(2003)는 자산 형성을 지원하기 위한 정부정책이 평등, 호혜성, 민주적 상호 존중을 높이기 위해서 개인 간 자산이전에 부과하는 세금인 상속세, 증여세, 양도세 등을 통하여 재원을 마련하는 것이 바람직하다고 주장한다.

넷째, 자산에 대하여 관심을 기울이는 맥락이 서로 다르다. 사회정책 관점에서 자산에 대한 관심은 복지국가의 주요 제도인 소득정책과 사회서비스를 보완하기 위한 것이다. 시민권 관점에서 자산에 대한 관심은 사회정책 관점과 마찬가지로 복지국가의 주요 제도인 소득정책과 사회서비스를 보완하기 위한 것이지만, 한 걸음 더 나아가 좀 더 큰 정치 프로젝트라고 할 수 있는 자산 소유권을 둘러싼 정치를 창출하고자 한다.

III. 자산 형성 지원을 위한 영국의 정책사례 분석

1 신노동당의 사회투자적 복지국가

1979년 대처가 이끈 보수당이 집권하면서 대처와 메이저로 이어지는 18년의 집권 기간 동안 보수당 정부는 복지국가 축소를 목표로 '복지 수급자를 일자리로(getting people into work)' 라는 슬로건을 전면에 내세웠다. 저소득 가구의 최저생계를 유지하기 위한 사회부조(social assistance)는 사회보장제도 개혁의 핵심대상이 되었으며, 저소득 근로계층에게 '당근(carrot)—근로 유인책—' 을 제공하거나 '채찍(stick)—급여 의존 억제책—' 을 가하는 것이 개혁의 주요 내용이었다(King, 1995; Wilding, 1997; Peck, 2001; 신동면, 2001). 노동당은 보수당에 대항하여 신케인즈주의에 입각해 복지 분야에서 과세와 지출의 확대를 공약으로 내세웠지만, 번번이 선거에서 패배하였다. 1992년 선거에서 또 다시 패배한 노동당은 전통적 복지국가 모델에서 벗어나 새로운 정강과 정책 등을 모색하게 되었다. 그리하여 베버리지 보고서 50주년을 기념해서 만들어진 사회정의위원회의 1994년 보고서를 계기로 구체적인 변화가 드러나기 시작하였다. 사회정의보고서에서는 '경제정책과 사회정책이 불가결하게 연결되는 것은 바로 투자를 통해서이며, 숙련, 연구, 기술, 보육, 그리고 지역공동체의 발전 등을 위한 높은 투자야말로 지속가능한 발전의 선순환구조의 첫걸음이자 마지막 걸음' 이라고 주장한다. 그리고 직접적인 소득 재분배에 초점을 맞춘 소비적 복지지출 대신에 기회를 재분배하는 투자적 사회정책을 추진하여야 한다고 밝힌다(양재진, 2008: 60).

블레어가 이끄는 신노동당은 1997년 총선거에서 사회보장과 관련하여 '복지에서 일자리로(from welfare to work)'를 주장하였다. 마침내, 선거에서 승리하여 정권교체를 실현한 신노동당 정부는 사회보장제도의 개혁을 위해 근로(work)를 변함없이 강조하였다. 복지수급자를 일자리로 유도하기 위하여 신노동당 정부는 먼저 재정유인책을 강화하였다. 1997년, 신노동당 정부는 취업을 통하여 얻는 임금의 금전적 가치를 높이고자 최저임금제를 도입하였다. 최저임금제의 도입으로 약 130여만 명 가량의 근로자들이 평균 15% 정도의 임금인상 효과를 거둔 것으로 파악된다(DfEE, 2001: 19).[2] 또한 1999년 10월, 보수당 정부 하에서 도입되었던 가족공제수당(Family Credit: FC)과 장애인근로수당(Disability Working Allowance: DWA)을 개편하여 근로가족공제수당(Working Family Tax Credit: WFTC)과 장애인공제수당(Disabled People's Tax Credit: DPTC)으로 대체하였다.[3] WFTC 의 도입으로 인하여, 약 100만 명에 달하는 부양아동을 둔 저소득가족이 평균 주당 30파운드의 추가소득을 얻게 되었으며, DPTC 의 시행과 함께 약 2만 5천명의 장애인들이 평균 주당 72파운드의 추가소득을 얻게 되었다(DfEE, 2001: 20).[4] 이러한 조치들은 취업 노동을 통하여 얻는 임금소득이 사회부조 수급자로 선정되어 받게 되는 소득지원(Income Support)이나 소득관련 구직자수당(Income-Based Jobseeker's Allowance)보다

2) 최저임금도입 시점에서 시간당 최저임금은 £3.70으로 결정되었으며, 2001년 10월부터 £4.10으로 인상되었다.

3) WFTC 와 DPTC 는 급여액의 계산에서 근로동기를 강화하기 위한 다음과 같은 몇 가지의 조치를 취하고 있다. 첫째, WFTC와 DPTC에서 신청가능 소득기준액을 주당 80.65에서 90 파운드로 인상하였다. 둘째, 일자리를 가짐에 따라 발생하는 근로비용을 낮추기 위하여 육아비용의 계산에서 아이의 연령을 12세에서 15세로 올렸으며, 육아비용 공제액을 첫째 아이와 둘째 아이에 대하여 각각 최고 60, 100 파운드에서 100, 150 파운드로 인상하였다. 결과적으로 수급자들이 탈 수 있는 최대 WFTC와 DPTC의 금액이 증가하였다. 셋째, WFTC와 DPTC의 급여액을 산정할 시, 주당 소득이 신청가능 소득기준액을 초과하는 경우에 급여감소율을 낮추었다. 즉, 과거 FC와 DWA에서 급여감소율이 각각 70, 65%이었던 것을 55%로 내림에 따라 WFTC와 DPTC의 급여액이 증가하도록 하였다.

4) 1 파운드의 원화 가치는 현재 약 1,980원에 해당한다.

훨씬 많게 함으로써 노동시장 내 일자리에 대한 유인을 높이기 위한 수단들이었다.

그러나 신노동당 정부에서 추진하고 있는 사회부조 개혁은 일자리로 유인하기 위한 재정유인책에 국한된 것은 아니다. 오히려, 신노동당 정부는 사회부조에 대한 의존경향이 가장 높은 집단을 중심으로 그들이 생산적 시민으로 살아갈 수 있도록 취업능력을 배양시키는 데 초점을 두었다. 신노동당 정부는 사회부조의 주요 수급자 집단이라고 할 수 있는 청년실업자 · 장기실업자 · 편부모 · 장애인 등을 대상으로 이들의 직업능력 개발을 통하여 일자리로 유도하는 뉴딜 프로그램(New Deal Programs)을 실시하여 근로능력이 있는 사회부조 수급자가 생산적 시민으로 자립하여 살아가도록 유인하였다(신동면, 2004).

신노동당 정부의 이러한 정책 전환은 사회투자국가(social investment state) 주장에 근거한 것이다. 사회투자국가란 이름이 전통적 복지국가를 대체하는 새로운 이름으로 사용된 것은 1990년대 후반 영국에서 기든스(Giddens)가 '제3의 길'을 주장하면서부터이다. 기든스(Giddens)는 세계화 시대에서도 국가는 여전히 평등과 민주주의를 증진할 의무를 지니며, 그것은 이전의 복지국가와는 다른 새로운 형태의 복지국가 즉, 사회투자국가로의 전환을 요구한다고 주장한다. 즉, 사회투자국가는 소득보장보다는 인적자본과 사회자본에 투자를 집중함으로써 복지가 갖는 생산적 성격을 극대화하고자 한다. 그러므로 정부는 가능한 모든 부문에서 소득보장을 직접적으로 제공하기보다 인적자본에 투자하여야 하며, 복지국가가 차지하고 있는 자리에 적극적 복지사회의 맥락에서 운영되는 사회투자국가를 놓아야 한다고 주장한다(Giddens 1998: 117).

신노동당 정부가 추진해 온 사회투자국가는 다음과 같은 특성을 지니고 있다(Lister 2004: 160).

- 과세와 지출(tax and spending) 대신 사회투자 담론
- 인적자본 및 사회적 자본에 투자: 아동과 지역사회를 강조
- 아동은 미래의 시민-노동자로 우선적 관심의 대상
- 성인의 사회적 시민권은 노동의무에 상응해 주어짐

- 평등의 증진을 위한 소득재분배보다 사회적 포섭의 확대를 위한 기회의 증진
- 사회정책과 경제정책의 통합, 그러나 후자의 명백한 우위를 강조
- 표적화된 자산조사를 수반한 프로그램을 선호

따라서 영국의 사회투자국가는 전통적 복지국가를 대체하기 위한 영국 노동당의 정치적 선택이었다고 할 수 있다. 신노동당이 사회보장제도 개혁의 목표로 내세운 '복지에서 일자리로'는 신노동당이 과거의 노동당과 다른 이념적 지향성을 지닌다는 것을 보여주는 정치 슬로건이다. 여러 학자들이 지적하였듯이, 뉴딜 프로그램은 영국의 보편주의적 복지체계가 선별주의적 복지를 강조하는 미국식 복지체계로 급속히 수렴해가면서, 복지를 문제의 해결이 아니라 오히려 노동윤리와 가족 간 유대라는 바람직한 가치를 파괴하는 문제로 간주하였다는 것을 보여준다(Walker, 1998; Peck, 2001). 뉴딜에 관한 이러한 비판들은 신노동당 정부의 사회보장제도 개혁이 사회권(social right)으로서의 복지를 약화시키고 복지 수급을 위한 조건과 의무를 강조하였다는 것을 고려한다면 타당한 지적이라고 할 수 있다.

사실상, 사회보장제도 개혁과 관련하여 근로를 강조하는 것은 복지의존(welfare dependency) 주장과 동전의 양면을 이룬다는 것을 간과해서는 안 된다(Peck, 2001: 299). 블레어 총리를 비롯한 신노동당의 지도부는 과거 보수당 정부가 무색할 정도로 복지의존을 영국 사회의 주요 쟁점으로 부각시켰다. 예컨대, 블레어 총리는 의회연설에서 '영국 국민들은 이제 복지체계를 지원하기 위한 더 많은 세금과 정부지출을 원치 않는다' 라고 언급하고 있다(Blair, 1997).[5] 또한, 사회보장성의 복지개혁장관(Minister of Welfare Reform)을 역임한 필드는 '사회보장체계의 개혁을 위해서는 복지수급자가 생애 전반을 걸쳐 복지체계에 의존하여 살아가는 데서 벗어날 수 있도록 일자리를 통한 실질적 기회를 제공하여야 한다. 태초부터, 인간은 일하기를 원해왔으며, 지난 50여 년간의 복지국가의 역사적 과정에서도 이러한 인간의 본성은 결코 시들지 않았다' 라

5) Financial Times, May 7, 1997.

고 언급하고 있다(Field, 1997).[6] 이러한 주장들은 신노동당 정부에서 국가복지를 빈곤의 해결이 아니라 오히려 노동윤리와 가족 간 유대라는 바람직한 가치를 파괴하는 문제로 인식하고 있다는 것을 보여준다(Walker, 1998: 35). 다시 말해서, 노동당의 전통적 정책방향과 다르게 신노동당에서 복지는 '의존'을 야기하며, 근로는 '독립'을 가져온다는 이분법적 사고를 하기 시작한 것이다(Kay, 1998: 135).

결국 신노동당 정부는 사회보장제도 운영의 새판을 짜고자 했다. 즉, 영국의 사회보장제도가 '모든 사람에게 사회보장을 제공한다'는 베버리지의 보편주의(universalism) 원칙에서 벗어나 '일할 수 없는 사람에게만 사회보장을 제공한다'는 선별주의(selectivism) 원칙을 강화하는 방향으로 바뀌었다고 할 수 있다. 이와 함께, 사회보장제도의 운영원리로서 선별주의 원칙은 근로 능력자를 일자리로 유인하기 위한 고용정책에 의하여 뒷받침되고 있다. 근로능력이 있는 복지수급자는 이제 사회보장제도 개혁을 위한 핵심 대상으로 간주되며, 이들을 위하여 사회보장사업보다는 노동시장사업이 추진되고 있다.

2 자산 형성 지원 사업

영국 노동당 정부가 복지정책의 네 번째 영역으로 저축 및 자산 형성의 필요성을 주장한 이후, 저축을 통한 자산 형성을 지원하는 두 개의 혁신적 사업이 도입되었다. 2005년에 아동신탁금(Child Trust Fund: CTF)이, 2010년에 저축의 길(Saving Gateway: SG)이 도입되었다. 여기에서는 영국의 사례를 중심으로 자산 형성 지원에 대하여 살펴보고 제도설계를 위한 시사점을 찾고자 한다.

6) Observer, May 18, 1997.

1) 아동신탁금(Child Trust Fund: CTF)

노동당 정부는 국가의 미래를 위한 투자를 역설하며 아동복지를 대대적으로 확충하였다. 정액의 보편주의 아동수당(child benefit)을 인상하였고, 2005년에 아동신탁금(CTF)을 도입하였다. CTF는 2002년 9월 1일 이후 출생한 모든 아동을 대상으로 하는 보편주의 원칙에 기초한 개인별 투자 및 저축 계좌이다(HM Treasury, 2009). 노동당 정부는 CTF 의 도입 목적을 모든 아동이 18세가 되는 시점에 일정 금액 이상의 금융자산을 지니게 하며, 저축습관을 배양하도록 하는 것이라고 하였다. 브라운 재무장관이 밝힌 '이제, CTF의 도입으로 인해 영국의 모든 아동들은 단 한 사람도 예외 없이 자산과 부를 소유하게 되었다' 는 주장은 사실이다.

CTF의 제도적 특징을 살펴보면 매우 단순하다. 정부는 2002년 9월 1일 이후에 출생한 아동을 둔 가족에 1인당 250파운드 바우처를 부모에게 제공하여, 부모가 아동 명의로 개인 저축 계좌를 개설하여 바우처를 입금하도록 한다. 아동부양세액공제(Child Tax Credit)를 받는 저소득 가구(2010년 현재 연간 가구 소득이 14,155파운드 미만인 가구)는 추가로 아동 1인당 250파운드를 더 지급받는다. 계좌 개설 이후, 아동의 7세 생일에 맞추어 정부는 250파운드를 2차로 지급하고, 저소득 가구의 아동에게는 추가로 250파운드를 더 지급한다.

CTF의 공급자는 은행에서 공제조합까지 다양한 금융기관들이 참여한다. 개설한 계좌에 대한 관리운영은 아동이 16세에 이르기 전까지 보호자에 의해서 직접 이루어지며, 16세가 되는 시점에서 계좌 운영에 대한 권리를 아동이 갖는다. CTF는 아동 보호자인 부모나 대리인, 그리고 계좌 소유자인 아동의 선택에 따라 저축성 계좌(saving account), 주식투자용 계좌(shares account), 책임계좌(stakeholder account) 중 하나로 운영할 수 있다. 저축성 계좌가 안정된 수익을 가져올 수 있다면, 주식투자용 계좌와 책임 계좌는 계좌 소유자가 손실 위험을 감수하여야 한다. CTF의 저축액 인출은 원칙적으로 아동이

18세가 넘어야 가능하며, 아동 본인에게만 인출을 허용한다. 아동이 18세가 되기 전까지 부모와 아동의 저축을 장려하기 위하여 CTF의 저축 및 투자에서 발생하는 수익에 대해서 과세하지 않는다. 금융소득에 대해 비과세 혜택을 부여하기 때문에 CTF의 저축 한도액은 연간 1,200파운드로 설정하였다. 아동이 18세가 되어 저축액을 인출하는 경우 언제든지 인출할 수 있으며, 저축액의 사용처에 대해서는 어떠한 제한도 부과하지 않는다.

CTF가 도입된 후 2007년 9월 현재, 302만 명의 아동들이 저축 계좌를 개설하였다. 이들 중에서 236만 명은 부모들이 직접 계좌를 개설하였으나, 나머지 66만 명은 부모가 직접 계좌를 개설하지 않아 국세청(HMRC)이 부모를 대신하여 아동 명의로 계좌를 개설하였다(HM The Treasury, 2008). 계좌 개설 현황을 보면, 수급 대상 아동의 22% 정도가 급여를 수급하지 않았음을 알 수 있다. 이는 아동이 성인이 되는 미래 시점에 저축액을 인출할 수 있기 때문에 경제적으로 어려움을 겪고 있는 부모들이 바우처를 지급받아도 저축 계좌를 개설하지 않기 때문이다. 계좌 개설 이후 저축 현황을 보면, 저소득층의 경우 19%가 매달 정기적으로 저축하는 반면, 고소득층은 33%가 정기적으로 저축하는 것으로 나타났다. 이에 따라 저소득층보다 고소득층이 CTF에서 더 많은 혜택을 본다고 할 수 있다(Loke and Sherraden, 2008).

앞서, 살펴본 자산기반 복지의 두 가지 관점에 비춰보면, CTF는 시민권 관점과 사회정책 관점을 동시에 수용한 제도라고 할 수 있다. 모든 아동을 대상으로 정부가 2회에 걸쳐 250파운드를 저축 지원금으로 제공한다는 점에서 보면 시민권 관점을 따른다. 모든 아동들은 18세가 되면 최소 500파운드의 원금과 이자액을 더한 금융자산을 지닐 수 있다는 점에서 금융자산의 소유가 시민권으로 인정되고 있다. 그리고 정부가 저소득 가구의 아동에게 250파운드를 선별적으로 추가 지급하고, 특히 저소득 가구 아동의 저축 습관을 배양시키기 위하여 CTF를 도입했다는 점에서 보면 사회정책 관점을 수용한 정책이다.

물론, CTF가 시민권 관점에 보다 접근하기 위해서는 무엇보다 정부가 아동에게 지급하는 지원금이 상당한 수준으로 증액되어야 할 것이다. Ackerman

은 '영국에서 실시하는 CTF는 너무 작은 금액을 정부가 지급하기 때문에 칭찬할 구석을 찾기 어렵다. 적어도 우리가 제안한 8만 달러와 비교하면, 영국 정부가 금융자산 형성을 위하여 아동에게 제공하는 500 혹은 1,000파운드는 자산소유의 시민권이라 하기에 너무 작은 금액이다' 라고 비판한다(Ackerman, 2003: 171). CTF에서는 저축을 장려하기 위하여 부모와 아동이 1년 동안 최대 1,200파운드까지 아동신탁펀드에 저축할 수 있도록 하고 계좌에서 발생하는 금융소득에 대해 비과세하도록 하였다. 이에 따라, 가족의 경제적 처지에 따라, 다시 말해서 부유한 가족의 아동과 가난한 가족의 아동 간에 저축금액이 다를 수밖에 없으며, 그 결과 비과세 혜택에서도 차이가 날 수밖에 없다. 정부가 저소득 가구의 아동에게 추가적으로 지급하는 500파운드는 저축액 격차를 메우기에는 부족한 수준이다. 그러므로 아동이 18세가 되어 저축액을 인출할 때, 아동에 따라 저축액에서 큰 차이를 보일 것이다. 이러한 예상은 CTF가 시민권 관점, 즉 모든 아동이 특정 시점에서 평등한 자산을 지니고 삶을 시작하도록 한다는 것과 더욱 떨어져 있다.

2) 저축의 길(Saving Gateway: SG)

노동당 정부는 자산 형성을 복지정책의 4대 영역 중 하나로 삼겠다는 발표를 한 후, 2001년 저소득층의 자산형성을 지원하는 SG사업을 도입하기로 결정하였다. SG는 저소득층을 대상으로 정기 저축 계좌를 개설하고, 저축액에 대응하여 정부가 대응금(matching money)을 지급함으로써 저소득층이 정기적으로 저축하는 습관을 지니도록 장려하는 제도이다(HM Treasury, 2001b: 1). 노동당 정부는 SG를 통하여 저소득층의 저축 습관을 배양하고, 금융배제를 해결하고자 하였다. 노동당 정부는 SG사업을 전국적으로 시행하기에 앞서 바람직한 제도 설계를 모색하기 위해 두 차례에 걸친 시범사업을 진행하였다.

2002년에 시작된 제1차 SG 시범사업은 5개 지역에서 시행되었다. 신청자들 중 총 1,478명을 선발하였고, Halifax 은행에서 18개월 만기 정기 저축

계좌를 개설하고 저축하도록 하여 2004년 12월 말 사업을 종료하였다.[7] 시범 사업 참여를 신청할 수 있는 대상은 근로장려세액공제(Working Tax Credit)를 받는 저소득 근로자(근로시간이 주당 16시간 이상이며, 연간 소득이 11,000파운드 미만이거나 부양가족이 있는 경우 15,000파운드 미만인 근로자)와 일자리가 없이 실업급여(jobseeker's allowance), 상병급여(incapacity benefit), 소득지원(income support), 중증장애수당(severe disablement allowance)을 받는 수급자들 중에서 연령이 16세 이상 65세 미만의 경제활동인구로 제한하였다.

SG 계좌 소유자는 매월 최대 25파운드까지 저축할 수 있었다. 정부는 저축액에 매칭하여 대응금을 지급함으로써 저축을 유인한다. 매칭률은 저축액 대비 1:1로 정하였고, 대응금은 18개월 동안 최대 375파운드를 받을 수 있게 하였다. SG 계좌 소유자는 계좌 유지를 위한 최소금액 1파운드를 남기고 저축액을 중도에 인출할 수 있으며, 대응금은 18개월 만기가 되었을 때 지급하였다. Halifax는 저축 계좌 정보를 분기마다 SG 계좌 소유자에게 보내 예금액과 인출액, 현재까지의 예상 대응금액을 알려주었다. 그리고 SG 계좌 개설자들이 금융교육에 참여하도록 하였다(Kempson, McKay, and Collard, 2005: 2-4).

제1차 SG 시범사업에 대한 평가자료를 보면, SG는 저소득층의 저축을 장려하는 데 매우 효과적이었다(Kempson, McKay, and Collard, 2005). SG 계좌의 저축액은 월평균 16.14파운드였고 만기 시 총 저축액은 평균 282파운드를 기록하였다. 전체 참여자들의 41%가 사업 종료 후 3개월이 지나서도 계속해서 저축하고 있으며, 32%는 퇴직 후 노후를 위한 저축계획을 세운다고 대답하여 SG사업이 저소득층의 저축습관을 배양하는데 효과적이었음을 보여주었다(Kempson, McKay, and Collard, 2005: 78). 또한 생애 처음으로 저축 계좌를 갖고 정기적으로 저축했다는 사람들이 많아서 금융배제를 해결하는 데에도

7) 네 지역(Bethnal Green, Cambridge, Cumbria, Gorton)에서는 교육기술성(Department for Education and Skills) 산하 지역금융학습사업단(Community Finance and Learning Initiative)의 협조 하에 지역기관이 지역에 거주하는 지원자 중에서 참여자를 선정하였고, 나머지 한 지역(Hull)에서는 근로연금성(Department for Work and Pensions)이 참여자를 선정하여 통보하였다.

기여함을 알 수 있었다.

노동당 정부는 2005년부터 제2차 SG 시범사업을 실시하였다. 6개 지역에서 약 22,000여 명이 참여하여 Halifax은행에서 18개월 만기 정기저축 계좌를 개설하였다.8) 제2차 시범사업에서는 개인 연간소득이 25,000파운드 미만, 가구소득이 50,000파운드 미만인 저소득 근로자와 일자리가 없이 실업급여, 상병급여, 소득지원, 중증장애수당을 받는 수급자들 중에서 경제활동인구에 속하는 사람들을 대상으로 하였다(Harvey et al., 2007: 12). 제1차 시범사업과는 달리 근로연금성(DWP)이 대상자들 가운데 SG 계좌 개설자를 선정하여 통보하였고, 사업기간은 18개월로 하였다. 정부의 대응금을 지급받기 위해서는 만기까지 계좌를 유지하여야 하며, 저축기간 동안 가입자는 자유롭게 예금액을 인출할 수 있었다. 단, 정부로부터 대응금을 받기 위해서는 인출금을 다시 채워 원상태로 복구하여야 한다. 또한 사업 참여자들이 금융에 관한 정보와 인식을 높일 수 있도록 금융교육을 실시하였다. 그런데 제2차 시범사업에서는 다음의 〈표 4-18〉에서 보는 바와 같이 월 저축상한액, 매칭률, 대응금 최대상한액을 지역에 따라 다르게 설정하여, 바람직한 SG사업 방안을 찾고자 하였다.

〈표 4-17〉 계좌만기 후 2년 경과시점에서 저축 습관의 변화

(단위:%)

구 분		계좌 만기 후 2년 경과 시점			
		비저축자	부정기 저축자	매월 정기 저축자	계
계좌 개설 시점	비저축자	0.4	0.7	2.0	3.1
	부정기 저축자	2.3	9.4	28	41
	정기 저축자	1.3	26	30	56
	계	4	36	60	100

자료: Ipsos MORI(2009), p.14.

8) 제2차 시범사업은 제1차 시범사업과 동일 지역을 대상으로 하고, 추가로 South Yorkshire 선정하였다.

제2차 시범사업은 SG사업이 저소득층의 저축습관을 배양하는 데 효과적이라는 것을 확인해주었다. 전체 계좌 개설자 중 계좌 개설 후 저축을 못한 경우는 8%에 불과하며, 16개월 이상을 저축한 사람이 71%에 달하였다. 그리고 계좌 개설자의 61%가 대응금 최대한도액을 지급받아서 정부 매칭지원이 저소득층의 저축을 유인하는 데 효과적인 수단이라는 것을 보여주었다(Harvey et al. 2007: 5). 또한, 〈표 4-17〉에서 보는 바와 같이 시범사업이 종료된 이후 2년이 지난 시점에서 60% 정도가 계속해서 저축하는 것으로 파악되었다. 특히, SG사업을 통하여 부정기 저축자에서 정기 저축자로 변화한 경우가 28%나 되며, 참여자의 2%는 생애 처음으로 저축 계좌를 가졌고 사업종료 후 2년이 지나서도 저축하는 것으로 조사되었다. 이는 SG사업이 금융배제의 문제를 해결하는데 효과적이라는 것을 보여준다.

한편, 매칭률, 대응금 상한액, 총저축한도액을 지역별로 다르게 설정했던 시범사업의 결과는 〈표 4-18〉에서 보는 바와 같이 매칭률에 비례하여 저축액이 증가하지 않는다는 것을 보여준다. 매칭률을 1 : 1로 했던 맨체스터 지역에서 총저축한도액 대비 만기 시 저축액의 비중이 63.6%였는데, 매칭률을 1 : 0.5

<표 4-18> Saving Gateway 2차 시범사업의 매칭률과 저축성과

(단위: 파운드)

구 분	매칭금액 (1파운드당)	월 저축 상한액	총 저축 한도액	대응금 상한액	총저축상한액 대비 만기 시 저축금액(%)
Cambridge	0.20	125	2,000	400	53.8
Cumbria	0.50	50	800	400	65.1
East London	0.20	50	800	160	43.3
Manchester	1.00	25	400	400	63.6
East Yorkshire	0.50	25	400	250	67.5
South Yorkshire	0.50	25	400	200	68.2

자료: Harvey et. al.(2007) p.12 & 76 참고 수정 작성.

로 했던 다른 세 지역들(컴브리아, 이스트 요크셔, 사우스 요크셔)에서 오히려 만기 시 저축액의 비중이 높게 나타났다. 매칭률은 같고 대응금 상한액을 다르게 설정한 경우, 대응금 상한액에 비례하여 저축액이 늘어나지도 않았다. 컴브리아, 이스트 요크셔, 사우스 요크셔 등 세 지역의 매칭율을 1 : 0.5로 정하고 대응금 상한액을 각각 400, 250, 200파운드로 다르게 설정하였는데, 총저축상한액 대비 실제 저축액의 비중은 세 지역이 유사하였다(65.1%, 67.5%, 68.2%).

단, 총저축한도액에 따라 계좌 만기 시 저축액의 규모는 큰 차이를 보였다. 총저축한도액을 2,000파운드로 설계하였던 캠브리지에서 계좌 평균저축액은 1,546파운드였으며, 총저축한도액이 400파운드였던 맨체스터의 평균저축액은 338파운드를 기록하였다. 이러한 사회실험 결과들을 종합하여, 적정 매칭률은 1 : 0.5가 바람직하며, 월 저축상한액은 저소득층의 예금 능력을 고려할 때 25파운드가 적정하다고 제안되었다(Harvey et al., 2007: 77). 또한 저소득층의 저축습관을 배양하기 위해서 저축기간을 2년으로 정하는 것이 바람직하다고 제안되었다. 아울러, 저축 계좌를 취급하는 금융기관이 지리적으로 인접한 경우 계좌를 개설하기가 용이하고, 계좌 개설자들이 금융교육에 자발적으로 참여하지 않는 것으로 평가되었다(Harvey et al., 2007: 64).

2차례에 걸친 SG 시범사업의 성공적인 수행과 평가를 바탕으로 노동당 정부는 2010년부터 SG사업을 전국적으로 확대할 예정이다(HM Treasury, 2009). 2009년 의회를 통과한 SG사업의 제도적 특징을 대상자, 급여, 전달체계, 재정으로 나누어 살펴보면 다음과 같다. 첫째, SG 대상자는 영국에 거주하는 국민으로 근로장려세제(working tax credit)와 아동부양장려세제(child tax credit)를 지급받고, 연간 세전소득액(relevant income)이 16,040파운드 미만인 저소득근로자들이다. 그리고 일자리가 없이 소득지원, 상병급여, 중증장애수당, 실업급여를 받는 수급자들도 대상자로 포함하였다. SG사업 대상자는 전국적으로 약 8백만 명에 이를 것으로 추산하며, 개인별로 24개월 만기 정기저축계좌로 개설한다(HM Treasury, 2009: 5).

둘째, 정부는 계좌 개설자가 저축한 예금액에 매칭하여 대응금을 지급한다. 가입자는 월 최대 25파운드까지 자유롭게 예금액을 정할 수 있으며, 24개월 동안 최대 600파운드를 저축할 수 있다. 정부는 저축액 1파운드에 대하여 0.5파운드를 대응금으로 지급하여 매칭률을 1: 0.5로 정한다(HM Treasury, 2009: 6-7). 대응금은 매월 예금액을 기준으로 월단위로 지급되어 가입자가 정기적으로 저축하는 습관을 지니도록 유인한다. 대응금은 매월 저축액에 따라 계산되며, 예금액을 인출한 경우에는 우선적으로 인출금을 채우고 남은 저축액에 대해서 대응금을 지급한다. 이러한 대응금 지급방식을 따르면, 가입자가 24개월 동안 받을 수 있는 대응금 최대금액은 300파운드이다. 그런데 매월 계좌에 적립된 대응금은 계좌 만기시점에 일괄 지급하도록 함으로써 가입자가 저축을 만기까지 유지하도록 유인한다. 가입자는 본인의 예금액에 대해 자유롭게 인출할 수 있으나, 대응금은 중도에 인출할 수 없다. 예금액을 인출 시 계좌 유지를 위하여 최소 1파운드 이상 잔액이 통장에 남아 있어야 한다. 가입자는 계좌 만기 후 예금액, 이자, 그리고 대응금을 합한 금액을 지급받으며, 수령한 금액의 용도에 대해서는 어떠한 제약도 없다.

셋째, SG 계좌는 국세 · 관세청(HM Revenue and Customs: HMRC)에서 운영 책임을 맡는다. HMRC는 SG에 관한 정보를 제공하고, SG 계좌를 개설하는 금융기관을 관리하며, 수급 여부와 관련한 질의를 받기 위하여 전화 핫라인과 인터넷을 운용한다. HMRC는 SG 계좌 개설자를 선정하여 가입자의 성명과 SG 일련번호가 적혀있는 계좌 개설 통보장을 우편으로 송부한다. 통보장을 받은 사람은 3개월 이내에 HMRC가 승인한 금융기관에서 통보장을 제시하고, SG 계좌를 개설한다. 금융기관은 SG 계좌 개설자와 계좌 만기자, 대응금에 대한 정보를 HMRC에 보고할 의무가 있다. 또한 가입자에게 저축계좌의 잔액, 인출액, 그리고 대응금에 대한 정보를 6개월 간격으로 제공해야 한다. 금융기관은 계좌 만기 시 가입자에게 예금액, 이자, 그리고 대응금을 지급한다. 예금자에게 지급된 대응금은 매월 HMRC에 일괄 신청하여 돌려받게 된다(HM Treasury, 2008: 27-32). 그러므로 정부(HMRC)는 SG사업에서 규제자와 재원

부담자의 역할을 담당하며, 금융기관은 정부가 정한 법률 테두리 내에서 계좌의 개설 및 관리, 대응금 지급 등 공급자의 역할을 맡고 있다.

넷째, 정부는 SG 계좌 가입자에게 예금액에 매칭하여 대응금을 지급한다. 대응금의 재원은 전액 정부예산에서 충당한다(HM Treasury, 2009: 7). 만기가 되어 찾는 저축액은 가입자가 자유롭게 사용할 수 있으며, 정부는 이자에 대한 세금을 부과하지 않는다. SG사업의 재원을 전액 정부예산에서 충당하는 것은 노동당 정부가 저소득층을 위한 자산 형성 사업을 일자리와 숙련 형성, 소득보장, 공공서비스와 함께 복지정책의 4번째 기둥으로 다룬다는 것을 보여준다.

Ⅳ. 우리나라에게 주는 정책적 시사점

노동당 정부에 의하여 영국에서 시행된 자산 형성 지원 제도가 우리나라의 복지정책에 주는 정책적 시사점은 매우 크다. 복지국가가 전통적으로 관심을 지녀 왔던 사회정책의 영역인 소득보장, 일자리와 숙련 형성, 공공서비스 영역에 더하여 우리나라 정부는 자산 형성에 관심을 기울여야 한다. 아동신탁기금(CTF)과 같이 자산 소유에 대한 시민권을 보장하는 노력과 함께 저축의 길(SG)과 같이 저소득 빈곤 가구의 자산 형성을 지원하기 위한 공적 부조사업을 도입하여야 한다.

1 저소득 빈곤 가구를 위한 자산 형성 지원 제도 도입

저소득 빈곤 가구가 자산을 소유하고 있어야만 미래를 위한 인적자원 개발에 투자할 수 있고, 이에 따라 세계관을 재정립하고, 개인의 선호를 새롭게 형성하며, 행동의 변화를 가져올 수 있다. 빈곤 가구에게 소득이 단기적 복지효과를 지닌다면, 자산은 장기적인 긍정적 복지효과를 가져올 것이다. 그런데 우리나라 국민기초생활제도는 빈곤 가구 수급자의 근로 동기를 떨어뜨리고 자산 형성을 저해하는 제도적 문제를 안고 있다. 이는 국민기초생활보장제도에서 소득과 재산이 수급 자격 및 급여 산정에 결정적으로 영향을 미치기 때문이다. 수급자 선정을 위한 자산조사에서는 개별 가구의 소득 평가액에 재산의 소득 환산액을 합하여 소득 인정액을 산정한다. 소득 평가액은 실제 소득에서 가구 특성에 따른 지출 비용과 근로활동을 통해 얻은 소득에 대한 공제액을 제외한 금액이다.[9] 재산의 소득 환산액은 일반재산, 금융재산, 승용차를 포함한 재산액에서 기본재산액과 부채를 공제한 금액에 소득 환산율을 곱하여 계산한다.[10] 소득 환산율은 재산 종류별로, 즉 일반재산, 금융재산, 승용차에 따라 환산율이 다르게 적용된다.[11] 그리고 소득 평가액에 재산의 소득 환산액을 합산한 소득 인정액이 가구 규모별로 정해진 최저생계비보다 작은 경우에 기초생활 수급자 선정의 관문인 자산조사를 통과할 수 있다(신동면, 2008).

수급대상자로 선정되면, 보충성 원칙에 따라 급여가 제공된다. 즉, 정부가 발표한 최저생계비와 소득 인정액의 차액을 급여로 지급한다. 따라서 기초생활 수급자는 최저생계비 이상의 가처분소득을 향유할 수 없다. 이와 같은 급여체계에서 근로능력이 있는 수급자는 근로소득이 증가함에 따라 급여가 감소하기 때문에 근로 동기가 떨어질 수밖에 없다. 이러한 제도적 문제를 해결하기 위하여 정부는 자활급여 특례와 근로소득 공제를 도입하였다. 자활급여 특례는 수급자가 자활근로, 자활공동체, 자활인턴 등 자활사업에 참가하여

9) 가구특성별 지출비용은 경로연금, 장애수당, 아동양육비, 의료비, 중고교생 입학금 및 수업료 등을 포함한다. 근로소득공제는 장애인, 학생, 자활공동체, 공공근로 참가자 근로소득의 30%를 공제한다.

10) 기본재산액은 수급권자가 기초적인 생활유지에 필수적인 지역별 재산가액을 말하며, 대도시 38백만원, 중소도시 31백만원, 농어촌지역 29백만원으로 정한다.

11) 소득환산율은 일반재산 월 4.17%, 금융재산 6.26%, 자동차 월 100% 를 적용한다. 단, 장애인용 등 일반재산으로 분류되는 자동차는 월 4.17%로 환산한다.

발생한 소득으로 인하여 소득 인정액이 최저생계비를 초과한 경우에도 수급자에게 자활급여를 계속 지급하고 자활사업에 참여할 수 있도록 예외를 인정한다. 근로소득 공제는 소득 평가액의 산정 시, 자활사업 참여자가 일을 통해 벌어들인 근로소득의 30%를 공제해 주는 제도이다. 자활급여 특례와 근로소득 공제의 도입으로 수급자들은 자활사업에 참여하여 일을 하는 것이 급여에만 의존하여 사는 것보다 실질소득을 높일 수 있다. 이에 따라 자기 이익의 극대화를 추구하는 수급자의 동기구조가 변화하고, 근로에 대한 태도를 바꾸게 될 것이다(신동면, 2009: 213).

그러나 근로능력이 있는 수급자들이 최저생계비를 초과하는 근로소득이 발생해도 한계소비성향이 높기 때문에 이를 저축하는 것이 쉽지 않다. 더욱이, 재산의 소득 환산제는 수급자의 자산 형성을 저해한다. 재산이 증가하면 소득 인정액이 늘어나고, 소득 인정액이 최저생계비를 초과하면 수급자에서 탈락하고 모든 급여 지원이 중단되기 때문이다. 그러므로 수급자들이 근로소득이나 비정기적 수입의 일부를 저축하여 자산을 형성하고, 이를 기반으로 빈

<그림 4-7> 수급자의 재산규모별 분포

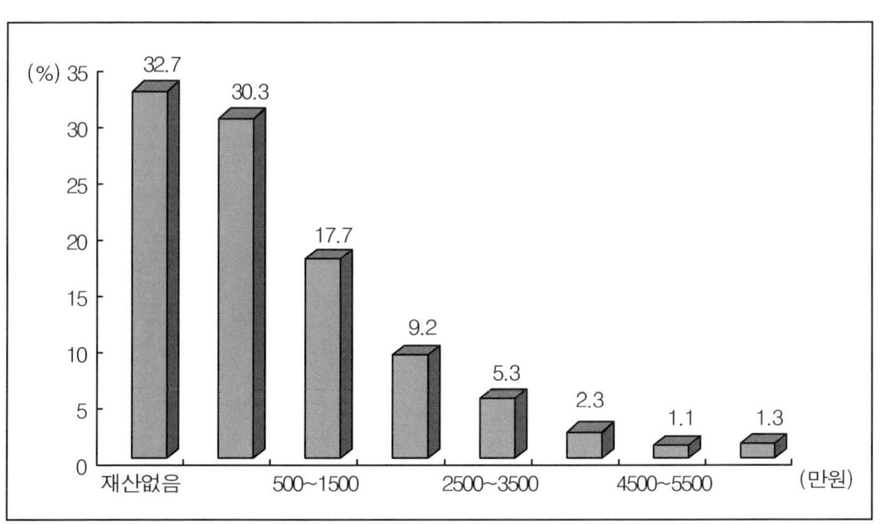

자료: 보건복지가족부(2009), 76면.

곤에서 벗어나날 수 있는 기회를 갖기 어렵다. 실제로, 기초생활 수급자들의 대다수는 자산이 없거나 미미한 수준의 자산을 보유하고 있다. 〈그림 4-7〉에서 2008년도 공공부조 수급자의 재산 현황을 보면, 부동산, 금융재산, 자동차를 포괄한 재산 규모가 1,500만원 미만인 가구가 전체 수급 가구 중 80.7%를 차지한다. 이중 재산이 없는 가구가 32.7%로 가장 많으며, 다음으로 0원 초과－500만원 이하 가구가 30.3%, 500만원 초과－1,500만원 이하 가구가 17.7%였다. 수급자의 재산 규모가 비교적 높다고 할 수 있는 3,500만원 초과 가구는 4.7%에 불과하였다(보건복지가족부, 2009).

〈그림 4-7〉에서 보는 바와 같이 기초생활 수급자의 자산 빈곤은 미래를 위한 투자능력이 상실되어 있다는 것을 의미한다. 국민기초생활보장제도는 수급자가 자산을 형성하면, 급여가 줄어들거나 수급자에서 탈락하게 설계되어 자산 형성에 대한 동기를 떨어뜨린다. 그렇다고 하여 국민기초생활제도에서 실시되는 재산의 소득 환산제를 폐지하기는 어렵다. 왜냐하면, 재산의 소득 환산제는 저소득층의 재산이 일정 금액 이상인 경우 국가의 도움을 받기 전에 자신의 재산을 처분하여 생활하는 것을 우선하도록 하기 위한 것이기 때문이다. 그렇다면, 수급자의 자산 형성을 막는 국민기초생활제도의 문제를 어떻게 개선할 수 있을까? 기초생활 수급자의 자산 빈곤의 문제에 대처하기 위해서는 소득 지원에 그치는 것이 아니라 자산 형성을 지원하는 제도의 도입이 필요하다. 당연한 사실이지만, 저소득 빈곤층이 자산을 형성하지 못하는 것은 자산을 형성할 수 있을 정도의 소득이 없기 때문이다. 정부가 지급하는 생계비나 최저생계비를 약간 웃도는 소득을 통하여 하루하루 살아가는 빈곤 가구에게 자산을 형성한다는 것은 거의 불가능한 일처럼 보인다. 또한, 대다수 저소득 빈곤 가구는 가계 부채로 인해 순자산이 마이너스 상태를 유지하고 있기 때문에 자산을 형성한다는 것은 머나먼 목표로 보일 수 있다. 이 같은 상황에서 저소득층이 자산을 형성할 수 있는 가장 효과적인 방법은 저소득층이 근로소득의 일부를 떼어 매월 저축할 수 있도록 적극적인 경제적 유인책을 제공하는 자산기반 복지정책을 도입하는 것이다.

최근 이명박 정부는 2009년 하반기부터 4개 광역자치단체(경기, 인천, 부산, 전북)에서 저축을 통해 빈곤층의 빈곤탈출 기반조성을 돕는 자산형성지원(Individual Development Account: IDA) 시범사업을 실시하겠다고 발표하였다(보건복지가족부, 2009년 9월 1일).[12] 보건복지가족부는 IDA 시범사업에서 대상자, 급여, 재원, 전달체계와 관련한 계획을 발표하였다. 이하에서는 정부가 밝힌 IDA 시범사업의 제도적 특징을 살피고, 영국의 SG를 바탕으로 대안을 제시한다. 특히, 여기에서는 IDA 사업이 국민기초생활보장제도의 한계를 보완하기 위한 새로운 유형의 공공부조 사업으로 전국적으로 도입되어야 한다는 것을 전제로 바람직한 제도 방안을 논의한다.[13]

첫째, IDA 사업의 대상자는 가구 경상소득이 최저생계비 미만인 빈곤 가구의 근로능력자들 중 일반 노동시장에서 근로소득이나 사업소득을 올리는 사람을 대상으로 한다. 한국보건사회연구원의 자료에 따르면, 2006년 기준 경상소득이 최저생계비 이하인 가구는 기초생활 수급 빈곤가구(소득 인정액 〈 최저생계비 & 수급), 비수급 빈곤가구(소득 인정액 〈 최저생계비 & 비수급), 그리고 경상소득 기준 비수급 빈곤가구(소득 인정액 〉 최저생계비 & 월평균 경상소득 〈 최저생계비)로 구분되며, 이들은 전체 가구의 14.1%에 이른다. 이들 중 만 15세 이상의 근로능력자가 한 명이라도 있는 가구가 127만 9천 가구이며, 근로능력이 있는 가구원이 전무한 가구가 99만 3천 가구이다(한국보건사회연구원, 2009: 6). 한국보건사회연구원의 추정 방식을 좇아 근로빈곤 가구의 평균 근로능력자 수를 1.83명으로 계산하는 경우(한국보건사회연구원, 2009: 7), 최대 234만 여명이 자산형성지원 사업의 대상자가 될 수 있다(127만 9천 가구 × 1.83명 ≒ 234만). 그런데, 보건복지가족부(2009: 19) 자료를 보면, 만 15세 이상 국민기초생활 수급자 중에서 경제활동에 종사하는 인구는 22.1%에 불과하다. 이 비율을 비

12) 보건복지가족부에서 발표한 사업계획이 국내 저소득층을 위한 자산 형성 지원 사업의 효시는 아니다. 서울시는 2007년 12월에 '서울형 자산형성지원사업(SFDA:Seoul Family Development Accounts)'을 3년간의 시범사업으로 실시하였다. 시범사업의 성공적 진행을 바탕으로 서울시는 2009년에 희망플러스통장사업을 10,000여 명을 대상으로 시행하고 있다.

13) 이하에서 IDA 도입 방안은 신동면(2009) 221-224면에서 나온 내용을 발췌함.

수급 빈곤 가구와 경상소득 기준 비수급 빈곤 가구에도 동일하게 적용하면, 자산 형성 지원 사업 대상은 약 52만 여명으로 추정할 수 있다(234만명 × 0.221 ≒ 52만). 따라서 자산형성지원 대상자는 최소 52만 명에서 최대 234만 명으로 예상할 수 있다. 한편, 자산 형성 지원 사업에 참여하는 기초생활 수급자인 경우 IDA 계좌에 예금한 저축액은 소득에서 공제하고, 적립된 저축액을 금융재산에서 제외하는 조치가 뒤따라야 한다.

둘째, IDA사업에서 급여는 저축액에 대한 대응금의 형태로 지급한다. 저축기간은 저소득층이 저축으로 인해 미래에 대한 희망을 갖고, 동시에 계좌를 만기까지 유지하였다는 성취감을 통해 자기 효능감을 높일 수 있도록 적정 기간으로 설정되어야 한다. 영국의 SG에서 설정한 2년 만기의 저축 기간은 이러한 요구를 충족시키기에 적절해 보인다. 매월 저축액은 최대 20만원을 상한액으로 설정하고 본인이 자유롭게 예금액을 정하도록 하며, 예금액에 대하여 1 : 0.5 의 매칭률로 대응금을 매월 계좌에 적립하도록 한다. SG와 마찬가지로 계좌 개설자는 중도에 개인 사정에 따라 저축액을 인출할 수 있도록 허용하지만, 다음 달에 저축한 예금액에서 우선적으로 인출액을 채우고 남은 예금액에 대해서만 대응금을 계좌에 적립하도록 한다. 이와 같은 방식을 따를 경우 2년간 가입자는 최대 480만원을 저축하고, 최대 240만원의 대응금을 지급받을 수 있다. 이때 대응금은 저축계좌가 만기가 되는 시점에 제공하여 가입자들이 저축계좌를 유지하도록 유인해야 한다. 계좌 만기 시 가입자는 예금액, 이자, 그리고 대응금을 합하여 지급받게 되며, 사용 용도는 개인의 선택권을 존중한다는 원칙에 입각하여 제한하지 않는 것이 바람직하다.

셋째, IDA사업의 전달체계는, 영국의 SG에서는 국세·관세청이 담당하지만, 우리나라의 경우 기존 공공부조 전달체계를 활용하여 사업운영의 효율성을 높여야 한다. 일반 노동시장에서 근로소득과 사업소득이 있는 수급자에 대한 정보는 공공부조 전달체계에서 이미 파악되어 있다. 따라서 이들에 대해서는 IDA 가입 대상자임을 통보하고, IDA 계좌와 운용과정에 대한 설명서를 우편으로 송부하여 저축계좌에 가입하도록 유도한다. 다음으로, 가구의 소득 인정액이 최저생계비보다 낮지만 부양의무자가 있어 비수급 빈곤 가구이거나 가구의 소득 인정액이 최저생계비보다 높지만 월평균 경상소득이 최저생계비보다 낮은 비수급 빈곤 가구에 속해 있는 근로능력자의 경우 본인이 IDA 계좌 개설을 읍·면·동 사무소에 직접 신청하도록 한다. 읍·면·동 사무소의 사회복지사는 행정전산망을 통하여 국세청 근로소득세 납부 개인자료를 열람하여 가구의 경상소득을 확인하고 IDA의 수급 여부를 결정하여 통보해 준다. IDA 수급자로 선정된 개인은 정부가 지정한 금융기관에서 저축 계좌를 개설하도록 한다. 금융기관은 정부의 감독과 통제 하에 IDA 계좌를 운영하며, 매월 IDA 계좌 개설자와 계좌 만기자, 예금액에 관한 정보를 정부에 제공하며, 계좌 개설자에게 계좌의 잔액과 인출액, 예상 대응금에 대한 정보를 분기별로 제공하도록 한다. 계좌 만기가 되면, 금융기관은 가입자에게 예금액과 이자, 그리고 대응금을 지급한다. 금융기관은 예금자에게 이미 지급된 대응금을 매월 보건복지가족부에 일괄 신청하여 돌려받게 된다.

넷째, IDA사업의 재원은 정부예산에서 충당한다. IDA사업이 신규 공공부조 사업으로 운영되기 때문에 기존과 같은 방식으로 중앙정부와 지방정부가 재원을 분담하도록 한다. IDA 수급 대상자에서 논의한 바와 같이 최대 수급인원을 234만여 명으로 잡는다면, 연간 약 2.8조원이 소요된다(234만 명 × 월 최대 대응금 10만원 × 12개월 ≒ 2.8조). 그러나 현실적으로 IDA 잠재적 대상자들 중에서 가사종사자, 학생, 군인 등 비경제활동인구를 제외하면 가입 대상자 수는 크게 줄어들 것이다. 그리고 계좌 개설자들이 매월 최대 저축액을 예금할 수 있을 정도의 소득을 올리기 어렵다는 현실도 고려되어야 한다. 예컨대, 수급 빈곤 가구의 경우 월 소득이 30만원 이하인 가구가 전체 수급 가구의 74%를 차지한다(보건복지가족부, 2009: 52). 이와 같은 실제 가입자 수와 저소득 가구의 낮은 소득수준을 고려한다면, 대응금을 위한 정부예산액은 최대 추정액 2.8조원보다 훨씬 작은 금액이 소요될 것이다. 영국의 SG사업에서 매월 최대저축액을 125파운드(한화 약 23만원)로 정했을 때 총저축상한액에 대한 만기 저축액이 53.8%였다는 것을 단순 비교하면, 대응금 지급에 사용될 정부 예산액은 최소 3,370억 원(52만 명 × 월 최대대응금 10만원 × 12개월 × 0.538≒3,370억)에서 최대 1.5조원(2.8조원 × 0.538 ≒ 1.5조)으로 예상된다.

이상에서 살펴본 신규 공공부조 사업으로 IDA 는 저소득 빈곤층이 미래에 대한 희망을 지니고 자녀 교육의 기회를 확대하여 빈곤에 벗어날 수 있는 토대를 제공할 수 있다. IDA는 국민기초생활보장제도가 안고 있는 자산 형성을 저해한다는 제도적 문제를 극복하는 데 기여할 수 있다. 국민기초생활보장제도의 목표가 최저생계를 보장하여 빈곤을 완화하는 데 국한된 것이 아니라 수급자의 자활을 통하여 빈곤을 감소시키는 것이라면, 생계비 지원만으로 충분치 않고 자산 형성 지원이 필요하다.

2 시민권 관점에 입각한 아동 저축 계좌 도입

영국의 아동신탁기금(CTF)은 보편주의 원칙 하에 정부가 모든 아동을 대상으로 개인별 저축 계좌를 개설하고 저축금을 지원함으로써, 모든 아동이 18세가 되는 시점에 일정 금액 이상의 금융자산을 지니도록 한다. 이에 더하여, CTF에서는 빈곤 가구 아동에게 추가적인 지원금을 제공하여 저축을 장려한다. CTF 도입을 통해 영국의 모든 아동들은 단 한 사람도 예외 없이 18세가 되는 시점에서 자산을 소유하게 될 것이다. 이와 같이 영국의 CTF는 시민권에 기초하여 자산에 대한 권리를 부여하는 시민권적 관점과 빈곤 가구의 아동을 지원하는 사회정책적 관점을 혼용하고 있다.

우리나라에서도 영국의 아동신탁기금과 유사한 성격의 제도인 아동발달지원계좌(디딤씨앗통장)가 2007년 4월 노무현 정부에서 도입되었다. 디딤씨앗통장은 시설보호아동이 장차 시설에서 퇴소하여 사회진출 시 자립을 위해 필요한 학자금, 취업, 창업, 주거 마련 등에 소요되는 초기비용 마련을 지원하기 위한 목적으로 도입되었다. 현재, 아동복지시설 생활 아동, 가정위탁 아동,

소년소녀 가장, 공동생활 가정 및 장애인 시설 생활 아동 등 만 18세 미만의 요보호 아동 약 4만 1천명이 디딤씨앗통장을 개설하고 있다(보건복지부, 2007).

시설보호아동의 저축을 장려하기 위하여 정부는 저축액에 대한 대응금을 제공한다. 정부가 매칭펀드의 형태로 대응금을 지원하는데, 월 3만원까지 1:1 매칭비율로 지원하도록 하였다. 그리고 추가적인 저축을 원하는 경우 월 5만원 내에서 가능하도록 하였다. 따라서 아동이 월 최대 저축액 8만원에 정부의 매칭금 3만원을 합하여 월 11만원까지 계좌에 저축할 수 있으며, 18년 동안 저축하는 경우 이자를 포함하여 약 3,866만원을 적립할 수 있다(보건복지부, 2007). 적립된 저축액은 아동이 만 18세가 되는 시점 이후에 인출할 수 있으며, 고등교육을 위한 학자금, 자격증 취득 등에 소요되는 기술자격취득 비용, 취업훈련 비용, 창업자금, 주거마련 등을 위해 사용되도록 사용처를 제한하였다.

디딤씨앗통장은 중앙정부, 지방정부, 민간 아동복지시설, 기업 등이 함께 참여하는 상호협력 체계로 운영된다. 관리 운영 측면에서 보면, 대상자 선정 관리는 해당 지방자치단체가 담당하며, 계좌 공급자는 민간 금융기관인 신한은행이 전담하며, 아동에 대한 후원 개발 및 관리와 프로그램 홍보 및 모니터링은 한국아동복지시설연합회가 담당하고, 중앙정부는 프로그램 전반을 모니터링하고 감독하는 역할을 수행한다. 디딤씨앗통장 계좌 적립을 위한 재원은 아동 개인과 정부뿐만 아니라 민간 복지단체, 민간후원금, 은행파생상품의 판매 등을 통해 다양하게 조달되고 있다.

디딤씨앗통장은 영국의 CTF와 마찬가지로 저축액에 대응하여 대응금을 제공한다는 점에서 자산 형성을 지원하는 제도이지만, 제도적 성격에서 서로 다르다. 노동당 정부는 국가의 미래에 대한 투자를 역설하면서 아동복지를 대대적으로 확충하였다. 아동 빈곤을 근절하기 위하여 아동 관련 급여를 확대하였으며, 공공보육 서비스를 확대하였다. 영국에서는 18세 미만의 아동을 위한 보편주의 아동수당이 존재하며, 이에 더하여 모든 아동에게 자산 소유의 권리를 보장하기 위해 보편주의 CTF를 도입하였다. 그런데 우리나라의 디딤씨앗통장은 보편주의 사업이 아니라 시설보호 아동을 대상으로 시행되는 매우 제한적인 선별주의 사업으로 빈곤 아동을 지원하기 위한 사회정책적 관점을 따르고 있다. 영국의 아동복지 실태와 비교할 때, 한국에서는 아동의 보호받을 권리를 보장하기 위하여 아동수당이 선결적으로 도입되어야 한다. 현 시점에서 모든 아동들이 18세가 되는 시점에서 일정액 이상의 저축을 지니고 자신의 삶을 선택할 수 있는 기회를 지닐 수 있도록 아동발달 계좌와 같은 자산형성 지원 사업을 모든 아동들에게 확대하는 것은 실현 가능성이 떨어진다. 이 보다는 아동발달계좌를 저소득층 가구의 아동들을 대상으로 선별적으로 실시하는 방안을 고려해 볼 수 있을 것이다.

V. 결 론

영국 신노동당 정부는 그 동안 소홀히 다뤄 왔던 자산 형성의 문제를 복지정책의 4대 영역으로 끌어들이고, 정부가 자산 형성을 지원하기 위한 보편주의 프로그램을 도입하였다는 점에서 흥미로운 정책사례를 제공한다. 2005년에 도입된 아동신탁기금(CTF)을 통하여 2002년 이후 태어난 모든 아동들이 18세가 되는 시점에 일정 금액의 저축액을 지닐 수 있게 되었다. 그리고 두 차례의 시범 사업을 거친 후, 2010년부터 전면적으로 도입된 저축의 길(Saving Gateway)은 빈곤가구의 자산 형성을 촉진할 것이다. 공공부조 수급자가 빈곤의 덫에서 벗어나기 위해서는 최저생계비수준으로 제공되는 소득지원만으로는 충분하지 않으며, 자산형성이 필요하다. 자산형성을 통하여 저소득 빈곤층은 미래에 대한 희망을 갖고 자녀교육의 기회를 확대하여 빈곤에서 벗어날 수 있는 토대를 마련할 수 있기 때문이다. 쉐라든(Sherraden, 1991)이 지적한 바와 같이, 소득지원에 초점을 둔 전통적 공공부조사업은 가난한 사람들이 빈곤으로부터 실질적으로 탈피하여 사회경제적 지위를 향상키는 데 효과적이지 못하였다. 공공부조 정책의 목표가 빈곤을 완화시키는(alleviate) 것이기보다는 빈곤을 감소시키는(reduce) 것이라면, 소득지원으로는 충분하지 않고 자산형성 지원이 필요하다.

영국의 SG사업은 우리나라 국민기초생활보장제도의 운영과정에서 드러나고 있는 저소득층의 자산형성을 저해한다는 제도적 문제를 극복하는 데 도움을 줄 수 있다. 저소득층이 자산을 형성할 수 있는 가장 효과적인 방법은 근로소득의 일부를 떼어 매월 저축할 수 있도록 경제적 유인책을 제공하는 자산기반 복지정책을 도입하는 것이다. 보다 구체적으로 말하자면, 기초생활수급자의 자산 빈곤의 문제에 대처하기 위해서는 소득 지원에 그치는 것이 아니라 자산 형성을 지원할 수 있어야 한다. 국민기초생활보장제도의 목표가 최저생계를 보장하여 빈곤을 완화하는 데 국한된 것이 아니라 수급자의 자활을 통하여 빈곤을 감소시키는 것이라면, 생계비 지원만으로 충분치 않고 자산 형성 지원이 필요하다. 자산 형성 지원 제도는 저소득 빈곤층이 미래에 대한 희망을 지니고 자녀 교육의 기회를 확대하여 빈곤에서 벗어날 수 있는 토대를 제공할 수 있다. 저축 계좌의 유지를 통하여 빈곤 가구의 심리적 · 행태적 변화를 이끌어 내고, 가구원의 인적자원 개발을 통하여 장기적인 관점에서 빈곤 가구에게 긍정적 복지효과를 가져온다. 쉐라든(Sherraden, 1991)의 지적처럼, 소득이 사람들의 배를 채워준다면 자산은 사람들의 생각을 변화시키기 때문이다.

아울러, 영국에서 실시되고 있는 CTF는 한국의 아동복지 정책에 시사해 주는 바가 크다. 아동복지는 국가의 미래에 대한 투자라는 관점에서 아동복지의 대대적 확충이 필요하다. 아동수당과 같은 보편주의 급여가 도입되지 않은 한국의 현실에서 CTF와 같은 자산 형성 지원 제도를 시민권적 관점에서 전면적으로 도입하는 것은 아동수당과 비교하여 우선순위가 밀릴 수 있다. 그렇지만, 현행 디딤씨앗통장의 수급 범위를 절대빈곤 가구의 아동들에게 확대하는 방안은 충분히 검토해 볼 수 있을 것이다.

참고문헌

보건복지부. (2007). 「2007년 아동발달계좌(CDA) 사업 안내」, 서울: 보건복지부.

보건복지가족부. (2009). 「2008년도 국민기초생활보장 수급자 현황」 보건복지가족부.

보건복지가족부. (2009.9.1). "보도자료: 자산형성지원으로 빈곤층에게 자립의 기회를!", 서울: 보건복지가족부.

신동면. (2001). "영국 사회보장제도의 개혁: 사회부조를 중심으로". 『한국사회복지학』 46: 178-209.

신동면. (2004). "영국의 근로연계복지에 관한 평가: 신노동당의 New Deal을 중심으로", 한국사회복지학회, 「한국사회복지학」, 56(1), pp.23-43.

신동면. (2008). 「동아시아 국가의 공공부조」, 서울: 집문당.

신동면. (2009). "근로 저소득층을 위한 자산형성지원제도 설계에 관한 연구", 「한국거버넌스학회보」 16(3), pp.209-226.

양재진. (2008). "사회투자란 무엇인가", 「사회정책의 제 3의 길」, 서울: 백산서당.

이태진 · 신영석 · 김미곤 · 노대명. (2005). 「저소득층자산형성지원 프로그램 시행방안」, 한국보건사회연구원.

Ackerman, B. (2003). "Radical liberalism", In K. Dowding, J. De Wispelaere and S. White (eds.) The Ethics of Stakeholding, Basingstoke: Palgrave Macmillan, pp.170-89.

Ackerman, B. and A. Alstott, (1999). The Stakeholder Society, New Haven, CT: Yale University Press.

Bowles, S. and Gintis, H. (1998). "Efficient redistribution: new rules for market, states and commodities", In E. O. Wright(ed.), Recasting Egalitarianism: New Rules for Commodities, Stats, and Markets, p. 3~71. New York: Verso.

Brooks, J. and L. Tivol, (2008). "The Role of Public Policy in Reducing Poverty and Expanding Economic Opportunity: The Case for Building and Protecting Assets", Washington D.C.: CFED. www.cfed.org.

CFED(Corporation for Enterprise Development). (2007). "Individual Development Accounts: Providing Opportunities to Build Assets", Washington D. C.: CFED.

www.cfed.org.

DfEE(Department for Education and Employment). (2001). Towards full employment in a modern society. The Green Paper, London: DfEE.

Giddens, A. (1998). The Third Way: The Renewal of social democracy. Cambridge: Polity Press.

Harvey, Paul, Nick Pettigrew, Richard Madden, Carl Emmerson, Gemma Tetlow and Matthew Wakefield, (2007). Final Evaluation of the Saving Gateway 2 Pilot: Main Report for HM Treasury, Department for Education and Skills, London: Ipsos MORI and Institute for Fiscal Studies.

HM Treasury, (2001a). Saving and Assets for All: The Modernisation of Britain's Tax and Benefit System, Number Eight, London: HM Treasury. www.hm-treasury.gov.uk.

HM Treasury, (2001b). Delivering Saving and Assets: The Modernisation of Britain's Tax and Benefit System, Number Nine, London: HM Treasury.

HM Treasury, (2008a). Annual Child Trust Fund Report, London: HM Treasury.

HM Treasury, (2008b). The Saving Gateway: Operating a National Scheme, London: HM Treasury.

HM Treasury, (2009). The Draft Saving Gateway Account Regulations 2009, London: HM Treasury.

Ipsos MORI, (2009). Saving Gateway: Following up the second Saving Gateway pilot participants, London: HM Treasury.

Kay, L. (1998). "Evolutionary Politics." Prospect July, 31-35.

Kempson, E., S. McKay, S. Collard. (2005). Incentives to Save: Encouraging saving among low-income households: Final report on the Saving Gateway pilot project, Bristol: Personal Finance Research Center.

King, D. S. (1995). Actively Seeking Work? The Political of Unemployment and Welfare Policy in the United States and Great Britain. Chicago: University of Chicago Press.

Lister, R. (2004). "'The Third Way' Social Investment State," Jane Lewis and Rebecca Surender (eds.), Welfare State Change: Towards a Third Way?, Oxford: OUP.

Loke, V., & Sherrraden, M., (2008). Building Assets from birth: A global comparison of child development account policies, CDS Working Paper No. 08-03, Center for Social Development, Washington University.

Marshall, T. H. (1950). "Citizenship and Social Class," In T. H. Marshall and T. Bottomore, Citizenship and Social Class. p.3-51. London: Pluto Press.

OECD. (2003). Asset Building and The Escape from Poverty. Paris: OECD.

Oldfield, A. (1990). Citizenship and Community, Civic Republicanism and the Modern World. London: Routledge.

Peck, J. (2001). Workfare states. New York and London : Guilford Press.

Prabhakar, R. (2009). The Assets Agenda and Social Policy. Social Policy & Administration. 43(1): 54-69.

Sherraden M. (1991). Asset and the Poor: A new American Welfare Policy, N.Y.: Armonk and London: M.E. Sharpe, Inc.,

Sherraden, M. (2000). "Perspective From Research to Policy: Lessons form IDAs", Center for Social Development Washington University.

Sherraden, M. (2002). "Individual Development Accounts: Summary of Research", St Louis: Center for Social Development at University of Washington.

Walker, R. (1998). "The Americanization of British welfare: a case study of policy transfer." Focus 19: 32-40.

White, S. (2003). The Civic Minimum: On the Rights and Obligations of Economic Citizenship. Oxford: Oxford University Press.

Wilding, P. (1997). "The Welfare state and the Conservatives." Political Studies XLV: 716-26.

제 4 장 영국의 규제정책

심 준 섭 (중앙대학교)

Ⅰ. 서 론

보수당이 1979년 총선거에서 승리하면서 M. 대처는 영국 최초의 여성 총리로 취임하였다. 자유주의 이념의 토대 위에서 대처는 집권과 동시에 긴축재정을 실시하여 영국 경제의 회복을 도모하였다. 1983년과 1987년의 연 이은 총선 승리를 통해 정권의 기반을 강화한 대처 정부는 보다 적극적으로 국영기업의 민영화, 노동조합의 약화, 교육·의료 등 공공분야에 대한 대폭적인 국고지원 삭감과 같은 자유주의적 정책들을 추진하였다. 이와 같은 자유주의적 정책의 바탕에는 정부의 개입이 경제의 효율성과 자유를 침해한다는 확고한 신념이 자리하고 있었다(김정해 외, 2006). 대처에서 J. 메이저 총리(1990-1997)

로 이어지는 18년간의 보수당 정부의 장기집권은 시장지향적 개혁을 통한 경제회복에 상당히 기여하였지만, 동시에 민영화의 폐해 역시 급증하는 부작용을 낳았다.

보수당의 장기 집권에 대한 국민들의 거부감은 1997년 총선에서 T. 블레어(1997-2007.5)가 이끄는 노동당에 대한 압도적인 지지로 이어졌다. 총선 승리로 총리가 된 블레어는 2007년 사임 때까지 정부개혁을 위해 평등과 효율을 동시에 추구하는 실용적인 사회발전모델을 추구하였으며, 이러한 노동당 정부개혁의 이론적 기반은 개량사회민주주의였다(서필언, 2005). 블레어는 시장지향과 효율성을 강조하는 기존의 보수당 정부의 개혁 기조를 크게 벗어나지 않으면서도, 시장원리를 만능으로 보지는 않았다. 이러한 노동당 정부의 공공부문 개혁의 목표는 '더 나은, 더 고객지향적인 공공서비스의 제공'으로 요약되며, 정부개혁의 방향은 1) 서비스에 대한 높은 국가적 기준 설정과 책임성 확보, 2) 고객의 신뢰와 최대만족의 실현을 위한 일선으로의 권한 이양, 3) 일선의 업무 수행에 지장을 주는 장애요인의 제거 및 이를 지원하기 위한 유연성(flexibility)의 강화, 4) 환자, 학생 등 공공서비스 고객의 선택권(choice) 확대 등의 4대 원칙으로 정리된다.

2007년 블레어의 후임으로 총리가 된 G. 브라운(2007.6-2010.4)은 2010년 5월 총선에서 노동당이 과반의석 확보에 실패하기까지 3년간 총리로 재임하면서 블레어 내각이 추진했던 정부개혁 의제와 정책들을 대부분 계승하였다.[1)]

노동당 정부의 개혁 기조는 그대로 규제 개혁에도 투영되어, 14년에 걸쳐 세계에서도 보기 드물 만큼 광범위하고 야심차게 규제개혁 의제들(regulatory reform agendas)을 추진해 왔다. 블레어 내각은 '더 나은 규제(better regulation)'를 슬로건으로 내걸고 규제방식 개선을 목적으로 야심찬 프로그램들을 지속적으

1) 2010년 총선에서 과반의석 확보에 실패한 노동당의 브라운 총리는 자민당과 연정을 시도했으나 합의에 이르지 못하였다. 노동당의 연정 구성이 실패한 이후 캐머론(D. Cameron) 보수당 당수와 클레그(N. Clegg) 자민당 당수 간에 5년간 연정 유지에 합의가 이루어지면서 캐머론 총리, 클레그 부총리의 연정이 수립되었다.

로 추진하였다. 블레어 내각은 보수당 정권이 추진했던 민영화로 인한 폐해를 해결하기 위해 기존의 규제완화 정책에서 재규제(re-regulation) 및 규제품질 관리로 규제정책의 패러다임을 전환하였다. 이어진 브라운 내각은 블레어 내각의 규제개혁 틀을 그대로 유지하면서도 규제개혁 영역을 보다 세분화하여 공공위험(public risk)과 관련된 규제의 개혁에 초점을 맞추었다. 브라운 내각은 특히, '더 큰 책임성을 확보하고, 초점을 더 잘 유지하며, 보다 분명한 목표를 갖고, 보다 효과적인 보호가 이루어지도록' 불필요하고 오래된 규제들을 제거하는데 목표를 두었다(Department for Business, Innovation and Skills: BIS 홈페이지, 2010).

이하에서는 1997년 출범한 블레어 정권으로부터 후임인 브라운 총리가 2010년 사임하기까지 14년간의 영국 노동당 정권의 규제개혁 노력과 그 성과를 살펴보고, 이를 토대로 우리나라 규제개혁에 대한 정책적 시사점을 도출하고자 한다. 이를 위해 영국 노동당 정권을 블레어 정권(I기)과 브라운 정권(Ⅱ기)으로 구분하여, 규제개혁의 목표, 추진기관, 전략, 수단 등을 비교분석하였다. 이를 통해 규제정책의 정권별 차이에 대한 보다 체계적이고 심층적인 비교가 가능하였다.

Ⅱ. 노동당 정권의 규제개혁의 역사적 배경

1 블레어 내각의 규제개혁(1997-2007): 규제의 단순화와 불필요한 규제의 제거

1997년 집권한 블레어 내각은 전임 보수당 정권에서 전면적으로 추진되었던 민영화와 시장지향적 개혁 조치들이 초래한 각종 문제점들을 극복하는 것을 핵심 과제로 삼았다. 이를 위해 블레어 내각은 전임 보수당 정권의 '규제완화(deregulation)' 로부터 '더 나은 규제(better regulation)' 로 규제정책의 패러다임 전환을 시도하였다(김정해 · 이종한 외, 2008). 무조건적인 규제완화보다는 필요한 규제는 추진하되 좋은 규제를 해야만 한다는 인식의 전환이었다.

1997년 정권 출범 직후 블레어 총리의 지시로 '더나은규제TF(Better Regulation Task Force: BRTF)' 가 신설되어 활동을 시작한 이후, '더 나은 규제' 는 현재까지 영국에서 핵심 국정과제의 하나였으며, 규제개혁의 기본방향이기도 하였다. BRTF는 정부의 각종 규제가 좋은 규제인가를 평가하는 5대 원칙으로 투명성(transparency), 책임성(accountability), 목표성(targeting), 일관성(consistency), 비례성(proportionality)을 제시하였다. 당시 BRTF는 영국 경제에 대한 규제로 인한 총비용이 GDP의 10-12% 수준에 이른다고 추정하였다. 1998년부터는 중앙정부에서 규제영향분석(regulatory impact assessment: RIA)이 의무화되었으며, 2000년부터는 정부부처에 규제영향분석을 위한 가이드라인이 마련되었다.

2001년에는 규제개혁법(Regulatory Reform Act)을 통해 규제개혁 집행과 관련한 각 부처 장관의 권한이 강화되면서 영국 정부의 규제개혁 추진은 한층 탄력을 받게 되었다.

2005년 3월 재무성(HM Treasury)의 Hampton 보고서는 규제에 대한 '위험기반 접근법(risk-based approach)' 을 강조하고, 규제를 실행하기 전에 규제로 인해 발생될 수 있는 위험을 반드시 평가할 것을 조언하였다. 또한 더 나은 규제가 지방정부에도 뿌리내릴 수 있도록 '지방더나은규제국(Local Better Regulation Office: LBRO)' 의 설립을 제안하였다. Hampton 보고서를 기초로 "공공 및 민간 부문에서 더 나은 규제를 전달하고 불필요한 관료제를 축소"하는 것을 기관의 임무로 삼는 '더나은규제국(Better Regulation Executive: BRE)' 이 신설되었다. 기존의 '규제영향단(Regulatory Impact Unit: RIU)' 을 대체한 BRE (Better Regulation Executive)는 내각사무처(Cabinet Office) 소속으로 더 나은 규제를 위한 정부의 개혁을 총괄하는 역할을 수행하였다.

같은 시기인 2005년 3월 BRTF는 '규제-적을수록 좋다(Regulation-Less is More)' 라는 보고서를 내고, 규제로 인한 행정부담을 실질적으로 절감하기 위한 급진적 개혁 프로그램을 제안하였다.[2] 이 보고서는 모든 정부부처에 대해 규제로 인한 행정적 부담을 평가하여 이를 절감할 목표를 수립하는 규제단순화계획(simplification plans)을 시행할 것을 제언하였다. 이와 함께 보고서에는 2001년의 규제개혁법(Regulatory Reform Act)에 대한 검토 결과도 담겨 있었다.

곧바로 영국 정부는 BRTF의 이러한 급진적 충고들을 그대로 수용하여, 행정적 부담을 절감하는 프로그램의 시행에 착수하였다. 규제개혁의 핵심 조치로서 정부는 2006년 1월 BRTF를 대체한 독립위원회인 '더나은규제위원회(Better Regulation Commission: BRC)' 를 신설하고, BRC를 통해 기업과 그 밖의 이해관계자들부터 새로운 규제정책들과 정부의 전반적인 규제성과에 대한 독립적인 자문을 구하였다. 독립적인 정부기구로서 BRC는 민간, 공공, 자선분야(voluntary sector) 등 정부를 제외한 외부의 전문가들로 구성되었다. BRC는 BRTF가 수행하던 도전적인 역할을 계승하는 한편, 규제로 인한 행정적 부담의 절감을 위한 각 부처별 규제단순화 계획들에 대해 독립적인 점검 · 평가를 수행하는 중추적 역할을 맡았다. 또한 정부의 더 나은 규제 전달과 관리에 대한 조언도 담당하였다. '더나은규제위원회(BRC)' 는 2008년 1월 그 활동을 종료할 때까지 불필요한 규제와 기업에 대한 행정적 부담을 절감하는데 크게 기여하였다.

2007년 1월부터는 규제개혁법(2001년)을 대체하는 새로운 법인 '입법과규제개혁법안(Legislative and Regulatory Reform Act 2006: LRRA)' 이 시행되면서 더 나은 규제를 촉진하기 위한 법률적 토대가 더욱 공고해졌다. 이 법은 불필요하고 지나치게 복잡한 규제들을 보다 신속하고 손쉽게 다룰 수 있도록 하며, 규제에 대한 위험기반 접근(risk-based approach)을 강화할 것을 골자로

2) 행정적 부담 절감을 위한 규제개혁 프로그램은 네덜란드에서 이미 시행 중인 개혁 프로그램을 모델로 한 것이었다.

하고 있다. 이 법은 규제기관들로 하여금 좋은 규제의 5대 원칙과 실천강령(code of practice)을 준수하도록 의무화하였다. 또한 규제로 인해 야기되는 기업에 대한 행정적 부담을 감소시키기 위한 실질적인 조치로서, 각 부처 장관에게 요구권(order-making powers)을 부여하였다.

2 브라운 내각의 규제개혁(2007-2010): 공공위험에 대한 접근의 강화

2007년 총리직을 넘겨받은 브라운 총리는 전임 블레어 총리의 '더 나은 규제' 정책 드라이브를 그대로 유지하면서도, 정책결정에서의 공공위험(public risk) 문제에 규제개혁의 초점을 맞추었다. 블레어 내각에 비해 규제개혁의 대상이 보다 구체적이고 분명해졌다.

2008년 1월 브라운 총리는 BRC 보고서의 핵심적 조언들을 수용하여 BRC를 폐지하고 '위험과규제자문위원회(Risk and Regulation Advisory Council: RRAC)'를 신설하였다. RRAC 설치를 통해 BRE의 기능을 보완하려는 의도도 갖고 있었다. 당시 BRC의 보고서인 '공공위험-더 나은 규제를 위한 넥스트 프론티어'는[3] 어떻게 하면 정책결정이 공공위험에 대한 보다 충분하고 종합적인 고려를 통해 혜택을 볼 수 있는지에 대해 더 조사할 것을 총리가 직접 지시한데 따른 결과물이었다.[4] 이 보고서는, 새로운 독립적인 자문기구로서 RRAC를 설치하여 공공위험에 대한 이해를 증진하고 효과적으로 비용-편익 간의 균형을 맞추기 위한 방안을 모색할 것을 핵심 내용으로 담았다. 공공위험 영역에서의 정책결정을 개선하기 위한 1년 여의 프로그램을 추진하기 위해 RRAC는 7명의 위원들로 구성되었는데, 기존의 BRC에서 활동했던 사람들이 주축이 되었다. RRAC는 BERR의 지원을 받았으며, 동시에 BRE를 지원하는 기능을

3) BRC(2008), 'Public Risk - the Next Frontier for Better Regulation'.
4) 2006년 10월 BRC의 '위험, 책임, 그리고 규제' 보고서는 총리로 하여금 공공위험(public risk)에 대한 심각한 고려를 하도록 만든 단초가 되었다.

하였다.[5]

공공위험은 '사회의 어떤 부분에도 영향을 미칠 수 있는 위험으로서, 정부의 대응이 예상되는 위험들을 의미하였다' (BIS, 2009). 예컨대 위험한 개, 전염병, 홍수, 비만, 발암물질, 교통안전 등 이러한 모든 문제들은 공공위험 이슈(public risk issues)들로 정부가 해결해야만 하는 것들이었다. 위험에 대한 왜곡된 인식이 미흡한 정책결정과 불필요한 법률 제정을 불러오고, 그 결과 사람들로 하여금 정부가 자신들의 삶에 지나치게 많이 간섭하고 있다고 느끼도록 만든다는 것이다(RRAC, 2009). RRAC는 이러한 공공위험에 대한 미흡한 조치들을 개선하려는 적극적인 시도에서 출발하였다. RRAC는 2009년 4월 실행 프로그램이 종료되기까지 정책결정자와 일반 대중들이 공공위험에 대처할 수 있도록 공공위험에 관한 많은 보고서, 가이드라인, 대응 방안들을 제시하였다. RRAC는 2009년 5월 1년 여의 실행프로그램을 종합한 '책임 있는 대응: 21세기 공공위험에 관한 정책결정'[6] 보고서에서 공공위험에 대한 보다 구체적인 조언을 하였다. 2009년 RRAC가 발간한 공공위험 대응 가이드는 공공위험에 대한 대응 과정에서 직면하는 문제들을 분석하고, 공공위험에 효과적으로 대처하기 위해 RRAC가 제안한 수단과 방법들을 담고 있었다.[7] 이후 RRAC가 제안한 공공위험 대응 수단과 방법들은 정부 내 모든 부처의 정책결정 과정에 도입되어 활용되었다.

정부는 RRAC의 조언을 받아들여 공공위험과 관련하여 '규제정책위원회(Regulatory Policy Committee: RPC)', BRE, '기업혁신및기술부(Department for Business, Innovation and Skills: BIS)'로 하여금 각기 다른 역할을 하도록 하였다. 구체적으로, RPC는 정부정책에 대한 조사의 일부로서 공공위험을 검토

---

5) BERR(Department of Business, Enterprise, and Regulatory Reform)은 2007년 6월 기존의 통상산업부(Department of Trade and Industry)가 해체되면서 신설된 부처로, BERR 역시 2009년 6월 기업혁신및기술부(BIS)의 신설로 해체되었다.

6) RRAC(2009a), 'Response with responsibility: policy-making for public risk in the 21st century'

7) RRAC(2009b), 'Tackling public risk: a practical guide for policy makers'.

하였으며, BRE는 정책결정자들이 정책을 결정하는 과정에서 위험 요인들(risk actors)에 대응하도록 하였고, BIS는 정부가 공공위험에 대한 적절한 대응과 책임을 확보하는 과정에서 발생되는 이슈들을 검토하였다. 2009년 말 신설된 RPC는 정책결정 과정 전반에 걸쳐 강력하고 효과적인 외부조사(external scrutiny) 기능을 수행하였다. RPC의 임무는 정부가 규제의 비용과 혜택을 정확하게 측정하여, 비용을 최소화하고 혜택을 최대화하기 위해 필요한 모든 조치들을 취하고 있는지 조사하는 것이었다. 특히 RPC는 정책결정 과정에 대한 조사 대상에 공공위험을 포함시키고, 정부와 공동으로 기존 RRAC가 제안한 방법들이 어느 정도 효과적인지 검토하였다. 이를 통해 RPC는 규제정책 결정 과정의 투명성을 강화하는데 크게 기여하였다. 더욱이 부처별로 예상되는 정책결과(expected policy outcomes)에 대한 분석의 질을 개선하고, 정책결정자의 행태를 변화시키는데도 상당한 기여를 하였다.[8)]

한편 2008년 '규제집행및제재법(Regulatory Enforcement and Sanction Act)' 이 제정되어 지방더나은규제국(LBRO)에 지방기관들 간, 지방과 중앙정부 간의 일관성을 증진하기 위한 법적 권한(statutory power)이 부여되었다. 또한 규제를 집행함에 있어 정부기관뿐만 아니라 민간기업, 자선단체 등도 해당 규제에 관한 일차적인 책임기관(primary authority scheme)이 될 수 있음을 분명히 하였다(김정해 · 이종한 외, 2008).

III. 규제개혁 추진기관의 역할 및 책임

영국의 규제개혁 추진체계는 BRE로 하여금 국가 전반의 규제개혁에 관한

8) 한 가지 덧붙여, RPC는 각 정책의 목표 설정은 장관의 고유권한으로 보고 평가대상에서 제외하고, 정책을 전달하기 위한 수단의 비용-효과성에만 평가의 초점을 맞추었다.

총괄적 기구로 기능하도록 역할을 집중하면서도, 동시에 다양한 기관들로 하여금 규제개혁에 대한 감시와 모니터링을 하도록 책임과 역할을 적절히 배분한 것이 특징이다(김신 · 최진식 외, 2009). 규제개혁 추진체계는 크게 조정(coordination), 집행(implementation), 조사(scrutiny)의 3개 영역으로 구분이 가능하다(Regulatory Reform Committee, 2008).

1 조 정

블레어 정권 수립과 동시에 마련된 '더나은규제단(Better Regulation Unit)'과 후속 '규제영향단(Regulatory Impact Unit: RIU)'은 블레어 정권 후반기까지 규제영향분석제도를 정착시키는데 기여하였다. 그러나 규제개혁 성과에 대한 점검과 보고 수준을 넘어 규제개혁의 총괄적인 관리 및 조정 기능을 담당하지는 못하였다.

2005년 3월 Hampton 보고서를 기초로 내각사무처(Cabinet Office)에 '더나은규제국(Better Regulation Executive: BRE)'이 설치된 이후, BRE는 현재까지 국정 전반의 규제개혁과 관련된 의제들을 총괄하고 있다. BRE는 2007년 7월 이후 BERR(BIS의 전신)소속의 부서로 변경되었고, 현재는 BIS 소속 부서이다. BRE는 중앙부처, 규제기관, 지방정부 등과 협력하여, 새로운 규제를 설계하고 규제관련 부처들 간의 의사소통을 증진하며, 기존 규제들의 단순화 및 현대화를 추진하며, 규제에 대한 태도와 접근방법을 보다 위험에 근거하도록(risk-based) 변화시키는데 목표를 두고 있다.

구체적으로 BRE는 규제기관, 정부부처들과 공동 노력을 통해 1) 정부부처와 규제기관들이 제시한 신설 규제안들을 조사하고, 2) 효과적인 새로운 규제들을 달성하고, 3) 규제를 변경 또는 제거하기 쉽도록 만들고, 4) 기업, 제3섹터, 공공부문의 일선 담당자(frontline staff)에게 영향을 미치는 규제적 부담들을 감소시키고, 5) 규제의 투명성과 책임성을 증진하고, 6) 규제기관들과 효과적으로 소통하고, 7) 유럽 전역에서 더 나은 규제 의제들을 주도해 가는 데 목표를 두고 있다(BIS, 2010).

그러나 규제개혁의 총괄기구로서 BRE는 규제개혁의 분명한 우선순위와 시간계획(timetable)을 설정하고 있지 못해 정부부처들 간의 개혁의제의 조율에서 문제점을 드러내고 있다(RRC, 2008).

2 집 행

전통적으로 영국은 정책 영역 내에서의 각 부처의 책임을 강조한다. 같은 맥락에서, 각 부처는 정책 영역별로 더 나은 규제를 전달하는 주된 책임을 지고 있다(OECD, 2002).

각 부처별 집행관련 주체에는 더나은규제부 장관(Better Regulation Miinister), 더나은규제위원회 의장(Better Regulation Board Level Champion: BRBLC), 더나은규제단(Better Regulation Unit: BRU) 등이 포함된다. 각 중앙부처의 더나은규제부 장관은 관할 영역에서 규제개혁을 추진할 책임을 지고 있으며, 또한 규제개혁 정책의 집행에 대한 책임을 지니고 있다. 영국 정부는 각 부처 주관의 자율적인 규제개혁을 촉진하기 위해 장관의 권한을 강화하는 조치들을 취해 왔다. 또한 각 부처별로 BRU를 두어 BRE와의 연락기능을 수행하고 행정적 부담을 절감하기 위한 조치들을 확인하고 집행하기 위해 정책담당자들과 협력하도록 하였다. 이와 함께 각 부처별로 규제개혁을 위한 자문기구인 BRBLC가 운영되고 있다.

3 모니터링과 조사

규제개혁 추진기구가 BRE를 중심으로 일원화되어 있는 데 반해, 의회를 비롯한 다양한 기관이 규제개혁과 관련된 모니터링 및 조사 기능을 수행하고 있다. 우선 규제책임성패널(Panel for Regulatory Accountability)에 대해 살펴보면, 기업이나 개인들에 대해 새로운 부담을 부과할 가능성이 있는 모든 규제적 제안들은 규제책임성패널로부터 승인을 얻도록 하였다. 규제책임성패널은 내각의 분과위원회로 재무부 차관(Chief Secretary to the Treasury)이 의장이 된다. 규제책임성패널은 규제 제안들이 민간부문, 공공부문, 제3섹터에 상당한 규제적 부담을 부과하는지를 확인하고, 각 부처의 규제단순화 계획들(simplification plan)과 연간 £2천만 이상의 비용을 부과하는 주요 정책제안들이나 특정한 부문에 일방적인 영향을 미치는 정책제안들을 검토한다. 패널의 검토는 해당 규제제안에 대한 철저한 영향분석(impact assessment)에 기초한다.

하원의 규제개혁위원회(Regulatory Reform Committee: RRC)는 의회의 주요 위원회로서 더 나은 규제를 위한 의제들을 조사하고 규제개혁과 관련된 문제들을 점검하는 역할을 수행한다. 특히 BRE의 견제기구로서 RRC는 정부 특히 BRE의 규제개혁 성과를 검토하고 규제개혁 의제 전반에 대한 의견을 제시한다. 2008-2009년 회기 동안 RRC는 규제개혁의 주제와 추세에 대한 조사를 진행하고 결과를 담은 보고서를 발간하였다.

국립감사원(National Audit Office: NAO)은 의회를 대표해 정부의 책임성을 확보하고, 규제개혁 의제들의 다양한 측면들에 대한 검토 기능을 수행한다. 특히 NAO는 영향분석(impact assessment: 기존 규제영향분석)에 대한 전반적인 검토를 담당한다. NAO는 다양한 부문 및 정부부처들의 규제 역량과 실태에 관한 많은 보고서들을 발간해 왔다. 규제개혁에 대한 또 다른 감시기관으로서 공공지출위원회(Public Accounts Committee: PAC)는 NAO의 보고서를 검토하는 역할을 한다. 2008년의 경우 PAC는 규제로 인한 행정적 부담 절감 프로그램에 대한 NAO의 보고서를 검토하였다.

〈표 4-19〉는 노동당 정권별로 규제개혁과 관련하여 핵심적 역할을 수행하는 기관들을 정리한 것이다. 〈표 4-20〉은 국가 전반의 규제개혁 의제를 주도하는 BRE의 규제개혁 프로그램의 핵심 내용들을 정리한 것이다.

<표 4-19> 노동당 정부별 규제개혁 관련기관의 역할과 책임

구분	조정(coordination)	집행(implementation)	조사(scrutiny)
블레어 정부 (I기)	ㅇ규제영향단 (Regulatory Impact Unit: RIU) • 내각사무처(Cabinet Office)에 설치되어 정부 전반의 규제개혁에 대한 모니터링과 보고 • 각 부처 규제영향분석의 검토 및 가이드라인 제시 o 더나은규제국 (Better Regulation Executive :BRE) • 내각사무처에 설치되어 다양한 규제개혁 정책들의 관리와 조정을 책임짐	ㅇ정부부처 • 고품질의 규제를 전달하는 주된 책임을 짐 <각 부처별 집행관련 주체> 1) 더나은규제부장관 (Better Regulation Miinis-ter) • 각 부처 부장관은 정책분야별로 규제개혁에 대한 책임을 짐 2) 부처별 규제영향국 (Departmental Regulatory Impact Unit) 또는 부처별 BRE(Departmental Better Regulation Executive) • 해당 부처의 규제활동들을 조정하고 조언하는 역할	ㅇ규제책임성패널 (Panel for Regulatory Accountability) • 규제책임성패널은 내각위원회로 정부 전반의 규제 시스템에 대한 전략적 검토 • 각 부처의 규제성과 향상을 촉진 ㅇ국립감사원 (National Audit Office) • 규제영향분석과정에 대한 전반적인 검토 • 규제개혁의제들의 다양한 측면들을 조사 o 규제개혁위원회 (Regulatory Reform Com-mittee) • 하원에 설치되어 규제개혁 법안을 심사하고 관련된 사항들에 대한 조사를 담당
		ㅇ정부부처 • 고품질의 규제를 전달	ㅇ규제책임성패널 (Panel for Regulatory Accountability)

브라운 정부 (II기)	○더나은규제국 (Better Regulation Executive :BRE) • 내각사무처에서 BERR 소속으로 변경 • 다양한 규제개혁 정책들의 관리와 조정을 책임짐 • 영향분석에 대한 가이드라인 제시, 중앙부처들에 대한 조언, 영향분석 요구사항들에 대한 순응여부 모니터링	하는 주된 책임을 짐 <각 부처별 집행관련 주체> 1) 더나은규제부 장관 (Better Regulation Miinister) • 각 부처 부장관은 정책 분야별로 더 폭넓고 개선된 규제의제에 대한 책임을 짐 2) 더나은규제위원회 의장 (Better Regulation Board Level Champion: BRBLC) • 더나은규제위원회 의장은 위원회 구성원들로 하여금 보다 광범위하고 개선된 규제의제를 유도 3) 더나은규제단 (Better Regulation Unit: BRU) • 더나은규제단은 행정적 부담을 절감하는 데 있어서 정책담당자들을 • 도움 • BRU는 BRE와의 연락책 역할을 수행하고 행정적 부담을 절감하기 위한 조치들을 확인하고 집행하기 위해 정책담당자들과 협력할 책임이 있음	• 규제책임성패널은 내각의 분과위원회로 재무부 차관(Chief Secretary to the Treasury)이 의장이 됨 • 규제책임성패널은 규제제안들이 기업, 공공부문, 제3섹터에 상당한 규제적 부담을 부과하는지를 확인 • 규제책임성패널은 부처의 단순화계획들과 연간 £20백만 이상의 비용을 부과하는 주요 정책제안들이나 특정한 부문에 일방적인 영향을 미치는 정책제안들을 조사 ○국립감사원 (National Audit Office) • 의회를 대표해 정부의 책임성을 확보함 • 규제개혁 의제들의 다양한 측면들을 검토 ○규제개혁위원회 (Regulatory Reform Committee) • 규제개혁과 관련된 사항들에 대한 의회의 조사를 담당 ○공공지출위원회 (Public Accounts Committee) • 국립감사원의 보고서를 검토

<표 4-20> BRE의 더 나은 규제를 위한 프로그램의 핵심 내용들

BRE의 더 나은 규제 프로그램			
구분	• 부처 및 규제기관들과 협력하여 기존 규제들을 단순화하고 현대화함	• 부처들과 협력하여 새로운 규제의 설계와 기관들 간의 소통방식을 개선함	• 지방정부를 포함한 규제기관 및 부처들과 협력하여 규제에 대한 태도와 접근법이 보다 위험에 근거하도록 변화시킴
개혁 방안	• 행정적 부담 절감 프로그램 • 공공부문 일선 담당자들에 대한 데이터 요구를 절감하기 위한 프로그램	• 영향분석의 실시 • 자문 정책의 검토 • 2008년 4월부터 새로운 규제에 의한 총비용들을 지속적으로 공개 • 정부지도(government guidance) 실행규정 • 공동개시일(Common Commencement Dates)에 의해 도입된 새로운 규제에 대한 개선된 의사소통 • 규제예산(Regulatory budgets)	• 국가 규제기관과 감독기관들의 통합 • 독립적인 규제기관들에 대한 검토 • 규제기관 순응규정(Regulators Compliance Code) • 규제기관으로 하여금 행정적 부담을 의무적으로 고려하도록 함 • 지방정부들의 규제 우선순위를 분명히 함 • 지역규제개선국(Local Better Regulation Office)의 설치
정책 분야별 개입	• 소비자법(Consumer Law) 검토 • 위험이 낮은 비즈니스에 대한 보건 및 안전규제의 영향에 대한 검토 • 치안에 대한 플레나간 검토의 지원(Support for Flanagan Review of Policing)	• 규제책임성패널에 의한 새로운 규제의 승인	• REP(Retail Enforcement Pilot)에 의한 지역기관과 중앙 규제기관들 간의 협력 개선

Ⅳ. 더 나은 규제의 목표와 프레임워크

1 더 나은 규제의 목표

노동당 정부의 더 나은 규제 정책은 진부하고 비효율적인 규제들을 철폐하고, 사용자 편의의 새로운 가이드라인을 만들고, 규제시스템 내의 비일관성을 개선하는데 목표를 두고 있다(BIS, 2010). 규제란 이해하기 쉽고 지키기 쉬워야 하며, 일하는 방식을 복잡하게 만드는 것이 아니라 보완하는 것이며, 영국의 경쟁력을 유지하도록 해야 한다는 것이다. 더 나은 규제의 구체적인 목표들은 다음 3가지로 정리된다(BIS, 2010).

1) 새로운 규제의 설계를 개선하고 부처 간의 소통방식을 개선하기 위해 부처들과 함께 노력한다.
2) 기존 규제들을 단순화하고 현대화하기 위해 부처들 및 규제기관들이 함께 노력한다.
3) 규제가 보다 더 위험에 근거할(risk-based) 수 있도록 태도와 접근방법들을 개선하기 위해 규제기관과 부처들이 함께 노력한다.

영국 정부는 이러한 규제개혁 목표를 달성하기 위한 전략으로, 1) 기존의 규제들을 단순화하고 개선하기 위한 목표지향적 조치들을 활용하며, 2) 기업으로 하여금 자신들이 반드시 따라야만 하는 사항들을 이해하는데 도움이 되도록 기업들과 보다 분명하게 의사소통하고, 3) 모든 새로운 규제의 영향을 세밀하게 평가하며, 4) EU국가들과 함께 유럽의 규제 가이드 라인을 개선하기 위해 노력할 것 등을 설정하였다.

2 더 나은 규제를 위한 프레임워크

노동당 정부는 새로운 규제를 도입하기에 앞서 각 부처 장관과 공무원들이 의무적으로 준수해야 하는 사항들을 규정함으로써 체계적이고 엄격한 규제관리가 가능하도록 하였다. 이러한 사항들에는 좋은 규제의 5대 원칙(principles), 영향분석(impact assessments), 의무적인 협의규정(consultation code), 다양한 대안들의 고려, 규제단순화계획(simplification plans), 규제책임성패널(Panel for Regulatory Accountability), 규제기관순응규정(Regulators' Compliance Code) 등이 포함되어 있다. 이러한 절차들은 규제를 촉진하기보다는 오히려 새로운 규제의 도입을 방해(hurdle)하는 요소들로 불필요한 규제의 도입을 방지하는데 크게 기여하고 있다.

<그림 4-8> 더 나은 규제를 위한 정책 수단들

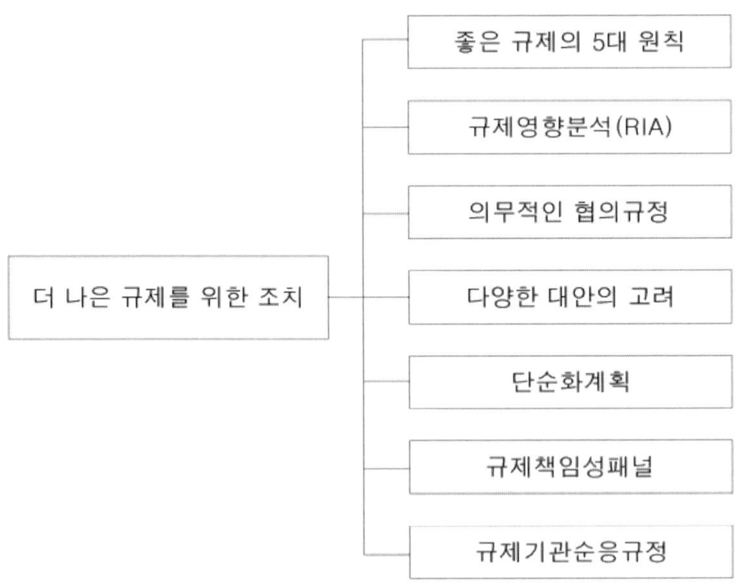

1) 좋은 규제의 5대 원칙

모든 새로운 규제안을 마련할 때 좋은 규제의 5대 원칙에 부합되는지 점검하도록 하고 있다. 1997년 BRTF는 어떤 규제가 목적에 적합한지를 평가하는 기준으로 '좋은 규제의 5대 원칙'(principles of good regulation)을 제시하였다. 첫째, 비례성(proportionality)으로, 규제 주체는 반드시 필요한 경우에만 개입을 해야 한다는 것이다. 규제는 제시된 위험과 확인된 비용에 맞는 적절한 치유여야 하며 최소한에 그쳐야 한다. 둘째, 책임성(accountability)으로, 규제기관은 자신들의 결정을 정당화(justify)할 수 있어야만 하며, 항상 공공감시(public scrutiny)의 대상이 되어야 한다. 셋째, 일관성(consistency)으로, 정부의 규칙과 기준들은 연계되어야 하며 공정하게 집행되어야 한다. 넷째, 투명성(transparency)으로, 규제기관은 항상 개방되어 있어야 하며, 단순하고 사용자의 편의가 확보되도록 규제를 만들어야 한다. 다섯째, 목표지향성(targeting)으로, 규제는 해결하고자 하는 문제에 초점을 맞추고 부작용(side effect)을 최소화해야 한다. 이러한 '좋은 규제(good regulation)'의 5대 원칙들은 현 정부에 이르기까지 어떠한 규제가 그 목적에 적합한가를 평가하는 기본적인 점검장치로서, BRE의 규제개선 전략과 집행의 시금석으로 지켜져 왔다.

2) 영향분석(impact assessment)과 규제영향분석(regulatory impact assessment)

신설 규제의 영향을 사전에 평가하기 위해 1985년 보수당 정부에 의해 처음으로 규제영향분석(regulatory impact assessment)이 도입되었다. 당시에는 정치적 우선순위와 맞물려 기업의 순응비용(business compliance costs)을 분석하는데 초점을 맞추었다. 더 적은 순응비용으로 규제목적을 달성할 수 있는 대안이 있었음에도 불구하고 그것을 채택하지 않았을 경우에는 그 이유를 설명하도록 하였다.

1998년 블레어 총리는 모든 주요한 규제안들에 대해 규제영향분석을 실시할 것을 선언하였다. 1999년부터 규제영향분석은 모든 정부 부처로 확대되었고 또한 의무화되었다. 2000년에는 규제입안자나 규제기관을 위한 규제영향분석 지침이 마련되었다(RIU, 2003). 또한 2002년부터는 규제안이 경쟁에 미치는 영향을 평가하도록 의무화하였다. 초기분석(initial test)에서 영향이 있는 것으로 나타나면, 해당 부처는 공정거래청(Office of Fair Trading)과 경쟁성평가(competition assessment)를 협의하도록 하였다. 이와 함께, 각 부처는 특히 중소기업에 대한 규제의 영향에 주의하도록 하였다.

규제영향분석은 다음 네 가지 기준들을 확인하는데 초점이 맞추어졌다.

1) 규제는 투명하고, 책임성 있고, 증거에 기초해야 한다.
2) 각 규제의 혜택은 그 비용을 정당화해야 한다.
3) 불필요한 규제적 부담이 기업에 부과되어서는 안 된다.
4) 의도하지 않은 결과, 분배적 효과, 간접적 비용이 고려되어야 한다.

각 부처 장관은 규제안들이 이러한 기준들에 부합하는가를 스스로 결정하였으며, 각 부처는 자신들이 수행한 모든 규제영향분석을 분기마다 BRE에 제출해야만 하였다.[9] 또한 규제영향분석의 범위 역시 확대되어 비용뿐만 아니라 새로운 규제에 따른 혜택과 위험의 평가도 포함되었다. 특히 규제영향분석을 통해 규제의 정당화는 물론 예상되는 비용과 혜택을 구체적이고 객관적으로 평가하도록 하였다. 〈그림 4-9〉는 규제영향분석의 절차를 나타낸 것이다.

규제영향분석서에는 목표와 의도된 효과, 대안들(options), 정보의 원천과 전제 조건, 형평성과 공정성 문제, 효과, 비용, 중소기업에 대한 영향 검토, 경쟁성 평가, 비용과 편익의 균형, 불확실성, 강제와 제재, 모니터링과 평가를 위한 사항 등에 관한 구체적인 분석을 포함하도록 하였다. 이처럼 체계적이고 종합적인 규제영향분석에도 불구하고 경제적 영향에 비해 환경적 영향에 대한 평가는 상대적으로 소홀히 다루어지는 한계를 드러냈다(Parker, 2006). 더욱이 규제영향평가는 신설 규제들에만 국한되어 이미 존재하는 규제들의 실제 영향에 대한 평가에는 큰 한계를 드러냈다.

9) 해당 부처 부장관(minister)은 '나는 규제영향분석을 읽었으며, 혜택이 비용을 정당화하는데 대해 만족한다' 라고 규제영향분석서에 서명을 해야 한다.

<그림 4-9> 규제영향분석(RIA)의 절차

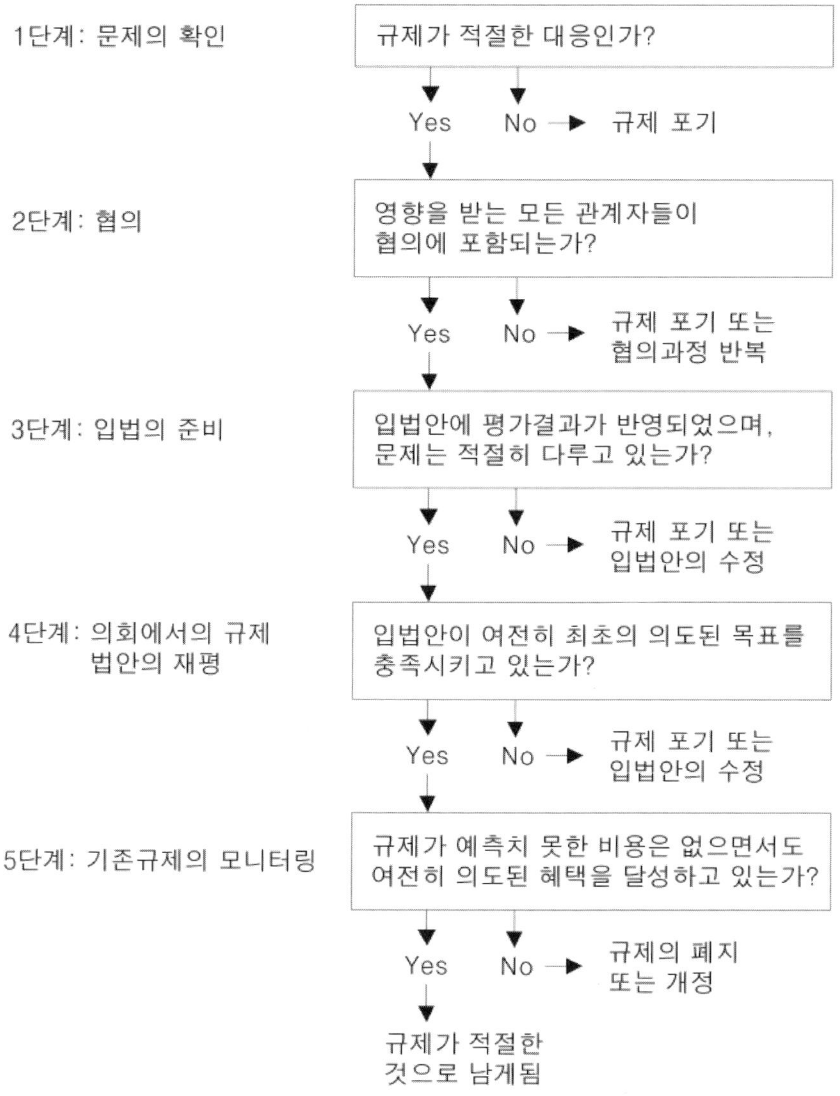

2007년 중반부터 영국 정부는 기존의 규제영향분석(Regulatory Impact Assessment)을 확대하여 모든 부처의 주요한 정책적 제안들에 대해 영향분석(impact assessment)을 실시하도록 하였다. 영향분석으로의 전환은 정책결정자에게 규

제 이외에도 정책문제를 해결하기 위한 다양한 대안들을 모색하게 하고, 결정에서 집행에 이르기까지 발생하는 비용과 편익을 관리하도록 하는데 목적을 두고 있다(김정해 외, 2006). 영향분석은 규제영향분석에 비해 간단하고 구조화된 템플릿 형태로서, 모든 방식의 정책적 개입으로 인해 공공, 민간 및 제3섹터에 미치는 비용과 편익에 대한 분석을 포함하도록 하였다.

3) 의무적인 협의규정(consultation code)

2000년 이후 영국 정부는 협의실행규정(Code of Practice on Consultation)을 두어 효율적인 협의를 통해 정책 이슈들에 대한 정보기반 결정(informed decision)을 강화하고, 공공서비스의 전달을 개선하고, 공공기관의 책임성을 증진하고자 하였다. 2004년에는 협의실행규정이 개정되어 공식적인 서면의견 수렴뿐만 아니라, 비공식적인 의견수렴의 중요성까지 강조하였다. 협의실행규정은 모든 중앙부처 및 기관에 적용된다.

구체적으로 협의실행규정은 다음과 같은 7가지 기준들을 포함하고 있다. 첫째, 협의의 시점으로, 공식적인 협의는 정책결과에 영향을 미칠 수 있는 단계에서 실시되어야만 한다. 둘째, 협의기간으로, 협의는 보통 최소 12주 정도 충분한 기간을 두고 진행되어야 한다. 셋째, 분명한 범위(scope)와 영향으로, 협의내용을 담은 문서들은 협의과정, 제안된 사항들, 영향의 범위, 규제안의 예상되는 비용과 효과에 대해 구체적인 내용들을 담고 있어야 한다. 넷째, 협의에 대한 접근성(accessibility of consultation exercises)으로, 협의를 하려는 대상자들이 분명하고, 접근 가능하도록 계획되어야 한다. 다섯째, 협의의 부담(burden of consultation)으로, 협의의 부담은 최소한에 그치도록 함으로써 협의가 효과적이도록 해야 한다. 여섯째, 협의에 대한 대응성(responsiveness of consultation exercises)으로 협의에 기초하여 분명한 피드백이 있어야 한다. 일곱 번째, 협의역량(Capacity to consult)으로 협의를 주관하는 공무원은 효과적인 협의가 이루어지도록 하고, 협의 경험으로부터 학습된 내용들을 공유해야 한다.

4) 부처별 규제단순화계획(Simplification Plan)과 표준비용모형(standard cost model)

2005년 BRTF의 조언에 따라 블레어 정권 말기에 도입된 부처별 규제단순화계획은 노동당 정부의 규제개혁 핵심 아젠다인 규제로 인한 행정부담절감 프로그램(Administrative Burden Reduction Programme)이다. 규제로 인한 행정부담절감 프로그램은 규제를 준수하고 있음을 증명하기 위해 기업, 자선단체(charities), 자원조직(voluntary organization) 및 공공분야 일선 담당자들에게 부과되는 행정적 부담을 확인하여, 이를 단순화하고 제거하는데 초점을 맞추고 있다. 이 프로그램에 따라 모든 정부부처와 기관들은 규제단순화계획을 수립해야만 한다. 각 부처는 기업에 부과하는 행정적 부담들을 측정하고, 이를 절감하기 위한 목표를 설정하고, 이러한 목표를 달성하기 위한 구체적인 방안들을 단순화계획에 담아야 한다. 2006년 영국 정부는 BRTF의 충고를 수용하여 첫 번째 단순화계획을 수립하였다.

2009년의 경우 19개 중앙부처와 규제기관들은 단순화계획에서 25% 또는 그 이상의 행정부담 절감을 목표로 설정하였다(BIS, 2010). 예컨대 국가통계청(Office for National Statistics)의 2009년 단순화계획은 국가통계청에서 주관하는 설문조사로 인해 기업들에게 부과되는 행정적 부담을 절감하는데 초점을 맞추어 수립되었다. 국가통계청은 2015년까지 기업에 대한 부담을 25% 절감하는 것을 목표로 하고 있으며, 2010년까지 설문조사로 인한 부담을 25% 절감하는 실행목표를 수립·추진하고 있다. 영국 정부는 2009년 말까지 총 £2.9억의 행정적 부담으로 인한 비용을 절감하였다. 또한 2010년 5월까지 기업과 제3섹터에 부과되는 행성적 부담을 25% 절감함으로써 총 £3.3억의 비용절감 효과를 목표로 하였다(BIS: Summary of simplification plans, 2009).

규제단순화계획에서 가장 중요한 부분은 표준비용모형(standard cost model)

의 적용이다. BRTF의 충고에 따라 2006년 영국 정부는 규제로 인한 행정적 비용을 객관적으로 측정하기 위한 방법론으로 네덜란드식 표준비용모형(standard cost model)을 도입하였다. 규제영향평가가 신설 규제에 초점을 맞춘 것인 반면 표준비용모형은 기존 규제의 행정적 부담을 절감하는데 주요 목표를 두었다.

표준비용모형의 핵심은 규제의 목표가 아닌 규제에 의해 부과된 행정적 비용에 초점을 맞추는 데 있다. 따라서 표준비용모형은 각 영역에서 특정한 규제를 준수하기 위해 기업에 부과되는 행정적 부담들을 표준화하여 산정하고 부담 절감 목표치를 설정함으로써 실질적인 규제단순화 조치들이 시행될 수 있도록 만든다.

표준비용모형은 부담 확인(mapping burden)과 부담 측정(measuring burden)의 2단계로 진행된다. 부담 확인단계에서는 기업에 부담을 부과하는 모든 규제와 기업이 규제에 순응을 하기 위해 따라야만 하는 행정적 활동들을 확인한다. 부담 측정단계에서는 기업인, 전문가 등의 인터뷰(전화, 포커스그룹, 면접 등)를 통해 행정적 활동들의 가치(즉, 비용)를 측정한다. 이러한 표준비용모형은 현재 EU의 많은 국가들에서 이용되고 있다.

<그림 4-10> 표준비용모형(standard cost model)

행정적 활동(administrative activity)에 수반되는 부담을 계산하기 위해서는, 행정적 활동과 관련된 비용 모수들(cost parameters)의 확인이 필요하다. 이러한 비용모수들이 표준비용모형의 산정에 포함된다.

행정적 활동비용(administrative activity cost) = P × Q

- P = 비용(tariff: 총임금, 비임금 비용, 재료비, 간접비) × 시간
- Q = 기업의 수(규제 대상 기업의 수) × 빈도(기업의 1년간의 행정적 활동의 횟수)

* 재료비는 행정적 의무를 이행하기 위해 구매한 모든 재료들의 비용을 의미

5) 다양한 대안들의 검토

모든 정책적 제안들은 정책 목표의 달성을 위해 다양한 규제·비 규제 대안들을 동시에 고려할 것을 의무화하였다. 특히 규제영향분석에서 규제적 대안들(options)뿐만 아니라 비 규제적 대안들도 포괄적으로 검토하도록 하고 있다. 2000년 BRTF의 보고서인 '주정부 규제에서의 대안의 활용(Goverment's Use of Alternatives to State Regulation)'은 영국에서의 규제 대안의 사용 실태를 평가하였고, 2003년의 보고서인 더 나은 규제를 위한 창조적 사고(Imaginative thinking for better regulation)'에서는 정책의 유형에 따라 다섯 가지 규제대안을 제시하였다. 다섯 가지 규제대안에는 무규제, 시장지향적 인센티브 시스템, 정보제공 및 교육, 자율규제와 공동규제(co-regulation) 등이 포함되었다.

6) 규제책임성패널(Panel for Regulatory Accountability)

1999년 도입된 규제책임성패널은 기업이나 개인들에 대해 새로운 부담을 부과할 가능성이 있는 모든 규제적 제안들에 대한 승인 여부를 담당한다. 단, 비상입법(emergency legislation)과 정상적인 예산과정에서 재무장관(Chancellor of the Exchequer)에 의해 고려된 세금문제 등은 규제책임성 검토의 예외에 해당된다. 규제책임성패널의 검토는 해당 규제안에 대한 철저한 규제영향분석에 기초한다. 규제책임성패널은 해당 부처의 규제성과 향상을 촉진 할뿐만 아니라 규제로 인한 기업 부문에 대한 부담의 관점에서 모든 규제안들을 검토한다. 규제책임성패널은 각 부처들이 규제 제안들을 꼼꼼하게 점검하도록 만들뿐만 아니라, 더 나은 규제성과에 대해 책임을 지도록 하는데 기여하였다.

7) 규제기관순응규정(Regulators' Compliance Code)

Hampton 보고서에 기초해 2008년 시행된 규제기관순응규정은 더 나은 규제 의제의 또 다른 핵심 부분을 차지하고 있다.[10] 규제기관순응규정은 규제기관으로 하여금 책임성 있고, 일관성 있으며, 투명하게 규제를 수행하도록 하는데 목적을 두고 있다. 이 규정은 기업에 불필요한 부담을 부과하지 않으면서도 규제 결과(regulatory outcomes)를 증진하는 규제조사(regulatory inspection)와 집행(enforcement)에 대한 효율적인 접근을 촉진하는데 주안점을 두었다. 이를 위해 규제기관이 피규제기관들이 규제 요건들을 보다 쉽게 이해하고 따를 수 있도록 도움으로써 순응을 확보하고, 규제위반 사항들에 대해서는 비례적으로 대응하는(responding proportionately) 등의 능동적이고 적극적인 접근을 채택할 것을 강조한다. 규제기관들이 이 규정을 따름으로써 보다 능률적이고 효과적으로 역할을 수행할 수 있다는 것이다(BERR, 2007a).

3 더 나은 규제의 효과

더 나은 규제를 위한 개혁 조치들은 규제로 인한 기업, 제3섹터, 일선공무원들의 행정적 부담을 절감하고, 규제 정보의 품질을 향상시킴으로써 공무원들의 업무 부담을 경감시키고, 고객들이 정보기반 결정(informed decision)을 할 수 있도록 돕고 있다(BIS, 2010). 또한 사회 전반에 걸쳐 규제에 대한 보다 긍정적인 인식을 심어주는데도 크게 기여하였다. 더 나은 규제는 구체적으로 다음과 같은 혜택들을 가져오는 것으로 나타났다.

첫째, 비용절감의 효과이다. 규제에 드는 행정적 부담을 계량적으로 측정하

10) Hampton 보고서는 지속적으로 규제를 위반하는 일부 기업들을 신속히 찾아내어 비례적이고 의미 있는 제재를 가할 것을 포함한 7가지 원칙들을 제시하였다. 이들 원칙들은 Hampton Principles로 불린다.

게 됨으로써, 각 주체들이 규제를 준수하기 위해 지불하는 막대한 비용들, 예컨대 서식작성(form filling), 점검, 제3자에 대한 법적 정보 제공 등에 지불하는 비용들이 측정될 수 있었다. 2006년의 경우만 보더라도 이들이 규제를 준수하기 위해 약 ￡20억의 막대한 비용을 지불한 것으로 나타났다(BIS, 2010). 보다 단순하고, 목표가 분명한 규제는 이들에게 막대한 시간과 비용의 절감효과를 가져다 주었다. 또한 규제기관에게는 보다 분명한 권한을 부여함으로써 행정적 부담이 가장 큰 영역을 찾아 절감 노력을 전개하도록 유도하였다. 2009년의 경우 280개의 단순화 조치들이 시행되었고, 그 결과 ￡2.9억의 절감효과를 거두었다(BIS, 2009).

둘째, 더 나은 규제의 혜택이다. 좋은 규제는 단지 행정적 부담만을 절감하는 것이 아니라 개인, 기업, 그리고 사회 전반에 규제의 혜택을 전달하는데 효과적이어야 한다. BIS(2010)에 따르면, 효과적인 규제는 추가 무역거래, 경쟁시장에 의한 가격의 인하, 깨끗한 공기와 물, 이산화탄소배출의 감소, 안전하고 건강한 일터와 음식, 최저임금에 의한 안전망 등의 다양한 혜택을 가져온다. 2009년 BRE는 정부부처들과 공동으로 규제가 주는 혜택들과 더 나은 규제의 혜택들을 어떻게 향상시킬 수 있는가를 분석한 보고서를 발간하였다.[11)]

셋째, 소비자의 정보기반 선택을 돕는다. 일반대중들은 규제정보에 압도당하고 있다고 해도 과언은 아니다(BIS, 2010). 예컨대 음식의 상표부착(food labelling) 등과 같이 기업이 소비자에게 정보제공을 위해 막대한 비용을 지불하고도 정작 소비자에게는 별다른 도움이 되지 못하고 심지어 혼란만을 주는 경우가 빈번하다. 이러한 측면에서 더 나은 규제는 실제 소비자에게 도움이 되는 규제를 만드는 데 기여하였다.

---

11) BRE(2009a), 'Better regulation, better benefits: getting the balance right. Main report'.

V. 규제개혁을 효율적으로 추진하기 위한 조치들

1 TF와 위원회의 적극적인 활용

영국 정부는 더 나은 규제를 통해 기존 규제들을 단순화하고, 기업, 공무원, 제3섹터에 대한 규제로 인한 행정적 부담을 절감하기 위한 노력을 지속적으로 전개해 왔다(BIS, 2010). 영국 정부는 규제단순화 정책의 핵심은 행정적 부담을 정확히 측정하고 실질적으로 절감하는 것이라고 보았다. 또한 기업이 규제를 준수하기 위해 해야만 하는 모든 일들을 행정적 부담으로 간주하였다. 대표적으로 각종 서식작성, 기록보관, 정보요구에 대한 대응 등은 기업에게 행정적 부담으로 작용하였으며, 영국 정부는 이러한 부담들을 불필요한 규제로 여기고 단순화하고자 하였다.

이러한 규제개혁 노력에서 핵심적인 역할을 수행한 조직은 각종 태스크 포스(task force)와 독립적인 위원회였다. 블레어 정권의 수립과 동시에 규제개혁 추진의 초석이 된 BRTF는 더 나은 규제의 실현을 위한 규제개혁 전략을 제시함은 물론 규제단순화계획과 같은 구체적인 실천방안들을 마련함으로써 노동당 정권이 장기간에 걸쳐 체계적이고 조직적으로 규제개혁을 추진할 수 있도록 하는데 크게 기여하였다. BRTF를 계승한 BRC 역시 좋은 규제의 5대 원칙을 촉진하고, 부처들의 규제단순화계획에 대한 독립적인 점검과 평가 임무를 수행함으로써 각 부처들이 규제로 인한 행정적 부담을 실질적으로 절감하기 위한 노력을 기울이도록 만드는데 기여하였다.

브라운 정권의 RRAC 역시 공공위험 영역에서의 정책결정을 개선하고, 불필요한 규제의 도입을 방지하는데 큰 기여를 하였다. 2009년 말 신설된 RPC는 정부가 규제의 비용을 최소화하고 혜택을 최대화하기 위한 가능한 모든 조치들을 적절히 취하고 있는지를 모니터링함으로써 규제정책 결정과정의 투명성을 증진하는데 기여하였다.

이처럼 규제개혁 관련 TF와 위원회들은 독립적인 기관으로 운영되면서 규제 현황에 대한 다각적이고 체계적인 진단을 실시하고, 각종 보고서를 통해 규제 개혁에 필요한 전략과 원칙은 물론 실천적인 대안과 조치들을 제시하는 중추적인 역할을 하였다. 영국 정부는 이들의 제언을 대부분 수용하여 적극적이고 과감한 개혁 조치들을 취함으로써 규제개혁 노력이 성공을 거둘 수 있었다.

2 규제개혁 주도기관 스스로의 개혁 노력

블레어 정권 말기까지도 영국의 많은 기업들은 규제개혁 의제가 실제 자신들에게 혜택을 가져다 줄 것인지에 대해 회의적이었다(BERR, 2007b). 더욱이 혁신 피로감으로 인해 노동당 정부 전반의 규제개혁 동력도 상당히 약해져 가고 있는 상황이었다. 이러한 상황에서 브라운 정권은 더 나은 규제를 주도하는 BRE(소속 부처인 BERR를 포함) 스스로의 규제성과를 향상시키기 위한 새로운 노력을 전개하였다.

BERR은 2007년 개혁안인 '규제개혁의 넥스트 스텝(Next Steps on Regulatory Reform)'을 발표하고 더 나은 규제를 전달하는 것이 영국 경제의 생산성 향상은 물론 혁신의 촉진에도 기여한다고 역설하였다. 이 개혁안은 더 나은 규제를 주도하고 있는 BRE의 규제정책 성과를 향상시키기 위한 구체적인 조치들이 포함되었다. 또한 기업, 제3섹터 조직 및 공공분야 일선 조직들을 위해 더 나은 규제의 혜택을 실현하는데 도움이 되는 실천 가능한 조치들도 포함되었다. 이와 함께 개혁안에는 규제를 수반하는 가이드 라인을 개선하고, 규제기관의 책임성을 증진하기 위한 방안들도 포함되었다.

3 장관의 권한 강화를 통한 부처별 자율적 규제개혁의 촉진

전통적으로 영국은 정책 영역 내에서의 각 부처 장관의 책임을 강조하며, 장관은 규제개혁 정책의 집행에 대한 최종적인 책임을 진다(OECD, 2002). 이러한 상황에서, 영국 정부는 각 부처의 규제개혁을 촉진하기 위해 장관의 권한을 강화하기 위한 조치들을 마련하였다.

20001년 블레어 정권의 규제개혁법(Regulatory Reform Act)은 각 부처 장관에게 기본법(primary legislation)에 있는 조항들을 폐지하거나 개정할 수 있는 보조법제화(secondary legislation)의 권한을 부여함으로써 규제개혁의 집행과 관련된 장관의 권한을 강화하였다. 2007년의 '입법과규제개혁법안(Legislative and Regulatory Reform Act 2006: LRRA)'은 2001년의 규제개혁법을 대체하여, 브라운 정권에서 각 부처장관 주도의 규제개혁을 가속화하는데 기여하였다. LRRA는 장관에게 두 가지 요구권(order-making powers)을 부여하였고, 장관들이 기본법을 수정하기 위해 이 권한을 사용할 수 있도록 하였다. 요구권은 과도한 행정적 부담을 제거하거나 절감하고, 좋은 규제의 5대 원칙을 준수하도록 만들기 위해 장관들로 하여금 입법적 개혁명령(Legislative Reform Order)을 만들 수 있도록 부여한 권한이다. 이와 함께 각 부처별로 독립자문위원회들이 구성되어 장관 주도의 규제개혁을 지원하였다.

VI. 우리나라 규제정책 및 개혁에 대한 시사점

1 규제개혁을 위한 지속적인 노력

정부의 규제개혁 시도가 가시적인 성과를 거두기 위해서는 충분한 시간과 체계적인 노력이 반드시 전제되어야 한다. 영국의 경우 더 나은 규제를 위한 규제개혁 노력은 1997년 노동당의 블레어 정권 출범부터 2010년 브라운 정권 퇴임에 이르기까지 14년 동안 지속적이며 체계적으로 추진되어 왔다. 이처럼 영국의 규제개혁은 일회성 행사가 아닌 장기적이고 체계적인 방식으로 진행됨으로써 국정 전반에 걸친 규제개혁 문화의 정착으로 이어졌다. 그 결과 규제개혁 총괄기구인 BRE의 강제권이 미흡한 상황에서도 독립적인 규제기관들(independent regulators)의 규제에 대한 태도와 규제 문화에서 근본적인 변화를 가져오기에 충분하였다. 독립적인 규제기관들은 더 나은 규제를 위한 조언들에 따라 구조개선 노력을 전개하였는데, 위원회의 구성, 비관료 책임자의 임명, 의장(Chair)과 책임집행관(Chief Executive) 분리 등을 스스로 추진하였다.

2 규제의 비용과 혜택에 대한 객관적인 측정

모든 규제는 혜택뿐만 아니라 비용을 수반하며, 따라서 비용과 편익 간의 적절한 균형을 유지하는 것이 중요하다. 영국은 규제의 설계 단계에서부터 비용과 편익에 대한 체계적이고 분석적인 접근을 하도록 의무화하고 있다. 이처럼 규제에 따른 비용과 편익의 엄격한 평가는 불필요한 규제의 도입을 방지하는 핵심적인 안전장치로 작동하고 있다. 규제영향분석(regulatory impact assessment)과 그 후속 정책인 영향분석(impact assessment)제도는 심지어 규제의 혜택이 완전히 계량적으로 평가되기 어려운 상황에서도 규제의 혜택이 비용을 정당화 하도록 의무화하였다. 제안된 규제정책의 혜택이 매우 커서 비용을 정당화하고도(benefits should justify costs) 남지 않으면 좋은 규제로 받아들여지지 못하고 폐기되도록 하는 것이다.

3 규제개혁을 위한 분명한 목표, 원칙과 다양한 수단들

영국의 규제개혁은 지난 14년간 더 나은 규제(better regulation)라는 일관된 목표와 실행 5대 원칙을 유지해 오고 있다. 일관된 정책 목표와 원칙 속에서 더 나은 규제를 달성하기 위한 다양한 수단들을 개발하고 체계적으로 시행해 왔다. 특히 새로운 규제를 도입하기에 앞서 장관과 공무원들이 의무적으로 준수해야 하는 절차들을 규정함으로써, 체계적이고 엄격한 규제의 관리가 가능하였다. 좋은 규제의 5대 원칙 준수, 표준비용모형의 적용과 규제영향분석의 실시, 규제 협의의 의무화, 규제 및 비 규제의 다양한 대안들의 고려, 단순화 계획의 수립과 시행, 규제책임성패널 운영 등, 공동개시일제도(Common Commencement Dates) 등의 다양한 방안들이 더 나은 규제를 위해 시행되고 있다. 이러한 조치들은 규제를 촉진하기보다는 오히려 새로운 규제의 도입을 방해함으로써 정부가 쉽게 규제의 유혹에 빠지는 것을 방지하였다.

참고문헌

김신 · 최진식 외. (2009). 「지속적 규제개혁 추진을 위한 규제관리체계 정비방안」. 한국행정연구원.

김정해 · 임준형 · 박형준 외. (2006). 「주요 선진국의 규제개혁 비교 연구」. 한국행정연구원.

김정해 · 이종한 외. (2008). 「규제 전달체계와 사후감독체계 개선방안」. 한국행정연구원.

서필언. (2005). 「영국행정개혁론」. 서울: 대영문화사.

BERR. (2007a). Regulators' Compliance Code: Statutory Code of Practice for Regulators.

BERR. (2007b). Next steps on regulatory reform.

BIS. (2009). Summary of simplification plans, 2009.

BIS. (2009). The government response to the Risk and Regulation Advisory Council (RRAC) report "Response with Responsibility: Policy-Making for Public Risk in the 21st Century."

BRC. (2008). Public Risk -The Next Frontier for Better Regulation.

BRC. (2006). Better Regulation Commission: Risk, Responsibility and Regulation - Whose risk is it anyway?

BRE (2005). Measuring administrative costs: UK standard cost model manual.

BRE. (2009a). Better regulation, better benefits: getting the balance right. Main report.

BRE. (2009b). Striking the Right Balance: BRE Annual Review.

BRTF (2000). Government's use of alternatives to state regulation.

BRTF (2003). Imaginative thinking for better regulation.

BRTF. (2005a). Regulation- "Less is More": reducing burdens, improving outcomes.

BRTF. (2005b). Better regulation: From design to delivery.

Hampton, P. (2005). Reducing administrative burdens: Effective inspection and enforcement.

HM Government. (2009). Code of Practice on Consultation.

OECD. (2002). OECD Reviews of regulatory reform: United Kingdom – Challenges at the cutting edge. Paris, OECD.

Office of Public Services Reform. (2002). Reforming public service: Principles into practice.

Parker, D. (2006). "Regulatory impact assessment." Management Focus(24): 4-7.

Regulatory Impact Unit. (2003). Better policy making: A guide to regulatory impact assessment.

RRAC. (2009a). Response with responsibility: policy-making for public risk in the 21st century.

RRAC. (2009b). Tackling public risk: a practical guide for policy makers.

Better Regulation Commission, http://archive.cabinetoffice.gov.uk/

BIS, http://www.bis.gov.uk/

Business Link, http://www.businesslink.gov.uk/

제 5 장 영국의 연금제도와 연금개혁

이 광 석 (경북대학교)

I. 서 론

과거 서구의 여러 국가들은 국민연금만으로 국민의 노후소득을 어느 정도 보장하려고 시도했다. 제2차 세계대전 이후 영국 노동당은 사회보장제도의 완벽한 실시를 주장하며 '요람에서 무덤까지(From the cradle to the grave) 국가가 책임진다' 는 꿈 같은 슬로건을 제시하기도 했다. 출생부터 사망까지 모든 국민의 최저생활을 국가가 보장해 국민의 불안을 해소하겠다는 것이 당시 노동당 정부의 약속이었다. 하지만 이 같은 슬로건은 점차 빛을 바랠 수밖에 없었다. 사회보장제도에 과도하게 의지하는 일부 국민들의 풍조와 늘어나는 수명 등으로 영국 정부의 지출은 천문학적으로 증가해 더 이상 사회보장제도를 유지하기가 힘들어졌기 때문이다. 이런 이유로 결국 기초국가연금뿐만 아니라 기업연금과 개인연금으로 보완한 3층 보장체계가 등장했다. 이런 과정을 겪으면서 영국 연금체제는 매우 복잡하여 국민들은 물론 전문가들조차 연금제도 전반을 쉽게 이해하기 어려운 문제점을 안고 있다.

영국의 복지 발달의 역사는 1601년 구빈법부터 시작하나 연금에 관심을 집중하면 1908년 노령연금제도 도입에서부터서 연금의 발전이 시작된다. 이 제도는 구빈법(Poor Law)의 개정판이기에 비슷한 원칙이 작용하지만 구빈법에서 벗어나서, 무기여(non-contributory, tax-funded), 자산조사(means-tested) 방식에 따라 국가가 관리하는 연금제도였다(Thane, 2000; Blackburn, 2003). 이후 1911년에는 기여(contributory)연금으로 진화하였고, 1942년에는 Beveridge Report라는[1] 사회정책발달에 있어서 전환을 맞는다. 연금은 결핍(want)을 극복하기 위하여 필요로 하는 모든 이에게 급여(benefit)를 제공한다는 원칙에 따라(Alcock et al., 2005: 6), 1946년 국민보험법(National Insurance Act)이 제정되었다. 이 법은 정률 기여(flat-rate contribution)에 따라 정률 급여(flat-rate benefit)인 기초연금제가 도입되었다(Fraser, 1980: 212). 이 제도의 의미는 기초연금형식의 사회보험이라는 성격에다 보편주의적인 복지국가라는 베버리지의 구상을 결합한 포괄형 연금으로 제도에서는 저소득 노인뿐 아니라 영국에 거주하는 모든 국민을 대상으로 하는 보편적인 제도임과 동시에 노령 · 사망 · 상병 · 장애 · 출산 · 실업 등 소득을 상실하거나 감소시키는 모든 사고를 포괄하는 종합적인 연금제도라는 데 특징이 있다(박영곤 · 윤석명, 2002). 그러나 이러한 기초연금제도만으로는 베버리지가 기대했던 공공부조에 대한 의존율을 줄이지는 못했고[2](박영곤 · 윤석명, 2002) 당시 높아가는 복지수요를 충족하기 어렵다는 여론이 제기되었으며, 기초연금을 보완하는 소득비례연금이 1960년에 보수당 정부에 의해 도입되었다. 이로써 공적연금은 1층(Tier 1)의 기초연금

1) 영문 명칭은 Social Insurance and Allied Service이다.

2) 국민보험제도에서는 대다수의 저임금 노동자가 공적연금제도에서 제외되어 있고 또한 최대 급여액도 공공부조 수급을 위한 기준소득보다 낮았기 때문에 많은 연금 수급자가 또다시 공공부조 수급자가 될 수밖에 없었기 때문이다(박영곤 · 윤석명, 2002).

(state basic pension)과 2층(Tier 2)의 소득비례연금(earning-related scheme or state graduated pension)의 이원체제와 3층의 기업연금(occupational pension)으로 된 현재와 같은 3층의 연금형태가 완성되었다(Pemberton et al., 2006: 53-55).

1975년에 제정된 사회보장연금법(Social Security Pension Act)에 따라 공적소득비례연금제도(SERPS: State Earning Related Pension System)가 도입되었으며 급여연동(indexation of benefits)제도의 법적 토대를 마련하여 평균소득에 따라 연금급여를 조정할 수 있도록 하였다(Barr, 2008: 35).

기초연금의 재정방식은 PAYG(pay-as-you-go) 방식으로 고용 상태에 있는 이들의 기여금으로 은퇴한 사람들을 부양하는 방식이다(Walker & Maltby, 2005: 308). 이는 세대 간의 계약을 의미한다. PAYG 방식의 문제점은 정치적 간여로부터 독립되어 있지 않다. 실제로 1980년 보수당 대처 정부의 정책 우선권(prime target)이 공적지출(public expenditure)의 삭감에 있고 이는 연금 규모의 축소로 이어졌다. 이를 위해 연금액을 소득에서 물가로 연동시킴으로써 기초연금급여의 지속적인 실질적 하락을 가져왔고(박영곤 · 윤석명, 2002), 이 실질적 하락은 1/3 이상으로 추정되었다(Walker & Maltby, 2005: 308).

이후 공적소득비례연금의 수급자 증가로 인한 연금 지출에 대한 우려가 제기됨에 따라 사적연금의 역할을 강조함으로써 공적연금의 재정적 부담을 감소시키려 노력했다.[3] 이와 같은 연금개혁에 따라 1990년대 중반 공적소득비례연금제도(SERPS)의 적용대상은 600만 명 가량 줄어든 반면, 1,500만 명이 이 제도로부터 사적연금으로의 편입(contract-out)이 이루어졌다(Barr, 2008: 337). 이 과정에서 중산층 이하 소득계층에 대한 노후소득보장이 제대로 이루어지지 못하는 상황이 점차 심각한 문제로 대두되었다(최영준, 2007).

이 글은 영국의 국민연금을 중심으로 영국의 연금체계 전반과 영국 연금개혁

---

3) 구체적으로 공적소득비례연금 급여 삭감은 다음과 같은 방식으로 이루어졌다. 첫째, 연금급여 산정기준을 '기존의 소득이 가장 높았던 20년간의 소득'에서 '평생소득'으로 대체하였다. 둘째, 소득비례연금 급여의 수준을 소득대체율 25%에서 20%로 하향조정하였다. 셋째, 유족 급여수준을 배우자의 노령급여액의 100%에서 50% 수준으로 낮추는 것 등의 조치였다(윤여필, 2004).

배경과 2007년 노동당 신연금개혁안 등을 살펴보기로 한다.

II. 영국 공적연금제도

1 영국 연금제도의 발전

연금이란 부양방식의 하나로 은퇴 후 국가로부터 얻는 부가적인 소득이다. 물론 고용주나 스스로의 저축을 통해서 연금소득을 얻을 수도 있다. 이런 방식은 통상적으로 경제활동을 하는 시기에 자기 소득의 일부를 기여함으로써 연금 재정을 마련하는 제도이다. 먼저 부양 구조의 변화를 표로 보이면 아래 〈표 4-21〉이 된다.

〈표 4-21〉 부양 구조의 변화

	전근대적 방식			근대적 방식
	전통적 방식		과도기 방식	제도 방식
부양 방식	가족구성원에 의한 부양			사회보험에 의한 부양
	동거부양	별거부양	자기부양	제도부양
교 환[4]	서비스 요소 (김응석 외, 1993)	경제적 요소	교환 중단	법에 의한 권리와 의무
보 기	자녀에 의한 (이 중에서도 여성) 노인부양		스스로 노후 준비	노인장기요양 보험과 국민연금

자료: 이광석 · 이희주(2010).

4) 여기서 교환은 상방(부모)과 하방(자식) 간의 교환을 말한다(김응석 외,1993). 이를 짓값

위 표의 부양 구조 중에서 국가가 사회적 합의에 따라 제도화한 방식이 연금제도로 이 연금제도는 대다수의 사람에게 가장 좋은 노후소득 유지방법으로 인정받아 왔다.

영국 연금개혁은 Beveridge Plan 이후 연속선상에서 살펴보아야 하지만(Pemberton et al., 2006:53-55) 여기서는 Thatcher 정부와 Blare 정부의 연금제도개혁만 살펴보기로 한다. Thatcher 정부는 1986년에 공적연금제도의 장기적 재정안정을 목적으로 급여수준을 25%에서 20%로 삭감하였고, 적용제외 기능을 확대하여 사적연금을 장려하는 것이었다(현외성 외, 1992: 160). Blare 정부의 연금개혁은 저소득층의 공적연금제도 기능 강화를 위해 공적소득비례연금(SERPS: State Earning Related Pension Scheme)을 2002년부터 국가제2연금(S2P: State Second Pension)으로 대체하고 기업연금에 가입하기 곤란한 근로자나 자영업자를 위해 이해관계자연금(Stakeholder Pension)을 도입하였다(박영곤 · 윤석명, 2002; 김태성 외, 2005). 국가제2연금은 저소득층, 장애 혹은 장기질병을 가진 자들에게 관대한 금여를 제공하고 있다(김태성 외, 2005). 이해관계자연금은 기업연금에 가입하지 않은 근로자나 자영업자를 위한 개인계정방식의 연금제도로 기업연금과 개인연금을 혼합한 성격을 가지고 있고(김태성 외, 2005),[5] 기존의 개인연금이 일반인들이 이해하기 어려운 수수료 구조에 대한 문제, 역선택 등의 문제점을 시정하려는 노력으로 이해된다(최영준, 2007).

이로써 영국의 연금체계는 일층에는 보험방식의 기초연금인 국민보험(National Insurance)이, 이층에서는 소득비례형 공적연금인 SERPS와 이를 대체할 수 있는 기업연금과 개인연금으로 구성되었다. 그리고 삼층에는 기업연금의 추가기여방식으로(AVCs)과 개인연금의 추가기여방식(FSAVCs)이 추가되었다(박영곤 · 윤석명, 2002). 영국의 2층 부분에서 가장 특징적인 점은 적용제외(contracting-out) 규정을 통해 공적연금과 사적연금이 긴밀하게 제도적인 결합을

이라는 우스개소리 속에 포함되어 있다.

5) 개인계정은 유지하되 징수는 집단적으로 이루어지게 함으로써 징수 및 관리비가 절감되는 기업연금의 장점과 다른 연금체제로 수급권에 불이익 없이 자유롭게 이동할 수 있는 개인연금의 장점을 혼합한 것이다(김태성 외, 2005).

<그림 4-11> 영국 연금체제의 발달

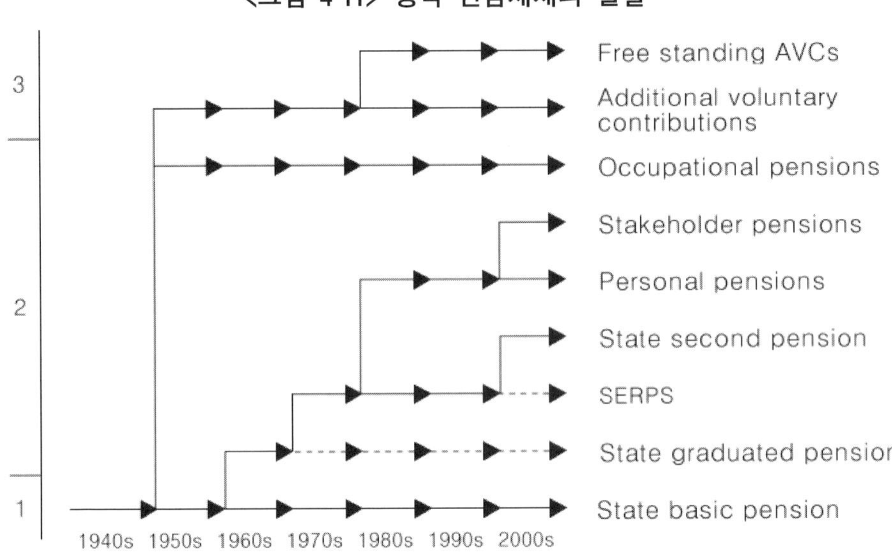

자료: Pemberton et al(2006:53-55).

하도록 하고 있다는 것이다. 2층 공적연금 부문은 1961년 부가연금 도입 당시부터 일정한 요건을 갖춘 기업연금으로 이를 대체할 수 있도록 하는 적용제외 규정을 두어 왔고 점차 적용제외에의 유인 제공 및 적용제외가 가능한 사적연금의 범위 확대 등으로 공적연금 적용으로부터 제외되는 비중이 크게 증가되어 왔다(윤여필, 2004).

영국의 연금체제의 발전을 층(tier)별로 표시하여 그림으로 나타낸 것이 위의 〈그림 4-11〉이다.

2 영국 공적연금제도의 개관[6)]

영국 공적연금제도의 특징은 사회보장의 틀(social security framework) 속에

6) http://knsi.org/knsiorg/knsi/admin/work/works/ref_hri_041208.pdf에서 많이 인용하였다.

서 움직인다는 점이다. 정책결정기관은 노동연금부(Department for Work and Pension: DWP)이며 노동연금부(DWP) 아래에 정책집행기관(agencies)으로 근로연령에 속하는 사람을 위해 직업관리청(Jobcentre Plus)이 있고, 은퇴한 근로자와 장애인, 보호자(carer)를 위해 연금, 장애 및 보호자 관리공단(the Pension, Disability and Carers Service)이 있다(NAO, 2009). 사회보장급여(social security benefits)도 사회보장의 틀 속에서 작용을 하는데 영국의 공적연금과 질병급여(sickness benefit), 장애급여(disabled benefit), 실업급여, 기초생활보장 등을 포괄한다(Harrison, 1995: 46). 공적연금제도는 국가기초연금과 국가소득비례연금의 2층 구조로 운영되는데, 국가기초연금은 기여에 입각하여 사회보험방식으로 운영되고 2층의 국가소득비례연금은 적용제외[7](contract-out) 규정에 따라 기업연금 혹은 개인연금으로 대체될 수 있도록 국가가 장려하고 있다. 적용제외란 공적 소득비례연금에 대한 가입의무를 사적연금, 기업연금에 가입하는 경우 면제시켜 주는 것을 의미한다(박영곤 · 윤석명, 2002). 그 의미는 저소득층은 노후소득보장을 주로 공적연금에 의존하고, 중산층 이상은 사적연금이 소득보장에서 중요한 역할을 하고 있다(윤여필, 2004). 개혁 전 영국의 연금체계에서는 최저소득보장을 목표로 하는 일층의 기초연금이 공적연금의 중심축이 되었으며, 이층제도는 기업연금 등으로부터 배제된 저소득층을 대상으로 하는 제한적인 제도로 그 역할이 크게 축소되었다.

기초보장 부분은 공적연금 우위, 소득지위보장 부분은 사적연금 우위라는 영국형 연금체계가 자리잡게 된다(박영곤 · 윤석명, 2002). 공적연금제도가 사회보장의 틀 속에서 운용되므로 다른 사회보험들과 함께 국민보험(National Insurance) 체제 아래에 포함되어(under the general heading) 보험료를 징수하고 있다(Harrison, 1995: 46). 영국의 국민보험의 가입 조건은 16세 이상 65세 미만(여성은 60세 미만)의 영국 거주자이다.

7) 적용제외란 국가제2연금에 상응하는 직역연금(Occupational Pension), 이해관계자연금(Stakeholder Pension), 개인연금(Personal Pension)에 가입하는 경우 국가제2연금(S2P: State Second Pension) 가입을 면제하는 제도(국민연금, 2007)를 말한다.

1) 영국 연금체계

영국의 연금체계는 3층 구조로 돼 있다. 즉 전국민을 대상으로 한 국가기초연금과 연금크레딧의 1층 구조와 국가제2연금(구 소득비례연금)이나 민간에서 운영하는 직역연금, 이해관계자연금, 개인연금 중 하나에 의무적으로 추가 가입해야 하는 2층 구조, 그리고 노후를 위해 자발적으로 민간 연금보험 상품이나 기존 2층 연금에 더 높은 연금을 위해 추가로 기여금을 더 납부하는 3층구조의 '3층 연금' 체계를 구축하고 있다.

<그림 4-12> 영국의 연금체계 개요

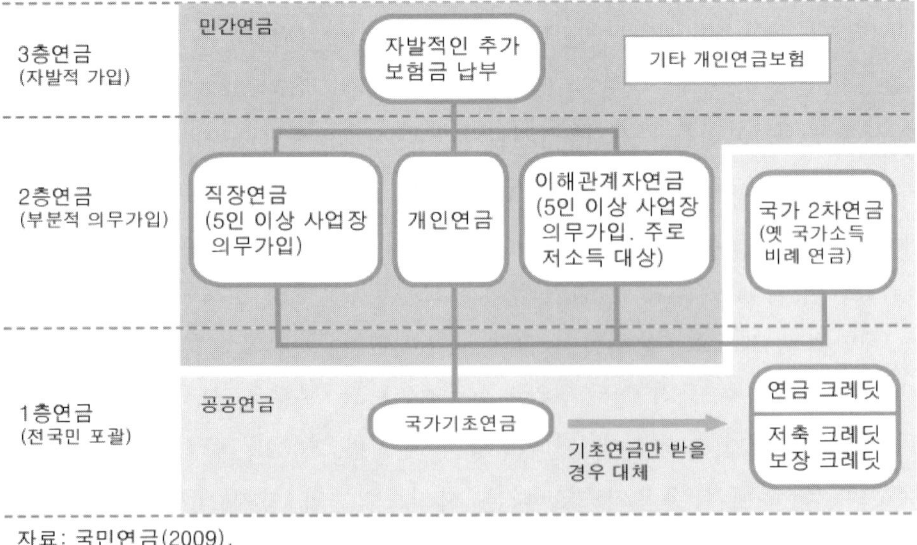

자료: 국민연금(2009).

이를 다시 국가연금과 사적연금, 층(Tier) 기준, 적용대상이라는 구분기준을 고려하여 작성한 도표가 아래 〈표 4-22〉이다.

<표 4-22> 국가연금과 사적연금

국가의 간여여부	연금설계		적용대상
국가연금 (State Pension)	국가기초연금 (Basic State Pennsion)		근로자, 자영자
	추가국가연금 (Additional State Pension)	국가소득비례연금제도(SERPS)	근로자
		국가제2연금제도(S2P)	
사적연금 (Private Pension)	직역연금(Occupational Pension)		
	이해관계자연금(Stakeholder Pension)		근로자, 자영자
	개인연금(personal Pension)		

자료: 국민연금공단 홈페이지(2009).

2) 연구방법론: 구조주의

구조를 브로델(Braudel)은 '시간이 지나도 변함없이 오래 장기적으로 지속되는 것' (김응종, 2006: 38)으로 정의하고 눈에 보이게 나타나는 사건은 큰 역할을 하지 못하고 눈에 보이는 사건 밑에는 그것을 가능하게 하는 어떤 구성이 있는 것으로 본다(김응종, 2006: 113).[8] 여기서 구조란 내적으로 조직화된 관계의 정형(定型)이며, 구조의 성격은 구조가 사물을 보는 수단 또는 개념적 도구이다[9](박재문, 1998: 39-43). 이들 탐구대상의 공통점은 대상의 저변에 숨겨져(underlying) 있다는 점이다(박재문, 1998: 39-43). 이 저변에 숨어 있는 것이 나

8) 브로델은 기저(underlying)에 구조가 있고, 그 위에 콩종튀르(상승이나 하강과 같은 국면), 그 위에 사건으로 된 3층으로 설정하고 '인간은 구조와 국면이 만들어낸 감옥에 갇힌 수인에 불과하다.……사건은 덧없고 개인은 무력하다. 사건과 개인은 존재했지만 존재하지 않았더라도 역사의 방향에는 변함이 없었을 것이다(김응종, 2006: 113)' 라는 관점에서 역사 흐름을 설명한다.

9) 먼저 전체적인 구조가 있고 요소는 그 전체적인 구조에 비추어 의미를 가진다는 뜻이다. 이런 점에서 구조는 요소에 대하여 논리적으로 우선하며 요소의 단순한 총합 이상이라고 말할 수 있다(박재문, 1998: 39-43).

타나는 과정이 변형이다. 변형에서 중요시해야 할 점은 기저와 현상이 서로 다르더라도 변형규칙에 의하여 서로 관계를 맺도록 한다. 이런 시각을 체계화한 이론이 구조주의인데[10] 구조주의에서 구조는 '주어진 임의의 한 사회 일각에서나 또한 전체 사회에서 교환이 유기적으로 조직되고 있는 법칙'(김형효, 1977: 31)이라고 정의되며, 이 글에서는 그 탐구대상이 '연금의 구조', '노인부양의 구조', '사회복지의 구조'에 있다. 이 중에서 연금의 구조에 초점을 둔 글이 이 글이다.

여기서 기대는 구조주의는 촘스키(N. Chomsky)의 구조주의인데, 방법론을 살펴보면 표층구조(surface structure)와 심층구조(deep structure)의 두 가지 구조와[11] 이 두 구조를 연결하는 방법으로 변형(transformation)이라는 장치를 마련한다. 이 방법론에 따르면 표층에 나타난 행위는 그 의미의 연원이 심층에 있고 변형과정을 통해 표층으로 옮아갔다는 것이다. 예컨대, 표층에서 보이는 용산참사는 그 심층에 숨겨진 의미가 있고 이는 변형을 통해 표출되었다는 관점이다. 이를 도표로 표시하면 다음 그림이 된다.

구조주의의 핵심 원리는 심층과 그 변형인데 심층은 사회구조 문제로 보고, 변형의 원리로는 push원리와 pull원리로 대별한다.[12] 전자는 사회구조가 변함으로 인해 그 사회구조에 상응하는 정책의 산출을 요구하는 원리이다. 이

---

10) 구조주의와 밀접한 관련이 있는 분야는 언어학에서이다. 언어학에서 소쉬르가 등장하였고, 오늘날에는 심리학에서 피아제, 언어학에서 촘스키, 인류학에서 레비-스트로스, 문학에서 롤랑바르트 등이 구조주의를 제창하면서 '구조'라는 말을 사용하게 된 것이다(박재문, 1998). 피아제는 구조의 특징을 전체성, 변형, 자기 조정성의 셋으로 요약한다. 레비-스트로스에게 구조란 요소와 요소간의 관계로 이루어진 전체이며, 이 관계는 일련의 변형과정을 통하여 불변의 특성을 보유한다(박재문, 1998).

11) 촘스키의 구조주의는 언어학에서 영향력을 가지고 있는데 표층구조는 음성으로 표현된 말이 나타내는 구조이며, 심층구조는 그 말 이면에 들어 있는 의미를 나타내는 구조이다. 촘스키에서는 심층구조가 '구조'의 성격을 대표한다고 할 수 있다. 촘스키의 심층구조는 언어의 일반적 특성의 규명과 설명, 그리고 언어능력의 규명을 위하여 설정한 '구조'이지만, 이 심층구조는 변형의 규칙에 의하여 규명한다.

12) 브로델이 구조, 콩종튀르(국면), 사건으로 나누는 방식을 촘스키의 심층, 변형, 표층으로 치환할 수 있겠다. 그러면 구조는 심층이 되고, 사건은 표층이 된다. 콩종튀르가 약간 문제이기는 하나 변형원리에 상응한다. 결국 브로델의 방식이나 촘스키의 방식은 표현만 다를 뿐 똑같은 시각임을 알 수 있다.

<그림 4-13> 구조주의의 틀

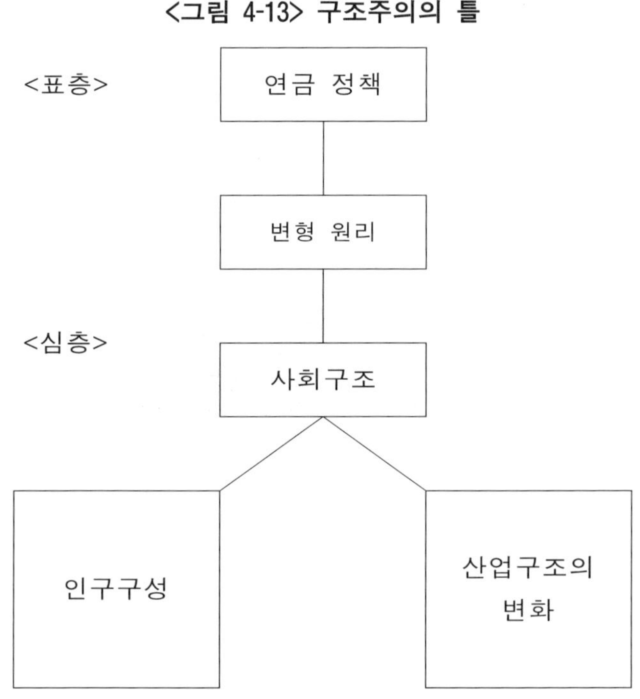

자료: 이광석·이희주(2010) 변형.

사회구조로는 인구구성과 산업구조의 변화로 보고 이 사회구조가 심층에서 표층으로 밀어 올리는 작용을 하는데 이를 push원리로 이해한다. pull원리는 표층에서 심층의 변화를 끌어 올리는 actor가 무엇인가에 관심을 둔다. 여기서는 pull의 actor로 정부로 본다.[13)]

산업구조의 변화(실업률 및 고용구조 포함)은 이 글 후반부인 Ⅵ장(영국연금 개혁방향과 한국에의 시사점)에서 살펴볼 것이고 인구구성을 먼저 살펴보자. 인구구성에서 영국 연금제도과 관련이 있는 것은 노령화 현상이다. 아래 〈그림 4-14〉은 이에 대한 설명이다.

영국의 인구구조 변화의 특징은 노령층 인구의 증가로 특징짓는다. 영국의

13) 그러나 지면상 여기에 대하여는 상론을 피한다. 이에 관하여는 또 하나의 다른 논문이 될 것이기에 후일에 이를 짚어보기로 하고 여기서는 연금구조을 중심으로 논의한다.

<그림 4-14> 영국의 노령화

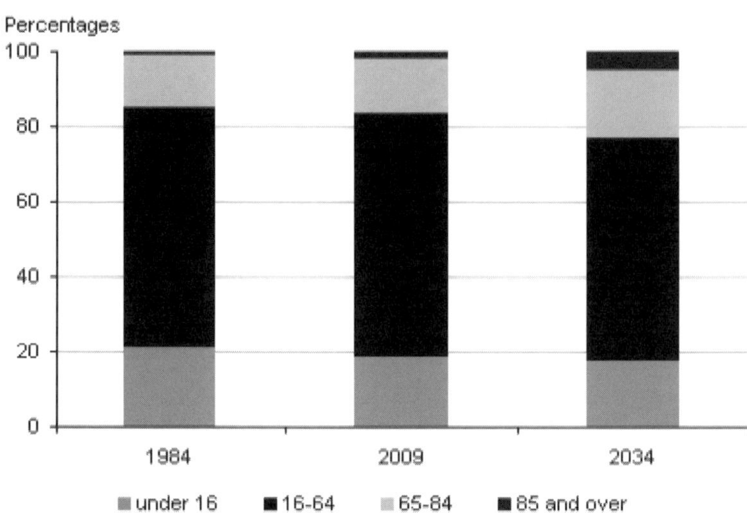

자료: http://www.statistics.gov.uk/cci/nugget.asp?ID=949(2010.7.24)

1984, 2009, 2034년도의 연령변화를 살펴보자. 지난 25년간 65세 이상의 인구비율은 1984년의 15%에서 2009년에는 16%로, 170만명 정도 증가했다. 똑같은 기간에 16세 이하의 인구는 21%에서 19%로 감소했다. 문제는 이 추세가 계속될 것이라는 예상이다. 2034년도의 예측에 따르면, 23%가 65세 이상의 노령층으로 16세 이하의 인구가 18%로 예측되는 것과 대비된다. 이는 연금개혁을 추동한 원동력이다.

또 다른 특징으로 고노령층의 급속한(fastest increase in the 'oldest old') 증가로 특징짓는다. 85세 이상(이른바 고노령층)의 인구를 살펴보면, 1984년도에 대략 660,000명 정도였다. 그 이후로 고노령층 인구가 배 이상으로 늘어나 2009년도에 1,400,000명에 이르고 2034년도에는 2009년도에 비해 2.5배 이상인 3,500,000에 이를 것이고 전체 인구 대비 5%에 다다를 것으로 추산된다.

III. 영국 연금의 종류

영국의 연금제도는 공적연금인 국가기초연금(Basic State Pension)과 추가국가연금(Additional State Pension), 사적연금인 개인연금과 기업연금, 사발적 개인퇴직저축제도의 3층 구조로 운영되고 있음은 이미 언급한 바 있다.

먼저 공적연금의 기여체계가 중요한데, 기여체계는 국민보험제도 전체와 관련하여 살펴보아야 한다. 영국의 공적연금제도는 국민의 최저생계 보장이 목적으로 흔히들 베버리지 모델(Beveridge Model)이라고 하는 국가연금과 사적연금으로 나누어 차례로 살펴보자.[14]

1 국가연금

1) 국가기초연금과 연금 크레딧

국민보험(National Insurance)의 보험료 납부 기록(contribution record)에 기초한 국민연금가입자가 연금급여 대상이 된다. 여기에는 세 가지 유형이 있다. Category A 연금은 자신의 연금 기여 기록에 기초하고, Category B 연금은 자신의 배우자 연금 기여 기록에 기초한다. Category D나 비기여 연금은 80세 이상의 고령자에게 지급한다(CPAG, 2008: 464). 국민연금가입자가 기본적으로 받는 연금이 국가기초연금과 연금 크레딧으로 최저생계유지 보장 및 빈곤의 퇴치가 그 목적이다. 재정방식은 기여를 수급요건으로 하고, 정부가 현재 근로세대로부터 세금을 거두어 현재 퇴직세대에게 연금을 주는 부과방식(pay-as-you-go)으로 운용되며, 보험료 갹출은 소득수준에 상관없이 동일한

14) 이 부분은 영국 연금공단 홈페이지의 설명을 이용하였다.

금액을 납부하고, 급여의 혜택은 동일한 금액으로 하는 정액방식(Flat System)이다(윤여필, 2004). 국가기초연금의 가입대상은 16세 이상 65세 미만의 영국 거주자로 근로기간의 90%(44년) 이상 동안 보험료(National Insurance Contributions)를 납입한 경우 기본연금 급여가 100% 지급된다. 일시불로 받을 수 있고 기본국가 연금 외에 추가로 수령할 수 있다. 영국의 기초연금은 전체 노동자 중에 보험료 면제를 받는 저소득층을 제외한 약 84%가 가입해 있다.[15]

기본연금 급여는 기여를 한 기간(통상적으로 보험료 납부 기간: normal working life)에 비례하여 정액연금을 수령하게 되며 수급 개시연령은 남성은 65세, 여성은 60세이다(CPAG, 2008: 719). 완전연금을 수령하기 위해서는 일정한 근로기간(남자는 44년, 여자는 39년) 동안의 소득이 요구된다.[16]

2003년 10월에 도입된 국민연금 크레딧(Pension Credit)[17]은 60세 이상으로 영국에 거주하는 이들이 그 대상으로(NAO, 2009: 23), 연금생활자의 모든 소득(국가연금을 포함하여)이 최저생활수준 이하(below minimum income threshold)일 때 그 모자라는 차액을 제공한다. 연금 크레딧은 최저생활을 보장하는 보장크레딧(income guarantee element)과 연금(또는 국가사회보험) 가입경력에 따라 추가 급여를 지급하는 저축 크레딧(savings element)으로 구성되는데, 보장크레딧은 노인부부(a customer with partner)인 경우 주당 £189.35이고 독거노

15) 2005 회계연도 연금보험료는 근로자의 경우 주당 소득수준이 £94~630(연간 £4,895~32,760)인 경우 근로자는 소득의 11% 고용주는 추가로 12.8% 등 총 23.8%를 납부해야 한다(Pensions Commission, 2005).

16) 2005 회계연도의 경우 연금급여를 100% 지급받을 경우 기본연금 액수는 독신자는 주당 82.05, 부부는 131.2로(Watson Wyatt, 2005: 4) 남성 근로자 연평균 임금의 약 16%(소득대체율)수준이다. 자영업자는 매주 £2.1의 정액보험료와 추가적으로 연간 £4,895~32,760 구간 소득에 대해서는 소득의 8%를, £32,760 초과소득에 대해서는 1%의 소득비례 보험료를 납부하면 기본연금 혜택을 받을 수 있다.

17) 저소득층의 노후소득보장을 강화하기 위해 노동당 정부는 1999년 최저소득보장(minimum income guarantee)제도를 도입하였다. 이후 2003년 이 제도를 연금크레딧(pension credit)으로 대체하였다. 기존의 최저소득보장은 즉 노인의 연금과 저축의 소득환산액 합계가 하한소득기준에 미치지 못할 경우 차액을 보충해 주는 연금수급자 대상의 공적부조였다. 그러나 이 제도는 추가적인 저축소득, 임금 등에 따라 급여가 비례하여 줄어드는 문제가 있었다(최영준, 2007).

인(a single customer)이면 주당 ￡124.05이다(NAO, 2009: 23). 저축 크레딧에 관해서는 노인부부의 수급자격(eligibility)은 주당 소득이 ￡145.80부터 ￡255이면 주당 ￡26.13까지 수급가능하고 독거노인의 수급자격은 주당 소득이

<그림 4-15> 연금 크레딧 수급 과정

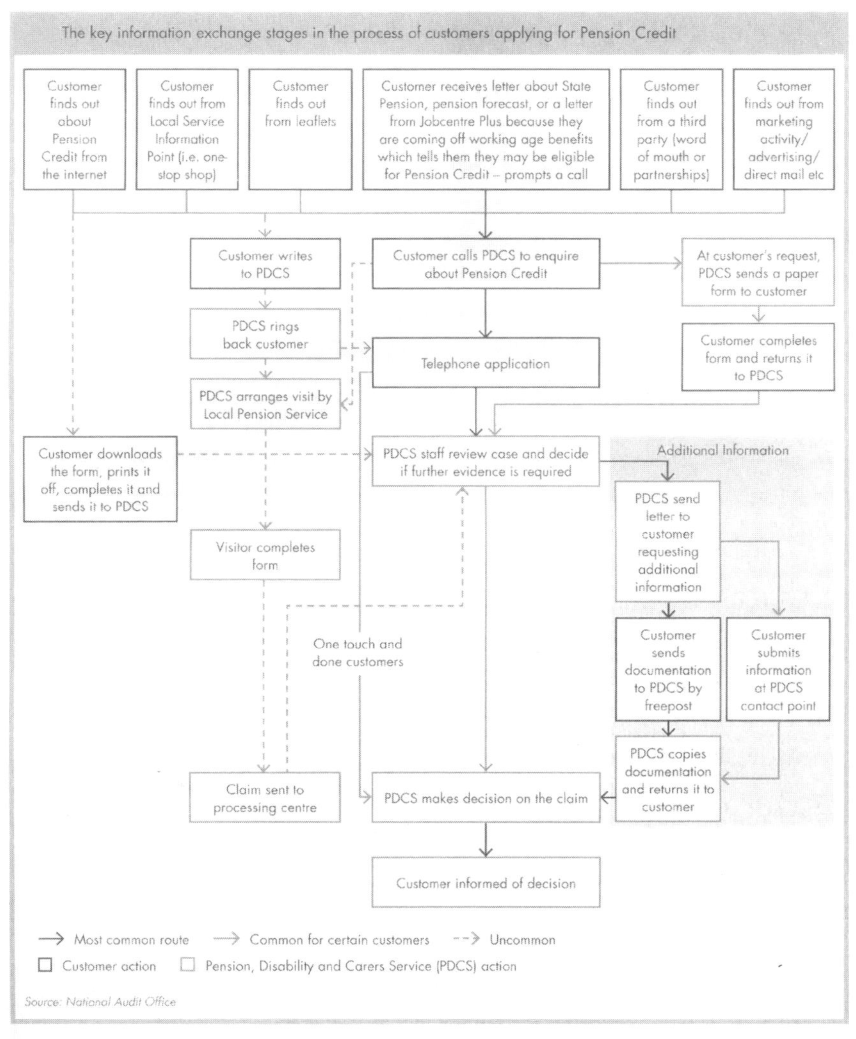

£91.20부터 £174이면 주당 £19.71이다(NAO, 2009: 23). 연금 크레딧을 수급하는 과정은 앞의 〈그림 4-15〉에 요약되어 있다.

수급 대상자가 연금 크레딧을 신청한 경우, 국세청은 신청자의 자산조사(Means-Test) 방식에 따라 신청자의 총소득이 최저소득 수준보다 낮을 경우 이를 지급한다. 이 연금 크레딧은 공적연금에 대한 기여(보험료 납입) 여부와 상관없이 지급되는 비기여 소득보조이다.[18] 보장연금 크레딧의 적용대상은 60세 이상인 반면 저축 크레딧은 만 65세 이상으로 더 높은 소득수준(1인 가족 주당 £144, 2인 가족 주당 £212 수준)까지도 저축액에 대한 크레딧을 적용받을 수 있게 하고 있다.

2) 국가제2연금(S2P)

국가제2연금제도는 78년 도입된 소득비례연금(SERPS)을 대체하는 연금제도로(Hill, 2007: 33) 주요 대상은 저임금, 비정규직 등 저소득층이다. 일정소득 이하의 저소득층에게 유리하고 노동경력이 단절된 장애인과 이들을 돌보는 사람들에게 일정소득에 준하는 연금을 지급한다는 의도에서 도입되었다. 영국은 기업·개인연금 가입 시 공적 소득비례연금인 국가제2연금제도의 적용제외(Contract-Out) 범위를 점차 확대하여 사실상 공적연금제도를 점진적으로 부분 민영화해 왔다. 국가제2연금제도는 연간소득이 £11,200 이하 되는 가입자에까지만 확장형 혜택을 제공하고 그 이상의 소득자들은 사적연금만큼의 혜택을 받지 못한다. 국가기초연금의 소득대체율이 20% 이하이므로(Hill, 2007: 32) 국가제2연금(S2P)의 주요 대상은 연간소득이 £11,200 미만인 저소득층 근로자, 사회적 약자[19]들로 최저수준 이상의 소득수준을 보장하려는 2층 공적 연금제도이다. S2P는 소득비례 연금으로 연금 수령액도 기여액에 비례하는

18) 2007/2008년의 크레딧은 최저소득을 보장하기위해 1인 가족은 주당 £119.05, 2인 가족은 £181.70이다.

19) 여기서 사회적 약자는 장애인·청소년을 보호하는 사람(low earners and those in caring roles), 장애 혹은 장기질병을 가진 자들을 말한다.

혜택을 지급받는다(미래에셋, 2007).[20]

소득비례연금은 기초연금과 같이 지급되는데 그 계산방법은 다음과 같다. 첫째로 연금 수급연령에 도달하면 그 전년도까지의 Class 1 보험료 납부 총액을 계산하고, 둘째로 기초연금 산정에 사용된 금액은 공제한다. 셋째로 공제 후 남은 금액을 국민평균소득 증가율에 따라 재평가하고, 넷째로 그 재평가한 금액에 대해 가중치를 두고(대체로 SERPS는 20-25%이고 S2P는 10-40%임), 다섯째로 연간 금액을 52로 나누어 주당 금액으로 환산하여 주 단위로 지급한다(국민연금연구원, 2006).[21]

영국 소득비례연금의 가장 특징적인 점은 적용제외 규정을 통한 사적연금과의 긴밀한 제도적인 결합이다. 공적소득비례연금은 도입 시부터 일정한 요건을 갖춘 기업연금으로 이를 대체할 수 있도록 하는 적용제외 규정을 두었다.

5인 이상 사업장은 국가가 운영하는 국가제2연금이나 민간에서 운영하는 직역연금, 이해관계자연금, 개인연금 중 하나에 의무적으로 추가 가입해야 한다. 국가제2연금 외에 직역연금 등 기초연금과 별도로 가입해야 하는 이른바 '2층 연금'은 5인 이상 사업장에서 의무화되어 있지만 가입률이 전체 대상의 60% 수준이다. 자영업자의 소득 파악이 어려운 이유로 자영업자들은 기초연금에만 가입할 수 있고, S2P 가입을 불허하고 있다.

2002년 4월부터 시행중인 현 제도(SP2)와 과거 소득비례연금(SERPS)과의 차이점은 S2P는 저소득층에게 관대한 급여를 지급하고 있다는 점이다. 저소득층에게 관대한 급여를 제공하기 위해 S2P는 연금 수급자의 소득수준을 4단계로 구분한 후 저소득층 연금수급자에게는 기여액 대비 고혜택을 고소득층에는 저혜택을 부여하고 있다. 퇴직자 소득계층별 상한소득을 설정하고 구간별로 급여 지급률을 차등 적용하는 제도를 통해 저소득층의 연금 지급액은 상향, 고소득층 노령자의 연금은 하향 조성하고 있다.

---

20) 이 점에서 근로연수에 따라 연금액이 차이가 나는 기초연금과 다르다. S2P의 급여수준은 개개인들이 기여한 보험료 납부액에 따라 결정되는 소득비례 공적연금이다.

21) 평균소득자를 기준으로 볼 때 소득비례연금의 급여는 기초연금과 비슷한 수준이다. 현재 평균수급액은 남성의 경우 월 여자의 경우 월 정도라고 한다(박영곤 · 윤석명, 2002).

3) 자영업자연금(State Pensions for the self-employed)

자영업에 종사하는 영국 국민은 국민보험 2유형 기여금을 낸다(flat rate class 2 national insurance contributions).[22] 앞의 도표에서 제시되어 있듯이 이들은 기초국민연금을 받게 되지만 또 다른 추가 국민연금은 받지 못한다. 은퇴 이후에 국가기초연금 이상을 받고 싶으면, 개인연금 또는 이해관계자 연금을 이용하는 것이 좋은데, 이 연금이 자영업자연금이다. 만약 소득이 부과대상소득하한선(standard low profit earnings) 이상이면 국민보험 4유형 기여금을 낸다(〈표 4-25〉, 〈표 4-26〉, 〈그림 4-16〉 참조).[23]

2 사적연금(Private Pension)

영국의 사적연금제도는 강제의무연금인 기업연금, 개인연금, 이해관계자연금과 자발적 개인연금제도로 구성되어 있다. 사적연금은 재2국가연금이 제공하는 만큼의 급여수준을 보장하여야 하며 확정급여·확정기여형으로 운영된다. 총 피고용인의 64.3%가 사적연금 대상이며, 42.3%는 기업연금이고, 22%는 개인연금 가입자로 되어 있다(윤여필, 2004).

1) 개인연금

개인연금(Personal Pension)은 보험사와 직접 계약하는 연금으로(윤여필, 2004) 가입자를 대신해 모은 자산을 투자하는 은행, 주택, 금융, 조합 및 생명보험

22) 현재 기준으로 기여금은 주당 £2.20이고, 저소득면제(Small Earning Exemption)에 해당하면(£4635 이하) 기여금이 면제된다.
23) 현재 부과대상소득하한선은 연소득 £5225이다. 국민보험 4유형(Class 4)은 이윤하한(lower limit)와 이윤상한(upper profit limit) 사이에는 이윤의 8%이다. 그리고 이윤상한을 넘는 이윤에 대해서는 초과 1%(extra 1%)를 지급하여야 한다.

회사에서 할 수 있다. 개인연금은 55세부터 받을 수 있으며 은퇴할 때 국가연금이나 직역연금을 보충하도록 설계된 연금이다. 개인연금은 원하는 만큼 저축할 수 있으며, 자영자(self-employed)든 근로자(employees)든 관계없이 또 소득이 없어도 직역연금 혜택이 없어도 개인연금 혜택을 누릴 수 있다. 개인연금은 연간수입(봉급 및 기타 근로소득)에 대한 공제액의 최대 100%까지 공제받을 수 있다.

2) 이해관계자연금(Stakeholder pensions Scheme)

이해관계자연금은 정부가 지원하는(government-based savings model) 연금제도로 월 20부터 이용가능하고 관리비용(administration fees)은 10년 동안은 1.5%이며 그 이후는 1%로 줄어든다.[24] 이해관계자연금은 직역연금이 저소득 근로자에게 불리한 점을 개선할 목적으로 도입됐다.[25] 이해관계자연금은 확정기여형(Defined Contribution)으로 운영되며(윤여필, 2004), 개인들이 개별단위가 아닌 단체로 가입하는 사적연금이므로 가입 · 보험료 징수 등을 집단적으로 추진해 관리비용(annual management charges)이나 펀드 운영비(fund management fees) 등을 절감할 수 있다. 현재 관리비용은 10년 동안은 1.5%이며 그 이후는 1%로 줄어든다. 가입자가 이직, 휴직, 전직, 가타 고용 불안 등 개인 사정으로 보험료 납부를 중단하거나 다른 상품으로 이동해도 별도의 벌과금을 부과하지 않는다. 기업연금제도를 운영하고 있지 않은 5인 이상의 사업장은 반드시 이해관계자연금을 근로자들에게 제공할 것을 의무화해 기존 연금체제가 수용할 수 없었던 일시적 고용자 및 자영자들에게도 연금 혜택 적용이 가능하도록 했다. 이해관계자연금은 이직 시 연금 이전이 가능하여 연금

24) 1999년 연금개혁 시 도입되어 2001년부터 시행중인 계좌이동이 가능한 사적연금이다.

25) 예를 들어 잦은 이직 등 불안정한 고용상태인 자, 기업연금가입이 안 되는 자영자 등의 사적소득보장. 모든 사람들에게 이해관계자연금은 열려 있지만 특히 고용주들이 회사 연금을 제공하지 않거나 자영업자일 경우에는 유리한 점이 많다. 하지만 보험료를 납부한 가입자가 4%에 불과해 사실상 이름만 남은 상태다.

및 고용의 유연성 제고에도 기여할 수 있으며, 수입이 없는 경우에 기여하지 않아도 된다. 이해관계자연금은 55세부터 받을 수 있으며, 연금 납부금에 세금을 공제받을 수 있다.

3) 직역연금 [Occupational(Company) pensions]

직역연금은 기업(고용주)이 근로자를 위해 운용하는 사적연금으로 관재인(trustees)이 관리하는 방식이나 생명보험회사(life insurance company)가 맡아서 관리하는 방식이 있다. 직역연금은 세 가지 형태로 운용되는데, 첫째는 기여(Contributory)형으로 고용주의 기여(employer's contribution)와 함께 근로자 개인 소득의 일부[part of earnings: 보통 총급여(gross salary)의 5%]를 납부하는 형이 있고, 둘째는 무기여(Non Contributory)형으로 고용주가 근로자를 대신해서 정기적으로 모든 기여(employer makes all the payments)를 하는 형과 가입이 자유로운 이해관계자 연금(Open stakeholder schemes)이 있다. 앞의 두 형태는 고용주는 관리비용과 펀드 운영비를 부담하며 세제혜택(substantial tax benefits)이 주어진다. 직역연금이 지급되기 전에 사망하는 경우 근로자의 부인에게 혜택을 제공하며, 건강상의 이유로 정상적인 정년퇴직보다 먼저 퇴직을 하는 경우 고용주가 연금을 제공할 수 있다.

4) 그룹개인연금(GPPP: group personal pension plan)

일부 고용주는 근로자에게 기여는 개인연금에 대한 액세스를 제공하지만 급여는 그룹의 형태로서(group terms) 혜택을 받는다. 즉 개인연금 계약은 근로자별로 이루어지지만 그룹개인연금으로 재조직화되어 회사 소속 근로자들에게 연금 제공업체(예를 들어, 은행이나 생명보험 회사)와 적합한 연금상품을 선택하도록 하고, 낮은 관리 비용을 내기 위한 협상을 할 수도 있다. 이러한 연금 형태가 그룹개인연금이다. 따라서 이 연금은 고용주에게 비용절감이 가능하고(better cost effectiveness) 관리가 쉬운 장점이 있다. GPPP를 통해 받는 연금은 개인연금이며 직역연금과 혼동하지 말아야 한다. 이 연금의 기여에도 세금 공제를 받는다. 근로자가 고용주를 떠날 때에도 그룹개인연금에 기여할 수 있지만 더 높은 관리 비용을 지불한다.

이상 언급된 내용을 기초로 영국의 연금 수급자에게 지급되는 공적급여를 표로 보이면 아래와 같다

<표 4-23> 공적급여 현황(1998-1999)

급 여	유 형		GDP 대비 지출 비중	수급자 비중	기 준
	급 여	기 여			
기초연금	정액급여	정액기여	3.8%	95%(남성) 56%(여성)	근로기간 중 90%동안 기여금 납입
SERPS	소득비례 (earning-related)	소득비례 기여	0.4%	80%(남성) 30%(여성)	기여금 납입
소득보조	소득에 따라 차등 지급 (income-related)	비기여	0.4%	11%(남성) 20%(여성)	자산조사
주거급여 (Housing Benefits)	소득에 따라 차등 지급 (income-related)	비기여	0.5%	22%	자산조사
Council Tax Benefit	소득에 따라 차등 지급 (income-related)	비기여	0.1%	30%	자산조사

자료: Department of Social Security(1999), 지은정(2005)에서 재인용.

Ⅳ. 영국 연금제도의 구체적 내용[26)]

1 기 여

영국의 공적연금은 다른 사회보험들과 함께 국민보험(National Insurance) 체제에 포함되어 보험료 징수 등이 일괄적으로 처리되고 있다. 따라서 국민보험제도 전체와 관련하여 공적연금의 기여체계를 살펴보아야 한다. 영국의 공적연금에서 근로자(employee: 직장인)의 소득영역(band earnings)에 따라 징수한다. 소득영역은 소득상한선(upper limit)과 소득하한선(lower limit) 사이의 폭을 말하는데 소득상한선을 UEL(Upper Earnings Limit)라 하고 소득하한선을 LEL(Lower Earnings Limit)라고 한다[27)](Harrson,1995:47, CPAG,2008). 이를 나타낸 것이 〈그림 4-16〉이다.

<그림 4-16> Class 1 보험료 범위

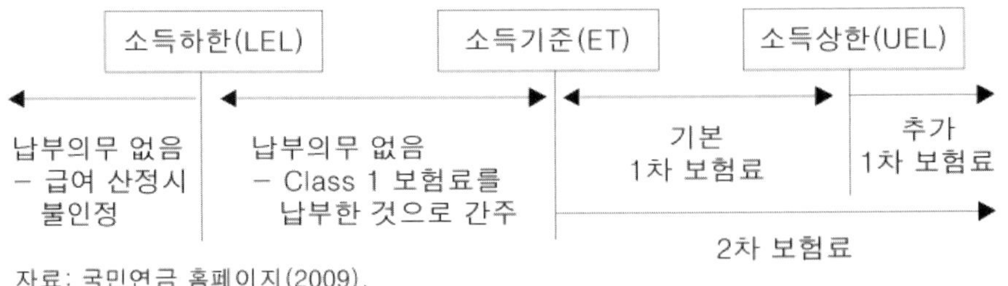

자료: 국민연금 홈페이지(2009).

26) 이 장의 기술은 국민연금공단의 '영국의 연금제도'를 많이 참고하였다.

27) LEL은 기여를 하지 않아도 기여를 한 것으로 인정하는 최저한의 소득기준을 말한다. 1998년 법개정 전에는 이 기준이 기여하한소득이었으나 법개정을 통해 저소득층 소득보장을 위한 가상적 기준소득으로 적용된다. LET는 기여를 하는 최저한의 소득기준이다(국민연금, 2006: 93). 2007/08년도 LEL은 £87이고, UEL은 £670이다. 2008/09년도의 LEL은 £90이고, UEL은 £770이다(CPAG, 2008: 723).

<표 4-24> 보험료의 종류

	납부 대상	납부 의무자	비 고
Class 1	근로자	근로자(primary contributor) 사용자(secondary contributor)	
Class 1A	사적으로 이용 가능한 현물 급여(자동차, 연료 등)를 제공받는 관리자급 근로자	사용자	급여목적으로 산정되지 않음
Class 1B	근로자	PSA 약정(Pay as you earn Settlement Agreement)을 맺은 사용자	급여목적으로 산정되지 않음
Class 2	자영자		정액
Class 3	국가 연금의 수급권 확보를 위한 보험료를 충분히 납부하지 않은 자		정액 임의보험료
Class 4	자산이나 소득에 대해 소득 및 법인세법(1988) 별표 D의 Class 1과 Class 2 소득세를 납부해야 하는 자 ※ 주로 자영자들이 Class 2 보험료를 추가하여 납부		급여목적으로 산정되지 않음

자료: 국민연금 홈페이지(2009), Child Poverty Action Group(2008).

국민보험(National Insurance) 체제에 속하는 단일한 연금체계이지만 보험료를 부과하는 방식은 소득영역에 따라 Class 1, Class 2, Class 3, Class 4의 네 가지 유형으로 분류된다(박영곤 · 윤석명, 2002). Class 1의 보험료의 납부 대상은 근로자(employee)와 고용자(employer) 모두 해당하는데, 소득하한선 이하에 해당하는 소득영역의 근로자는 기여를 하지 않는다. 근로자에게 부과되는데, 근로자의 주 단위 소득을 기준으로 하며 노사가 각각 절반씩 부담하며 보험료는 기준소득(ET)을 이상의 소득에 대해서 부과된다(박영곤 · 윤석명, 2002; 국민연금홈페이지, 2009).

영국 연금제도는 고소득자영자 기여의 소득상한선을 폐지하는 등 기여에 있어서의 재분배적인 요소를 강화하였다(국민연금연구원, 2006). 영국의 국민보험 가입유형 및 보험료율에 관하여 정리한 것이 아래 〈표 4-25〉, 〈표 4-26〉, 〈그림 4-17〉이다.

<표 4-25> 영국의 국민보험 가입유형 및 보험료율(2008.4 - 2009.4)

납부유형	소득수준	근로자	사용자
Class 1 (근로소득)	주 £0-90 미만	보험료 납부제외	납부제외
	주 £90-105	0%	0%
	주 £105.11-770.00	11%	12.8%
	주 £770.00 초과	1%	12.8%
Class 2 (자영 저소득)	연 £4,825 미만	납부제외	
	연 £4,825 - 5,435	주 £2.30	
Class 3 (임의가입자)	소득이 없는 자 등	주 £8.10	
Class 4 (자영 고소득)	연 £5,435 - 40,040	8%	
	연 £40,040 초과	1%	

자료: 국민연금 홈페이지(2009).

<표 4-26> Class 2와 Class 4 보험료

보험료 명칭		부과대상 소득	보험료율
Class 2 보험료(정액)		연 £4,635 이하	2007-2008년
		연 £4,635 - 5,225	주당 £2.20
Class 4 보험료	기본 Class 4 보험료	연 £ 5,225 - 34,840	2007-2008년 8%
	기본 Class 4 보험료	연 £ 34,840 초과	2007-2008년 1%

자료: 국민연금 홈페이지(2009).

<그림 4-17> Class 2와 Class 4 보험의 범위

자료: 국민연금 홈페이지(2009).

2 급 여

위 표에서 나타나는 공적연금제도를 급여에 초점을 맞추면 국가연금의 체계에는 노령연금, 유족연금, 장애연금 등을 포괄하고 노령연금은 기초국가연금과 국가제2연금으로 구성된다. 유족수당(Bereavement Allowance), 유족부모수당, 유족일시금은 유족연금에 속하고 장애연금 속에는 단기고액 장애연금, 단기저액 장애연금, 장기장애연금이 있다. 이를 도표로 나타내면 아래 〈표 4-27〉와 같다.

<표 4-27> 국가연금의 종류

종 류		수급자	연금액	수급요건 기타
노령연금	국가기초연금	아래 본문 설명 참조		
	국가제2연금			
유족연금	유족 수당 (Bereavement Allowance)	45세 이상 기초국가연금 수급 연령 이하의 유족 배우자	① 55세 이상인 경우 standard rate (£90.70)지급 ② 45세-54세인 경우 54세를 기준으로 해마다 7%씩 감액(DWP, 2008) ③ 최대 52주 동안 지급	사망자의 근로기간 년도 (16세부터 사망시 또는 국가연금 수령 연령) 중 최소 25%이상의 연도 동안 보험료가 납부되어야 함
	유족 부모수당	16세 이하의 피부양 자녀가 있거나 사망한 배우자의 아기를 임신한 배우자	£90.70(2008년 4월 기준)의 기본수당에 자녀수당 추가	
	유족일시금	배우자 사망 시 기초국가연금 수급연령에 도달하지 않았거나 수급 연령 초과 시 Category A 국가퇴직연금 수급권이 없는 가족	£2,000 (2008년 4월 기준)	배우자 사망과 동시에 1회 지급되는 일시금으로서 사망한 배우자가 소득하한의 25배 이상의 급여에 대하여 1년 이상 보험료를 납부한 경우에 지급

장애 연금	단기고액 장애연금	말기 상태의 장애자나 최고율 장애수당 수급 후 28주가 경과한 경우에 28주부터 수당 £70.05 지급 [28주 이전에는 통상 사용자로부터 법정 상병급여(£70.05)가 지급됨]	16세 이상, 연금수급연령 이하로서 일정한 보험료 납부조건을 충족하고(16세 이상 20세 미만은 보험료 납부조건 없음) 심각한 질병을 지니고 있거나 근로가 불가능한 경우 지급
	단기저액 장애연금	자영자처럼 법정 상병급여를 받지 못하는 경우에 28주 이전부터 주당 £59.20이 지급됨	
	장기장애 연금	장애 발생 후 52주가 경과한 후에도 장애가 지속되는 경우 주당 £78.50 지급. 장애가 35세 이전 발생 시 주당 £16.50을 추가하고 35세에서 44세 사이의 나이에 발생하는 경우 주당 £8.25 추가함(피부양 배우자, 자녀에 대해 부가수당이 지급될 수 있으며 간호수당 및 간병자 수당도 필요에 따라 지급됨).	

자료: 국민연금공단(2007).

여기서는 노령연금(그 중에서도 Category A연금)을 중심으로 살펴보고자 한다.

1) 국가기초연금의 급여

급여의 종류는 세 부류로 나누어지는데 Category A와 Category B, Category D가 그것이다.[28] Category A연금의 수급대상은 수급요건을 충족한 가입자인데,[29] 수급요건은 국가연금 수급연령에 도달하고, 국가기초연금 또는 추가국가연금 수급요건을 충족시켜야 한다. Category B연금은 배우자의 기여인정기간과 소득에 의해 지급되는 연금이다(국민연금 홈페이지, 2009). Category D연금의 수급요건은 청구할 때에 80세 생일 전후 20년 중 연속되는 10년 동안 England, Scotland 또는 Wales에 거주하여야 한다. 이를 도표로 나타낸 것이 아래 표이다.

28) 원래는 Category A, B, C, D의 네 부류였으나 현재 Category C는 폐지되었다.

29) 이전 배우자의 국가기초연금 자격기간만을 이용하여 1979. 4. 6. 이후 국가연금 수급연령에 도달한 자이거나 이전 배우자의 국가기초연금 자격기간만을 이용하여 1979. 4. 5. 이전 국가연금 수급연령에 도달한 여성, 규정된 조건 아래에서 장기상병급여 수급권을 취득한 미망인 또는 홀아비도 수급 대상이다(국민연금 홈페이지, 2009).

<표 4-28> 급여의 종류

	수급대상	성 격	연금액 산정	
Category A	근로자	기여연금	기초국가연금	본인의 기여 인정 기간에 따라 결정
			추가국가연금	본인의 소득에 따라 결정
Category B	기혼여성 미망인, 홀아비	기여연금	기초국가연금	배우자의 기여 인정 기간에 따라 결정
			추가국가연금	배우자의 소득에 따라 결정
Category D	80세 도달자	비 기여연금	주당 ￡54.35(정액)	

자료: 국민연금 홈페이지(2009).

<표 4-29> 국가기초연금 계산을 위한 근로기간

남 성		49년
여성	1950.10.5 이후 출생	44년
	1950.10.6-1951.10.5 출생	45년
	1951.10.6-1952.10.5 출생	46년
	1952.10.6-1953.10.5 출생	47년
	1953.10.6-1954.10.5 출생	48년
	1954.10.6 이후 출생	49년

자료: 국민연금 홈페이지(2009).

Category A 연금의 급여 조건은 기여인정기간(Qualifying years)[30]에 비례하여 지급된다. 국가기초연금의 완전연금을 수급하기 위해서는 근로기간의 9/10 이상 가입이라는 조건을 충족해야 하고[31](국민연금 연구원, 2005), 최저연금

30) 기여인정기간이란 소득하한선(LEL)의 52배 이상의 소득이 있은 해(1975.4.6.-1978.4.5. 동안의 기여인정기간은 소득하한선 소득의 50배가 있은 해)를 말한다(국민연금 홈페이지, 2009).

31) 완전연금을 수급하기 위해서는 남성의 경우 44년, 여성의 경우 39년(최대근로기간 각각 49년, 44년에서 5년을 뺀 연수)의 기여조건을 충족해야 한다, 기여연수에 따라 급여비율은 감액되어 10년 이상 기여하지 못할 경우 수급권을 갖지 못하게 된다. 1950년 4월 6일에 혹은 후에 태어난 여성을 위한 연금수령 연령은 2010년 2020년 사이에 여성의 연금수령 연령을 60세에서 65세로 늘리고 2024년과 2046년 사이에 남성과 여성이 둘 다 65세에서 68세로 올린다(국민연금연구원, 2006).

을 수급하기 위하여는 보통 10-11년의 기여인정기간이 있어야 한다. 2008/9 회계연도의 완전연금의 주당 급여액은 £90.70이고 최저연금의 급여액은 주당 £22.63이다(국민연금공단, 2007; CPAG, 2008). 국가기초연금 계산을 위한 근로기간을 제시한 표가 위의 〈표 4-29〉이다.

2) 국가기초연금예측(State Pension forecast)[32]

영국의 연금의 관리체계에서 독특한 서비스가 기초연금 예측 서비스이다. 여기에 대해 살펴보자.

2010년 4월 6일 또는 그 이후 국민연금의 연령에 도달하는 사람들은 국민연금공단으로부터 기초국가연금에 대한 맞춤형 정보를 제공받을 수 있다. 여기에는 연금수령자격연수(기간)에 대한 세부 사항 및 국민 연금규칙 변경 사항이 연금 급여에 영향을 미칠 수 있는 정보가 포함되어 있다. 기초연금 예측 서비스의 안내 사항은 기초연금과 추가 연금(이전에 SERPS로 알려졌던 제2의 국가연금)에 관한 사항이며 안내사항은 ① 현재 연금 수령 자격 연수(국민건강보험 기여금 납부연수), ② 기초연금의 현재 가치, ③ 기초연금 수령 연령이 되면 얼마나 많은 연금을 받을 수 있는지에 관한 예측, ④ 기초연금 수령을 연기하면 받을 수 있는 액수에 대한 예측, ⑤ 직업연금이나 개인연금 중 하나를 통해 적용제외(contract-out)하는 경우 추가연금(SERPS 또는 S2P)에 미치는 영향 등이다. 가입자가 연금서비스가 필요하여 그 서비스를 받으려면 국가연금공단에 국민보험 번호를 비롯하여 기여금의 유형(예를 들어, 근로자이거나 자영업), 해외근무에 관한 세부 사항, 현재의 봉급에 관한 세부 사항 등을 알려주어야 한다.

32) 영국 연금 홈페이지에 있는 내용을 옮김.

3) 기초연금 지급방법

연금은 가입자의 거래 은행, 저축은행, 우체국 혹은 직불이 가능한 국민저축 계좌로 계좌이체를 이용하여 직접 받을 수 있다.

맹인으로 등록되어 있거나 연금을 수령하기 위해 타인의 도움이 필요로 하는 경우 다른 사람이 당신을 대신해서 우체국에서 연금을 수표로 받아서 다시 현금으로 바꿀 수 있다.

<기 타>

A. 기초연금 수령을 연기하는 경우

국민기초연금 수령 연령에 도달하는 즉시 연금을 청구하지 않아도 된다. 원하는 경우 연금신청을 연기 할 수 있으며, 그럴 경우 주당 더 높게 연금액을 받을 수 있고 대신에 일시불로도 받을 수 있다.

B. 상황 변화에 따른 신고

상황이 변하는 경우 국민연금공단에 신고해야 하는 사항은 다음과 같다. ① 병원에 입원과 퇴원, ② 해외로 가서 살거나 오래 방문하는 경우, ③ 케어 홈으로 가는 경우 등이다.

최근 스카이 뉴스에 의하면 영국 우체국부관리인(subpostmasters)들이 연금과 복지기금지불 권리를 잃어 비리면 또 다른 3,000개의 우체국문을 닫을지도 모른다고 영국 정부가 경고했다. 참고로 영국은 우체국업무를 우체국부관리인(subpostmasters)에게 하청을 주어 보게 하고 있으며 우체국 카드 계정을 통해 기초연금이나 복지수당을 영국인에게 제공하고 있다.

영국인 2,400만 명이 매주 우체국을 방문하고, 현재의 카드 계정을 사용하는 사람은 매주 4백만 명이다. 주로 연금과 복지기금수령을 카드로 하는데 이 카드계정이 내년에 대체될 예정이다. 영국 정부는 연말까지 2,500개의 우체국을 닫을 예정이다. 따라서 도시 등 밀접지역에 살지 않는 외딴 지역에 사는 노인들의 연금수령에도 영향을 줄 것으로 보인다.

4) 추가국가연금의 급여

국가기초연금을 수급 자격을 초과한 Class 1의 기여를 한 가입자에게 지급하는 소득비례(Earnings-related) 연금이다(CPAG, 2008: 476). 국가제2연금(S2P: State Second Pension)의 급여에 초점을 맞추어 보면, 국가평균임금 증가에 연동되는 LET(low earnings threshold), SET(second earnings threshold)라는 소득선을 새롭게 설정하여 소득계층별로 다른 급여율을 적용시키고 있다. 수급요건은 2002년 4월 이후 1년 이상의 기간 동안 소득하한선(LEL)을 초과하는 기여인정기간이 있는 경우나 6세 미만의 자녀를 양육하고 그 자녀에 대해서 아동급여를 수령하거나 장애로 인하여 보호자수당(Carer's Allowance)이나 HRP(Home Responsibilities Protection) 수급권이 있는 경우이다. 연금액은 각 개인의 소득하한선(LEL)을 초과하는 연도의 소득을 현재가치로 재평가한 후 그 소득에 대해 법정가중률을 적용하여 산정한다(국민연금, 2007). 그 구체적 방법은 아래 표와 같다.

<표 4-30> 국가제2연금(S2P) 계산

2006/07년 적용 소득구분*		2002.4.6-2010.4.5 가중률	2010.4.6 이후 가중률
Band 1	£4,368-£12,500	SERPS의 해당 가중률의 2배	40%
Band 2	£12,500-£28.800	SERPS의 해당 가중률의 0.5배	10%
Band 3	£28,800-£33,540	SERPS의 해당 가중률	20%

* 소득구분(Bandwidths)은 매년 조정됨.
자료: 국민연금 홈페이지(2009).

3 영국 연금관리체제

국민연금제도의 관리체제는 부과와 징수, 관리, 그리고 급여를 다루는 것을 말한다. 이 순서에 따라 영국 공적연금보험료의 부과·징수, 관리, 급여 및 서비스 관련 업무, 연금청구절차 등을 살펴보자.

연금보험료 징수는 국세청(HM Revenue & Customs) 산하에 연금보험료징수공단(National Insurance Contribution Office: NICO)에서 담당하기에, 이 공단을 설명할 필요가 있다. 연금보험료징수공단은 법규와 관련된 규정이나, 노동연금부(DWP)의 협조 아래에서 가입자에게 서비스와 정보를 제공한다. 현재 6천 5백만 이상의 계좌(National Insurance accounts)를 운영하고 있으며 1백 40만의 사용자, 3백만의 자영자와 5백 7십만의 개인 계좌(personal pension accounts)를 관리하고 있다. 근무인원은 4,600명이 넘는다.

급여지급은 급여 종류별로 담당하는 관리 조직이 다르다. 퇴직연금과 연금 크레딧 급여액 산출 등 노인에 대한 급여서비스는 연금관리청(The Pension Service)에서 담당하고 있으며, 유족급여와 장애급여는 직업관리청(The Jobcentre Plus)에서 관장한다.[33)]

국세청(Inland Revenue)은 국민보험 보험료 징수, 적용제외제도(contracted-out system) 관리, 징수기록 관리 및 관련 서비스 제공 등을 담당한다.

V. 영국 연금개혁 방향과 한국에의 시사점

복지국가 체제의 핵심엔 연금제도가 자리잡고 있다. 영국 연금제도의 역사

33) 이 부분의 기술은 http://www.nps4u.or.kr/jsppage/intro/research/overseas/overseas_06.jsp을 이용하였다.

는 3단계로 나눌 수 있다(신창식, 2006). 먼저 형성기라고 부르는 기간에 노령연금법(비기여연금)이 도입되고(1908년) 1919년에 그 법이 개정되어 기여연금으로 바뀌었다. 제2단계인 확대기에는 국민보험법(National Insurance Act)이 제정(1946년)되었고, 1978년에는 소득비례연금(graduated pension scheme)이 도입되어 1981년에 법정소득비례연금(SERPS: Statutory Earnings Related Pension Schemes)으로 대체되었다. 제3단계인 개혁기인 1986에는 보수당 정부에 의한 사회보장법의 개정이 있었고, 1998년에 SERPS를 국가제2연금(S2P: State Second Pension)으로 대체하고 공적연금에 포괄되지 못하는 계층을 위해 최저소득보장제도를 도입하는 한편, 이해관계자연금(SPS: Stakeholder Pension Schemes)을 도입하였다. 이해관계자연금은 퇴직연금과 개인연금을 혼합한 성격을 갖고 있으며, 개인연금과 같이 다른 연금체계로의 수급권 이전을 자유롭게 하고 있다.

영국 연금제도는 크게 사적인 연금제도를 장려하는 방향으로 제도의 개혁이 이루어졌다. 연금제도의 개혁은 국민이나 정당 모두의 최대관심사 중의 하나로, 그 배경에는 인구 구성의 변화와 경제구조의 변화로 인한 재정적 부담이 자리잡고 있다(Johnson, 169-170). 2007년의 새로운 연금제도를 도입한 이유는 퇴직연금체계가 대부분의 불안정고용 노동자들을 포괄할 수 없기 때문이다.[34]

좀더 자세히 살펴보면 출산과 평균수명연장에 따른 인구변화, 노동력 참여의 형태 변화, 기초국가연금의 부적합성, 여성에 대한 적절한 연금 제공 실패, 개인저축을 통한 자발적 준비에 대한 부적절성(제도의 복잡성, 연금 산업에 대한 전반적인 신뢰부족), 전통적인 확정급여제(defined-benefit occupational schemes)의 쇠퇴와 확정기여제(defined-contribution schemes)에로의 대체 등을 지적한다(Pemberton et al., 2006: 3-4). 특히 2000-3년의 세계적인 금융시장의 붕괴와 회사연금기금 손실을 투명하게 표시하는 국제회계표준의 도입은 미봉책으로 연금제도를 끌고 갈 수 없고 개혁이 필요함을 인식시켰다.

---

34) 이 부분은 Pemberton et al.(2006)을 옮겨 실었다.

주요한 공적연금의 개혁방향은 주요 내용은 다음과 같다.[35)]

1. 비용이 적게 드는 새로운 저축제도를 위해 개인 계좌를 도입하였다.
2. 국가연금 수급자 증가를 목표로 새로운 크레딧제도를 도입하였다.
3. 기초연금의 급여수준을 현재의 물가상승률에서 소득상승률을 고려하여 증액하였다.
4. 현재 남자 65세, 여자 60세인 연금수급개시 연령을 2024년부터 2046년까지 65세에서 68세로 상향 조정하였다.
5. 확정기여연금과 개인연금의 적용제외(contracting out)제도를 폐지하였다. 이는 사적연금의 혜택을 적게 받는 저소득층 근로자가 국가2층연금을 선택하도록 하기 위함이다.

영국 연금개혁의 평가에 관해서 연금개혁은 과거 20년간 지속되어 온 연금제도의 개혁으로 인하여 향후 30-40년 이후 국가가 부담해야 할 공적연금 지출은 지속적으로 감소할 전망이며 이는 타 선진국을 비교하여 보면 상대적으로 낮다[36)](윤여필, 2004). 아래 〈표 4-31〉는 이를 나타낸다.

<표 4-31> 국가별 GDP 대비 공적연금지출 장기추세

(단위: %)

	2000	2010	2020	2030	2040	2050
프랑스	9.8	9.7	11.6	13.5	14.3	14.4
독 일	11.5	11.8	12.3	16.5	18.4	17.5
이태리	12.6	13.2	15.3	20.3	21.4	20.3
일 본	7.5	9.6	12.4	13.4	14.9	16.5
미 국	4.2	4.5	5.2	6.6	7.1	7.0
영 국	4.5	5.2	5.1	5.5	4.0	4.1

자료: Disney외 2인, Pension Reform and Economic Performance In Britain In The 1980s and 1990s(2003) [윤여필(2004)에서 재인용].

35) http://www.nps.or.kr/참조.

36) 공적연금 지출 비용감소는 1981년 기초연금(Basic State Pension)의 임금연동이 아닌

<표 4-32> GDP 대비 연금수급자 인당 지출 비율

	2000 -2001	2010 -2011	2020 -2021	2030 -2031	2050 -2051
GDP 대비 연금수급자 인당 지출 비율(%)	99.5	93.0	87.8	75.4	56.2

자료 : Disney외 2인, Pension Reform and Economic Performance In Britain In The 1980s and 1990s(2003)[윤여필(2004)에서 재인용].

GDP 대비 인당 공적연금수급액은 2030년에 75% 정도에서 2050년도 경에는 약 56% 정도로 떨어질 전망이다(윤여필, 2004). 이를 나타낸 것이 〈표 4-32〉이다.

영국의 연금개혁을 추동한 요인은 비교적 낮은 실업률, 산업구조의 변화 등을 꼽을 수 있다. 먼저 영국의 실업률의 추이를 보면 1990년대 후반부터 실업률이 떨어지고 있다. 이를 보여주는 그림이 아래에 제시되어 있다.

<그림 4-18> 영국의 실업률 추이

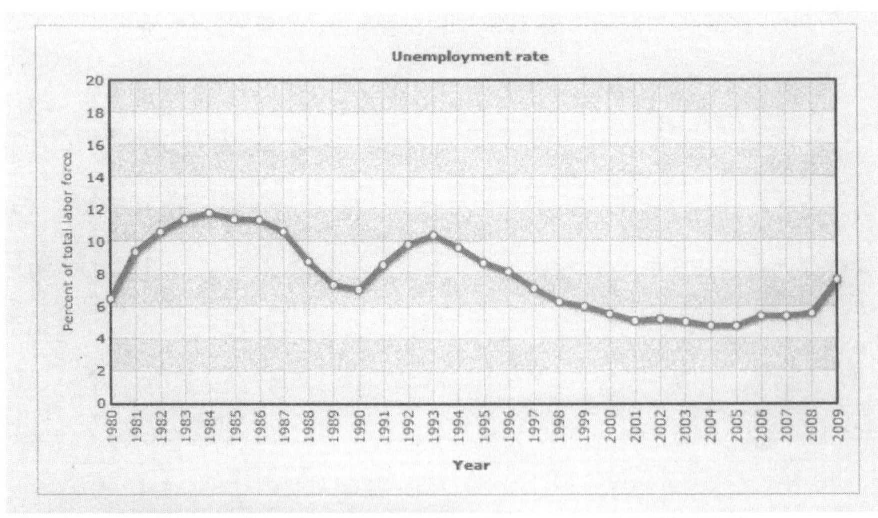

자료: http://www.indexmundi.com/united_kingdom/unemployment_rate.html(2010.7.25).

물가연동제도로의 개혁, 공적소득비례연금(SERPS)의 연금수급액 삭감, 여성노동자 퇴직 연령의 연장(60세에서 65세), 적용제외 등과 같은 제도개혁의 결과라고 한다(윤여필, 2004).

이 그림이 의미하는 바는 실업률이 낮아 연금개혁의 충격을 완화할 수 있을 여력이 있을 때가 연금개혁의 적기라고 할 수 있다. 이런 환경 속에서 2002년 영국 정부가 연금제도를 지속적으로 검토하고 연금개혁안들을 추천하는 것을 목적으로 하는 연금위원회(Pension Commission)를 설치하였다(최영준, 2008).

더욱 중요한 것은 영국의 산업구조가 3차 산업 중심으로 재편되고 있다는 점이다. 이를 나타낸 것이 아래 그림이다.

<그림 4-19> 영국의 산업구조

	1964		1973		1979		1981		1990		2005	
	(000s)	(% of total employment)	(000s)	(% of total employment)	(000s)	(% of total employment)	(000s)	(% of total employment)	(000s)	(% of total employment)	(000s)	(% of total employment)
Agriculture forestry and fishing	540	2.3	432	1.9	368	1.6	363	1.6	314	1.4	239	0.9
Mining and quarrying			336	1.5	304	1.3	285	1.3	126	0.5	35	0.1
Extraction of mineral oil and natural gas			5	-	20	0.1	24	0.1	36	0.2	23	0.1
Total primary	**1,201**	**5.1**	**773**	**3.4**	**692**	**3.0**	**672**	**3.0**	**476**	**2.1**	**297**	**1.1**
Manufacturing	8,909	38.1	7,861	34.7	7,259	31.3	6,221	28.4	4,709	20.5	3,132	11.8
Construction	1,659	7.1	1,320	5.8	1,253	5.4	1,130	5.2	1,143	5.0	1,203	4.5
Other energy and water supply			364	1.6	366	1.6	366	1.7	241	1.1	102	0.3
Total secondary	**10,978**	**46.9**	**9,573**	**42.4**	**8,911**	**38.5**	**7,748**	**35.4**	**6,093**	**26.6**	**4,437**	**16.6**
Distribution, hotels and catering, repairs			3,950	17.4	4,252	18.4	4,172	19.1	4,912	21.4	6,463	24.3
Transport	1,665	7.1	1,062	4.7	1,051	4.5	987	4.5	921	4.0	1,086	4.1
Communication			445	2.0	422	1.8	438	2.0	471	2.0	498	1.9
Banking, finance, insurance, business services and leasing			1,442	6.4	1,663	7.2	1,738	7.9	3,480	15.2	5,305	19.9
Public administration, defence and social security	9,513	40.7	1,664	7.3	1,721	7.4	1,623	7.4	1,442	6.3	1,540	5.7
Education and health			2,781	12.3	2,876	12.4	2,908	13.3	5,125	22.4	7,024	26.3
Other services			976	4.3	1,571	6.8	1,600	7.3				
Total tertiary	**11,178**	**47.8**	**12,320**	**54.4**	**13,556**	**58.5**	**13,465**	**61.4**	**16,351**	**71.3**	**21,916**	**82.2**
Total employment	**23,357**		**22,664**		**23,158**		**21,891**		**22,920**		**26,650**	

Sources: ONS (2006) *UK National Accounts*, and previous issues; *Labour Market Trends* (2006), May.

이 산업 구조의 개편에 따른 고용구조를 보여주는 것이 아래 그림이다.

<그림 4-20> 영국의 고용구조

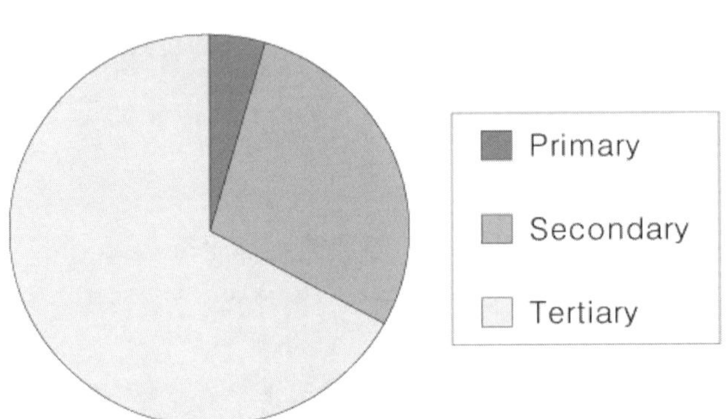

자료: http://www.geography.learnontheinternet.co.uk/topics/emps...(2010.7.26).

이는 고용구조 개편에 따라 가입자 중심의 연금제도로 나아가도록 하였고 연금개혁은 이러한 방향에 기초하고 있다. 즉 영국 연금제도가 추구한 공적연금과 사적연금의 연계의 제도화는 이러한 인프라의 결과이다.

이제는 영국 국민연금제도의 개혁의 시사점을 찾아보자. 첫째로 복잡하게 정립되어 있는 제도를 단순화하려고 노력한다는 점이다. 우리 국민연금도 단순화할 필요가 있다. 현재 기초노령연금, 국민연금의 기초부분과 소득비례부분으로 되어 있는 제도를 단순화하여 기초노령연근과 국민연금의 기초부분을 통합할 필요가 있다. 둘째로 영국의 연금개혁의 목적 중의 하나는 소득불평등을 해소하기 위해 저소득계층을 위한 연금제도로의 개혁이다. 이는 국민연금을 재테크로 삼으려는 일부 계층의 의도와 대조된다고 하겠다. 셋째로 국민연금의 적용제외 도입이나 사적연금화(기업연금+개인연금) 주장(윤여필, 2004)에는 상당한 주의가 필요하다. 국민연금의 자산 건전성과 투자 수익률에 대한 불신 해소를 위해 가입자로 하여금 기업연금 혹은 개인연금으로의 선택권을 부여하는 제도(윤여필, 2004)는 외관상 일리가 있으나 국민연금의 소득 대체율이 40%

로 낮춘 상태이고 납부예외자가 많아 운영에 어려움이 있음을 고려할 때 저소득계층의 소득보장을 위한 제도적 장치나 저소득계층과 사적연금가입자와의 소득격차 완화를 위한 제도적 장치 없이는 도입이 불가능하다.

참고문헌

김보영. (2005). 은퇴연령 없애는 것이 연금개혁 출발점, 한겨레신문(2005.8.8).

김연명. (2006). 초정파적 접근 필요한 연금개혁, 한겨레신문(2006.5.25).

김응석 외. (1993). 「농촌가구의 구조적 특성과 가족부양체계」, 서울: 한국보건사회연구원.

김응종. (2006). 「페르낭 브로델: 지중해·물질문명과 자본주의」, 서울: 살림.

김태성·성경륭. (1997). 「복지국가론」, 나남출판.

김태성 외.(2005). 「현대복지국가의 변화와 대응」, 서울: 나남.

국민연금공단 내부자료. (2007). 「영국연금제도 개요 및 연금청구절차」 서울: 국민연금공단.

국민연금공단 홈페이지. (2009). 「영국의 연금제도」, 서울: 국민연금공단.

국민연금연구원. (2006). 「외국의 연금제도」 서울: 국민연금연구원.

미래에셋. (2007). 「영국의 연금제도 개혁과 시사점」 「연금정보」no.13, 서울: 미래에셋.

박영곤·윤석명. (2002). 「서유럽 주요국들의 연금제도 분석 및 시사점: 덴마크, 영국, 스웨덴, 이탈리아를 중심으로」, 서울: 대외정책연구원.

박재문. (1998). 「지식의 구조와 구조주의」, 서울: 교육과학사.

생명보험협회. (1995). 「유럽 각국의 사회보장제도 및 일본의 정책」 서울: 생명보험협회.

신창식. (2006). 「영국 신노동당 정부의 연금개혁과 노후 소득보장정책」 「노인복지연구」 제32호, 노인복지학회.

윤여필. (2004). 「영국 국민연금제도의 개혁과 교훈」, 「HRI 연구 보고서」.

이광석 · 이희주. (2010). 노인복지사업의 발전에 관한 연구: 구조주의 관점에서, 미발행 논문.

인태환. (2007). 「영국 年金改革委員會 2차 개혁안의 주요 내용과 시사점」

지은정. (2005). 영국의 노후소득 보장체계: 기초소득보장과 기초연금을 중심으로, 보건복지포럼(2005.3)

최영준. (2007). 「영국의 연금민영화와 최근 개혁」, 「서울대 연구보고서」.

최영준. (2008). 「영국의 2007년 연금개혁: 오랜 실험의 마지막 혹은 새로운 실험의 시작」, 「국제노동동향」(vol.6 No.2). 한국노동연구원.

Alcock, P., A. Erskine & M. May. (2005). The Student's Companion to Social Policy, Oxford: Blackwell.

Barr, N. (2008). Economics of the Welfare State, 이정우 & 이동수 (공역), 「복지국가와 경제이론」, 서울: 학지사.

Blackburn, R. (2003). Banking on Death or Investing in Life: The History and Future of Pensions, London: Verso.

CPAG. (2008). Welfare Benefits and Tax Credits Handbook, London: CPAG (Child Poverty Action Group).

Department of Work and Pension. (2008). Benefit and Pension Rates, London: DWP.

Department of Work and Pensions. (2004). 2 billion extra to be spent on pensioners.

Fraser, D. (1980). The Evolution of the British Welfare State, London: Macmillan Press.

Harrson, D.(1995). Pension Power: Understand and Control your most valuable Asset, Chichester: John Wiley & Sons.

Hill, M. (2007). Pensions, Bristol, The Polity Press.

NAO(National Audit Office). (2009). Department for Work and Pensions Communicating with Customers, London: The Stationery office.

Pemberton, H., P. Thane, & N. Whiteside (eds). (2006). Britain's Pensions Crisis: History and Policy, Oxford: Oxford University Press.

Pensions Commission. (2004). Pensions: Challenges and Choice: The First Report of the Pensions Commission. London: The Stationary Office.

Pensions Commission. (2005). A New Pension Settlement for the Twenty-First Century. The Second Report of the Pensions Commission. London: The Stationary Office.

Thane, P. (2000). Old Age in English History, Oxford: Oxford University Press.

Walker, & T. Maltby. (2005). Older People in P. Alcock, A. Erskine & M. May, The Student's Companion to Social Policy, Oxford: Blackwell.

Watson Wyatt. (2005). Worldwide 2005 Annual Report.

http://www.dwp.gov.uk/

http://www.dwp.gov.uk/mediacentre/pressreleases/2004/dec/pens0612-uprating.asp

http://www.pensionscommission.org.uk/

http://www.direct.gov.uk

http://www.thepensionservice.gov.uk

http://knsi.org/~knsiorg/knsi/admin/work/works/ref_hri_041208.pdf

http://www.scottishwidows.co.uk/pensions/index.html

http://www.fairinvestment.co.uk/personal_pension.aspx

http://www.mypersonalfinances.co.uk/pensions-pp.asp?nav=pensions

http://www.pensionsorter.co.uk/occupational_pensions.cfm#intro

http://www.financingretirement.co.uk/pensions-for-the-self-employed.html

http://vig.pearsoned.co.uk/catalog/uploads/Griffiths_C01.pdf

[이 글의 내용은 「복지국가의 공적 연금정책과 개혁」(공동체; 2010)과 같다.]

찾아보기

집필진 약력(가나다 순)

■ 권 혁 주

《현재소속》

서울대학교 행정대학원 교수

《학위》

영국 옥스퍼드대학 정치학 박사

《주요 관심분야》

사회정책, 글로벌거버넌스와 개발협력, 정책이론

《대표저서 및 논문》

Policy Learning and Transfer in East Asian Developmental State (Policy and Politics, 2009)

Transforming the Development Welfare State in East Asia (Palgrave, 2005)

East Asian Welfare Model (Routledge 1998)

■ 류 현 숙

《현재소속》

한국행정연구원 인적자원개발센터 연구위원

《학위》

University of Manchester, U.K. 행정학박사

《주요 관심분야》

정보화, 재난관리, 갈등관리, 미래연구

《대표저서 및 논문》

온라인 참여 연구를 위한 실재론적 구성주의와 방법론적 삼각망 (2009)

eCLEAR 모델을 이용한 온라인 참여활동과 인식에 관한 연구 (2008)

The Public's eParticipation Capacity and Motivation in Korea: A Web Survey Analysis from a New Institutionalist Perspective (2008)

Participative Deliberation and Policy Proposal on Government Websites in Korea: Analysis from a Habermasian Public Deliberation Model (2007)

■ 서 용 석

《현재소속》

한국행정연구원 대외협력실 연구위원

《학위》

미국 하와이대학교 정치학 박사

《주요 관심분야》

미래전략, 사회변동, DDA(공적개발원조) 정책

《대표저서 및 논문》

황혜신 외 (2009), 한국의 미래모습과 정책과제, 한국행정연구원 미래 연구총서 Ⅱ, 서울: 법문사

최호진 외 (2008), 미래선진한국의 행정연구, 서울: 법문사

Jim Dator and Yongseok Seo (August, 2004). "Korea as the Wave of a Future: The Emerging Dream Society of Icons and Aesthetic Experience", The Korean Society, the United Kingdom

Jim Dator, Dick Pratt and Yongseok Seo (2005). Fairness, Globalization, and Public Institutions: East Asia and Beyond, Honolulu: University of Hawaii Press

Yongseok Seo (2006), "Age-Cohort Shift and Values Change: Futures for Democracy in Korea", in Futures and Democracy, Helsinki: Finland Parliament

■ **신 동 면**

《현재소속》

경희대학교 행정학과 부교수

《학위》

영국 바쓰대학교(The University of Bath) 사회정책학 박사

《주요 관심분야》

복지행정, 사회정책, 복지국가

《대표저서 및 논문》

동아시아 국가의 공공부조 (집문당, 2008)

사회양극화 극복을 위한 사회정책구상 (풀빛, 2007)

Social and Economic Policies in Korea: Ideas, Networks and Linkages(Routledge Curzon, 2003)

■ **심 준 섭**

《현재소속》

중앙대학교 공공인재학부 부교수

《학위》

뉴욕주립대(Albany) 행정학 박사

《주요 관심분야》

협상론, 의사결정론, 갈등관리

《대표저서 및 논문》

다산의 행정사상: 현대적 해석과 평가(2010)

갈등당사자의 프레임과 프레이밍(2010)

계량적 판단모형의 적용가능성에 관한 연구(2010)

원자력 발전에 대한 신뢰, 인식된 위험과 혜택 그리고 수용성(2009)

■ **양 현 모**

《현재소속》

한국행정연구원 국가경영연구부 선임연구위원

《학위》

독일 본(Bonn)대학교 정책학 박사

《주요 관심분야》

북한 · 통일행정, 유럽행정, 시민사회론, 행정개혁론

《대표저서 및 논문》

공무원 채용제도 개선에 관한 연구, 2010, 한국거버넌스학회, 공동연구

독일, 통일에서 통합으로 (통일부, 2009)

지방자치단체의 남북 교류협력사업 평가 및 발전방안 (2009, 통일정책연구)

대북정책 결정과정의 정책네트워크 분석 (2009, 통일문제연구)

대북 인도적 사업의 민관협력체계 개선방안 (2009, 정책연구)

북한 중앙행정기관의 변화와 특징에 관한 연구 (2008, 한독사회과학회)

남북교류협력과 로컬거버넌스 구축방안 (2008, 한국정책과학회)

독일행정론 (대영문화사, 2006)

■ **윤 수 재**

《현재소속》

한국행정연구원 기획조정부 수석연구위원

《학위》

중앙대학교 행정학 박사

《주요 관심분야》

정책분석 및 평가, 성과관리, 공공전략관리, 예산정책

《대표저서 및 논문》

중앙정부 성과관리시스템이 개인의 조직몰입 및 직무만족에 미치는 영향요인 분석 (2010)

중앙행정기관 성과관리시스템의 실태분석 및 개선방안 연구 (2009)

지방공기업 경영성과 영향요인 분석 (2009)

새로운 시대의 공공성 연구 (2008)

성과관리제도에 대한 해외사례 비교분석 (2008)

Human Resource Management, Individualism-Collectivism, and individual Performance among Public Employees: A Test of the Main and Moderating Effects (2009)

■ **이 광 석**

《현재소속》

경북대학교 행정학과 교수

《학위》

영국 뉴캐슬대학(University of Newcastle upon Tyne) 사회정책학 박사

《주요 관심분야》

복지정책, 행정언어, 국제행정

《대표저서 및 논문》

복지국가의 공적연금정책과 개혁(공저, 2010)

영국 복지행정의 이념과 실용주의(2009) 등

■ **이 민 호**

《현재소속》

한국행정연구원 행정관리연구부 연구위원

《학위》

서울대학교 행정학 박사

《주요 관심분야》

공기업, 규제정책, 공공관리 정책분석

《대표저서 및 논문》

규제개혁을 위한 형평성 기준의 제고방안 (2010)

공공기관의 공공성과 효율성 간의 조화방안 모색: TRIZ 모형을 통한 모순해결 방식의 적용 (2009)

Effects of Local Government Expenditure on the Growth of NPOs in Korea (2008)

■ **이 정 희**

《현재소속》

한국행정연구원 국가경영연구부 부연구위원

《학위》

미국 아메리칸대학 행정학 박사

《주요 관심분야》

예산결정이론, 예산집행이론, 정부회계

《대표저서 및 논문》

최근의 주요 예산이론의 비교, 평가 및 발전 방향에 관한 연구

Essays on the determinants and effects of public education expenditure in developing countries

■ **이 종 수**

《현재소속》

연세대학교 행정학과 교수

《학위》

Ph. D. University of Sheffield

《주요 관심분야》

지방자치, 인력관리, 정부개혁

《대표저서 및 논문》

공동체주의의 이론적 전개와 자유주의와의 논쟁 고찰 (2010)

지방정부 인력구성의 다양성이 업무과정에 미치는 영향 (공저, 2010)

■ **조 태 준**

《현재소속》

한국행정연구원 국가경영연구부 연구위원

《학위》

미국 뉴욕주립대학교 행정학 박사

《주요 관심분야》

조직행태, 인사관리, 개인성과

《대표저서 및 논문》

공공서비스동기(Public service motivation)와 성과 간 관계에 대한 연구 (2009)

An Integrative Model of Empowerment and Individuals' In-role and Extra-role Performance in the Korean Public Sector: Moderating Effects of Organizational Individualism and Collectivism (2010)
An Integrative Approach to Empowerment: Construct Definition, Measurement, and Validation (2010) 등

■ **주 재 현**

《현재소속》
명지대학교 행정학과 교수

《학위》
영국 런던정경대학(The London School of Economics and Politial Science) 정치학 박사

《주요 관심분야》
정책변동, 사회복지정책, 행정개혁

《대표저서 및 논문》
영국 보수당 정부(1979-1997년) 행정개혁의 정치적 의도와 효과에 관한 연구 (2010)
행정개혁과 관료제 통제기제에 관한 연구 (2009)
정책과정론 (2008)
Control over the Korean Bureaucracy (2010, 공저)
Social Conflicts and Policy-Making in Korea (2009, 공저)

■ **최 영 출**

《현재소속》
충북대학교 행정학과 교수

《학위》
영국 뉴캐슬대학교(Newcastle University) 정책학 박사

《주요 관심분야》
정책분석 및 평가, 지역정책, 정부개혁

《대표저서 및 논문》
최적화방법을 활용한 지역교육청 총액인건비 표준공무원 수 추정 (2010)
영국의 지방정부와 공공개혁 (2001)
The Impact of the Daejeon City Knowledge Network (2010)
The Dynamics of Public Service Contracting: The British Experience (1999)
The Politics of Transaction Cost (1999)

영국의 행정과 공공정책

2010년 12월 21일 초판인쇄
2010년 12월 31일 초판발행

편저자 양현모 · 조태준 · 서용석
발행인 이 명 재
발행처 **新 潮 社**
서울특별시 마포구 염리동 161-5 201호
電 話 (02) 713-0402 FAX (02) 713-0403
登 錄 1994. 7. 4, 제17-179호(倫)
E-mail: sinjosa@sinjosa.co.kr http: //www.sinjosa.co.kr

편저자와 협의하에 인지첩부를 생략함

파본은 바꿔드립니다.
본서의 무단복제행위를 금합니다.
정 가 36,000 원 ISBN 978-89-92841-31-3